Berliner Theologische Zeitschrift
Band 39 (2022)

Berliner
Theologische Zeitschrift

Herausgegeben
im Auftrag der Humboldt-Universität zu Berlin
durch die Theologische Fakultät

Herausgeberkreis
Ruth Conrad, Karma Ben Johanan, Daniel Cyranka, Muhammad Gharaibeh,
Katharina Greschat, Klaus Hock, Rebekka Klein, Corinna Körting,
Torsten Meireis, Jürgen van Oorschot, Katharina Pyschny, Jens Schröter,
Henrik Simojoki, Friedemann Stengel, Markus Witte, Christiane Zimmermann

Schriftleiter
Markus Witte

Band 39 (2022)

Sprache – Macht – Religion

Interdisziplinäre Zugänge

Herausgegeben von
Ruth Conrad, Corinna Körting und
Christiane Zimmermann

DE GRUYTER

Redaktionsassistenz
Lasse B. Joost

Advisory Board
Lubomir Batka (Bratislava), Ingolf Dalferth (Claremont, CA), Wilfried Engemann (Wien),
Daniel Jeyaraj (Liverpool), Risto Saarinen (Helsinki), Joseph Verheyden (Leuven),
Frans Wijsen (Nijmegen)

ISBN 978-3-11-078710-8
ISSN 0724-6137
e-ISSN 2699-3414

Library of Congress Cataloging-in-Publication Data
A CIP catalog record for this book has been applied for at the Library of Congress.

Bibliografische Information der Deutschen Nationalbibliothek
Die Deutsche Nationalbibliothek verzeichnet diese Publikation in der Deutschen
Nationalbibliografie; detaillierte bibliografische Daten sind im Internet über
http://dnb.dnb.de abrufbar.

© 2022 Walter de Gruyter GmbH & Co. KG, Berlin/Boston
Satz: Matthias Müller, Berlin
Druck und Bindung: CPI books GmbH, Leck

www.degruyter.com

Inhalt

https://doi.org/10.1515/bthz-2022-0001

98397811078710810881710880880781

Kapitel V: **Ausblick – Sprache und Religion in religionslinguistischer Perspektive**

Einleitung

Und lerne ich eine Sprache neu kennen,
dann lehrt mich die Sprache, mich neu zu kennen.
Das macht die Sprache – die Macht der Sprache.

Und glaube ich, ich beherrsche meine Sprache,
beherrscht womöglich meine Sprache mich.
Das macht die Sprache – die Macht der Sprache.

[...]

Und wenn ich meine Sprache verkommen lasse,
dann lässt am Ende meine Sprache mich verkommen.
Das macht die Sprache auch – die Macht der Sprache.

Und liebe ich meine Sprache,
dann liebt ganz sicherlich die Sprache mich.
Das macht die Sprache – die Macht der Sprache.

Und wenn ich denke, ich spreche jetzt hier – in diesem Text – über die Sprache,
dann spricht die Sprache eigentlich viel mehr noch über mich.
Das macht die Sprache – ich kenn die doch!
(Bas[tian] Böttcher)[1]

1 Vorüberlegungen: Sprache – interdisziplinär und theologisch

Sprache ist ein vielfältiges und komplexes Phänomen. Sie organisiert den Alltag (Alltagssprache), ist sowohl Gegenstand als auch Medium wissenschaftlichen, aber auch gesellschaftlichen Diskurses und prägt sich dort in je besonderer Weise aus (Wissenschaftssprache; formalisierte Sprache; gendergerechte Sprache), findet sich als gesprochene (Wort) und geschriebene (Text) Sprache, unterliegt historischen Wandlungen und lokalen Ausprägungen. Sie prägt Selbst- und Weltverhältnis des Einzelnen und formiert soziale Gemeinschaften. Für das Selbst-

---

1 B. Böttcher, Die Macht der Sprache, https://www.lyrikline.org/de/gedichte/die-macht-der-sprache-7424 (abgerufen am 04.03.2022). Der Poetry Clip ist einzusehen unter https://www.youtube.com/watch?v=vyySoB9aCAk.

https://doi.org/10.1515/bthz-2022-0002

verständnis des Menschen ist Sprache zentral. Um es in den Worten von Wilhelm von Humboldt zu sagen: »Der Mensch ist nur Mensch durch Sprache.«[2]

Das Wissen über und das Wissen um Sprache findet sich daher in sehr unterschiedlichen Disziplinen. Biologie, Neurowissenschaften und Linguistik fragen nach der Entstehung und Entwicklung von Sprache (Sprache als evolutionäres Phänomen). Literaturwissenschaften, historische Disziplinen, Soziologie und Kulturwissenschaften erkunden kulturelle Dimensionen des Phänomens Sprache (Sprache als kulturelles Phänomen). Religionswissenschaften und Theologien evaluieren die sprachlichen Formen und Praktiken unterschiedlicher Religionen (Sprache als religiöse Praxis). Doch auch wenn das Phänomen Sprache in vielen Disziplinen verhandelt wird, ist das Wissen über Sprache nicht auf unterschiedliche Disziplinen aufteilbar. Die wissenschaftliche Auseinandersetzung mit Sprache ist auf Interdisziplinarität angewiesen.

Diese Einsicht aufgreifend spürt das vorliegende Jahrbuch dem Phänomen Sprache im Ausgang von theologischen Fragestellungen nach. Es geht davon aus, dass Religionen sprachlich konstituiert sind und sich in sprachlichen Praktiken formatieren. So sind rituelle Praktiken oftmals kommunikative Praktiken (z.B. Gebet, Orakel, Beichte) oder mit Sprachhandlungen verbunden. Gotteskonzepte werden in sogenannten Heiligen Texten versprachlicht (Schriftsprache, Übersetzungen). Auch der Umgang mit den sogenannten Heiligen Texten ist sprachlich strukturiert (schriftliche Auslegungstraditionen) und wird sprachlich inszeniert (z.B. Gebet, Liturgie und Predigt). Dass Religion auf den Gebrauch von Sprache angewiesen ist und sich sprachlich vollzieht, gilt sowohl für deren individuelle wie soziale Dimension. Auch das Handeln transzendenter Größen wie Götter wird in vielen Religionen oft als Handeln in und mit Sprache konzeptualisiert (z.B. schöpferisches oder zerstörerisches Handeln; Fluch oder Segen; Berufungen). Die Rede vom Wort Gottes dient der Beschreibung, Autorisierung und Sakralisierung sogenannter Heiliger Texte.

Insbesondere das Christentum hat die konstitutive Verbindung von Religion und Sprache in sein Selbstverständnis integriert. Es versteht sich als Religion des Wortes, da es den Erlöser selbst mit der Kategorie des Wortes beschreibt (Joh 1,1: »Im Anfang war das Wort«) und damit auf den Sprechakt Gottes bei der Schöpfung der Welt rekurriert (Gen 1,3). Das Christentum ist aus der Kommunikation über dieses Sprachhandeln Gottes entstanden und erneuert sich immer wieder aus sprachlicher Kommunikation. Ein verstummendes Christentum käme

---

2 W. von Humboldt, Ueber das vergleichende Sprachstudium in Beziehung auf die verschiedenen Epochen der Sprachentwicklung, in: A. Leitzmann (Hg.), Wilhelm von Humboldts Gesammelte Schriften. Werke, Bd. 4: 1820–1822, Berlin 1905, 1–34: 15.

an sein Ende. Der Protestantismus hat im Anschluss an Martin Luther derjenigen Glaubenskommunikation, die sich in gesprochener Sprache vollzieht, eine fundamentale und zentrale Stellung zugewiesen. Er kennt aber, wie andere Konfessionen und Religionen, zugleich weitere Formen sprachlicher Religionskommunikation – die Sprache der Gesten, der Blicke, der Rituale, der diakonischen Praktiken etc. Bei diesen Beobachtungen nimmt das vorliegende Jahrbuch seinen Ausgang.

2 Die Beiträge: Sprache macht Religion – Religion macht Sprache

Aus den schier unübersichtlichen interdisziplinären wie auch innertheologischen Möglichkeiten, sich über Sprache zu verständigen, sind einige ausgewählt und vier thematischen Einheiten zugeordnet worden. Diese Themeneinheiten sind nicht willkürlich oder additiv zu lesen, sondern dienen der Entfaltung zweier Perspektiven: Erstens wird die oben skizzierte Überlegung aufgegriffen, dass Sprache und Religion aufs Engste miteinander verknüpft sind. Religion ist ein sprachliches Phänomen. Sprache kann religiös sein. Zweitens greifen wir die Beobachtung auf, dass Sprache und Macht korrelieren. Sprache »macht« etwas und Sprache hat Macht. »Das macht die Sprache – Die Macht der Sprache« – auf diese eindrucksvolle Formel hat Bas Böttcher diesen Sachverhalt gebracht und in einem Poetry Slam performativ zur Darstellung gebracht (unbedingt ansehen!).[3] Sprache ist wirksam. Das gilt auch für das Gebiet der Religion. Sprache macht Religion, Religion macht Sprache. Sprache hat Macht – in der Religion und über die Religion. Religion hat Macht – in der Sprache, durch Sprache, über Sprache. In dieses thematische Geflecht sind die Beiträge eingewoben.

Das *erste Kapitel* nimmt die Eröffnung des Johannesprologs im Titel als Frage auf: »Im Anfang war das Wort« – mit dieser Formulierung wird aus religiöser Sicht die schöpferische und wirklichkeitskonstitutive Macht des Wortes und der Sprache konstatiert, zugleich aber dem Geistig-Sprachlichen ein Vorrang gegenüber dem Materiellen eingeräumt. Während der Beitrag von Michael Moxter die Implikationen des johanneischen Gedankens in philosophischer und theologischer Perspektive diskutiert, zeichnet Hans Peter Hahn mit dem Verweis auf den se-

---

3 Vgl. Anm. 1.

mantischen Eigensinn der Dinge eine kritische Linie ein. Dies begründet das Fragezeichen hinter dem Zitat aus dem Johannesprolog.

Michael Moxters (Hamburg) Überlegungen fragen explizit nach der wirklichkeitskonstitutiven Bedeutung und Funktion von Sprache. In dezidierter Abgrenzung von Sprechakttheorien und im Dialog mit sprachtheologischen und sprachphilosophischen Überlegungen von Martin Luther, Johann Gottfried Herder, Georg Hamann, Friedrich Schleiermacher, Wolfhart Pannenberg, Niklas Luhmann und Jürgen Habermas stellt er dar, wie sich eine evangelische »Theologie des Wortes« aus dem Phänomen der Sprache heraus verständlich machen lässt. »Sprache ist nicht nur ein Thema der Theologie unter anderen, sondern Medium ihrer Gegenstände und Leitfaden ihrer Fragestellungen.« Damit lotet er aus, wie die Sprache des Menschen zum Ort der Gotteserfahrung wird (Sprachlichkeit des Menschen).

Während Moxter aus theologischer Perspektive den Zusammenhang von Wort und Sprache evaluiert, weist *Hans Peter Hahn* (Frankfurt a. M.) aus kulturanthropologischer Perspektive die Rede von einer Sprache der Dinge strikt zurück, stellen doch die darin indizierten »Homologien zwischen dem Denken, der Sprache und Objekten eine problematische Vereinfachung« dar. Die Überlegungen von Hahn lassen sich als ein flankierender und kritischer Diskursbeitrag zu einer (zu?) einseitig am geistigen Wort orientierten Theologie lesen. Dass eine solch einseitige Orientierung Wahrnehmungsausfälle zu produzieren vermag, wurde zuletzt innerhalb der Theologie, besonders in der Praktischen Theologie, immer wieder betont und darauf verwiesen, dass die religiöse Praxis von Menschen nicht nur als sprachliche Kommunikation zu beschreiben ist. Es gibt auch andere Formen der Bedeutungsübermittlung. »Materielle Dinge haben«, so Hahn, »in semiotischer Hinsicht einen eigenen Modus«. Damit markiert dieser Beitrag eine epistemische Grenze des vorliegenden Jahrbuchs – von einer »Sprache der Dinge« kann nicht geredet werden.

Von der schöpferischen Macht der Sprache ausgehend, fokussiert das *zweite Kapitel* die Frage, wie und ob die Sprache den Menschen zum Menschen macht. Der Titel greift das Diktum von Johann Gottfried Herder auf, dass nur die Sprache den Menschen menschlich gemacht habe.[4] Auch dieses Diktum wird mit einem Fragezeichen versehen, denn so einleuchtend es intuitiv ist, wirft es doch zugleich erhebliche Fragen auf: Wie erwirbt der Mensch Sprache? Wie wird der Mensch sprachfähig, gerade auch religiös sprachfähig? Und was passiert, wenn

---

[4] Vgl. J. G. Herder, Ideen zur Philosophie der Geschichte der Menschheit, Wiesbaden 1985, 231. Siehe dazu ausführlich die Überlegungen im Beitrag von M. Moxter.

der Mensch verstummt, wenn der Sprache die Worte verlustig gehen, wenn das Reden an ein Ende kommt? Solchen Fragen widmen sich die Beiträge des zweiten Kapitels.

Gesa Schaadt (Berlin) stellt eröffnend diejenigen, vor allem neurokognitiven Faktoren vor, die die Entwicklung von Sprache beeinflussen und führt in die Methoden zur Untersuchung von Sprachverarbeitung, vor allem in der frühkindlichen Entwicklung, ein. Neurowissenschaftliche Untersuchungen zeigen, so stellt sie prägnant heraus, insbesondere die Bedeutung sozialer Interaktion für die kindliche Sprachentwicklung, die in die Phasen der Sprachproduktion und der Sprachverarbeitung unterschieden werden. Sprache ist ein soziales Phänomen. Daher lasse sich die zunehmende Kenntnis der neurokognitiven Grundlagen und der Komplexität von Sprachfähigkeit produktiv nutzen, um »Präventionsmaßnahmen zur Verhinderung von Sprachentwicklungsschwierigkeiten abzuleiten«.

Daniel Weidner (Halle) stellt in seinem Beitrag implizit die Frage nach dem Ursprung religiöser Sprachfähigkeit. Dazu nimmt er die – im freudschen Sinne – »Urszene« christlichen Sprechens – Pfingsten – in den Blick. »In den Blick nehmen« ist hier durchaus wörtlich gemeint. Der im Stil eines Essays verfasste Beitrag stellt literaturwissenschaftliche Überlegungen zur Struktur der Pfingsterzählung in enge Korrespondenz mit bildlichen Darstellungen der Pfingstszene, wie sie sich zum Beispiel im Reichenauer Perikopenbuch, bei Giotto, im Rabula Codex etc. finden. Das Pfingstereignis sei, so Weidner, die Ermöglichung eines »neuen Sprechens«. Die Sprachfähigkeit der wachsenden christlichen Gemeinde verdankt sich der geistgewirkten Fähigkeit zum Übersetzen, denn die erste Predigt, gehalten von Petrus, ist eine Rede, »die Prophetie übersetzt, die selbst schon eine Art von Übertragung ist, die Übertragung der göttlichen Rede in die Sprache der Menschen«. Genau darin werden die »Paradoxien des Sprachensprechens« erkennbar. Die religiöse Sprachfähigkeit des Menschen ist und bleibt ein paradoxes Phänomen. Alle Vereindeutigungsbemühungen, auch seitens der Theologie, führen zu stets neuen Aporien.

Der neutestamentliche Beitrag von *Ursula Ulrike Kaiser* (Braunschweig) folgt der auch bei Weidner angedeuteten Spur, dass der christliche Glaube immer auch als Ermächtigung zu einer »neuen Sprache« (Luther: lingua nova) zu begreifen ist, deren vornehmliches Medium die metaphorische Rede ist. Kaiser zeigt, wie die Metapher des »Geboren-« bzw. »Gezeugt-Werdens« in unterschiedlichen neutestamentlichen Texten dazu dient, eben dieses kreative und dynamische Potential des Christusglaubens auszudrücken. Die »kreative[] Lebendigkeit metaphorischer Sprache« kann daher nicht hinreichend erfasst werden, wenn solche Metaphern zur Katachrese, das heißt religiös sprachbildend, kurz: zu Floskeln werden. Das zeigt sich bei der in die religiöse Alltagssprache eingewanderten Rede von der »Wiedergeburt«. Diese droht den ursprünglichen Sinngehalt der

Rede vom »Geboren-« oder »Gezeugt-Werden« zu domestizieren, anstatt lebendig zu halten.

Andreas Wagner (Bern) analysiert die Sprachauffassung alttestamentlicher Texte, indem er einerseits die Texte auf mögliche Bezüge zum Thema Sprache befragt, also zum Beispiel Texte, die das Sprechen Gottes thematisieren (wie die Schöpfungserzählungen) und entsprechende hebräische Leitwörter evaluiert. Andererseits blickt er auf solche Texte, die vom Verstummen der Sprache, vom Schweigen sprechen, und erkennt darin eine eigene »Art und Weise der Kommunikation«. Damit widerspricht er aus alttestamentlicher Sicht der Annahme, »dass Sprache/Sprachfähigkeit/Sprachlichkeit und ›Menschsein‹ zusammenfallen«. Menschsein höre, so Wagner, »auch nach dem Wegfall der Sprache nicht« auf. Dieser kritische Einwand motiviert das Fragezeichen in der Kapitelüberschrift.

Das *dritte Kapitel* firmiert unter der Überschrift »Sprache macht Religion – Die Sprachlichkeit religiöser Praktiken«. Leitend ist die Wahrnehmung, dass sich der Zusammenhang von Sprache und Religion am deutlichsten in bestimmten religiösen Praktiken rekonstruieren lässt. Daher finden sich hier Artikel zur Praxis des Übersetzens biblischer Texte, zur Liturgie, zum Gebet und zur Praxis der Glossolalie, wie sie sich vor allem in den Pfingstkirchen findet.

Der eröffnende Beitrag von *Christian Lehnert* (Leipzig) lenkt freilich zuerst den Blick auf das niemals in Gänze ausleuchtbare Zusammenspiel von Sprache und Religion. Weisen die Beiträge von Moxter und auch von Weidner auf die sprachproduktive Kraft religiöser Ergriffenheit hin, so geht Lehnert an die Grenzen der Sprache, dorthin, wo das Nichtdarstellbare, das auf Dauer Rätselhafte und Mystische, das Poetische seine Wohnstatt hat und um Artikulation ringt. Als gleichgesinnte Weggefährten bei diesem Grenzgang erweisen sich Ludwig Wittgenstein, Jakob Böhme, Ossip Mandelstamm, aber auch ein alter Greis, alle verbunden in einem gleichsam suchenden Sprechen. In eben dieser Suchbewegung berühren sich Poesie und Religion. Lehnert zitiert die dänische Lyrikerin Inger Christensen: Die »geheimnisvolle Gefolgschaft zwischen Sprache und Wirklichkeit ist die Erkenntnisweise der Poesie.« Und genau hier liegt die schöpferische Kraft auch des religiösen Sprechens. Der Beitrag des Leipziger Lyrikers gleicht selbst einem suchenden Sprechen, ist im Stil eines Essays gehalten und folgt daher eigenen formalen Vorgaben. Der Beitrag steht in Korrespondenz zu dem Artikel von Daniel Weidner.

Friedemann Stengel (Halle) widmet sich aus erinnerungsstrategisch gegebenem Anlass der religiösen Praxis des Übersetzens heiliger und normativer Texte. Vor genau 500 Jahren, 1522, brachte Martin Luther das »Newe Testament Deutzsch« heraus. Übersetzungen, genauer: Dolmetschungen, sind sprachliche

Handlungen eigener Art. Sie dienen einerseits der Popularisierung von Texten, wobei Popularisierung hier im Sinne von volkssprachlicher Verständlichkeit und damit als erhöhte Rezeptionsfähigkeit verstanden wird. Andererseits fördern Übersetzungen zugleich Polyvalenzen zu Tage, legen die Mehrdeutigkeit und Offenheit von Texten frei und schaffen aufgrund der »Vielfalt der Lektüren und Deutungen« Heterogenität, was Stengel im Verweis auf die Pluralisierung reformatorischer Bewegungen nachzeichnet. Luthers Übersetzung erweist sich exemplarisch als ein »in politische, militärische und insgesamt kulturelle Dimensionen eingebundenes Ereignis«, das geeignet ist, die Macht der religiös-sprachlichen Praxis des Übersetzens zu zeigen.

Benedikt Kranemann (Erfurt) analysiert aus römisch-katholischer Perspektive die Herausforderungen, vor denen unter den Bedingungen einer säkularen Gegenwart die Sprache der Liturgie steht. Zu diesem Zweck zeichnet er zunächst exemplarische Stationen des Diskurses um die Sprache der Liturgie nach – von der katholischen Aufklärung, über das 19. Jahrhundert, die Liturgische Bewegung bis zum Zweiten Vatikanischen Konzil und dessen Nachwirkungen in gegenwärtige Stellungnahmen hinein. Erkennbar ist: Dieser Diskurs ist ein Diskurs um das Verhältnis der Liturgie zur gesellschaftlichen Moderne. Aus den historischen Perspektiven leitet Kranemann ausgewählte systematische Aspekte ab, die diesen Diskurs gegenwärtig bestimmen. Dabei werden vor allem die Ambivalenzen liturgischer Sprache erkennbar – eingespannt zwischen Sakralisierung und Profanierung, zwischen Ursprünglichkeit und Übersetzung bzw. zwischen Tradition und sprachlicher Innovation, zwischen Kirche und Individuum und zwischen intendierter Hermetik und Verständlichkeit. Gerade Letzteres verweist auf die Machtaffinität liturgischer Sprache, denn sie kann »in Richtung Unterordnung, Gehorsam oder Integration in eine umfassende Ordnung wirken«.

Der Praxis des Gebets widmet sich der Beitrag des Neutestamentlers *Karl-Heinrich Ostmeyer* (Dortmund). Im Dialog mit unterschiedlichen Texten aus beiden Testamenten (u.a. Lk 18,10–14; Ps 1; Dtn 6,4–9 sowie dem Vaterunser Mt 6,9–13/Lk 11,2–4) zeichnet Ostmeyer Konturen einer innerbiblischen Theologie des Gebets als einer menschlichen Sprachhandlung nach, die theologisch zwischen Erhörung und Erfüllung durch Gott oszilliert und zugleich auf die Konstituierung der betenden Person als einem Kind Gottes zielt. Das zeige sich, wenn man den Akt des Betens in drei Konstanten unterscheide: die angebetete Instanz, die betende Person sowie das eigentliche Gebet. Denn eben im Zusammenspiel dieser drei Größen erweist sich das Gebet – das lege die Auslegung der biblischen Texte nahe – als ein Sprachereignis, in dem es weniger um die Einwirkung auf Gott als um die Transformation der betenden Person gehe.

In dem Beitrag von *Jörg Haustein* (Cambridge) wird die Frage nach der sprachlichen Signifikanz und der religiösen Bedeutung der Glossolalie diskutiert, die auch bei Daniel Weidner aufgerufen wird. Hatte Weidner im Rahmen seiner literarischen Auslegung des Pfingstereignisses knapp auf die bleibende Aktualität der Pfingstkirchen verwiesen und die Kontinuitäten wie Diskontunitäten erwähnt (bei den ersten Christ:innen[5] war keine Übersetzung notwendig, heute schon), so wird das Phänomen nun einer eigenständigen und differenzierten Betrachtung unterzogen. Die glossolalische Praxis als eine religiöse Sprachpraxis der Moderne wird von Haustein in der Geschichte der Erweckungsbewegungen des späten 18. und 19. Jahrhunderts sowie der Pfingstbewegung am Beginn des 20. Jahrhunderts (Azusa Street), der Heiligungsbewegung und in den Glaubensmissionen kontextualisiert, wobei sich zeigt, dass diese Praxis stets von Konflikten um ihre Deutung als Erweis der Geisttaufe begleitet war. Ob und inwiefern die Zungenrede ein »rituelles Eschaton« darstelle, also »vom übrigen Heilsgeschehen im *ordo salutis* eines Christen zu unterscheiden« sei, erweist sich in theologischer Perspektive als eine der entscheidenden Fragen, weil über diese Frage der Zusammenhang von religiöser Erfahrung und Sprachwerdung derselben zur Debatte steht. In linguistischer und sprachphilosophischer Hinsicht verweist Haustein darauf, dass Glossolalie »keine Semantik in linguistischer Form abbilden kann«. Sie sei »ein abgeleitetes sprachliches Phänomen«, für dessen Analyse sich Sprechakttheorien als hilfreich erweisen. Hier lässt sich die Darstellung Hausteins als (kritischer) Kommentar zu den sprachtheologischen Überlegungen Moxters lesen, der für eine kritische Einhegung der Erschließungskraft der Sprechakttheorien plädiert.

Das *vierte Kapitel* versammelt unter der Überschrift »Das macht die Sprache – Die Macht religiöser Sprache« drei Beiträge, die in unterschiedlicher Perspektivierung die Machtaffinität religiöser Sprache nachzeichnen: eine exegetische Analyse des Hebräerbriefs, die linguistische Analyse sprachlicher Konstruktion religiös begründeter Machtasymmetrien und eine diskursanalytische und korpuslinguistische Analyse des Wortfeldes Religion in kolonialen Kontexten.

Matthias Becker (Heidelberg) zeigt am Beispiel des Hebräerbriefs die sprachliche Konstruktion von Bedrohung, die dort der »argumentativen Begründung von Handlungsaufforderungen oder ethischen Verhaltensweisen« dient. Die sprachliche Besonderheit der Bedrohungskommunikation als Bedrohungskonstruktion liegt in dem »rhetorischen Schwebezustand«, in welchen sie situiert ist und welcher zwingend Deutungsmachtkonflikte heraufbeschwört. Anhand von sechs Sinndimensionen (sachlich, sozial, zeitlich, emotional, religiös, paräne-

---

[5] Die Verwendung gendergerechter Sprache bzw. des generischen Maskulinums wurde in diesem Band der Freiheit der Autor:innen überlassen.

tisch) entfaltet Becker die Konstruktion eines Bedrohungsszenarios im Hebräerbrief und evaluiert die rhetorische Form der Machtausübung, die sich darin zeigt. Am Ende steht die – nach wie vor aktuelle Einsicht –, dass es in Zeiten und Situationen der Bedrohung zu »einer Steigerung der Pastoralmacht kommen« kann.

Die Reflexion über das Verhältnis von »Sprache und Macht im Bereich des Religiösen« führt notwendig in den Bereich des hochgradig Ambivalenten. Bei diesem Befund nehmen die Überlegungen zur »Artikulationskraft des Religiösen« von *Anja Lobenstein-Reichmann* (Göttingen) ihren Ausgang. Denn auf der einen Seite komme »religiöse Sinnstiftung und die Zivilisierung der Menschen hin zum Guten« in den Blick, auf der anderen Seite aber auch »die gewaltsame Durchsetzung der eigenen Religion bzw. eine nur noch rhetorische Indienstnahme religiösen Sprechens zur Legitimierung von Gewalt«. Um das damit skizzierte Spannungsfeld auszuleuchten, stellt sie zwei exemplarische Diskursfelder vor – einmal den Wortschatz des Frühneuhochdeutschen (anhand des Frühneuhochdeutschen Wörterbuchs), also eine Sprachwelt, die noch umfassend christlich geprägt war, und zum anderen den völkisch-nationalsozialistischen Sprachgebrauch, in dem sich politische Machtrhetorik als religiöse Rhetorik legitimiert. Die »Artikulationskraft religiösen Sprechens« wird zu Propagandazwecken missbraucht, die »emotionale Wirkung wird genutzt und perpetuiert, ohne tatsächlich noch Teil des christlichen Systems zu sein«. Für beide Cluster evaluiert Lobenstein-Reichmann sowohl die religiöse Denkweise, die den »Rahmen für machtvolles religiöses Sprechen schafft« als auch die Ermächtigungen und Entmächtigungen, die durch religiöses Sprechen konstituiert werden.

Ingo H. Warnke (Bremen) und *Nicole M. Wilk* (Paderborn) diskutieren einerseits den diskurslinguistischen Status des Nomens »Religion« und nehmen andererseits eine korpuspragmatische Analyse konkreter epistemischer Situiertheit dieses Nomens vor, und zwar am Beispiel der Digitalen Sammlung Deutscher Kolonialismus (DSDK). Die kolonialen Texte dieses Corpus sind für den Zusammenhang von Sprache, Religion und Macht von hohem Interesse, da sich in ihnen eine »befremdliche Gewissheit über die Richtigkeit der kolonialen Machtverhältnisse« sowie »das gesamte sprachliche Instrumentarium, das koloniale Macht in der Retrospektion offenlegt und in der Prospektion vermutlich befeuert hat«, zeigen. Das Christentum wird semantisch »als überlegene Größe im Missionierungsprozess« inszeniert, auch und gerade weil es »als eine geistig-kognitiv operierende Religion« anderen Religionen, die in Kulthandlungen, Riten oder Opferpraktiken kommunizieren, überlegen erscheint. Da der Beitrag Religion als eine epistemisch situierte Semantik zu beschreiben sucht, eröffnet er interessante Korrespondenzen zu den Beiträgen von Moxter und Hahn.

Der Band wird in einem fünften Kapitel abgerundet mit der Konzeption einer Religionslinguistik, die *Andreas Liebert* (Koblenz) entfaltet. Dabei legt er zugleich eine Heuristik für den Dialog zwischen Theologie und Linguistik vor. Im Gespräch mit Helmuth Plessners Konzeption der »exzentrischen Positionalität« und dem erfahrungsbezogenen Religionsverständnis bei Ulrich Barth entfaltet er unterschiedliche Funktionen von Religion als dem »produktive[n] Umgang mit religiösen Erfahrungen« (z. B. Funktion der Integration, des Ausdrucks, der Initiierung etc.). Diesen korreliert er mit einem sechsfach perspektivierten Sprachbegriff, nämlich den sprachlichen Strukturen, den sprachlich-kommunikativen Ereignissen, den sprachlichen und kommunikativen Praktiken und den Artefakten sowie fünftens Figuren und zuletzt der diskursiven Sprachlichkeit. Die drei Faktoren im Bestimmungsfeld von Religion und Sprache (Sprache, Funktionen, religiöse Erfahrung) werden zu einer Heuristik für dieses Feld verbunden, die in der Lage ist, den »Dialog zwischen Theologie und Linguistik« anzuregen und zu befördern.

3 Ausblick: Die verwandelnde Macht der Sprache

Am Beginn dieser Einleitung stand der Hinweis auf die Vielfältigkeit und Komplexität des Phänomens Sprache. Liest man die Beiträge im Horizont des Bandtitels »Sprache – Macht – Religion«, dann zeigt sich freilich noch ein Weiteres: Sprache ist ein hochgradig paradoxes Phänomen. Ihr schöpferisches Potential kann sich zum Guten wie zum Destruktiven wenden. Ihre identitätsstiftende Kraft kann Gemeinschaft schaffen, aber zugleich Exklusion und Hass befördern. Sprache artikuliert Erfahrungen. Erfahrungen können aber auch zum Verstummen, zum Verlust von Sprache führen. In der Sprache kann man das eigene Selbst sowohl entdecken wie verlieren. Im Blick auf das Verhältnis von Religion und Sprache zeigt sich das Sakralisierungs- und Profanierungspotential der Sprache, ihr Verwoben-Sein in Alltag und ihr Verweis auf Transzendenz. Einerseits legt Sprache fest, normiert und organisiert. Andererseits führt Sprache an die Grenzen des Sagbaren, öffnet Räume für Transzendenz und Sinnüberschuss, verwandelt. Beides also gilt: Sprache macht Religion, aber Religion macht auch Sprache.

Diesen grundlegenden Zusammenhang von Sprache und Religion, der sich immer wieder situativ konkretisiert (Warnke/Wilk), hat der Literaturwissenschaftler Johannes Anderegg bereits vor vielen Jahren auf die Unterscheidung von instrumentellem und medialem Sprachgebrauch zugespitzt und dabei Sprach- und Religionstheorie aufeinander bezogen. Der instrumentelle Sprachgebrauch ist für Anderegg der Sprachgebrauch des Alltags, dort nämlich, wo Dinge festgelegt werden auf das, was sie zu sein scheinen, wo Paradoxien aufgelöst und Klarheiten sprachlich eingefordert werden. Die Alltagssprache fungiert als »Instrument zur Bezeichnung oder zur Bezugnahme innerhalb einer problemlos vorhandenen, immer schon gegebenen Wirklichkeit«.[6] Sie bezieht sich auf einen Bereich, »der seine Ordnung hat und der in Ordnung ist«.[7] Deshalb ist ihr Gebrauch ein selbstverständlicher. Weil aber »Wirklichkeit« immer das Ergebnis eines Interpretationsvorganges ist, konstruieren die sprachlichen Zeichen die Welt, in der man sich vorfindet, als eine Welt, die schon immer so ist, wie sie bezeichnet wird. Die Ordnung, auf die man sich bezieht, wird als notwendig vorausgesetzt und nicht in Frage gestellt. Die instrumentelle Sprache bezeichnet Dinge und Sachverhalte so, wie sie sind. Sie nimmt das, worauf sie sich bezieht, als gegeben und unveränderbar hin.

Wer freilich über die vorhandenen Ordnungen hinaus Sinnräume und Deutungshorizonte zu eröffnen sucht, der ist auf einen anderen Sprachgebrauch angewiesen. Anderegg spricht hier vom »medialen« Sprachgebrauch – medial, weil die Sprache das Medium der Sinnbildung ist.

> Der mediale Sprachgebrauch aktiviert unsere Fähigkeit zur Sinnbildung und unser Bedürfnis nach Sinnbildung. Anders als der instrumentelle konfrontiert er uns mit Noch-nicht-Begriffenem; er läßt uns also mehr und anderes wahrnehmen und begreifen als jenes schon Begriffene, auf das wir instrumentell Bezug nehmen. Der mediale Sprachgebrauch transzendiert jene Welten, läßt uns jene Welten transzendieren, deren wir uns instrumentell versichern.[8]

Mediale Sprache ist »Sprache in der Verwandlung, ist übergänglich«.[9] Während der instrumentelle Sprachgebrauch die Bedeutung der Sachverhalte zu bestimmen sucht und damit einen Zusammenhang voraussetzt, stellt der mediale Sprachgebrauch die Frage nach dem Sinn, stellt den Zusammenhang gerade in Frage und zielt so auf Verwandlung. »Wer die Sprache als Medium für die Sinnbildung versteht, vollzieht selbst einen Prozeß der Verwandlung«.[10]

In der Zusammenschau der Beiträge lässt sich also in aller Vorläufigkeit sagen: Sprache macht Religion, weil und wo sie Verwandlung schafft. Die Macht

---

6 J. Anderegg, Sprache und Verwandlung. Zur literarischen Ästhetik, Göttingen 1985, 39. Vgl. hierzu R. Conrad, Weil wir etwas wollen! Plädoyer für eine Predigt mit Absicht und Inhalt (Evangelisch-katholische Studien zu Gottesdienst und Predigt 2), Neukirchen-Vluyn/Würzburg 2014, 146–150.
7 Anderegg, Sprache (s. Anm. 6), 36.
8 Anderegg, Sprache (s. Anm. 6), 55.
9 Anderegg, Sprache (s. Anm. 6), 32.
10 Anderegg, Sprache (s. Anm. 6), 57.

der Sprache ist, religiös gesehen, die Macht der Verwandlung. So wie es das Ende der christlichen Bibel bezeugt: »Und der auf dem Thron saß, *sprach*: Siehe, ich mache alles neu ...« (Offb 21,5). Das macht die Sprache.

Ruth Conrad, Corinna Körting und Christiane Zimmermann
Berlin, Hamburg, Kiel, im März 2022

Kapitel I: »Im Anfang war das Wort«? – Philosophisch-theologische Grundlegung und ein kulturanthropologischer Einspruch

Michael Moxter

Sprachlichkeit und Gottesbewusstsein

Zusammenfassung: Sprache ist mehr als bloß ein Instrument der Kommunikation oder ein Transportmittel für Informationen. Sprache ist das grundlegende Medium des Denkens und des humanen Zugangs zur Welt. Auch der Gottesgedanke ist sprachlich vermittelt. Der Aufsatz entfaltet diese Auffassung in Auseinandersetzung mit der Sprechakttheorie, mit Humboldts und Schleiermachers Begriff der Artikulation, Pannenbergs Anthropologie der Sprachlichkeit und mit kurzem Blick auf Luhmann und Habermas.

Abstract: Language is more than just an instrument of communication or a vehicle for information. It is the basic medium of thinking and »world-making«, it even conveys an understanding of »God«. To support this point of view, the article refers to theoretical accounts such as speech-act-theory, Humboldt's and Schleiermacher's understanding of articulation, Pannenberg's language-anthropology, Luhmann's sociology and to Habermas' latest book.

Was Sprache vermag, ist im Zusammenhang ihrer Möglichkeiten, Realität zu vermitteln, zu diskutieren. In Nachbarschaft zu dieser allgemeinen Frage gerät eine Theologie, die von »Schöpfung durch das Wort«, von »Rechtfertigung des Gottlosen *solo verbo*« spricht und die Wahrnehmung des Predigtamtes (gemäß CA V) unter die Verheißung eines *verbum efficax* stellt, das nicht leer zurückkommt, sondern wirkt, was es sagt. Martin Luther konnte solche Glaubensaussagen mit Ps 33,9 (»Denn wenn er spricht, so geschieht's/wenn er gebietet, so steht's da«) begründen, aber seine Theologie des Wortes auch im Horizont eines allgemeinen Nachdenkens über die Sprache zur Geltung bringen, wie er es aus der Rhetorik kannte. Wenn wir heute im Blick auf die biblischen Traditionen fragen, ob es sich bei ihrer Konzentration auf das Wort vor allem um Königsideologie handelte, die den Inhaber der Macht als souveränen Entscheider und Gesetzgeber begreift, sind wir erst recht herausgefordert, Theologie nicht nur im Modus der Selbstvergewisserung christlichen Glaubens zu artikulieren. Was evangelisch vom Wort gedacht wird, muss sich aus Phänomenen der Sprache verständlich machen lassen.

Kontakt: Michael Moxter, Fakultät für Geisteswissenschaften, Fachbereich Evangelische Theologie, Universität Hamburg, Deutschland; E-Mail: michael.moxter@uni-hamburg.de

https://doi.org/10.1515/bthz-2022-0003

1 How God did things with words

Als Kandidat solcher Plausibilisierung einer Theologie des Wortes gilt seit geraumer Zeit die sogenannte Sprechakttheorie, die aber nur *cum grano salis* »Theorie« genannt werden kann. Denn was unter diesem Titel geführt wird, besteht im Kontrast zu einer Orientierung an Aussagesätzen (Propositionen) vor allem in der Entdeckung, »How to do things with words«.[1] Ein ausgefeiltes Explikationsangebot, das auf die in den genannten Glaubensüberzeugungen implizierte Sprachauffassung nur angewendet werden müsste, war das nicht. Austin hatte die Einsicht, dass auch Sprechen ein Handeln ist, um den Aspekt ergänzt, dass wir mitunter im und durch Sprechen noch etwas anderes tun – zum Beispiel einen anderen beleidigen oder kränken, ihn loben oder ermutigen. In solchen Fällen tritt zum Akt der lautlichen Kundgabe von Worten (locutio) ein sogenannter illokutionärer Akt, der unter Umständen eine rechtsrelevante Handlung darstellt, also juristisch geahndet werden kann. Freilich kann man sich auch durch eine Bemerkung beleidigt sehen, obwohl der Sprecher das nicht intendierte. Es handelt sich dann um einen perlokutionären (durch Sprechen ausgelösten) Effekt. Eine Verflechtung der drei Dimensionen (locutio, illocutio, perlocutio) kann gegeben sein, ist aber nicht die Regel. Denn bekanntlich kann man – um nur ein Beispiel zu wählen – die Handlung »einen Witz erzählen« vollenden, ohne dass jemand lacht.

Anders verhält es sich bei sogenannten performativen Äußerungen. Das sind Fälle, in denen der intendierte Effekt nicht kontingent zu der illokutionären Handlung hinzutritt, sondern mit ihr gekoppelt ist. Das kann dadurch erreicht werden, dass der Sprecher nicht nur etwas tut, indem er etwas sagt, sondern zugleich sagt, was er tut (Beispiel: »Ich begrüße Sie«). Der Effekt, dass begrüßt wurde, ist hier nicht abhängig von einer rhetorischen Wirkung auf die Anwesenden, sondern intrinsisch gesichert. Eine solche Wirklichkeit setzende Erfolgsgarantie besteht vor allem dann, wenn institutionelle Kontexte den Zusammenhang von Äußerung und Handlung garantieren. Erklärt der Präsident die Sitzung für eröffnet oder ein Standesbeamter ein Paar für verheiratet, so sind dies (unter präzisierbaren Randbedingungen) keine bloßen Äußerungen von Worten, sondern gesetzte Rechtstatsachen, deren Konsequenzen erheblich sein können. Das gilt auch, wenn ein Kapitän auf hoher See die entsprechende Formel wählt, während ein Wirklichkeit setzender Effekt nicht eintritt, wenn der Standesbeamte in seiner Freizeit oder auf einer Theaterbühne sich derselben Worte bedient.

---

1 J.L. Austin, Zur Theorie der Sprechakte (How to do things with Words), deutsche Bearbeitung von E. von Savigny, Stuttgart 1979; vgl. G. Hornig, Art. Performativ, in: HWPh 7 (1989), 253–255.

Vor diesem Hintergrund sind für die Theologie die sprechakttheoretischen Analysen des Versprechens oder des Verträgeschließens von besonderem Interesse, wenn es darum geht, biblische Theologumena wie Verheißung oder Bund zu rekonstruieren. In beiden Fällen geht ein Sprecher allein durch sein Wort eine Verpflichtung ein, die ihn zukünftig bindet, also schon jetzt bestimmte Handlungen ein- und andere ausschließt. Das Äußern von Worten schafft hier Tatsachen. Sprache setzt Wirklichkeit, ohne dass an Magie oder Zauberspruch zu denken wäre. Diese Wirkmacht des Wortes hängt freilich an institutionellen Ordnungen, die die Handlung des Sprechens rahmen.[2] Sie ist kein Produkt subjektiver Willensmacht oder der Souveränität des Sprechers. Im Fall des Versprechens erfolgt die Rahmung ausschließlich durch soziale Beziehungen, beim Vertrag hängt sie an Rechtsordnungen. Die Erwartung, dass jemand sein Versprechen hält, gehört zur Bedeutung des Wortes »Versprechen« (»Ich verspreche, x zu tun« ist keine Prognose über das eigene zukünftige Handeln, die falsch sein könnte, sondern eine Selbstverpflichtung, die sich nicht dadurch neutralisieren lässt, dass man das Versprechen bricht).

Blickt man unter dieser Voraussetzung auf das Sprachhandeln Gottes, so sollte deutlich sein, dass dessen Wirksamkeit nicht durch institutionelle Kontexte verbürgt ist, sondern an der Verlässlichkeit des Redenden hängt. Die Sprechaktanalyse bleibt insofern bloße Analogie, ohne die ceteris-paribus-Klausel vollständig zu erfüllen. Doch fragen wir zunächst noch nach ihrer möglichen Leistung für die Sakramentenlehre.

Die Taufe war ein prominentes Beispiel schon bei Austin,[3] freilich war an Namensgebung (Schiffstaufe) oder an Aufnahme in die Gemeinschaft der Glaubenden gedacht, aber nicht an einen Rekonstruktionsvorschlag für göttliches Handeln. Aber geht nicht zumindest das Abendmahl mit einer institutionellen Rahmung einher (Einsetzungsworte, Mitgliedschaft in der Kirche, sachgemäßer Vollzug durch ordnungsgemäß Berufene)? Und spielt nicht im Streit zwischen Luther und Zwingli die Differenz von *Heißelwort* und *Tätelwort* (so Luther in Reaktion auf Zwinglis Terminologie) eine wichtige Rolle, die Affinitäten zugunsten einer Sprechaktanalyse aufweisen könnte? Zwingli orientierte seine Auslegung der Einsetzungsworte an dem, was uns diese Worte zu tun heißen (daher nannte er sie »*heissende wort*«), hier also: bestimmte Handlungen zum Gedächtnis Jesu zu vollziehen, während andere Teile des Textes bloß berichteten (konstatierten),

---

2 C. Taylor, Das sprachbegabte Tier. Grundzüge des menschlichen Sprachvermögens, übers. aus dem Englischen von J. Schulte, Berlin 2017, 508.
3 Austin, Sprechakte (s. Anm. 1), 28 f. 44 f.

was Jesus tat (daher: »*tätliche wort*«[4]), in diesem Fall also: »er nahm das Brot, dankte gab es ihnen etc.« Luther, der gegen eine aus seiner Sicht bloß symbolistische Deutung aus den Einsetzungsworten den Glauben begründete, mit Brot und Wein den präsenten Leib Christi zu empfangen, wies Zwinglis Interpretationsvorschlag zurück und bestand hermeneutisch auf einer den Textzusammenhang der Einsetzungsworte einheitlich interpretierenden Methode.[5] Dessen Aufteilung in Indikativ und Imperativ oder in Deskription und Präskription ausschließend, begriff Luther die Einsetzungsworte als Bedingungen, unter denen das *verbum visibile* und mit ihm die Gaben des neuen Bundes empfangen werden können. Der für Luther entscheidende Gesichtspunkt liegt in dem Glauben, dass Gott »sein heissen und thun an unser sprechen gebunden hat«. Ohne diese Überzeugung sei es unstrittig gewiss, dass »unser sprechen nichts schaffet«. Ohne Selbstbindung Gottes bliebe es bei der (Zwingli wohl nur unterstellten) These: »verbum facti non efficiat factum, sed narret factum, das thetel wort nicht schaffe, das es lautet, sondern predige nu[e]r von dem geschefft.«[6] Da es aber um »mehr«, letztlich um *unio sacramentalis*, gehe, kann Luther die Differenz von Tätelwort und Heißelwort gegen Zwinglis Auslegung kehren: Für ihn ist das Wort, das zu tun geheißt, in Wahrheit ein Verheißungswort, das als Gottes Wort dessen (von Ps 33,9 definierter) Eigenart entspricht, schöpferisch, also Wirklichkeit setzend zu sein: »So sinds nicht mehr schlechte [sc. schlichte] thettelwort sondern auch heissel wort, denn *es geschieht auch alles was sie lauten, aus krafft der go[e]tlichen heisselwort* durch welche sie gesprochen werden.«[7] Dass im Sprechen das »geschieht«, was gesagt wird, liegt ausschließlich an Verlässlichkeit und Macht des Schöpferwortes. Auf eine institutionell eingebettete und deshalb wirksame Sprechhandlung kann diese Auskunft nicht zurückgeführt werden.[8]

Bemerkenswert aber bleibt, dass Luther im Streit um die Interpretation der Einsetzungsworte und also um die Theologie des Abendmahls vor allem sprachphilosophische Argumente einbrachte: Zwingli und Ökolampad warf er vor, aus-

---

4 H. Zwingli, Daß diese Worte ›das ist mein Leib etc.‹ ewiglich den alten Sinn haben werden etc. (1527), in: ders., Sämtliche Werke, Bd. 5, hg. von E. Egli und G. Finsler (CR 92), Leipzig 1934, 795–977: 887f.
5 M. Luther, Vom Abendmahl Christi. Bekenntnis (1528), in: ders., Studienausgabe, Bd. 4, hg. von H.-U. Delius u.a., Berlin 1986, 13–259.
6 Luther, Abendmahl (s. Anm. 5), 55.
7 Luther, Abendmahl (s. Anm. 5), 53 (Hervorhebungen von M. Moxter).
8 Das (und nur das) scheint mir der innovative Beitrag Joachim von Soostens zu übersehen, der die Einsetzungsworte als deklarativen Sprechakt beschreibt: J. von Soosten, Präsenz und Repräsentation. Die Marburger Unterscheidung, in: D. Korsch (Hg.), Die Gegenwart Jesu Christi im Abendmahl, Leipzig 2005, 99–122: 110.

gerechnet mit ihren Hinweisen auf figürliche Redeformen die Einsichten der Rhetorik bzw. die *ars grammatica* zu verfehlen. Nicht eine vorausgesetzte Onto-Logie bestimme über Bedeutungsfragen, sondern der Sprachgebrauch. Metaphorische Rede ist für Luther eigentliche Rede, die den Worten neue Bedeutungen gibt und gerade dadurch darlegt, wie es um eine Sache steht. Luthers Empfehlung: »man mus nicht achten was solche spitze Sophisten gauckeln sondern auff die sprache sehen was da für eine weise brauch vnd gewonheit ist zu reden«[9] als Rat, nicht nur bei der Übersetzung »dem Volk aufs Maul«, sondern auch im Denken »auff die sprache [zu] sehen« macht seine programmatische Perspektive aus. Mit der Sprechaktanalyse ist sie nicht zu fundieren,[10] aber sie bringt ein Konzept auf den Weg, das Ludwig Wittgenstein (in Anlehnung an Luther) »Theologie als Grammatik«[11] nennt. Die »theologische Sprachlehre«[12] Luthers ist Sprachlehre als Theologie.

Das negative Ergebnis unserer Argumentation hat einen positiven Effekt für die Einschätzung der sogenannten »Sprechakttheorie«. Folgt man den Überlegungen, wird man Austin und John Searle (und in ihrer Nachfolge Jürgen Habermas) nicht nachsagen können, die Autoren unterstellten der Sprache eine gleichsam magische oder sakrale Macht, die das Wunder der Rechtsbindung zustandebringe.[13] Solche Kritik verkennt den Sachverhalt, dass bestimmte performative Sprechakte nur deshalb gelingen und Wirklichkeit setzen, weil sie auf institutionalisierten Rechtsverhältnissen beruhen.[14]

---

9 Luther, Abendmahl (s. Anm. 5), 186, vgl. 115f.
10 Eine frühe Rezeption Austins mit dem Verdienst, die Sprechaktanalyse auf die Abendmahlstheologie anzuwenden findet sich bei: L. Bejerholm / G. Hornig, Wort und Handlung. Untersuchungen zur analytischen Religionsphilosophie, Gütersloh 1966, 77–112. Die Verfasser erkennen den Unterschied, lesen aber die Einsetzungsworte als Eröffnung einer genuin religiösen Wirklichkeitssicht, in der etwas (Brot) als etwas (Leib Christi) gesehen wird.
11 L. Wittgenstein, Philosophische Untersuchungen (Suhrkamp-Taschenbücher 14), Frankfurt a. M. 1971, 183.
12 G. Ebeling, Einführung in theologische Sprachlehre, Tübingen 1971.
13 So fasst Werner Gephart in kritischer Absicht, aber zu Unrecht zusammen: W. Gephart, Recht als Kultur. Zur kultursoziologischen Analyse des Rechts (Studien zur europäischen Rechtsgeschichte 209), Frankfurt a. M. 2006, 185.
14 Derridas Einlassung zum Thema neigt zu einer auf Autorität des Sprechenden fokussierten Analyse der Sprechakte. Nur deshalb greift sein Vorwurf, die Analyse orientiere sich an einer stilisierten Fehlerfreiheit, die einer idealisierten Sonderwelt angehöre; vgl. zum Problem: M.T. Mjaaland, The Promise, the Gift, and Being Lost. Derrida Disillusioning Speech through Writing, in: N. Heinsohn / M. Moxter (Hg.), Enttäuschung. Interdisziplinäre Erkundungen zu einem ambivalenten Phänomen, Paderborn 2017, 229–244; vgl. auch G. Agamben, Das Sakrament der Sprache, Berlin 2010.

2 Humane Sprachlichkeit und Religion

Auf andere Weise stellt sich die Vermittlung von Sprache und Wirklichkeit in der von Wilhelm von Humboldt entwickelten und von Friedrich Schleiermacher auf das Verhältnis zur Religion bezogenen Sprachauffassung dar. Sie ist von Johann Gottlieb Herder (1744–1803) beeinflusst und nimmt Impulse auf, die von Johann Georg Hamann (1730–1788) ausgehen. Alle genannten Autoren verbindet die Überzeugung, dass Sprache nicht ausschließlich als System von Zeichen oder als Instrument zur Bezeichnung von Gedanken (Codierung von Informationen) gedacht und als ein Gegenstand neben anderen Untersuchungsgegenständen erfasst werden kann. Sprache gehöre vielmehr auf die Ebene der Weltkonstitution, der (quasi-)transzendentalen Bedingungen von Erkenntnis und Gegenständlichkeit. In diesem Sinne unterscheidet Charles Taylor zwischen einer Theoriefamilie, die Sprache im Rahmen anderer Verhaltensweisen thematisiert, und einer Denktradition, nach der die Sprache konstitutiv für den menschlichen Weltzugang ist, also die *conditio humana* bestimmt.[15] Sprachtheorien des ersten Typs (Taylor nennt sie: Rahmentheorien) operieren mit einer technizistisch-instrumentalistischen Signifikationstheorie in objektivierender Perspektive, Theorien des zweiten Typs (Taylor spricht von Konstitutionstheorien) interessieren sich nicht nur für Bedeutungen einzelner Wörter, sondern auch für Bedeutsamkeit, vor allem aber begreifen sie *intentione obliqua* den Menschen im Horizont seiner Sprachlichkeit.

Der Begriff »Sprachlichkeit« ist insofern hilfreich, als mit ihm weder auf eine bestimmte Sprache oder Sprachfamilie noch auf das Sprechen (parole) oder Hören (Sprachverstehen) oder gar das Schreiben (Externalisierung) exklusiv Bezug genommen und auch nicht Lautsprache gegenüber Gebärdensprache privilegiert wird. Ähnlich wie die Medienwissenschaften von »Medialität« sprechen, um das Familienähnliche zwischen Zeitung, Heiliger Schrift, Instagram und Spiritismus zu identifizieren, beschreibt der auf dem Weg der Substantivierung eines Adjektives gewonnene Terminus »Sprachlichkeit« mehrere Dimensionen. Er ermöglicht zugleich einen Bezug auf die traditionelle Selbstbeschreibung des Menschen: Dessen griechische Bestimmung als ζῷον λόγον ἔχον hatte gegenüber der lateinischen Fokussierung auf das *animal rationale* den Vorteil, das Merkmal der Rationalität, das zum Logosbegriff seit der Vorsokratik gehört, enger an das Sprechen,

---

15 Es handelt sich bei Taylors Gegenüberstellung einer HHH-Theorie (Herder-Hamann-Humboldt) und einer HLC-Theorie (Hobbes-Locke-Condillac) natürlich um eine idealtypische Ordnung, die zu viel Einheit suggeriert: Vgl. Taylor, Das sprachbegabte Tier (s. Anm. 2), 7.14 und öfter.

also die φωνή an die Leiblichkeit des Vernunftwesens und die historischen und politischen Kontexte der Definition, mithin an Ab*stimmen* und Be*stimmen* zu binden. Während der Sklave ἄνευ λόγου bleibt, ein belebtes Werkzeug, dessen Stimme nicht zählt, anerkennen sich die Polisbürger als Menschen, die miteinander sprechen und darin ihre Freiheit verwirklichen.

Der Zusammenhang beider Definitionen des Menschen stellt sich wieder ein, wenn Hamann gegenüber dem Rationalismus der Aufklärung das Eingebettetsein der *recta ratio* in die Vielfalt der Sprachen betont: »Vernunft ist Sprache«.[16] Einem einseitigen Rationalismus verhaftet sah Hamann auch noch Kant agieren, dessen »Kritik der reinen Vernunft«, im Sinne eines *genetivus subiectivus* gelesen, einem Purismus der Vernunft folge, gegenüber dem es auf Entdeckung der »Sprach- und Sinnlichkeit« des Denkens ankomme. Insofern ist für Hamann (und viele Denker des späten neunzehnten und frühen zwanzigsten Jahrhunderts) Sprachkritik die Fortsetzung und Vollendung von Vernunftkritik: »Nicht nur das ganze Vermögen zu denken, beruht auf Sprache [...], sondern Sprache ist auch der *Mittelpunct des Missverstandes der Vernunft mit ihr selbst.*«[17] Hamanns Aufmerksamkeit für das Leibliche und das geschichtlich Gewordene der Sprache war an einer inkarnationstheologischen Christologie orientiert, die Menschwerdung als Kondeszendenz Gottes denkt.[18]

Auf seine Weise betonte auch Herder: »Ein Volk hat keine Idee, zu der es kein Wort hat [...], eine reine Vernunft ohne Sprache ist auf Erden ein utopisches Land« und folgerte aus dem anthropologischen Zusammenhang von Sprache, Stimme, Mundbewegung, Leib, physischem Übertragungsmedium und Denken: »Ein Hauch unseres Mundes wird das Gemälde der Welt, der Typus unserer Gedanken und Gefühle in des anderen Seele. Von einem bewegten Lüftchen hängt alles ab, was Menschen je auf der Erde Menschliches dachten, wollten, taten und tun werden«. Insofern gelte: »Nur die Sprache hat den Menschen menschlich gemacht.«[19] Deren Ausbildung wäre freilich nicht zustande gekommen, »wenn

---

16 J.G. Hamann, Brief an Herder vom 8. August 1784, in: ders., Briefwechsel, Bd. 5: 1783–1785, hg. von A. Henkel, Frankfurt a.M. 1965, 174–178.
17 J.G. Hamann, Metakritik über den Purismus der Vernunft, in: ders., Schriften zur Sprache, Einleitung, Anmerkungen und hg. von J. Simon (Theorie 1), Frankfurt a.M. 1967, 224. Damit rechnet man noch, wenn man die philosophischen Probleme entstehen sieht, wenn die Sprache feiert (vgl. Wittgenstein, Philos. Untersuchungen [s. Anm. 11], 39).
18 Mit der Konzentration auf »Gottes Selbstherablassung« setzt auch ein: J. Ringleben, Gott im Wort. Luthers Theologie von der Sprache her (HUTh 57), Tübingen 2010.
19 J.G. Herder, Ideen zur Philosophie der Geschichte der Menschheit, Wiesbaden repr. 1985 [1966], 231.

nicht dieser göttliche Odem uns angehaucht hätte.«[20] Weil diese Inspiration aber nur Anregung zur Sprachbildung ist, handelt es sich bei dieser Bemerkung um keinen Rückfall in die, von Herder bereits 1772 zurückgewiesene Vorstellung vom Ursprung der menschlichen Sprache durch göttliche Belehrung. Herder hielt sie für genauso abwegig wie die ihr entgegengesetzte rationalistische Auffassung, die Menschen hätten durch Absprache, gleichsam durch einen Vertrag, die Bedeutung der Wörter festgelegt. An die Stelle der übernatürlichen Gottesgabe des Sprachvermögens tritt eine sich entwickelnde Tätigkeit des Menschen. Sprache differenziert sich durchs Sprechen aus, in und mit dem Sprechen bildet sich der Mensch und realisiert so seine Gottebenbildlichkeit. Insofern war Sprachlichkeit für Herder das Paradigma einer entwicklungs- (wenn auch nicht: evolutions-) theoretischen Beschreibung des Menschen.

Begreift man Sprachbildung als Artikulation, und das heißt als einen Prozess, der nicht einem schon fertigen Gedanken (Bewusstseinsinhalt) ein lautliches Zeichen anhängt, sondern in dem sich Gedanken erst bilden, hat man die kopernikanische Wende der postkantischen Sprachphilosophie Humboldts im Blick: »Die Vorstellung, dass die verschiednen Sprachen nur dieselbe Masse der unabhängig von ihnen vorhandenen Gegenstände und Begriffe mit andren Worten bezeichnen [...] ist dem Menschen zu natürlich, als dass er sich leicht davon losmachen könnte [...]. Die Verschiedenheit der Sprachen ist ihm nur eine Verschiedenheit von Schällen, die er, gerichtet auf Sachen, bloss als Mittel behandelt, zu ihnen zu gelangen.«[21] Gerade diese Perspektive aber müsse gewechselt werden, um die Eigenart der Sprache zu erkennen: »Die wahre Wichtigkeit des Sprachstudiums liegt in dem Antheil der Sprache an der Bildung der Vorstellungen [...]. Denn der Mensch kommt nicht nach Art eines reinen Geistes in die Welt, der den fertigen Gedanken nur mit Tönen umkleidet, sondern als ein tönendes Erdengeschöpf, aus dessen Tönen sich [...] alles Grosse, Reine und Geistige entwickelt.«[22] Abgeschlossen ist diese Entwicklung nie, sie bleibt immer in Bildung[23] begriffen, weshalb Sprache nicht allein Werk (ἔργον) ist, sondern zugleich ἐνέργεια: ein Vollzug, der sich über einzelne Wörter als Organe vermittelt, ein Ineinander von Erzeugtem und Erzeugendem (man könnte von einer autopoetischen Struktur sprechen). Aufgrund der Spannung von individuellem Spre-

---

20 Herder, Geschichte der Menschheit (s. Anm. 19), 231.
21 W. von Humboldt, Über die Verschiedenheiten des menschlichen Sprachbaues (1827–1829), in: ders., Werke in fünf Bänden, Bd. 3: Schriften zur Sprachphilosophie, hg. von A. Flitner/K. Giel, Darmstadt 1963, 144–367: 153.
22 Humboldt, Über die Verschiedenheiten 1827–1829 (s. Anm. 21), 153f.
23 Humboldt, Über die Verschiedenheiten 1827–1829 (s. Anm. 21), 191.

chen (Sprachgebrauch) und gemeinsamer Sprache (Syntax, Semantik) machen Sprecher von endlichen Mitteln einen unendlichen Gebrauch. Wie im Sprechen Sinnliches und Geistiges, Laut und Bedeutung konstitutiv verbunden sind, ist auch das einsame Denken des Einzelnen mit intersubjektiver Kommunikation gekoppelt, eine Privatsprache also ausgeschlossen: »In der Erscheinung entwickelt sich die Sprache nur gesellschaftlich, und der Mensch versteht sich selbst nur, wenn das selbstgebildete Wort aus fremdem Munde wiedertönt.«[24] *Intra*subjektive Reflexion zwischen Intellekt und Sinnlichkeit einerseits und *inter*subjektive Kommunikation andererseits, aber auch Mitteilung und Selbsttätigkeit fordern sich gegenseitig. Sprachbildung ist daher Weltkonstitution: »Wie der einzelne Laut zwischen den Gegenstand und den Menschen, so tritt die ganze Sprache zwischen ihn und die innerlich und äusserlich auf ihn einwirkende Natur. Er umgibt sich mit einer Welt von Lauten, um die Welt von Gegenständen in sich aufzunehmen und zu bearbeiten.«[25] Sprache ist also kein Gegenstand unter empirisch zu erforschenden Objekten, sondern Medium der Gegenständlichkeit. Mit der Vielfalt von Sprachen und individuellen Gebrauchsformen, sozusagen mit dem Abstieg von *der* Sprache zu den Sprachen, ergibt sich darum nach Humboldt ein Relativismus des sprachlichen Weltzugangs – woran sich die Vorstellungen einer Sprachkreistheorie und die Transformation von Sprachphilosophie in »*allgemeine historische* Sprachkunde«[26] anschließen lassen. Der Abstieg vom Allgemeinen zum Konkreten lässt sich bis zum Individuum fortsetzen: »Erst im Individuum erhält die Sprache ihre letzte Bestimmtheit. Keiner denkt bei dem Wort gerade und genau das, was der andre, und die noch so kleine Verschiedenheit zittert, wie ein Kreis im Wasser, durch die ganze Sprache fort. Alles Verstehen ist daher immer zugleich ein Nicht-Verstehen, alle Uebereinstimmung in Gedanken und Gefühlen zugleich ein Auseinandergehen.«[27] Nie sind sprachliche Zeichen als identische Bestimmung eines Begriffs definitiv stabilisierbar (Universalsprache, *mathesis universalis*), stets färben sie sich in historischen Kontexten, Lebensformen oder pragmatischen Situationen ein und wandeln sich ab. Doch der Eindruck, Sprachrelativismus münde in Sprachskepsis, der individuelle Sprecher bleibe in seiner eigenen Sprachzelle eingeschlossen und müsse an der Unmöglichkeit authentischer Selbstmitteilung verzweifeln (»Selbst das einzige, was wir besitzen, die

---

24 W. von Humboldt, Über die Verschiedenheit des menschlichen Sprachbaus und ihren Einfluss auf die geistige Entwicklung des Menschengeschlechts (1830–1835), in: ders., Werke III (s. Anm. 21), 368–756: 429.
25 Humboldt, Über die Verschiedenheit 1830–1835 (s. Anm. 24), 434.
26 Humboldt, Über die Verschiedenheiten 1827–1829 (s. Anm. 21), 155.
27 Humboldt, Über die Verschiedenheit 1830–1835 (s. Anm. 24), 439.

Sprache, taugt nicht [...], sie kann die Seele nicht malen, und was sie uns gibt, sind nur zerrissene Bruchstücke. Daher habe ich jedes Mal eine Empfindung wie ein Grauen, wenn ich jemandem mein Innerstes aufdecken soll; nicht eben, weil es sich vor der Blöße scheut, aber weil ich ihm nicht alles zeigen kann und daher fürchten muß, aus den Bruchstücken falsch verstanden zu werden«[28]), muss nicht zwingend sein. Auch ohne ontologische Garantien und außersprachliche Referenz sind Übersetzungen zwischen Sprachen möglich. Von ihnen muss nicht erwartet werden, dass sie ein-eindeutige Beziehungen zwischen den Wörtern unterschiedlicher Sprachen etablieren. Aber Unbestimmtheiten und Ungenauigkeiten (siehe unten Abschnitt 3b) machen Verständigung nicht unmöglich. Sie sind nicht nur ihre Grenze, sondern oft auch ihr Grund.

Schleiermacher schließlich begreift die Sprache als ein individuelles Allgemeines.[29] »Man kann ein Gesprochenes nicht verstehen ohne das Allgemeinste aber auch nicht ohne das persönlichste und besonderste«, heißt es schon in seinen frühen Aphorismen zur Hermeneutik.[30] Spätere Ausarbeitungen unterscheiden zwischen einer grammatischen Interpretation, die anhand allgemeiner Regeln Sinn rekonstruiert, und einer psychologischen Interpretation, die das Individuelle am kombinatorischen Stil des Sprechers und dessen historischen Kontexten ermittelt. Letztere beruht nicht auf Einfühlung in Fremdpsychisches, sondern bleibt Sprachanalyse. »Die Einheit eines Wortes« begreift Schleiermacher unter diesen Voraussetzungen nicht als eine feste und fixierende Form, sondern als »ein Schema, eine verrükbare [sic!] Anschauung«.[31] Gehören zum individuellen Gebrauch konstitutiv Beweglichkeit und Verschiebbarkeit der Bedeutungen, kann Sprache nicht ausschließlich als System definierter Zeichen und der Satz nicht letztinstanzlich als Abbildung wahrheitsdefiniter Propositionen gedacht werden.

Daraus ergibt sich das Verhältnis von Religion und Sprache bei Schleiermacher. Schon seine »Reden über die Religion« kritisierten die medialen Formen der Schriftlichkeit und des Buchdrucks als der religiösen Mitteilung unangemessene Darstellungsformen. In ihnen gehe Wesentliches der religiösen Kommunikation verloren, weshalb der der Frühromantik eng verbundene Autor die Heilige Schrift

---

28 H. von Kleist, Brief an seine Stiefschwester Ulrike vom 5. Februar 1801, in: ders., Briefe an seine Schwester Ulrike, hg. von A. Koberstein, Berlin 1860, 43–51: 45.

29 Vgl. M. Frank, Das individuelle Allgemeine. Textstrukturierung und -interpretation nach Schleiermacher (Stw 544), Frankfurt a.M. 1977.

30 F.D.E. Schleiermacher, Zur Hermeneutik 1805 und 1809/10, in: ders., Kritische Gesamtausgabe, Bd. 2/4: Vorlesungen zur Hermeneutik und Kritik, hg. von W. Virmond unter Mitwirkung von H. Patsch, Berlin/Boston 2012, 5–34: 15 (Hervorhebung im Original).

31 Schleiermacher, Zur Hermeneutik 1805 und 1809/10 (s. Anm. 30), 29.

ein Mausoleum toter Religion nennen kann.[32] Religion bedürfe der mündlichen Kommunikation und zwar näherhin der rhetorisch-poetischen Form, so dass Kunst signifikant für religiöse Mitteilung wird, sei es doch: »unmöglich, Religion anders auszusprechen und mitzuteilen als rednerisch, in aller Anstrengung und Kunst der Sprache, und willig dazu nehmend den Dienst aller Künste, welche der flüchtigen und beweglichen Rede beistehen können.«[33] Die Kunst der Sprache zieht die Sprachen der Kunst nach sich und begründet die Nachbarschaft von ästhetischer und religiöser Erfahrung.

Schleiermachers Denken ist das eines Kommunikationstheoretikers *avant la lettre*, der in seiner Dialektik wie in seiner Ethik die Konstitution der gemeinsamen Welt (des Wissens dort, der sozialen Güter hier) an Sprache und Unterredung, an Austausch und Mitteilung, an Dissens und die Methoden seiner Auflösung knüpfte. Dem entspricht die Anlage seiner Glaubenslehre, wenn deren Einleitung die soziale Struktur der Religionen (also: Religionsgesellschaften) aus dem »sich immer erneuernden Umlauf« und der »geordnete[n] [...] Fortpflanzung der frommen Erregungen« herleitet und ihre Pneumatologie die christliche Kirche als Gemeinschaft der *wechselseitigen Mitteilung* des frommen Selbstbewusstseins fasst.[34] Kommunikation begründet und bearbeitet die Einsicht, dass kein Glaubender sich »einer allseitigen und vollkommnen Auffassung Christi«[35] gewiss sein könne, sondern jeder der Korrektur durch andere (einer »in Jedem durch Alle sich berichtigende [...] Selbstthätigkeit«[36]) bedürfe. Damit wird die protestantische Bestimmung einer allein aufs Wort ausgerichteten Kirche, die selbst *creatura verbi*, zuerst hörende und daraufhin redende Kirche ist, in eine Pneumatologie wechselseitiger Mitteilung überführt. Diese verschränkt sich mit der am zur Welt gekommenen Logos orientierten Christologie und ist in dieser Doppelbindung Kommunikationstheorie.

Wie Kommunikation des religiösen Bewusstseins dessen Bestimmtheit vermittelt, vollendet die Sprache erst den Gedanken. Religion als Vermittlung von

---

32 Vgl. F.D.E. Schleiermacher, Über die Religion. Reden an die Gebildeten unter ihren Verächtern (1799), in: ders., Kritische Gesamtausgabe, Bd. 1/2: Schriften aus der Berliner Zeit 1796–1799, hg. von G. Meckenstock, Berlin/New York 1984, 185–326: 242.
33 Schleiermacher, Über die Religion (s. Anm. 32), 269.
34 F.D.E. Schleiermacher, Kritische Gesamtausgabe, Bd. 1/13: Der christliche Glaube nach den Grundsätzen der evangelischen Kirche im Zusammenhang dargestellt. Zweite Auflage (1830/31), Teilbd. 1, hg. von R. Schäfer, Berlin 2003, 58 (§6.4).
35 F.D.E. Schleiermacher, Kritische Gesamtausgabe, Bd. 1/13: Der christliche Glaube nach den Grundsätzen der evangelischen Kirche im Zusammenhang dargestellt. Zweite Auflage (1830/31), Teilbd. 2, hg. von R. Schäfer, Berlin 2003, 240 (§115.2).
36 Schleiermacher, Der christl. Glaube, Bd. 2 (s. Anm. 35), 287 (§122.3).

Endlichem und Unendlichem und Sprache als Vermittlung von Allgemeinem und
Besonderem sind also darin einander affin, dass sie individuelle, je-eigentümli-
che Erfahrung am Ort des Allgemeinen zum Ausdruck bringen.

3 Anthropologie – Sprachphilosophie – Theologie

Das Verhältnis von Sprache und Vernunft spielt auch in Pannenbergs »Anthropologie in theologischer Perspektive« eine für deren Argumentationsgang wichtige,
wenn auch im Buchaufbau eher dezentrale Rolle.[37] Am Phänomen der Sprache
verdeutlicht Pannenberg den für seine Theologie unverzichtbaren Totalitätsge-
danken und führt er den gesuchten Nachweis einer unhintergehbaren religiösen
Dimension des Menschseins. Leitmotiv ist die Selbstvergessenheit der ins Gespräch über eine gemeinsame Sache vertieften Sprecher, die sich mitreißen lassen, die Kontrolle über ihre Kommunikation aufgeben und auf diese Weise Ergriffenheit und Inspiration erleben. Darin zeige sich eine Wirklichkeit, die auch
bei nicht-theologischen Autoren wie Erving Goffman religiös eingefärbte Begriffe
wie *unio mystica*, Tranceerlebnis, Exstase oder Geisterfahrung provozierten. Für
unseren Zusammenhang ist vor allem von Interesse, wie Pannenberg Sprachlichkeit beschreibt (beschreiben muss), wenn diese einen Argumentationsgang soll
tragen können, der im Grunde eine Variante eines anthropologischen Gottesbe-
weises[38] darstellt.

Zunächst kritisiert Pannenberg die prinzipientheoretische Stellung des
Handlungsbegriffs in der Anthropologie, wie er paradigmatisch bei Arnold Geh-
len, aber auch in der sogenannten »Sprechakttheorie« begegnet. Denn in der
Sprache gehe es nicht allein um das Tun des Menschen, sondern – wie die ge-
nannten Phänomene zeigten – um Mitanwesenheit des göttlichen Geistes. Spra-
che sei in der entscheidenden Hinsicht kein Produkt der Sprecher.[39] Auch der von
Humboldt und Cassirer entwickelte Begriff der Artikulation als Akt sprachlicher
Weltkonstitution ist von dieser Auffassung betroffen. Denn die relativistischen
Untertöne einer Identifikation der partikularen Sprachen mit ebenso vielen Welt-
sichten ließen es nicht zu, Sprachlichkeit als eine Erfahrung mit dem Absoluten

---

37 W. Pannenberg, Anthropologie in theologischer Perspektive, Göttingen 1983, 328–384.
38 Vgl. dazu W. Pannenberg, Systematische Theologie, Bd. 1, Göttingen 1988, 105: »Die Funktion
der anthropologischen ›Gottesbeweise‹ besteht [...] in dem Nachweis, daß der Gottesgedanke *wesentlicher* Bestandteil eines angemessenen Selbstverständnisses des Menschen ist«.
39 »Die Hypertrophie des Subjektbegriffs im neuzeitlichen Denken ging zusammen mit der Tendenz, alle Gegebenheit in Handlung aufzuheben« (Pannenberg, Anthropologie [s. Anm. 37], 356).

zu interpretieren. Vor allem aber: Nur wenn Denken *mehr* ist als Sprechen, kann sich der Universalismus der *einen* Vernunft gegenüber der Vielheit der Sprachen behaupten und darum auch Gott mehr sein als (aus Pannenbergs Sicht: bloß) »ein Wort unserer Sprache«.[40]

Der kulturtheoretische Abschnitt seiner Anthropologie hält daher ausgerechnet unter der Überschrift »Sprache als Medium des Geistes«[41] am klassischen Logosbegriff als Vorrang der Vernunft vor der Sprache fest. Dieses Herunterspielen der sprachlichen Medialität begründet Pannenberg im Anschluss an die Beschreibung des ontogenetischen Spracherwerbs bei Piaget (das Sprachvermögen bilde sich in Abhängigkeit von der mentalen Entwicklung) und im Blick auf den phylogenetischen Übergang im Tier-Mensch-Feld von einer bloßen Signalsprache zur prädikativen Sprachstruktur.[42]

Pannenberg unterstellt eine »vorsprachliche Entwicklung und Festigung der Objektkonstanz«,[43] die sowohl entwicklungspsychologisch im Spiel des Kindes wie stammesgeschichtlich im Ritual des archaischen Kultus dem Ursprung der Sprache vorausgehe.[44] »Der eigentliche Übergang zur Verselbständigung der Benennung [...] scheint mit dem Symbolspiel des Kindes als Darstellung eines durch das Spielobjekt angedeuteten, durch das begleitende Wort ihm verbundenen Gegenstandes zusammenzuhängen.« Entsprechend stehe der »vorgeschichtliche[] Übergang vom Signal zum Symbol, also die Entdeckung der symbolischen Bedeutung des Wortes [...] mit dem festlichen Spiel, das auch Ursprung des Kultus« sei, in enger Verbindung.[45] Im kultischen Gebrauch der Stimme und im rhythmisierten Tanz entstehe eine Gliederung von Bewegungen, welche die Lautäußerungen präge, und aus der anhaltenden Wiederholung im Ritus eine feste Zuordnung zwischen Laut und Gegenstand (etwa dem im Jagdtanz dargestellten Tier). Das bilde die Basis des Schemas der Repräsentation.[46] Koordination der Bewegungen, Ergriffenheit im mimetischen Spiel und Rhythmisierung des Ausdruckverhaltens sind zentrale Elemente der Sprachwerdung, deren ursprünglichste Form im Anschluss an Ernst Cassirer und Susanne K. Langer als Einheit von Laut und Sache, Sprache und Mythos bzw. *Eindruck* und rituellem *Ausdruck* gedacht

---

40 Gegen: E. Jüngel, Gott – als Wort unserer Sprache, in: ders., Unterwegs zur Sache. Theologische Bemerkungen (BEvT 61), München 1972, 80–104.
41 Pannenberg, Anthropologie (s. Anm. 37), 328–384.
42 Vgl. Pannenberg, Anthropologie (s. Anm. 37), 339–341.349.
43 Pannenberg, Anthropologie (s. Anm. 37), 347.
44 Vgl. unten Abschnitt 5.
45 Pannenberg, Anthropologie (s. Anm. 37), 347.
46 Pannenberg, Anthropologie (s. Anm. 37), 347 Anm. 123.

ist. Dieses im Grunde auf Usener und Warburg zurückgehende Theorem[47] begründet die Leitthese Pannenbergs, »daß die Sprache aus einer im Ursprung religiösen Ergriffenheit entsteht.«[48] Dieser Zusammenhang wird uns unter dem Titel »Versprachlichung des Sakralen« (siehe unten Abschnitt 5) noch beschäftigen. Pannenberg hält mit dieser These die alte Frage nach dem Ursprung der Sprache in einer Fassung wach, nach der Sprache weder bloßes Resultat menschlicher Tätigkeit noch reine Gottesgabe ist. Sie ist Schöpfung des Menschen, aber sie reagiert (sozusagen von Haus aus *responsorisch*) auf eine vorgängige Ergriffenheit angesichts allumfassender Wirklichkeit. Letztere ist im Anschluss an den frühen Schleiermacher als Universum des Sinns[49] gedacht und wird von Pannenberg unter dem Titel »Geist« ausbuchstabiert. Dieser Übergang aus Diskursen empirischer Sprachwissenschaft in eine Metaphysik der Spracherfahrung, die zudem beansprucht, Wahrheitsmomente der Wort-Gottes-Theologie in sich aufzunehmen, ist charakteristisch für Pannenbergs Verfahren und darf als Prototyp einer unter den Bedingungen zeitgenössischer Sprachphilosophie vollzogenen Transformation des Logos-Begriffs gelten. Von ihr aus wäre zu erschließen, was sich in der Hermeneutischen Theologie bei Ernst Fuchs und Eberhard Jüngel, in der theologischen Sprachlehre Gerhard Ebelings, aber auch bei zwischen Judentum und Johannesprolog operierenden Sprachdenkern wie Ferdinand Ebner, Martin Buber, Franz Rosenzweig oder Eugen Rosenstock-Huessy herauskristallisiert und schon beim jungen Walter Benjamin skizziert war: die Überzeugung, die »Sprache des Menschen« sei aus intrinsischen Gründen zugleich der genuine Ort der Gottesbeziehung, »*Sprache*[ ] *die Mutter* der Vernunft und *Offenbarung.*«[50]

Pannenbergs Variationen dieses Themas sind durch drei Motive wechselseitiger Verschränkung bestimmt: Anwesenheit und Abwesenheit (a), Bestimmtheit und Unbestimmtheit (b) und schließlich Begriff und Bild (c) sind in der Sprache aufeinander bezogen.

(a) Die schon erwähnten Überlegungen zur Ausbildung des Schemas der »Repräsentation« nehmen – wie angedeutet – ihren Ausgangspunkt, wo Lautfolgen ritueller Rhythmisierung »zum Medium der Anwesenheit eines Gegenstandes werden« und das heißt im Kultus. Repräsentation ist in ihm wesentlich ein Präsenzphänomen, der Ritus werde »als ein Sichdarstellen des Gegenstandes von

47 Der üppigen Materialschlacht Pannenbergs fehlt der Hinweis auf diese für Cassirer wichtigen Autoren.
48 Pannenberg, Anthropologie (s. Anm. 37), 348.
49 Pannenberg, Anthropologie (s. Anm. 37), 365.
50 So das Hamann-Zitat bei W. Benjamin, Über Sprache überhaupt und über die Sprache des Menschen (1916), hg. von F. Lönker, Stuttgart 2019, 18.

ihm selber her« erlebt. Gedacht wird sie mithin nicht nach dem Modell der Darstellungsfunktion konventioneller Zeichen, die einen abwesenden Gegenstand im Satz vertreten, auch nicht als Sinnsetzung durch Interpretation, sondern im Horizont jener Indifferenz von Zeichen und Gegenstand, die nach Cassirer für das mythisch-magische Bewusstsein charakteristisch ist.[51] Teilhabe an gegenwärtig erlebter Wirklichkeit zu vermitteln, gehört zur Eigenart und Erschließungskraft der Symbole – auch noch in unserer Sprache und Lebenswelt, so dass die Verschränkung von Abwesenheit und Anwesenheit auch im nachmythischen Bewusstsein erfahrbar bleibt: »Daß im Wort der abwesende Gegenstand selber gegenwärtig ist, das konstituiert sein Wesen als Symbol.«[52] Pannenberg hält es für die Funktion des Eigennamens, ein Individuum »auch als abwesendes noch anwesend sein« zu lassen.[53] Diese Verschränkung erweist sich als religions- und medientheoretisch anschlussfähige Bestimmung, die in Zeiten des *iconic turn* auch als Leistung des Bildes ausgewiesen wird.[54] Dass Gott nicht gesehen werden kann, aber sein Wort, sein Name oder ein Kultbild als Medien seiner Anwesenheit dienen, kann mit der Überzeugung von Gottes Unverfügbarkeit gekoppelt werden, so dass die Vermittlungsformen keine Macht über das gewähren, was sie vergegenwärtigen. Verborgenheit und Freiheit dessen, der sich im Medium offenbart, ist in der Dialektik von Anwesenheit und Abwesenheit mitgesetzt. Unterdrückt der religiöse Kultus die Momente der Abwesenheit bzw. des Entzugs in der Repräsentation, verstößt er gegen Bedingungen, die ihn zugleich ermöglichen und begrenzen. Das Verbot der Bilder und des Namensmissbrauchs oder die Warnung vor Rückfall in Zauberei sind die typischen Beispiele solcher Begrenzungen in der jüdisch-christlichen Religion. Was in ihr gelernt wurde, wirft Licht auf die Eigenart der Sprache. Was sie vermag, ist die andere Seite dessen, was Sprache nicht kann: Sie ist Medium, auch Vergegenwärtigung des Abwesenden, aber als durch Negativität und Differenz bestimmt verfügt sie doch nicht über das, was sie repräsentiert.

(b) Von konstitutiver Unbestimmtheit der Sprache war schon im Blick auf das Verhältnis von Bedeutung und Gebrauch der Wörter die Rede. Während die konstativ-explanative Sprache empirischer Wissenschaften, um Hypothesen prüfen zu können, auf begriffliche Eindeutigkeit ihrer Termini angewiesen ist, kön-

---

51 Cassirer spricht von Konkreszenz und Kontiguität zwischen Zeichen und Sache, vgl. ders., Philosophie der Symbolischen Formen, Teil 2: Das Mythische Denken, Darmstadt 1964, 48–59.
52 Pannenberg, Anthropologie (s. Anm. 37), 348.
53 Pannenberg, Anthropologie (s. Anm. 37), 349.
54 H. Belting, Bild-Anthropologie, Entwürfe für eine Bildwissenschaft (Bild und Text), Paderborn ⁴2011, 29.

nen schon in ihrer Beschreibungssprache,[55] vor allem aber in der Alltags- und Umgangssprache, erst recht im poetischen Gebrauch, produktive Ungenauigkeiten bedeutsam werden. Es ist, um mit Wittgenstein zu sprechen, nicht immer ein Gewinn, ein Bild durch ein schärferes zu ersetzen.[56] Die Unbestimmtheit von Übersetzungen[57] oder die Vieldeutigkeit des ästhetischen Gegenstandes[58] sind unterschiedliche Fälle eines solchen In- und Miteinanders von Bestimmtheit und Unbestimmtheit. Pannenberg beruft sich vor allem auf den Frankfurter Philosophen Bruno Liebrucks, der seinerseits in Anschluss an Karl Bühler von einem Unbestimmtheitshof des Wortes sprach: Wie der Mond als Körper klar begrenzt ist, aber Licht in seinen Hof reflektiert, so gehörten zur Sprache Übergänge, Brechungen und Mehrdeutigkeiten. Die Bedeutung eines Wortes ist nie durchgängig bestimmt, auch dann nicht, wenn es für einen spezifischen Bereich definiert werden kann. Gerade der Bedeutungsüberschuss halte das sprachliche Weltverhältnis offen und beweglich und erweise sich immer dann als produktiv, wenn Neues erschlossen werden soll.[59] Pannenberg motiviert mit dieser Verschränkung von Bestimmtheit und Unbestimmtheit die Einführung des Geistbegriffs: »Das Ineinander von Bestimmtheit und Unbestimmtheit des Wortes [...] hat nun eine Konsequenz [...]: Im Fortgang des Sprechens wird fortschreitend neue Bestimmtheit artikuliert, die zugleich immer wieder von einem ›unbestimmten Möglichkeitshof unscharfer Bedeutung‹ umgeben ist. Die Konnotationen des Gesagten bilden [...] Ansatzpunkte für mögliche Fortsetzungen, die [...] an jedem Punkte des Gesprächs verschiedene Richtungen nehmen können.«[60] In dieser Eigenart der Sprache gründen die Freiheit des Gesprächsverlaufs und der Widerfahrnischarakter einer nicht-dirigierbaren Entwicklung, an der die Sprechenden entdecken, dass sie an einem Geschehen teilhaben, ohne über dieses zu verfügen. Am sprachlichen Verhältnis von Bestimmtheit und Unbestimmtheit erfährt sich der

---

55 Wie Husserl betont: E. Husserl, Ideen zu einer reinen Phänomenologie und phänomenologischen Philosophie, in: ders., Gesammelte Schriften, Bd. 5, hg. von E. Ströker, Hamburg 1992, 155 (§74).

56 Wittgenstein, Philos. Untersuchungen (s. Anm. 11), 60.

57 Im Sinne von W. van Orman Quine, Das Sprechen über Gegenstände, in: ders., Ontologische Relativität und andere Schriften, übers. von W. Spohn (Reclams Universal-Bibliothek 9084), Stuttgart 1975, 7–40.

58 H. Blumenberg, Die essentielle Vieldeutigkeit des ästhetischen Gegenstandes, in: ders., Ästhetische und metaphorologische Schriften, hg. von A. Haverkamp, Frankfurt a.M. 2001, 112–119.

59 Vgl. S. Liedtke, Freiheit als Marionette Gottes. Der Gottesbegriff im Werk Bruno Liebrucks (Theologische Bibliothek Töpelmann 160), Berlin/Boston 2013, 53f.

60 Pannenberg, Anthropologie (s. Anm. 37), 363; zitiert wird B. Liebrucks, Sprache und Bewusstsein, Bd. 2, Frankfurt a.M. 1965, 242.

Mensch im Horizont eines umfassenden und mitreißenden Ganzen, das Pannenberg ›Wirklichkeit des Geistes‹ nennt.

(c) Und schließlich gehöre zur Sprache ein »Ineinander von schöpferischer Freiheit und Empfänglichkeit«.[61] Im Verhältnis zur Einbildungskraft (Imagination) als Kraft auch der Ineinsbildung von Endlichem und Unendlichem, als Kraft der Versinnlichung der Begriffe bzw. – in umgekehrter Blickrichtung vom Besonderen zum Allgemeinen aufsteigend – als Kraft der Reflexion auf einen möglichen Begriff, unter dem Erscheinungen subsumiert werden könnten, erledigt sich ein Rationalitätsverständnis, das nur Abstraktion, nur reine Identität und Deduktionsverhältnisse anerkennt. Die Kunst, das treffende Wort zu finden, einem Ausdruck eine neue Bedeutung zu geben oder mit einer Abduktion Sachverhalte zu erschließen, beruhe auf kreativen Kompetenzen, an denen sich die Gottebenbildlichkeit des Menschen (mit dem Grenzwert des Künstlers als *deus alter*) zeige. Allerdings ermögliche die Kreativität der Sprecher auch die Verführung durch korrumpiertes und korrumpierendes Reden, durch leere Worte und rhetorisch inszenierte Lügen. Pannenberg spricht von Einflüsterungen des Teufels[62] und sieht sie dort am Werk, wo eine sich von ihrer Empfänglichkeit für das Ganze abkoppelnde Vernunft das Humane verfehle.

Bei Pannenberg konvergieren also sprachtheoretische und theologische Bestimmungen in mehreren Hinsichten: Die der Sprache immanente religiöse Tiefendimension vermittelt zwischen Anthropologie und einer nicht länger supranatural verstandenen Offenbarung, die mit der Erfahrung einer immanenten Transzendenz konvergiert. Die »Anthropologie in theologischer Perspektive« sucht die Alternative von Religionsphänomenologie und Wort-Gottes-Theologie zu überwinden, indem sie Sprache als Manifestation einer umfassenden Wirklichkeit denkt – und sie operiert als Kritik der in der Sprache präsenten Tendenzen zur Mythisierung, Überredung und Verstellung.[63] Freilich bleibt Sprache in Pannenbergs Theologie der Alltagskommunikation gleichsam entrückt. Paradigma ist ein vom kommunikativen Handeln entlastetes Gespräch, das seinen Gang selbständig nimmt und die Sprecher zu Partizipanten eines offenen Prozesses macht. Darin zeigen sich massive Idealisierungen, angesichts derer auch die unvermittelte Einführung des Geistbegriffs nicht überraschen kann. Sprache ist das Dasein des Geistes und so die Wirklichkeit Gottes.

---

61 Pannenberg, Anthropologie (s. Anm. 37), 366.
62 Pannenberg, Anthropologie (s. Anm. 37), 370.
63 Pannenberg, Anthropologie (s. Anm. 37), 384.

4 »Gott« in Kommunikation

Eine nüchternere Beschreibung verwandter Phänomene bietet Niklas Luhmanns Religionstheorie. Nach ihr ermöglichen Entscheidungen über Kommunikationsangebote Ja/Nein-Stellungnahmen zu ihnen, also Kommunikationsmöglichkeiten anderer Sprecher. Diese werden eröffnet und herausgefordert, aber nicht definitiv festgelegt. Man kann kommunikativ immer auch anders reagieren als es ein Sprecher erwartet, so dass dessen Kommunikationsangebot einerseits bestimmt ist, andererseits aber offenbleibt gegenüber unabschließbaren Möglichkeiten. Insofern beruht auch in systemtheoretischer Perspektive Kommunikation auf einer Korrelation von Bestimmtheit und Unbestimmtheit. Unabschließbarkeit des Horizontes bei gleichzeitiger Fokussierung auf ein Thema – dieses zentrale Motiv der Intentionalitätsanalyse Husserls wird von Luhmann in der Variante aufgegriffen,[64] unabschließbare Sinnmöglichkeiten und offene Interpretationen lagerten sich an je konkreten Sinn an, so dass Entgrenzung und Form gekoppelt sind. Gerade auf diese Verbindung sei religiöse Kommunikation spezialisiert: »Religion garantiert die Bestimmbarkeit allen Sinnes gegen die miterlebte Verweisung ins Unbestimmbare.«[65] Die Codierung *religiöser* Kommunikation erfolgt durch die spezifische Unterscheidung von Immanenz und Transzendenz, aber diese reagiert auf Phänomene, die in jeder Kommunikation auftreten können.[66] Es ist die Eigenart des Kommunikationssystems, nicht – wie bei Pannenberg – des Menschen, der Religion bedürftig zu sein.[67]

Luhmann verfügt über Denkmittel, die sprachliche oder sprachaffine Darstellungsweisen als Anwesenheit des Abwesenden zu interpretieren erlauben. Die Systemtheorie kann nämlich rekonstruieren, warum die »Paradoxie« der Einheit von Anwesenheit und Abwesenheit entsteht und in welchen Formen sie bearbeitet werden kann. Weil Unterscheidung Grenzziehung ist, die die Einheit des Unterschiedenen bzw. das Andere der Unterscheidung nicht los wird, bleibt im Sprechen »[i]mmer [...] etwas Ungesagtes vorbehalten«.[68] Sprache hat ihr Anderes nicht am Ort einer sprachfreien, außersprachlichen Realität, sie führt es als das in ihr jeweils Ungesagte mit sich. Kann jedes Wort den Gegensinn erregen

64 Vgl. N. Luhmann, Die Religion der Gesellschaft, hg. von A. Kieserling (Stw 1581), Frankfurt a.M. 2002, 122f.
65 Luhmann, Religion der Gesellschaft (s. Anm. 64), 127.
66 »Man kann dann auch sagen, daß eine Kommunikation immer dann religiös ist, wenn sie Immanentes unter dem Gesichtspunkt der Transzendenz betrachtet« (Luhmann, Religion der Gesellschaft [s. Anm. 64], 77).
67 Zu Luhmanns Kommentar vgl. Luhmann, Religion der Gesellschaft (s. Anm. 64), 339.
68 Luhmann, Religion der Gesellschaft (s. Anm. 64), 21.

(Goethe), so deshalb, weil dieser im Sprechen mitgesetzt ist. Gerade dieser umfassende Aspekt des Sprachlichen bzw. der Kommunikation ist für theologische Perspektiven interessant – nicht nur, weil Luhmann erklären kann, was Pannenberg, Ringleben[69] oder die Ausführungen dieses Bandes tun. Der entscheidende Gesichtspunkt liegt an einer anderen Stelle: Was in Kommunikation jeweils ausgeschlossen ist, begleitet sie als Appräsentiertes, bei dem man sich nie sicher sein kann, ob es nicht doch noch bzw. wie es wieder ins Spiel kommt. »*Dafür* Formen der dann noch möglichen Kommunikation bereitzustellen, ist auf der Ebene der Gesellschaft Sache der Religion.«[70] In diesem Sinne gilt: »Religion hat es mit [...] Einschluß des Ausgeschlossenen, mit der zunächst gegenständlichen, dann lokalen, dann universalen Anwesenheit des Abwesenden zu tun.«[71] Genau das verbindet Religion mit dem sprachlichen Weltzugang des Menschen. In der strikten Außenperspektive der Systemtheorie kann man einen Platzhalter dieser Paradoxiebildung ermitteln und als »Kontingenzformel« beschreiben. Diese ist auch »Abschlußformel«[72]: Einerseits verbürgt sie die Differenz von Immanenz und Transzendenz, andererseits ist sie auch deren Einheit – existierendes Transzendentes oder auch: Gott in Welt. Die Eigenart jedes Systems, mit Unterscheidungen auf eine Umwelt zu reagieren, setzt Beobachtung des Gegebenen voraus, das nie als es selbst, sondern immer nur in einer Perspektive beobachtet werden kann. Gott nimmt dann die Position eines letzten Beobachters ein, der Unterscheidbarkeit ermöglicht. Insofern ist bei Luhmann (wie bei Kant das transzendentale Ideal) Gott ein Platzhalter der durchgängigen und kontinuierbaren Bestimmbarkeit, die wir im Sprechen voraussetzen. Gott ist auch darin »ein Wort unserer Sprache«, dass es für die Einheit aller Unterscheidungen steht.[73] Gerade deshalb wird Gott als Logos, als Wort, als Kommunikation oder als der Sprache Bedeutung gebend[74] gedacht. Nur ist dieser Gottesgedanke bei Luhmann nicht affirmativ gemeint.

---

69 Auch Ringlebens große Studie denkt (mit spekulativen Obertönen) »Gott im Wort«: Ringleben, Gott im Wort (s. Anm. 18).
70 Luhmann, Religion der Gesellschaft (s. Anm. 64), 141.
71 Luhmann, Religion der Gesellschaft (s. Anm. 64), 31f.
72 Luhmann, Religion der Gesellschaft (s. Anm. 64), 151.
73 Luhmann, Religion der Gesellschaft (s. Anm. 64), 160.
74 Erinnert sei an die These, »daß jede [...] Erklärung des Vermögens der menschlichen Sprache, Sinn [...] zu vermitteln, letztlich auf der Annahme einer Gegenwart Gottes beruhen muss« (G. Steiner, Von realer Gegenwart. Hat unser Sprechen Inhalt?, München 1990, 13).

5 Versprachlichung zwischen De- und Resakralisierung

Aus systemtheoretischer Perspektive ist auch das Ritual eine Form der Kommunikation, so dass Sprachlichkeit und darstellendes Handeln (und in der Folge: Mythos und Ritus, aber auch Wort und Sakrament) konstitutiv zusammengehören. Das führt zu unserem Ausgangspunkt (Performance) zurück.

Habermas rekonstruierte in seiner *Theorie des kommunikativen Handelns* unter dem Titel »Versprachlichung des Sakralen« Transformationsprozesse der Religion, die ihm auch als Kontrastfolie für aktuelle Veränderungen dienen. Ausgangspunkt ist der archaische Ritus als sozialer, aber vorsprachlicher[75] Bindungsmacht, die Gemeinschaft unter der Affektambivalenz von Faszination und Bedrohung konstituiert und in leiblichen Ausdrucksgestalten fundiert. Die Entwicklung der Sprache löst Krisen der sozialen Integration aus, transformiert letztere aber auch im Übergang von der bannenden Macht des Heiligen zur bindenden Kraft von Geltungsansprüchen. Sprache als Medium unverkürzter Verständigung kann Handlungen koordinieren, wann immer in Krisen deren selbstverständliche Zusammengehörigkeit zerfällt.[76] Versprachlichung bedeutet in diesem Zusammenhang Entsubstantialisierung und Verflüssigung, aber auch die Überwindung eines Solipsismus subjektiven Erlebens zugunsten kommunikativer Vernunft. Mit dem Theoriemotiv »Versprachlichung« will Habermas an den ursprünglichen Sinn der Logos-Anthropologie anknüpfen.[77]

Diesem Zutrauen in Sprache und Diskurse kontrastiert die beunruhigende Frage, ob der intersubjektiven Verständigung wirklich zuzutrauen sei, den Willen der einzelnen Subjekte zu binden und sozial Integration zu leisten.[78] In dieser Frage reflektiert sich ein Grundproblem der kantischen Ethik, nämlich die Frage, ob praktische Vernunft den Willen oder gar konkrete Handlungen motivieren kann bzw. welcher Vermittlungsformen (Achtungsgefühl, Gerechtigkeitssinn) es bedarf, damit es nicht bei bloßer Beurteilungskompetenz einer Maximen prüfenden Rationalität bleibt. Wenn Versprachlichung als Rationalisierungsschub den rituell-sakralen Komplex auflöst und das darstellende Handeln zum bloßen Re-

---

75 Im Anschluss an R. Bellah, vgl. J. Habermas, Theorie des kommunikativen Handelns, Bd. 1: Handlungsrationalität und gesellschaftliche Rationalisierung, Frankfurt a.M. 1981, 249.
76 Habermas, Kommunikatives Handeln, Bd. 1 (s. Anm. 75), 142f.
77 Vgl. Habermas, Kommunikatives Handeln, Bd. 1 (s. Anm. 75), 28.
78 Vgl. J. Habermas, Theorie des kommunikativen Handelns, Bd. 2: Zur Kritik der funktionalistischen Vernunft, Frankfurt a.M. 1981, 46.

siduum längst überwundener Integrationsformen des Sozialen macht,[79] andererseits aber Vernunft Integration nicht leistet, entsteht eine erhebliche Deckungslücke. Durkheims Analysen des Zusammenhanges von Religion und Sozialität unterstellten, die Bindekraft der Verträge beruhe ursprünglich auf sakraler Rückendeckung, die Vereinigung der Einzelwillen auf dem Glauben an ihre Einheit mit dem Willen Gottes. Allein durch das Wort geschlossene Verträge könnten daher (so das Argument) nur unter der Bedingung als verlässlich erscheinen, dass sie an die Sphäre des Heiligen angeschlossen, durch sie bekräftigt wurden. Habermas bezieht sich auf den sprachphilosophischen Kontext, wenn er Durkheim wie folgt zitiert: »Nun sind aber die Worte selbst etwas Reales, Natürliches, Vollbrachtes [Performatives], das man mit einer religiösen Kraft versehen kann, dank deren sie diejenigen, welche sie ausgesprochen haben, verpflichten und binden [...]. Eines der Mittel, um ihnen diesen [religiösen] Charakter zu übertragen, ist der Eid, d.h. die Anrufung eines göttlichen Wesens. Durch die Anrufung wird dieses göttliche Wesen zum Garanten des gemachten Versprechens.«[80] Versprechen und Eid werden – wie später in der Sprechakttheorie – als Performativa gedacht, eine Wirklichkeit setzende Kraft der Sprache wird in Anspruch genommen, nur liegt deren Fundierung Durkheim zufolge im Kultischen. Doch wie steht es mit solchen Bindekräften in säkularisierten Gesellschaften?

In seinem 2019 erschienenen Werk »Auch eine Geschichte der Philosophie« wird dieses Thema zu einem Leitmotiv, das sich besonders in Habermas Auseinandersetzung mit Luthers Theologie spiegelt. *Einerseits* ordnet der Autor diese der mit der Achsenzeit anhebenden Überwindung des magischen Denkens, der Entzauberung der Welt und der Versprachlichung des Sakralen zu.[81] *Andererseits* zeigt sich Habermas überzeugt, Luthers »Sublimierung der erlösenden Kraft Gottes ins Medium der Sprache«[82] eröffne den Pfad einer eindimensionalen Rationalisierung, die die Religion von ihren Wurzeln und den Glauben vom Wissen trenne. Die Folgen dieser Entwicklung (Subjektivierung, Fideismus und Lehr-Purismus) unterminierten den sozialen Zusammenhalt: »Ich bin der lutherischen Aufhebung des Ritus in eine sprachliche Kommunikation mit Gott so detailliert gefolgt, weil ich mich frage, ob der weitere, seinerzeit von der reformierten Kirche und inzwischen von weiten Teilen des Protestantismus insgesamt nachvollzogene Schritt« der Desakralisierung »das *Versiegen der Quelle sozialer*

---

79 Vgl. Habermas, Kommunikatives Handeln, Bd. 2 (s. Anm. 78), 96.
80 Habermas, Kommunikatives Handeln II (s. Anm. 78), 126 (Klammervermerke von M. Moxter).
81 Vgl. J. Habermas, Auch eine Geschichte der Philosophie, Bd. 2: Vernünftige Freiheit. Spuren des Diskurses über Glauben und Wissen, Berlin 2019, 42f.
82 Habermas, Auch eine Geschichte, Bd. 2 (s. Anm. 81), 42.

Integration einleitet, was einer menschheitsgeschichtlichen Zäsur gleichkäme«.[83] Angesichts des sozialtheoretischen Gewichts dieser Frage erscheint dann Luthers Abendmahlstheologie, die den *verbis visibilibus* Brot und Wein die Realpräsenz Christi zuschreibt, als eine glückliche Inkonsequenz lutherischer Theologie, die Habermas als Ausdruck eines Zurückschreckens des Reformators vor den von ihm selbst eingeleiteten Entwicklungen der Spiritualisierung und des Fideismus interpretiert.[84]

Als Vorschlag zur historischen Rekonstruktion von Luthers Theologie müssen diese Überlegungen hier nicht kommentiert werden. Sie sind aber geeignet, eine offene Flanke des Versprachlichungstheorems aufzudecken. Worte können leer bleiben, »bloß dahingesagt« sein, zu beliebigen Deutungsangeboten geraten. Dann reicht die realitätsvermittelnde Seite der Sprache nicht länger aus, um sozialen Zusammenhang und erlebte Solidarität zu stiften. Dazu bedürfte es auch noch anderer Vermittlungsformen und Sprachfiguren als einer auf Information und Normenbegründung reduzierten Sprache. Dass der Kultus und insbesondere die Abendmahlsfeier als communio konstituierende Sprachvollzüge verstanden werden, erweitert die Sprachlichkeit um Formen darstellenden Handelns, die mehr und anderes sind als subjektive, auf Authentizität des Einzelnen beruhende Ausdrucksphänomene. Habermas sieht das, aber der Diskurstheoretiker traut diesen Darstellungsformen nicht über den Weg, verbindet er doch mit rituellem Handeln vor allem Missbrauch von Religion durch Politik und symbolische Inszenierungen nationalstaatlichen Gebarens. Das ist als Reflex auf den Nationalsozialismus lebensgeschichtlich nachvollziehbar, aber in der Sache dennoch nicht alternativlos, sondern unterbestimmt. Sprache lässt sich auf ein Explikationsmedium von Geltungsansprüchen auch dann nicht reduzieren, wenn diese – wie bei Habermas – nach Wahrheit, Richtigkeit und Authentizität ausdifferenziert sind. »Versprachlichung des Sakralen« als Interpretationskategorie für Luthers Theologie ist deshalb unter der Voraussetzung zu diskutieren, dass in der Sprache mehr liegt als Explikation und Argumentation, Interessenausgleich und Handlungskoordinierung. Anspruch und Zusage, Gesetz und Evangelium sind als theologische Kategorien zugleich sprachliche Phänomene, zu deren vorgängigen Reichtum und Überschuss sich der Mensch responsorisch verhält. Von Desakralisierung unterscheidet sich die von Luther vollzogene Versprachlichung durch ihre gegenläufige Orientierung an der Inkarnation des Logos als Sprachwerdung Gottes.

---

83 Habermas, Auch eine Geschichte, Bd. 2 (s. Anm. 81), 51.
84 Habermas, Auch eine Geschichte, Bd. 2 (s. Anm. 81), 51.

6 Schlussbemerkung

Sprache ist nicht nur ein Thema der Theologie unter anderen, sondern Medium aller ihrer Gegenstände und Fragestellungen. Vom Gottesbegriff im Allgemeinen über dessen trinitarische Konkretion, von der Christologie bis hin zu Anthropologie, Ekklesiologie und Sakramentenlehre ist der von der Sprache aus interpretierte Logos-Begriff leitend. Wenn letzterer im Blick auf die Sprachlichkeit des Menschen konkretisiert und diese heute als Verkörperung von Sinn (als Praxis, als Schrift, als Semiose oder als evolutionäre Sonderform geteilter Intentionalität) gedacht wird, kommen Momente des Logos-Begriffs in den Blick, die geeignet sind, ihn von einer abstrakten und eindimensionalen Rationalisierung zu unterscheiden. Eine Theologie des Wortes implizierte schon bei den Reformatoren ein Sprachverständnis, das Philologie (im ursprünglichen Sinne der Freundschaft mit dem Logos wie im abgeleitet-technischen Sinne der Disziplin), Rhetorik und Grammatik im Glauben an den redenden Gott verband. Es ist noch immer herausfordernd.

Hans Peter Hahn

Gibt es eine Sprache der Dinge?

Zusammenfassung: Obgleich die Sprache der Dinge ein jahrhundertealter Traum westlichen Denkens ist, entlarvt sich diese Wunschvorstellung als eine Projektion von philosophischen Traditionen des Westens auf die materielle Umwelt. Forschungen der letzten dreißig Jahre haben gezeigt, dass die Bedeutung materieller Kultur oft uneindeutig ist und viele verschiedene Deutungen zulässt. Die Idee »sprechender Dinge« ist ein Anthropomorphismus, der eine spezifische und unzulässig vereinfachende Vorstellung von Materialität und einer subjektiven Wahrnehmung von Sachbesitz offenbart. Materielle Objekte erfüllen nicht das Kriterium, arbiträr zu sein; Bedeutungen gehen oftmals nicht von Objekten als Einzeldingen, sondern von räumlichen Anordnungen von Dingen, Texten und Bildern aus. Die Semiotik hat deshalb immer wieder Zweifel an der Zeichenhaftigkeit von Objekten vorgetragen. Auch wenn Dinge bedeutsam sind, so beruht dies auf ganz anderen Formen der Vermittlung, als es bei sprachlichen Zeichen der Fall ist. Dinge als »unreine Zeichen« sind bedeutungsvoll, aber nicht immer haben sie eine eindeutige und klar bestimmbare Bedeutung.

Abstract: Although the language of things is a centuries-old dream of Western thought, this wishful thinking reveals to be a projection of Western philosophical traditions onto the material environment. Research from the last thirty years has shown that the meaning of material culture is often ambiguous and open to many different, sometimes contradicting interpretations. The idea of »talking things« is an anthropomorphism revealing a specific and unduly simplistic notion of materiality. It is a sign of a high subjectivity in the perception of material items. Material objects do not fulfil the criterion of being arbitrary; meanings often emanate less from objects as individual things than from spatial arrangements of things, texts and images. Semiotics has therefore repeatedly raised doubts about the sign-like nature of objects. Even if things are significant, this statement is based on quite different forms of communication than is the case with linguistic signs. Things as »impure signs« are relevant, but do not always have a clear and definable meaning.

Kontakt: Hans Peter Hahn, Fachbereich Philosophie und Geschichtswissenschaften, Institut für Ethnologie, Goethe-Universität Frankfurt am Main, Deutschland; E-Mail: hans.hahn@em.uni-frankfurt.de

https://doi.org/10.1515/bthz-2022-0004

Die Ansicht, dass das geistige Wesen eines Dings eben in seiner Sprache besteht,
ist der große Abgrund, dem alle Sprachtheorie zu verfallen droht.
(Walter Benjamin)[1]

Eine Ursache für das Scheitern der Reinigung [der dinglichen Zeichen]
ist die unausweichliche Materialität, die die semiotische Form selbst
in die transzendentalsten Projekte einführt.
(Webb Keane)[2]

1 Einleitung

Vor über 30 Jahren führte der Konsumsoziologe Grant McCracken an der Universität von Calgary ein Experiment durch.[3] Er bat eine Gruppe von Studierenden, in der Kleidung einer »typischen« Figur der gegenwärtigen Gesellschaft zu erscheinen. Es ist kein Problem, sich etwas vorzustellen und auch nicht, sich entsprechend zu kleiden. Es gibt eine Idee davon, wie ein oder eine Automechaniker:in aussieht, oder, welche Kleidung ein oder eine Bankmitarbeiter:in typischerweise trägt. Es mag auch jeder oder jedem eine Kleidung einfallen, die er oder sie selbst für typisch für Hochschullehrer:innen oder für Maurer:innen hält.

McCracken setzte das Experiment fort, indem er eine andere Gruppe von Studierenden Bilder von Personen zeigte und die Teilnehmer:innen des Tests bat, anhand des Fotos zu erklären, welche Indizien für ein bestimmtes Berufsmilieu oder welche Schichtzuordnung sie anhand der Kleidung identifizieren können. Während der erste Teil des Experiments wenig Überraschungen bot, da letztlich die Phantasie der Individuen zum Zuge kam, glich der zweite Teil des Experiments vielmehr einem Verwirrspiel: Wie sich anhand der widersprüchlichen Ausführungen zu den vorgelegten Bildern zeigte, war es nicht möglich, aufgrund der Kleidung Hochschullehrer:innen von Maurer:innen zu unterscheiden, oder eindeutig zu sagen, ob die auf einem Foto sichtbare Person eher Handwerker:in oder Bankangestellte ist.

---

1 W. Benjamin, Über Sprache überhaupt und über die Sprache des Menschen, in: ders., Gesammelte Schriften, Bd. 2/1: Aufsätze, Essays, Vorträge (Stw 932), Frankfurt a. M. 1999 [1916], 140–157: 141.
2 W. Keane, Christian Moderns. Freedom and Fetish in the Mission Encounter, Berkeley/CA 2007, 41 (Übersetzung H. P. Hahn).
3 Vgl. G. McCracken, Culture and Consumption. New Approaches to the Symbolic Character of Consumer Goods and Activities, Bloomington/IN 1988.

Was lässt sich aus diesem Experiment ableiten? Offensichtlich wird die Eindeutigkeit der Signale, die Objekte – hier: Kleidungsstücke – aussenden, weithin überschätzt. Auch die am Test beteiligten Studierenden mussten entdecken, dass sie ein falsches, zumindest aber ein überzogenes Vertrauen in ihre eigene Urteilsfähigkeit hatten, wenn es um die Interpretation von Bekleidungsmerkmalen anderer, ansonsten fremder Personen geht.

Dieses Problem ist der Ausgangspunkt der Ausführungen in diesem Beitrag: Wie im Folgenden darzulegen sein wird, gibt es eine lange Tradition europäischen Denkens, die materielle Objekte als Zeichen liest, und sie durch diese Art des Lesens in die Welt der Bedeutungen, Denkweisen und Ideologien einordnet. Wie hier weiter zu zeigen sein wird, handelt es sich bei dieser uralten, im Wesentlichen auf einem asymmetrischen Denken beruhenden Tradition um eine fundamentale Fehleinschätzung. Demzufolge wäre die Welt des Geistigen in ihrer Bedeutsamkeit und Handlungsrelevanz stets den konkreten materiellen Dingen überlegen.[4] Das damit angesprochene Problem ist gleichermaßen fundamental für die sogenannte abendländische Kultur, wie auch Ausdruck einer Vernachlässigung materieller Kultur und der fehlenden Reflexion darüber. Allzu oft bleibt es im Bereich des impliziten, welche Erkenntnisdimensionen mit den materiellen Dingen verbunden werden, und warum Homologien zwischen dem Denken, der Sprache und den Objekten eine problematische Vereinfachung darstellen.

Ein wichtiges Mittel der Überwindung dieser Einseitigkeit war die Forderung nach Anerkennung des Materiellen. Wissenschaftler:innen fragten nach der Rolle der konkreten alltäglichen Konsumgüter in der Produktion von sozialem Sinn. In den vergangenen 50 Jahren ist das eindeutig nachzuweisen; als prominente Zeugen dafür seien beispielhaft die Werke *The World of Goods*, *The Social Life of Things* und *Acknowledging Consumption* genannt.[5] Dieser Trend ist wichtig und geht in die richtige Richtung. Allerdings wurde damit zugleich eine Unschärfe in Kauf genommen. Indem die genannten Autor:innen nämlich die Bedeutungen der Dinge den Bedeutungen von Worten anglichen, erzeugten sie ein verzerrtes, oft auch widerspruchsvolles Bild der Bedeutungserzeugung durch materielle Dinge. Wie schon das hier eingangs wiedergegebene Experiment zeigt, führt eine solche »Anverwandlung« des Materiellen an den Modus der Bedeutungsgenerie-

---

4 Vgl. H.P. Hahn, Dinge erkennen. Materialität und die Formierung der Ethnologie als Wissenschaft, in: M. Hilgert/K.P. Hofmann/H. Simon (Hg.), Objektepistemologien. Zur Vermessung eines transdisziplinären Forschungsraums (Berlin Studies of the Ancient World 59), Berlin 2018, 69–87: 71.

5 Vgl. A. Appadurai, The Social Life of Things. Commodities in Cultural Perspective, Cambridge 1986; M. Douglas/B. Isherwood, The World of Goods. Towards an Anthropology of Consumption, London 1978; D. Miller, Acknowledging Consumption, London 1995.

rung von Texten nicht zu einem verlässlichen und glaubwürdigen Bild der Rolle alltäglicher Dinge in der Gesellschaft.

Trotz zahlreicher Werke, die auf eine »Sprache der Dinge«[6] abheben, ist eine solche Vereinfachung der Modalitäten von Bedeutung und Kommunikation irreführend. Der eigentliche Beitrag der Beschäftigung mit materieller Kultur zum Verstehen von Gesellschaft muss vielmehr darauf abheben, dass es neben der sprachlichen Kommunikation noch andere Formen der Bedeutungsübermittlung gibt. Das ist die zentrale These dieses Beitrags: Materielle Dinge haben in semiotischer Hinsicht einen eigenen Modus, dessen spezifische Leistungen und Grenzen noch viel zu wenig verstanden werden.

Notwendigerweise muss der folgende Beitrag selektiv vorgehen. Es ist nicht möglich, mehr als nur ein paar Schlaglichter zu setzen, die beispielhaft die These der Asymmetrie sowie das Argument der Vernachlässigung des Materiellen stützen.

2 Die Zweifel der Poststrukturalisten

Die 1960er und 1970er Jahre waren eine Zeit des Aufbruchs. Im Rückblick bot sich damals durch innovative Ansätze von Geisteswissenschaftler:innen die Chance, Kultur und Gesellschaft neu und anders zu verstehen. Das Selbstverständliche wurde hinterfragt, und neue Methoden wurden entwickelt, um Kultur aus einer anderen Perspektive zu betrachten und zu bewerten. Von besonderer Bedeutung waren in diesem Kontext der Blick auf den Alltag und die Versuche, in den alltäglichen Praktiken und Routinen einen spezifischen kulturellen Wert zu entdecken.

Beispielhaft seien dafür Roland Barthes und sein Frühwerk *Die Mythen des Alltags* genannt.[7] In kleinen Essays mit genauen Analysen populärer Phänomene gelingt es ihm, verborgene Bedeutungsschichten von Dingen aufzudecken und deutlich zu machen, dass gerade mit dem Besitz und Gebrauch materieller Objekte mehr mitgeteilt und ausgesagt wird, als den Benutzer:innen und Betrachter:innen auf den ersten Blick bewusst ist. Etwa zehn Jahre später hat er diese Aussage präzisiert, sie zugleich aber auch zum Teil zurückgenommen. Wie er in dem Buch *Sprache der Mode* ausführt, ist die Bedeutung von Objekten in der Regel eingebettet in weitere Kontexte, die insbesondere auch Bilder, gedruckte Tex-

---

6 Vgl. zum Beispiel: P. Ter Keurs / D. Smidt, The Language of Things. Studies in Ethnocommunication (Mededelingen van het Rijksmuseum voor Volkenkunde 25), Leiden 1990.
7 R. Barthes, Mythen des Alltags, übers. aus dem Französischen von H. Scheffel (Edition Suhrkamp 92), Frankfurt a.M. 1964 [1957].

te und das gesprochene Wort umfassen.[8] Erst in der wechselseitigen Bestätigung gewinnt die Zuschreibung von Eigenschaften (zum Beispiel Modernität, Eleganz, Luxus, Zweckmäßigkeit) ihre Eindeutigkeit. Den Dingen fehlt nach Barthes das Potential einer stabilen Bedeutungsgenerierung. Materielle Dinge haben jedoch die Fähigkeit, in Verbindung mit Texten als Affirmation, möglicherweise auch als Kontrapunkt, zu fungieren.

Barthes ist in diesem Zusammenhang nicht mehr als ein Exponent einer skeptischen Denkweise, die sich der Evidenz struktureller Zusammenhänge verweigert. Im Grundsatz stellt er sich damit in den Gegensatz zu Ferdinand De Saussure, dem Semiotiker und Begründer der Theorie vom arbiträren Zeichen. Wie Saussure schon in der Zeit um 1900 feststellte, hat ein Zeichen als kleinste bedeutungstragende Einheit einer Sprache keine andere Eigenschaft als die Funktion eines Verweises.[9] Ein Zeichen, konkretisiert als Lautfolge, als Silbe, als ein Wort oder eine Buchstabenkette, verweist auf einen Gegenstand, auf eine Bedeutung oder auf einen gedanklichen Zusammenhang. Dieses Modell asymmetrischer Doppelgebilde mit dem Namen »Zeichen« ist die theoretische Umschreibung des schon erwähnten, uralten westlichen Denkens. Ohne Übertreibung ist diese basale semiotische Theorie als eine zentrale Aussage modernen Sprachverständnisses aufzufassen.[10]

Können materielle Objekte das auch? Sind Dinge »Zeichen«? Nach Barthes ist das durchaus der Fall. Aber Ding-Zeichen sind nicht »arbiträr«, das heißt Willkürlichkeit, Empathie und Sinnlichkeit schieben sich immer wieder in den Vordergrund in der Wahrnehmung von Dingen. Für manches Wort gilt das auch, wenn zum Beispiel ein Kind den Hund »WauWau« nennt, so ist das lautmalerisch und nicht arbiträr. Onomatopoetische Worte (zum Beispiel Kuckuck, Rascheln) sind aber Grenzerscheinungen einer Sprache; sie zeigen umso deutlicher auf den grundsätzlich arbiträren Charakter von Zeichen.

Jürgen Trabant zweifelte noch deutlicher als Barthes, indem er materielle Objekte lediglich als »Marken« bezeichnet.[11] Er betont als besondere Eigenschaft

---

8 Vgl. R. Barthes, Die Sprache der Mode, übers. aus dem Französischen von H. Brühmann (Edition Suhrkamp 1318 [= NF 318]), Frankfurt a.M. 1985 [1967].

9 Vgl. F. de Saussure, Cours de linguistique génerale, Paris 1915.

10 Seyla Benhabib hat sich kritisch mit dieser Fundierung der modernen Zeichentheorie auseinandergesetzt. Obgleich Saussure (und auch Peirce) Sprache und Zeichen als gesellschaftliche Konvention identifiziert haben, mithin ihren arbiträren Charakter als Grundbedingung annehmen, braucht Sprache eben doch auch Interpretation. Das Wissen um die Bedeutung der Zeichen allein reicht nicht; vgl. S. Benhabib, Epistemologies of Postmodernism. A Rejoinder to Jean-François Lyotard, New German Critique 33 (1984), 103–126.

11 Vgl. J. Trabant, Elemente der Semiotik (Beck'sche Elementarbücher), München 1976.

ihre lange zeitliche Dauer, was zunächst einmal an das Beispiel der Straßenverkehrszeichen denken lässt. In der Tat sind Verkehrszeichen zugleich materielle Objekte wie auch Bedeutungsträger, deren Effizienz als »lesbare Objekte« sich kaum in Zweifel ziehen lässt.[12] In einer Erweiterung der spezifischen Temporalität des Materiellen hat Edward Shils die Vorstellung einer dauerhaften, unter Umständen über Jahrhunderte gültigen Bedeutungszuweisung hervorgehoben.[13] Unter dem Schlagwort der »Erinnerungsorte« wurde in den vergangenen Jahren intensiv die Rolle öffentlich anerkannter, kollektiv als »bedeutungsvoll« klassifizierter Orte für die kulturhistorische Perspektive diskutiert.[14]

Ungefähr zur gleichen Zeit wie der erwähnte Semiotiker Trabant hat aber bereits Umberto Eco vor jeder Gleichsetzung zwischen sprachlichen Zeichen und Bedeutungen von Dingen gewarnt, und dafür den Begriff der »Zwangsjacke materieller Kultur«[15] verwendet.[16] Eine ähnliche Kritik hat Struan Jacobs am Traditionsbegriff von Edward Shils: die materielle Kontinuität als Grundlage der »Fortführung« oder unveränderten Weitergabe von Bedeutungen anzusehen, wäre demnach eine unzulässige Vereinfachung.[17] Eine Untersuchung solcher materiellen Dinge von langer Dauer (Monumente, Baudenkmäler etc.) müsste hingegen vielmehr die Modalität der Weitergabe und die Probleme der Transmission berücksichtigen.

Wie die voranstehenden Ausführungen deutlich machen, ist es eine unzulässige Vereinfachung, von einer »Sprache der Objekte« zu sprechen. Damit ist nicht in Abrede gestellt, dass Dinge bedeutungsvoll sein können, und dass solche Bedeutungen auch eine soziale, historische oder auch politische Relevanz haben

---

12 August Fenk verweist auf Krampen, der Straßenschilder als »mumifizierte Gesten« bezeichnete. Allerdings ist die Ableitung eines Schildes von einer menschlichen Geste (zum Beispiel »die weisende Hand«) eher zweifelhaft; vgl. A. Fenk, Symbols and Icons in Diagrammatic Representation, Pragmatics and Cognition 6 (1998), 301–334.
13 Vgl. E.A. Shils, Tradition, London 1981.
14 Shils, Tradition (s. Anm. 13), betont die »lange Dauer« materieller Objekte als Grundlage der Traditionsbildung. Deshalb ist die bedeutungsvolle Materialität essenziell für jede Tradition; vgl. auch P. Nora, Between Memory and History. Les Lieux de Mémoire Pierre, Representations 26 (1989), 7–24.
15 U. Eco, Zeichen. Einführung in einen Begriff und seine Geschichte (Edition Suhrkamp 895), Frankfurt a.M. 1977, 107.
16 Benjamin, Über Sprache (s. Anm. 1), 142, hält es für grundlegend falsch, aus der Benennung eines Objektes dessen zeichenhafte Qualität abzuleiten. Das Wort »Lampe« bleibt ein Wort der Sprache der Menschen. Die Lampe selbst müsste eine eigene (dem Menschen nicht zugängliche) Sprache haben, um Teil einer Sprache zu sein.
17 Vgl. S. Jacobs, Edward Shils' Theory of Tradition, PhSS 37 (2007), 139–162.

können. So wichtig die Dinge sein mögen, eine Sprache sind sie aus drei Gründen nicht:

1. Materielle Zeichen sind nicht arbiträr (subjektive Zugänge können den Zeichencharakter beeinflussen).
2. Bedeutungen von Objekten werden oftmals nicht von den Objekten oder deren Konstellation generiert, sondern durch Wechselwirkungen mit anderen Zeichensystemen. Bilder und Texte über Dinge sind machtvolle semiotische Agenten, die den Dingen ihre Bedeutung verleihen.
3. Lesbarkeit und das »Wiederlesen« in zeitlichem Abstand sind stark eingeschränkt. Materielle Kontinuität bedeutet keinesfalls Kontinuität der Bedeutung, Fragen der Weitergabe und der Transmission müssen eigenständig geklärt werden.

3 Wenn ein Ding nicht Teil irgendeiner Sprache ist, warum ist es dann bedeutungsvoll?

»Jedes Ding hat seinen Mund« formulierte Jacob Böhme in dem klassischen Werk *De signatura rerum* (= Von den Zeichen der Dinge) und lieferte damit ein Beispiel der jahrhundertealten Denktradition der Überlegenheit des Geistigen.[18] Wenn nämlich jedes materielle Objekt zum Sprechen gebracht werden kann, dann ist der denkende Mensch herausgefordert, auf dieses »Sprechen der Objekte« zu achten. Sachenkundler:innen sind in der Lage, durch Beobachtung, Schlussfolgerung und Einfühlung die Botschaften der Dinge ans Tageslicht zu bringen, ähnlich wie Geburtshelfer:innen helfen, neue Lebewesen in die Welt zu bringen. Noch einmal zeigt sich in der Feststellung von Jacob Böhme die Vorstellung einer passiven Materialität, die dem aktiven Geist gegenübersteht, wobei letzterer sein spezifisches Potential (= das Sprechen) dem anderen förmlich überstülpt.

Die Romanfigur des »Sherlock Holmes« ist von diesem Bild nicht weit entfernt. Nur die Tatsache, dass Holmes eben eine fiktionale Figur ist, und die Analyse der Dinge im Alltag oft nicht zu den eindeutigen Botschaften führt, die man sich erhofft, kann hier als Indiz für den utopischen Charakter dieser Figur ange-

---

18 J. Böhme, De Signatura Rerum [1622], in: ders., Werke, hg. von F. von Ingen (Deutscher Klassiker Verlag im Taschenbuch 33), Frankfurt a.M. 2009, 7, vermischt in eigenartiger Weise die Dinge als Objekte und die Elemente der Natur: »Ein jedes Ding hat seinen Mund zur Offenbarung. Und das ist die Natursprache / daraus jedes Ding aus seiner Eigenschafft redet / und sich immer selber offenbart«.

führt werden.[19] Dennoch spricht die Popularität dieser literarischen Figur für die bis heute ungebrochene Sehnsucht des Menschen, die Dinge in seiner Umwelt zum Sprechen zu bringen.

Wenig später als der bereits erwähnte Jacob Böhme entwarf Giambattista Vico eine »Neue Wissenschaft vom Zeichen«, in der ebenfalls die »Sprache der Dinge« eine besondere Rolle einnimmt.[20] Vico zufolge ist nach der Sprache der Götter die Sprache der Heraldik die zweite, ebenfalls universelle Sprache. Erst die dritte Sprache ist die tatsächlich von Menschen alltäglich gesprochene Sprache. Indem Vico die besonderen Leistungen einer »Sprache der Heraldik«, die für den Zweck des Arguments dieses Beitrags als »Sprache der Dinge« zu übersetzen wäre, herausstellt, entwirft er ein alternatives, vormodernes Modell der Semiotik.[21] Dabei steht gerade nicht der arbiträre Charakter, sondern die Gebundenheit der Bedeutungen im Mittelpunkt.[22] Der Rauch zeigt ein Feuer an, ein Schwert zeigt die militärische Überlegenheit an. Solche indexikalischen Objekte können Teil der Sprache sein, als Zeichen im Sinne von Saussure würden sie jedoch nicht gelten.

Objekte sind »unreine« Zeichen, weil sie Konnotationen transportieren, die dem von Saussure definitorisch geforderten arbiträren Charakter widersprechen. Das Schwert wird kaum als Zeichen der Liebe oder Sanftmut aufgefasst werden können, und Rauch ist eher mit Feuer verknüpft als mit Wasser. Natürlich gilt die »unwillkürliche« Verknüpfung auch für die Sprache, zumal wenn sie in der Form

---

19 Tatsächlich ist das »Spurenlesen« eine der fundamentalen wissenschaftlichen Zugänge der Moderne. Carlo Ginzburg hat das für die Verfahren der Analyse in der Kunstgeschichte deutlich gemacht, vgl. C. Ginzburg, Indizien. Morelli, Freud und Sherlock Holmes, in: U. Eco/T. A. Sebeok (Hg.), Der Zirkel oder Im Zeichen der Drei. Dupin, Holmes, Peirce (Supplemente 1), München 1985, 125–179. In semiotischer Hinsicht ist die (in einem Ding verborgene) Spur ein Index. Es ist ein Zeichen, das in gebundener Weise auf eine Ursache verweist; vgl. H. Pape, Fußabdrücke und Eigennamen. Peirces Theorie des relationalen Kerns der Bedeutung indexikalischer Zeichen, in: S. Krämer/W. Kogge/G. Grube (Hg.), Spur. Spurenlesen als Orientierungstechnik und Wissenskunst (Stw 1830), Frankfurt a. M. 2007, 37–54.
20 Vgl. G. Vico, The New Science, Ithaka 1948 [1725].
21 Im eingangs zitierten, bekannten Aufsatz von Walter Benjamin (Benjamin, Über Sprache [s. Anm. 1]) finden sich damit vergleichbare Überlegungen, auch wenn diese zu ganz anderen Schlussfolgerungen führen. Benjamin verweist auf eine Sprache der Dinge am Beispiel einer Lampe. Demnach wäre diese Sprache der Lampe nur für Lampen verstehbar. Es müsste für jede Kategorie von Objekten eine eigene Sprache geben, die wiederum für jede andere Kategorie inintelligibel wäre. Schon das Wort Lampe, und alle anderen Bedeutungen, die Menschen einem solchen Objekt zuweisen, wäre demnach einfach nur Teil einer Menschensprache.
22 Vgl. J. Trabant, Neue Wissenschaft von alten Zeichen. Vicos Sematologie (Stw 1134), Frankfurt a. M. 1994.

eines Textes oder einer Rede in einen Kontext eingebunden ist: Die Seiten des vor der lesenden Person liegenden Buches können unangenehm riechen, der Monitor ist vielleicht zu dunkel und macht das Lesen schwierig, das gesprochene Wort ist durch den Dialekt der sprechenden Person geprägt und verrät mehr über ihre Herkunft als über den Inhalt der Aussage. Die Übergänge zwischen dem »echten« arbiträren Zeichen und dem empathisch konnotierten bedeutungsvollen Objekt sind fließend. Kaum je wird es möglich sein, ein reines Zeichen als solches zu definieren. Aber die Tendenz ist deutlich, und tatsächlich sind Objekte ohne subjektive Konnotationen der Rezipient:innen kaum vorstellbar.

Die Problematik des »Dinge-zum-Sprechen-Bringens« muss noch weiter ausgeführt werden. Es geht nicht nur darum, wie Jacob Böhme vorschlägt, den Dingen einen Mund zu verleihen, sondern zugleich um das Verhältnis von Menschen und Dingen zueinander. Sprechende Dinge sind, wie die literarische Figur des Sherlock Holmes zeigt, nicht nur eine Sehnsucht der Menschen, sie stehen auch für eine Angleichung an die menschliche Norm. Würde das Hervorbringen von Bedeutungen stets so funktionieren, wie es Personen in einer Gesellschaft erwarten, so könnte manche alltägliche Unsicherheit ausgeräumt werden. Die Angleichung der den Menschen umgebenden Dinge an diesen selbst ist nicht ohne Grund eine historisch immer wieder genutzte Denkweise. Wären die Sachen um uns herum nur so ähnlich wie wir Menschen, so würde die Welt viel von ihrer Bedrohlichkeit verlieren.

Dingen menschliche Eigenschaften zuzuschreiben ist nicht etwa ein vormodernes Phänomen, sondern fest in den Alltag aller Gesellschaften auch in der postmodernen Gegenwart eingebettet. Nicht nur Kinder sprechen mit ihrem Spielzeug,[23] auch im Alltag der Erwachsenen werden Autos mit Namen bezeichnet und widerspenstige Geräte gestreichelt, beschimpft oder gar bedroht.[24] Volkskundler:innen hatten in den 1950er Jahren dokumentiert, dass viele alltägliche Geräte im Kontext bestimmter bäuerlicher Traditionen als ein beseeltes Wesen vorgestellt werden, die Namen haben, mit denen man spricht und die auf bestimmte Umgangsweisen positiv reagieren.[25]

---

[23] Vgl. D. Diederichsen, Beseelung, Entdinglichung und die neue Attraktivität des Unbelebten, in: I. Albers / A. Franke (Hg.), Animismus. Revisionen der Moderne, Zürich 2021, 289–301.
[24] Vgl. J. Lave / E. Wenger, Situated Learning. Legitimate Peripheral Participation, Cambridge 1991; J.E. Orr, Talking about Machines. An Ethnography of a Modern Job, Ithaca 1996.
[25] Diese Erkenntnis führt zu einer Diskussion darüber, ob dies ein echter Glauben an Seelen sei, oder eher nur als ein semiotischer Code zu verstehen wäre, W. Brückner, Ein Beitrag zu »Wörter und Sachen« und zur Theorie der »Stoffheiligkeit«, Zeitschrift für Volkskunde 59 (1963), 233–253; G. Korff, Ein paar Worte zur Dingbedeutsamkeit, Kieler Blätter zur Volkskunde 32 (2000), 21–33; K.S. Kramer, Die Dingbeseelung in der germanischen Überlieferung (Beiträge zur Volkstumsfor-

Das Sprechen der Dinge, der Dialog mit dem materiellen Objekt, ist der Ausdruck einer Anthropomorphisierung, nicht aber eine Beschreibung einer sprachvermittelten Relation. John Plotz[26] hat eine eindeutige Antwort auf die Frage »Can the Sofa Speak?«, indem er diesen Gedanken nämlich in den Bereich der populären und sehr oft auch wissenschaftlichen Wunschträume verweist.[27] Es ist mehr als das: Dinge dem Menschen ähnlich zu machen, ist eine Form der Kolonisierung der materiellen Umwelt, indem sie nämlich die epistemische Spezifität, die Differenz der Erkenntnismöglichkeiten negiert. Die nach John Fowles »kolonialistische Attitüde« vieler zeitgenössischer Dingtheorien gegenüber dem Materiellen lässt für die Herausforderung der Koexistenz von Menschen und Objekten keinen Raum: Alles wird vereinheitlicht unter dem Paradigma der Interaktion.[28]

Bezeichnenderweise ist diese Anthropomorphisierung nicht nur eine Tendenz alltäglichen Handelns, sondern auch in gewissen wissenschaftlichen Zugängen zu erkennen. Dazu gehört die Vorstellung einer »Objektbiographie«, die vielfach damit verbunden ist, dass Objekte (fiktional) die Etappen ihres Lebens erzählen.[29] Trotz der großen Popularität dieses Genres im 20. Jahrhundert ist festzustellen, dass solche Berichte immer mit künstlichen Setzungen verbunden sind, und durchweg zu einseitigen Perspektiven auf Dinge führen.[30]

---

schung 5), München 1940. Anders formuliert: Sollte die Ansprache der Dinge als ein Dialog gesehen werden, oder ging es nur um ein stellvertretendes Handeln, das auf die Relevanz dieser Objekte verweist?

26 J. Plotz, Can the Sofa Speak? A look at Thing Theory, Criticism 47/1 (2005), 109–118.

27 Lorraine Daston hat in ihrem Buch über »Things that Talk« drei Arten des Sprechens von Dingen identifiziert: (1) Zum einen die sprechenden Maschinen, die von den mechanischen Figuren bis hin zu Plattenspielern viele technische Varianten aufweisen, über (2) die religiösen Objekte, Orakel oder Wahrsagegeräte, die nicht für sich, sondern für eine abwesende Entität sprechen bis hin zu (3) den Spuren, die nur für Experten wie den imaginierten Sherlock Holmes lesbar sind. Sie unterscheidet weiterhin zwischen dem intentionalen Sprechen (passt für die Typen 1 und 2) und der Frage der Überzeugungskraft des Sprechens: Auch hier sind Gruppen 1 und 2 problematisch, wohingegen das Spurenlesen sich als wahrheitsgetreu herausstellt; vgl. L. Daston, Things that Talk. Object Lessons from Art and Science, New York 2004.

28 Vgl. S. Fowles, The Perfect Subject (Postcolonial Object Studies), Journal of Material Culture 21 (2016), 9–27.

29 Vgl. H.P. Hahn, Wenn Dinge erzählen. Potential und Problematik der Objektbiografien, in: G. Blamberger/R. Görner/A. Robanus (Hg.), Biography – A Play? Poetologische Experimente mit einer Gattung ohne Poetik (Morphomata 47), Paderborn 2020, 209–228.

30 Vgl. H.P. Hahn, Dinge sind Fragmente und Assemblagen. Kritische Anmerkungen zur Metapher der »Objektbiographie«, in: D. Boschung/P.-A. Kreuz/T. Kienlin (Hg.), Biography of Objects. Aspekte eines kulturhistorischen Konzepts (Morphomata 31), Paderborn 2015, 11–33. In der Geschichte des Sachbuches lässt sich das weiter differenzieren: So gibt es Texte, die das Objekt

Gegen solche Vereinfachungen ist festzustellen, dass sie der Komplexität der Mensch-Ding-Beziehung nicht gerecht werden und eine falsche Harmonie und Eindeutigkeit suggerieren. Menschen sind von Dingen umgeben, die ihnen wichtig oder weniger wichtig sind. Dinge sind mit Erinnerungen verbunden oder scheinen die Aufforderung zu einer Handlung zu enthalten, aber sie sprechen nicht. Die Mensch-Ding-Beziehung enthält vielfach auch das Moment der Vernachlässigung (man vergisst, welche Bedeutung ein Objekt hatte) oder der Überraschung (eine routinehafte Handlung führt zu einem anderen als dem erwarteten Ergebnis). Die Zurückweisung der Vorstellung einer »Sprache der Dinge« darf keinesfalls zu dem Schluss führen, dass sie bedeutungslos wären. Der Alltag ist angefüllt mit bedeutungsvollen Interaktionen von Menschen und Dingen. Allerdings äußern sie sich anders als im Modus einer sprachlichen Kommunikation. Wie Otto Lauffer feststellte: »*Dinge zeigen nur, im Übrigen sind sie stumm.*«[31]

4 Anordnungen der Dinge

Um sich der Spezifik der Bedeutungsgenerierung noch weiter anzunähern, ist es sinnvoll, die Unterschiede zwischen Texten und Objekten noch auf einer anderen Ebene zu betrachten. Ein Wort hat eine Bedeutung, aber in jeder beliebigen Sprache wird diese Bedeutung erst durch die Bildung von Sätzen vervollständigt und abgesichert. Gleich, ob es sich um Aussagesätze oder Fragesätze handelt, eine bestimmte Anordnung von Worten und Wortarten ist substanziell für die Bedeutung des Satzes. Obgleich die Zahl möglicher Wortzusammenstellungen unendlich ist, sind nicht alle so gebildeten Sätze sinnvoll, da nicht alle Worte sich grammatisch und semantisch miteinander verknüpfen lassen.

Eine solche Grammatik scheint auch das zu Beginn dieses Beitrags präsentierte Beispiel zu enthalten: Unendlich viele Kombinationen von Bekleidungsteilen sind denkbar, aber aus ganz unterschiedlichen Gründen ergeben nicht alle einen »Sinn«. In beschränktem Maße wäre auch festzustellen, dass »zueinander passende« Teile der Bekleidung zur Verstärkung einer Bedeutung beitragen können (zum Beispiel der mehrteilige Anzug). Allerdings lässt sich das weder im Bereich der Bekleidung noch darüber hinaus verallgemeinern, weil eben die »nicht passenden« Kombinationen ebenso häufig oder noch viel öfter genutzt werden.

---

zum »Ich-Erzähler«, andere, die ein Einzelding fokussieren und schließlich solche, die von den Etappen der Biographie in allgemeiner Form berichten.

31 O. Lauffer, Quellen der Sachforschung. Wörter, Schriften, Bilder und Sachen. Ein Beitrag zur Volkskunde der Gegenstandskultur, ODZVK 17 (1943), 106–131: 125.

Susanne Scholz und Gisela Ecker erweitern die Reflexion über mögliche Anordnungen – und damit einer Grammatik – mit dem Beispiel des Tisches.[32] In
jedem Haushalt gibt es Tische mit Dingen darauf, und in vielen Fällen stehen
solche Dinge für bestimmte Tätigkeiten oder Werte. So zeigen die Dinge auf dem
Küchentisch, ob und wie gekocht wird, der Tisch im Wohnzimmer mit gerahmten
Bildern von Verwandten lässt die betrachtende Person erkennen, welchen hohen Wert Familie darstellt. Nach Scholz und Ecker könnte man durch solche und
ähnliche Anordnungen, bei denen Besitzer:innen und Benutzer:innen dieser Ensembles von Dingen einbezogen sind, viel über die Personen in Erfahrung bringen. Werden die Dinge als Sachbesitz vorgestellt, entsteht ein Netz von Beziehungen, das zu einer Beschreibung der sozialen Positionen der Besitzer:innen, ihrer
Handlungen und Wertannahmen führt. Scholz und Ecker räumen jedoch auch
ein, dass die Dinge immer einen Bedeutungsüberschuss in sich tragen, der über
den durch das Zusammenstellen augenfällig gewordenen Kontext hinausführt.[33]

Das Prinzip, eine bestimmte räumliche Anordnung von Dingen als »Grammatik« zu begreifen, wurde auch im Kontext von Sammlungen oder Museums-
ausstellungen mehrfach genutzt.[34] Es handelt sich bei solchen Ensembles in der
Regel um hochintentionale Gebilde, deren Entstehung einer langfristigen Stra-
tegie und damit auch Wertsetzung folgt. Auch zu dieser Perspektive gibt es eine
kritische Gegenposition. Sie kommt von dem hier schon mehrfach erwähnten Roland Barthes. Er spricht von dem »Pluralen des Textes«[35] und bezweifelt gleichermaßen bei Texten wie bei Objektanordnungen, ob einer bestimmten Lesart im
Vergleich zu anderen Lesarten tatsächlich eine Vorrangstellung zukommt.[36]

---

32 Vgl. S. Scholz/G. Ecker, Umordnungen der Dinge (Kulturwissenschaftliche Gender Studies 1),
Königstein 2000, 15.
33 Jede angenommene »Ordnung« der Dinge ist nach Klaus Scherpe zugleich eine problematische »Immobilisierung«. Der eingefrorene Moment der ethnografischen Beobachtung erzeugt
eine scheinbare Eindeutigkeit, die jedoch der Mehrdeutigkeit textlicher Strukturen nicht gerecht
wird, vgl. K.R. Scherpe, Die Ordnung der Dinge als Exzeß. Überlegungen zu einer Poetik der Beschreibung in ethnographischen Texten, in: A. Honold/ders. (Hg.), Das Fremde. Reiseerfahrun-
gen, Schreibformen und kulturelles Wissen (Zeitschrift für Germanistik – Beiheft 2), Frankfurt
a.M. 1999, 13–44: 15.
34 Vgl. R.M. Bürgel, »This Exhibition Is an Accusation«. The Grammar of Display According to
Lina Bo Bardi, After All 26 (2011), 50–57; G.M. König/M. Haibl, Die Ordnung der Dinge und des
Wissens, in: U.E. Flieger (Hg.), Ordnung als Kategorie der volkskundlich-kulturwissenschaftli-
chen Forschung (Saarbrücker Beiträge zur historischen Anthropologie 1), Münster/New York
2017, 25–52; C. Schlichtenberger, Die Ordnung der Welt. Die Sammlungs-Grammatik Victor Gold-
schmidts (Kulturen im Wandel 8), Pfaffenweiler 1998.
35 R. Barthes, S/Z, übers. aus dem Französischen von J. Hoch, Frankfurt a.M. 1976, 12.
36 Es handelt sich hier um das grundlegende hermeneutische Problem, ob die »Intention des

Die spezifischen Herausforderungen davon, Objektensembles als »Sätze« zu lesen, werden viel deutlicher anhand eines Werkes von Daniel Spoerri aus dem Jahr 1961.[37] In dem Essay »Topographie des Zufalls« steht, wie schon bei Ecker und Scholz, eine auf einem Tisch liegende Auswahl von Dingen im Mittelpunkt. Spoerri geht präzise vor, gibt eine Umrisszeichnung des Tisches und der Objekte darauf, und ergänzt das um mehrseitige Geschichten der einzelnen Objekte. Die Geschichten der Dinge sind der entscheidende Punkt, an dem sich eine wie auch immer vorgestellte Grammatik von Worten von dem Ensemble unterscheiden: Die Dinge als einzelne, konkrete Objekte mit einer spezifischen Vergangenheit fügen sich nicht nahtlos in das Ensemble ein, sondern bewahren etwas von dieser Vergangenheit, indem sie an frühere Ereignisse, an Gebrauchsweisen erinnern. Ein Objekt wird auch im Ensemble nicht zu einem Satzteil mit einer grammatischen Funktion, sondern bewahrt seine Fülle an oftmals widersprüchlichen Konnotationen und Evokationen.[38]

Es mag kein Zufall sein, dass mit den Beispielen »Bekleidung« und »Sammlung« in diesem Abschnitt Ordnungen vorgestellt wurden, die scheinbar einer Grammatik entsprechen. Während die Bekleidung einer sozialen und kulturellen Ordnung unterworfen ist, gilt für die Sammlung das Prinzip einer epistemischen Ordnung. Tatsächlich lehrt ein Blick in den Alltag, dass die Bereiche der Unordnung oder der subjektiven, auf Objektassoziationen beruhenden Ordnungen viel häufiger sind.[39] Beispiele dafür betreffen Küchentische,[40] Handtaschen,[41]

Autors« das Richtmaß einer Interpretation zu sein hat oder aber die Empfindung der Leser:innen oder Beobachter:innen. Vergleiche für die Implikationen hermeneutischer Verfahren bei der Annäherung an Objekte: H.P. Hahn, Ethnologie. Eine Einführung (Stw 2085), Berlin 2013, 75–77.
37 D. Spoerri, Anekdoten zu einer Topographie des Zufalls, Hamburg 1998; vgl. H.P. Hahn, Den Dingen misstrauen. Perspektiven auf die subversive Mehrdeutigkeit des Materiellen, in: I. Brugger/V. Rudorler (Hg.), Daniel Spoerri, Köln 2021, 120–133.
38 Dinge sind mit Geschichten verknüpft, denen jedoch die Eindeutigkeit einer Mitteilung fehlt. Die Geschichten sind subjektiv, sie enthalten Varianten oder gar widersprüchliche Aussagen, vgl. H.P. Hahn, In Geschichten verstrickt. Was Dinge erzählen – und was nicht, in: E. Wagner-Durand/B. Fath/A. Heinemann (Hg.), Image – Narration – Context. Visual Narration in Cultures and Societies of the Old World (Freiburger Studien zur Archäologie & visuellen Kunst 1), Heidelberg 2019, 179–102.
39 In den 1970er Jahren gab es eine intensive Diskussion um die Frage, ob eine Raumanordnung eine soziale oder kulturelle Ordnung bedeutet. Edmund Leach konzedierte: »Alle [materiellen] Formen, so rudimentär sie auch sein mögen, sind Ausdruck menschlicher Ideen und Gefühle und damit in gewisser Weise eine Art Schrift, die nicht unbedingt die grammatikalischen Strukturen der rationalen Sprache verkörpern muss.« (E. Leach, Does Space Really »Constitute the Social«?, in: D. Green/C. Haselgrove/M. Spriggs [Hg.], Social Organisation and Settlement. Contributions from Anthropology, Archaeology and Geography, Bd. 2, Oxford 1978, 385–401: 385

Schreibtische[42] und Bücherregale in Wohnzimmern.[43] In allen Fällen ließe sich feststellen: Die Anordnungen der Dinge sind gerade nicht Botschaften, sondern vielmehr Koinzidenzen. Was hier zu sehen ist, stellt das vielfach unbeabsichtigte Nebeneinanderstellen dar; es sind Anordnungen, die sich nur aus den Geschichten der Einzeldinge erklären lassen.

Was aus Sicht der interpretierenden Kulturwissenschaftler:innen als interpretierbares Ensemble gedeutet wird, ist viel öfter ein Nebeneinanderstehen von Objekten, für die eine gemeinsame Interpretation lediglich wissenschaftliches Artefakt darstellt, in schlimmeren Fällen als eine Fehl- oder Überinterpretation zu werten ist. Die Beiläufigkeit ist hier viel wichtiger als eine mögliche Synthese, deren Bedeutung künstlich und nachträglich erstellt wird.[44] Beiläufiges nicht in diesem besonderen marginalen Status zu erkennen, sondern entweder das Fehlen bestimmter Objekte zu konstatieren oder aber diese zu Unrecht aufzuwerten, sind häufige Fehler in der Bewertung historischer Dokumente.[45]

Alltägliche Prozesse der Wahrnehmung sind viel mehr auf die Mehrdeutigkeit der Dinganordnungen und die Unmöglichkeit einer Entzifferung eingestellt, als es die wissenschaftliche Analyse wahrhaben will. Um das besondere des »Erkennens« und Verstehens von Objektensembles zu verdeutlichen, hat Aleida

---

[Übersetzung von H.P. Hahn]); zugleich verneinte Leach die Möglichkeit, eine bestimmte Anordnung in allgemeiner Form mit einer bestimmten Hierarchie der Werte zu verknüpfen.

40 Vgl. J.E. Arnold u.a., Life at Home in the Twenty-First Century. 32 Families Open their Doors, Los Angeles/CA 2012.

41 Vgl. J.C. Kaufmann, Privatsache Handtasche, übers. aus dem Französischen von A. Beck, Konstanz/München 2012.

42 Vgl. U. Brandes/M. Erlhoff/N. Adrian (Hg.), My Desk is my Castle. Exploring Personalization Cultures, Basel 2011.

43 Vgl. H.P. Hahn, Wohnzimmer, in: L.E. Wolter/T. Düllo (Hg.), Dingen (Texturen 4), Berlin 2019, 215–224.

44 Vgl. H.P. Hahn, How Close are Things to us? On the Relation between the Incidental and the Valuable, Cambridge Archaeological Journal 30 (2020), 168–172.

45 Auf der Grundlage solcher Probleme der retrospektiven Modellierung hat Giorgio Riello das in den historischen Wissenschaften verbreitete Verfahren der Analyse von Haushaltsinventaren grundlegend infrage gestellt: Solche überlieferten Inventare enthalten in der Regel nur die hoch sichtbaren und standardmäßig erfassten Dinge. Es ist ein Irrtum, anzunehmen, dass damit die Gesamtheit des Sachbesitzes erfasst worden sei. Viele Objekte von geringem (materiellen) Wert, und viele andere aus Gründen der Konvention ausgeschlossenen Dinge fehlen. Die wissenschaftliche Eindeutigkeit in der »Lesbarkeit« dieser Inventare ist ein Trugschluss; vgl. G. Riello, Things Seen and Unseen. The Material Culture of Early Modern Inventories and Their Representation of Domestic Interiors, in: P. Findlen (Hg.), Early Modern Things. Objects and Their Histories, 1500–1800, London 2013, 125–150.

Assmann zwischen dem »kurzen« und dem »langen« Blick unterschieden.[46] Der kurze Blick ist demnach auf das »reine Zeichen« gerichtet, also zum Beispiel auf den Buchstaben, das Wort oder den Satz. Die lesende Person interessiert weder die Farbe des Papiers (oder Monitors) noch die verwendete Schrift. Ihr Blick dauert nicht länger als nötig, um die semiotische Einheit zu »entziffern«, danach gleitet der Blick zum nächsten Wort oder Satz.

Der lange Blick richtet sich hingegen auf Dinge und Anordnungen von Dingen. Diese Objekte könnten »Zeichen« sein, sicher ist das aber nicht. Assmann verwendet den Begriff der »nichtoffiziellen Zeichenprozesse«,[47] und umschreibt damit den Versuch der Einschätzung: Ist das, was die betrachtende Person sieht, ein Zeichen, oder ist es eine zufällige Anordnung? Der lange Blick oder das Starren verweist auf die Unübersetzbarkeit und Vieldeutigkeit des Gesehenen. Starren bedeutet Innehalten, es geht einher mit einem Erstaunen, das durch die vielen beobachtbaren Eigenschaften eines Objektes verursacht wird; das Starren bedeutet auch zunächst nur eine Vermutung zu haben, aber nicht zu wissen, was ein Objekt bedeutet. Anordnungen von Dingen enthalten nach Assmann ein besonderes Moment der Irritation, das zugleich eine Freiheit ist, eine von vielen möglichen Deutungen anzunehmen:

> So konnte, wer immer ein Motiv hatte, den menschlichen Ordnungen zu entkommen, hellhörig werden für die Sprache der Dinge. Man lauschte ihr einen Sinn ab, der in der modernen Welt verloren zu gehen drohte. Paradox bleibt diese Sprache nicht zuletzt deshalb, weil innerweltliche Ordnung einerseits und transzendenter Sinn andererseits ebenso unverzichtbar wie unvereinbar zu sein scheinen.[48]

Gegenständliche Objekte haben eine Sprache also höchstens im übertragenen Sinne, auf der Grundlage einer metaphorischen Rahmung, die Dinge gleichwie Menschen behandelt. Ein nachhaltiger Zugang zum Materiellen muss jedoch viel mehr die Besonderheiten der Wahrnehmung und der Interpretation berücksichtigen. Die Gegenwart der Dinge erzeugt einen eigenen epistemischen Raum, der gleichermaßen Signifikanz und Mehrdeutigkeit umfasst. Die Eigenart, mit der Dinge auf Denken und Handeln des Menschen wirken, wurde hier gerade im Kontrast zur Bedeutungsvermittlung von Worten, Sätzen und Texten herausgestellt.

---

46 Vgl. A. Assmann, Die Sprache der Dinge. Der lange Blick und die wilde Semiose, in: H.U. Gumbrecht/K.L. Pfeiffer (Hg.), Materialität der Kommunikation (Stw 750), Frankfurt a.M. 1988, 237–251.
47 Assmann, Sprache (s. Anm. 46), 238.
48 Assmann, Sprache (s. Anm. 46), 249. Vgl. auch H.U. Gumbrecht, Diesseits der Hermeneutik. Über die Produktion von Präsenz, übers. von J. Schulte, Frankfurt a.M. 2004.

5 Schluss

Jenseits der semiotischen Fragen, die einen Schwerpunkt des voranstehenden Textes bildeten, spielten die Utopien sprechender Dinge hier eine wichtige Rolle. Nicht nur der Wunschtraum, mit dem Sofa sprechen zu können, sondern auch zahlreiche literarische Vorlagen bekräftigen immer wieder die Idee einer »Sprache der Dinge«. Ulrike Vedder verweist dafür zum Beispiel auf eine bekannte Stelle in Gullivers Reisen, nämlich den Besuch in der »Akademie von Lagado«.[49] Nach Vedder ist der vergebliche Versuch, ein Gespräch durch das Vorzeigen von Dingen zu führen, nicht nur ein satirischer Kommentar auf die *Royal Society*, sondern auch eine Absage an die Vorstellung von der Lesbarkeit der Welt.[50] Obgleich die Nicht-Lesbarkeit der Dinge im späten 20. Jahrhundert zum kulturwissenschaftlichen Grundwissen gehört, und Vedder sogar Foucault als Zeugen dafür anführt, ist ihr Beitrag zum Thema doch reich an literarischen Beispielen zur Lesbarkeit. Von Adalbert Stifter über Theodor Vischer bis zu Franz Kafka haben wichtige Schriftsteller sich die Fantasie der Lesbarkeit der Dinge zu eigen gemacht, um die Umwelt ihrer Helden bedeutungsvoll zu gestalten. Dem stellt Vedder den Eigensinn und die Opazität gegenüber: Die Dinge verweigern sich einer gültigen und stabilen Interpretation.[51] Anstelle dessen werden sie mit immer wieder anderen Geschichten assoziiert. Die Dinge können »sehr gut ohne Menschen auskommen, aber die Menschen nicht ohne Dinge«, folgert Vedder ganz zutreffend.[52]

Der Überschuss an Wahrnehmungen, Signalen und Bedeutungen, die von der materiellen Umwelt auf den Menschen einströmt, zwingt zu einer selektiven Aufnahme. Was dem Einzelnen bewusst und erinnerlich ist, stellt einen Bruchteil der wahrgenommenen Objekte und einen kleinen Teil ihrer beobachtbaren Eigenschaften dar. Das Konzept des *Stream of Consciousness* reflektiert die Mühe der einzelnen Person, das Wesentliche zu erkennen, ohne sich von der Masse der Wahrnehmungen überwältigen zu lassen.[53] Dass dieser Prozess der Filterung zu dem Eindruck führt, die Dinge würden mit dem »Ich« in einen Dialog treten, darf

---

49 Vgl. U. Vedder, Sprache und Dinge, in: S. Samida/M.K.H. Eggert/H.P. Hahn (Hg.), Handbuch Materielle Kultur. Bedeutungen, Konzepte, Disziplinen, Stuttgart 2014, 39–46: 41; vgl. auch H.P. Hahn, Der Eigensinn der Dinge. Einleitung, in: ders. (Hg.), Vom Eigensinn der Dinge. Für eine neue Perspektive auf die Welt des Materiellen, Berlin 2015, 9–56: 37 Abb. 4.
50 Vgl. Vedder, Sprache (s. Anm. 49), 41.
51 Vgl. Vedder, Sprache (s. Anm. 49), 45.
52 Vedder, Sprache (s. Anm. 49), 46.
53 Vgl. K.S. Pope/J.L. Singer, The Stream of Consciousness. Scientific Investigations into the Flow of Human Experience, New York 1978.

nicht verwundern.[54] Aus Gründen der Ökonomie des Wahrnehmens und Interpretierens wird den Dingen der Schleier der Vermenschlichung übergelegt. Sie scheinen zu sprechen.[55]

Gegen diese intuitive Evidenz argumentiert der vorliegende Beitrag. Er stützt sich nicht nur auf die eher zweifelnden bis zurückweisenden Aussagen von Semiotiker:innen und Kulturwissenschaftler:innen, sondern zeigt zudem anhand der Auslegungen von Einzeldingen und Objektanordnungen, in welche Verkürzungen und Widersprüche das Modell der Sprache der Dinge führt. Wahrnehmungen von Dingen funktionieren anders. Sie erzeugen Widerstand und Mehrdeutigkeit. Menschen gehen im Alltag problemlos mit ihrem »Nicht-Wissen« bezüglich materieller Dinge um. Sie akzeptieren, dass Dinge in vielen Situationen zur Herausforderung werden – unter anderem, weil ein Verstehen nicht unmittelbar zu haben ist, sondern ein mehr an Aufmerksamkeit und Zeit erfordert.[56] Wenn der Verzicht auf die Vorstellung der »Sprache der Dinge« zu einer größeren Behutsamkeit im Umgang mit der materiellen Umwelt führt und eine Reflexion darüber auslöst, was die Interaktion von Menschen und Dingen bewirken kann, so wäre schon viel erreicht.

---

54 Schon viel früher hat Husserl die Anschauung der Dinge als solche zu einer besonderen Aufgabe erklärt. Mit dem Slogan »Zu den Sachen selbst« (E. Husserl, Logische Untersuchungen, Bd. 2: Untersuchungen zur Phänomenologie und Theorie der Erkenntnis, Halle 1901, 7) meinte er gewiss nicht nur materielle Objekte. Aber gerade in dieser Hinsicht erweist sich seine Forderung nach einer unvoreingenommenen Beobachtung als eine auch in der Gegenwart gültige Aufgabe; vgl. G.M. König (Hg.), Alltagsdinge. Erkundungen der materiellen Kultur (Studien & Materialien des Ludwig-Uhland-Instituts der Universität Tübingen 27; Tübinger kulturwissenschaftliche Gespräche 1), Tübingen 2005.
55 Vgl. D. Kimmich, Lebendige Dinge in der klassischen Moderne. Wahrnehmung, Erinnerung und Ästhetik in der »fluiden Welt«, in: T. Keller (Hg.), Transgressions, défis, provocations. Transferts culturels franco-allemands/Verstösse, Anstösse, Anstössiges (Cahiers d'études germaniques 48), Aix-en-Provence 2005, 133–145; E. Rochberg-Halton, Qualitative Immediacy and the Communicative Act, Qualitative Sociology 5 (1982), 162–181.
56 Vgl. H.P. Hahn, Dinge als Herausforderung. Einführung, in: ders./F. Neumann (Hg.), Dinge als Herausforderung. Kontexte, Umgangsweisen und Umwertungen von Objekten (Edition Kulturwissenschaft 182), Bielefeld 2018, 9–32.

Kapitel II: »Nur die Sprache hat den Menschen menschlich gemacht«? (Johann Gottfried Herder) – Spracherwerb, Sprachfähigkeit und Sprachverlust

Gesa Schaadt

Neurowissenschaftliche Grundlagen des Spracherwerbs

Zusammenfassung: Eine der wichtigsten Entwicklungsaufgaben von Kindern ist der Erwerb von Sprache. Da wir unsere Sprachfähigkeiten unserem Gehirn verdanken, soll in diesem Beitrag die Entwicklung der neurokognitiven Grundlagen von Sprachfähigkeiten thematisiert werden. Nachdem soziale und genetische Einflussfaktoren genannt werden, werden Methoden vorgestellt, die es uns erlauben die Sprachentwicklung bereits bei Säuglingen zu untersuchen. Auf dieser Grundlage wird dann der Zusammenhang zwischen der Entwicklung sprachrelevanter neurokognitiver Grundlagen und der Entwicklung von Sprachfähigkeiten näher beleuchtet.

Abstract: Language acquisition is one of the most important developmental tasks children are facing. Since language abilities fundamentally require our brain, this article will focus on the neurocognitive development of language. After focusing on social and genetic factors influencing language development, methods will be presented that already allow investigating infants. Based on this, the relationship between the development of the neurocognitive foundations of language and the development of language skills will be discussed.

1 Die Bedeutung von Sprache

Sowohl gesprochene als auch geschriebene Sprache sind eine wichtige Grundvoraussetzung für die individuelle gesellschaftliche Teilhabe. Sprachfähigkeiten werden scheinbar ohne Mühe basierend auf der Reifung des Gehirns erworben und bereits vor der Geburt sind wichtige Voraussetzungen für den Spracherwerb etabliert. Dennoch ist Sprache sehr komplex, was oft erst dann offensichtlich wird, wenn man sich mit der Entwicklung von Sprache und ihren Bedingungsfaktoren auseinandersetzt. Verschiedene neurowissenschaftliche Methoden ermöglichen es, Sprachentwicklung von Geburt an (oder sogar davor) zu untersu-

Kontakt: **Gesa Schaadt**, Fachbereich Erziehungswissenschaft und Psychologie, Arbeitsbereich Sonderpädagogik, Freie Universität Berlin / Abteilung für Neuropsychologie, Max-Planck-Institut für Kognitions- und Neurowissenschaften, Leipzig, Deutschland;
E-Mail: gesa.schaadt@fu-berlin.de

https://doi.org/10.1515/bthz-2022-0005

chen, und sie leisten somit einen wichtigen Beitrag dazu, Sprachentwicklung von Beginn an zu verstehen und zu beschreiben.

Im Folgenden sollen zunächst wichtige Faktoren beleuchtet werden, welche die Entwicklung von Sprache beeinflussen. Im Anschluss werden die Methoden zur Untersuchung der Sprachverarbeitung in der Entwicklung vorgestellt, um dann die Entwicklung produktiver und rezeptiver Sprachfähigkeiten zu beschreiben.

2 Bedingungsfaktoren der Sprachentwicklung

Der Spracherwerb ist biologisch verankert und erfolgt in vorgegebenen Zeitfenstern und Abfolgen.[1] Besteht bei einem Kind das Bedürfnis nach sozialer Interaktion, ist ein Kind grundsätzlich in der Lage zu lernen und treffen diese beiden Faktoren auf ein interaktionsbereites Gegenüber, steht der Sprachentwicklung erst einmal nichts im Weg.[2] Schon bei der Geburt sind Kinder mit den wichtigsten Voraussetzungen für die Sprachentwicklung ausgestattet,[3] sodass – zumindest teilweise – genetische Einflüsse angenommen werden. Genetische Prädispositionen können die Sprachentwicklung sowohl positiv als auch negativ beeinflussen. Die Ausprägung verschiedener sogenannter *Kandidatengene* beeinflusst die neuronale Entwicklung der sprachverarbeitenden Hirnareale und somit auch die Entwicklung von Sprachfähigkeiten.[4] Insgesamt wird der Anteil des genetischen Einflusses auf die Entwicklung von Sprachfähigkeiten mit 45% bis 61% angegeben[5] und liegt somit in einer Größenordnung, die auch für den genetischen Einfluss auf die Entwicklung der Intelligenz angenommen wird.[6] Im Umkehrschluss

---

1 S. Weinert/H. Grimm, Sprachentwicklung, in: W. Schneider/U. Lindenberger (Hg.), Entwicklungspsychologie, Weinheim/Basel [8]2018, 445–470.
2 M. Tomasello, Die Ursprünge der menschlichen Kommunikation (Stw 2004), Berlin 2011.
3 P.K. Kuhl, Brain Mechanisms in Early Language Acquisition, Neuron 67/5 (2010), 713–727, https://doi.org/10.1016/j.neuron.2010.08.038.
4 Für einen Überblick siehe P. Deriziotis/S.E. Fisher, Speech and Language. Translating the Genome, Trends in Genetics 33/9 (2017), 642–656, https://doi.org/10.1016/j.tig.2017.07.002.
5 D.V. Bishop u.a., High Heritability of Speech and Language Impairments in 6-Year-Old Twins Demonstrated Using Parent and Teacher Report, Behavior Genetics 36/2 (2006), 173–184, https://doi.org/10.1007/s10519-005-9020-0; N. Harlaar u.a., Genetic Influences on Early Word Recognition Abilities and Disabilities. A Study of 7-Year-Old Twins, Journal of Child Psychology and Psychiatry 46/4 (2005), 373–384, https://doi.org/10.1111/j.1469-7610.2004.00358.x.
6 B. Devlin/M. Daniels/K. Roeder, The Heritability of IQ, Nature 388/6641 (1997), 468–471, https://doi.org/10.1038/41319.

bedeuten diese Zahlen aber auch, dass nicht nur der genetische Einfluss bei der Sprachentwicklung eine Rolle spielt, sondern auch andere Einflussfaktoren wie die Umwelt.

Ein wichtiger in der Umwelt liegender Aspekt ist der sprachliche Input, den Bezugspersonen den Kindern zur Verfügung stellen. Bezugspersonen verhalten sich meist intuitiv richtig gegenüber ihren Kindern,[7] indem sie dem Kind für die Sprachentwicklung wichtige Daten liefern (d.h. semantische Informationen, grammatikalische Elemente, sozial-interaktive Bereitschaft). Dennoch werden diese Aspekte in stark unterschiedlichem Ausmaß von der kindlichen Sprachumwelt zur Verfügung gestellt, wobei sowohl die Qualität als auch die Quantität relevante Einflussfaktoren darstellen. Beispielsweise konnten Adriana Weisleder und Anne Fernald[8] eine große Varianz bezüglich der Anzahl der von den Eltern an die Kinder gerichteten Wörter berichten. *Vielhörer* haben im Alter von drei Jahren bis zu drei Millionen Wörter mehr gehört als ihre gleichaltrigen *Wenighörer*, was insbesondere bei Kindern aus Familien mit geringem sozioökonomischem Status der Fall war.[9] Die Quantität des sprachlichen Inputs beeinflusst dann auch die Qualität. Eltern, die mehr mit ihrem Kind sprechen, bieten einen umfangreicheren und variableren sprachlichen Input an, was sich wiederum positiv auf die Entwicklung des Wortschatzes auswirkt.[10] Bereits direkt nach der Geburt hat die Qualität des sprachlichen Inputs einen Einfluss auf die kindliche Sprachentwicklung. Hierbei spielt die sogenannte *Infant-Directed Speech* oder *kindgerechte Sprache* eine große Rolle. Sie beschreibt einen besonderen Sprachstil, den Erwachsene meistens intuitiv in der Interaktion mit jüngeren Kindern verwenden, indem sie ihre sprachlichen Äußerungen an die geringeren sprachlichen Fähigkeiten der Kinder anpassen. In der Interaktion mit einem kleinen Kind sprechen Erwachsene deutlicher, langsamer und durch Anpassung der Betonung, Sprachmelodie und Pausensetzung werden für die Sprache relevante Merkmale verdeutlicht (beispielsweise Silben, die den Anfang eines Wortes markieren), was sich

---

7 M. Papoušek, Vom ersten Schrei zum ersten Wort. Anfänge der Sprachentwicklung in der vorsprachlichen Kommunikation, Bern [u.a.] 1994.
8 A. Weisleder/A. Fernald, Talking to Children Matters. Early Language Experience Strengthens Processing and Builds Vocabulary, Psychological Science 24/11 (2013), 2143–2152, https://doi .org/10.1177%2F0956797613488145.
9 B. Hart/T. Risley, Meaningful Differences in the Everyday Experience of Young American Children, Baltimore/MD 1995.
10 M.L. Rowe, A Longitudinal Investigation of the Role of Quantity and Quality of Child-Directed Speech in Vocabulary Development, Child Development 83/5 (2012), 1762–1774, https://doi .org/10.1111/j.1467-8624.2012.01805.x.

positiv auf die Entwicklung des Wortschatzes auswirkt.[11] Dieser positive Effekt wird in einer Studie von Weiyi Ma und Kolleg:innen deutlich: 21 Monate alte Kinder lernen neue Wörter, die in kindgerechter Sprache, nicht aber Wörter, die in »erwachsenengerechter« Sprache dargeboten werden.[12] Zusammenfassend kann festgehalten werden, dass die Sprachentwicklung zwar durch die genetische Ausstattung des Kindes beeinflusst wird, die Umwelt dem Kind aber erst die notwendigen Sprachgelegenheiten bietet, wobei sowohl die Quantität als auch Qualität des sprachlichen Inputs die kindliche Sprachentwicklung beeinflusst.

Die genaue Wirkweise dieses interaktiven Einflusses ist bisher noch nicht eindeutig erforscht.[13] Dennoch kann festgehalten werden, dass genetische Prädispositionen die Entwicklung der neurokognitiven Voraussetzungen und der sprachverarbeitenden Gehirnregionen beeinflussen, die für die Verarbeitungen des von der Umwelt zur Verfügung gestellten sprachlichen Inputs notwendig sind. Weiterhin beeinflusst die Umwelt, wie und in welchem Ausmaß Gene die Sprachentwicklung beeinflussen können. So können Kinder mit unterschiedlicher genetischer Veranlagung in einer sprachförderlichen Umwelt eine vergleichbare Sprachentwicklung zeigen, wohingegen eine eher sprachreizarme Umwelt zu einer unterschiedlichen Sprachentwicklung führen kann. Es sollte deutlich geworden sein, wie komplex die Einflüsse auf die Sprachentwicklung sind und wie komplex die Sprachentwicklung selbst ist.

Dass wir Sprache überhaupt nutzen können, verdanken wir unserem Gehirn. Verschiedene Methoden können genutzt werden, um ein Verständnis der sprachrelevanten Hirnregionen und Hirnfunktionen sowie ihrer entwicklungsbedingten Veränderungen abzubilden. Diese Methoden werden im Folgenden kurz beschrieben.

11 M.L. Rowe, Child-Directed Speech. Relation to Socioeconomic Status, Knowledge of Child Development and Child Vocabulary Skill, Journal of Child Language 35/1 (2008), 185–205, https://doi.org/10.1017/S0305000907008343.
12 W. Ma u.a., Word Learning in Infant- and Adult-Directed Speech, Language Learning and Development 7/3 (2011), 185–201, https://doi.org/10.1080/15475441.2011.579839.
13 L. Onnis/A. Truzzi/X. Ma, Language Development and Disorders. Possible Genes and Environment Interactions, Research in Developmental Disabilities 82 (2018), 132–146, https://doi.org/10.1016/j.ridd.2018.06.015.

3 Methoden zur Untersuchung der Sprachentwicklung

Eine wichtige Bedingung, die Methoden zur Untersuchung der Sprachentwicklung erfüllen müssen, ist, dass sie nicht-invasiv sind und somit unbedenklich für den menschlichen Organismus. Insbesondere die Elektroenzephalographie (EEG) und die Magnetresonanztomographie (MRT) sind hierfür geeignet. Beim EEG werden Elektroden, die auf der Kopfhaut der Versuchsperson angebracht sind, verwendet, um die elektrische Aktivität der Nervenzellen unter der Kopfhaut zu registrieren. Da das EEG zeitlich sehr genau erfasst, wie das Gehirn auf die Darbietung bestimmter Reize (z.B. Töne, Wörter, Sätze) reagiert, können Erkenntnisse über die Hirnfunktionen bei der Verarbeitung von Informationen gewonnen werden. EEG-Studien präsentieren Reize dabei in der Regel mehrfach, um dann diese spezifischen EEG-Segmente herauszuschneiden und zu mitteln. Durch diesen Prozess wird ein sogenanntes ereignis-korreliertes Potential (EKP) gewonnen, welches die elektrophysiologische Hirnantwort auf einen Reiz als Wellenverlauf darstellt. Diese EKPs unterscheiden sich in Abhängigkeit von der Art des präsentierten Reizes anhand verschiedener Parameter (Polarität: positiv, negativ; Latenz der Wellenverläufe: Zeit zwischen Reizdarbietung und EKP-Ausschlag; Amplitude: Höhe des EKP-Ausschlags, Dauer), deren spezifische Ausprägung genutzt werden kann, um Informationen über die Verarbeitung der präsentierten Reize zu gewinnen.

Das MRT kann nun genutzt werden, um diese Verarbeitungsprozesse räumlich zuzuordnen. Die funktionelle MRT misst die Stoffwechselprozesse (z.B. Sauerstoffsättigung des Blutes oder Glukoseverbrennung), die der mit der EEG gemessenen elektrischen Aktivität von Nervenzellen zugrunde liegen. Das MRT bietet die Möglichkeit die verarbeitenden Hirnregionen sehr präzise im Millimeterbereich zu bestimmen.

Sowohl EEG als auch MRT bieten eine gute Möglichkeit neurokognitive Prozesse der Sprachverarbeitung und deren Entwicklung zu untersuchen. Da beide Methoden aber sehr bewegungsanfällig sind und die Sprachproduktion Bewegung erfordert, können sie weniger für die Untersuchung von Sprachproduktion genutzt werden. Da aber auch die Sprachproduktion ein wichtiger Bestandteil der Sprachentwicklung ist, sollen im Folgenden zuerst Befunde zur Entwicklung der Sprachproduktion dargestellt werden, um dann im Anschluss auf die Entwicklung der Sprachverarbeitung und der neurokognitiven Grundlagen einzugehen.

4 Sprachentwicklung

4.1 Entwicklung der Sprachproduktion

Der erste kindliche Laut ist das Schreien und dient dem Säugling dazu, seine Bedürfnisse zu vermitteln.[14] Als Vorläufer der Sprachproduktion zeigt das Schreien bereits bei jungen Säuglingen muttersprachähnliche Charakteristika. So konnten Birgit Mampe und Kolleg:innen (2009) zeigen, dass französische und deutsche vier Tage alte Säuglinge mit unterschiedlichem Betonungsmuster schreien. Der Schrei von deutschen Babys fiel in der Intensität ab, während der Schrei von französischen Babys in der Intensität anstieg,[15] was sich mit den jeweiligen Betonungsmustern der Muttersprache vergleichen lässt. Im Deutschen wird die erste Silbe betont, wohingegen im Französischen die zweite Silbe betont wird. Die Ergebnisse verdeutlichen eindrucksvoll, wie die Umwelt sehr früh (wahrscheinlich bereits über Erfahrungen im Mutterleib) einen Einfluss auf die Sprachentwicklung haben kann. Weiterhin hängen die Komplexität und Variabilität des Schreimusters mit der späteren Sprachentwicklung zusammen, sodass eine geringere melodische Variabilität des Schreiens in den ersten zwei Lebensmonaten die Wahrscheinlichkeit einer Sprachentwicklungsverzögerung im Alter von zweieinhalb Jahren um das Fünffache erhöht.[16]

Circa ab dem dritten Lebensmonat entwickeln Säuglinge die Fähigkeit, Laute gezielter zu vokalisieren und je mehr Säuglinge im Alter von sechs Monaten vokalisieren, desto größer ist ihr produktiver Wortschatz im Alter von zwölf Monaten.[17] Ungefähr in diesem Alter (sechs Monate) fangen Kinder mit dem kanonischen Babbeln an (Silben, die aus Konsonanten und Vokalen bestehen),[18] wobei

---

14 Vgl. M. Papoušek, Kommunikation und Sprachentwicklung im ersten Lebensjahr, in: M. Cierpka (Hg.), Frühe Kindheit 0–3 Jahre. Beratung und Psychotherapie für Eltern mit Säuglingen und Kleinkindern, Berlin ²2014, 69–80.
15 Vgl. B. Mampe u.a., Newborns' Cry Melody Is Shaped by Their Native Language, Current Biology 19/23 (2009), 1994–1997, https://doi.org/10.1016/j.cub.2009.09.064.
16 Vgl. K. Wermke/D. Leising/A. Stellzig-Eisenhauer, Relation of Melody Complexity in Infants' Cries to Language Outcome in the Second Year of Life. A Longitudinal Study, Clinical Linguistics & Phonetics 21/11–12 (2007), 961–973, https://doi.org/10.1080/02699200701659243.
17 Vgl. A. Werwach u.a., Infants' Vocalizations at 6 Months Predict Their Productive Vocabulary at One Year, Infant Behavior & Development 64 (2021), 101588, https://doi.org/10.1016/j.infbeh.2021.101588.
18 Vgl. D.K. Oller, The Emergence of the Sounds of Speech in Infancy, in: G.H. Yeni-Komshian/J.F. Kavanagh/C.A. Ferguson (Hg.), Child Phonology, Bd. 1: Production, New York/NY [u.a.] 1980, 93–112.

der Beginn individuell stark variieren kann. Je früher Kinder mit dem Babbeln beginnen, desto größer ist ihr produktiver Wortschatz im Alter von achtzehn Monaten.[19]

Mit dem ersten Lebensjahr (in der Regel zwischen dem zehnten und vierzehnten Lebensmonat) produzieren Kinder ihre ersten Wörter,[20] wobei auch hier große individuelle Unterschiede beschrieben werden. Die bekannte 50-Wortgrenze wird in der Regel zwischen achtzehn und vierundzwanzig Monaten erreicht,[21] auf die dann ein beschleunigter Erwerb neuer Wörter, der Vokabelspurt, folgt.[22] Die Geschwindigkeit, mit welcher der Wortschatz zwischen dem 14. und 30. Lebensmonat wächst, sagt die Größe des Wortschatzes mit viereinhalb Jahren voraus.[23] Allgemein werden Nomen früher als Verben gebildet, die bei deutschsprachigen Kindern erst ca. ab dem 21. Monat produziert werden.[24] Zwischen dem zweiten und dritten Lebensjahr kommen dann auch Wörter wie Adjektive und Funktionswörter hinzu.[25] Im Alter von zweieinhalb Jahren umfasst der aktive Wortschatz ca. 200 bis 500 Wörter und mit sechs Jahren ca. 5000 bis 6000 Wörter. Auch wenn wir unser Leben lang neue Wörter lernen, gilt die Entwicklung des aktiven Wortschatzes mit ca. zwölf Jahren als abgeschlossen.[26]

Im Gegensatz zur Entwicklung des Wortschatzes lässt sich die Entwicklung von grammatikalischen Fähigkeiten in der Sprachproduktion aufgrund der noch größeren individuellen Unterschiede weniger leicht beobachten. Ein-Wort-Sätze markieren dabei den Beginn der grammatikalischen Entwicklung in der Sprach-

---

19 Vgl. M. McGillion u.a., What Paves the Way to Conventional Language? The Predictive Value of Babble, Pointing, and Socioeconomic Status, Child Development 88/1 (2017), 156–166, https://doi.org/10.1111/cdev.12671.
20 Vgl. H. Grimm, Störungen der Sprachentwicklung. Grundlagen – Ursachen – Diagnose – Intervention – Prävention, Göttingen [u.a.] ²2003.
21 Vgl. E.V.M. Lieven/J.M. Pine/H. Dresner Barnes, Individual Differences in Early Vocabulary Development. Redefining the Referential-Expressive Distinction, Journal of Child Language 19/2 (1992), 287–310, https://doi.org/10.1017/S0305000900011429.
22 Vgl. C. Kauschke/C. Hofmeister, Early Lexical Development in German. A Study on Vocabulary Growth and Vocabulary Composition during the Second and Third Year of Life, Journal of Child Language 29/4 (2002), 735–757, https://doi.org/10.1017/S0305000902005330.
23 Vgl. M.L. Rowe/S. Raudenbush/S. Goldin-Meadow, The Pace of Vocabulary Growth Helps Predict Later Vocabulary Skill, Child Development 83/2 (2012), 508–525, https://doi.org/10.1111/j.1467-8624.2011.01710.x.
24 Vgl. C. Kauschke, Kindlicher Spracherwerb im Deutschen. Verläufe, Forschungsmethoden, Erklärungsansätze (Germanistische Arbeitshefte 45), Berlin/Boston 2012, 62.
25 Vgl. Rowe/Raudenbush/Goldin-Meadow, The Pace (s. Anm. 23); G. Klann-Delius, Spracherwerb. Eine Einführung, Stuttgart ³2016.
26 H. Grimm, Sprachentwicklung. Allgemeintheoretisch und differentiell betrachtet, in: R. Oerter/L. Montada (Hg.), Entwicklungspsychologie. Ein Lehrbuch, Weinheim 1998, 705–757.

produktion, die das erste Mal im Alter von zwölf bis achtzehn Monaten produziert werden. Der Anstieg von Verben im Wortschatz befähigt Kinder dann dazu, Wortkombinationen zu bilden (zwischen achtzehn und vierundzwanzig Monaten)[27] – ein wichtiger Schritt der Entwicklung grammatikalischer Fähigkeiten. Mit dem zweiten Geburtstag kombinieren ca. 90 % aller Kinder mindestens zwei Wörter, gefolgt von längeren und komplexer werdenden Sätzen im dritten Lebensjahr.[28] Im dritten Lebensjahr nutzen Kinder in der Regel den Akkusativ,[29] wohingegen der Dativ erst mit ca. fünfeinhalb Jahren gebildet wird.[30] Die Produktion von Nebensätzen, die mit einer Konjunktion beginnen und flektiertem Verb enden, können häufig im Alter von dreißig Monaten beobachtet werden. Subjekte werden seltener ausgelassen[31] und verbindliche Artikel mit mehr Sicherheit verwendet.[32] Dennoch sind Fehler in diesem Alter sehr häufig und können Auskunft darüber geben, dass sich ein Kind im Prozess des Regelerwerbs befindet. Zum Beispiel sind 10 % aller Partizipien bei drei- bis vierjährigen Kindern fehlerbehaftet, was darauf hinweist, dass eine grammatikalische Regel verstanden wurde und generell auch auf unregelmäßige Verben übertragen wird (z.B. gesitzt).[33] Mit ca. vier Jahren können Relativsätze gebildet werden[34] und die grammatikalischen Fähigkeiten in der Sprachproduktion werden immer ausgereifter. Dennoch ist der Grammatikerwerb in der Sprachproduktion längst noch nicht abgeschlossen. Im Alter von neun Jahren beherrschen weniger als 90 % der deutschsprachigen Kinder Passivkonstruktionen fehlerfrei, da diese in der deutschen Sprache eher

27 Vgl. C. Kauschke, Frühe Entwicklung lexikalischer und grammatischer Fähigkeiten, in: S. Sachse (Hg.), Handbuch Spracherwerb und Sprachentwicklungsstörungen. Kleinkindphase, München 2015, 3–14.
28 Vgl. C. Kauschke, Kindlicher Spracherwerb im Deutschen. Verläufe, Forschungsmethoden, Erklärungsansätze (Germanistische Arbeitshefte 45), Berlin 2012; dies., Frühe Entwicklung (s. Anm. 27).
29 Vgl. S. van Minnen, Morphologieerwerb ab dem 2. Lebensjahr, in: J. Siegmüller/H. Bartels (Hg.), Leitfaden Sprache – Sprechen – Stimme – Schlucken, München ³2011, 34–36.
30 Vgl. H. Clahsen, Der Erwerb von Kasusmarkierungen in der deutschen Kindersprache, Linguistische Berichte 89 (1984), 1–31.
31 Vgl. J. Weissenborn, Der Erwerb von Morphologie und Syntax, in: H. Grimm (Hg.), Sprachentwicklung (Enzyklopädie der Psychologie, Serie 3: Sprache 3), Göttingen 2000, 141–169.
32 Vgl. Kauschke, Frühe Entwicklung (s. Anm. 27).
33 Vgl. M. Rothweiler, Spracherwerb, in: J. Meibauer u.a. (Hg.), Einführung in die germanistische Linguistik, Stuttgart/Weimar 2002, 251–293.
34 J. Siegmüller/C. Herzog/H. Hermann, Syntaktische und lexikalische Aspekte beim Verstehen von Informationsfragen. Ein Vergleich zwischen Kindern mit spezifischer Sprachentwicklungsstörung und ungestörter Sprachentwicklung, L.O.G.O.S. Interdisziplinär 13 (2005), 29–35.

selten vorkommen,[35] und auch mit zwölf Jahren kann die Entwicklung grammatikalischer Fähigkeiten in der Sprachproduktion noch nicht als abgeschlossen angesehen werden.[36]

In der Regel geht die Sprachverarbeitung beziehungsweise das Sprachverstehen der Sprachproduktion voraus.[37] So konnte gezeigt werden, dass bis zum zweiten Geburtstag der rezeptive Wortschatz mehr Wörter beinhaltet als der produktive Wortschatz.[38] Die oben beschriebenen Methoden bieten uns die Möglichkeit bereits bei Säuglingen Sprachverarbeitungsfähigkeiten zu untersuchen und Aussagen über ihre neuronalen Grundlagen zu treffen.

4.2 Entwicklung der Sprachverarbeitung

Die Grundlagen der Sprachverarbeitung etablieren sich bereits vor der Geburt im Mutterleib. Ab der 20. Schwangerschaftswoche beginnen Föten zu hören[39] und auch wenn der Fötus noch nicht in der Lage ist, Inhalte zu verstehen, nimmt es den Klang der Muttersprache und den entsprechenden Rhythmus der Melodie der Muttersprache wahr. Diese im Mutterleib gesammelten Erfahrungen führen dann dazu, dass Neugeborene direkt nach der Geburt beim Schreien dem Betonungsmuster der Muttersprache folgen.[40] Auf der Fähigkeit aufbauend, auditive Informationen wahrzunehmen, entwickelt sich die Fähigkeit verschiedene Töne und Sprachlaute voneinander zu unterscheiden. Bereits in der 28. Schwangerschaftswoche können Föten zwei Töne, die sich in der Tonhöhe voneinander unterscheiden, differenzieren.[41] Mit Hilfe der oben beschriebenen EKP-Methode

35 Vgl. H.-J. Motsch/L. Becker, Grammatikerwerb deutschsprachiger Kinder zwischen 4 und 9 Jahren, Vierteljahresschrift für Heilpädagogik und ihre Nachbargebiete 1/2014, 71–73; C. Rietz/ H.-J. Motsch, Testtheoretische Absicherung des ESGRAF 4–9, Empirische Sonderpädagogik 6/4 (2014), 300–312.

36 Vgl. R.A. Berman, Language Development in Narrative Contexts, in: E.L. Blavin (Hg.), The Cambridge Handbook of Child Language, Cambridge 2009, 355–375.

37 Vgl. Kauschke, Frühe Entwicklung (s. Anm. 27); S. Pauen, Vom Säugling zum Kleinkind. Beobachtung, Begleitung und Förderung in den ersten Jahren, Heidelberg ²2018.

38 Vgl. R.E. Owens, Language Development. An Introduction, Upper Saddle River ⁹2016.

39 Vgl. A.J. DeCasper/M.J. Spence, Prenatal Maternal Speech Influences Newborns' Perception of Speech Sounds, Infant Behavior and Development 9/2 (1986), 133–150, https://doi.org/10.1016/ 0163-6383(86)90025-1.

40 Vgl. Mampe, Newborns' Cry Melody (s. Anm. 15).

41 Vgl. R. Draganova u.a., Sound Frequency Change Detection in Fetuses and Newborns. A Magnetoencephalographic Study, NeuroImage 28/2 (2005), 354–361, https://doi.org/10.1016/j .neuroimage.2005.06.011.

(Darstellung der elektrophysiologischen Hirnantwort auf einen Reiz als Wellen-verlauf) kann die Entwicklung dieser Differenzierungsfähigkeit bei Säuglingen direkt nach der Geburt mit dem sogenannten *Oddball-Paradigma*[42] weiter unter-sucht werden. Bei diesem Paradigma werden auditiv seltene Ereignisse (deviante Reize) innerhalb einer Sequenz häufig präsentierter Ereignisse (Standardreize) dargeboten. Das erwachsene Gehirn reagiert mit einem negativeren EKP auf die devianten Reize im Vergleich zu dem EKP auf die Standardreize.[43] Die Ausprä-gung dieser sogenannten *Mismatch Negativity* (MMN) kann als Indikator für die Fähigkeit herangezogen werden, zwei verschiedene Reize zu differenzieren. Das EKP auf deviante Reize von Säuglingen zeigt häufig eine entgegengesetzte Pola-rität (d.h. ein positiveres EKP bei der Darbietung devianter Reize) und wird als *Mismatch Response* (MMR) bezeichnet.

Die MMR wurde in vielen Studien zur Untersuchung der Sprachverarbei-tungsfähigkeiten von Säuglingen herangezogen. Bereits Neugeborene zeigen die Fähigkeit, zwei verschiedene Vokale voneinander zu differenzieren,[44] und eine weitere Studie konnte mit Hilfe der MMR zeigen, dass zwei Monate alte Säuglinge Vokallängen voneinander unterscheiden können.[45] Dass die Fähigkeit, Sprach-laute voneinander zu differenzieren, eine wichtige Voraussetzung für den (späte-ren) Spracherwerb und auch Schriftspracherwerb ist, konnten mehrere Studien eindrucksvoll zeigen. Zum Beispiel konnten Claudia Männel, Gesa Schaadt und Kolleg:innen mit Hilfe der MMR zeigen, dass Schulkinder und Vorschulkinder mit (späteren) auffälligen Lese-Rechtschreibleistungen eine geringer ausgepräg-te MMN zeigen als Kinder mit unauffälligen Lese-Rechtschreibleistungen.[46] In-

---

42 Vgl. N.K. Squires/K.C. Squires/S.A. Hillyard, Two Varieties of Long-Latency Positive Waves Evoked by Unpredictable Auditory Stimuli in Man, Electroencephalography and Clinical Neuro-physiology 38/4 (1975), 387–401, https://doi.org/10.1016/0013-4694(75)90263-1.
43 Vgl. R. Näätänen/A.W.K. Gaillard/S. Mäntysalo, Early Selective-Attention Effect on Evoked Potential Reinterpreted, Acta Psychologica 42/4 (1978), 313–329, https://doi.org/10.1016/0001-6918(78)90006-9.
44 Vgl. M. Cheour-Luhtanen u.a., Mismatch Negativity Indicates Vowel Discrimination in New-borns, Hearing Research 82/1 (1995), 53–58, https://doi.org/10.1016/0378-5955(94)00164-L.
45 Vgl. A.D. Friederici/M. Friedrich/C. Weber, Neural Manifestation of Cognitive and Precogni-tive Mismatch Detection in Early Infancy, Neuroreport 13/10 (2002), 1251–1254, https://doi.org/10.1097/00001756-200207190-00006.
46 Vgl. C. Männel u.a., Phonological Abilities in Literacy-Impaired Children. Brain Potentials Reveal Deficient Phoneme Discrimination, but Intact Prosodic Processing, Developmental Cogni-tive Neuroscience 23 (2017), 14–25, https://doi.org/10.1016/j.dcn.2016.11.007; G. Schaadt/C. Män-nel, Phonemes, Words, and Phrases. Tracking Phonological Processing in Pre-Schoolers Devel-oping Dyslexia, Clinical Neurophysiology 130/8 (2019), 1329–1341, https://doi.org/10.1016/j.clinph.2019.05.018.

teressanterweise zeigen bereits fünf Monate alte Säuglinge, bei denen später in der Schule Schwierigkeiten beim Lesen und Schreiben diagnostiziert wurden, eine reduzierte MMR im Vergleich zu Säuglingen, bei denen in der Schule keine Schwierigkeiten im Lesen und Schreiben diagnostiziert wurden,[47] wodurch die Relevanz früher Sprachverarbeitungsfähigkeiten für die weitere Sprachentwicklung verdeutlicht wird.

Für die Verarbeitung von Sprachlauten ist das Sprachnetzwerk im Gehirn zuständig, für dessen Untersuchung die MRT-Methode geeigneter als die EEG-Methode ist. Ganz allgemein besteht das menschliche Gehirn aus Neuronen und ihren Verbindungen. Die Komplexität des Gehirns wird deutlich, wenn man sich vergegenwärtigt, dass eine von den ca. 100 Milliarden Nervenzellen jeweils mit ca. 10.000 anderen Nervenzellen verknüpft ist, wodurch zahlreiche distinkte informationsverarbeitende Netzwerke entstehen. Die verschiedenen Hirnregionen lassen sich bestimmten Funktionen zuordnen, wobei eine Hirnregion meistens nicht allein aktiv ist, sondern immer in Netzwerke eingebunden ist. Diese interaktive Verknüpfung der verschiedenen Hirnregionen in Abhängigkeit von ihrer Funktion erhöht die Komplexität hirnfunktioneller Prozesse weiter.

In der Sprachverarbeitung (und auch Produktion) sind insbesondere der *Gyrus Frontalis Inferior* (IFG), auch bekannt als Broca-Areal (frontal / vorne im Gehirn lokalisiert) und der *Gyrus Temporalis Superior* (STG), auch bekannt als Wernicke-Areal (temporal / seitlich im Gehirn lokalisiert) involviert. Diese beiden Areale sind direkt über verschiedene, sogenannte Faserverbindungen miteinander verknüpft. Die ventrale Faserverbindung (also die untere Faserverbindung) wird auch *Fasciculus Inferioris Frontooccipitalis* (IFOF) genannt und die beiden dorsalen Faserverbindungen (also die oberen Faserverbindungen) werden *Fasciculus Arcuatus* (AF) und *Fasciculus Inferioris Longitudinalis* (SLF) genannt.[48] Sowohl die genannten Hirnregionen als auch Faserverbindungen lassen sich in der linken und rechten Gehirnhälfte (d.h. Hemisphäre) finden, wobei die Verarbeitung der Sprache hauptsächlich in der linken Hemisphäre zu lokalisieren ist.[49] Im Gegensatz zu Erwachsenen zeigen neugeborene Säuglinge jedoch abweichende Aktivierungen bei der Verarbeitung von Sprache, was darauf hindeutet, dass die Spezialisierung des Sprachnetzwerkes noch nicht abgeschlossen ist. Neugebore-

---

47 Vgl. G. Schaadt u.a., Present and Past. Can Writing Abilities in School Children Be Associated with Their Auditory Discrimination Capacities in Infancy?, Research in Developmental Disabilities 47 (2015), 318–333, https://doi.org/10.1016/j.ridd.2015.10.002.
48 Vgl. A.D. Friederici/S.M. Gierhan, The Language Network, Current Opinion in Neurobiology 23/2 (2013), 250–254, https://doi.org/10.1016/j.conb.2012.10.002.
49 Vgl. D. Perani u.a., Neural Language Networks at Birth, Proceedings of the National Academy of Sciences 108/38 (2011), 16056–16061, https://doi.org/10.1073/pnas.1102991108.

ne Säuglinge zeigen vermehrte gleichzeitige Aktivierungen der Wernicke-Areale der linken und rechten Hemisphäre bei der Verarbeitung von Sprache, wohingegen bei Erwachsenen das linke Broca- und Wernicke-Areal aktiv sind.[50] Betrachtet man in einem weiteren Schritt die Faserverbindungen zwischen dem Broca- und Wernicke-Areal, dann konnten Daniela Perani und Kolleg:innen zeigen,[51] dass sich bei Erwachsenen sowohl die ventrale Faserverbindung (d. h. IFOF) als auch beide dorsalen Faserverbindungen (d. h. AF und SLF) finden lassen, wohingegen sich bei Neugeborenen nur der SLF, nicht aber der AF finden lässt. Werden die Struktur und Funktionen dieser beiden Faserverbindungen genauer betrachtet, wird deutlich, dass der SLF insbesondere die Verbindung zwischen dem Wernicke-Areal und prämotorischen Arealen (also keine direkte Verbindung mit dem Broca-Areal) herstellt und für die Sprachproduktion und die phonologische Verarbeitung, d. h. die Verarbeitung von Sprachlauten relevant ist.[52] Sowohl zur Sprachproduktion – zum Beispiel dem Schreien[53] – als auch zur Verarbeitung von Sprachlauten[54] sind Neugeborene und junge Säuglinge in der Lage. Im Gegensatz dazu stellt der AF, der bei Neugeborenen noch nicht ausreichend entwickelt ist,[55] die direkte Verbindung zwischen dem Wernicke- und dem Broca-Areal her und ist für komplexere Sprachverarbeitungsprozesse wie der Verarbeitung von syntaktischen Informationen zuständig,[56] wozu Neugeborene noch nicht in der Lage sind.

Die bereits entwickelte Verbindung zwischen prämotorischen Arealen und dem Wernicke-Areal (SLF) ist nicht nur für die Verarbeitung phonologischer Informationen und für die Etablierung phonologischer Repräsentationen[57] relevant, sondern vermutlich auch für den Erwerb von Regelhaftigkeiten bei Sprachinformationen.[58] In einer Studie haben Angela D. Friederici und Kolleg:innen[59] vier Monate alten Säuglingen Sätze auf Italienisch präsentiert – einer Sprache,

---

50 Vgl. Perani u. a., Neural Language Networks (s. Anm. 49).

51 Vgl. Perani u. a., Neural Language Networks (s. Anm. 49).

52 Vgl. Friederici/Gierhan, Language Network (s. Anm. 48).

53 Vgl. Mampe u. a., Newborns' Cry Melody (s. Anm. 15).

54 Vgl. z. B. Cheour-Luhtanen u. a., Mismatch Negativity (s. Anm. 44); Friederici/Friedrich/Weber, Neural Manifestation (s. Anm. 45).

55 Vgl. Perani u. a., Neural Language Networks (s. Anm. 49).

56 Vgl. Friederici/Gierhan, Language Network (s. Anm. 48).

57 Vgl. A. G. Bruderer u. a., Sensorimotor Influences on Speech Perception in Infancy, Proceedings of the National Academy of Sciences 112/44 (2015), 13531–13536, https://doi.org/10.1073/pnas.1508631112.

58 Vgl. M. A. Skeide/A. D. Friederici, The Ontogeny of the Cortical Language Network, Nature Reviews Neuroscience 17 (2016), 323–332, https://doi.org/10.1038/nrn.2016.23.

59 Vgl. A. D. Friederici/J. L. Mueller/R. Oberecker, Precursors to Natural Grammar Learning. Pre-

mit der die Säuglinge bis zum Experiment keine Erfahrungen gesammelt hatten. In einer Lernphase wurden den Säuglingen italienische Sätze mit korrekter Struktur präsentiert (z. B. »La sorella *sta* cant*ando*« – »Die Schwester ist am Singen«; oder »Il fratello *puo* cant*are*« – »Der Bruder kann singen«), wobei die Regelhaftigkeit in dem korrekten gemeinsamen Auftreten von sta x-ando und puo x-are lag. In einer Testphase wurden den Säuglingen sowohl korrekte Sätze (siehe oben) als auch regelverletzende Sätze (z. B. »La sorella puo cantando« vs. »Il fratello sta cantare«) dargeboten, während das EEG gemessen wurde. Es konnte eindrucksvoll gezeigt werden, dass sich die EKPs zwischen den korrekten, zuvor gelernten Sätzen und den regelverletzenden Sätzen unterschieden. Die Autor:innen schlussfolgerten, dass bereits vier Monate alte Säuglinge Abhängigkeiten zwischen phonologischen Informationen extrahieren können und somit Regelhaftigkeiten lernen können,[60] was als wichtige Voraussetzung für die spätere Entwicklung syntaktischer bzw. grammatikalischer Verarbeitungsfähigkeiten interpretiert werden kann.

Eine weitere wichtige Voraussetzung für den Spracherwerb von Säuglingen ist die Verarbeitung prosodischer Informationen (z. B. Intonation, Sprechrhythmus). Wie bereits oben erwähnt zeigen neugeborene Babys bei der Verarbeitung von Sätzen eine Aktivierung des rechten Wernicke-Areals,[61] eine Region, die bei Erwachsenen häufig bei der Verarbeitung von prosodischen Informationen aktiv ist.[62] Im Umkehrschluss könnten diese Befunde darauf hindeuten, dass Neugeborene prosodische Informationen der dargebotenen Sätze verarbeiten.[63] Durch die Fähigkeit, prosodische Informationen zu verarbeiten, ist die Grundvoraussetzung dafür gegeben, dass Babys lernen, wie auditive Informationen in Wörtern segmentiert werden können. Eine EEG-Studie von Claudia Männel und Kolleg:innen[64] konnte zeigen, dass Babys im Alter von sechs Monaten lediglich die Wörter

liminary Evidence from 4-Month-Old Infants, Public Library of Science ONE 6/3 (2011), e17920, https://doi.org/10.1371/journal.pone.0017920.

60 Vgl J. Gervain / I. Berent / J. F. Werker, Binding at Birth. The Newborn Brain Detects Identity Relations and Sequential Position in Speech, Journal of Cognitive Neuroscience 24/3 (2012), 564–574, https://doi.org/10.1162/jocn_a_00157; J. Gervain u.a., The Neonate Brain Detects Speech Structure, Proceedings of the National Academy of Sciences 105 (2008), 14222–14227, https://doi.org/10.1073/pnas.0806530105.

61 Vgl. Perani u.a., Neural Language Networks (s. Anm. 49).

62 Vgl. S. Fruhholz / L. Ceravolo / D. Grandjean, Specific Brain Networks During Explicit and Implicit Decoding of Emotional Prosody, Cerebral Cortex 22/5 (2012), 1107–1117, https://doi.org/10.1093/cercor/bhr184.

63 Vgl. Perani u.a., Neural Language Networks (s. Anm. 49).

64 Vgl. C. Männel / A. D. Friederici, Accentuate or Repeat? Brain Signatures of Developmental Pe-

wiedererkennen, die vorher akzentuiert dargeboten wurden. Im Alter von zwölf Monaten benötigten Kinder diese spezifische Akzentuierung nicht mehr, um Wörter aus dem Sprachstrom zu segmentieren und wiederzuerkennen. Diese Segmentierungsfähigkeit und somit die Fähigkeit, Wörter aus dem Sprachstrom zu extrahieren, ist unbedingt notwendig, damit Babys dann in der Lage sind, Wörter zum Beispiel mit Objekten in der Umgebung in Verbindung zu bringen, wodurch der Worterwerb erst ermöglicht wird.

Dass Säuglinge bereits sehr früh in der Lage sind, Wörter mit Objekten zu verbinden, konnte in einer Studie von Manuela Friedrich und Angela Friederici[65] sehr eindrucksvoll gezeigt werden. In dieser EEG-Studie wurden drei Monate alten Säuglingen am ersten Tag der Untersuchung unbekannte Wörter zusammen mit Fantasieobjekten mehrfach präsentiert. Die Paarungen waren entweder konsistent, sodass eine Verbindung zwischen Wort und Objekt hergestellt werden konnte, oder inkonsistent. In der ersten Hälfte des Experimentes zeigte sich noch kein Unterschied zwischen den Hirnantworten auf konsistente und inkonsistente Paarungen im EEG. In der zweiten Hälfte des Experimentes zeigten sich jedoch Unterschiede, was als Hinweis darauf verstanden werden kann, dass bereits drei Monate alte Säuglinge in der Lage sind, neue Wörter mit neuen Objekten zu assoziieren, was wiederum eine wichtige Voraussetzung für die Entwicklung des Wortschatzes ist. Einen Tag später wurden die Säuglinge erneut eingeladen und das Experiment wurde noch einmal durchgeführt. Zu Beginn des Experimentes zeigten sich erneut keine Unterschiede im EKP auf korrekte/konsistente Paarungen und inkorrekte/inkonsistente Paarungen. Diese Ergebnisse zeigen, dass drei Monate alte Säuglinge zwar Assoziationen zwischen neuen Wörtern und neuen Objekten lernen können, sich jedoch am nächsten Tag nicht mehr an diese Paarungen erinnern können.[66] In den folgenden drei Monaten fangen Säuglinge dann aber an, sich an die Paarung neuer Wörter und Objekte in der Umgebung zu erinnern, sodass sie im Alter von sechs Monaten bereits die Bedeutung einiger Wörter kennen.[67] Im Alter von neun Monaten ist dann der Erwerb lexikalisch-semantischer Informationen so weit ausgeprägt, dass die Babys in der Lage sind, die ge-

---

riods in Infant Word Recognition, Cortex 49/10 (2013), 2788–279, https://doi.org/10.1016/j.cortex.2013.09.003.

65 Vgl. M. Friedrich/A. D. Friederici, The Origins of Word Learning. Brain Responses of 3-Month-Olds Indicate Their Rapid Association of Objects and Words, Developmental Science 20/2 (2017), e12357, https://doi.org/10.1111/desc.12357.

66 Vgl. Friedrich/Friederici, Word Learning (s. Anm. 65).

67 Vgl. E. Bergelson/D. Swingley, At 6–9 Months, Human Infants Know the Meanings of Many Common Nouns, Proceedings of the National Academy of Science 109/9 (2012), 3253–3258, https://doi.org/10.1073/pnas.1113380109.

lernte Bedeutung einzelner Wörter auf Objekte derselben lexikalischen Kategorie zu generalisieren (Objekte, die sich ähneln, aber z. B. in der Farbe variieren).[68] Interessanterweise zeigte sich in dieser Studie von Friedrich und Kolleg:innen,[69] dass die Generalisierung der Bedeutung auf Objekte derselben Kategorie davon abhängt, ob die Babys schliefen oder nicht. Die Babys, die zwischen den beiden Testungen geschlafen haben, zeigten eine entsprechende Generalisierung, wohingegen die Babys ohne Schlaf zwischen den Testungen keine Generalisierung zeigten; ein Hinweis für die Bedeutung von Schlaf für die Konsolidierung von Gedächtnisinhalten.

Die Verarbeitung lexikalisch-semantischer Informationen und das Wissen über die Bedeutung eines Wortes kann weiter mit dem sogenannten *N400-Priming-Experiment* untersucht werden. Die N400 ist eine Komponente im EKP, die einen Hinweis auf lexikalisch-semantische Verarbeitung gibt. In typischen N400-Priming-Experimenten werden den Kindern Bilder von Objekten präsentiert, die mit entweder dazugehörigen Begriffen (z. B. Bild eines Hundes mit dem Wort Hund) oder mit inkorrekten Begriffen (z. B. Bild eines Hundes mit dem Wort Ente) gepaart werden. Bei unpassenden Paarungen ist die N400 stärker ausgeprägt als bei passenden Paarungen. Solche Experimente haben die Autorinnen Friedrich und Friederici mit verschiedenen Altersgruppen von Babys und Kindern durchgeführt und die EKPs mit denen von Erwachsenen verglichen. Diese Studien zeigen, dass Kinder im Alter von vierzehn Monaten ähnliche Reaktionen auf inkorrekte lexikalisch-semantische Informationen zeigen wie Erwachsene,[70] was als Hinweis gewertet werden kann, dass in diesem Alter Wörter im Kontext erkannt und verarbeitet werden und die Kinder einen Zugriff auf die Bedeutung des Wortes haben. Interessanterweise zeigen bereits zwölf Monate alte Kinder unter bestimmten Voraussetzungen eine erwachsenenähnliche N400 auf inkorrekte lexikalisch-semantische Informationen.[71] Die Kinder, deren Eltern angaben, dass

---

68 Vgl. M. Friedrich u. a., Generalization of Word Meanings During Infant Sleep, Nature Communications 6 (2015), 6004, https://doi.org/10.1038/ncomms7004.

69 Vgl. Friedrich u. a., Generalization (s. Anm. 68).

70 Vgl. z. B. M. Friedrich/A. D. Friederici, N400-Like Semantic Incongruity Effect in 19-Month-Olds. Processing Known Words in Picture Contexts, Journal of Cognitive Neuroscience 16/8 (2004), 1465–1477, https://doi.org/10.1162/0898929042304705; M. Friedrich/A. D. Friederici, Phonotactic Knowledge and Lexical-Semantic Processing in One-Year-Olds. Brain Responses to Words and Nonsense Words in Picture Contexts, Journal of Cognitive Neuroscience 17/11 (2005), 1785–1802, https://doi.org/10.1162/089892905774589172; M. Friedrich/A. D. Friederici, Lexical Priming and Semantic Integration Reflected in the ERP of 14-Month-Olds, Neuroreport 16/6 (2005), 653–656, https://doi.org/10.1097/00001756-200504250-00028.

71 M. Friedrich/A. D. Friederici, Maturing Brain Mechanisms and Developing Behavioral Lan-

sie bereits im Alter von zwölf Monaten vergleichsweise viele Wörter produzierten, zeigten ähnliche Reaktionen wie Erwachsene, wohingegen Kinder mit geringeren produktiven Sprachfähigkeiten diese Reaktion noch nicht zeigten. Diese Ergebnisse demonstrieren deutlich, dass die Verarbeitung von Sprachinformationen mit der Produktion von Sprache zusammenhängt und dass es große individuelle Unterschiede in der Sprachentwicklung gibt.

Diese noch recht assoziativen Fähigkeiten der Worterkennung und Verarbeitung werden im zweiten Lebensjahr immer ausgereifter. Mit Hilfe der N400 konnte darüber hinaus gezeigt werden, dass Kinder anfangen, semantische Informationen auf Satzebene zu verarbeiten, bevor sie zwei Jahre alt werden. So zeigen bereits neunzehn Monate alte Kinder eine stärker ausgeprägte N400 auf semantisch inkorrekte Sätze (z. B. die Katze trinkt den Ball) als auf semantisch korrekte Sätze (z. B. die Katze rollt den Ball),[72] was als Hinweis gewertet werden kann, dass Kinder vor ihrem zweiten Geburtstag bereits in der Lage sind, semantische Informationen einfacher Subjekt-Verb-Objekt-Sätze zu integrieren bzw. zu verarbeiten.

Wie bereits weiter oben beschrieben sind insbesondere das Broca- und Wernicke-Areal der linken Hemisphäre bei der Verarbeitung von Sprache involviert (weniger der rechten Hemisphäre). Diese Asymmetrie des Gehirns (d. h. in diesem Fall eine stärkere Beteiligung der linken Hemisphäre) entwickelt sich mit dem Älterwerden der Kinder und es gibt Hinweise für einen direkten Zusammenhang zu den Sprachfähigkeiten der Kinder. In einer MRT-Studie von Ting Qi und Kolleg:innen[73] konnte gezeigt werden, dass eine stärkere Veränderung der Asymmetrie des Broca-Areals zwischen fünf und sechs Jahren mit einer stärkeren Verbesserung des Satzverstehens dieser Kinder zusammenhängt und das Satzverstehen im Alter von sieben Jahren vorhersagt. Diese Ergebnisse machen zum einen deutlich, dass die Entwicklung des Satzverstehens im Vorschulalter noch nicht abgeschlossen ist und dass die Fähigkeiten mit der (Asymmetrie-)Entwicklung des Sprachnetzwerks im Gehirn zusammenhängen.

Neben der Verarbeitung semantischer Informationen spielt auch die Verarbeitung syntaktischer (bzw. grammatischer) Informationen eine große Rolle. Auch hier ist die Fähigkeit, prosodische Informationen zu verarbeiten, wesent-

---

guage Skills, Brain and Language 114/2 (2010), 66–71, https://doi.org/10.1016/j.bandl.2009.07.004.

72 Vgl. M. Friedrich/A. D. Friederici, Semantic Sentence Processing Reflected in the Event-Related Potentials of One- and Two-Year-Old Children, Neuroreport 16/16 (2005), 1801–1804, https://doi.org/10.1097/01.wnr.0000185013.98821.62.

73 Vgl. T. Qi/G. Schaadt/A. D. Friederici, Cortical Thickness Lateralization and Its Relation to Language Abilities in Children, Developmental Cognitive Neuroscience 39 (2019), 100704, https://doi.org/10.1016/j.dcn.2019.100704.

lich. Prosodische Hinweisreize (z. B. Pausen, Längung von Silben) zeigen phonologische Phrasengrenzen an, die wiederum helfen, syntaktische Phrasengrenzen in der Satzstruktur zu identifizieren, wodurch grundlegende syntaktische Regeln aus dem Sprach-Input abgeleitet werden können. Auch wenn fünf Monate alte Säuglinge bereits in der Lage sind, den Sprachinput bei Präsentation einer Pause (nicht bei Fehlen einer Pause) in phonologische Phrasen zu unterteilen, zeigen sie im EEG noch keinen sogenannten *Closure Positive Shift* (CPS).[74] Der CPS ist eine Komponente im EKP, die auf eine vertiefende Verarbeitung der Phrasengrenzen hindeutet. Erst im Alter von drei Jahren zeigen Kinder einen CPS bei der Präsentation einer Pause.[75] Es ist ein Alter, in dem Kinder bereits gewisse syntaktische Fähigkeiten erworben haben. So zeigten zum Beispiel Oberecker und Kolleg:innen,[76] dass Kinder im Alter von zwei Jahren zwar strukturelle Verletzungen von Phrasen erkennen (»Der Löwe brüllt« vs. »Der Löwe im brüllt«), aber erst mit zweieinhalb Jahren ein ähnliches EKP-Muster wie Erwachsene zeigen. Aber insbesondere die deutsche Sprache besteht häufig aus syntaktisch komplexeren Sätzen als in dem oben genannten Beispiel (z. B. objektinitiierte Sätze: den Tiger zieht der Igel). Christine Schipke und Kolleg:innen[77] präsentierten Kindern verschiedener Altersgruppen sowohl objekt- als auch subjektinitiierte Sätze (z. B. Der Igel zieht den Tiger vs. Den Tiger zieht der Igel). Die Kinder mussten aus zwei Bildern das korrekte Bild, welches den Satz repräsentierte, auswählen. Die Ergebnisse zeigten, dass Kinder im Alter von drei, viereinhalb und sechs Jahren überzufällig häufig die syntaktisch einfacheren subjektinitiierten Sätze den korrekten Bildern zuordnen konnten. Allerdings war bei den objektinitiierten Sätzen bei allen drei Altersgruppen die Leistung auf dem Niveau der Ratewahrscheinlichkeit. Eine weitere Studie konnte zeigen, dass selbst neun- bis zehnjährige Kinder noch

---

74 Vgl. C. Männel/A. D. Friederici, Pauses and Intonational Phrasing. ERP Studies in 5-Month-Old German Infants and Adults, Journal of Cognitive Neuroscience 21/10 (2009), 1988–2006, https://doi.org/10.1162/jocn.2009.21221.
75 Vgl. C. Männel/A. D. Friederici, Intonational Phrase Structure Processing at Different Stages of Syntax Acquisition. ERP Studies in 2-, 3-, and 6-Year-Old Children, Developmental Science 14/4 (2011), 786–798, https://doi.org/10.1111/j.1467-7687.2010.01025.x.
76 Vgl. R. Oberecker/A. D. Friederici, Syntactic Event-Related Potential Components in 24-Month-Olds' Sentence Comprehension, Neuroreport 17/10 (2006), 1017–1021, https://doi.org/10.1097/01 .wnr.0000223397.12694.9a; R. Oberecker/M. Friedrich/A. D. Friederici, Neural Correlates of Syntactic Processing in Two-Year-Olds, Journal of Cognitive Neuroscience 17/10 (2005), 1667–1678, https://doi.org/10.1162/089892905774597236.
77 C. S. Schipke u. a., Preschool Children's Interpretation of Object-Initial Sentences. Neural Correlates of Their Behavioral Performance, Developmental Science 15/6 (2012), 762–774, https:// doi.org/10.1111/j.1467-7687.2012.01167.x.

nicht das Niveau von Erwachsenen erreicht haben.[78] In dieser Studie von Michael Skeide und Kolleg:innen wurde zusätzlich der Zusammenhang mit der Entwicklung des Sprachnetzwerks im Gehirn untersucht. Interessanterweise war die Fähigkeit, objektinitiierte Sätze korrekt zu bearbeiten, mit der Entwicklung der Faserverbindungen zwischen dem linken Broca- und Wernicke-Areal assoziiert. Insbesondere der AF, der im Gegensatz zum SLF bei Säuglingen noch nicht ausgeprägt ist,[79] spielte hier eine besondere Rolle. Selbst bei neun- bis zehnjährigen Kindern war die Stärke des AFs noch nicht mit der Stärke des AFs bei Erwachsenen vergleichbar, hing aber mit der Leistung bei der Bearbeitung von objektinitiierten Sätzen zusammen. Kinder, bei denen der AF stärker ausgeprägt war, beantworteten die Aufgaben zu den objektinitiierten Sätzen schneller und mit weniger Fehlern als Kinder, bei denen der AF noch nicht so stark ausgeprägt war.[80] Dass hirnstrukturelle Unterschiede die Entwicklung von Sprachfähigkeiten beeinflussen, konnte auch von Ting Qi und Kolleg:innen gezeigt werden,[81] denn bereits im Alter von fünf Jahren zeigen Kinder mit einem stärkeren Zusammenhang des linken Broca- und Wernicke-Areals bessere Leistung bei objektinitiierten Sätzen.

5 Zusammenfassung

Auch wenn Sprachfähigkeiten scheinbar ohne Mühe erworben werden, sollte durch diesen Beitrag deutlich geworden sein, dass für die erfolgreiche Sprachentwicklung viele ineinandergreifende Prozesse relevant sind und die dafür notwendigen Fähigkeiten Schritt für Schritt erworben werden müssen, bevor Sprachproduktion und Sprachverarbeitung das Niveau von Erwachsenen erreichen. Die Reifung des Gehirns spielt hierbei eine große Rolle, die sowohl durch genetische Faktoren als auch durch die Umwelt und die Interaktion mit ihr beeinflusst wird. Wenn Säuglinge auf die Welt kommen, sind sie bereits mit grundlegenden Sprachfähigkeiten zur Vermittlung von Bedürfnissen – wie z.B. mit dem Schreien – ausgestattet. Weiterhin kann durch Methoden wie dem EEG und MRT

---

78 Vgl. M.A. Skeide/J. Brauer/A.D. Friederici, Brain Functional and Structural Predictors of Language Performance, Cerebral Cortex 26/5 (2016), 2127–2139, https://doi.org/10.1093/cercor/bhv042.
79 Vgl. Perani u.a., Neural Language Networks (s. Anm. 49).
80 Vgl. Skeide/Brauer/Friederici, Brain Functional (s. Anm. 78).
81 Vgl. T. Qi u.a., The Emergence of Long-Range Language Network Structural Covariance and Language Abilities, Neuroimage 191 (2019), 36–48, https://doi.org/10.1016/j.neuroimage.2019.02.014.

die Entwicklung von Sprachverarbeitungsfähigkeiten bei Säuglingen untersucht werden. Diese Methoden konnten beispielsweise die Erkenntnis liefern, dass Säuglinge mit späteren (Schrift-)Sprachschwierigkeiten bereits Auffälligkeiten bei der Unterscheidung von Sprachlauten aufweisen. Weiterhin wissen wir inzwischen, dass die sprachrelevante Reifung des Gehirns in der späteren Kindheit noch nicht abgeschlossen ist. Faserverbindungen zwischen sprachverarbeitenden Hirnarealen sind bei zehnjährigen Kindern noch nicht endgültig ausgereift, was erklären könnte, weshalb bei syntaktisch komplexeren Sätzen noch Fehler gemacht werden. Durch die Auseinandersetzung mit der Entwicklung der neurokognitiven Grundlagen von Sprachfähigkeiten kann unser Verständnis für diese wichtige Entwicklungsaufgabe immer umfassender werden und bietet darüber hinaus die Möglichkeit, früh ansetzende Präventionsmaßnahmen zur Verhinderung von Sprachentwicklungsschwierigkeiten abzuleiten.

Daniel Weidner
Redegewalt und doppelte Übersetzung
Pfingsten als Urszene christlichen Sprechens

Zusammenfassung: Der Beitrag untersucht sprachliche und bildliche Darstellungen der Pfingstgeschichte als Urszene, das heißt als Inszenierung des Anfangs der christlichen Kirche und als Paradigma eines christlichen Verständnisses von Sprache. Er zeigt, wie diese Gründung mit dem Phänomen der Übersetzung, aber auch mit den Grenzen der Sprache (der »Zungenrede«) verbunden ist sowie wie diese Gründung in der Heilsgeschichte Israels situiert und durch den Jüngerkreis eine politische Ordnung instituiert wird. In diesem Rahmen erscheint auch der Geist als wesentlicher Bestandteil christlichen Sprechens sowie die erste spezifisch christliche Sprechhandlung: die Predigt des Petrus.

Abstract: The article examines literary and pictorial representations of the Pentecost story as a primal scene, i.e. as a staging of the beginning of the Christian church and as a paradigm of a Christian understanding of language. This foundation is connected with the phenomenon of translation, but also with the limits of language (»speaking in tongues«). It is situated in the salvation history of Israel and institutes a political order through the circle of disciples. In this framework, the Spirit is also introduced as an essential component of Christian understanding of language which in turn brings about the first specifically Christian speech act in the narrower sense, the sermon of Peter.

Das sogenannte Reichenauer Perikopenbuch, eine Handschrift aus dem 13. Jahrhundert, zeigt die Pfingstszene als komplexe, aber klar gegliederte Szene (Abb. 1). Unter dem Dach in einem Raum sitzen die zwölf Jünger mit Büchern und Rollen, in ihrer Mitte ein aufgeschlagenes Buch – vermutlich selbst als Evangeliar gedacht –, das das hier illustrierte Buch gewissermaßen in das Bild hineinkopiert oder -spiegelt. Auf den Köpfen der Jünger findet sich je eine kleine Flamme, die nach oben verweist, über das Dach hinaus in den großen freien Raum, an deren oberem Rand ein schwer zu identifizierendes geflügeltes oder wolkiges Etwas, das von zwei Engeln begleitet wird und zwölf entsprechende Feuerstrahlen aussendet – wohl der Geist, der über die Jünger kommt und notorisch schwer

***
Kontakt: Daniel Weidner, Philosophische Fakultät II, Germanistisches Institut, Martin-Luther-Universität Halle-Wittenberg, Deutschland; E-Mail: daniel.weidner@germanistik.uni-halle.de

https://doi.org/10.1515/bthz-2022-0006

Abb. 1: Pfingstdarstellung, Reichenauer Perikopenbuch, Anfang 13. Jahrhundert (aus A. Stock, Poetische Dogmatik. Gotteslehre, Bd. 3: Bilder, Paderborn [u. a.] 2007, 398)

abzubilden ist. Oben und unten stehen hier also in einer grob symmetrischen Beziehung, wobei das Oben zugleich weiter auf ein Außerhalb des Bildes verweist, aus dem es hereinragt, während unten das zentrale Perikopenbuch direkt auf den Betrachter verweist.

Diese Illustration, die durchaus typisch für die Ikonographie von Pfingsten ist, lässt sich als Szene und als Urszene lesen: Szenisch an ihr ist, dass es verschiedene Ebenen, verschiedene Akteure, verschiedene Handlungs- und Blickrichtungen gibt. Szenisch ist ebenfalls, dass hier verschiedene Verhältnisse und Übertragungen im Vollzug gezeigt werden: zwischen oben und unten, zwischen Flammen und Büchern, zwischen dem Einen und den Zwölfen und dann – implizit – auch innerhalb der Gruppe zwischen den Sieben rechts und den Fünf links, zwischen den Zwölfen insgesamt und den zentralen Figuren, besonders der Gestalt im grünen Gewand, die womöglich Petrus darstellt. Eine Urszene wäre diese Szene dann, insofern hier eine Ordnung instituiert wird – die Ordnung der Kirche, die christliche Ordnung des Sprechens –, aber auch, weil sich das, was sie zeigt, der klaren Abbildbarkeit entzieht, weil es eigentlich gar nicht einfach »gezeigt«, sondern nur »inszeniert« werden kann, nicht als es selbst erscheinen kann, sondern nur im Zusammenspiel jener verschiedenen Ebenen und Richtungen aufscheint.

Man kann das durchaus psychoanalytisch verstehen: Wenn nach Freud die Urszene darin besteht, dass das Kind den Beischlaf der Eltern beobachtet, so handelt es sich hier um den Moment, wo wir gewissermaßen die Zeugung der Kirche sehen – und damit derjenigen Institution, in dessen Raum der Leser des Perikopenbuches lebt. Die Urszene ist radikal unverständlich und nimmt daher eine komplexe, multiperspektivische Form an, wie sie Jean Laplanche in einer Lektüre von Freuds »Ein Kind wird geschlagen« entwickelt: Denn diese Phantasie durchläuft drei Stufen, von der Beobachtung, wie der Vater ein Geschwisterchen schlägt, zur Vorstellung, dass ich von meinem Vater geschlagen werde, zur Phantasie, dass ein Kind geschlagen wird, vielleicht sogar (das bleibt bei Freud ausgespart) dass ich ein Kind schlage.[1] In dieser Szene gibt es erstens verschiedene Plätze und Positionen, Permutationen und Vertauschungen, die verschiedene Blickwinkel erlauben, und es sind diese Variationen, die das Sinnpotential der Szene ausmachen. Zweitens gibt es die Szene »für jemanden«: Sie existiert nicht einfach, sondern gibt zu sehen, und wird vom Subjekt als eine Form der Botschaft wahrgenommen – freilich keine deutliche Botschaft, sondern eine, die zuerst übersetzt werden muss. Eine Urszene besteht, so Laplanche, aus einer Botschaft, die durch einen rätselhaften Signifikanten repräsentiert wird: Wenn der Vater ein Kind vor mir schlägt, was will er mir damit sagen? Was hier zu sehen ist, und was gesagt wird, ist also undeutlich und immer überdeterminiert. Wie Übersetzung niemals restlos, niemals fraglos ist, so ist auch die Urszene immer komplex – und gerade das macht es so fruchtbar, nach Urszenen christlichen Sprechens zu fragen, weil sich in dieser Form, in der dichten Beschreibung einer konkreten und zugleich überdeterminierten Szene, immerhin nach etwas fragen lässt, was sich einfachen Definitionen notwendig entziehen muss.

Was hier in Szene gesetzt wird, ist ja nicht nur die Geistbegabung, sondern auch das neue Sprechen, das ein Übersetzen ist: Die Jünger beginnen, in Zungen zu reden. Die Szene zeigt nicht nur die Herkunft der Kirche aus dem Geist, sondern auch ihre Zukunft, die von den Jüngern über die ganze Erde verbreitet werden wird, die nun in allen Sprachen sprechen werden. Und so wenig wie man den Geist einfach sehen kann, so unsichtbar ist auch die Übersetzung – und der Übersetzer – in der Regel.[2] Will man sich ihr annähern, so braucht es solcher Urszenen, die freilich selbst nur auf komplexe Art gelesen oder durchgearbeitet

---

1 Vgl. J. Laplanche, Deutung zwischen Determinismus und Hermeneutik. Eine neue Fragestellung, in: ders., Die unvollendete kopernikanische Revolution in der Psychoanalyse, aus dem Französischen übers. von U. Hock (Fischer Wissenschaft 13080), Frankfurt a.M. 1996, 142–176: 160–166.
2 Vgl. L. Venuti, The Translator's Invisibility. A History of Translation, London/New York ²2008.

werden können. Im Folgenden soll daher gefragt werden, (1) was hier eigentlich geschieht, (2) wo es situiert ist, (3) wer die Handelnden sind und (4) was all das bedeutet.

1

Und als der Tag der Pfingsten erfüllt war, waren sie alle einmütig beieinander. Und es geschah schnell ein Brausen vom Himmel wie eines gewaltigen Windes und erfüllte das ganze Haus, da sie saßen. Und es erschienen ihnen Zungen, zerteilt, wie von Feuer; und er setzte sich auf einen jeglichen unter ihnen; und sie wurden alle voll des Heiligen Geistes und fingen an, zu predigen mit anderen Zungen, nach dem der Geist ihnen gab auszusprechen. (Apg 2,1–4)[3]

Die Pfingstgeschichte aus der Apostelgeschichte ist in der Tat szenisch erzählt: zuerst wird der Schauplatz beschrieben, dann die Handlung entwickelt. Zunächst handelt es sich dabei um ein akustisches Geschehen, ein »Brausen« – griechisch ἦχος, ein Geräusch, oft von Wellen – kommt vom Himmel und trifft die Jünger wie ein »gewaltige[r] Wind« – eine πνοὴ βιαία, auch als »kräftiger Hauch« übersetzbar. Zugleich erscheinen über ihnen Zungen – γλῶσσαι, was zugleich »Sprachen« und »Zungen« bedeutet –, die sich auf sie setzen. Sie werden mit heiligem Geist (πνεῦμα ἅγιον) gefüllt und sie sprechen (λαλέω) dann mit anderen Zungen (oder Sprachen) (ἕτεραι γλῶσσαι), wie es der Geist ihnen auszusprechen (ἀποφθέγγεσθαι) gab. Es handelt sich also um ein komplexes Geschehen, das in sich über mehrere Wiederholungen, Homonymien und Verschiebungen organisiert ist, am deutlichsten in Vers vier, der zweimal den »Geist« und zweimal das »Sprechen« beinhaltet.[4]

Solche Wiederholungen gleichen dem Reim und geben der Szene Prägnanz; zugleich instituieren sie bereits Bedeutungsverschiebungen rund um den rätselhaften Signifikanten, etwa die Verschiebung von πνοή zu πνεῦμα, auf die noch zurückzukommen sein wird, aber vor allem die Wiederholung der »Zungen«, die von entscheidender Bedeutung für die Passage sind. Die beiden Bedeutungen von γλῶσσα – »Zunge« und »Sprache« – verbinden sich mit der übertragenen Rede von der »Flammenzunge«: Die Jünger werden mit Flammenzungen verse-

---

3 Bei Bibelzitaten wird hier und im Folgenden die Bibelübersetzung Martin Luthers in ihrer 1912 revidierten Fassung zugrunde gelegt.
4 Als exegetische Orientierung vgl. A. Weiser, Art. Pfingsten/Pfingstfest/Pfingstpredigt I. Neutestamentliche Grundlagen des Pfingstfestes, in: TRE 26 (1996), 379–382, siehe hier zahlreiche weitere Literatur.

hen, dann sprechen sie mit anderen Zungen – ein doppeltes Wortspiel, ein *mot valise*, organisiert das Geschehen. Dabei ist die Verbindung der Rede mit dem Feuer ein eingeführter Topos in der hebräischen Tradition, besonders was die göttliche Rede angeht: »Ist mein Wort nicht wie Feuer, spricht der HERR, und wie ein Hammer, der Felsen zerschmeißt?« (Jer 23,29). Undeutlich bleibt in dieser Übertragung, was das Reden »in anderen Zungen« *eigentlich* bedeutet – und diese Undeutlichkeit ist natürlich die eigentliche Leistung dieser Verschiebung: Handelt es sich um anderes Sprechen oder andere Sprache? Werden die Sprachen von Fremden gesprochen oder ist einfach die Sprache fremd geworden, handelt es sich also um Fremdsprachen oder um ein unverständliches Sprechen? Die weitere Handlung legt beides nahe: Beschrieben wird, dass alle verstehen, was sie sagen – »Wie hören wir denn ein jeglicher seine Sprache, darin wir geboren sind?« (Apg 2,8) oder poetischer: »[W]ir hören sie mit unsern Zungen« (Apg 2,11) –, sodass man nicht nur von einem Sprach-, sondern auch von einem Hörwunder sprechen kann; aber auch, dass andere sie für trunken halten (vgl. Apg 2,13), sodass sie Unsinn lallen würden.

Solches Lallen, also das asemantische Spiel mit dem phonetischen Material, spielt als Zungenrede oder Glossolalie – wörtlich: »Sprachensprechen« – eine zentrale Rolle in der Zeitgeschichte des Neuen Testaments. In der Apostelgeschichte taucht es regelmäßig an wichtigen Schlüsselstellen auf (neben der oben genannten Stelle auch in Apg 10,44–46 und 19,6); im Markusevangelium ist es Teil der apokalyptischen Ankündigungen für die Endzeit (Mk 16,17). Am deutlichsten wird es bei Paulus im ersten Korintherbrief im Rahmen der Erörterungen der charismatischen Geistesgaben diskutiert. Zungenrede ist gut, aber auch gefährlich: sie soll im Dienst der Gemeinde stehen: »Denn der mit Zungen redet, der redet nicht den Menschen, sondern Gott; denn ihm hört niemand zu, im Geist aber redet er die Geheimnisse. [...] Wer mit Zungen redet, der bessert sich selbst; wer aber weissagt, der bessert die Gemeinde« (1 Kor 14,2.4). Zungenrede ist also Rede zu Gott – in Umkehr eines anderen Topos, dass nämlich die Zungenrede die Sprache der Engel ist (vgl. etwa 1 Kor 13,1) –, eine Form der Rede, die dem göttlichen Brausen antwortet, die aber, wenn sie unter den Menschen fruchtbar sein soll, ausgelegt werden muss: »Darum, welcher mit Zungen redet, der bete also, daß er's auch auslege. Denn so ich mit Zungen bete, so betet mein Geist; aber mein Sinn bringt niemand Frucht« (1 Kor 14,13–14). Die Zungenrede muss also selbst übersetzt werden, um Sinn zu ergeben – aber umgekehrt ist auch zu fragen, ob nicht jede Übersetzung von jenem Stammeln und der Unverständlichkeit begleitet ist.

Die Apostelgeschichte bemüht sich jedenfalls, Paulus' Auftrag zu erfüllen und die Sprachensprache auszulegen, sie narrativ zu entfalten, zu interpretieren, in neue Kontexte zu stellen und fruchtbar zu machen. Das geschieht bereits auf der Ebene des Textes selbst: Manche Exegeten gehen davon aus, dass Lukas in Vers 4 ein Wort hinzugefügt hat – nämlich ἑτέραις zu γλώσσαις –, um aus dem Bericht über Glossolalie eine Geschichte der universalen Predigt zu machen – der Text wäre also selbst schon Teil einer Kompromissbildung. Und diese Predigt bringt in der Tat »Frucht«: Am Ende der Episode werden sich dreitausend der versammelten Zeugen taufen lassen (vgl. Apg 2,41), die kleine Gemeinde wächst also rapide. Auch heute noch sind die verschiedenen pfingstlerischen Gemeinden die am schnellsten wachsenden Kirchen der Welt. Anfang des 20. Jahrhunderts als Erben der Erweckungsbewegungen gegründet, spielt in ihnen die spontane Zungenrede der Gläubigen im Gottesdienst eine zentrale Rolle. Mit geschätzten 500 Millionen Mitgliedern sind sie die zweitgrößte Denomination neben der katholischen Kirche. Etwa ein Fünftel der nordamerikanischen Christen sind stark durch sie geprägt und sie sind missionarisch sehr aktiv, etwa in Brasilien, wo die *Assembla de dios* heute circa 20 Millionen Mitglieder zählt.[5] Während dabei ursprünglich die Missionare ohne größere Vorbereitungen in die Welt geschickt wurden, da man davon ausging, dass die nahe Endzeit sie mit der Gabe der Xenoglossie versehen würde – sie wären überall verständlich –, betreiben sie heute ausgeprägte Übersetzungsprogramme.

2

Situiert ist diese Szene an einer entscheidenden Stelle in der Geschichte des Urchristentums, weil sie gewissermaßen zwischen Jerusalem und der Welt steht. Das zeigt schon der Name: Pfingsten, das liebliche Fest, ist griechisch πεντηκοστή, der fünfzigste, das ist in der Septuaginta die Bezeichnung für das hebräische Wochenfest *Schavu'ot*, welches fünfzig Tage nach dem Fest der Ungesäuerten Brote stattfindet. Pfingsten ist also Teil des israelischen Festkalenders, und zwar ein höchst wichtiges: *Schavu'ot* erinnert an die Gesetzgebung Moses auf dem Sinai und ist ein zentrales Wallfahrtsfest, weshalb auch so viele Juden mit ganz verschiedenen Sprachen in Jerusalem versammelt sind. Die Gabe des Geistes wird hier also als Parallele zur Gabe des Gesetzes gedacht, und tatsächlich trägt das Geschehen auch manche Züge der Sinaitheophanie, in der sich Gott ebenfalls aus dem Feuer im Brausen offenbart – dazu später mehr. Der Übergangs- oder Kompromisscharakter findet auch darin Ausdruck, dass Pfingsten im christlichen Festkalender einen eher prekären Status innehat. Am Pfingstsonntag ist der Os-

---

5 Vgl. D. Martin, Pentecostalism. The World Their Parish, Malden/MA [u.a.] 2002.

Abb. 2: Giotto di Bondone, Ausgießung des Heiligen Geistes, Fresko, 1303–1310, Padua, Capella degli Scrovegni (aus Stock, Poetische Dogmatik [s. Abb. 1], 189)

terkreis zu Ende, wie die Präfation der Messe deutlich macht: »Denn heute hast du das österliche Heilswerk vollendet, heute hast du den Heiligen Geist gesandt über alle, die du mit Christus auferweckt und zu deinen Kindern berufen hast. Am Pfingsttag erfüllst du deine Kirche mit Leben.« Demgegenüber gehört der Pfingstmontag nicht mehr zum Osterkreis und hängt ein wenig in der Luft.

Auch in der neutestamentlichen Überlieferung stellt Pfingsten eine wichtige Nahtstelle dar. Denn nach Kreuzigung, Auferstehung und Himmelfahrt Jesu ist die evangelische Überlieferung abgeschlossen, und scheinbar könnte damit auch die Geschichte Christi abgeschlossen sein: Er ist verkündigt worden und auf der Erde erschienen, hat selbst verkündigt, dass er wieder verschwinden werde und tut das, nach dem spannungserzeugenden Umweg über den Tod, schließlich in der Himmelfahrt. Die Fabel wäre geschlossen. Aber damit wäre zugleich etwas verabsolutiert, was Michel de Certeau als »corps manquant« bezeichnet hat, das Fehlen des Körpers, dass die christliche Tradition nachhaltig prägt.[6]

Die Geschichte geht jedoch weiter, eben als Apostelgeschichte. Anfang und Schluss dessen, was man lukanisches Doppelwerk nennt – das Lukasevangelium

---

6 Vgl. M. de Certeau, Mystische Fabel. 16. bis 17. Jahrhundert, übers. aus dem Französischen von M. Lauble, Berlin 2010.

Abb. 3: Pfingsten mit erhöhtem Christus, Lektionar aus Cluny, Ende 12. Jahrhundert, Paris (aus Stock, Poetische Dogmatik [s. Abb. 1], 197)

und die Apostelgeschichte – sind dabei auf komplizierte Weise miteinander verschaltet. Ein Vers am Ende des Evangeliums verweist auf Pfingsten: »Und siehe, ich will auf euch senden die Verheißung meines Vaters. Ihr aber sollt in der Stadt Jerusalem bleiben, bis ihr angetan werdet mit der Kraft aus der Höhe« (Lk 24,49). Der Anfang der Apostelgeschichte wiederholt seinerseits die Himmelfahrt, worauf die Ergänzung des Jüngerkreises folgt: An die Stelle von Judas tritt Matthias, der durch das Los ausgewählt wird. Gerade dieses Verfahren zeigt, wenn man so will, den Übergang vom persönlichen Charisma Christi zum Amtscharisma der Kirche.

Die eigentliche Urszene der Kirche ist aber das Pfingstfest. Es stiftet das corpus der Kirche, welches aus der Fabel Christi hinaus in die Zukunft weist und als Erbschaft und Nachgeschichte des Evangeliums dieses in der Welt repräsentiert. An diesem Übergang steht Pfingsten, und die Pfingstdarstellungen sind daher auch immer Darstellungen der Kirche, inklusive ihrer politischen und repräsentativen Problematiken. Dass die Christen »alle einmütig beieinander« (Apg 2,1) sind oder doch sein sollten, wird durch den Kreis der Jünger abgebildet. Aber wie kann Einmütigkeit gezeigt werden?

Abb. 4: Pfingsten, Rabula-Codex, syrisch, 586, Florenz (aus Stock, Poetische Dogmatik [s. Abb. 1], 198)

Abb. 5: Pfingsten mit Hetoimasia, Chludoff-Psalter, Konstantinopel, 2. Hälfte 9. Jahrhundert, Moskau (aus Stock, Poetische Dogmatik [s. Abb. 1], 195)

Abb. 6: Pfingsten mit Hetoimasia, Kuppelmosaik, byzantinisch, Ende 12. Jahrhundert, Venedig, S. Marco (aus Stock, Poetische Dogmatik [s. Abb. 1], 253)

Bei Giotto (Abb. 2) etwa reagiert die eigenartige Bildkomposition auf ein strukturelles Problem, das gerade im Vergleich mit Abendmahlsbildern auffällt: das Problem der leeren Mitte. Denn was soll eben an die Stelle des verschwundenen Christus treten? Und wie kann der »Kreis« der Jünger dargestellt werden, ohne einige zu privilegieren?

Andere Darstellungen, wie etwa ein Lektionar aus Cluny (Abb. 3), setzen Petrus ins Zentrum, der durch den Bildaufbau klar als Repräsentant Christi markiert ist. Oder Maria wird typsicher als Gefäß Christi und Verkörperung der Kirche in das Bild eingetragen, wie das etwa im Rabula Codex aus dem 6. Jahrhundert geschieht, eine der ältesten Pfingstdarstellungen überhaupt (Abb. 4). Oder den Mittelpunkt bildet wie im Reichenauer Perikopenbuch (Abb. 1) bzw. wie im Chludoff

Psalter, einer ebenfalls sehr alten Darstellung aus dem 9. Jahrhundert (Abb. 5), ein Buch, das auf einem leeren Thron platziert wird – das macht nicht nur deutlich, dass der abwesende Christus nun durch das Wort der Schrift vertreten wird, sondern verweist auch auf sich selbst zurück: auf das Medium des Psalters, das sich hier selbst inthronisiert.

Wie bei Giotto als Kreis, aber nun nicht mehr als Bild dargestellt, sondern direkt in den Kirchenraum eingebaut, wird Pfingsten in der Kuppel von San Marco dargestellt (Abb. 6): Hier gehen die Strahlen des Geistes von der Kuppelspitze über die Jünger und die darunter abgebildeten Völker des Erdenrundes direkt auf die versammelten Gläubigen über – die Kirche »gipfelt« im wörtlichen Sinne in der Pfingstszene. Dabei wird auch noch einmal deutlich, dass die Kirche im wörtlichen Sinne ein Raum der Vermittlung und auch der Übersetzung ist, in der das Heil von »oben« sich in die Fläche verbreitet und sich in allen Sprachen ausbreitet. Pfingsten ist in ihr nicht nur ein Schlüsselpunkt zwischen oben und unten, sondern auch zwischen der konkreten Geschichte und der Urstiftung in einem konkreten Ereignis – Jerusalem, sieben Wochen nach der Auferstehung – und dem von da an ausgehenden ewigen Auftrag der Kirche.

3

Die Pfingstereignisse haben nicht nur einen komplexen Ort, sondern auch einen Agenten, der alles andere als leicht zu fassen ist: den Heiligen Geist, jenes πνεῦμα ἅγιον, das von der πνοή des heftigen Sturmes abstammt und bereits eine lange semantische Geschichte hinter sich hat. Πνεῦμα meint schon im klassischen Griechisch »Luft, Wind, Atemhauch«, aber auch »Belebung«. Die Septuaginta übersetzt mit diesem Wort das hebräische *rûaḥ*, das ebenfalls Wind bedeuten kann, aber auch die spezifischere Bedeutung eines göttlichen Attributs hat, weshalb das Wort in Gen 1,2 – bei Luther mit »der Geist Gottes schwebte über dem Wasser« übersetzt – auch als »göttlicher Wind«, ja sogar – da *'ælohîm*, Gott, auch als Intensiv fungieren kann – als »heftiger Wind« verstanden werden kann. Gottes *rûaḥ* ist jedenfalls eher als dynamische Kraft und weniger als geistiges Vermögen wie ψυχή oder νοῦς gedacht; erst in späteren Texten aus der zwischentestamentlichen Zeit wird die *rûaḥ* zunehmend auch als Wesenheit oder Hypostase Gottes beschrieben, wie etwa im Buch der Weisheit 1,7: »Der Geist des Herrn erfüllt den Erdkreis, und er der alles zusammenhält, kennt jeden Laut.« Auch im Neuen Testament und insbesondere in der Apostelgeschichte bleibt unbestimmt, was πνεῦμα bezeichnet: Manchmal ist es die Kraft der Gläubigen, manchmal ist es von außen bestimmt, oft wird betont, dass es eine Gabe der Kirche ist, immer steht

Abb. 7: Pfingsten, Drogo-Sakramentar, Initiale zur Pfingstoration, Metz, um 830, Paris (aus Stock, Poetische Dogmatik [s. Abb. 1], 187)

die Frage im Raum, wie sich dieser »Geist« zur »Botschaft« verhält, wie sich also πνεῦμα und λόγος, Ereignis und Ordnung aufeinander beziehen. Das ist nicht nur eine Frage, die kirchenpraktisch Paulus' Überlegungen zur Zungenrede beschäftigte, es ist auch die Frage nach der Urszene als solcher.

Begrifflich wird in der Trinitätslehre die Frage nach Natur und Stellung des Heiligen Geistes entfaltet. Nicht zufällig finden sich erste Ansätze zu ihr in der Pfingstpredigt des Petrus, in welcher der Geist als dritter neben Vater und Sohn tritt: »Diesen Jesus hat Gott auferweckt; des sind wir alle Zeugen. Nun er durch die Rechte Gottes erhöht ist und empfangen hat die Verheißung des Heiligen Geistes vom Vater, hat er ausgegossen dies, das ihr sehet und höret« (Apg 2,32–33). Anschaulich gemacht und szenisch inszeniert wird das erneut in der Bildgeschichte durchgearbeitet, in der Pfingsten neben der Taufe und der Verkündigung zentral für die Ikonographie des Heiligen Geistes ist.

So zeigt etwa eine Initiale des karolingischen Drogo-Sakramentars (Abb. 7), die Alex Stock als »Initiale für den Pfingstlichen Bilderkosmos« insgesamt liest,[7] wie die Jünger durch Strahlen inspiriert werden, welche in ihren Nimben kleine Flammen entzünden, und daneben als Ursprung der Strahlen eine Taube, die ihrerseits durch die Hand des Vaters und durch Christus gehalten wird. Dass eine weitere Hand aus dem Himmel eine Schriftrolle hält und Christus selbst auf einen Codex verweist, macht nicht nur erneut die Parallele zu *Schavu'ot* deutlich, sondern veranschaulicht auch, dass sich die Pfingstgeschichte in einem Schriftkosmos entfaltet, auf den noch zurückzukommen sein wird.

---

7 Stock, Poetische Dogmatik (s. Abb. 1), 188. Wie immer sind die Ausführungen Stocks höchst anregend.

Dabei macht der liturgische Kontext der Initiale – sie beginnt die Pfingstoratio *Deus qui hodierna*, die in der Bitte nach der Gabe des Heiligen Geistes gipfelt – deutlich, dass der Geist nicht nur gezeigt, sondern vor allem angerufen wird. Zu Pfingsten als Fest – wie zu jeder Urszene – gehört ja auch die Wiederholung, in der sich seine Bedeutung erst eigentlich entfaltet, sei es im Beten der Oratio, sei es im Singen von Hymnen, deren bekannteste *Veni Creator Spiritus* in der Pfingstliturgie zur Terz, also morgens um neun, zur Zeit des Ereignisses gesungen wird und die Martin Luther 1524 übersetzt hat:

> 1. Komm, Gott Schöpfer, Heiliger Geist,
> besuch das Herz der Menschen dein,
> mit Gnaden sie füll, denn du weißt,
> daß sie dein Geschöpfe sein.

> 2. Denn du bist der Tröster genannt,
> des Allerhöchsten Gabe teuer,
> ein geistlich Salb an uns gewandt,
> ein lebender Brunn, Lieb und Feuer.

> [...]

> 4. Du bist mit Gaben siebenfalt
> der Finger an Gotts rechter Hand;
> des Vaters Wort gibst du gar bald
> mit Zungen in alle Land.[8]

Der lateinische Hymnus war wohl im Umfeld des Aachener Konzils (809) entstanden, um die Teilnehmer auf die theologische Legitimität des *filioque* im Glaubensbekenntnis einzustimmen und die sogenannten Pneumatomachen zurückzuweisen, die die Göttlichkeit des Geistes bestreiten. Der Hymnus gilt bald selbst als inspiriert, und auch im protestantischen Raum wird Luthers Übersetzung noch lange im Wechsel mit dem lateinischen Original gesungen. Dabei wird der Geist angerufen, die Herzen der Menschen zu besuchen, als Tröster – der johanneische Paraklet, den Christus in seinen Abschiedsreden zurückgelassen hat – als Brunnen, Liebe, Feuer, als Inkarnation der sieben Gaben (eine Folge, die auf Jes 11,1–2 zurückgeht), zu denen aber dann vor allem wieder das Wort selbst hinzutritt, das in Zungen in alle Lande gegeben werden soll – noch einmal werden hier die pfingstlichen Zungen durchgespielt. Entscheidend, aber auch paradox ist da-

---

8 Komm, Gott Schöpfer, Heiliger Geist, Evangelisches Gesangbuch (EG) Nr. 126; vgl. dazu Stock, Poetische Dogmatik (Abb. 1), 158–182.

bei die Anredeform selbst: *Veni Creator Spiritus* – Komm, Schöpfer Geist, der Imperativ, oder die Bitte an den Geist, der sprichwörtlich kommt, wann er will. Mit dieser Eröffnung wird der ganze Text zu einer Anrufung, welche die ganze Zeit das, wovon er spricht als abwesend unterstellt. Noch die trinitarische Dogmatik der vorletzten Strophe ist als Bitte formuliert:

> 6. Lehr uns den Vater kennen wohl,
> dazu Jesus Christ, seinen Sohn,
> daß wir des Glaubens werden voll,
> dich, beider Geist, zu versteh'n.

Der Geist, der kommen soll, ist offenbar notwendig, um zu verstehen, was er ist. Es ist nur konsequent, dass der Hymnus gerne bei kirchlichen Entscheidungen gesungen wird, etwa bei Synoden und beim Einzug der Kardinäle ins Konklave. Was es dabei zu verstehen gilt, ist nicht so sehr ein abstraktes Prinzip, irgendein Geist, der im Gegensatz zum Buchstaben stünde, sondern gerade die Bedeutung dieser Buchstaben: Übersetzt wird nicht in ein allgemeines Wahres, sondern in einen anderen Text – das legt jedenfalls die Pfingsterzählung nahe.

4

Es gehört zur Natur der Urszene, dass sie immer schon und von vornherein überdeutet ist: Sie lässt sich nicht auf eine Bedeutung bringen, auch nicht auf den Geist und auch nicht auf eine Lesart. Tatsächlich geht es Pfingsten eben nicht nur um das Sagen, sondern auch das Gesagte, mit anderen Worten um die Frage, was das alles bedeutet – eine Frage, die einmal erhoben, nicht mehr stillzustellen sein wird. Denn wie es Paulus empfiehlt, beginnt Petrus nach dem Ereignis – sei es des leeren Lallens, sei es der universalen Verständlichkeit – dieses »auszulegen«, und zwar in einer ganz anderen Form von Sprache:

> Da trat Petrus auf mit den Elfen, erhob seine Stimme und redete zu ihnen: Ihr Juden, liebe Männer, und alle, die ihr zu Jerusalem wohnet, das sei euch kundgetan, und lasset meine Worte zu euren Ohren eingehen. Denn diese sind nicht trunken, wie ihr wähnet, sintemal es ist die dritte Stunde am Tage; sondern das ist's, was durch den Propheten Joel zuvor gesagt ist: »Und es soll geschehen in den letzten Tagen, spricht Gott, ich will ausgießen von meinem Geist auf alles Fleisch; und eure Söhne und eure Töchter sollen weissagen, und eure Jünglinge sollen Gesichte sehen, und eure Ältesten sollen Träume haben; [...] Und soll geschehen, wer den Namen des HERRN anrufen wird, der soll selig werden.« (Apg 2,14–17.21)

Die für alle oder keinen verständliche Sprache der Zungen – Sprachensprache – wird durch eine besondere Rede abgelöst, aus dem λαλεῖν wird ἀποφθέγγεσθαι, ein Aussprechen mit Inhalt, aus dem Reden der Vielen die Rede des Petrus. Wie bei anderen Reden der Apostelgeschichte fällt auch an dieser auf, dass sie nicht einfach eine Sammlung von Sprüchen ist wie die Reden Jesu bei den Synoptikern, sondern rhetorisch durchkomponiert. Noch auffälliger ist freilich, dass diese Rede wesentlich aus zitierter Rede besteht: aus einem Zitat des Propheten Joel, das Petrus wiederholt und typologisch anwendet: Was Joel damals sagte, ist heute eingetroffen. Dabei wird selbstverständlich auch übersetzt, denn er zitiert natürlich die Septuaginta, und das ist nicht trivial: der »HERR« von dem hier die Rede ist, steht in der Septuaginta dort, wo die hebräische Bibel das Tetragramm *Jhwh* verwendet, also denjenigen Gottesnahmen, der traditionell nicht ausgesprochen wird und in der mündlichen Lesung durch *'ᵃdonāy*, »Herr« ersetzt wird. Und erst diese Übertragung zwischen Sprachen, aber auch zwischen Sprache und Schrift macht es möglich, den »Herrn«, von dem hier die Rede ist, nicht mehr auf den einen Herren mit dem Namen *Jhwh* zu beziehen, sondern auf den neuen Herren Christus.

Es ist diese Weissagung Joels, die es erlaubt, das gerade erlebte auszulegen: Dass in Zungen gesprochen wird, ist schon vorhergesagt, ja, diese Vorhersage geht sogar noch weiter: »Söhne« und »Töchter« werden weissagen, die Weissagung reicht gleich über ihre Erfüllung hinaus in eine weitere Zukunft, in der »alle, die den Namen des HERRN anrufen«, »selig« werden sollen. Die Weissagung erklärt nicht nur, sondern wirkt weiter. Sie richtet sich nicht nur auf die Gegenwart, wie Petrus am Schluss seiner Rede noch mal bekräftigt: »Denn euer und eurer Kinder ist diese Verheißung und aller, die ferne sind, welche Gott, unser HERR, herzurufen wird« (Apg 2,39). Mit der Weissagung ist eine neue Geschichte in die Zukunft hinein eröffnet – und es ist diejenige Geschichte, in der sich die dreitausend Zuhörer taufen lassen.

Petrus Rede ist die erste Predigt: Eine Rede, die die Botschaft auslegt, die hier die Prophetie übersetzt, die selbst schon eine Art von Übertragung ist, die Übertragung der göttlichen Rede in die Sprache der Menschen. Was Joel gesagt hat, muss erneut übertragen werden und die Predigt ist diese Übertragung, sie ist damit auch permanente Übersetzung der Schrift in Verkündigung, die ihrerseits den Inhalt der Schrift, die Ausgießung des Geistes auf alle Söhne und Töchter, Knechte und Mägde, verwirklicht.

Die Urszene verweist also nicht nur immer schon auf sich selbst, sie verweist auch auf älteres zurück – sie ist bereits erwartet worden, ihr Eintreten wiederum ist die Erfüllung dieser Erwartungen und bestätigt nachträglich, was immer schon geahnt worden war. Dabei erweist sich diese Struktur der Nachträglichkeit als mächtiger Generator der Übersetzung, da alles, was in jener älteren Szene un-

Abb. 8: Pfingsten, Biblia pauperum, Codex Palatinus latinus 871, fol. 19 r (aus Stock, Poetische Dogmatik [s. Abb. 1], 216)

deutlich erwartet werden kann, nun in die Erfüllung übersetzt werden kann, wie auch alles, was sich erfüllt, in die Ahnung übersetzt werden kann. Auch hier gibt es also einen mannigfaltigen Platzwechsel und eine Bewegung der Bedeutung von einer Position in die andere, wie es für Urszenen charakteristisch ist.

Auch diese Dimension hat sein anschauliches Komplement in einem Bildtyp, der nach Wolfgang Kemp als die eigentlich charakteristische Bildform des Christentums betrachtet werden kann: eine typologische Darstellung aus einer *biblia pauperum*, eine sogenannte Armenbibel aus dem 15. Jahrhundert (Abb. 8).[9] Weil Bilder für die ungebildeten »Armen im Geiste« dasselbe seien wie die Schrift für die Lesekundigen, werden hier die biblischen Texte durch Bilder illustriert und kommentiert – genauer durch komplizierte Bild-Text-Verbindungen, die gerade die typologischen Beziehungen deutlich machen. Sie sind in diesem Fall sogar zweisprachig: Über dem zentralen Bildteil stehen lateinische und deutsche Bildtitel und die Übersetzung der in der Szene dargestellten prophetischen Weissagungen, darunter folgt eine weitere Übersetzung von Weissagungen sowie eine kurze Deutung zunächst auf Latein, dann auf Deutsch. Im Zentrum des Bildteils steht jeweils eine Szene aus dem neuen Testament, umgeben von vier Medaillons mit Propheten, die ihre Weissagungen auf Spruchbändern zeigen: rechts unten etwa Joel, rechts oben David, dessen Psalm »Du lässest aus deinen Odem, so werden sie geschaffen« (Ps 104,30) zugleich der Introitus-Vers am ersten Pfingsttag ist. Flankiert wird das Ganze links von der Übergabe der Gesetzestafeln an Moses am Sinai (Ex 24), rechts vom Brandopfer des Elias (1 Kön 18). Die Medien des Alten Bundes werden hier also durch das neue Medium des Geistes abgelöst, das seinerseits durch diese gedeutet wird. Bild und Schrift, Gegenwart und Geschichte, Altes und Neues ergänzen und kommentieren sich wechselseitig zu einem komplizierten multimedialen, mehrsprachigen und vielfältig lesbaren Gefüge, das man als Urbild der Urszene lesen kann: szenisch schon durch die Fülle von verschiedenen Teilen, Positionen und Perspektiven, die hier miteinander verschränkt werden, sodass sich die Bildtitel und die Beischriften, die Deutungen und die Übersetzungen, die Zeigegesten der Propheten und die kleinen Dialoge der begleitenden Bilder – rechts bittet Elia um Feuer und der Herr sagt es zu – fast unlösbar miteinander verschränken.

---

9 W. Kemp, Christliche Kunst. Ihre Anfänge – Ihre Strukturen, München 1994; vgl. auch den Nachdruck und die Kommentare: Biblia Pauperum. Armenbibel. Die Bilderhandschrift des Codex Palatinus latinus 871 im Besitz der Bibliotheca Apostolica Vaticana, mit Einführung und Kommentar von C. Wetzel, transkribiert und übers. von H. Drechsler (Belser Kunstbuchedition berühmter Handschriften), Stuttgart/Zürich 1995.

Abb. 9: Pfingsten, Heilsspiegel, Kap. 32, Handschrift, um 1360, Hessische Landes- und Hochschulbibliothek (aus Stock, Poetische Dogmatik [s. Abb. 1], 399)

5

Jacques Derrida spricht einmal von einer »Theologie der Übersetzung«, weil der Vorstellung der Übersetzung die Beziehung auf eine sakrale Schrift unauslöschlich eingeschrieben sei.[10] Die Bibel ist nicht nur aus historischen Gründen für die Frage der Übersetzung zentral, nicht nur, weil die Bibel schon früh und immer wieder übersetzt worden ist. An ihr wird auch besonders deutlich, dass die Vorstellung von Übersetzung vielleicht immer schon so etwas wie eine Rede vom

---

10 J. Derrida, Theologie der Übersetzung, in: A. Hirsch (Hg.), Übersetzung und Dekonstruktion (Edition Suhrkamp 1897 [= NF 897] – Aesthetica), Frankfurt a.M. 1997, 15–36.

»Geist« impliziert – eine Pneumatologie, die zwischen der Rede von »allen Sprachen« und von »Sprache überhaupt«, von »fremder« und von »anderer« Zunge
schwankt und immer wieder die Paradoxien des Sprachensprechens durchspielt.
Zugleich zeigt sich aber umgekehrt, dass diese Pneumatologie, als Urszene ge-
fasst, selbst auf schwankenden Füßen steht, selbst schon auf einer zumindest
doppelten Übersetzung beruht: auf der zwischen Sprachen und der zwischen
verschiedenen Heilsökonomien oder »Religionen«, hier: der jüdischen und der
christlichen. Urszene ist und bleibt Pfingsten auch deshalb, weil die Bibel zumindest in der christlichen Tradition immer schon als mehrsprachiges Buch existiert,
die in anderen Sprachen geschrieben worden ist, als sie gelesen wird und die sich
in permanenter Übersetzung befindet.

Auch das lässt sich wiederum ins Bild setzen: Eine Miniatur aus einem Heilsspiegel (Abb. 9)[11] enthält eine andere typologische Komposition, in der Pfingsten neben der Offenbarung am Sinai steht – wobei hier nicht zwölf Jünger und
zwölf Stämme einander entsprechen, sondern sechs Jünger und die Kirche und
vierzehn durchaus zeitgenössische Juden. Unterhalb dieser Bilder stehen zwei
andere: Rechts vermehrt Elisa das Öl der Witwe (2 Kön 4), das nun zwölf Krüge
füllt und die sakramentale Dimension der Geistesgabe betont, links der Turmbau
zu Babel, dessen Figuren hier wirklich verschiedene Sprachen sprechen, wie die
ihnen zugeordneten Spruchbänder zeigen: Deutsch (»Gib mir Wasser«), Latein
(»Da mi Laterem«), möglicherweise Griechisch (»ny ruso my«), etwas, das Hebräisch klingt (»man hu«, das würde ungefähr »was ist das« bedeuten und das
Unverständnis ausdrücken). Wenn Babel für die Mehrsprachigkeit steht, steht
Pfingsten dieser entgegen – aber nicht so, dass diese aufgehoben oder vergessen
werden würde. Im Gegenteil wird auch der Typus erinnert, ja der Antitypus von
Pfingsten besteht eben nur zusammen mit seinem Typus. So wie sich »Zunge« auf
»Sprache« reimte, so reimt sich hier eine Szene auf die andere und bringt immer
neue Bedeutung hervor. Übersetzung, einmal angestoßen, überträgt sich immer
weiter und sucht nach immer komplexeren Formen, wie sie sich selbst in Szene
setzen kann.

---

11 Vgl. dazu Stock, Poetische Dogmatik (s. Abb. 1), 220–229.

Ursula Ulrike Kaiser

Eine Sprache für das Neue finden

Neutestamentliche Metaphern zur Beschreibung des Christusgläubig-Werdens

Zusammenfassung: Metaphern können helfen, eine Sprache für das Neue zu finden. In neutestamentlichen Texten wird die Erfahrung des Christusgläubig-Werdens häufig metaphorisch beschrieben, zum Beispiel anhand geburts- und zeugungsmetaphorischer Aussagen. Als »Wiedergeburt« ist diese Metapher zur Katachrese geworden, weist im gegenwärtigen Gebrauch aber auch Bedeutungsverschiebungen auf und stellt keine geeignete Kategorie dar, um die ursprünglich lebendige Metaphorik der neutestamentlichen Texte zu erfassen.

Abstract: Metaphors can help to develop a language for the new. In New Testament texts, the experience of becoming a believer in Christ is often described metaphorically, for example, by means of the source domain GENERATION/BIRTH. As »rebirth« this metaphor has become a catachresis, but in contemporary usage it also shows shifts in meaning and is not a suitable category to capture the original creativity of the New Testament metaphor.

Religiöse Sprache ist in wesentlichen Teilen metaphorische Sprache. Seit den 1970er Jahren hat sich diese Feststellung im Zusammenhang mit einem grundsätzlich neuen Verstehen von Metaphern in der Theologie Bahn gebrochen. So schreibt Eberhard Jüngel in seinem einflussreichen Aufsatz von 1974: »Die Sprache des Glaubens ist durch und durch metaphorisch«,[1] und elaboriert dies vor allem anhand der *Rede von Gott*. Diese Zuspitzung in der Wahrnehmung der metaphorischen Prägung religiöser Sprache auf die Rede von Gott lässt sich auch in der theologischen Literatur der Folgezeit erkennen. Aus praktisch-theologischer Sicht über Sprache nachdenkend, betont beispielsweise Albrecht Grözin-

---

1 E. Jüngel, Metaphorische Wahrheit. Erwägungen zur theologischen Relevanz der Metapher als Beitrag zur Hermeneutik einer narrativen Theologie, in: P. Ricœur/E. Jüngel, Metapher. Zur Hermeneutik religiöser Sprache (EvTh Sonderheft), München 1974, 71–122: 110.

Kontakt: Ursula Ulrike Kaiser, Fakultät für Geistes- und Erziehungswissenschaften, Institut für Evangelische Theologie und Religionspädagogik, Technische Universität Braunschweig, Deutschland; E-Mail: u.kaiser@tu-braunschweig.de

https://doi.org/10.1515/bthz-2022-0007

ger: »Wie bereits jedes religiöse Sprechen auf Metaphern angewiesen ist [...], so ist auch im Kontext der jüdisch-christlichen Tradition die Rede von Gott in ihrem Kern metaphorische Rede.«[2] Exegetisch dominiert in den Untersuchungen zur Metaphorik in biblischen Texten anfangs vor allem die Analyse von Gleichnissen und deren *Rede vom Reich Gottes*.[3] Ebenso aber, wie die zunehmend rezipierten Metapherntheorien sprachwissenschaftlicher, philosophischer und kognitionswissenschaftlicher Provenienz ihren Blick nicht nur auf die »kühne Metapher«[4] und die »›impertinente‹ Prädikation«[5] richten, sondern zunehmend die metaphorische Strukturierung alltagssprachlicher Zusammenhänge in den Fokus rücken (so insbesondere die konzeptuelle Metapherntheorie im Gefolge von Georg Lakoff und Mark Johnson[6]), fällt auch in der Exegese der Blick inzwischen auf unterschiedlichste metaphorische Aussagezusammenhänge in biblischen Texten. Wie die Untersuchungen zeigen, erweist sich religiöse Sprache keinesfalls nur im Sinne einer Rede von Gott im engeren Sinne, sondern in großer Breite und sowohl anhand innovativer wie konventionalisiert erscheinender metaphorischer Prädikationen als durch und durch metaphorische Sprache.[7]

Im Folgenden soll insbesondere die Fähigkeit von Metaphern im Mittelpunkt stehen, in Situationen, die mit etwas *Neuem* konfrontieren, eine Sprache zu finden, die dieses Neue in all seinen Implikationen auszudrücken hilft. Aus rhetorischer Perspektive ist damit das katachrestische Potenzial von Metaphern angesprochen, lexikalische Lücken zu füllen.[8] Allerdings wäre eine Konzentration auf

---

2 A. Grözinger, Die Sprache des Menschen. Ein Handbuch. Grundwissen für Theologinnen und Theologen, München 1991, 119.

3 Das zeigt sich bereits in den eben zitierten Beiträgen von Jüngel, Metaphorische Wahrheit (s. Anm. 1), und Grözinger, Sprache des Menschen (s. Anm. 2), aber vor allem auch in verschiedenen exegetischen Untersuchungen, zum Beispiel: G. Sellin, Allegorie und »Gleichnis«. Zur Formenlehre der synoptischen Gleichnisse, ZThK 75/3 (1978), 281–335; H. Weder, Die Gleichnisse Jesu als Metapher. Traditions- und redaktionsgeschichtliche Analysen und Interpretationen (FRLANT 120), Göttingen ²1980; H.-J. Meurer, Die Gleichnisse Jesu als Metapher. Paul Ricœurs Hermeneutik der Gleichniserzählung Jesu im Horizont des Symbols »Gottesherrschaft/Reich Gottes« (BBB 111), Bodenheim 1997.

4 H. Weinrich, Semantik der kühnen Metapher, in: ders., Sprache in Texten, Stuttgart 1976, 295–316.

5 P. Ricœur, Die lebendige Metapher, übers. aus dem Französischen von R. Rochlitz (Übergänge 12), München 1986, VI.

6 G. Lakoff/M. Johnson, Metaphors We Live By, Chicago 2003.

7 Mit einem noch weiteren Fokus auf die Besonderheiten religiöser Sprache aus Sicht der kognitiven Linguistik stellen P. Richardson/C.M. Mueller/S. Pihlaja, Cognitive Linguistics and Religious Language. An Introduction, New York/London 2021, 11, fest: »Religious language, after all, is unusually rich in elements of key interest in the field, such as metaphor, metonymy, agency and force-dynamic relationships«.

allein diese Perspektive eine Engführung. Ob aus den metaphorischen Ausdrücken für das Neue tatsächlich distinktive Bezeichnungen werden, hinter denen ihr ursprünglich metaphorischer Charakter dann weitgehend zurücktritt, so dass sie letztlich nicht mehr als Metaphern gelten können, wird im Hinblick auf die im Folgenden näher betrachteten neutestamentlichen Beispiele (siehe unten 1–3) zwar zum Schluss (4) zu fragen sein. Es wird aber auch zu zeigen sein, dass das Potenzial metaphorischer Rede, zur religiösen Sprachfindung beizutragen, sich keinesfalls auf eine erfolgreiche Begriffsbildung reduzieren lässt.

Als das zentrale Neue, das hinter allen neutestamentlichen Texten steht, lassen sich Kreuzigung und Auferstehung Jesu bestimmen. Mit dem Bekenntnis zum Gekreuzigten und Auferweckten als Christus betreten die an ihn Glaubenden sowohl religiöses als auch sprachliches Neuland. Dass sich gerade hier, wo es um das Christusgläubig-Werden der von den Texten Adressierten geht, metaphorische Aussagen finden, ist daher kaum überraschend. Am Beispiel der metaphorischen Beschreibung der Adressierten als (neu / erneut) von Gott Geborene bzw. Gezeugte im 1. Petrusbrief, im Jakobusbrief, im Johannesevangelium und im 1. Johannesbrief soll im Folgenden verdeutlicht werden, wie metaphorische Prädikationen dazu beitragen, dem Neuen – hier konkret dem Christusgläubig-Werden und seinen Implikationen – Sprache zu verleihen. Anders formuliert: Es interessieren im Folgenden also Instanziierungen (das heißt konkrete textliche Realisierungen) der Konzeptmetapher CHRISTUSGLÄUBIG-WERDEN als GEBURT / ZEUGUNG.[9] Dabei geht es zugleich um weit mehr als das, was *als* Sprache in den Texten greifbar wird und in Buchstaben abbildbar ist. Ruben Zimmermann nennt das den »Sinnüberschuss bildsprachlicher Strukturen«. Eine metaphorische Aussage »bringt in der Sprache etwas zum Ausdruck, was über Sprache selbst hinausgeht und die außersprachliche Realität, den Erfahrungskontext mit einbezieht«.[10]

---

8 Zur Katachrese vgl. zum Beispiel H. Skirl / M. Schwarz-Friesel, Metapher (Kurze Einführungen in die germanistische Linguistik 4), Heidelberg 2007, 34.

9 Mit CHRISTUSGLÄUBIG-WERDEN ist dabei der Zielbereich (auch Bildempfänger), mit GEBURT / ZEUGUNG der Ursprungsbereich (auch Bildspender) benannt, die in einer konkreten metaphorischen Aussage jeweils durch bestimmte Signalwörter (Fokuswörter) und / oder den situativen Bezug aufgerufen werden. Die hier gebrauchten Termini und das grundlegende Verständnis einer Metapher als semantisch spannungsvoller Koppelung zweier Konzeptbereiche, gehen wesentlich auf die Conceptual Metaphor Theory von Lakoff / Johnson, Metaphors We Live By (s. Anm. 6), zurück, sind in dieser allgemeinen Fassung aber keineswegs auf diese beschränkt; vgl. z.B. Skirl / Schwarz-Friesel, Metapher (s. Anm. 8). Die Kennzeichnung einzelner Wörter durch Kapitälchen deutet darauf hin, dass damit jeweils die von ihnen bezeichneten *Konzepte* gemeint sind, nicht das einzelne Wort und seine aktuelle Referenz.

10 R. Zimmermann, Einführung. Bildersprache verstehen *oder:* Die offene Sinndynamik der

1 »Erneut geboren / gezeugt zu lebendiger Hoffnung« (1 Petr 1,3)

Gleich zu Beginn des 1. Petrusbriefs werden die Adressierten (einschließlich des Verfassers) in 1 Petr 1,3 als Menschen beschrieben, die Gott

> aus seinem großen Erbarmen heraus *erneut geboren / gezeugt* hat zu lebendiger Hoffnung durch die Auferstehung Jesu Christi von den Toten (ὁ θεὸς [...] ὁ κατὰ τὸ πολὺ αὐτοῦ ἔλεος *ἀναγεννήσας* ἡμᾶς εἰς ἐλπίδα ζῶσαν δι' ἀναστάσεως Ἰησοῦ Χριστοῦ ἐκ νεκρῶν).

Mit Hilfe des Ursprungsbereichs GEBURT/ZEUGUNG wird ein kompletter Neuanfang im Leben der Adressierten postuliert. Dieser ist von »lebendiger Hoffnung« geprägt, die sich – so der Fortgang des Satzes in 1 Petr 1,4 – allerdings erst »in den Himmeln« vollenden wird, wo ein »unvergängliches und unbeflecktes und unverwelkliches *Erbe*« für die Angesprochenen aufbewahrt ist. Dieses Erbe (κληρονομία) steht wiederum in einem direkten Zusammenhang mit der Geburt/ Zeugung[11] durch Gott, denn nur durch diese sind die Adressierten, die der 1. Petrusbrief als Christusgläubig-Gewordene nicht-jüdischer Herkunft entwirft,[12] überhaupt zu Erbberechtigten geworden.

In 1 Petr 1,23 wird die Metaphorik aus 1,3 nochmals aufgegriffen, indem die intendierten Leserinnen und Leser als die angesprochen werden, »die ihr nicht *aus* vergänglichem *Samen erneut gezeugt* seid, sondern aus unvergänglichem, durch das lebendige Wort Gottes, das bleibt« (*ἀναγεγεννημένοι* οὐκ ἐκ σπορᾶς φθαρτῆς ἀλλ' ἀφθάρτου διὰ λόγου ζῶντος θεοῦ καὶ μένοντος). Da dem männlichen Samen in antiken Vererbungslehren die Kraft zugeschrieben wird, mit seinen Ei-

---

Sprachbilder, in: ders. (Hg.), Bildersprache verstehen. Zur Hermeneutik der Metapher und anderer bildlicher Sprachformen (Übergänge 38), München 2000, 13–54: 30f.

11 Nur die Übersetzung ins Deutsche nötigt zu einer Entscheidung zwischen den Sinnbereichen GEBURT und ZEUGUNG, während das griechische Verb γεννᾶν beides beinhaltet. Der Text lenkt die Lektüre durch die betonte Einführung Gottes als *Vater* in V. 2 zuerst eher in Richtung ZEUGUNG (auch wenn es hier spezifisch um Gott als Vater *Jesu Christi* geht und die Vatermetaphorik für Gott bereits als insoweit konventionalisiert angesehen werden kann, dass sie nicht notwendig in direkter Verbindung mit der folgenden Geburts-/Zeugungsmetaphorik gesehen werden muss). Für ein Recht auf das *Erbe* spielt dann in antiken Kontexten eher die Aufnahme des Kindes in den Familienzusammenhang bei der *Geburt* eine Rolle, nicht zuletzt deshalb, weil eine Zeugung nie sicher nachgewiesen werden konnte (*pater semper incertus est*).

12 Vgl. U. U. Kaiser, Die Rede von »Wiedergeburt« im Neuen Testament. Ein metapherntheoretisch orientierter Neuansatz nach 100 Jahren Forschungsgeschichte (WUNT 413), Tübingen 2018, 298–301. Über die reale Situation konkreter Leserinnen und Leser des Briefes ist damit noch nichts gesagt (siehe unten 4).

genschaften auch das werdende Kind zu prägen,[13] geht es hier um nichts weniger als die Zusage, dass die Christusgläubig-Gewordenen qua metaphorischer Zeugung die Veranlagung zur Unvergänglichkeit in sich tragen. Wieder wird das neue Leben dabei im Hinblick auf eine noch ausstehende *Zukunft* und Vollendung profiliert. Es in einer *Gegenwart* zu leben, die äußerlich noch ganz die alte ist, stellt die grundsätzliche Herausforderung dar, die der 1. Petrusbrief an verschiedenen Stellen thematisiert.[14] Bereits in den zweifach verwendeten Formen von ἀναγεννάω, die den Ursprungsbereich GEBURT/ZEUGUNG aufrufen, zeigt sich das. Denn die ungewöhnliche Zusammenfügung von γεννάω (zeugen/gebären) mit der Vorsilbe ἀνα- (wieder/erneut) verweist im Kontext der metaphorischen Aussagen von 1 Petr 1,3 und 23 nicht allein auf das neue und durch Gottes Handeln hervorgebrachte Leben, sondern deutet mit »wieder« auch darauf, dass die so Angesprochenen selbstverständlich bereits gezeugt und geboren wurden. Von vornherein ist durch die Verwendung dieses neutestamentlichen Neologismus[15] somit im Blick, dass das neue Leben zu dem bisherigen in einem Verhältnis steht, das – so zeigt es sich besonders in 1 Petr 4,1–6 – ein keineswegs unproblematisches ist.[16] Es gilt, unter den äußerlichen Bedingungen des alten Lebens, dem die Adressierten nun als »Fremdlinge« (vgl. 1 Petr 1,1) gegenüberstehen (sollten), das neue Leben zu leben. Konkret lassen sich hinter der Entfremdung sowohl Abbrüche sozialer und familiärer Beziehungen erahnen als auch gesellschaftliche Ausgrenzungserfahrungen verschiedener Art.

Umso bedeutsamer ist ein weiteres Deutungsangebot, das den vom 1. Petrusbrief Adressierten mit Hilfe der Geburts-/Zeugungsmetaphorik im Hinblick auf ihr neues Leben als Christusgläubige gemacht wird und das hier abschließend zu thematisieren ist. Es besteht in der durch die erneute Geburt/Zeugung implizierten neuen *Familien*zugehörigkeit. Diese begründet im 1. Petrusbrief auch die Eingliederung der ursprünglich nicht-jüdischen Adressierten[17] in das *Volk* Gottes, zu dem sie nun qua metaphorisch konstruierter Abstammung vollgültig gehören.

---

13 Vgl. Kaiser, Rede (s. Anm. 12), 238f.

14 Vgl. besonders die als Einst-Jetzt-Schema oder als Lasterkatalog gestalteten Rückblicke auf die Vergangenheit der Adressierten in 1 Petr 1,14; 2,10 und 4,3.

15 Vgl. ausführlicher Kaiser, Rede (s. Anm. 12), 296f.

16 Es geht hier sowohl um die Überwindung jener Lebensart, die in 1 Petr 4,3 als lasterhaft dem bisherigen, heidnischen Leben zugerechnet wird (ἀρκετὸς γὰρ ὁ παρεληλυθὼς χρόνος τὸ βούλημα τῶν ἐθνῶν κατειργάσθαι), als auch darum, mit dem Befremden und den Anfeindungen durch jene zu leben, mit denen man zuvor Gemeinschaft hatte (1 Petr 4,4).

17 Dass diese Bestimmung der Adressierten eine Konstruktion ist, die mit der realen Situation einzelner Leserinnen und Leser nicht notwendig identisch ist, wurde schon oben angedeutet. Die Pragmatik des Textes, die auf Abgrenzung zum alten, »heidnischen« Leben zielt und dem-

Es ist kein Zufall, dass Erwählungs-, Bundes- und Israelterminologie in 1 Petr 1,1f. und 2,9f. einen Textbereich rahmen, in dem die erneute Geburt/Zeugung eine wesentliche Rolle spielt.[18] Laut 1 Petr 1,1 sind sie »Erwählte« (ἐκλεκτοί, 1 Petr 1,1) und gehören, so 1 Petr 2,9, zum »heiligen Volk«[19] – aber nicht nur per Akklamation, sondern als »Geborene«.

2 »Geboren durch das Wort der Wahrheit« (Jak 1,18)

Auch im Jakobusbrief werden die Adressierten (einschließlich des Verfassers) mit Hilfe von Geburts-/Zeugungsmetaphorik beschrieben. In Jak 1,18 heißt es:

> Aus seinem Willen heraus *hat er* [sc. *Gott*] *uns geboren* (ἀπεκύησεν ἡμᾶς) durch das Wort der Wahrheit, damit wir gewissermaßen Erstling seiner Geschöpfe seien.

Durch die Wortwahl (ἀποκυέω) liegt der Fokus hier auf dem Bereich der GEBURT. Aber wird mit der Geburt »durch das Wort der Wahrheit« (λόγῳ ἀληθείας) tatsächlich das Christusgläubig-Werden der Adressierten metaphorisiert? Die Positionen in der Forschung dazu sind gespalten und hängen mit der Entscheidung darüber zusammen, worauf das »Wort der Wahrheit« referiert. Folgt man der sogenannten soteriologischen Deutung[20] und versteht dieses »Wort« als Evangelium im Sinne der christlichen Heilsbotschaft,[21] dann steht im Hintergrund von V. 18a tatsächlich die (Erst-)Begegnung der Angesprochenen mit der Christusverkündigung.[22] Dass diese Botschaft rettenden Charakter hat, beschreibt die erneute Erwäh-

---

gegenüber die durch Gaben und Verheißungen bestimmte Zugehörigkeit zur neuen Familie des Gottesvolkes durch die gewählte Metaphorik betont, greift aber dennoch.

18 Vgl. R. Feldmeier, Wiedergeburt im 1. Petrusbrief, in: ders. (Hg.), Wiedergeburt (BThS 25), Göttingen 2005, 75–99: 92f.

19 »Auffällig ist die pointierte ethnische Identitätskonstruktion, die in 1 Petr 2,9 zum Ausdruck kommt« (L. Doering, Gottes Volk. Die Adressaten als »Israel« im 1. Petrusbrief, in: D.S. du Toit [Hg.], Bedrängnis und Identität. Studien zu Situation, Kommunikation und Theologie des 1. Petrusbriefes [BZNW 200], Berlin 2013, 81–113: 106).

20 Daneben gibt es die schöpfungstheologische und die nomistische Deutung, deren Namen bereits deutlich machen, wie hier das »Wort der Wahrheit« inhaltlich gefüllt wird; vgl. dazu ausführlich: Kaiser, Rede (s. Anm. 12), 358–372.

21 So ist λόγος ἀληθείας auch in Kol 1,5; Eph 1,13; 2 Kor 6,7 und 2 Tim 2,15 – den übrigen vier neutestamentlichen Belegstellen – zu verstehen.

22 So z.B. T. Klein, Bewährung in Anfechtung. Der Jakobusbrief und der 1. Petrusbrief als christ-

nung des »Wortes« in Jak 1,21, wo es bezeichnet wird als das »*angeborene Wort*
(ἔμφυτος λόγος), das die Kraft hat, euch zu retten.« Mit dem Wort ἔμφυτος wird
wiederum Geburts-/Zeugungsmetaphorik aufgerufen.[23] Aber was leistet sie hier
im Jakobusbrief zur Beschreibung der Christusgläubig-Gewordenen?

Dafür ist zuerst noch eine weitere Instanziierung von Geburts-/Zeugungs-
metaphorik in Jak 1,15 mit einzubeziehen: In Form einer sogenannten Filiations-
reihe[24] findet sich dort, nachdem die Adressierten in V. 14 vor der Macht ihrer
eigenen Begierden gewarnt wurden, die drastische Aussage: »Dann gebiert die
Begierde, nachdem sie empfangen hat, Sünde, die Sünde aber gebiert, nachdem
sie vollendet ist, Tod.« Dieser zwangsläufig in den Tod führenden Kette von aufei-
nanderfolgenden Ereignissen steht in Jak 1,18 die ganz anders geartete metaphorische Geburtsaussage entgegen, gemäß derer Gott »aus seinem Willen heraus«
(βουληθείς) – also in gar keiner Weise zwangsläufig und daher umso erstaunli-
cher – »uns« geboren hat »durch das Wort der Wahrheit«. Trotz aller Gegensätzlichkeit zu 1,18 beschreibt Jak 1,15 aber *nicht* das frühere Leben der Adressierten,
das durch die Geburt durch Gott und ein neues Leben nun abgelöst wäre. Gegen
die Beeinflussung durch Begierde und Sünde müssen die Christusgläubigen vielmehr weiterhin[25] aktiv ankämpfen. Und auch der Tod (wenngleich nicht mehr
als »eschatologische Verdammnis der Sünder«[26] zu verstehen) bleibt ihnen nicht
erspart. Aber immerhin haben die »durch das Wort der Wahrheit« Geborenen dieses Wort als »angeborenes Wort« in sich, von dem in Jak 1,21 gesagt wird, dass es
fähig ist, ihr Leben zu retten.

---

liche Diaspora-Briefe (NET 18), Tübingen 2011, 373–378; S. McKnight, The Letter of James (NICNT),
Grand Rapids/MI 2011, 129–132.
23 Die zumeist angeführte Bedeutung von ἔμφυτος im deutschen Forschungskontext (einschließlich des Wörterbuchs von Bauer/Aland) ist »eingepflanzt«. Vor allem in Griechisch-Engli-
schen Wörterbüchern wird als erste Übersetzung dagegen »inborn, natural« angegeben (vgl. LSJ,
PGL). Die Präferenz für diese Wiedergabe wird durch die bereits im unmittelbaren Textumfeld
etablierte Geburtsmetaphorik gestützt, ein Sinnbereich PFLANZEN/NATUR wird dort hingegen
nicht aufgerufen; vgl. U. U. Kaiser, Salvation through the λόγος ἔμφυτος. Soteriology in the Letter
of James, in: D.S. du Toit/C. Gerber/C. Zimmermann (Hg.), Sōtēria. Salvation in Early Christianity and Antiquity (FS C. Breytenbach; NovTSup 175), Leiden 2019, 460–475: 464.
24 Vgl. grundsätzlich K. Berger, Formen und Gattungen im Neuen Testament (UTB Theologie
2532), Tübingen 2005, 211. Metapherntheoretisch ließe sich der Text in Jak 1,15 auch als Instanziierung der konzeptuellen Metapher CAUSATION IS PROGENERATION fassen (vgl. M. Turner, Death
Is the Mother of Beauty. Mind, Metaphor, Criticism, Chicago 1987, 143); siehe ausführlich Kaiser,
Rede (s. Anm. 12), 353–357.
25 Darauf verweisen auch die im Präsens stehenden finiten Verbformen in Jak 1,15.
26 M. Konradt, Christliche Existenz nach dem Jakobusbrief (StUNT 22), Göttingen 1998, 58.

Auch die Rettung ist aber kein Automatismus. Denn sofort im Anschluss wird in Jak 1,22 betont, dass die Adressierten *Täter* dieses Wortes sein sollen, nicht nur Hörer. Gottgemäßes Handeln ist für den gesamten Jakobusbrief ein zentrales Thema. Die Forderung in Jak 1,22 passt aber nicht nur zur paränetischen Gesamtausrichtung des Jakobusbriefs, sondern auch zur in V. 21 bereits angemahnten *Annahme* des Wortes, die mit dessen Qualifikation als »angeborenes Wort« in einer gewissen Spannung zu stehen scheint. Versteht man das »Wort der Wahrheit« jedoch nicht nur als Heilsbotschaft (siehe oben) im engeren Sinne, sondern als Überlieferung, die neben Tod und Auferstehung Jesu auch dessen eigene Botschaft und deren Implikationen für die Lebenspraxis beinhaltete, ergibt sich in Einklang mit der Gesamtausrichtung des Jakobusbriefs, dass eine »angeborene« Veranlagung zu diesem Wort notwendig in einer aktiven Umsetzung im Leben der Christusgläubigen ihren adäquaten Ausdruck findet.

Ist also durch die Geburt durch Gott und das »Wort der Wahrheit« kein für den Rest des Lebens sicherer Heilsstand beschrieben und lässt sich das Wort auch nicht als »Selbstläufer« bezeichnen, der »den Christen verzaubert«,[27] so vermittelt die Geburtsmetapher im Jakobsbrief den Christusgläubig-Gewordenen in ihrem Leben doch Gewissheit und Orientierung. Denn mit dem Ursprungsbereich GEBURT verbunden ist, dass das Wirken Gottes allen Handlungen der Adressierten vorausgeht. Er hat sie mit einer angeborenen positiven Veranlagung ausgestattet – dem »Wort der Wahrheit«, dem entsprechend sie nun nicht nur leben *sollen*, sondern es auch *können*.

3 »Wenn jemand nicht von oben gezeugt / geboren wird ...« (Joh 3,3) und weitere johanneische Texte

Im Johannesevangelium und dem 1. Johannesbrief wird Geburts-/Zeugungsmetaphorik an mehreren Stellen eingesetzt, um das andersartige Leben der Christusgläubigen im Gegensatz zur »Welt« hervorzuheben. Die bekannteste der hier relevanten Textstellen ist sicherlich das Gespräch des johanneischen Jesus mit Nikodemus in Joh 3, dessen zentrales Thema oft als »Wiedergeburt« bestimmt wird.[28] Wie dieser beschreibungssprachliche Begriff als *solcher* einzuordnen ist, wird unten (4) noch genauer zu fragen sein. Als Wiedergabe des im *Text* vorfindli-

---

27 Konradt, Christliche Existenz (s. Anm. 26), 100.

chen Syntagmas γεννηθῆναι ἄνωθεν liegen aufgrund des textlichen Umfelds aber andere Optionen als ein »Erneut-geboren-Werden« näher.

Bereits zwei Kapitel zuvor, im Prolog des Johannesevangeliums, begegnet erstmals in prägnanter Weise und unter Aufnahme des gleichen Verbs, γεννάω, *Zeugungs*metaphorik (vgl. Joh 1,11–13):

> (11) Er (*sc.* der Logos) kam in das Seine, und die Seinen nahmen ihn nicht auf. Wie viele ihn aber aufnahmen – (12) er gab ihnen Macht, Kinder Gottes zu werden, denen, die an seinen Namen glauben, (13) die nicht aus Blut, noch aus dem Willen des Fleisches, noch aus dem Willen des Mannes, sondern *aus Gott gezeugt* wurden (ἐκ θεοῦ ἐγεννήθησαν).

Die dreifache Negativaussage in Vers 13a beschreibt vorerst noch nicht metaphorisch, sondern metonymisch die irdische Zeugung. Für das Leben derjenigen, die den Logos aufgenommen haben und an seinen Namen glauben und in denen sich zweifellos die Angehörigen der johanneischen Gemeinschaft angesprochen fühlen konnten, spricht der Text einer menschlichen Zeugung jegliche Relevanz ab. Negiert wird mit dem Blut zuerst die materielle Basis, aus der der Embryo gemäß antiker Zeugungsvorstellungen entsteht, dann der menschliche Wille, der zum Geschlechtsverkehr führt, dann noch einmal spezifisch der Wille des Mannes, dem im Zeugungsprozess insgesamt die entscheidendere Rolle zugeschrieben wurde. Dieser irdischen Zeugung steht die Zeugung »aus Gott« diametral entgegen. Nur sie ist es, die zählt: Nur der Ursprung ἐκ θεοῦ ist laut Joh 1,13 für die Glaubenden entscheidend. Was sie als Christusgläubig-Gewordene erfahren, ist in diesem Sinne auch kein *neues* Leben, sondern Leben überhaupt, dem in der zu absoluten Formulierungen neigenden johanneischen Sprache auch kein falsches oder früheres Leben entgegensteht, sondern nur die Negation.[29] Die Zeugungsmetapher wird damit aufs Äußerste strapaziert, ihr (natürlicher) Ursprungsbereich wird komplett verneint, so als gäbe es diese Art der Zeugung gar nicht. Es wird auch nicht erkennbar, wann sich die metaphorische Zeugung ἐκ θεοῦ ereignet hat. Vielmehr lässt sich die Zeugung aus Gott in ihrer grundlegenden Bedeutung für das Leben nur rückblickend erkennen, wie es dem Ursprungsbereich ZEUGUNG ja auch entspricht.

---

28 So zum Beispiel im epochemachenden Kommentar Rudolf Bultmanns: »Das Geheimnis der Wiedergeburt 3,1–8« (R. Bultmann, Das Evangelium des Johannes [KEK], Göttingen ¹¹1941, 93).
29 Vgl. ganz ähnlich, wenn auch in Bezug auf 1 Joh: D. Rusam, Die Gemeinschaft der Kinder Gottes. Das Motiv der Gotteskindschaft und die Gemeinden der johanneischen Briefe (BWANT 133), Stuttgart 1993, 118: »Nur wer aus Gott geboren ist, lebt, d.h. wer nicht aus Gott geboren ist, kann gar nicht leben; seine Existenz hat die Qualifikation ›Leben‹ gar nicht verdient«.

Betont wird durch die Gestaltung des schroffen Gegensatzes ebenfalls, dass sich dieses Gotteshandeln dem menschlichen Willen völlig entzieht. Dennoch ist Joh 1,12f. nicht streng deterministisch zu verstehen. Die Aufnahme des Logos in Joh 1,12a kann als Beschreibung eines aktiven Handelns der »aus Gott« Gezeugten verstanden werden, dem aber dennoch das Wirken Gottes vorausliegt, der sie gezeugt und zu dem befähigt hat, was sie jetzt tun.[30]

Joh 3 greift erneut Geburts-/Zeugungsmetaphorik auf. Das Gespräch Jesu mit Nikodemus gehört zu den sogenannten johanneischen Missverständnissen, denn Nikodemus, der als hochrangiger Pharisäer und Mitglied des Synhedriums vorgestellt wird (Joh 3,1) und in der Nacht zu Jesus kommt, kann bereits den ersten Worten Jesu[31] in diesem Gespräch von Lehrer zu Lehrer (vgl. Joh 3,2 und 10) keinen Sinn abgewinnen:

> Wahrlich, wahrlich, ich sage dir, wenn jemand nicht *von oben* (bzw. *von Neuem*) *geboren* (bzw. *gezeugt*) *wird*, kann er das Reich Gottes nicht sehen (ἀμὴν ἀμὴν λέγω σοι, ἐὰν μή τις γεννηθῇ ἄνωθεν, οὐ δύναται ἰδεῖν τὴν βασιλείαν τοῦ θεοῦ).

»*Wie* kann das geschehen?« fragt Nikodemus zurück,[32] will damit aber nicht wissen, wie auch *er* von oben/neuem geboren/gezeugt werden könnte, sondern reflektiert in Joh 3,4 – eher rhetorisch und wohl wissend, dass diese Option nicht besteht – die *menschlichen* Möglichkeiten, ein *zweites Mal* in den *Mutterleib* hineinzugehen und erneut geboren zu werden. Von Joh 1,13 her ist den Leserinnen und Lesern aber bereits klar, dass es sich bei dem γεννηθῆναι ἄνωθεν um einen erneuten Verweis auf die einzig und allein relevante Zeugung aus Gott handelt. Daher ist auch die Festlegung des Adverbs ἄνωθεν auf die Bedeutung »von oben« die zutreffende, denn im Rahmen der johanneischen Raummetaphorik ist der

---

30 Gleiches lässt sich auch im Hinblick auf die Zusage der Kindschaft feststellen: Die, die den Logos in Joh 1,12 aufnehmen, *sind* damit noch nicht Kinder Gottes, bekommen aber das Vermögen (ἐξουσία) zugesprochen, es zu *werden*. Das wiederum realisiert sich auf der Erzählebene erst in der Ostergeschichte, in der Jesus den Jüngerinnen und Jüngern gegenüber erstmals *seinen* Vater, also Gott, auch als *ihren* Vater bezeichnet (Joh 20,17). Vgl. zu dieser Differenzierung zwischen Kind-Sein und Kind-Werden in Bezug zu antiken Erziehungs- und Vererbungsvorstellungen ausführlich J. Kügler, »Denen aber, die ihn aufnahmen ...« (Joh 1,12). Die Würde der Gotteskinder in der johanneischen Theologie, JBTh 17 (2002), 163–179.
31 Gemeint ist mit Jesus hier immer die Figur im Rahmen der Erzählung, Gleiches gilt für Nikodemus. Analysiert wird kein realer Dialog, sondern allein, wie dieser im Johannesevangelium dargestellt wird.
32 So wird die Frage genau genommen erst in Joh 3,9 formuliert, greift damit aber nur allgemeiner die in 3,4 gestellte Frage auf.

göttliche Bereich immer »oben« verortet.[33] Als Figur *in* der Erzählung verfügt Nikodemus freilich nicht über dieses Wissen und liegt bereits mit der Interpretation von ἄνωθεν als »ein zweites Mal« (δεύτερον) in Joh 3,4 falsch.[34] Ihm erschließt sich auch nicht, dass dieses γεννηθῆναι ἄνωθεν keine Option ist, über die der Mensch verfügt, sondern dass sich darin allein Gottes Handeln zeigt. Während Jesus in Joh 3,3 beschreibt, wozu der Mensch als Folge davon befähigt ist, dass Gott ihn zuvor (metaphorisch) gezeugt hat – nämlich das Reich Gottes zu sehen, fragt Nikodemus nach dem, was der Mensch selbst als *Voraussetzung* dafür tun kann,[35] findet aber keine Lösung, die sein Problem mit der zweiten Geburt klären kann.

In Joh 3,5 variiert Jesus die Metaphorik. Für Nikodemus ergibt sich daraus kein neuer Sinn, wie die später wiederholte Frage nach dem »wie« in Joh 3,9 zeigt. Die intendierten Leserinnen und Leser des Evangeliums können den Ausdruck »aus Wasser und Geist« (ἐξ ὕδατος καὶ πνεύματος), der nun das Adverb ἄνωθεν ersetzt, dagegen als eine Anspielung auf die Taufe deuten.[36] Sie bleibt aber vage. Dem Text geht es in seinem Fortgang vor allem um die bleibende Unverfügbarkeit des Geistes (vgl. besonders Joh 3,8). Diese erlaubt es gerade *nicht*, ihn an ein Ritual zu binden, an dessen näherer Schilderung die Verse 5–8 offenbar auch kein Interesse haben. Und auch wenn die Taufe ein konkret fassbarer Moment der Geisterfahrung für »jeden aus Geist Gezeugten« (πᾶς ὁ γεγεννημένος ἐκ τοῦ πνεύματος, Joh 3,8) gewesen sein mag, so fällt sie doch nicht in eins mit der Zeugung »aus Geist« bzw. »aus Gott«. Denn diese Zeugung lässt sich weder auf eine menschliche Handlung noch auf einen bestimmten Zeitpunkt im Leben der Christusgläubigen festlegen (siehe oben Joh 1,13). Sie bestimmt deren Leben – das nur deshalb überhaupt zu Recht Leben heißen darf[37] – schon uranfänglich, was die

---

33 Vgl. noch im gleichen Kapitel z.B. Joh 3,31 und viele weitere Aussagen im Evangelium, die das Woher und Wohin des von Gott gesandten Sohnes entsprechend raummetaphorisch beschreiben.

34 Aber auch vom Mutterleib (κοιλία τῆς μητρός) hatte Jesus in Joh 3,3 nicht gesprochen, weshalb sich die Aussage dort auch nicht auf GEBURT einschränken lässt, sondern von Joh 1,13 her tendenziell eher auch als ZEUGUNG zu fassen ist; vgl. zu den verschiedenen deutenden Festlegungen, die Nikodemus in seiner Antwort in Joh 3,4 trifft, ausführlicher Kaiser, Rede (s. Anm. 12), 253–256.

35 Beide Male wird die gleiche Form von »können«, δύναται, verwendet; in Joh 3,3 gehört sie jedoch zur Apodosis und nicht zur Protasis des Konditionalsatzes.

36 Eine solche Lektüre setzt aber den Gesamtkontext des Evangeliums voraus: Bereits in Joh 1,33 wird Jesus bei seinem Zusammentreffen mit Johannes am Jordan als zukünftiger Geisttäufer präsentiert. Die Geistgabe an die Gläubigen, die wiederum die Verherrlichung Jesu voraussetzt (vgl. Joh 7,38 f.), wird im erzählerischen Zusammenhang dann allerdings nicht im Zusammenhang mit der Taufe, sondern mit der Sendung der Jünger in Joh 20,22 erzählt.

37 Siehe oben Anm. 29.

Gläubigen aber nur in der Retrospektive erkennen können. Ähnlich wie in Joh 1,13a die irdische Herkunft für die Glaubenden völlig negiert wird, um in Joh 1,13b die wahre Herkunft ihres Lebens zu beschreiben, dient auch in Joh 3,3–8 die Zeugungsmetaphorik vor allem der Betonung dieser ganz anderen Herkunft, die das Leben der »aus Geist Gezeugten« prägt und bis zum Eingehen in das Gottesreich (Joh 3,5) profiliert.

Der 1. Johannesbrief spricht in insgesamt sechs Versen (1 Joh 2,29; 3,9; 4,7; 5,1.4.18) von den Adressierten als von den »aus Gott Gezeugten«. Auffällig ist in diesen Versen die Verwendung des Verbs γεννάω im Perfekt (Passiv): Wieder wird somit kein Zeitpunkt des mittels GEBURT/ZEUGUNG metaphorisierten Ereignisses deutlich, dagegen aber dessen Bedeutung für das gegenwärtige Leben der Adressierten hervorgehoben. In den genannten Versen geht es um verschiedene Aspekte dieses gegenwärtigen Lebens, die vor allem das rechte Verhalten der Adressierten thematisieren, während die Geburts-/Zeugungsmetaphorik jeweils strukturell ähnlich aufgegriffen, im textlichen Zusammenhang aber nicht weiter elaboriert wird. Daher wirken die metaphorischen Geburts-/Zeugungsaussagen im 1. Johannesbrief in ihren Wiederholungen bereits weitgehend konventionalisiert und klingen fast wie der Vorschlag einer Eigenbezeichnung für jene, die zur johanneischen Gemeinschaft gehören.

Dieser möglichen »Karriere« einer geburts-/zeugungsmetaphorischen Bezeichnung für das (ursprünglich) Neue ist nun abschließend noch nachzugehen.

4 Das Neue nach fast 2000 Jahren – ein Fazit

Metaphern, die das Neue auszudrücken helfen, können zu Katachresen werden[38] und somit – unter weitgehendem Verlust ihrer metaphorischen »Lebendigkeit« – als lexikalisierte Benennung des dann nicht mehr Neuen dienen. Dass man sich innerhalb einer christlichen Gemeinschaft als Schwestern und Brüder anspricht, ohne sich dabei jedes Mal bewusst zu sein, dass in einem solchen Gebrauch von Termini, die eigentlich eine spezifische Verwandtschaftsrelation bezeichnen, eine semantische Spannung liegt, ist ein Beispiel für eine solche gelungene Katachrese. Sie lässt sich zurückführen auf die neutestamentlich breit belegte Geschwisteranrede, die auch dort bereits häufig in konventionalisierter Form erscheint und an eine »Verwendung als ›in-group term‹ in religiösen Grup-

---

38 Siehe oben Anm. 8.

pen« anschließt, die »in vielen sozialen Feldern der griechisch-römischen Kultur einschließlich der jüdischen greifbar« ist.[39]

Wie aber sieht es mit der Geburts-/Zeugungsmetaphorik als Ausdruck des Christusgläubig-Werdens aus? Hier lässt sich keine so breite neutestamentliche Bezeugung konstatieren.[40] Von der Erfahrung des Christusgläubig-Werdens als von einer erneuten Geburt oder Zeugung durch Gott bzw. sein Wort zu sprechen, scheint sich also nicht in gleicher Weise in den Lebenswelten jener Menschen nahegelegt zu haben, die hinter den Texten des gesamten Neuen Testaments als Verfasser und Adressierte zu erahnen sind. Das kann auch daran liegen, dass hier eine vergleichsweise neue metaphorische Redeweise für grundlegende Lebensumbrüche benutzt wird, die in der spätantiken Umwelt noch keinen so konventionalisierten Gebrauch aufweist, wie es für die Geschwisteranrede (siehe oben) zu konstatieren war. Die konzeptuelle Metapher RELIGIÖSER NEUANFANG als GEBURT/ZEUGUNG liegt also vermutlich nicht überall bereits etabliert zur Verwendung bereit.[41] Auch Paulus nutzt allerdings zumindest die Verbindung von Geburts-/Zeugungsmetaphorik und CHRISTUSGLÄUBIG-WERDEN, bestimmt die

---

39 C. Gerber, Paulus und seine »Kinder«. Studien zur Beziehungsmetaphorik der paulinischen Briefe (BZNW 136), Berlin 2005, 348, in Aufnahme einer von R. Aasgaard, »My Beloved Brothers and Sisters!« Christian Siblingship in Paul (JSNTS 265), London 2004, 116, verwendeten Begrifflichkeit.

40 Übersetzt und deutet man παλλιγγενεσία in Tit 3,5 als Wiedergeburt, dann läge mit dem »Bad der Wiedergeburt und Erneuerung« möglicherweise ein weiterer Beleg vor. M.E. spricht das textliche Umfeld, das keinerlei weitere Aspekte von GEBURT/ZEUGUNG hervorhebt, aber eher für das allgemeinere und gut belegte Verständnis von παλλιγγενεσία als »Wiederentstehung«, so zum Beispiel auch C. Zimmermann, Wiederentstehung und Erneuerung (Tit 3:5). Zu einem erhaltenswerten Aspekt der Soteriologie des Titusbriefs, NovT 51/3 (2009), 272–295. Als relevant für die Sinnstiftung erweist sich außerdem die den gesamten Titusbrief bestimmende Reinheitsmetaphorik; vgl. ausführlich Kaiser, Rede (s. Anm. 12), 183–224. Es bleibt damit bei einer überschaubaren Zahl der Textbelege.

41 Immerhin lassen sich Ansätze für einen metaphorischen Gebrauch in den Mysterienkulten finden. Häufig zitiert wird besonders in älteren und von der religionsgeschichtlichen Schule beeinflussten Beiträgen zur »Wiedergeburt« die Beschreibung des gerade in die Isis-Mysterien initiierten Lucius als *renatus quodam modo* (Apuleius, Metamorphoses 11,16.21). Weitere Belege sind jedoch spärlich und noch späteren Datums als das Werk des Apuleius (ca. 123–170); vgl. Tertullian, De baptismo 5,1, eine Inschrift aus dem Attiskult (CIL 6,510), die sogenannte Mithrasliturgie (PGrM 4,719ff.) und Sallust, De deis et mundo 4,10. Neuere Forschungsbeiträge zur »Wiedergeburt« im Neuen Testament sind daher zumeist und zu Recht vorsichtig, hier eine direkte Beeinflussung durch die Mysterien zu postulieren. Ähnliches gilt auch für Ableitungen aus dem Bereich des jüdischen Proselytentauchbades. Auch hier darf dem immer wieder zitierten Beleg aus bYev 22a (aus dem Talmud Bavli), in dem der gerade übergetretene Proselyt mit einem neugeborenen Kind verglichen wird, nicht zu viel Beweislast aufgebürdet werden.

Rollen aber anders, indem er die von ihm Missionierten als solche ansieht, die von ihm als Vater gezeugt wurden (1 Kor 4,15; Phlm 10) oder mit denen er aufgrund ihrer Abirrungen erneut in Wehen liegen muss (Gal 4,19). Für die durch dieses Gläubigwerden hervorgerufenen Umbrüche im Leben findet er ähnlich drastische Metaphern, die aber andere Ursprungsbereiche nutzen, wie zum Beispiel die Rede von einer »neuen Schöpfung« (καινὴ κτίσις, 2 Kor 5,17), vom »Christus anziehen« (Χριστὸν ἐνδύσασθαι, Gal 3,27) oder von der Nivellierung geltender Binaritäten (Gal 3,28). Diese Sprachangebote werden jedoch nicht zu lexikalisierten Metaphern.

Anders dagegen scheint im Begriff der »Wiedergeburt« eine erfolgreich in die religiöse Sprache eingegangene konventionalisierte Metapher vorzuliegen, die die Erfahrung des Christusgläubig-Werdens im Sinne eines grundlegenden Neuanfangs in einem Wort bündelt. Für die *Wortbildung* spielen die oben betrachteten Texte, allen voran 1 Petr 1,3.23 und Joh 3,3, zweifellos eine wichtige Rolle.[42] Ihre vielfältigen *Sinnangebote* werden dagegen – wie bei einer Katachrese kaum anders zu erwarten – in dem Maße reduziert, in dem GEBURT/ZEUGUNG nicht mehr als semantische Spannung erzeugender Bestandteil des Wortes »Wiedergeburt« wahrgenommen wird, sondern dieser nur mehr eine prinzipielle Neuheitserfahrung beschreibt. Losgelöst hat sich die Rede von »Wiedergeburt« in vielen Zusammenhängen auch davon, überhaupt eine religiöse Erfahrung zu beschreiben,[43] bzw. wird sie nur mit bestimmten Frömmigkeitsmilieus assoziiert. Marco Hofheinz hat dem Thema vor inzwischen zehn Jahren, aber immer noch gültig, attestiert, dass es gegenwärtig »im Kontext universitärer Theologie und eines landeskirchlichen Sprachgebrauchs ebenso unpopulär zu sein scheint, wie es etwa im nordamerikanischen Christentum verbreitet ist«, und meint damit vor allem den dortigen »evangelikalen Bereich«, wo »der persistente Wiedergeburtsbegriff [...] zweifelsohne zum rhetorischen Kernbestand« gehöre, ebenso wie in der »weltweiten Pfingstbewegung«.[44]

Mit exegetischen Beobachtungen wie den hier vorgestellten, wird sich dieser Befund allein nicht erklären lassen. Vielmehr ist die Rede von »Wiedergeburt« in gegenwärtigen Kontexten (sowie auch im Verlauf der Kirchen- und Dogmengeschichte) als *eigenes Thema* zu werten, das sich keinesfalls in allen Ausprägungen direkt aus den genannten neutestamentlichen Texten herleiten lässt und das

---

42 Das lässt sich beim Übergang von der Quellen- in die theologische Beschreibungssprache im Übrigen auch jenseits des Deutschen feststellen.
43 Häufig begegnet ein allgemeinsprachlicher Gebrauch als »sich wie neugeboren fühlen«.
44 M. Hofheinz, Wiedergeburt? Erwägungen zur dogmatischen Revision eines diskreditierten Begriffs, ZThK 109/1 (2012), 48–69: 48f.

umgekehrt deren präzise Auslegung auch nicht durch nachträgliche beschreibungssprachliche Vereinheitlichung lenken darf.[45] Dennoch soll zumindest der partielle Versuch einer Deutung am Ende stehen und die Frage nach der Neuheit der Erfahrung des Christusgläubig-Werdens aufgreifen, die bereits am Beginn dieses Beitrags stand.

Wenn das Neue nicht mehr neu ist, stehen auch Metaphern, die dieses Ereignis radikal als einen der Zeugung bzw. Geburt vergleichbaren Neuanfang profilieren, in der Gefahr, zu veralten und – im doppelten Sinne – nicht mehr gebraucht zu werden. Sie transportieren eine Neuheits-Rhetorik, die schnell überzogen wirken kann, wenn sie im je aktuellen Erfahrungskontext der Rezipientinnen und Rezipienten nicht mehr plausibel erscheint. Ansätze dieser Art mag es schon bei den ursprünglichen Leserinnen und Lesern der oben betrachteten Texte gegeben haben, denn diese Texte gehören alle zu den zeitlich späteren im Neuen Testament und mithin in eine Zeit, in der traditionelle Elemente im Christentum ein zunehmend größeres Gewicht erhalten.[46] Mehr und mehr wird es zu Ende des ersten Jahrhunderts Menschen gegeben haben, die bereits in eine christusgläubige Familie hineingeboren wurden und für die sich die Erfahrung des Christusgläubig-*Werdens* hin zur Erfahrung des Christusgläubig-*Seins* wandelt. Ein Briefschreiber, wie zum Beispiel der Verfasser des 1. Petrusbriefes, wird das gewusst haben und hält dennoch an der Konstruktion der von ihm Adressierten als Neubekehrte (und metaphorisch neu Geborene/Gezeugte) fest – vermutlich deshalb, weil diese Konstruktion innerhalb der Identitätsfindungsprozesse im frühen Christentum und angesichts der nötigen eigenen Verhältnisbestimmung zu einer

---

45 Das geschieht zweifellos in Publikationen, die sich dem evangelikalen Bereich zuordnen lassen: So ist Helmut Burkhardts Beitrag aus den 1970er Jahren zum Beispiel geleitet von der Intention, das sogar in missionarischen Schriften dieser Zeit fehlende »Wort von der Wiedergeburt« wieder neu zu etablieren (ders., Das biblische Wort von der Wiedergeburt [ThDi 5], Gießen/Basel 1974, 8). Aber auch in der exegetischen Forschung findet sich ein zu unkritischer Rückgriff auf den beschreibungssprachlichen Terminus der »Wiedergeburt«, der in Untersuchungen immer wieder als gemeinsame Kategorie für die oben betrachteten, aber auch noch für zahlreiche weitere neutestamentliche Texte verwendet wird, die das Christusgläubig-Werden und die damit verbundenen Lebensveränderungen mit Hilfe *anderer* Ursprungsbereiche metaphorisch deuten (vgl. Kaiser, Rede [s. Anm. 12], 137–140, mit einer Übersicht über die herangezogenen neutestamentlichen Texte und a.a.O., 29–126, zur Forschungsgeschichte insgesamt).
46 Michael Wolter spricht im Hinblick auf die paulinischen Gemeinden hier von einer Entwicklung des Christentums von einer Bekehrungs- zu einer Traditionsreligion, vgl. M. Wolter, Die Entwicklung des paulinischen Christentums von einer Bekehrungsreligion zu einer Traditionsreligion, Early Christianity 1 (2010), 15–40.

weithin nicht-christusgläubigen Welt einen nach wie vor plausiblen Resonanzraum für die Erfahrungen seiner Leserinnen und Leser bot.[47]

Heute lässt sich dagegen kaum übersehen, dass »Wiedergeburt« als inzwischen konventionalisierte Metapher für die Einen keinerlei Bedeutungspotenzial angesichts der eigenen Erfahrung des Christ-Seins entfaltet, während Andere sie als Aufruf zu einem neuen und bewussten Christ-Werden verstehen, innerhalb dessen mit »Wiedergeburt« nicht so sehr bestehende Erfahrungen gedeutet, sondern eine »Wiedergeburt« vielmehr als notwendiges Grunddatum für den Glauben überhaupt gefordert wird. Letzteres liegt zweifellos nicht mehr auf der Linie dessen, was die oben betrachteten neutestamentlichen Texte implizieren. Insofern zeigt der katachrestische Gebrauch von »Wiedergeburt« – zumindest in diesem Fall – nicht nur eine Abschwächung des metaphorischen Charakters der ursprünglichen Ausdruckszusammenhänge, sondern eine deutliche inhaltliche Differenz.

Aus exegetischer Sicht ergibt sich daher die bleibende Notwendigkeit, die (ursprünglich) lebendige Metaphorik der Texte mit ihrer Vielzahl der ausgedeuteten Aspekte von GEBURT/ZEUGUNG in klarer Unterscheidung von einer späteren konventionalisierten Rede von »Wiedergeburt« wahrzunehmen. Katachrese und lebendige Metapher sind zu differenzieren – das gilt nicht nur für die Instanziierungen der konzeptuellen Metapher CHRISTUSGLÄUBIG-WERDEN als GEBURT/ZEUGUNG im Verhältnis zur »Wiedergeburt«. Unter Umständen ist von der Exegese her Sachkritik an der katachrestischen Verwendung einer ursprünglich frühchristlichen Metapher zu üben, wenn diese zu Unrecht als gültige Auslegung der Texte selbst ausgegeben wird oder diese deutend beeinflusst. Vielmehr noch aber kann und sollte die Exegese in positiver Weise die Sinnhorizonte und die Deutungsfülle metaphorischer Texte in ihrem zeitlichen Kontext erschließen. Denn das Potenzial dieser Texte liegt keinesfalls nur in Metaphern, die in katachrestischer Weise religiös sprachbildend werden, sondern vor allem – und immer wieder neu – in der kreativen Lebendigkeit metaphorischer Sprache.

---

47 Siehe oben Anm. 17.

Andreas Wagner

Sprache, Sprechen, Schweigen im Alten Testament

Zusammenfassung: Das Alte Testament ist ein sprachlich verfasstes und ein als geschriebener Text überliefertes Zeugnis des Glaubens aus alttestamentlicher Zeit. Es traut der Sprache als »Gefäß« der Weitergabe die Übermittlung seiner erfahrenen Inhalte zu. Darin drückt sich eine ungemeine Hochschätzung der Sprache aus. In den alttestamentlichen Texten selbst ist die Reflexion auf »Sprache« selten explizit ausgeformt. Vor allem treten hier Texte aus dem *Pentateuch* (Gen 2,4bff.; 11,1–9) und der *Weisheit* hervor. In der *Prophetie* steht die Sprache und das Wort Gottes im Vordergrund. Von diesen Partien ausgehend wird hier nach der Rolle der Sprache für den Menschen und für Gott gefragt (homo loquens, deus loquens), nach dem Unterschied göttlichen und menschlichen Sprechens, nach dem Verhältnis und den Möglichkeiten von Sprechen und Schweigen. Am Ende ist der Zusammenhang von Sprachfähigkeit und Anthropologie zu erörtern, in dessen Horizont die Fragen von Spracherwerb und Sprachverlust liegen.

Abstract: The Old Testament is a testimony of faith from Old Testament times which was composed using language and transmitted as a written text. It trusts language to serve as a »vessel« for the transmission of its experience-based contents. This expresses an immense esteem for language. In Old Testament texts themselves, reflections on »language« are rarely explicit, most prominently in passages in the *Pentateuch* (Gen 2:4bff.; 11:1–9) and in the *Wisdom Books*. In the *Prophets*, the language and the word of God are in the foreground. Starting from these passages, this paper asks about the role of language for humans and for God (homo loquens, deus loquens), about the difference between divine and human speech, about the relation and the possibilities of speech and silence. At the end, the connection between language ability and anthropology is discussed since the questions of language acquisition and language loss lie within its horizon.

Kontakt: Andreas Wagner, Theologische Fakultät, Universität Bern, Schweiz;
E-Mail: andreas.wagner@theol.unibe.ch

https://doi.org/10.1515/bthz-2022-0008

1 Notwendige methodische Vorüberlegungen

1.1 »Sprache/Sprechen ist eine zentrale Kategorie atl. Texte«

»Sprache/Sprechen ist eine zentrale Kategorie atl. Texte [...].« – Es ist eine sehr sachgemäße Eröffnungsthese, wenn Karin Schöpflin ihren Artikel über Sprache im Alten Testament mit diesem Satz beginnt.[1] Sachgemäß ist vor allem die Zuspitzung und gleichzeitig die Offenheit, die in dieser kurzen Zusammenfassung in mehrfacher Hinsicht steckt. Thetisch kann die Komplexität der im Verborgenen liegenden alttestamentlichen Sprachauffassung kaum besser erfasst werden. Einige der Präsuppositionen dieser thetischen Zusammenfassung sind in den nächsten Abschnitten zu entfalten, bevor alttestamentliche Bücher und Texte auf die in der Überschrift genannten Phänomene Sprache, Sprechen und Schweigen hin befragt werden sollen. Der Akzent wird dabei, mit einer gewissen Abweichung in Abschnitt 2, wo es um die Sprache Gottes geht, auf der Sprache des Menschen liegen.

1.2 Die verborgene/n Sprachauffassung/en alttestamentlicher Texte

Kein alttestamentlicher Text bietet eine *systematisch-traktathafte explizite* und *begrifflich* (im Sinne griechischer und nachfolgender Philosophie) zu nennende Abhandlung über einen Gegenstand der Theologie, Philosophie, Anthropologie oder auch Grammatik. Auch nicht zu Rhetorik, Poetik oder Staatstheorie. Und auch nicht zur Sprache.[2]

Das heißt aber nicht, dass das Alte Testament zu diesen Themen nichts zu sagen hätte oder keine Informationen bieten würde. Natürlich verfügt das Alte Testament über Anschauungen zu Gott, zum Menschen und auch zur Sprache. Aber diese Anschauungen müssen erst aus den alttestamentlichen Texten *gehoben* werden.

Wenn im AT etwas zu Gott gesagt wird, über Gotteserfahrung oder Vorstellungen zu Gottes Sein, zu seiner Person, zu seinem Charakter, dann wird in den

---

1 K. Schöpflin, Art. Sprache/Sprechen/Sprecher I. Alttestamentlich, in: LBH (2009), 558–559: 558.
2 Zu dieser Eigenart des AT vgl. A. Wagner, Das Menschenkonzept des Alten Testaments, in: ders., Menschenverständnis und Gottesverständnis im Alten Testament (A. Wagner – Gesammelte Aufsätze 2), Göttingen 2017, 45–67: 45–49.

meisten Texten darüber *erzählt* (quantitativ bietet die Mehrheit der Texte im AT einen solchen narrativen Zugang). Oder wir finden solche Aussagen im *Reden zu Gott*, also in den *gebetshaften* Passagen der Psalmen. Oder solche Aussagen sind in die meist *präskriptiven* Aussageformen der Weisheitstexte und Weisungen (»Gesetze«/Tora) eingegangen, und anderes mehr. All dies sind Redeweisen, die über viele der uns interessierenden Gegenstände nur indirekt, manchmal implizit, etwas preisgeben. Die Position des AT zu einem Gegenstand nachzuzeichnen, ist daher ein komplexer Vorgang: Das zu gewinnende Bild hängt von der Interpretation narrativer Sachverhalte ab, die durch eine hohe Deuteoffenheit geprägt sind. Auch wird die Nachzeichnung eines erfragten Themas dadurch erschwert, dass der Zweck der Textgattungen, in denen sich Informationen über den in Rede stehenden Gegenstand finden, auf etwas ganz anderes gerichtet ist und der Sachverhalt, der uns gerade interessiert, in dem betreffenden Text nur nebenbei vorkommt, und vieles anderes mehr.

Bei dem in diesem Beitrag fokussierten Gegenstand »Sprache im Alten Testament« ist das nicht anders. Um das durch einen Vergleich zu illustrieren: Wenn wir etwa nach der Sprachauffassung »des 18. Jahrhunderts« fragen, dann halten wir uns an einzelne Schriftsteller des 18. Jahrhunderts, die über Sprache schreiben, oder an publizierte (englische, französische, deutsche) Diskurse aus dieser Zeit, in denen *explizit* bestimmten Aspekten zur Sprache, ihrer Grammatik, ihrer Entstehung oder ähnlichem, nachgegangen wird. Wir würden diese explizit auf Sprache fokussierten Beiträge untersuchen, die das tun, was wir bis heute in der intellektuellen Annäherung und wissenschaftlichen Betrachtung tun, nämlich den entsprechenden Gegenstand erörtern, ihn begrifflich definieren usw., all dies auf dem Hintergrund der geistigen Kultur ihrer Zeit, also des 18. Jahrhunderts. Wir könnten so ein Bild von dem Reflexionsstand über Sprache gewinnen und von der Sprachauffassung »des 18. Jh.s im Deutschen«[3] oder den einzelnen Autoren[4] sprechen.

Ein solcher Annäherungsweg an die Frage nach Sprache im Alten Testament ist nun *nicht*(!) möglich. Das Alte Testament »denkt« nicht wie die griechisch-lateinische philosophische Tradition »begrifflich«. Auch Konkretionen des Themas »Sprache« wie Sprachentstehung,[5] Spracherwerb, Sprachverlust etc. werden im AT nicht begrifflich diskutiert.

---

3 So verfährt: D.K. Kim, Sprachtheorie im 18. Jahrhundert. Herder, Condillac, Süßmilch (Saarbrücker Beiträge zur Literaturwissenschaft 73), St. Ingbert 2002.
4 Vgl. A. Meyer, Zeichen-Sprache. Modelle der Sprachphilosophie bei Descartes, Condillac und Rousseau (Contradictio – Studien für Philosophie und ihrer Geschichte 10), Würzburg 2008.
5 »So sehr das Alte Testament von der Antike bis in das vorige Jahrhundert hinein die entste-

1.3 Wie gelangen wir nun zu den Vorstellungen der alttestamentlichen Texte über Sprache?

Um etwas über Sprache, die Umgangsweise mit Sprache, die Fragen der Sprachfähigkeit, des Sprechens und des Schweigens zu erfahren, können wir (a) nur *Texte* des Alten Testaments lesen und dort bei der Lektüre nach Bezügen zum Thema »Sprache« fragen und (b) die vom Hebräischen zur Verfügung gestellten *Leitwörter* zum Thema fokussieren.

Beide Annäherungswege sind mit Implikationen verbunden: Die Texte und Bücher des Alten Testaments stammen aus zum Teil sehr verschiedenen Zeiten, tragen sehr unterschiedliche Intentionen, stammen von unterschiedlichen Menschen usw.[6] Es ist schon von daher klar, dass es so nur schwer Aussagen zu »der« Sprache oder zu sonstigen »einheitlichen« Anschauungen des Alten Testament über Sprache geben kann. Vielleicht sind in großer Abstraktion und Flughöhe übergreifende Aussagen möglich, deren Abstraktionsgrad wird aber nicht immer befriedigen. Auch die Fokussierung einzelner Wortbedeutungen hilft per se nicht weiter, denn auch Wortbedeutungen sind keine Begriffe und der lexematisch-semantische Inhalt eines Wortes kann sich nach Zeit und Kontext schnell ändern oder sehr variabel sein.[7]

Diese Vorüberlegungen sollen nicht die Unmöglichkeit vor Augen führen, etwas zum Sprachverständnis des AT zu sagen, sondern vor allem für die Relativität von Einzelaussagen etwa aufgrund einzelner Texte sensibilisieren.

---

hende Sprachwissenschaft bei der Frage nach dem Ursprung der Sprache geleitet und – das muß man wohl sagen – weitgehend fehlgeleitet hat, so wenig ist es selber an dieser Frage interessiert.« (R. Albertz, Die Frage des Ursprungs der Sprache im Alten Testament, in: J. Gessinger/W. von Rahden [Hg.], Theorien vom Ursprung der Sprache, Bd. 2, Berlin/Boston 1989, 1–18: 1).
6 Vgl. W. Dietrich (Hg.), Die Welt der Hebräischen Bibel, Stuttgart ²2021; J.C. Gertz (Hg.), Grundinformation Altes Testament (UTB 2745), Göttingen ⁶2019; W. Dietrich u.a., Die Entstehung des Alten Testaments (ThW 1) Stuttgart 2014; T. Römer (Hg.), Einleitung in das Alte Testament. Die Bücher der hebräischen Bibel und die alttestamentlichen Schriften der katholischen, protestantischen und orthodoxen Kirchen, Zürich 2013.
7 Vgl. die immer noch wichtigen mahnenden Hinweise von J. Barr, Bibelexegese und moderne Semantik. Theologische und linguistische Methode in der Bibelwissenschaft, München 1965 (Originaltitel: J. Barr, The Semantics of Biblical Language, Oxford 1961); vgl. dazu auch: K. Müller/A. Wagner, Das Konzept der synthetischen Körperauffassung in der Diskussion, in: dies. (Hg.), Synthetische Körperauffassung im Hebräischen und den Sprachen der Nachbarkulturen (AOAT 416), Münster 2014, 223–238: 230–231.

2 Zuerst nun doch eine Gesamtperspektive: Sprache und Sprechen Gottes in den Texten des kanonischen (hebräischen) Alten Testaments

2.1 Die Sprache Gottes

Wenn wir das Alte Testament in seiner medialen Überlieferungs- und Daseinsform fokussieren, ist am Alten Testament »alles« (geschriebene) Sprache. Diese kanonisch-sprachliche Welt des Alten Testaments, das zunehmend als Wort Gottes und damit als Ausweis der Sprachfähigkeit Gottes verstanden wurde, ist zu unterscheiden von der *Welt* des Alten Israels.

Im Gegensatz zur außersprachlichen Realität des Alten Israels, in der es die verschiedensten Zeichensysteme, unterschiedliche (mentale wie materielle) Artefakte, verbale wie non-verbale Handlungen, Geschichtsabläufe, gesellschaftlichen Verhältnisse usw. gibt, erscheinen diese Sachverhalte im Alten Testament in einer nur sprachlich gefassten Form. In dieser ausschließlich sprachlichen Medialität wurden verschriftlichte Texte gesammelt, bearbeitet und am Ende in Form der einzelsprachlich verschiedenen aber immer rein lingualen Kanones (masoretischer Kanon, LXX, Vulgata usw.) tradiert.

Die Entscheidung, die Traditionsweitergabe hinsichtlich der Erfahrungen, die die Jahwe-Gemeinschaft in den verschiedenen Zeiten des Alten Israels gemacht hatte, auf die Grundlage einer rein sprachlichen Weitergabe von Texten zu stellen, ist fundamental. Diese Entscheidung ist nicht punktuell gefallen, sondern hat sich über die Zeit der Kanonentstehung[8] in einem längeren Prozess herausgebildet: ausgehend vermutlich von ersten Verschriftlichungen während der Königszeit, verdichtet nach 722 v.Chr., hochverdichtet in exilisch-nachexilischer Zeit, endgültig abgeschlossen in den ersten Jahrhunderten nach Christus.

Wir schauen von heute aus gesehen immer zurück auf diesen Prozess, durch das Ergebnis hindurch zurück. In dieser Rückschau ergeben sich Blicklenkungen, die nicht zuletzt von den religiös-theologischen Standpunkten der Späteren bestimmt sind. So wurde bis in jüngere Zeit hinein die (protestantisch-dialektisch gelenkte) Auffassung vertreten, die Texte des Alten Testaments bezeugten eine sprach-/wortorientierte Theologie bzw. Anthropologie, weil in den Texten das *Hören* wichtiger sei als das *Sehen*. Mit Blick auf die Vorkommensanzahl der Lexe-

---

8 Vgl. K. Schöpflin, Art. Kanon (AT), in: Das Wissenschaftliche Bibellexikon im Internet, Mai 2009 (letzte Änderung: April 2009), https://www.bibelwissenschaft.de/stichwort/11768/.

me für *Sehen/Auge* und Hören/Ohr bestätigt sich das aber nicht, es gibt mehr Belege für das visuelle Wahrnehmen und Erkennen; das visuell-optische Erkennen, sich Ausdrücken und Kommunizieren wird also nicht einfach abgelehnt.[9] Aber, auch wenn die Dominanz der Sprache hinsichtlich der Vorgänge und Sachverhalte, über die gesprochen wird, relativiert und die Bedeutung auch des *Sehens*[10] anerkannt ist, so bleibt doch das Faktum zu beachten, dass die Grundlage der Traditionsweitergabe *die Texte* des Alten Testaments sind. Die *Sprache* in Form der verschriftlichten Texte erscheint so als das einzige Trägerinstrument zur Weitergabe der jahwespezifischen Religions-/Glaubens-Erfahrungen und -inhalte über die Zeiten hinweg.[11]

In diesem Faktum entdecke ich die fundamentalste Zuwendung zur Sprache durch alle, die am Produktions-, Traditions- und Rezeptionsprozess des Alten Testaments teilhaben.

Dieser *textlich-sprachliche* Aufschlag geschieht aus der Welt des Alten Testaments heraus; nicht Kultkontinuität, nicht materiale Bilder/Plastiken, nicht Gebäude, nicht lokale Bindungen etc. sind die Formen der kontinuierlichen Traditionsweitergabe, sondern eben die sprachlich verfassten Texte. Am Ende steht die daraus gewachsene Auffassung, dass über die Texte, über die Sprache, über die in den Erfahrungen greifbaren offenbarten Wahrheiten des Glaubens der Zugang zu Gott am besten (einzig?) möglich ist. Dass darin eine größtmögliche Hochschätzung der Sprache steckt, liegt auf der Hand, »Sprache/Sprechen ist« in der Tat »eine zentrale Kategorie atl. Texte« (siehe oben Abschnitt 1).

An dieser fundamentalen Funktion des sprachlich verfassten Traditionsstücks »Altes Testament« halten alle späteren Rezipierenden, die das Alte Testament unter dem Aspekt der auf sie selbst zuführenden Religionsweitergabe lesen, fest.

Wichtig und interessant ist, dass mit der Zuwendung zur sprachlichen Überlieferung *nicht*(!) die ausschließliche Zuwendung zum Hebräischen/Aramäi-

---

9 Vgl. die Zusammenfassung des Diskurses über die Frage eines »Primates des Hörens« bei B. Janowski, Anthropologie des Alten Testaments. Grundfragen – Kontexte – Themenfelder, mit einem Quellenanhang, Tübingen 2019, 287–291; Janowski schließt den Abschnitt mit Blick auf Spr 20,12 folgendermaßen: »*Sehen und Hören* – keine der beiden Fähigkeiten des Menschen hat einen Vorrang vor der anderen« (Janowski, Anthropologie [s. diese Anm.], 290).
10 S. Schroer/T. Staubli, Die Körpersymbolik der Bibel, Gütersloh ²2005 [¹1998], 94.
11 Angestoßen ist dieser Weg aus dem Inneren bzw. dem Inhalt der Texte heraus. Die Grundthese von K. Schöpflin »Sprache/Sprechen ist eine zentrale Kategorie atl. Texte« wird in Aufnahme dieser Beobachtung von ihr fortgesetzt durch die Ergänzung »da Sprechen darin die wichtigste Kommunikationsform zwischen Gott und Mensch darstellt« (Schöpflin, Art. Sprache/Sprechen/ Sprecher [s. Anm. 1]).

schen verbunden ist. Noch vor dem endgültigen Schließen der Kanongrenzen entstehen griechische und aramäische Übersetzungen. Die Überzeugung, dass die Inhalte des Alten Testaments in andere Sprachen überführt werden können, bestimmt dabei von Beginn an den Weitergabe- und Verbreitungsprozess. Die Hochschätzung des Mediums Sprache besteht also nicht in der Zuwendung zu der einen, als höchststehend gedachten historischen Einzelsprache des Hebräischen oder Aramäischen, sondern in der Hochschätzung des Phänomens »menschliche Sprache« insgesamt. Sprache und Sprachfähigkeit formt sich nach dem Bewusstsein vieler alttestamentlicher Texte in konkreten Einzelsprachen aus (Gen 11,1–9 u.a.), die Inhalte und Texte einer Sprache, auch alle die des Hebräischen und/oder Aramäischen, sind und bleiben dabei immer übersetzbar. Sicher ist jede Übersetzung eine Veränderung und ermöglicht bzw. erfordert auch Anpassungen an den Zielsprachenkontext; das ist von Anfang an zu sehen (vgl. etwa die unterschiedlichen Kanonumfänge schon bei LXX und der hebräischen Überlieferung, oder der Übersetzung von Leitterminologie wie *næpæš* durch ψυχή,[12] die auch den Anschluss an andere kontextuell geprägte Konzepte darstellt). Aber prinzipielle Zweifel an der Übersetzbarkeit des Offenbarungsgehaltes kommen nicht auf.

Im Alten Testament selbst nun wird über den Redaktions- und Reflexionsprozess immer stärker zugespitzt der Gehalt der Texte als Wort Gottes verstanden. Dabei wird im Alten Testament mit fortschreitender Literaturbearbeitung zunehmend häufiger und expliziter vom »Wort Gottes« gesprochen, was sich in verschiedenen Formulierungen ausdrücken kann (*kô 'āmar Jahwe, d^ebar Jahwe* u.ä.).

Der anthropomorphen Denkweise des Alten Testaments entsprechend kann ein Zusammenhang zwischen den als Wort Gottes verstandenen textlichen Überlieferungen und der angenommenen Sprechfähigkeit Gottes hergestellt werden. Dieser Zusammenhang wird entweder in den Erzählungen direkt und explizit angesprochen; er ist aber auch über das gesamtalttestamentliche Körperbild Gottes abzurufen, denn es ist an mehreren Stellen von den »Sprechwerkzeugen« Gottes

---

12 Vgl. M. Rösel, Die Geburt der Seele in der Übersetzung. Von der hebräischen *näfäsch* über die *psyche* der LXX zur deutschen Seele, in: A. Wagner (Hg.), Anthropologische Aufbrüche. Alttestamentliche und interdisziplinäre Zugänge zur historischen Anthropologie (FRLANT 232), Göttingen 2009, 151–170.

und ihren Möglichkeiten die Rede: Zunge,[13] Lippen,[14] Mund.[15] Folglich setzt dieser Funktionszusammenhang auch die Sprache bzw. Sprechmöglichkeit Gottes voraus.

So wird etwa Jes 28,11 und Jes 30,27 *lāšôn* als Sprache Jahwes verstanden; ähnlich verhält es sich mit Gottes Mund und Gottes Lippen. Gottesbegegnungen in den narrativen Texten sind geprägt von der Vorstellung, dass Gott in der Kommunikation mit Menschen vorwiegend »Sprache« als Kommunikationsmittel nutzt; diese Auffassung ist im Alten Testament weit verbreitet und scheint in kaum einem Bereich des Alten Testaments eine Besonderheit darzustellen. Die Vorstellung des Gebrauchs von Sprache durch Gott bzw. Götter ist keine alttestamentliche Innovation, sondern gründet in den älteren Anschauungen der altorientalischen Religionen; die Literatur von Ägypten bis Mesopotamien aller Zeiten gibt davon ein breites Zeugnis.

Insbesondere viele prophetische Texte spiegeln ein explizit sprachlich markiertes Kommunikationsgeschehen zwischen Gott und Prophet/Prophetin. Prophetische wie redaktionell-prophetische Texte werden häufig so dargeboten, dass das Gesagte als Jahwe-Rede in Ich-Form erscheint, eingeleitet mit *kô 'āmar Jahwe* (+Variationen). Diese Formel wird geradezu zum Signum des kanonischen corpus propheticum.[16] Zusammen mit der häufigen Ich-Rede Jahwes und anderen Indikatoren der sprachlichen Kommunikation (Wortereignisformel etc.) ist die

---

13 K. Müller, Art. Zunge, in: Das Wissenschaftliche Bibellexikon im Internet, April 2013, https://www.bibelwissenschaft.de/stichwort/79976/, Abschnitt 1.1: »Das hebräische Wort לָשׁוֹן *lāšôn* bezeichnet [...] die Zunge als Körperteil [...] [und wird] zur Bezeichnung der Funktion des Körperteils benutzt. Da die Zunge [...] das Organ ist, das hauptsächlich für die Spracherzeugung zuständig ist, kann לָשׁוֹן *lāšôn* den Sprechakt, Worte in einem bestimmten Zusammenhang und die Sprache an sich meinen und für die Sprachgewandtheit [...] stehen«. Dieser präzise von K. Müller zusammengefasste Sachverhalt gilt im AT für Menschen wie für Gott. Mit Blick auf die Sprache Gottes weist Müller insbesondere auf Jes 30,27 und vor allem Jes 28,11 hin, Müller, Art. Zunge (s. diese Anm.), Abschnitt 3: »Jes 28,11 sagt von Gott, dass er mit fremden Lippen [...] und fremder Zunge, d.h. in einer fremden, unverständlichen Sprache, mit seinem Volk sprechen wird«.
14 Vgl. K. Müller, Art. Lippe, in: Das Wissenschaftliche Bibellexikon im Internet, April 2013, https://www.bibelwissenschaft.de/stichwort/79988/, besonders wichtige Belege sind hier Ps 89,35 und 17,4.
15 Vgl. A. Wagner, God's Body. The Anthropomorphic God in the Old Testament, London [u.a.] 2019, 113–114 (Mund und seine Funktion als Sprachwerkzeug) sowie 133–134 (Mund/Sprache Gottes, bes. Jes 55,11).
16 Vgl. A. Wagner, Prophetie als Theologie. Die so spricht Jahwe-Formeln und das Grundverständnis alttestamentlicher Prophetie (FRLANT 207), Göttingen 2004, besonders 317–329 (Geschichtliche und redaktionsgeschichtliche Beobachtungen zu den *kô 'āmar*-Formeln im AT), vgl. etwa die auch prozentual häufigere Anwendung der Formel in späteren Prophetenbüchern und -buchredaktionen wie Jer und Ez.

Kommunikation zwischen Gott, Propheten und Adressaten eine sprachliche. Zunehmend und in Kombination mit Formeln wie *d^ebar Jahwe* kommt so der kanonische Leseeindruck zustande, dass in, mit und durch das Alte Testament – mit Texten, mit Sprache – Gott zu den Menschen spricht.[17]

2.2 Die Sprache Gottes und die Sprache der Menschen: Unterschiede

Das AT setzt die sprachliche Kommunikation zwischen Gott und Mensch wie auch zwischen Mensch(en) und Mensch(en) als Selbstverständlichkeit voraus. Wie häufig im alttestamentlichen Anthropomorphismus gelten dabei zwar sehr ähnliche Faktoren im göttlichen wie im menschlichen Phänomenbereich, aber es herrscht nicht *Gleichheit*. Ein Phänomen, wie das der Sprache, kann im anthropomorphen Denken nach den Möglichkeiten der einen und der anderen Seite doch sehr anders geprägt bzw. anders modelliert werden, bei vielen Funktions-*ähnlichkeiten*:

-   Vom Schöpfungskontext abgesehen, wo die Menschen in ihrer kommunikativen »Vollausstattung« geschaffen funktionsfähig auftreten (siehe dazu unten Abschnitt 3), geht das Alte Testament davon aus, dass bei den Menschen Sprache in einem Lernprozess beim Kind gelernt wird (Jes 8,4). Menschen lernen Sprache – von Gottes Sprachlernen erfahren wir nichts! Ist die Sprache von Anfang an bei Gott? Von Göttern der Nachbarkulturen des Alten Israel wissen wir wenig über die Problematik der Sprache der Götter. Bei Homer hat sich ein Nachhall erhalten, dass die Götter ihre eigene Sprache besaßen;[18] der Sachverhalt in Mesopotamien, Ugarit, Ägypten ist diesbezüglich noch wenig ausgelotet.

---

17 Vgl. A. Behrens, Das Wort Gottes und der Gott des Wortes im Alten Testament. Grundfragen einer alttestamentlichen Hermeneutik, Habil. (masch.), Universität Bern, 2022.
18 Vgl. H. Güntert, Von der Sprache der Götter und Geister. Bedeutungsgeschichtliche Untersuchungen zur homerischen und eddischen Göttersprache, Halle 1921. »Es ist das besondere Verdienst von Güntert, darauf hingewiesen zuhaben, daß der Glaube an das Vorhandensein einer Göttersprache altes Gut der Tradition darstellt, daß Homer an den angeführten Stellen einen durchaus volkstümlichen Gedanken aufgegriffen hat [...]«, so A. Heubeck, Die homerische Göttersprache, Würzburger Jahrbücher 4/2 (1949), 197–218: 197. Heubeck hält den Rekonstruktionsversuch allerdings für gescheitert: »Andererseits zeigt sich aber, daß die Bemühungen, sämtliche Erscheinungen des ganzen Kreises auf einen gemeinsamen Nenner zu bringen, bei Güntert ebensowenig zu Erfolg führen wie bei seinen Vorgängern« (Heubeck, Göttersprache [s. diese Anm.], 197–198).

- Ebenso müssen Menschen das gewandte Reden lernen, nicht allen ist es gegeben, rhetorisch alert zu sprechen. Mose (Ex 4,10–16) beklagt sich darüber, woraufhin ihm Aaron an die Seite gestellt wird, der das besser kann. Beim Sprechen Gottes im Alten Testament begegnen wir einer solchen Problematik nicht.[19]
- Menschen sprechen verschiedene Sprachen (Gen 10–11 u.a.). Gottes (eine?) Sprache wird offenbar von allen Menschen verstanden oder Gott spricht zu allen in je ihrer Sprache (er spricht zu Israeliten wie zu Nicht-Israeliten, z.B. zum Perserkönig Kyros, vgl. Jes 45,1 u.a.).
- Gott ruft in der Schöpfung (Gen 1,1f.) durch sein Sprechen das geordnete Sein in das Sein: ein solchermaßen DEKLARATIVES (explizit performatives) Sprechen eignet dem Menschen nach Ausweis des Alten Testaments nicht. Bekanntermaßen ist der Bezeichnung dieses nur Gott eigenen Schöpfungshandelns das Verb *br'* vorbehalten. DEKLARATIVE (explizit performative) Sprechakte des Menschen, von denen es im AT etliche gibt, beziehen sich dagegen immer auf *menschenmöglich* zu schaffende Sachverhalte (Namensgebungen, Einsetzungen, Schenkungen usw.[20]), nicht auf das Schaffen allen Seins.
- »Während menschliches Sprechen stets die Möglichkeit des Täuschens birgt, spricht Gott immer wahrhaftig (Num 23,19).«[21]

und anderes mehr.

3 Wichtige Texte und Denkbereiche im Alten Testament und ihre Auffassungen von Sprache

3.1 Gen 2,4b ff.: Sprache in der Schöpfungserzählung von »J« / Non-P

Sprache spielt in Gen 2,4b ff. sicher eine beachtenswerte Rolle, insbesondere in den VV. 19 f.:

---

19 Hier wie beim Thema des nächsten Spiegelstriches steht eine intensive Sichtung des religionsgeschichtlichen Vergleichsmaterials noch aus.

20 Vgl. A. Wagner, Sprechakte und Sprachaktanalyse im Alten Testament. Untersuchungen im biblischen Hebräisch an der Nahtstelle zwischen Handlungsebene und Grammatik (BZAW 253), Berlin/New York 1997, 98–120.

21 Schöpflin, Art. Sprache/Sprechen/Sprecher (s. Anm. 1), 558.

(19) Da bildete JHWH, Gott, aus dem Erdboden alle Tiere des Feldes und alle Vögel des Himmels und brachte sie zum Menschen, um zu sehen, wie er sie nennen würde, und ganz wie der Mensch als lebendiges Wesen sie nennen würde, so sollten sie heissen. (20) Und der Mensch gab allem Vieh und den Vögeln des Himmels und allen Tieren des Feldes Namen. Für den Menschen aber fand er keine Hilfe, die ihm gemäss war.[22]

Wie in Abschnitt 1 schon vermerkt, liegt auch in Gen 2,4bff. einmal mehr eine *Erzählung*, ein *narrativer Text* vor, der keine begriffliche Abhandlung über Sprache und schon gar keine Abhandlung über den Ursprung der Sprache darstellt. Zu einer Leiterzählung für die Vorstellung des Ursprungs der Sprache/Sprachen ist Gen 2,4bff. erst im Laufe der Auslegung geworden.[23]

Die Erzählung selbst ist fokussiert auf die durch Gott geschaffene Menschheit, ihre Lebensgemeinschaft mit den Tieren und ihr Leben in der Welt. In Gen 3, dem zweiten Teil des Erzählkomplexes Gen 2,4b–3,24, folgt im Rahmen der Paradieserzählung die narrative Thematisierung des Verlustes des ursprünglichen Lebensraumes der Menschen in Form des geschützten und von Gott angelegten Gartens; sodann wird das sich anschließende Leben in der Welt außerhalb des Gartens unter Bedingungen der conditio humana umrissen: Das Zusammenleben der sich liebenden Menschen spielt hier eine Rolle, Arbeit und Geburt werden behandelt, die sexuelle Selbsterkenntnis und anderes mehr. Die zusammengehörige Erzählkomposition Gen 2,4b–3,24 hat also völlig andere Zielpunkte als die Darstellung einer Sprachursprungstheorie.[24]

Albertz hat zu Recht darauf hingewiesen, dass das erzählerische Nacheinander von *Leben im Garten* und die anschließende durch den Sündenfall verur-

---

22 Die Übersetzungen in diesem Aufsatz sind angelehnt an die Zürcher Bibelübersetzung in ihrer Fassung von 2007.
23 Vgl. A. Borst, Der Turmbau von Babel. Geschichte der Meinungen über Ursprung und Vielfalt der Sprachen und Völker, 4 Bde., Stuttgart 1957–1963 [repr. Lahnstein 2019]; hier wird an Deutungen von Gen 2,4bff. materialreich erläutert, wie von außerbiblischen Anschauungen her Vorstellungen an diesen Text geknüpft wurden, der damit – entgegen seiner ursprünglichen Aussageabsicht – zum Legitimationstext verschiedenster Sprachauffassungen wurde, vgl. hier für eine schnelle Orientierung das Bibelstellenverzeichnis in Bd. 4 von Borst, Der Turmbau von Babel (s. diese Anm.), 2139 (sic!), das die explizite Aufnahme von Bezügen zu Gen 2,19f. in den verschiedensten Auslegungspositionen anzeigt.
24 Vgl. aus der neueren Kommentarliteratur: J.C. Gertz, Das erste Buch Mose (Genesis). Die Urgeschichte Gen 1–11 (ATD 1), Göttingen 2018; G. Fischer, Genesis 1–11 (HThKAT 1), Freiburg i.Br. [u.a.] 2018; A. Schüle, Die Urgeschichte (Genesis 1–11) (ZBK.AT 1/1), Zürich ²2020 [¹2009]; H. Seebass, Genesis, Bd. 1: Urgeschichte (1,1–11,26), Neukirchen-Vluyn 1996; C. Westermann, Genesis, Teilbd. 1: Genesis 1–11 (BK 1/1), Neukirchen-Vluyn 1974; G. von Rad, Das erste Buch Mose. Genesis (ATD 2/4), Göttingen ¹²1987 [¹1949].

sachte *Vertreibung* nicht als zeitliche Abfolge auszudeuten sei, im Sinne einer verlorenen höheren Existenzform im Paradies und eines Weiterlebens im status corruptionis: »Das erzählerische Nacheinander ist sachlich als ein Nebeneinander gemeint, als ein Widerspruch, der quer durch jeden einzelnen Menschen verläuft.«[25] Die von Gott gesetzten positiven Grundbedingungen stehen dabei zuerst, die Begrenzungen sind als vom Menschen verursacht anzusehen, der sich »im Ergreifen seiner Autonomie gegen seinen Schöpfer vergangen hat«.[26] Diese Beobachtung ist insofern für das Betrachten der Sprache relevant, als die von Gott gesetzten Möglichkeiten des Menschen (die Gabe des Lebens, die Schaffung eines Lebensraumes, die Möglichkeit zur Arbeit, die Lebensgemeinschaft zwischen Mann und Frau) im ersten Teil der Erzählung, zu denen eben auch die Sprache gehört, »die menschliche Existenz« bis »in die Gegenwart des Erzählers« bestimmt.[27] Albertz hebt hervor, dass die Sprache hier als Handlungsmöglichkeit des geschaffenen und mit einer gewissen Autonomie ausgestatteten Menschen verstanden wird, die »aus der Begegnung mit anderen Lebewesen« erwächst.[28]

Wie es den Texten der Urgeschichte gemäß ist, werden über die in die Vergangenheit rückblickenden Erzählungen Aussagen gemacht, die die Auffassung zu den verhandelten Sachbeständen, also zur Anthropologie, zur Theologie, zur Ethik sowie der zugehörigen materialen Ableitungen aus der Gegenwart der Entstehungszeit des Textes erläutern.[29] Themen sind hier: Die Beziehung der sich liebenden Menschen und Menschinnen; Gott als Schöpfer, der sein Geschöpf zur Freiheit im Handeln bestimmt; das Leben in den Grundbedingungen der Welt usw. Durch die Rückwendung zur Vergangenheit, das Ansprechen der Schöpfung als in der Vergangenheit liegendes Faktum, schwingt eine »historische Herleitungskomponente« mit, die der Nährboden für spätere historisch bzw. menschheitsentwicklungsgeschichtlich ausgerichtete Sprach-Ursprungstheorien wird. Aber erst in späteren Zeiten, die stark historisch »denken« und dann auch schon an das Alte Testament herantreten, um Geschichtliches darin wiederzufinden, kommt das voll zum Tragen.

Die Welt des Alten Testaments selbst ist da noch anders geprägt, steht näher bei der *mythischen Herkunft* der urgeschichtlichen (Klein-)Erzählungen. Eingedenk des Gattungsgepräges dieser (Klein-)Erzählungen muss die spätere histori-

---

25 Albertz, Ursprung der Sprache (s. Anm. 5), 6.
26 Albertz, Ursprung der Sprache (s. Anm. 5), 6.
27 Albertz, Ursprung der Sprache (s. Anm. 5), 6.
28 Albertz, Ursprung der Sprache (s. Anm. 5), 6.
29 Vgl. H.-P. Müller, Mythos als Elementarform religiöser Rede im Alten Orient und im Alten Testament. Zur Theorie der Biblischen Theologie, NZSTh 37 (1995), 1–19.

sche Perspektive stark relativiert werden. Es geht, was die Reflexion über Sprache in Gen 2 anbelangt, nicht um die historische Herleitung von Sprache, schon gar nicht um die historische Herleitung des Hebräischen.[30] Es geht, wie bei den anderen in Gen 2 verhandelten existenziellen Gegebenheiten, um den Umgang mit Sprache, »um ein Nachdenken über den Sinn von Sprache als Grundgegebenheit menschlicher Existenz«.[31] Insofern sollten wir, wenn ein begrifflicher Anschluss zur Gegenwart gesucht wird, eher von einer *Anthropologie* oder *Philosophie der Sprache* in Gen 2 – wie anderen Texten der Urgeschichte (siehe unten) – sprechen, als von einer Ursprungstheorie zur Sprache.

Was ist nun die Rolle der Sprache in Gen 2,4bff.? In Gen 2,18 beginnt der kurze Abschnitt über die Feststellung Gottes, es sei nicht gut, dass der Mensch allein sei. Gott beschließt daher, ihm eine »Entsprechung« zu machen. Gott formt aus der Adama, demselben Urstoff, aus dem der Mensch gemacht ist, alle Tiere des Feldes und alle Vögel des Himmels (V. 19). Dem Menschen ist die Aufgabe zugedacht, die Tiere zu benennen, was er auch tut (V. 20). Der Abschnitt schließt im ersten Durchgang mit dem Ergebnis, dass sich eine passende »Entsprechung« nicht gefunden hat.

Anders als durch das Sprechen Gottes in Gen 1,1ff. erfolgt hier durch die Benennung des Menschen nicht die Konstitution von materiell-lebendiger Wirklichkeit. Die Tiere sind von Gott geschaffen und werden durch den Menschen mit Namen versehen – nachdem der Mensch sie, so ist es durch den Erzählgang angelegt, auf die Frage hin geprüft hat, ob sie eine »Entsprechung« darstellen und gegen sein Alleine-Sein helfen. Es ist schwer zu sagen, ob sich die Erzählung vorstellt, die Prüfung würde *vor* der Benennung erfolgen oder auch *durch* die Benennung geschehen. Auch steht außer Frage, dass vorausgesetzt wird, der Mensch verfüge (von seiner Schöpfung her) über die Fähigkeit zur Benennung. Die Erzählung geht davon aus, dass der Mensch Sprache einsetzen kann. An diesen Erzählzug anknüpfend könnte man (menschliche) Sprache (mit ihren kommunikativen und kognitiven Möglichkeiten) zu den Grundgegebenheiten der conditio humana rechnen, wie sie in der Welt der Erzähler erfahren werden können und die Vorstellungen von dem, was ein Mensch ist und kann, grundsätzlich prägen; der Mensch ist nach Gen 2,4bff. ein faktischer homo loquens.

Der Hinweis, dass der Mensch die Tiere benannte (V. 19) und die Tiere dann so, wie der Name gefunden wurde, heißen sollen, zielt auf die bis zur Gegen-

---

30 Albertz, Ursprung der Sprache (s. Anm. 5), 3: »Wo es [das AT] – mehr nebenbei – auch einmal auf die Herkunft und die Funktion der Sprache zu sprechen kommt, da geht es ihm nicht um das Hebräische, sondern um die Sprache als Menschheitsphänomen.«
31 Albertz, Ursprung der Sprache (s. Anm. 5), 5.

wart des Erzählers bestehende Erkenntnis, dass Sprache durch ihre Benennungs-
leistung (gerade bei Phänomenen, die durch Nomina bestimmt sind) eine deutliche (ein)ordnende und kategorisierende Funktion hat. Gertz hat noch einmal
hervorgehoben, dass der Akzent der Erzählung bei der Frage liegt, ob sich für
den Menschen ein gleichwertiges Gegenüber finden lässt. »Aus diesem Grund
bringt Jhwh-Gott die Tiere zum Menschen und überlässt diesem deren Benennung [...].«[32] Das Ergebnis der Benennung ist nun zunächst ein negatives: Für
die Kategorie »Mensch« findet sich unter allen Tieren kein passendes Wesen! Angesprochen ist hier also am ehesten die Darstellungsfunktion der Sprache, wenn
eine Sache mit einem entsprechenden Lexem angesprochen wird.

Gerhard von Rad, der in seinem Genesis-Kommentar sehr selten zitiert, rekurriert mit Blick auf Gen 2,19f. unter Anführung auch noch von längeren(!) Zitaten von A. Jolles und J.G. Herder darauf, dass sich neben der Darstellungsfunktion der Sprache auch Hinweise auf »Tieferes« finden würden, dass sich nämlich,
mit Jolles gesagt, in der Benennung »Anordnung, Umordnung, Verordnung ei-
genst ereignen«.[33] Rad rekurriert auf den Akt des Nachschaffens und darauf, dass
Sprache hier »als geistiges Vermögen erkannt« sei, »mit dessen Hilfe der Mensch
seinen Lebensraum begrifflich ordnet«.[34]

Das klingt interessant, aber anders als bei anderen Phänomenen, die in solchen Zusammenhängen angeführt werden, etwa bei der »Benennung« unter-
scheidbarer Beige- und Brauntöne für Sand und Boden in Wüstenkontexten, bei
ähnlichen versprachlichten Unterscheidungen von Grüntönen im Wald-/Urwald-
kontext oder Weißtönen, Eis- und Schneebeschaffenheiten im Polarkontext[35],
werden in Gen 2,19f. die von Gott *schon getrennt geschaffenen Tiere* benannt,
die Benennung konstituiert die schon gegebenen unterscheidbaren Objekte nicht
erst! Bei den oben angesprochenen Farbwahrnehmungen leitet die Sprache zur
Wahrnehmung eines bestimmten Farbtons oder einer bestimmten Oberflächen-

---

32 Vgl. Gertz, Das erste Buch Mose (s. Anm. 24), 123.
33 Von Rad, Das erste Buch Mose (s. Anm. 24), 58.
34 Von Rad, Das erste Buch Mose (s. Anm. 24), 58.
35 Also genau die Beispiele, die häufig angeführt werden, um das Sprachliche Relativitätsprin-
zip, die Sapir/Whorf-Hypothese zu untermauern und ähnliches, vgl. B.L. Whorf, Sprache – Denken – Wirklichkeit. Beiträge zur Metalinguistik und Sprachphilosophie (Rowohlts Enzyklopädie 403), Reinbek bei Hamburg 1991; I. Werlen, Sprachliche Relativität. Eine problemorientierte
Einführung (UTB 2319), Tübingen/Basel 2002; M. Danesi, Linguistic Relativity Today. Language,
Mind, Society, and the Foundations of Linguistic Anthropology. (Routledge Foundations in Linguistic Anthropology) New York/London 2021. In der genannten Literatur sind auch die Bezüge
der Diskussion um die sprachliche Relativität aus dem 20. Jahrhundert zu den Vorläufern dieser
Position, besonders Herder und Humboldt, erläutert.

beschaffenheit überhaupt erst an, die Fokussierung dieses Ausschnitts aus der Wirklichkeit trägt daher tatsächlich zur Objekt-Wahrnehmung und damit zur Objekt-Konstitution bei, geht also über die reine epistemisch-mentale, kognitive Ordnungsfunktion hinaus. Anders gesagt: Hinter Gen 2 steht nicht das von der sprachphilosophisch-linguistischen Diskussion der Moderne verhandelte Verhältnis von Welt und Wort im Sinne des linguistischen Relativitätsprinzips!

Auch die Kategorisierung bzw. Klassifizierung nach Tiergruppen (»Und der Mensch gab allem Vieh und den Vögeln des Himmels und allen Tieren des Feldes Namen.«) spiegelt eine gewisse »Einordnungsleistung«: die Erzählung setzt wohl voraus, dass die Tierexemplare einzeln durch Adam benannt werden, im Bericht darüber werden sie von dem »Erzähler« in Gattungen / Tiergruppen zusammengefasst. In dieser Zusammenfassung liegt die Leistung der Kategorisierung, liegen in Sprache ausgedrückte Erkenntnisse vor – wobei diese Kategorisierung in der Kommunikation zwischen Erzähler und Rezipienten geboten wird und sie keine Rolle auf der Ebene der in der Erzählung handelnden Größe »Adam« spielt. Das letztere ist insofern wichtig, als die Kategorisierung für das narrative Problem der Erzählung, der Frage nach der fehlenden Entsprechung zum Menschen, keinen Fortschritt bringt, daher nur ein absolutes Nebengleis der Erzählung darstellt.

Dass Sprache, gerade die Nomina, als Mittel zur Anordnung von erkannten Sachverhalten in der Welt dienen, führen am deutlichsten die auch im AT vorfindlichen Listen (Listenwissenschaft) von Dingen vor Augen. Aber ob hier in Gen 2,19 f. mit dem Einbringen der Funktion der erkenntnis- und wissensbezogenen Darstellung von benannten Dingen eine über die Darstellungsfunktion von Sprache hinausgehende »Weltaneignung«, »Weltbewältigung«, ein »Worten der Welt« angenommen werden sollte, das ist doch sehr zu fragen. Eindeutig über das Ziel hinaus geht Herder, wenn er in dem von G. von Rad angeführten Zitat die Benennung der Tiere aus Gen 2,19 f. in Verbindung bringt mit der im 18. Jahrhundert diskutierten und zumal von ihm vertretenen Idee, Sprache sei aus der Nachahmung von Lauten und Tönen aus der Natur entstanden (Kuckuck-Modell), sei also im Kern onomatopoetisch.

Wollte man den Reflexionsstand, der bezüglich der Bestimmung von Sprache hinter Gen 2 steht, in das menschheitsgeschichtliche Nachdenken über Sprache einordnen, so dürfte hier am ehesten die Abbildungsleistung der Sprache bzw. der Wörter erkannt sein. In Platons Kratylos wird die Frage erörtert, ob die Bezeichnungen / Benennungen für die Dinge der Welt von Natur aus oder durch arbiträre Setzung zustande kommen. Der Benennungsvorgang in Gen 2,19 f. verhält sich dazu merkwürdig »entsprechend« – der Mensch benennt die Dinge in seiner Sprache (von der nicht gesagt wird, dass es Hebräisch war), wie er sie sieht, wie sie sind! Könnte es auf »narrativem« Boden eine klarere Antwort geben? An Etymologien ist Gen 2 jedenfalls nicht interessiert, auch nicht an Onomatopoesie.

Über die Auffassung von Sprache als Darstellung und Ausdruck epistemischer Ordnungen hinaus haben die moderne Sprachphilosophie und Sprachwissenschaft weitere Grundfunktionen und -aspekte entdeckt (Sprachliche Relativität, Organon-Modell,[36] Pragmatik[37]), die die neuzeitliche Sprachbetrachtung bestimmen. Aber diese neuen Perspektiven bei der Sprachanalyse sind nicht schon Gegenstand der narrativen Intention und des Reflexionsstandes über Sprache von Gen 2,19f. Vieles, was sich in der Auslegungsgeschichte zu Gen 2,19f. in dieser Hinsicht angedockt hat, ist eher eis-egetisch als ex-egetisch.[38]

Interessant wiederum in der Erzähllogik des Alten Testaments ist, dass sowohl in Gen 2,4b ff. wie auch in Gen 1,1–2,4a, im Schöpfungstext der Priesterschrift (P), vorausgesetzt wird – schon bevor der Mensch in der Erzählung Sprache aktiv handhabt – dass der Mensch/die Menschheit das Reden Gottes verstehen kann, vgl. besonders das Sprechen Gottes zum Menschen in Gen 2,16–17 (Nicht-P) und Gen 1,28–29 (P). Das Verstehen von Sprache gehört genau wie das Sprechen-Können zur Sprachfähigkeit des Menschen, aber das *Hören* auf das Sprechen Gottes steht vor dem Selbst-Reden des Menschen. Angesichts der erzählerischen Präzision, Dichte und Abgewogenheit alttestamentlicher narrativer Texte, die in ihren verschriftlichten Fassungen Bedeutung bis in den Mikrobereich hinein verweben, ist das sicher keine zufällige Gegebenheit: Hören steht vor Sprechen! Wie sich unten zeigen wird, steckt darin wohl ein Zug alttestamentlich-weisheitlichen Denkens; schwer dabei zu sagen, ob wir das einer weisheitlichen »Anthropologie« oder einem weisheitlichen Verhaltens- bzw. Erziehungsideal zuschreiben sollen.

3.2 Gen 1,1ff.: Sprache in der Schöpfungserzählung der Priesterschrift

Im Blick auf die Sprachfähigkeiten des Menschen bietet der Schöpfungstext der Priesterschrift (P) einige parallele Anschauungen. Hinsichtlich der Annahme, dass die Sprachfähigkeit als hörende Sprachverstehensfähigkeit vor der Sprech-

---

36 Vgl. K. Bühler, Sprachtheorie, Jena 1934.
37 Vgl. F. Liedtke, Moderne Pragmatik. Grundbegriffe und Methoden (Narr Studienbücher), Tübingen 2016; ders./A. Tuchen (Hg.), Handbuch Pragmatik, Stuttgart 2018.
38 Diese Feststellung bezieht sich ausdrücklich auf den bei Gen 2 oder anderen alttestamentlichen Texten über Sprache vorauszusetzenden Reflexionsstand. Hier sei nochmals auf das bei Borst, Der Turmbau zu Babel (s. Anm. 23), gesammelte Material verwiesen. Eine ganz andere Frage ist die Anwendung neuzeitlicher Fragestellungen der Sprachanalyse auf alttestamentliche Texte selbst. Hier sind natürlich sehr wohl pragmatische Untersuchungen oder Analysen des emotiven Sprechens u.ä. möglich.

fähigkeit des Menschen Gegenstand des Erzählgeschehens ist, besteht Übereinstimmung. P verharrt in der gesamten Urgeschichte in diesem Zustand und führt in keinem Text einen »sprechenden« Menschen mit direkter Rede vor, obwohl vom Erzählkontext her sicher die Sprechfähigkeit implizit vorausgesetzt wird. Die erste Person mit direkter Rede in P ist Abraham in Gen 17 (sofern Gen 14 nicht zu P gerechnet wird).

Von Gott her wird in Gen 1,1ff. vorausgesetzt, dass seine Sprachmächtigkeit eine andere als die menschliche ist (siehe oben Abschnitt 2.2). Gottes Sprache kann wirklichkeitsschaffend sein. Die Funktionen der Wortschöpfungstheologie sind umstritten. Kaiser denkt daran, dass sie dem Zweck dient, »das Verhältnis Gottes zur Welt zu klären: Gott ist kein Teil dieser Welt, sondern steht ihr als ihr Schöpfer und Herr gegenüber«.[39] Gertz weist darauf hin, dass unter »den biblischen Schöpfungsvorstellungen [...] die Wortschöpfungstheologie eine theologiegeschichtliche Neuerung gegenüber älteren Vorstellungen von der göttlichen Schöpfungstat« ist und sie sich erst in der nachexilischen Zeit findet (Gen 1,1ff.);[40] Kaiser stellt ähnliche Vorstellungen aus dem ebenfalls nachexilischen Ps 33,6–9 daneben.[41] Vermutlich korrespondiert das oben angesprochene Zusammenwachsen der alttestamentlichen Überlieferung als des Wortes Gottes mit solchen Phänomenen wie der Wortschöpfungstheologie. Sprache wird in der nachexilischen Zeit und ihrem monotheistischen und transzendenteren Gotteskonzept immer stärker als das Mittel der Verbindung zwischen Gott und Welt (Wortschöpfungstheologie) bzw. Gott und Mensch (Gottes Wort in den tradierten Texten) gesehen.

3.3 Von der Sprache zu den Sprachen

Das Alte Testament hat in vielen Texten eine sehr klare Vorstellung davon, dass die Menschheit seiner Gegenwart von sehr unterschiedlichen Sprachen geprägt ist: Die Spanne reicht von Dtn 28,49 und Jer 5,15 (ferne Nationen sprechen für Israel unverständliche Sprachen), über 2 Kön 18,26 (der Rabschake wird aufgefordert, Aramäisch zu sprechen, eine Sprache, die die Menschen in Jerusalem nicht verstehen) bis zu Neh 13,23–24 (hier ist von der Sprache Asdods und anderen Sprachen die Rede, die von den Judäern nicht verstanden werden). Die Vielfalt der Sprachen ist also nicht allein Thema von Gen 11,1–9.

---

39 O. Kaiser, Der Gott des Alten Testaments. Theologie des Alten Testaments, Bd. 2: Jahwe, der Gott Israels, Schöpfer der Welt und des Menschen (UTB 2024), Göttingen 1998, 263.
40 Gertz, Das erste Buch Mose (s. Anm. 24), 46.
41 Kaiser, Der Gott des Alten Testaments (s. Anm. 39), 263.

Der Text, der im Alten Testament und mit ungeheurer Wirkmächtigkeit auch darüber hinaus das Thema des Ursprungs der verschiedenen Menschheitssprachen thematisiert, ist Gen 11,1–9. In diesem Text geht es dabei sicher nicht vorderhand um die Entstehung der Sprachenvielfalt, sondern um die Hybris der Menschen, die gottgleich werden wollen. Um dieses Ziel, das sich im Turmbau ausdrückt, und um die konzertierte Aktion der Menschen zu verhindern, verwirrt Gott die Spracheneinheit. Von diesem Text her läuft ein Gespinst von Auslegungsfäden bis hin zu noch in der modernen Zeit vertretenen Anschauungen, dass hier ein geschichtliches Zeugnis der Entstehung der Vielfalt der Sprachen vorliege.[42] Wie schon bei der Auslegung von Gen 2,19f. (siehe oben Abschnitt 3.1) ausgeführt, dürfen wir bei den Erzählungen der Urgeschichte nicht von historischen Berichtstexten, sondern von Leiterzählungen für die Erkenntnis der Welt bzw. des Menschen ausgehen.

Gen 11,1–9 ist eingebettet in das Schlussstück der Urgeschichte (nach Gen 9, vor Gen 12), das die Erzählungen des vorderen Teils der Urgeschichte (Anknüpfung der Völkertafel an den Stammbaum Noahs, Gen 6,9 → Gen 10,1) mit den Väter- und Müttererzählungen (Stammbaum Sems Gen 11,10–26 → Terach, Vater Abrams) verbindet. Schon Gen 10 entwirft in Stammbaumform ein Bild der Völker- und Sprachenwelt, wie es sich aus der Perspektive Israels darstellt. Die Sprachenfrage wird in der Genealogie nichts eigens thematisiert, die Texte setzten die Verschiedenheit der Sprachen bei der Verschiedenheit der Völker voraus.

Die Turmbauerzählung Gen 11,1–9 bietet in diesem Kontext eine Ätiologie der Sprachenvielfalt. Sprachhistorisch ist der Gedanke der Turmbauerzählung, dass die Vielheit der Sprachen aus einer vormaligen Einheit entstand, ebenfalls als eine Denkmöglichkeit ausgesprochen worden. Aber dies geschah, trotz der immensen Nachwirkung der Turmbauerzählung, unabhängig von der biblischen Vorstellung, nur einem Sprach-Stammbaum-Rückschlussverfahren folgend.[43] So ergibt sich eine gewisse Analogie zwischen den beiden Erklärungsmöglichkeiten für die Sprachvielfalt. Gen 11,1–9 spricht nicht(!) davon, dass die vormals einheitliche Sprache Hebräisch gewesen sei. In der Erzählung verunmöglicht die Sprachenvielfalt das koordinierte Handeln der Menschheit und verhindert so den Bau des Turmes. »Nach dem Gefälle der Turmbauerzählung werden [die] Bedingungen [...] [der Textverfassenden, die ›Vielfalt der Sprachen‹ und die ›Auflösung der Einheit menschlicher Gemeinschaft‹] als eine Einschränkung des Menschen und

---

42 Vgl. einmal mehr: Borst, Der Turmbau von Babel (s. Anm. 23).
43 Einen monogenetischen Ansatz vertritt etwa M. Ruhlen, On the Origin of Languages. Studies in Linguistic Taxonomy, Stanford/CA 1994.

seiner Handlungsmöglichkeiten bewertet, sodass durchaus von einem Verlust gesprochen werden kann.«[44]

3.4 Von der Sprache und den Sprachen zum kultivierten Sprechen: Hinweise aus der alttestamentlichen Weisheit

In den Proverbien findet sich eine Fülle von Leitsätzen, die das rechte, das gute, das erfolgreiche Sprechen betreffen.[45] Nicht in Form eines systematischen Traktats (siehe oben Abschnitt 1.2), sondern über den Weg, den die weisheitlichen Texte auch sonst wählen:[46] empirisch-gnomische Wahrheitsapperzeption, wie G. von Rad es zutreffend bis heute formuliert hat.[47] Am Anfang steht die Beobachtung der Welt, wobei beim Thema »Sprechen und Sprache« vor allem das »Sprechen, die Rede(fähigkeit)« fokussiert wird. Was kann ich also diesbezüglich beobachten?

Zunächst, dass es Unterschiede gibt im Handhaben des Sprechens. Auf dieses Phänomen waren wir schon bei Mose gestoßen (siehe oben): »Wer einen schweren Mund und eine schwere Zunge hat (Ex 4,10), ist nicht redegewandt, und wer eine stammelnde Zunge hat (Jes 32,4), hat ernsthafte Sprachprobleme.«[48] Ein Vorteil ist es dagegen, wenn jemand über Redegewandtheit verfügt; die Worte der »fremden Frau«, vor der die Weisheitslehrer warnen, werden auf diese Weise vorgebracht und sind daher besonders gefährlich (Spr 6,24 verweist auf die glatte Zunge/Sprache bzw. das geschliffene Sprechen der Fremden). Diese Fähigkeiten können lebensentscheidend sein, wie Spr 18,21 festhält: Tod und Leben sind in der Macht der Zunge (wörtlich »Hand der Zunge«). »Das sprachliche Verhalten der Menschen kann, wenn es negativ gegen jemanden gerichtet ist, wie eine Waffe sein (Jes 54,17), wie ein geschliffenes Messer (Ps 52,4) oder wie Pfeile (Jer 9,2–7). Andererseits kann die Zunge der Weisen, d.h. die weisen Worte, auch Heilung

---

44 Gertz, Das erste Buch Mose (s. Anm. 24), 332–333.
45 Vgl. W. Bühlmann, Vom rechten Reden und Schweigen. Studien zu Proverbien 10–31 (OBO 12), Fribourg/Göttingen 1976.
46 Zur Weisheit insgesamt vgl. G. von Rad, Weisheit in Israel, mit einem Anhang neu hg. von B. Janowski, Neukirchen-Vluyn ⁴2013 [¹1971; ³1985]; H.D. Preuß, Einführung in die alttestamentliche Weisheitsliteratur, Stuttgart [u.a.] 1987; I. Müllner, Das hörende Herz. Weisheit in der hebräischen Bibel, Stuttgart 2006; M. Saur, Einführung in die alttestamentliche Weisheitsliteratur, Darmstadt 2012; B.U. Schipper, Sprüche (Proverbia), Teilbd. 1: 1–15 (BKAT 17/1), Göttingen 2018.
47 G. von Rad, Theologie des Alten Testaments, Bd. 1: Die Theologie der geschichtlichen Überlieferungen Israels, München ⁹1987 (¹1957), 434.
48 Müller, Art. Zunge (s. Anm. 13), Abschnitt 2.1.

bringen (Spr 12,18) und die Gelassenheit der Zunge, d.h. die Worte, die nicht voreilig, sondern wohlüberlegt gesprochen werden, sind ein Baum des Lebens (Spr 15,4). Eine sanfte Zunge kann Knochen brechen, d.h. eine angemessene und zum richtigen Zeitpunkt vorgebrachte Rede kann vieles bewirken.«[49]

Zum zweiten: Mit diesen unterschiedlichen Fähigkeiten können auch sehr unterschiedliche Haltungen, Verhaltensweisen und Handlungen verbunden sein, mit guten oder schlechten Intentionen: Sprache und Sprechen kann der Lüge und dem Verderben dienen (Ps 52,6), »Propheten verurteilen das Volk wegen ihrer Zunge, die sich an die Lüge gewöhnt hat (Jer 9,4), die sie gegen einander einsetzen (Jer 9,2.7), die Betrug in ihrem Mund ist (Mi 6,12).«[50] Die Weisheit sieht das genauso, erkennt aber gemäß des Tun-Ergehens-Zusammenhangs auch die Folgen der Lüge: Spr 12,19 – Wahrhaftige Lippen haben für immer Bestand, eine falsche Zunge aber nur für einen Augenblick; Spr 21,6 – Wer Schätze erwirbt mit verlogener Zunge, ist flüchtig wie der Atem derer, die den Tod suchen.

Zum dritten ist zu beobachten, dass einzelne Sprechsituationen nicht für sich stehen, sondern Ausdruck der Grundprägungen einer Person sind: »Da die Art zu reden, die ein Mensch regelmäßig an den Tag legt, seinen Charakter offenbart, steht Zunge in Verbindung mit bestimmten Qualifikationen im Alten Testament für die Lebensweise eines Menschen. So ist in Ps 52,6 mit der betrügerischen Zunge nicht eine einmalige Lüge, sondern eine generelle Neigung zur Unaufrichtigkeit gemeint und der Mensch mit böser Zunge in Ps 140,12 redet nicht nur einmalig Böses, sondern sein Charakter ist schlecht. Auch in Jes 59,3 ist die Zunge, die Verkehrtheit murmelt, kein Ausdruck einer einmaligen Lüge, sondern einer andauernden Haltung. Positiv steht z.B. die Recht sprechende Zunge in Ps 37,30 für ein generelles Eintreten für die Gerechtigkeit und das Recht.«[51]

Die alttestamentliche theologisierte Weisheit wie viele weitere Texte des Alten Testaments sind hier parteiisch, sie stehen auf der Seite des Guten und Gerechten, das von Gott herkommt (Spr 16,1). Ein gerechter Mensch weiß, dass er seine Zunge hüten muss (Spr 21,23), Hiob, der wahrlich nichts verbrochen hat, weiß, dass er als Gerechter weder Unrecht noch Lüge geredet hat (Hi 27,4). »So sorgt die weise Zunge für Einsicht (Spr 15,2), die gerecht redenden Zungen der Frommen sind so kostbar wie Silber (Spr 10,20) und in der Heilszeit werden alle Zungen, auch die der Stummen, jubeln (Jes 35,6) und Gott preisen (Jes 45,23).«[52]

---

49 Müller, Art. Zunge (s. Anm. 13), Abschnitt 2.3.
50 Müller, Art. Zunge (s. Anm. 13), Abschnitt 2.3.
51 Müller, Art. Zunge (s. Anm. 13), Abschnitt 2.2.
52 Müller, Art. Zunge (s. Anm. 13), Abschnitt 2.3.

In Anknüpfung an Abschnitt 3.3 ist interessant, dass es beim (weisheitlich betrachteten) »Sprechen« nicht um das Sprechen im Hebräischen oder in einer bestimmten Sprache geht. Das Sprechen in seinen ethologischen und ethischen Hinsichten wird als übereinzelsprachliche (damit, soweit man das für die alte Zeit sagen kann, *übernationale*) anthropologische Angelegenheit betrachtet. Neben den homo loquens (siehe oben Abschnitt 3.1) tritt hier der homo rhetoricus.[53]

4 Schweigen[54]

4.1 Die »Vielfalt« des Schweigens

Antonymisch zum Reden steht das Schweigen. Und so vielfältig, wie das Reden sein kann, ist auch das Schweigen.[55] Das Hebräische besitzt für einige Formen des »Nicht-Redens« verschiedene Wörter, die lexematisch unterschiedliche Nuancen des Schweigens akzentuieren:

---

53 Vgl. J. Kopperschmidt (Hg.), Rhetorische Anthropologie. Studien zum Homo rhetoricus, München 2000.
54 Zum Schweigen als Form der Kommunikation, seinen anthropologischen und spirituellen Bezügen vgl. aus der neueren Diskussion P. Burke, Reden und Schweigen. Zur Geschichte sprachlicher Identität, übers. aus dem Englischen von B. Röhm, Berlin 1994; F. Ulsamer, Linguistik des Schweigens. Eine Kulturgeschichte des kommunikativen Schweigens (Europäische Hochschulschriften Reihe 21: Linguistik 246), Frankfurt a.M. [u.a.] 2002; J. Assmann/A. Assmann (Hg.), Schweigen (Archäologie der literarischen Kommunikation 11), München 2013; A. Corbin, Histoire du silence. De la Renaissance à nos jours, Paris 2016; exegetisch-theologische Zugänge: J. Ebach, Beredtes Schweigen. Exegetisch-literarische Beobachtungen zu einer Kommunikationsform in biblischen Texten, Gütersloh 2014; K. Berger, Schweigen. Eine Theologie der Stille, Freiburg i.Br. [u.a.] 2021.
55 Urbanz meint, im Alten Testament alleine beim menschlichen Schweigen folgende Arten unterscheiden zu können: Angemessenes Schweigen (Unterformen: Weises Schweigen, Zuhörendes Schweigen, »Antwort-loses« Schweigen, »Recht-zeitiges« Schweigen, Stillhaltendes Schweigen, Verstummendes Schweigen, Geduldiges Schweigen), Schweigen als unangemessenes Verhalten, Entsetztes Schweigen, Einsames Schweigen, Schweigen im Rechtsstreit, Ehrfürchtiges Schweigen im Kult, Prophetisches Schweigen, vgl. W. Urbanz, Art. Schweigen (AT), in: Das Wissenschaftliche Bibellexikon im Internet, August 2012, https://www.bibelwissenschaft.de/stichwort/27473/; in diese Unterscheidungen gehen allerdings vorwiegend kontextbezogene Verschiedenheiten ein, die sicher nicht alle auf der semantisch-lexikalischen Ebene des Hebräischen darstellbar sind. Ich will mich im Folgenden auf diese semantisch-lexikalischen Differenzen konzentrieren.

In 2 Kön 18,36 ist mit »schweigen« (hebräisch ḥrš[56]) die vorenthaltene Antwort des Volkes, das bewusste Nicht-Reden gemeint: »Das Volk aber *schwieg*, und sie antworteten ihm mit keinem Wort, denn der Befehl des Königs lautete: Antwortet ihm nicht!« Das Volk hätte gegenüber der Frage des Rabschaken, des Gesandten des assyrischen Königs, durchaus antworten und sprechen können, der König Hiskia von Juda aber hatte das Reden mit dem Rabschaken untersagt.

In anderer Weise kann das Nicht-Sprechen von Seiten des Menschen die Beziehung des Menschen zu Gott charakterisieren. Eine ganze Sequenz von Versen in den Klageliedern ist von dem eher zurückhaltenden Schweigen geprägt, Klgl 3,25:

> JHWH ist gut zu dem, der auf ihn hofft, zu dem, der nach ihm fragt. (26) Gut ist es, *schwei-gend* (*dmm*[57]) zu warten auf die Rettung durch JHWH. (27) Gut ist es für den Mann, wenn er das Joch in seiner Jugend trägt. (28) Allein soll er sitzen, und er soll *schweigen* (*dmm*), wenn er es ihm auferlegt. (29) Er tue seinen Mund in den Staub, vielleicht gibt es Hoffnung!

Hier wird zweimal nicht hebräisch *ḥrš*, sondern *dmm* für *schweigen* gebraucht, bevor dann eine Umschreibung für das Nicht-Reden (»er tue seinen Mund in den Staub«) folgt. Stärker als das in 2 Kön 18,36 verwendete Verb *ḥrš* ist mit *dmm* das schweigende In-Erwartung-Sein gemeint, ein Zustand, in den der in sich selbst versunkene Betende verfällt, bis sich in seiner (Klage-)Situation ein neuer Impuls ergibt.

Das Schweigen kann auch mit regelrechter Passivität verbunden sein – 1 Kön 22,3:

> Und der König von Israel sagte zu seinen Dienern: Ihr wisst doch, dass Ramot-Gilead uns gehört. Und da sind wir *still* (*ḥšh*[58]), statt es dem König von Aram aus der Hand zu nehmen!

Und noch deutlicher in 2 Kön 7,9:

> Dann aber sagten sie zueinander: Was wir da tun, ist nicht recht! Der heutige Tag ist ein Freudentag. Wenn wir dies hier *verschweigen* (*ḥšh*) und warten, bis der Morgen anbricht, wird uns Schuld treffen. Nun aber auf! Lasst uns gehen und im Haus des Königs davon berichten.

---

56 Vgl. M. Delcor, Art. חרש *ḥrš* schweigen, in: THAT 1 (1984), 639–641.
57 Vgl. A. Baumann, Art. דָּמָה II/דמם/דום *dāmāh/dmm/dwm*, in: THAT 1 (1984), 639–641.
58 Vgl. W. Dietrich/S. Arnet (Hg.), Konzise und aktualisierte Ausgabe des Hebräischen und Aramäischen Lexikons zum Alten Testament (KAHAL), Leiden/Boston 2013, 190 Art. *ḥšh*.

Schweigen ist hier eine Form der (bewussten) Nicht-Aktivität, die in diesem Kontext eine negative Bewertung erfährt: Schweigen ist nicht immer die beste Form des Verhaltens!

4.2 Schweigen als Kommunikation

Da Schweigen eine Art und Weise der Kommunikation ist, wird es im AT überwiegend dort thematisiert, wo Vorgänge oder Regeln der Kommunikation beschrieben werden. Ganz wichtig ist das in den Texten der »Weisheit«. Die »Weisheit« formuliert aus Erfahrung gewonnene Regeln für das erfolgreich zu gestaltende Leben. Schweigen als »alternative« Kommunikationsmöglichkeit – man denke hier an Watzlawick, da man nicht nicht-Kommunizieren kann,[59] ist Schweigen auch eine Art der Kommunikation – spielt dabei eine besondere Rolle. Viele der einschlägigen Weisheitssprüche sind noch heute als Redewendungen lebendig. Hier nur einige Beispiele:

Spr 17,27: »Wer seine Worte zurückhält, hat Erkenntnis, und wer kühl überlegt, ist ein einsichtiger Mann. (28) Auch einen Toren hält man für weise, solange er *schweigt*, für verständig, solange er seine Lippen verschliesst.« Interessant ist hier, dass der Tor – im Gegensatz zum »weisen Schweiger«[60] – aus Nicht-Wissen schweigt, nicht aus Weisheit. Auch vertritt die Weisheit die Auffassung, dass es besser ist zu schweigen, als der Verachtung Ausdruck zu geben, weil so Streit und Konflikte vermieden werden – Spr 11,12: »Wer seinen Nächsten [lautstark?] verachtet, dem fehlt der Verstand, der einsichtige Mann aber *schweigt*.«[61] Für Qohelet ist klar, dass in der Kommunikation darauf geachtet werden muss, was gerade dran ist, Passivität oder Aktivität – Koh 3,7: »[...] *schweigen* hat seine Zeit, reden hat seine Zeit.«[62]

Geduldiges Schweigen in der Kommunikation mit Gott kennen auch die Psalmen – Ps 62,6: »Gegenüber Gott allein will ich in meiner Lebenskraft *schweigen*, denn von ihm kommt meine Hoffnung.« Schweigen in den Psalmen hat sehr viel mit den inneren Zuständen des Menschen zu tun,[63] die in den Psalmen häufig

---

59 »One cannot not communicate« (P. Watzlawick/J.H. Beavin/D.D. Jackson, Pragmatics of Human Communication, New York/NY [u.a.] 1967, 51; dies.: Menschliche Kommunikation. Bern [u.a.] 1969, 53).
60 M. Saebø, Sprüche (ATD 16/1), Göttingen 2012, 235.
61 Vgl. Schipper, Sprüche (s. Anm. 46), 675–676.
62 Vgl. T. Krüger, Kohelet (Prediger) (BKAT 19, Sonderband), Neunkirchen-Vluyn 2000, 159.
63 S. Gillmayr-Bucher, Wenn die Dichter verstummen. Das Schweigen in den Psalmen, ThGl 93 (2003), 316–332.

ausgeleuchtet werden – Ps 39,3: »Ich bin verstummt und still (*dmm*) und *schwei-ge* (*ḥšh*) fern der Freude und muss mein Leid in mich fressen.« Die Verben lassen hier auf einen passiv-erwartungsvollen Zustand der betenden Person schließen, nicht auf Verzweiflung; die Erwartung löst sich dann in der Rede, »die in V. 5–7 aus dem Beter herausbricht«.[64]

4.3 Das Schweigen Gottes

In etlichen Texten ist nun auch vom Schweigen Gottes die Rede, antonymisch steht dies dem Reden Gottes und der Beständigkeit des Gotteswortes gegenüber; aus der Antinomie ergibt sich eine eigentümliche doppelte Gotteserfahrung:

Auf der einen Seite stehen die Belege, die Gottes Wort als ewig bestehend und sicher wirkend beschreiben, am deutlichsten vielleicht in Jes 40–55:

> Jes 40,6–8: [...] Alles Fleisch ist Gras, und alles, was gut ist daran, ist wie die Blume auf dem Feld. (7) Das Gras vertrocknet, die Blume verwelkt, wenn der Atem JHWHs darüberweht. [...] (8) Das Gras vertrocknet, die Blume verwelkt, das Wort unseres Gottes aber besteht für immer.

> Jes 55,10f.: Denn wie der Regen und der Schnee herabkommen vom Himmel und nicht dorthin zurückkehren, sondern die Erde tränken und sie fruchtbar machen und sie zum Spriessen bringen und Samen geben dem, der sät, und Brot dem, der isst, (11) so ist mein Wort, das aus meinem Mund hervorgeht: Nicht ohne Erfolg kehrt es zu mir zurück, sondern es vollbringt, was mir gefällt, und lässt gelingen, wozu ich es gesandt habe.

Gottes Wort, gemeint ist wohl Gottes in die Schrift eingegangenes und in der Vergangenheit gesagtes Wort, besteht und vollbringt immer, wozu es Gott gesandt hat. Von dieser Position aus dem Jesajabuch aus gedacht gibt es kein Schweigen Gottes. Jes 40–55 geht davon aus, dass das bestehende und ergangene Wort nicht mehr aus der Welt weicht, ähnlich wie in und nach dem Neuen Testament die Christuserfahrung nicht mehr aus der Welt zu bringen ist.[65] Das hebräische Wort für »Wort«, *dābār*, bedeutet dabei einerseits Sprache und Rede, andererseits auch die getane Sache, das Faktum, die Aktivität – beides ist das Gegenteil des Schweigens und des Nicht-Handelns. Von dieser Grundüberzeugung, dass Gottes Kommunikation mit den Menschen und sein fürsorgendes Handeln für sie unumstößlich und immerwährend sind, ist zumindest das kanonische hebräische Alte

---

64 D. Böhler, Die Psalmen 1–50 (HThKAT 25), Freiburg i. Br. [u. a.] 2021, 712.
65 Vgl. Behrens, Das Wort Gottes (s. Anm. 17), 378.

Testament getragen.[66] Man hat den Eindruck, dass hier wie in einer Art Resümee Schlüsse aus langer Erfahrung mit Gott gezogen und formuliert worden sind (vgl. auch oben Abschnitt 2.1).

Auf der anderen Seite finden sich Erfahrungen, die das Schweigen Gottes negativ bewerten: Die Propheten warten mitunter auf Gottes Reaktion, der sich auch ausschweigen kann, und leiden unter seinem Schweigen – Jes 64,9.11: »Deine heiligen Städte sind zur Wüste geworden, Zion ist zur Wüste geworden, Jerusalem ist verwüstet. [...] (11) Willst du, JHWH, bei all dem dich zurückhalten, schweigen und uns demütigen über die Massen?« Die Frage, wann Gott heilvoll redend aus seinem Schweigen heraustritt, ist dabei genauso bedrängend, wie die Erwartung, dass Gott am Unrecht nicht auf Dauer schweigend vorübergehen kann, so in der Gottesrede Jes 42,14: »Ich schwieg wohl eine lange Zeit, war still und hielt an mich. Nun aber will ich schreien wie eine Gebärende, ich will laut rufen und schreien.«

Auch der betende Mensch in den Psalmen leidet unter dem Schweigen Gottes – Ps 28,1: »[...] Wenn ich rufe zu dir, JHWH, mein Fels, so schweige (ḥrš) doch nicht, dass ich nicht, wenn du schweigst (ḥšh), gleich werde denen, die in die Grube fahren.« Die Wahl der Verben drücken eine Negativerwartung, eine Befürchtung aus: Die betende Person fürchtet bewusstes Sich-Abwenden und Passivität von Seiten Gottes. Spieckermann spricht hier von einer »Tat« des Schweigens, durch die sich Gott vom Beter entfernt.[67]

Das Ringen mit dem Schweigen Gottes ist vielleicht am eindringlichsten in der Geschichte des gottsuchenden Propheten Elija in 1 Kön 19 thematisiert. Nach mehreren Versuchen, mit Gott in Kontakt zu treten, versagt Gott Elija diesen Kontakt zunächst. Gott erscheint weder im Wind noch im Feuer (1 Kön 19,11–12), Gott spricht nicht vernehmbar, Elija vernimmt einzig eine »Stimme verschwebenden Schweigens« – so nach der genialen Übersetzung von Buber/Rosenzweig. Am Ende der Erzählung ist aber dann doch klar, dass das Schweigen kein endgültiger Gesprächsabbruch von Seiten Gottes, sondern ein vorübergehender Zustand war. »Gottes Dialogbereitschaft kann zeitweise [...] unter Schweigen verborgen sein.«[68]

Mit Blick auf die oben angeführte Grundüberzeugung von Jes 40–55 braucht niemand dieses – zeitweise – Schweigen allzu sehr zu fürchten: Nicht das Schwei-

---

66 Vgl. Wagner, God's Body (s. Anm. 15), 134–138.
67 H. Spieckermann, Schweigen und Beten. Von stillem Lobgesang und zerbrechender Rede im Psalter, in: F.-L. Hossfeld/L. Schwienhorst-Schönberger (Hg.), Das Manna fällt auch heute noch. Beiträge zur Geschichte und Theologie des Alten, Ersten Testaments (FS E. Zenger; HBS 44), Freiburg [u.a.] 2004, 567–584: 570.
68 W. Dietrich, Vom Schweigen Gottes im Alten Testament, in: M. Witte (Hg.), Gott und Mensch im Dialog, Bd. 2 (FS O. Kaiser; BZAW 345/2), Berlin/New York 2004, 997–1014: 1003f.

gen Gottes, sondern sein Wort besteht für immer – was wiederum zum Festhalten des Wortes Gottes im Kanon (siehe oben Abschnitt 2.1) führt.

5 Anstöße

5.1 Zutrauen zur sprachlichen Inhaltsweitergabe, auch in neuen Techniken und neuen medialen Formen

Das immense Zutrauen in die Möglichkeiten der sprachgebundenen Traditionsweitergabe (siehe oben Abschnitt 1 und 2) ist in den zwei bis drei Jahrtausenden der sprachlichen(!) Überlieferung des Alten Testaments ungebrochen geblieben; dieses Zutrauen ist auch aus dem Alten Testament heraus erwachsen. Sprache ist von keinem anderen Medium abgelöst worden. Wechselnde Kontextualität, unterschiedliche Formen der Schriftlichkeit, von der Chirographie bis zum Buchdruck und seinen technisch ausgeweiteten Verbreitungsmöglichkeiten, bis hin zum Entstehen einer echten Schriftkultur[69] haben daran nichts Prinzipielles geändert. Ich sehe keine Indizien, dass in unserer Zeit, die von einer Epochenwende geprägt ist und mit Internet und bisher nicht dagewesenen digitalen medialen Möglichkeiten in neue Dimensionen der Kommunikation vordringt, Sprache, mündlich wie schriftlich, an Bedeutung verliert; im Gegenteil, vom sprachbeherrschten Internet bis zu virtuellen »Meta«-Realitäten, in denen wohl bisher kaum erahnte mündliche Kommunikationsmöglichkeiten geschaffen werden, wenn Avatare sich begegnen, ist die Sprache als Kommunikationsmittel nicht wegzudenken.[70] Das aus dem Alten Testament, aus einer Zeit von vor über 2000 Jahren gesprochene Wort Gottes (siehe oben Abschnitt 2.1) schafft jedenfalls gerade den Übergang in diese Medien, wie tausendfache Aktionen und Versuche, von der Verkündigung bis zur wissenschaftlichen Auslegung, zeigen. Für die Zukunft ist also momentan kein durch solche Neuentwicklungen bedingtes »Schweigen Gottes« (siehe oben Abschnitt 4.3) zu befürchten.

---

[69] Die immer auch Mischverhältnisse und mündliche Teilkulturen einschließt, vgl. W. Raible (Hg.), Medienwechsel. Erträge aus zwölf Jahren Forschung zum Thema »Mündlichkeit und Schriftlichkeit« (ScriptOralia 113), Tübingen 1998.
[70] Vgl. K. Marx, Internetlinguistik. Ein Lehr- und Arbeitsbuch (Narr Studienbücher), Tübingen ²2020.

5.2 Ausfall der Sprache (Sprachverlust) und Konsequenzen

Sprache und Sprechen ist im Alten Testament tief, fest und vielfältig mit Mensch und Gott verbunden. Aber bei keinem Text im Alten Testament geht die Auffassung soweit, dass Sprache/Sprachfähigkeit/Sprachlichkeit und »Menschsein« zusammenfallen. Die Sicht auf den Menschen ist von einer Vielfalt bestimmt, die neben anderem (Handlungsfähigkeit, Körperlichkeit, Emotionalität, Kognition, Kreativität und anderem mehr) auch die Sprache umfasst.[71] Wäre die Sprache das (kognitive) Hauptdefiniens des Menschen, dann könnte das zur Konsequenz führen, dass »Menschsein« nach Wegfall der Sprache aufhört. Sprachausfall – etwa bei Demenz – mindert nun sicher die Kommunikationsmöglichkeiten, führt aber, folgen wir dem Impetus des multidimensionalen alttestamentlichen Menschenkonzepts, gerade nicht dazu, einem Menschen nach Sprachverlust das Menschsein abzusprechen. Das Ganze des Menschseins ist auch immer von seinen anderen Aspekten, seinen anderen Dimensionen her zu denken und zu entwickeln! Der alttestamentlichen Anthropologie folgend ist es nicht möglich, das Menschsein infolge des Ausfalls von Teilaspekten einzuschränken.

5.3 Spracherwerb, Spracherziehung, Bildung – keine Orientierung in der Welt ohne Sprache, kein Handeln ohne Sprechen

Sprache muss erlernt, Sprechen kultiviert werden. Wie oben bei der Weisheit und vielen anderen Belegen im Alten Testament gezeigt, ist das eine Aufgabe der Älteren, Erziehenden, Lehrenden, der Familie, der sonstigen Institutionen. Da an dem gelingenden Sprechen auch das gelingende Leben hängt, geht es nicht ohne Sprach- und Redebildung. Es gibt wohl kein fundamentaleres material genanntes Feld der Bildung im Alten Testament. Und diese Aufgabe, die kontextuell permanent variiert, ist bleibend für jede Gegenwart![72] Daran mitzuwirken sollte eine Freude sein.

---

71 Wagner, Das Menschenkonzept des AT (s. Anm. 2), 45–67.
72 Hier ist etwa an die Aufforderungen der Weisheit zu denken (siehe oben Abschnitt 3.4) sowie an den Lehr-/Lernimpetus des Deuteronomiums, an Israel als »Lerngemeinschaft«, vgl. K. Finsterbusch, Deuteronomium. Eine Einführung (UTB 3236), Göttingen 2012, 59.

5.4 Homo loquens – deus loquens

»Sprache/Sprechen ist eine zentrale Kategorie atl. Texte [...].« So lautete die Ausgangsthese, nun schon mehrfach zitiert (siehe oben Abschnitt 1). Und die Texte des Alten Testaments beinhalten eine weitere Position: Sprache/Sprechen ist eine zentrale Kategorie des Menschseins wie des Gottseins. Das Beziehungsstiftende zwischen Gott und Mensch ist – neben dem Handeln – die sprachliche Kommunikation; Sprachfähigkeit, Sprache, Sprechen, Schweigen, ist eine verbindende Konstante in allen Variationen der Menschen- und Gottesbilder des Alten Testaments.

Kapitel III: **Sprache macht Religion –
Die Sprachlichkeit religiöser Praktiken**

Christian Lehnert

Geheimnisvolle Gefolgschaft

Von Religion und Poesie

Zusammenfassung: Einen kriegsversehrten Greisen und Ludwig Wittgenstein, Engel und Numina, den im Lager verhungernden Ossip Mandelstamm und den Görlitzer Schustermystiker Jakob Böhme holt sich der Autor als Zeugen an die Seite, um die Grenzen der Sprache zu erkunden und die Möglichkeiten von Poesie, diese Grenzen zu weiten. Poesie und Religion berühren sich in einem suchenden Sprechen, das noch nicht hat, was es sagt, und damit eine Erkenntnisweise verwirklicht, die sich als schöpferisches Vermögen der Sprache zeigt. In rhythmischem Sprechen, in Metaphorik, in Bildneuheiten und in einem alles grundierenden Schweigen weist sie hinaus ins Offene, wo die Worte noch fehlen.

Abstract: A war-disabled old man and Ludwig Wittgenstein, angels and numina, Ossip Mandelstamm – a man starving in the compound – and the Görlitz mystic and shoemaker Jakob Böhme: they are all gathered by the author as companions in the endeavor of exploring the boundaries of language as well as the capabilities of poetry to widen those boundaries. Poetry and religion meet in a tentative speech which is not yet grasping what it is saying. Hence, this speech is realizing a mode of cognition, manifesting itself as creative capacity of language. In cadenced speaking, in metaphors, in innovative imagery and in a silence underlying everything, it points to the vagueness where the words are yet lacking.

1 Der Onkel

Im Haus meines Nachbarn im Dorf am Erzgebirgshang, wo ich für einige Jahre lebte, hockte in der Stube in einem fahrbaren Stuhl der Onkel. Seine Hände und Beine waren steif und kalt, nur die Augen bewegte er noch, langsam von links nach rechts und wieder zurück, hin und her, aber es war ungewiss, was er sah. Der Landarzt war ohnehin erstaunt, dass der Alte noch lebte, und erweckte mit seinen schnellen Handlungen an ihm, vor allem der immer etwas nachlässigen wöchentlichen Kontrolle der Wundstellen am Gesäß, den Eindruck, ihn nicht

Kontakt: Christian Lehnert, Liturgiewissenschaftliches Institut der VELKD bei der Theologischen Fakultät der Universität Leipzig, Deutschland; E-Mail: christian.lehnert@uni-leipzig.de

https://doi.org/10.1515/bthz-2022-0009

mehr recht in seinen Bereich zu zählen, zu den menschlichen Körpern mit Gebrechen. Er rieb ihm die löchrige Haut mit Franzbranntwein ein, spritzte Antibiotika. Der Onkel zeigte keinerlei Schmerzempfindung.

Wenn er gefüttert wurde, aß der Alte, kaute, was es gab, so genau und gleichmäßig wie ein mechanisches Spielzeug. Es war nicht erkennbar, ob ihm etwas schmeckte. Er nahm auch keinen Anteil an dem, was im Raum geschah – aber es würde, so der Nachbar, nachts eine Stimmung von ihm ausgehen, die tief beruhigte und gut schlafen ließ. Ob der Onkel selbst schlief, wusste niemand. Seine Augen schloss er selten, sie huschten auch nachts hin und her. Aber wer weiß, was er tat, wenn es stockdunkel war und keiner ihn sah?

Manchmal gab er Laut, immer dasselbe schnarrende »Arrrr«, ohne Modulation, ohne äußeren Grund und ohne Sinn, so wie eine Fußbodendiele unvermittelt knarrt, wenn es im Frühjahr warm wird.

Er war von der Ostfront heimgekommen, als diese schon mitten in Preußen stand, mit einem Loch im Hinterkopf, verdeckt von einer runden Metallplatte, die er stolz zeigte: Sein stahlveredelter Schädel. Die Mädchen durften die körperwarme Zier berühren, als er noch zum Tanz ging.

Das Loch darunter aber war ein unsichtbarer Strudel, der beständig Durst hatte. Dieser Trichter trank die Wörter leer, bis sie nur noch trockene Hüllen waren, die der Onkel gleichförmig sprach, ohne Regung und Betonung. Irgendwann zerfielen ihm die aufgereihten Lautkokons, und er verstand keine Sätze mehr, die sich nicht aus den einzelnen Wortbedeutungen ergaben. »Mutter kocht Kartoffeln«, das verstand er. Aber er wusste nicht weiter, wenn ihn jemand fragte: »Was kocht deine Mutter?«

Das Loch verschluckte nach wenigen Jahren immer schneller Wörter, ganze Wortgruppen. Sie standen ihm plötzlich nicht mehr zur Verfügung, und mit ihnen schien sich sein Interesse an der Welt zu verlieren. Er hörte ganz auf zu sprechen. Bald reagierte er auch nicht mehr auf äußere Zeichen, auf Fotos, auf das Käppi seiner einstigen Uniform, auf seinen verzierten Bierhumpen, auf die Trockenblumen aus dem ersten Kriegssommer. Alkoholische Getränke lehnte er nach einem Schluck ab, auch vermochte er nicht mehr zu rauchen. Er verstand nicht mehr, wie das ging. Sogar Gerüche schien er nicht mehr zu kennen und reagierte gar nicht auf den Qualm aus der Aschenklappe, wenn an warmen Wintertagen der Ofen schlecht zog.

Seine Finger wurden starr, seine Beine wurden hart. Er verholzte. Seine Haut umschloss ihn wie ein Insektenskelett. Aufgestellt, als sei er ein Schränkchen, saß er im Winkel am Fenster in der Stube, saß dort, als die Mutter starb, als die Geschwister starben, nun bewohnte der Neffe das Haus mit dem Onkelrest. Der war ein aufwendiges Inventar.

Ich sagte, der Onkel hätte manchmal einen knarrenden Laut gesprochen. Das ist nicht ganz richtig. Einmal bat mich der Nachbar sonntags in der Frühe in seine Wohnung – ein ungewöhnliches, für die alteingesessenen Bauern fast unschickliches Ansinnen, holte man doch andere nicht in seine Stube, solange sie nicht fast zur Familie gehörten. Ich sei doch Theologe, er müsse mir etwas zeigen. Wir warteten auf das Geläut eine halbe Stunde vor Beginn des Gottesdienstes im Dorf. Der Klang der drei Kirchenglocken wehte bei Ostwind klar, bei Westwind sehr leise über den Hang in die Senke hinunter, wo unsere Häuser sich an den Bachlauf reihten.

Als die tiefste Glocke zu schlagen begann, flüsterte der Alte vernehmlich: »Vaterrr...«. Seit einigen Wochen würde er das plötzlich tun, erzählte mir der verstörte Nachbar, und er verband das mit unruhigen Fragen: Ist der Onkel vielleicht wacher, als sie immer dachten? Stellt er sich nur stumm, aus einem Mangel an Sprechbedürfnis, und hörte dafür umso genauer hin? Und weiter: Ist er gläubig? Noch von weit früher aus der Vorkriegszeit her, als er zwei Jahre lang jeden Mittwoch zum Konfirmandenunterricht im Pfarrhaus über den Hügel lief?

Am nächsten Sonntag waren wir wieder bei dem Onkel, setzten uns neben ihn auf zwei Melkhocker und warteten. Seine Augen liefen hin und her. Er schien uns nicht zu bemerken. Wir schwiegen. Nach einigen Minuten ertönte die Glocke, sehr deutlich in der Stille zu hören. Aus dem Mund des Onkels drang ein etwas moduliertes Schnarren: »Varrrrrt...«.

War die Wortähnlichkeit nur Einbildung? Wir waren unsicher. Bis zum nächsten Mal mussten wir nur drei Tage warten, dann war Buß- und Bettag. Als die tiefe Glocke über den Hügel hin tönte, war nun sofort deutlich wieder ein »Vatrrrr...« zu hören.

Spielte er mit uns? War es ein letzter Kommunikationsversuch? Wusste er, was er sagte, wenn er »Vater« flüsterte? Nach Jahrzehnten Schweigen? Könnte sein wirklicher Vater gemeint sein? Der in den letzten Kriegstagen des Ersten Weltkrieges an der Westfront gefallen war, als der Onkel gerade einmal drei Jahre zählte, und von dem in der Familie nie gesprochen, der nie ausdrücklich vermisst wurde, das Vaterschweigen? Oder war es, wie der Nachbar meinte, die Metapher, der Gebetsanfang des »Vaterunser«?

Damit aber hörten die Fragen für mich nicht auf, ich trug sie herüber in mein Haus: War er, der nichts sonst mehr sprechen und wohl auch denken konnte, womöglich ein Betender? Einer aber, der gar nicht mehr wusste, was ein Gebet sei und nur eine Lautfolge aussandte, wohin? Einen Atemzug ins Offene?

Aber wer kann sagen, wo Gott erfahren wird und wo nicht? Ist »Gott« denn, wenn er erfahren wird, an Sprache gebunden? An Zeichen? Seien es Rudimente wie dieses Schnarren? War dieser Mann mit der Metallplatte am Kopf, der alles vergessen hatte, vielleicht einer, der tief in Gott ruhte? Ohne »ihn« und sich mehr zu kennen? Ein Berufener im Herrn? Eins mit dem tiefsten Geheimnis? Bohrend hallte der alle Religionspraxis unterwandernde Satz von Meister Eckart in mir nach: »Der wahrhaft Betende weiß nicht, dass er betet.«

Und weiter ratterten die Fragen in mir: Was hat Glauben zu tun mit dem, was ich sagen kann? Was hat er zu tun mit Sprachkenntnissen, mit Prozessen im Gehirn, mit Informationsverarbeitung und verschalteten Nervenzellen? Ist er Denken und Deuten? Oder was sonst? Da aber las ich am Abend im Matthäus-evangelium, wie Jesus sagte: »Ich preise dich, Vater, Herr des Himmels und der Erde, dass du dies Weisen und Klugen verborgen hast und hast es Unmündigen offenbart« (Mt 11,25). Und weiter: »Kommt her zu mir, alle, die ihr mühselig und beladen seid; ich will euch erquicken« (Mt 11,28). Das hieße nun doch, mit dem Onkel im Nachbarhaus gedacht: Egal, ob ich verstehe oder nicht, ob ich die Worte exegetisch auslegen kann oder nur als wirren, warmen Sound höre, gar nicht unterschieden vom Windgeräusch am Dach, egal, ob einer nur noch das Wort »Vater...« flüstern kann, ohne das Wort noch zu kennen, der Unmündigste, noch ohne einen Ausdruck für sich selbst – das wirkliche, das tiefste Lebensgeheimnis ist nicht berührt von dem, was wir verstehen können. Es heißt: »Kommt her zu mir *alle*...«

2 Numina

Der Onkel war gewissermaßen ein Nullpunkt für mein Nachdenken über die Sprache der Religion. Er berührte eine Grenze, wo der Bezirk der Sprache endet. Aber endet dort der Glaube? Ludwig Wittgenstein hat diesen Nicht-Ort am Ende seines *Tractatus logico-philosophicus* aufgesucht: »Wovon man nicht sprechen kann, darüber muss man schweigen.« Dieses klassische Ansinnen des jungen Sprachphilosophen impliziert einen anderen Bereich, in dem »Unaussprechliches« zu Hause sei, von den Worten, die etwas bedeuten, unberührt. Das Reich des Faktischen und Benennbaren grenze daran, ohne daß es Übergänge gäbe – und so verhält es sich auch mit der »Sprache der Religion«. Dort, wo es um grundstürzende Erfahrungen der Verwandlung, der Tröstung und der unerklärlichen Sinnhaftigkeit geht, jenen Umkehrpunkten, denen Religionsphänomenologen seit William James und zuvor Mystikerinnen und Ekstatiker und Entrückte stammelnd auf der Spur waren, verharrt die Sprache hilflos vor der semantisch leeren Kammer des Allerheiligsten. Ein Topos aller mystischen Erfahrung ist damit benannt: Die Sprache reicht nicht aus, um zu bestimmen, was geschieht, wenn »Gott« geschieht. Oder wieder mit Wittgenstein gesprochen: »Die Lösung des Problems des Lebens merkt man am Verschwinden dieses Problems. (Ist nicht dies der Grund, warum Menschen, denen der Sinn des Lebens nach langen Zweifeln klar wurde, warum diese dann nicht sagen konnten, worin dieser Sinn bestand.)« Denn sobald sich jemand sprechend dem Geheimnis »Gottes« nähern will (und schon das Wort »Gott« erweist sich dabei als schwer handhabbare Krücke), kann man ihm alsbald nachweisen, »daß er gewissen Zeichen in seinen Sätzen keine Bedeutung gegeben hat«, wie Wittgenstein ausführt, und somit alles, was er zu sagen hat, behauptend in der Luft hängt. Er hat die Ebene des Benennbaren verlassen.

Nicht zufällig errichten fast alle religiösen Sprachsysteme an dieser ihrer Grenze keine begrifflich theologischen Mauern und Wachtürme, sondern verlassen sich auf irreguläre Kräfte, gleichsam auf die Partisanen der himmlischen Welt, und lassen flüchtige Wesen agieren, Numina und Engel, haltlose Traumgeschöpfe, die nie ganz wirklich sind. Denn wer angesichts der Grenze nicht steinern schweigen will oder kann, muss das Verständnis von Sprache selbst neu denken und beweglich machen. Numina personifizieren die wittgensteinsche Unmöglichkeit, von dem zu sprechen, wovon man nicht sprechen kann. Sie sind selbst »Zeichen«, »die noch keine Bedeutung haben«. Sie haben – und darum führe ich sie an – dieselbe Daseinsweise wie die Poesie in unserer sprachlich geordneten Welt. Gedichte sind Grenzbewohner und erwachen dort, wo Sinn erst entsteht. Gedichte wollen keine »Aussagen«, die ich also auch anders sagen könnte, möglichst wirkungsvoll in Szene setzen. Nein, sie entstehen erst in dem Ausdruck, nach dem sie suchen. Sie haben noch nicht, was sie sagen. Ein Gedicht entsteht dort, wo ich etwas *nicht* sagen kann und mir eine Aussagemöglichkeit fehlt – meistens bedrängend oder schmerzlich fehlt. Gedichte sind Spuren eines anfänglichen Vermissens, einer Sehnsucht. Wonach? Das kann das Gedicht nur durch sich selbst finden.

So auch die Numina und Engel: Wer von ihnen spricht, fischt im Trüben. Doch wer sie erfährt, hat an ihnen nicht den geringsten Zweifel. Ihre Gestalt ist zwar wechselhaft, aber konkret. Sie werden in äußeren Erscheinungen und doch innerlich erlebt. Flüchtig sind sie, unstet und außerhalb subjektiver Reaktionen spurlos. Waren sie da, dann sind sie unwiederholbar. In Namen nicht identifiziert, sind sie nicht Teil einer Sprache, wie sie Wittgenstein verstand, sind darin »bedeutungslos«. »Tatsachen« aber sind sie doch, sie können klar artikuliert sprechen und führen oftmals ganz bestimmte Nachrichten im Munde. Ja, sie fungieren sogar als Übersetzer und Hermeneuten. Sie künden mitunter lauthals von dem, was wir das »Unaussprechliche« nannten, und ihre Worte scheinen das Gesagte in der Tat nicht zu *bezeichnen*, sondern sinnlich *hervorzubringen*. Ursprüngliche Poesie, könnte man dazu sagen. Oder man konstatiert, wie die Sprache hier der Kontrolle entgleitet, wie sie sich weitet, übersteigt und ihre Regeln und Konventionen verlässt – als schaute sie auf sich selbst als auf eine zurückgelassene

Begrenzung, wieder mit Wittgenstein gesprochen: »Die Anschauung der Welt sub specie aeterniti ist ihre Anschauung als – begrenztes – Ganzes.«

3 Von Zungenrede und Jubel

Wenn ich also über Religion und Poesie nachdenken will und damit jene unbestimmte und immer fliehende Grenze in den Blick nehme, an dem Sprache noch nicht hat, was sie sagt, und sucht – sei es hinein in das Geheimnis Gottes (das bereits per definitionem die Sprache übersteigt) oder in die Fremde der Wirklichkeit –, dann muss ich zunächst, mit dem Onkel des Nachbarn an meiner Seite, Punkte anvisieren, wo Sprache erst entsteht und sich ihrer eigenen Ordnung und Gestalt noch entzieht. Bezogen auf die religiöse Sprache kehrten dabei in Antike, Mittelalter und früher Neuzeit in Europa zwei Phänomene in auffälliger Beständigkeit immer wieder: Zungenlallen und ekstatischer Jubel.

So hören sie sich an, die poetischen Gravitationswellen, wenn zwei Sternensysteme, Sagbares und Unsagbares, ineinanderfallen: »Erhöre mich mein Vater, Du Vater aller Vaterschaft, Du unendliches Licht: aeēiouō iaō aōi ōia psynōther thernōps vōpsiter pagourē itagourē nethmomaōth nepsiōmaōth marachachtha thōbarrabau tharnachachan zorokothora ieou sabaōth ...« Dieses Gebet legt das vierte Buch der gnostischen Schrift *Pistis sophia* Jesus in den Mund, und es lässt sich schnell einordnen unter der Überschrift »Glossolalie«, das heißt: Sätze ohne Bedeutung, Worte ohne entschlüsselbaren Sinn. Der Begriff hilft ordnen, er sichert uns ab. In solchen Lautgestalten aber dringt für den Gnostiker Unsagbares ins Sagen ein. Wort und Sache, Signifikat und Signifikant, Meinen und Verstehen implodieren zum reinen Augenblick voraussetzungslosen Sprechens. Nachsprechen, Hervorsprechen, Aussprechen – so strömte der Gott ins Gebet. Worte zerfielen, und Silben entglitten dem Menschen. Es brummte, es murmelte, summte, pfiff und sang – in der Sinnlosigkeit der Silben als Sinnfülle. Zungenrede, das sprachanalytische Chaos, der Ausweis offensichtlichen Unfugs, war überall dort zu hören, wo im Kult dem Unsagbaren gelauscht wurde. Sie floss in poetischer Unruhe über die Jahrhunderte aus in die Metaphern der Theologie und in liturgische Dichtung, in die Sehnsucht der Romantiker nach einer Ursprache wie in die experimentelle Dichtung der Moderne oder die dadaistischen Lautgedichte Hugo Balls. Sie machte an den unterschiedlichsten Stellen unerwartet die vertraute Sprache porös und ermöglichte somit, dass an Rissen etwas einsickerte, was vor der Sprache lag und nicht vollständig Sprache werden konnte, wollte es nicht seine eigene Semantik negieren, die eben in einer Negation bestand, die sich zugleich immer wieder als enorm kreativ erwies. Zungenrede ist ein unmögliches

Unterfangen: »Wovon man nicht sprechen kann, darüber muß man schweigen.« Anders, und wieder mit Wittgenstein gesagt: Einer steigt auf über die Sprossen dessen, was er spricht, um über die Sätze hinauszukommen in andere Bereiche der Erkenntnis. Mit Wittgenstein gesprochen: »Meine Sätze erläutern dadurch, daß sie der, welcher mich versteht, am Ende als unsinnig erkennt, wenn er durch sie – auf ihnen – über sie hinausgestiegen ist. (Er muß sozusagen die Leiter wegwerfen, nachdem er auf ihr hinaufgestiegen ist.)«

Da oben nun ertönt nun, folgt man den Zeugnissen mittelalterlicher Entrückungen, ohrenbetäubender oder bedrohlich schöner »Jubel« – dies ist das zweite Grundwort, wenn es um Religion und Poesie geht.

Das lateinische Verb *jubilare* hat eine Doppelbedeutung: Schreien und Singen. *Jubilat milvus*, heißt es einerseits: Der Milan schreit. *Jubilus* ist aber auch aller Gesang ohne Worte, Gesumm und Triller, Stöhnen und Seufzen, auch Verzierungen von Tönen. Luther übersetzte *jubilare* mit »jauchzen«, und er holte damit die ganze Wortfülle ins Deutsche.

Wortloses Jubilieren, in »juchzenden«, lallenden Silben und Lauten konnte in der frühen Kirche als vornehmster Weg gelten, »Gott« auszudrücken: »Was heißt: in Jubilation singen? Einsehen, daß man mit Worten nicht ausdrücken kann, was man im Herzen singt [...]. Der Jubilus ist ein Klang, der bezeichnet, daß das Herz überfließt von dem, was man nicht sagen kann. Und wem geziemt diese Jubilation, wenn nicht dem unaussprechlichen Gott? Unaussprechlich ist der, den man nicht sagen kann: und wenn man ihn nicht sagen kann und nicht schweigen darf, was bleibt dann anders, als das man jubelt?« Das schreibt, als hätte er Wittgenstein gelesen, Augustinus. (Und hier noch einmal im lateinischen Orignal-Sound, denn um Klangphänomene geht es, die nicht geschieden werden können von einer Semantik: »Quid est in jubilatione canere? Intelligere verbis explicari non posse quod canitur corde [...]. Jubilum sonus quidam est significans cor parturire quod dicere non potest. Et quem decet ista jubilatio, nisi ineffabilem Deum? Ineffabilis enim est, quem fari non potes: et si eum fari non potes et tacere non debes, quid restat nisis ut jubiles ...?«).

Das Jubilieren war im Mittelalter vor allem verbunden mit der kunstvollen Ausgestaltung der Halleluja-Gesänge. Halleluja, als alter hebräischer Gebetsvers, bedeutet: Preist Gott! In der lateinischen Liturgie trat er als Gesangsruf und Prozessionsbegleitung vor die Lesung aus dem Evangelienbuch. Man konzentrierte sich in seiner musikalischen Formung in der mittelalterlichen Messe mehr und mehr allein auf die letzte Silbe: das lange, offene *A*. Erster Buchstabe im Alphabet und Laut des Staunens, ungehaltener Atem aus dem Mund, tiefes Verströmen. Darauf wuchs die wortlose Melismatik des gregorianischen Gesanges wie eine üppige rankende Pflanze auf. Die Liturgie verlässt hier den Raum des Verstehens und fließt ins Offene. Im Halleluja singen die Gottestrunkenen, die Gläubigen und Mystikerinnen zusammen mit den unsichtbaren Mächten – sie singen nicht mehr, sind nur noch Atem, gesenkt in den Hauch eines unerklärlichen Windes. Solcher Gesang, von keinem Subjekt hervorgebracht, teilt nichts mit und drückt nichts aus. Wie im Schrei, im Stöhnen dringt eine namenlose Welt in die Sprache. In der gemeinsamen Schwingung, nicht im bedeutungsgebundenen Ausdruck, wird der Mensch Teil eines Klanges als reiner, fremder Ton seiner selbst.

Nicht selbst zu singen oder zu sprechen, sondern darin gesungen und gesprochen zu *werden*, ist eine Erfahrung, die wohl jeden religiösen Kult prägt. So heißt es in den Upanischaden: »Was Sprache nicht benennen kann / Doch was das Sprechen sprechen läßt / Nur das, so wisse, ist der Urgrund / Nicht das, dem man hier huldigt.« Und weiter noch: »Was der Atem nicht atmen kann / Wovon der Atem geatmet wird / Nur das, so wisse, ist der Urgrund / Nicht das, dem man hier huldigt.«

Oh – so klingt im Griechischen ein Satz. Übersetzt lautet er: »Ich bin.« Ō – mit dem A ein zweiter Laut des Staunens. Ō – ich bin. Oder ist das ein Naturklang? Ein Geräusch, das aus Vorzeiten in der strukturierten Sprache überdauerte? »Ich bin« – und ich lausche dem Ton nach, mit offenem Mund, bis er verklingt?

4 Was ist Theologie?

Von Zungenrede und Jubel her tritt eine tiefe Verwandtschaft zwischen religiöser Sprache und Poesie ins Licht. Der erste große Schriftprophet des Alten Testamentes Jesaja hörte bei seiner Berufung im Jahr 740 vor Christus einen solch bizarren Klang in einer jenseitigen Kultfeier, dass kein Verb in seiner Sprache die Wahrnehmung annähernd zu beschreiben vermochte, und so gingen dem Erzähler die Einfälle durcheinander: es schrie, es grollte, brannte und schwelte, und darin »sprach« es, die »Stimmen« von Wesen, Seraphim, mit denen man keine vernehmlichen Laute mehr zu assoziieren vermag. »Und einer rief zum anderen und sprach: Heilig, heilig, heilig ist der Herr Zebaoth, alle Lande sind seiner Ehre voll! / Und die Schwellen bebten von der Stimme ihres Rufens, und das Haus ward voll Rauch« (Jes 6,3–4).

Die Lateiner hätten dazu mit einem griechischen Lehnwort gesagt: Jesaja lauschte einer *theologia*. Das Wort bezeichnete im Griechischen ursprünglich zweierlei: das Nachdenken über die höchsten Prinzipien des Seins, also die Krone der begrifflichen Philosophie im platonischen Sinn, kurz: das Reden von Gott. Zweitens sprach das Wort das Geschehen des Logos selbst aus, das Gottes-Reden, das sich artikuliert. In der *theologia* wird das Unaussprechliche zu Rede und Gesang, Bild und Gestus, und wer sich dem aussetzt, wird – wie Jesaja – über sich hinausgeführt in eine radikale Fremde; er äußert sich anders, als er kann und darf, und doch wird dies zum ureigensten Ausdruck seines Lebens.

So wurde das Wort Theologie auch immer in der Mystik verstanden: als Denkart einerseits und anderseits als sprachlicher Ausdruck eines Erlebens, und dies meinte ein Verlöschen des Eigenen, ein Veratmen, eine Lauthaftigkeit Gottes in der Verwirrung. Der »Theologe« verliert sich in seinem »Gegenüber« und steht, ein »Gegenstand«, und es singt und spricht, und er weiß nicht mehr, ob er sich selbst ausdrückt oder die Gottheit.

So gesehen ist Theologie immer auch Poesie. Sie betritt jenen Raum, wo die Sprache, nicht allein in dem, was sie sagt, sondern in dem, wohin sie in Bewegung ist und was sie treibt, sich selbst übersteigt und neue Aussageräume und damit »neues Sein« erschließt. Ein Gedicht folgt in aller Regel nicht den alltäglichen Sprachmustern. Es ist mehr, als Aussageabsichten vorgeben. Das Geheimnis der Sprache selbst kommt in ihm zum Ausdruck. Ein Gedicht weiß mehr als sein Autor. Es erforscht das Ungesagte. Es ist vielschichtig und oft dunkel. Es erschließt sich nicht durch die Frage: Was wollte uns der Dichter damit sagen? Ein Gedicht öffnet sich dem Verstehen wie ein Raum, den ich betrete, und die poetischen Bilder verschwimmen mit dem eigenen Erleben, so dass ich als Leser meine eigene Stimme darin zu hören meine. Vor allem: »die wesenhafte Neuheit des dichterischen Bildes enthält als Problem das schöpferische Vermögen des redenden Seins«, so der Wissenschaftstheoretiker und Phänomenologe Gaston Bachelard in seinem fulminanten Essay »Poetik des Raumes«. Und weiter: »Hier heißt es gegenwärtig sein, in der Gegenwart des Bildes, in der Minute des Bildes: wenn es eine Philosophie der Poesie gibt, dann muß diese Philosophie entstehen und wieder entstehen aus der Gelegenheit eines dominierenden Verses, aus der totalen Hingabe an ein isoliertes Bild, im genausten Sinne aus der Ekstase der Bildneuheit.« Das poetische Bild im Gedicht setzt seine eigene Wirklichkeit in der Sprache. Es lässt etwas sichtbar werden, was vorher nicht da war. Es wird wahr durch sich selbst. Wie die große dänische Lyrikerin Inger Christensen schreibt: »Vielleicht kann die Poesie gar keine Wahrheiten sagen; aber sie kann wahr sein, weil die Wirklichkeit, die mit den Worten folgt, wahr ist. Diese geheimnisvolle Gefolgschaft zwischen Sprache und Wirklichkeit ist die Erkenntnisweise der Poesie.« Das alles hat überraschende Ähnlichkeiten zu dem, was man »Glauben« nannte und nennt, und was eben auch nicht eindeutig oder zweckrational, nicht verfügbar, aber doch zu erfahren ist im Augenblick der »Ekstase« einer »Bildneuheit« Gottes – und der Glaube sagt auch »keine Wahrheiten« davon, weil sein Wesen nicht im Besitz von vermeintlichen Wahrheiten besteht. Sondern in der Frage, in der Sehnsucht nach dem unsagbaren Gott und in der Unabgeschlossenheit (der einzigen Form, in der Gott für uns »wahr werden« kann), hat er seine lebensbestimmende Kraft.

5 Martys

»In der geheimnisvollen Gefolgschaft zwischen Sprache und Wirklichkeit« als »der Erkenntnisweise der Poesie«, wie es Inger Christensen sagt, liegt eine Beziehung der poetischen zur religiösen Sprache offen, die tiefer greift als alle technischen Fragen nach Metaphern und Bildlichkeit und Sprachschönheit in Gebeten und liturgischen Texten. Das Verständnis von Poesie an sich ist berührt. Deren »Wahrheit« liegt eben nicht in dem, was sie sagt, sondern in dem, was sie ist. Poesie spricht nicht aus der Distanz von einem Gegenstand, sondern verwirklicht diesen durch ihre suchende und offene Existenz. Unmittelbar ist in einem Gedicht auch immer ein lyrisches Ich gegeben, das im Text geboren und wirklich wird. Der Leser wiederum betritt den Raum der Dichtung nicht in der Erwartung, bestimmte Informationen und Aussagen zu empfangen (mit einer solchen Erwartung wäre er immer enttäuscht), sondern in der Bereitschaft, berührt und in neue Erfahrungsräume geführt zu werden, sich selbst in der Dichtung wiederzufinden mit seinen eigenen existentiellen Fragen und seiner Sehnsucht und seiner Neugier. Er betritt das Gedicht, lebt für einen Augenblick in ihm, und das kurzzeitig, ohne sagen zu können, was die fremde und was die eigene Stimme darin seien – oder er versteht nichts. Das Ereignis des Gedichtes erschließt sich nicht in der kritischen Distanz, sondern sein Suchen nach dem, was es sagen soll, lässt sich nur erfahren, wenn man selbst ins Suchen gerät. Schreiben und Lesen von Poesie sind zwei Seiten desselben kreativen Tuns.

Verwandtes lässt sich von den Sprechakten religiöser Rede sagen: Auch ihre Wirklichkeit besteht »in einer geheimnisvollen Gefolgschaft« der Sprache mit der Wirklichkeit. So kann auch sie im Grunde »keine Wahrheiten sagen; aber sie kann wahr sein.« Glaube wird gesagt, indem er gelebt wird (das bedeutet nicht – um einem Missverständnis vorzubeugen –, dass dies nicht wiederum sprachlich abgebildet und reflektiert werden kann, aber damit verlassen wir die schöpferische Frühe der Poesie und betreten den kritischen Sekundärdiskurs). Glaube lässt sich nicht auf ein System von Aussagen reduzieren, sondern gründet immer in einem lebendigen Vollzug, in einem offenen Horizont, der sich in demjenigen verwirklicht, der im Glauben und vom Glauben spricht.

Vielfach ist bemerkt worden, wie sich die Konzepte von Autorenschaft und Zeugenschaft in Dichtung und Religion überlagern. Hören wir einen, der dies in seinem Leben und Schreiben in erschreckender Weise erfuhr und abbildete:

»Der Dichter lag im Sterben. Die großen, vom Hunger angeschwollenen Hände mit den weißen blutleeren Fingern und den schmutzigen, röhrenförmig ausgewachsenen Fingernägeln lagen auf der Brust, ohne sich vor der Kälte zu schützen. Früher hatte er sie unter den Achseln verborgen, am nackten Körper, aber jetzt war dort zu wenig Wärme. [...] Der Dichter lag so lange im Sterben, daß er

nicht mehr wußte, daß er starb. Manchmal kam und bahnte sich schmerzhaft
und fast spürbar ein einfacher und starker Gedanke einen Weg durchs Hirn –
man habe ihm Brot gestohlen, das er unter den Kopf gelegt hatte. Und das war so
versengend schrecklich, daß er bereit war zu streiten, zu fluchen, sich zu prügeln,
zu suchen, zu beweisen. Doch dafür fehlten ihm die Kräfte, und der Gedanke
an das Brot wurde schwächer [...]. Und sofort dachte er an anderes, daran, daß
man alle hatte übers Meer fahren sollen, und der Dampfer hatte aus irgendeinem
Grund Verspätung, und es ist gut, daß er hier ist. Und ebenso leicht und diffus
begann er, sich den großen Leberfleck auf dem Gesicht des Barackendiensts vorzustellen.«

Warlam Schalamow – der Einzige, der es vielleicht konnte – beschrieb in seiner Erzählung »Cherry Brandy«, wie Ossip Mandelstamm 1938 in einem Durch-
gangslager in Wladiwostok vor Hunger starb. Solch ein Tod an Ernährungsdys-
trophie hatte eine Eigenart, die Schalamow kannte aus der Zeit, als er selbst im
Lager zu einem der »lebendig Toten«, einem skelettdürren, dösenden *dochod-
jaga*, geworden war: Das Leben kehrt mehrmals zurück und schwindet wieder,
über einige Tage. Man weiß nie genau: Ist der Verhungernde schon tot oder noch
nicht?

Dies ist der Auftritt eines Zeugen – in dessen unwiderleglichem Ethos und
dessen unzuverlässiger Brüchigkeit. Denn es ist ein heikles Unterfangen den Tod
eines anderen zu beschreiben. Der Autor bezeugt ja ein Geschehen, für das es gar
keine Zeugen geben kann. Warlam Schalamow versteht sich als Autor, dem die
Menschlichkeit ausgetrieben wurde – in jeder Hinsicht. Er ist ein unbarmherziger
nach-menschlicher Zeuge der Verrohung und der erschreckend beiläufigen Negation allen Glaubens und Denkens in den kommunistischen Lagern in der Kolyma-
Region. Er betritt einen Grat, als Zeuge: Es war »seine Pflicht«, wie er in einem
Interview sagte, von Mandelstamm und von den Lagern zu schreiben.

Was ist ein »Zeuge«? Ein *martys*, wie ihn die Griechen nannten? In der christlichen Sprachwelt ist die Zeugenschaft, die *martyria*, früh verbunden mit dem
Blutzoll des Märtyrers, der im Bekenntnis seines Glaubens in der Arena oder in
Folterkellern stirbt. Der *martys* hatte aus seinem Gedächtnis Kenntnis von einer
Tatsache. Was er zu sagen hatte, war in ihm, war er-innert. Die *martyria* hatte
ihren ursprünglichen semantischen Lebensraum in der griechischen Rechtsspra-
che: Jemand stand für eine Behauptung ein. Er wurde zum Beweismittel, indem
man ihm glaubte, was er sagte. So konnte jemand auch einen Vertrag bezeugen,
indem er beiwohnte und zuschaute, wie er geschlossen wurde, ohne selbst beteiligt zu sein. Aber indem er bezeugte, veränderte sich seine Stellung: Nun stand
er selbst als Erinnerungssubstrat für den vergangenen Rechtsakt ein. Das griechische Wort weitete sich auf eine Bezeugung aller möglicher Ansichten und
Wahrheiten – und dort verlor der *martys* seine unbestritten anerkannte empiri-

sche Wirklichkeitsgrundlage, nicht aber seine Stellung als Erinnerer. Der Zeuge, *martys*, konnte Bürge von Vorstellungen aller Art werden, die sich auch gar nicht mehr dem allgemeinen Konsens über die Wirklichkeit unterwerfen mussten. Er konnte ganz persönliche Urteile und Werte bezeugen – und das vor allem, indem er sie lebte, sie verkörperte. Der Zeuge war mehr als lebendiger Datenträger, er war leibliche Gestalt einer Erinnerung.

»Das Leben trat selbständig ein als unumschränkte Herrin: er hatte es nicht gerufen, und dennoch trat es in seinen Körper, in sein Hirn, trat ein wie ein Vers, wie Inspiration. Und die Bedeutung dieses Wortes eröffnete sich ihm zum ersten Mal in aller Fülle. Die Verse waren jene lebensspendende Kraft, in der er lebte. Eben so war es. Nicht um der Verse willen lebte er, er lebte aus den Versen.

Jetzt war so anschaulich, so fühlbar klar, daß die Inspiration das Leben war; vor dem Tod war es ihm gegeben zu erfahren, daß das Leben Inspiration war, eben Inspiration.

Und er freute sich, daß es ihm gegeben war, diese letzte Wahrheit zu erfahren.

Alles, die ganze Welt war den Gedichten gleichgestellt: die Arbeit, das Pferdegetrappel, das Haus, der Vogel, der Fels, die Liebe – das ganze Leben ging leicht in die Verse ein und fand dort bequem Platz. Und das mußte auch so sein, denn die Verse waren das Wort.«

Woher weiß der Zeuge Schalamow diese »letzte Wahrheit« eines anderen? Er weiß sie nicht, und er weiß sie doch. Was er in die Waagschale zu werfen hat, ist das eigene Leben. Der Inspirierte hat erfahren, dass Leben und Vers, Dasein und Wort, in eins fallen. Der Überlebende Schalamow kann glaubhaft so sprechen, weil auch er mit dem Einsatz seines eigenen zufälligen Überlebens schreibt. Jeder andere würde lächerlich erscheinen mit dieser Erzählung. Nicht Schalamow: Was er sagt, hat Gewicht. Fast das Gewicht eines Toten. So bezeugt auch der religiöse *martys* das Unsagbare durch sein eigenes Lieben, Leiden und Verlöschen. In ihm wird wahr, was gewesen ist und was gilt. »Nicht um der Verse willen lebte er, er lebte aus den Versen«, so sagt der Dichter. Der *martys* sagt: »Nicht um Christi willen lebte er, er lebte in Christus.« Er war als *martys* Christus.

»Er biß das Brot mit den Skorbutzähnen, das Zahnfleisch blutete, die Zähne wackelten, doch er spürte keinen Schmerz. Mit aller Kraft preßte er das Brot an den Mund, stopfte es sich in den Mund, lutschte es, riß und nagte [...].

Seine Nachbarn hielten ihn zurück.

›Iß nicht alles auf, laß es für später, später ...‹

Und der Dichter verstand. Er öffnete die Augen weit, ohne das blutige Brot aus den schmutzigen, bläulichen Fingern zu lassen.

›Wann später?‹, sprach er deutlich und klar. Und schloß die Augen.«

Der Autor Warlam Schalamow wird in diesen Sätzen durchlässig, wird *martyr*, wird völlig transparent und im gleichen Atemzug völlig glaubwürdig er selbst. Solcherart ist religiöse Rede als poetische Rede: Sie bezeugt durch sich selbst die Wahrheit des Gesagten. Sie ist poetisch, indem sie ursprünglich hervorbringt und ihre Wahrheit in dem Augenblick findet, wo sie geschieht. Noch die Wiederholung jahrhundertealter Texte der Tradition etwa im Gottesdienst ist stets ein gegenwärtiges Geschehen – oder sie führt bloßes Archivmaterial vor. Die »geheimnisvolle Gefolgschaft von Sprache und Wirklichkeit« ist an ein Sprechen gebunden, in dem die Sprache selbst und das Dasein des Sprechenden auf dem Spiel stehen. Sie werden transparent für ihren Grund. Es geht um nichts Geringeres als um Tod und Leben.

Oder mit den Worten aus einem Gedicht des australischen Lyrikers Les Murray mit dem Titel »Dichtung und Religion«: »Man kann eine Lüge nicht beten, hat Huckleberry Finn gesagt; / man kann sie auch nicht dichten. Es ist derselbe Spiegel: / beweglich, aufblitzend nennen wir es Dichtung, // um eine Mitte verankert nennen wir es eine Religion, / und Gott ist die Dichtung, die in jeder Religion gefangen wird, / gefangen, nicht eingesperrt. Gefangen wie in einem Spiegel, // den er anzog, da er in der Welt ist, wie die Poesie / im Gedicht ist, ein Gesetz gegen jeden Abschluß.«

6 Bilder und Metren

Wie aber gelangen Gedichte in noch unsprachliches Terrain? Wie können sie die Sprache erweitern? Worin besteht der poetische Urinstinkt, und was hat er mit der Sprache der Religion zu tun? Zweierlei ist zu nennen. Erstens ist da die Erschließung neuer Aussageräume durch Übertragungen, genauer durch bildhaftes Sagen. Zweitens ist es der Rhythmus der Sprache, ihr Atemgang, der ihr einen lebendigen Bewegungsimpuls verleiht und sie ausstreuen lässt in Regionen, die noch niemand kennt.

Beginnen wir mit dem Bildhaften: Das einzelne Bild ist die Miniaturform eines Gedichtes. In der Spannung zwischen Benennung und bildlicher Übertragung wird die Wirklichkeit neu erschlossen, freigesetzt, ja, im Grunde hervorgebracht. Die Sprache ist dabei in Bewegung, lebendig. Sie kriecht, fließend wie eine Amöbe, indem sie fortwährend Wörter aus ihrem Innern in unbekannte Zusammenhänge setzt und so mit neuem Sinn auflädt. Schon Aristoteles hat in seiner Poetik dieses Vermögen der Sprache zur *Epiphora*, zur Übertragung von Wörtern in neue Sinnzusammenhänge beschrieben. Das eigentliche Geheimnis ist nun weniger dieses Vermögen der Sprache, sich fortzubewegen hin ins Ungesagte. Spannender noch ist, was sich an der Grenze der Wörter eigentlich vollzieht. Dort nämlich erscheint plötzlich etwas Sichtbares vor Augen. Die Wörter verwandeln sich in etwas anderes als Wörter: Der Leser sieht etwas. Das poetische Bild, wenn es denn lebendig ist und das Lesen gelingt, wächst im Inneren des Lesers auf, und er kann gar nicht mehr sicher sagen, was im Lesen in ihn hinein dringt und was aus seinem Inneren hervorkommt – beides verschwimmt. Das dichterische Bild wird zu einem Ursprung, zu einem Bewusstseinszuwachs, einer Verwandlung und Perspektivverschiebung.

Ich erinnere mich an meine Zeit als Bausoldat. Ich hatte den Wehrdienst mit der Waffe in der DDR verweigert und kam als Achtzehnjähriger für anderthalb Jahre in eine Art Arbeitslager, viele Monate davon in einen riesigen maroden Chemiebetrieb. Ich erinnere mich, wie wir nachts in einer Kolonne vorbei an flammenden Schloten und Dampfwolken durch die Leunawerke marschierten. Das war 1987, und die Chemieanlagen waren in einem katastrophalen Zustand, heruntergewirtschaftet zu gefährlichen Industrieruinen. Überall zischte und tropfte es aus lecken Rohren. Wir waren abkommandiert, um nachts nach einer Havarie mit Vollschutzanzügen und Gasmasken eine warme zähflüssige Substanz zu beräumen, die an der Luft kristallisierte und Stiefel und Handschuhe verklebte. Niemand wusste, was das war. Im Rhythmus des Marschierens hallte dort durch meinen Kopf eine Metapher von Paul Celan: »In den Flüssen nördlich der Zukunft ...«. Immer wieder: »In den Flüssen nördlich der Zukunft ...«. Und plötzlich war etwas anders geworden: Mein Ort war irgendwie bestimmt, und das war tröstlich. Wir schaufelten »nördlich der Zukunft«, jenseits der Utopien, wir schaufelten das Grab der Utopien. So hörte ich dort das Bild. Die Metapher reichte weiter als die Angst und die Ohnmacht.

Poetische Bilder, diese kleinsten Zellen des Gedichtes, haben eine merkwürdig nebulöse Daseinsweise: Sie bringen etwas zusammen, etwa die Worte »nördlich« und »Zukunft«, und gelangen so zu ungewöhnlichen und neuartigen Aussagen, die sie aber zugleich wieder auflösen. Die Zukunft hat im Vers Paul Celans einen Norden – jenseits ihrer selbst. Jeder weiß natürlich, dass die Zukunft, als Zeitwort, keinen Norden haben kann, aber hier ist es doch so. In das Wort »ist« wird durch das poetische Bild ein Schillern eingetragen: Etwas ist und ist es nicht.

Manche Menschen mit einem unentwickelten Sinn für Metaphern und auch die Kinder haben die Eigenschaft, dem »ist« der Metapher ganz wörtlich zu folgen. Wenn ich mit meiner kleinen Tochter früher durch das Unterholz in einem dichten Wald ging und sagte: »Das ist aber ein Dschungel«, dann rechnete sie sofort mit Würgeschlangen hinter jedem Busch.

Nun, man wird erwachsen, und ein immer stärker wirkendes »ist nicht« mischt sich in das »ist« der Metapher. Der Kiefernwald ist ein Dschungel, und er ist es natürlich nicht. Und doch sind die Illusion, die Imagination und die Verwandlungsfähigkeit bleibend unsere wichtigsten schöpferischen Kräfte. Wenn wir sagen, wie und was etwas ist, können wir uns des Verbs »sein« glücklicherweise nie ganz sicher sein. Worte können uns und die Wirklichkeit verändern. Das dichterische Bild hallt in unserer Existenz wider, es ist ein »Seinszuwachs« wie es Paul Ricœur sagte. »Lebendige Metaphern« erweitern unsere Wirklichkeit. Darum ist es auch so fatal, wenn Sprechakte der puren Informationsübermittlung die Öffentlichkeit und die Universitäten bestimmen. Dadurch verarmen wir, hausen in immer engeren Welten, bestimmt von Effizienz und Austauschbarkeit und hoher Funktionsfähigkeit, und wir werden gefährlich blind. Religiöse Sprache vollzieht sich nun in derselben Bewegungsform, indem sie sich auf das unsagbare Geheimnis Gottes richtet. Sie holt ihn ins Bild, und das heißt auch, dass sie ihn verbirgt. Sie bringt ihn hervor und sie zeigt zugleich, dass alles Gesagte nicht das ist, worauf der Impuls des Sagens zielt. Immer ist viel mehr, unendlich mehr im Spiel, als die Wörter sagen. Aber nur in den Zeichen kann erscheinen, was sonst unsichtbar bliebe. Damit ist nicht eine »uneigentliche Rede« gemeint, sondern das Abenteuer einer Grenzüberschreitung ins Offene.

Dies betrifft nun auch den Rhythmus und damit den Klang poetischer und religiöser Rede, die sich beide auch hierin zum Verwechseln ähnlich. Der Rhythmus der Verse fußt, wie jeder Rhythmus, auf Wiederholung, einem Puls. Die Regeln werden durch die Metrik beschrieben. Das Wort Vers, lateinisch: *versus*, meint ursprünglich das Furchenpaar. Am Ende seiner Fahrt über das Feld kehrt der Pflug um. Er macht eine Kehre – und genau dort entsteht der Vers. Er besteht in der Wiederholung nicht des Gleichen, aber des Ähnlichen. Ähnliches wird metrisch zusammengebunden, das Geheimnis einer anderen Ordnung der Sprache erscheint. Der Schweizer Komparatist Hans-Jost Frey sagte: »Das rhythmische Gesetz des produktiven Schreibens läßt in jedem Augenblick der Textentstehung das Bevorstehende aus dem hervorgehen, was schon dasteht. Rhythmisch schreibt, wer die Sprache nicht benützt, sondern sich in ihr bewegt und sich von ihr bewegen läßt, in absichtsloser Voraussicht findend, ohne gesucht zu haben und heimgesucht werdend, ohne auf das Erfinden zu verzichten.«

Ich bin inzwischen überzeugt, dass auch das heutige zeitgenössische Gedicht, sei es in fernster Erinnerung, an das Metrum gebunden ist. Der innere Puls macht eines seiner Geheimnisse aus. Und weil dieser Puls auf der Zusammenbindung von Ähnlichem beruht und weil darin Bilder zusammenklingen, ist das Metrum auch ein entscheidender Motor sprachlicher Schöpfungskraft. Denn die Metapher, die Übertragung eines Wortes ins Bildhafte, um eben »Bildneuheiten« zu finden, ist durch die metrische Gestalt von Versen geradezu naturhaft gegeben. Reimfügungen können das noch um ein Vielfaches verstärken.

Ich habe in den letzten Jahren mehrmals mit einem Ausdruckstänzer zusammengearbeitet, der nichts weiter getan hat, als eine Lesung in rhythmische Bewegung zu bringen. Das war für mich unglaublich erhellend. Die Sprache löste sich vom engen Korsett der Bedeutungsgebundenheit, nicht um zum puren Geräusch zu werden, sondern um andere Schichten von Sinn freizugeben, übersetzt in Bewegungen und Gesten.

In der frühen Neuzeit wurde intensiv über die kreativen Möglichkeiten der Sprache nachgedacht – genau in dem Moment also, als sich ein instrumentelles Sprachverständnis durchzusetzen begann. Man suchte nach dem Ursprung der Sprache und nach einer unversehrten schöpferischen Natursprachlichkeit. Jakob Böhme etwa, der Görlitzer Schuster, Philosoph und Mystiker, suchte immer wieder nach ursprachlichen Gestalten der Worte, nach jenen Punkten also, wo Sprechen und Bedeuten, Sinn und Ausdruck, Wort und Sache noch nicht getrennt sind. Hören wir kurz, was er schreibt in seiner »Morgenröthe«, in der Auslegung des ersten Satzes der Bibel: Am Anfang schuf Gott Himmel und Erde: »Diese Worte muß man eigentlich betrachten / waß sie seind / dan das wort AM fasset sich im Hertzen und fähret biß auff die Lippen / da wird es gefangen / und gehet schallende wieder zu rücke biß an seinen außgegangenen orth.

Das bedeutet nun / daß der schall von dem Hertzen Gottes ist außgangen / und hat den gantzen *locum* [Ort] dieser Welt umbfasset / als er aber böse befunden worden / so ist der schall wieder an seinen *locum* getretten.«

Man muss mit dieser Art Theologie nicht zufrieden sein – aber der Blickwinkel ist erstaunlich. Die phonetische Gestalt von Worten enthält Sinn. Er ist nicht zugeordnet, es tritt auch kein Signifikat zu einem Signifikanten. Er ist auch nicht äußerlich. Er ist gegeben in den Worten selbst. Sie haben *in sich* Sinn, und so *verwirklichen* sie lautlich die von ihnen bezeichneten Sachen. Die Poesie ist bis heute in meinem Empfinden von einer solchen magischen Sehnsucht bestimmt, dass Wort und Sache eins würden in einer gemeinsamen Lebens- und Schöpfungskraft. Die Poesie könnte man so die Sakramentalform der Sprache nennen, die reale Verwandlungsform der Welt.

Was dabei Klang bedeuten kann, will ich an einem Gedicht von Clemens Brentano zeigen – einem Dichter, der sich weit vorgewagt hat in eine reine Musikalität der Sprache. Es heißt *Wiegenlied*:

> Singet leise, leise, leise,
> Singt ein flüsternd Wiegenlied,
> Von dem Monde lernt die Weise,
> Der so still am Himmel zieht.
>
> Singt ein Lied so süß gelinde,
> Wie die Quellen auf den Kieseln,
> Wie die Bienen um die Linde
> Summen, murmeln, flüstern, rieseln.

Die Verse erzeugen eine starke Atmosphäre. Sie singen. Bilder entstehen, die zunächst ganz einfach wirken. Denn es ist ja auch das Gefühl angesprochen. Ich schwinge mit den Versen. Doch ist an diesem Gedicht, nähert man sich ihm nicht fühlend, sondern denkend, alles unklar. Wieso ist das ein Wiegenlied? Wer singt da? Eigentlich hören wir nur eine Aufforderung: »Singet leise, leise, leise ...« An wen ist sie gerichtet? An mich, den Leser? Aber ich kenne das Lied doch gar nicht. Nur der Mond kennt die Weise. Aber ist der nicht ganz still? Und das Lied ist Geflüster? Was ist das für ein Lied, das ganz übergeht in das Gesumm der Bienen und das Rauschen einer Quelle?

Was höre ich also? Worte am Rande des Sinns, Laute an der Grenze zwischen Verstehen und Geräusch. Die Silben verschwimmen mit der Sprache der Tiere. Die Reime klingen wie Echos. Bilder sind Klänge: Die Kiesel sind Lautgestalten des Rieselns. Und die Linde ist ein Widerhall, gelinde. Wer singt wie wer? Die Bienen wie die Quellen oder umgekehrt? Oder das Lied wie die Bienen? Oder die Quellen wie die Reime? Oder flüstern alle wie das Lied?

Nur eines ist gewiss: *Es* singt. Es singt vor sich hin. So wie es sein soll und sein will. Wo fängt die Natur an? Wo die Sprache? Wo ist die Grenze zwischen beiden? Ein vollkommenes Wiegenlied ist das – genau deshalb, weil es nicht mehr das Einschlafen erreichen will, sondern selbst bereits hinübergleitet in eine andere Welt des Traums. Freischwebend. Erst wo das Einschlafen aufhört, Thema zu sein, dort wird es wirklich. Fasslich ist das jedoch wiederum nur in den Zeichen auf einem Blatt Papier.

Kann uns Brentano auch etwas sagen über religiöse Rede? Sie will ja nach ihrem eigenen Anspruch nicht einlullen, nicht in den Schlaf wiegen, sondern gerade erwecken. Aber in einer Hinsicht ist die Verwandtschaft wieder frappierend. Ein Gebet sagt nichts aus, es spricht nicht von einem Gegenstand – sein eigentlicher Sprechakt ist eine Bewegung. Bei sich ist die Gebetssprache, wenn sie nichts von Gott weiß, sondern ihn ersehnt, empfindet, sucht – wie ein »flüsternd Wiegenlied« den Schlaf.

Eine Religion, besonders eine Offenbarungsreligion wie das Christentum, hat viele Facetten. Eine Seite, die in den Verunsicherungen und Erosionsprozessen der religiösen Institutionen in der Gegenwart häufig nach oben gespült wird, betont den Aussagecharakter religiöser Lehren. Gott, so heißt es, hat sich offenbart im Wort, in Schrift und Liturgie, in Kirche und Dogma, und darüber verfestigte sich eine Vorstellungswelt, die unterschieden ist von anderen Weltanschauungen. Religion hat, so verstanden, eine positive Basis, einen bestimmbaren Wahrheitsgrund, und im Zuge eines heute in Mitteleuropa vorherrschenden naturwissenschaftlich-weltimmanenten Daseins- und Sprachverständnisses, erscheinen dann auch religiöse Aussageformen eingeordnet in Zeichenmodelle, als Gefüge von Wort und Fakt.

Das Adjektiv »religiös« bezeichnet aber auch eine ganz gegenläufige Dynamik. Ein betender Mensch spürt immer auch die Unzulänglichkeit seiner Ausdrucksformen. Sie leisten nicht, was sie versprechen. Bestenfalls verweisen sie auf etwas Tieferes als sie selbst. Diese mystische Dimension des Glaubens gewinnt in der Gegenwart an Bedeutung, wenn religiöse Weltbilder fragil werden und subjektiv erscheinen – etwa schon durch die alltägliche Infragestellung durch andere religiöse Weltbilder, die sich in der modernen Lebenswelt nebeneinandergestellt finden wie Ausstellungsstücke in einer Vitrine, Gottheit neben Gottheit.

Die »Wirklichkeit, die mit den Worten folgt« wird, um noch einmal auf Inger Christensen zurückzulenken, in Bildfindung, in Klang und Rhythmus der Worte selbst wahr. Sie geschieht im Sprechen, und dieses ist ebenso aktiv wie passiv. Denn das ist ja das wunderbare an poetischer wie religiöser Sprache, dass sie beide uns Momente verschaffen, in denen nicht wir sprechen, sondern in denen wir gesprochen werden.

So sei noch einmal Les Murray zitiert mit Zeilen aus seinem Gedicht »Dichtung und Religion«, und er führt die ganze Frage nach der Verwandtschaft von poetischer und religiöser Sprache auf einen tröstlichen Rhythmus zurück: »[...] Es wird immer Religion geben, solange es Dichtung gibt / oder einen Mangel an ihr. Beide sind gegeben, und periodisch, / wie der Flug jener Vögel – Haubentaube, Rosellapapagei – / die so fliegen: die Flügel zu, dann schlagend und wieder zu.«

Literaturhinweise

L. Wittgenstein, Tractatus logico-philosophicus, Frankfurt a.M. 2003, 110f.
Pistis Sophia (Codex Askewianus), in: Neutestamentliche Apokryphen in deutscher Übersetzung, Bd. 1: Evangelien, begründet von E. Hennecke und hg. von W. Schneemelcher, Berlin 1961, 174–182: 182.
R. Hammerstein, Die Musik der Engel. Untersuchungen zur Musikanschauung des Mittelalters, Bern ²1990, 40f.
Upanischaden. Arkanum des Veda, aus dem Sanskrit übers. und hg. von W. Slaje, Frankfurt a.M./Leipzig 2009, 348f.
G. Bachelard, Poetik des Raumes, aus dem Französischen übers. von K. Leonhard (Figuren des Wissens 7396), Frankfurt a.M. 2014, 7.15.
I. Christensen, Der Geheimniszustand, in: dies., Der Geheimniszustand und das »Gedicht vom Tod«. Essays, übers. aus dem Dänischen von H. Grössel, München 1999, 48–56: 50.
W. Schalamow, Cherry Brandy, in: ders., Durch den Schnee. Erzählungen aus Kolyma, Bd. 1, aus dem Russischen übers. von G. Leupold und hg. von F. Thun-Hohenstein, Berlin 2016, 94–101.
L. Murray, Dichtung und Religion, in: ders., Ein ganz gewöhnlicher Regenbogen. Gedichte, aus dem Englischen übers. von M. Lehbert, München 1996, 82.

P. Ricœur, Die lebendige Metapher, aus dem Französischen übers. von R. Rochlitz (Übergänge 12), München 1986, 285–304.

J. Böhme, Morgen-Röte im Aufgangk, in: ders., Werke, hg. von F. von Ingen (Deutscher Klassiker Verlag im Taschenbuch 33), Frankfurt a.M. 2009, 9–506: 320f.

H.-J. Frey, Lesen und Schreiben, Basel [u.a.] 1998, 47.

C. Brentano, Wiegenlied (= Lureley), in: ders., Werke, Bd. 1: Gedichte. Romanzen vom Rosenkranz, hg. von W. Frühwald, München 1968, 247f.

Friedemann Stengel
Übersetzen, Dolmetschen, Macht
Zum Schriftverständnis in reformatorischen Bewegungen

Zusammenfassung: 2022 liegt die Übersetzung des Neuen Testaments durch Martin Luther 500 Jahre zurück. Mit diskurstheoretischem Instrumentarium wird den sozialpolitischen und theologischen Auswirkungen der volkssprachlichen Popularisierung der Heiligen Schrift nachgegangen. Es wird gezeigt, inwiefern und mit welchen massiven Folgen dadurch die heterogene Vielfalt der reformatorischen Bewegungen hervorgebracht und in welchem Kontext die Auslegungsfreiheit in der *Confessio Augustana* wieder aufgehoben worden ist.

Abstract: 2022 marks 500 years since Martin Luther translated the New Testament. Using tools of discourse theory, the sociopolitical and theological effects of the popularization of the Holy Scriptures will be investigated. It will be shown how this gave rise to the heterogeneity and diversity of the Reformation movements, the stark consequences this would have, and the context in which the room for interpretation in the *Confessio Augustana* was annulled again.

Im vorliegenden Text, der 500 Jahre nach der Herausgabe von Luthers *Newem Testament Deutzsch* erscheint, möchte ich skizzieren, inwiefern Luthers Verdolmetschungsarbeit soziale und politische Realitäten – womöglich sogar ganz maßgeblich – beeinflusst hat. Ich möchte zeigen, wie die Heilige Schrift nicht nur einfach popularisiert worden ist, sondern die Polyvalenz theologischer Deutungen hervorgebracht und die Heterogenität der reformatorischen Bewegungen mitbewirkt hat. Luthers Verdolmetschung hat eine unübersehbare Rolle in den politischen Unruhen und vor allem auch im Zusammenhang mit dem sogenannten Bauernkrieg und der Entstehung der täuferischen Bewegung gespielt, in deren Folge nicht nur das Verhältnis zwischen Theologie und Machtpolitik neu justiert worden ist, sondern auch die konfessionelle Aufspaltung des europäischen Christentums geschieht. Nach der polemischen Auseinandersetzung über die Schuld und die Niederschlagung des Aufruhrs sind offiziell und gewissermaßen konfessionsbegründend die Freiheit der Schriftauslegung, mit ihr auch das einst so zentrale Programm des Priestertums aller Gläubigen und ganz konkrete Aus-

---

Kontakt: Friedemann Stengel, Theologische Fakultät, Martin-Luther-Universität Halle-Wittenberg, Deutschland; E-Mail: friedemann.stengel@theologie.uni-halle.de

https://doi.org/10.1515/bthz-2022-0010

legungen biblischer Aussagen wieder aufgehoben worden – von den Unterzeichnern der *Confessio Augustana*.

1 Dolmetschen als Popularisierung, Entweihung und Macht

[...] man mus nicht die buchstaben inn der lateinischen sprachen fragen, wie man sol Deutsch reden, wie diese esel thun, sondern, man mus die mutter jhm hause, die kinder auff der gassen, den gemeinen man auff dem marckt drumb fragen, und den selbigen auff das maul sehen, wie sie reden, und darnach dolmetzschen, so verstehen sie es den und mercken, das man Deutsch mit jn redet.[1]

»Dem Volk aufs Maul schauen« erbringt am 8. September 2021 631.000 Ergebnisse in Google-Einträgen und gehört ganz sicher zu den verbreitetsten Redewendungen, die auf Luther zurückgeführt werden. Das Zitat entstammt dem *Sendbrief vom Dolmetschen* vom 15. September 1530, der sich auf Luthers Übersetzungsarbeit bezieht. Auf den Monat genau acht Jahre vor dem *Sendbrief* war das Septembertestament auf den Markt gekommen, mit einer gewaltigen Auflage von 3.000 Exemplaren, die bereits nach einigen Wochen ausverkauft und durch eine korrigierte Ausgabe ersetzt wurde, das Dezembertestament. Das deutsche Alte Testament kam in verschiedenen Etappen seit 1523 heraus, bis dann 1534 die vollständige Bibel in deutscher Sprache erschien. Bis dahin waren allein 87 hochdeutsche Ausgaben des Neuen Testaments aufgelegt worden.[2] Dass es sich dabei um eine epochale Popularisierung und um eine herausragende Übersetzungsleistung handelte, ist fester Bestandteil der Gründungsnarrative des lutherischen Protestantismus. Angesichts früherer Glorifizierungen Luthers als Vater der deutschen Sprache kann daran erinnert werden, dass Luther in seinem *Sendbrief* selbst auf den Kontext verwies, in den hinein er den Text des Neuen Testaments, mit seinen eigenen Worten: dolmetschte und aus dessen Sprachgewohnheiten und Terminologien er schöpfte. Zugleich wehrte er sich ausdrücklich gegen die vielerorts erhobene Kritik an seiner, so der Vorwurf, weniger aus dem Bibeltext als aus seiner Theologie geflossenen Verdolmetschung, die alsbald insbesondere im altgläubigen Lager laut geworden war. Dabei argumentierte Luther aus-

---

1 M. Luther, Sendbrief vom Dolmetschen (1530), in: WA 30/2, 632–646: 637.
2 Zu diesen und weiteren Angaben vgl. A. Beutel: Art. Bibelübersetzung, in: Enzyklopädie der Neuzeit 2 (2005), 147–153.

drücklich damit, dass es beim Dolmetschen nicht auf eine Wort- oder, wie er sagt, Buchstabentreue ankomme wie bei den »Eseln und buchstabilisten«,[3] sondern auf den Verstehenshorizont der Adressatinnen und Adressaten: Mutter, Kinder, gemeiner Mann. Eine Verdolmetschung als Ergebnis des Dolmetschens ist in diesem Sinne programmatisch keine Übersetzung, sondern eher eine Vermittlung, wobei Luther ganz persönlich die Autorschaft dieses Vermittlungswerks in Anspruch nimmt, wenn er immer wieder von »meinem Neuen Testament«[4] spricht.

Dass das Dolmetschen als konfliktgeladenes Vermittlungswerk betrachtet worden ist, zeigen frühere Verwendungen des Wortes etwa in Johann Reuchlins verbreitetem *Augenspiegel* von 1511 oder im Titel einer Streitschrift Hieronymus Emsers von 1523 gegen Luthers Neues Testament. »Dolmetschen« dürfte vom türkischen dilmaç entlehnt worden sein, der Bedeutung nach eine Mittelsperson zwischen verschiedensprachigen Parteien.[5] Die Übertragung des Begriffs in den deutschen Sprachraum könnte im Kontext der frühneuzeitlichen politischen und militärischen Auseinandersetzungen mit den Osmanen geschehen sein. Allein die drei erwähnten Texte von Reuchlin, Emser und Luther zeigen jedoch, dass das Dolmetschen als kombattante Angelegenheit betrachtet worden ist, die in politisch aufgeladenen Kontexten geschah und in solchen Kontexten performativ wirkte. Reuchlin wendet sich im *Augenspiegel* gegen die Forderung, jüdische, an der genannten Stelle: talmudische, Schriften zu verbrennen, damit man anhand der Originale Fälschungen und bewusste Misslektüren in den Verdolmetschungen aufdecken könne, wodurch »die iuden by den ungelerten und der sprach unwissend leichtlich inn ainen sollichen haß möchte bringen das sie umb leib unn leben kemen«.[6] Hieronymus Emser, Hofkaplan des seit der Leipziger Disputation hartnäckigen Luthergegners Georg von Sachsen, verteidigt das Verbot des Septembertestaments im Herzogtum und will zugleich belegen, »wie, wo und an wölchen stellen Luther den text vorkert und ungetrewlich gehandelt oder mit falschen glosen und vorreden auß der alten christelichen ban auf seyn vorteyl und whan gefurt hab«.[7]

---

3 Luther, Sendbrief (s. Anm. 1), 637.
4 Luther, Sendbrief (s. Anm. 1), 643.
5 Vgl. Digitales Wörterbuch der deutschen Sprache, Art. Dolmetscher, https://www.dwds.de/wb/ Dolmetscher (abgerufen am 23.9.2021).
6 J. Reuchlin, Warhafftige entschuldigung gegen und wider ains getaufften Juden genant Pfefferkorn vormals getruckt ußgangen unwarhaftigs schmachbüchlin Augenspiegel, Tübingen 1511, V^r; IIII^v heißt es dort: »Wan nu die selb [Heilige Schrift] inn andere sprachen gekeret unnd getolmetst wirt, bedunckt ainen iegklichen es wöll sich nit reimen [...]«.
7 H. Emser, Auß was gründ vnnd vrsach Luthers dolmatschung über das nawe testament dem

In beiden Fällen wird die Verdolmetschung als Hort von Irrtümern und Fehlurteilen und als Anlass von Konflikten bewertet. Das Original muss vor seiner Übertragung geschützt werden, die Verdolmetschung trägt das Potential entweihender Konsequenzen in sich. Bei Reuchlin und bei Emser wird die weltliche und geistliche Obrigkeit zum Schutz der Originale herbeigerufen, um Missbräuche zu verhindern, die durch Verdolmetschungen entstehen.

Diskurstheoretische Einsichten erklären diese Zusammenhänge. Der heilige Text muss, mit Michel Foucault gesprochen, bei seiner Übersetzung so geschützt werden, dass die Hoheit über die Auslegung nicht abgegeben wird. Foucault hat drei interne Prozeduren bezeichnet, durch die Ereignis und Zufall in Diskursen verhindert werden sollen – sie gelten ohne Weiteres auf die Auslegung der Heiligen Schrift und anderer autoritativer Texte: Der *Kommentar* soll die Auslegung kontrollieren und die Lektüre der Leserschaft lenken, das Prinzip der *Autorschaft* soll als »Index der Wahrheit« die ursprüngliche Intention des Textes gewährleisten, die *Disziplin* soll mittels Methoden und Techniken die Regeln festlegen, um zwischen wahren und falschen Auslegungen zu unterscheiden und überdies die Abgrenzung gegenüber monströsen Textdeutungen als Außengrenze des Diskurses, hier: der Auslegung, sichern. Eine »Teratologie« bezeichnet die »Monster« von Lesarten und Interpretationen, die nicht diskutiert werden.[8]

Anhand des Ereignisses des Dolmetschens – ich bleibe vorerst bei dem zeitgenössischen Begriff – der Heiligen Schrift ist eindrücklich erkennbar, wie sich diese internen Prozeduren vollzogen haben. Luthers Dolmetschen ist weder singulär noch voraussetzungslos noch ein rein theologisches, sondern ein wie die gesamte reformatorische Bewegung in politische, militärische und insgesamt kulturelle Dimensionen eingebundenes Ereignis.

2 Biblizität und Wahrheit

Die Übertragung des Textes ins Deutsche, die Luther und seine Zeitgenossen als Verdolmetschung bezeichneten, war mit Popularisierung und Enthüllung verbunden. Sie geriet zu einem performativen Geschehen aber vor allem auch deshalb, weil der Bibel in ihrer ursprünglichen und dann erst übersetzten Gestalt ein hoher autoritativer Stellenwert zuerkannt wurde, der sich gegen geistliche

---

gemeinen man billich vorbotten worden sey, Leipzig 1523, repr. in: A. Laube / U. Weiß (Hg.), Flugschriften gegen die Reformation (1518–1524), Berlin 1997, 509–529: 509.

8 Vgl. M. Foucault, Die Ordnung des Diskurses, Frankfurt a. M. ⁷2000, 18–25.

und weltliche Herrschaft gleichermaßen richten konnte. Das herrschaftskritische Kriterium der Biblizität scheint in der Folge von Luthers Verdolmetschung und den anschließenden Debatten in den reformatorischen und dann interkonfessionellen Auseinandersetzungen der Frühen Neuzeit als eigenständiger Argumentationsfaktor verstärkt worden zu sein. Biblizität knüpft an die Figuren des Ursprungs und der Wahrheit an. Insbesondere seit dem 15. Jahrhundert hat die Suche nach dem ursprünglichen Text an Fahrt aufgenommen. Der blühende Wissens- und Kulturtransfer zwischen den west- und mitteleuropäischen und osteuropäisch-byzantinischen Räumen hat nicht nur erstmals gedruckte lateinische Editionen der Werke Plotins, Platons, Aristoteles', mittelplatonischer Autoren, kabbalistischer Schriften oder des *Corpus Hermeticum* insbesondere im Umfeld der von den Medici in Florenz geförderten Übersetzungsprojekte nach sich gezogen.[9] Vor allem das Konzil von Basel, Florenz und Ferrara gilt als Drehscheibe für den Kulturtransfer, der vermeintlich verschüttetes, uraltes Wissen und entsprechende Texte aus dem Osten in den Westen brachte.[10] Der Transport griechischer und hebräischer Manuskripte in den Westen förderte die Idee einer *prisca theologia*, einer ältesten Theologie, die womöglich sogar vorbiblische Ursprünge hatte.[11] Diese Figur ist auf verschiedene Weise vor allem in den hermetischen und kabbalistischen Theologien generiert worden.

Die Vorstellung, dass das Alter und der Ursprung, die eigentliche Lesart und die Wahrheit auch eine größere Nähe des heiligen Textes zur göttlichen Quelle haben würden, ist auch mit dem Editionswerk des Erasmus von Rotterdam verbunden. Schon Jahrzehnte vor Erasmus und Luther hatte der Dominikaner Ivan Stojković (Johannes von Ragusa) von einer Reise aus Konstantinopel eine Manuskriptsammlung von ca. 60 Codices zum Konzil von Basel mitgebracht, das Zentrum von »Erasmus' revolutionary editorial enterprise«,[12] dem *Novum Instrumentum omne* von 1516, das allein bis 1536 sechsmal aufgelegt worden ist. Die zweite Auflage des *Novum Instrumentum* war Grundlage und Voraussetzung von Luthers Verdolmetschung des Neuen Testaments. Erasmus hatte hier nicht nur eine neue

---

9 Vgl. dazu überblicksweise P.O. Kristeller, Humanismus und Renaissance, Bd. 2: Philosophie, Bildung und Kunst (Humanistische Bibliothek I/22), München 1976, 101–114.
10 Vgl. M. Neugebauer-Wölk, Kosmologische Religiosität am Ursprung der Neuzeit 1400–1450, Paderborn 2019, 523–690.
11 Vgl. dazu als Überblick W.J. Hanegraaff, Art. Tradition, in: Dictionary of Gnosis & Western Esotericism 2 (2005), 1125–1135: 1126–1130.
12 P. Andrist, Structure and History of the Biblical Manuscripts Used by Erasmus for His 1516 Edition, in: M. Wallraff u.a. (Hg.), Basel 1516. Erasmus' Edition of the New Testament (SMHR 91), Tübingen 2016, 81–124: 81; A.J. Brown, The Manuscript Sources and Textual Character of Erasmus' 1516 Greek New Testament, in: Wallraff u.a. (Hg.), Basel (s. diese Anm.), 125–144.

vollständige griechische Ausgabe des neutestamentlichen Textes geschaffen, er machte aus der Büchersammlung (τὰ βιβλία), die das Neue Testament bis dahin war, gewissermaßen erst eine *sacra biblia*.[13] Nicht nur Luthers, auch die volkssprachlichen Übersetzungen von Leo Jud, William Tyndale, Jacques Levèvre d'Étaples, Antonio Brucioli, Casiodoro de Reina, die Zürcher Bibel und viele andere basieren auf dem *Novum Instrumentum*; Heinrich Bullinger, Zwingli und Calvin verwendeten es als »Grundlagentext«.[14]

Dass Erasmus nun auf der Basis von Handschriften – einige hatte er sich bei Johann Reuchlin ausgeliehen – und unter Zuhilfenahme von patristischer Literatur und der Vulgata einen neuen griechischen Text und eine neue lateinische Übersetzung schuf, erschütterte die Autorität des Textes der Vulgata selbst und soll zuweilen zu handgreiflichen Auseinandersetzungen geführt haben,[15] obwohl Bibel- und Kanonkritik zeitgenössisch verbreitet waren und sich selbst solche Autoritäten wie der spätere Kardinal Cajetan[16] an solchen kritischen Debatten beteiligten.

Erasmus' Projekt verstärkte nicht nur die Zentralstellung der Bibel zunächst des Neuen Testaments, er verband das Kriterium der Biblizität mit den Kriterien des Alters und der Ursprünglichkeit, denn sein Ziel war es, dass möglichst alle die Bibel in den Ursprachen oder, die Unkundigen, in Übersetzungen aus den Ursprachen lesen sollten; nicht Kommentatoren brauche man dafür, sondern nur die Kenntnis der Glaubenssätze.[17] Das schon zeitgenössisch umstrittene *sola scriptura* kann ebenso wie die reformatorischen Prinzipien des *sola gratia* und des *sola fide*, das Prinzip einer christozentrischen Schriftauslegung und die Abwendung von der allegorischen Methode oder von der Verbalinspiration schon bei Erasmus erkannt werden.[18] Dass Erasmus die allegorische Auslegungsmethode deutlich konsequenter aufgab als Luther, ist eindrücklich gezeigt worden.[19]

---

13 Vgl. M. Wallraff, Paratexte der Bibel. Was Erasmus edierte außer dem Neuen Testament, in: ders. u. a. (Hg.), Basel (s. Anm. 12), 145–173: 145–147; V. Sebastiani, The Impact of Erasmus' New Testament on the European Market (1516–1527), in: Wallraff u. a. (Hg.), Basel (s. Anm. 12), 225–237.
14 C. Christ-von Wedel, Die Nachwirkung des Neuen Testaments von Erasmus in den reformatorischen Kirchen, in: Wallraff u. a. (Hg.), Basel (s. Anm. 12), 291–310: 292.
15 Ein Landsknecht soll sich einen Franziskaner gegriffen haben, der von der Kanzel herab gegen Erasmus' *Novum Instrumentum* wetterte, vgl. Christ-Wedel, Nachwirkung (s. Anm. 14), 291.
16 Vgl. G. Wenz, Kirche (Studium Systematische Theologie 3), Göttingen 2005, 216f.
17 Vgl. Christ-von Wedel, Nachwirkung (s. Anm. 14), 295.
18 Vgl. Christ-von Wedel, Nachwirkung (s. Anm. 14), 296f.301; E.-W. Kohls, Die Theologie des Erasmus, Bd. 1 (ThZ Sonderbd. 1/1), Basel 1966, vor allem 126–151.
19 Vgl. C. Christ-von Wedel, Erasmus und Luther als Ausleger der Bibel, in: dies./S. Grosse (Hg.), Auslegung und Hermeneutik der Bibel in der Reformationszeit (Historia Hermeneutica. Series Studia 14), Berlin/Boston 2017, 367–380.

Luthers Verdolmetschungsprojekt ist ohne die Arbeit des Erasmus nicht zu denken und schon hier liegen entscheidende Weichenstellungen vor, die philologische, theologische und historische Kritik zusammengeführt haben.

3 Biblizität, Streitprinzip, Pluralisierung

Das protestantische Schriftprinzip mit der Formel *sola scriptura* ist im frühen 19. Jahrhundert, nämlich um das Reformationsjubiläum 1817 herum,[20] zur konfessionellen Abgrenzung als fester Topos ausgearbeitet worden. Allerdings ist die Formel *sola scriptura* mit ihren deutschsprachigen Entsprechungen seit Luthers Auseinandersetzung um den Ablass zur Bestreitung der kirchlichen Lehrautorität durchaus schon verwendet worden – nämlich zur Untermauerung einer bestimmten Theologie durch die Autorität der Bibel als Heiliger Schrift.[21] Von Beginn an ist Luthers Insistieren auf der Formel *sola scriptura* als eines plausiblen Prinzips der Selbstauslegung ohne kirchliche Autorität und Auslegungstradition angesichts der Pluriformität und Heterogenität aus der Bibel abgeleiteter Theologien in Frage gestellt worden. Theologen wie Erasmus haben erkannt, dass es bei der Anrufung der Bibel als alleiniger Auslegungsautorität im Kern um die Absicherung einer bestimmten Theologie ging[22] – eine Erkenntnis, die sich in der Exegesegeschichte etwa bei Ernst Käsemann wiederfindet: Der neutestamentliche Kanon habe eben nicht die »Einheit der Kirche«, sondern die »Vielzahl der Konfessionen« begründet,[23] ja mehr als das: Er legitimiere »als solcher auch mehr oder weniger alle Sekten und Irrlehren«.[24] Die gesamte Geschichte des Christen-

---

20 Diese Erinnerung des römisch-katholischen Theologen Franz-Anton Staudenmeier von 1834 ist inzwischen genauer bestätigt worden: Womöglich war Gottfried Jakob Planck (1817) einer der ersten, bei dem sich »ein exklusives Schriftprinzip« als Topos feststellen lasse, so M. Keßler, Sola scriptura- und Schriftverständnisse im Jahrhundert bis zum Reformationsjubiläum 1817, in: S. Alkier, Sola Scriptura 1517–2017. Rekonstruktionen, Kritiken, Transformationen, Performanzen, unter Mitarbeit von D. Blauth und M. Botner (Colloquia historica et theologica 7), Tübingen 2019, 191–209: 192; zu Staudenmeier siehe F. Stengel, Sola scriptura im Kontext. Behauptung und Bestreitung des reformatorischen Schriftprinzips (ThLZ.F 32), Leipzig 2016, 29f.
21 Vgl. Stengel, Sola scriptura (s. Anm. 20), 41–52.
22 Vgl. Stengel, Sola scriptura (s. Anm. 20), 96–110.
23 E. Käsemann, Begründet der neutestamentliche Kanon die Einheit der Kirche? [1951], in: ders. (Hg.), Das Neue Testament als Kanon. Dokumentation und kritische Analyse zur gegenwärtigen Diskussion, Göttingen 1970, 124–133: 131 (der Aufsatz ist mehrfach abgedruckt, zuerst in EvTh 11 [1951/52], 13–21).
24 Vgl. E. Käsemann, Zusammenfassung, in: ders., Neues Testament (s. Anm. 23), 399–410: 402.

tums schon seit vorkanonischer Zeit lässt sich in diesem Sinne als Geschichte von Spaltungen und Ausgrenzungen betrachten. Luthers Verdolmetschung im Septembertestament und dessen schnelle Verbreitung durch die technischen Innovationen des Buchdrucks und verlegerischer Distribution, durch die politische, stets antirömische Unterstützung und Agitation der reformatorischen Lehren[25] hat zu einer nie dagewesenen Popularisierung der Bibel geführt. Die Lektüre der Bibel wurde eine private Praxis, sie ging mit der wachsenden Lesefähigkeit einher und verstärkte sie. Die Heilige Schrift blieb nicht den Gelehrten vorbehalten. Ihre Popularisierung und die Autorität, die ihr beigemessen wurde, wirkte in den politischen und theologischen Auseinandersetzungen katalysierend und war ein wichtiger Faktor in der Dynamisierung der reformatorischen Bewegungen. Die auch von Käsemann beobachtete Pluralisierung des Christentums stand im 16. Jahrhundert innerhalb und außerhalb der drei entstehenden Konfessionen im Zusammenhang mit der volkssprachlichen Popularisierung der Bibel. Das später so genannte Schriftprinzip fungierte hierbei von Beginn an als »Streitprinzip«,[26] das nicht Einheit, sondern Vielfalt und eben auch Ab- und Ausgrenzungen begründet, die mit gegensätzlichen oder abweichenden Bibellektüren und damit verbundenen Theologien verbunden sind. Denn mit der Volkssprachlichkeit stieg die Zahl derer, die sich auf die Schrift berufen konnten.

Die Lesbarkeit der Schrift schuf Heterogenität, die Mannigfaltigkeit und die Gegensätzlichkeit der reformatorischen Bewegungen, die sich erst in diesem Zuge von der Kirche abspalteten und bei diesen Abspaltungen weitere Gruppierungen und Lesarten erzeugten und ausgrenzten. Die sozialen und politischen Bewegungen in der frühen Reformationszeit haben theologisch argumentiert und sich biblisch abzusichern versucht, eben weil Biblizität nicht nur mit Wahrheit und Ursprung, sondern auch mit dem Anspruch auf Legalität innerhalb des *Corpus Christianum* verbunden wurde. An folgende Beispiele für die Pluralisierung der reformatorischen Bewegungen möchte ich erinnern.

---

25 Die Reformation soll weniger durch Verlagshäuser und Druckerpressen als etwa durch die Agitation von Theologiestudenten in den Städten vonstattengegangen sein; vgl. H. Kim / S. Pfaff, Structure and Dynamics of Religious Insurgency. Students and the Spread of the Reformation, ASR 77 (2012), 188–215: 190; T. Pleizier, Using the Bible as a Protestant Religious Practice, in: K. Fitschen u.a. (Hg.) Kulturelle Wirkungen der Reformation / Cultural Impacts of The Reformation. Kongressdokumentation Lutherstadt Wittenberg August 2017, Bd. 2 (Leucorea-Studien zur Geschichte der Reformation und der Lutherischen Orthodoxie 37), Leipzig 2018, 335–343.
26 Vgl. G. Sauter, Schrifttreue ist kein »Schriftprinzip«. Wolfgang Schrage zum 65. Geburtstag, in: R. Ziegert (Hg.), Die Zukunft des Schriftprinzips (Bibel im Gespräch 2), Stuttgart 1994, 259–278: 26; Stengel, Sola scriptura (s. Anm. 20), 39f.

4 Laien

Das vielbesprochene Prinzip des Priestertums aller Gläubigen, das Luther prominent in seiner Schrift *An den christlichen Adel deutscher Nation*[27] platziert, aber spätestens seit seinen Erfahrungen mit dem so genannten Bauernkrieg und seinen Streitschriften gegen Erasmus zurückgenommen hat, ging mit der Volkssprachlichkeit einher, die es Laien erst ermöglichte, an den Debatten teilzunehmen. Dass aus den Anhängerinnen und Anhängern der von ihren altgläubigen Gegnern so genannten »lutherischen Sekte«, den »Lutherischen« und »Martinischen«, schließlich die »Evangelischen«[28] wurden, steht für die Bezugnahme auf das wahre, nunmehr auch von Laien lesbare Evangelium. Zugleich wurden dadurch die »Anderen«, Nichtlutherischen als unevangelisch markiert. Die mit dieser Markierung einhergehende Bestreitung der kirchlich-päpstlichen Autorität führte zu einer geradezu überschwänglichen Aufwertung der Laien. Im Jahr vor der Adelsschrift hatte Luthers Schüler Franz Günther verkündet, einem einfachen Laien, der sich auf die Schrift berufe, sei mehr zu glauben als Papst, Konzilen und Kirche. Gegenüber Johann Eck verteidigte Luther Günthers Behauptung gar mit der These, in den Laien wohne der Heilige Geist.[29] Und in einer seiner kräftigen Schriften gegen Hieronymus Emser meinte Luther 1521, der Papst und seine Bischöfe könnten bei der Schriftauslegung weit weniger als die groben Bauern und Kinder.[30] Die Frontstellung ist – zu diesem Zeitpunkt – klar: Volkssprachliche Bibel und gemeines Volk werden gegen die kirchliche Autorität aufgefahren. Es ging zunächst um die »Negierung der Papstgewalt und die Mündigmachung des Volkes«.[31]

---

27 M. Luther, An den christlichen Adel deutscher Nation von des christlichen Standes Besserung (1520), in: WA 6, 404–469: 406–408.

28 Vgl. A. Laube, »Die Bibel allein« oder »Die Kirche hat immer Recht«. Der Streit um Luthers Schriftprinzip und dessen soziale Folgen, Sitzungsberichte der Leibniz-Sozietät 35 (1999), 5–30: 8.

29 Vgl. Laube, Bibel (s. Anm. 28), 8.

30 »Sein hie nit die kinder und paweren gelereter denn der Bapst, Cardinel, bischoff, pfaffen und munch? Wo seyt yhr junckern, die yhr euch anmasset die schrifft außzulegen, den glauben vorkleren und rufft fast, der gemeyn man vorstehe nichts drynnen? Es find sich hie anders, das der Bapst und seyne Bischoffe mit yhrem anhang meytt nit ßo viel kunnen als die groben pawrnn und kindle«, so M. Luther, Auf das überchristlich, übergeistlich und überkünstlich Buch Bock Emsers zu Leipzig Antwort, in: WA 7, 621–688: 684f.

31 Laube, Bibel (s. Anm. 28), 9f.; dass hinter der »Glaubensfrage« die »eminent gewichtige Machtfrage« gestanden habe, ist eine einseitige Kausalitätsbestimmung des marxistischen Reformationshistorikers Laube.

Diese Mobilmachung vollzog sich in wenigen Jahren und umfasste nicht nur das »gemeine Volk«, sondern bekanntermaßen auch Ritterstand, Städte, Gelehrte und einen großen Teil der nichtgeistlichen Fürsten. Allerdings konstituierte sich das durch die volkssprachliche Verdolmetschung des Neuen Testaments und Luthers antirömische Stoßrichtung aufgerufene Laientum unabhängig von Luthers Intentionen und mit dem Anspruch auf biblische Legitimation. Die Bevollmächtigung der Laien vollzog sich durch Volkssprachlichkeit – und wandte sich auch gegen Luther selbst. Dieser diskutierte im Sommer 1524 in Orlamünde an der Saale mit Bürgern – berichtet wird unter anderem von einem Schuster und einem Bürgermeister als zwei Sprechern, die offenbar Anhänger Andreas Karlstadts waren – über die Auslegung verschiedener Bibelstellen zur Beseitigung der Bilder. Die bibelkundigen Laien ließen sich partout nicht von Luthers Argumenten überzeugen, nur abgöttische Bilder zu entfernen. Mit profunder Bibelkenntnis und Orientierung am Wortlaut parierten sie so beharrlich, dass Luther »zum wagen« eilte, »von dannen« fuhr und sich von den »Schwärmern« »verdampt« sah.[32]

5 Bauern

Volkssprachlichkeit und Priestertum aller Gläubigen gewannen eine eigene Dynamik, ohne dass hier ein monokausaler Zusammenhang plausibel erwiesen werden könnte. Allerdings befürchteten insbesondere Luthers altgläubige Gegner schon früh politische Konsequenzen. Johannes Cochläus verbreitete seit 1521 Gerüchte über einen bevorstehenden, von Luther angestachelten, geradezu anarchistischen Bundschuh-Aufstand.[33] Adolf Laube hat eindrücklich dargestellt, dass nicht nur Herrscher wie Heinrich VIII. von England und Herzog Georg von Sachsen in Luthers Lehre die generelle Anstachelung des Volkes zum Aufstand erblickten, sondern sich alle Protestbewegungen der frühen 1520er Jahre, von den Wittenberger Unruhen über den Erfurter Pfaffensturm und den Sickingen-Aufstand bis zu dem Aufstand der Bauern biblisch absicherten. Allein die Zwölf Artikel aller Bauernschaft vom Frühjahr 1525 zogen 60 Bibelstellen zur autoritativen Untermauerung ihres Programms heran.[34] Nicht nur die sozialen Forderungen der Bauernschaft wurden vom Evangelium her begründet, der erste Artikel

---

32 Die Schilderung entstammt: Deß Rahts und der gemeyn brieff an Doctor Martinum Lutther, in: WA 15, 343–347: 347.
33 Vgl. J. Cochläus, Glosse und Kommentar auf 154 Artikel, gezogen aus einem Sermon Dr. Martin Luthers (1523 gedruckt), in: Laube/Weiß (Hg.), Flugschriften (s. Anm. 7), 389–403.
34 Vgl. Laube, Bibel (s. Anm. 28), 13.

bestand aus der Forderung nach freier Wahl und Abwahl der Pfarrer durch die ganze Gemeinde und nach lauterer und klarer Predigt des Evangeliums ohne allen menschlichen Zusatz – unter ausdrücklicher Bezugnahme auf Luthers Rechtfertigungslehre und Röm 3,28, wo Luther »allein« in den Text eingefügt hatte: »wie klaerlich in der geschrifft stat das wir allain durch den waren glauben zue got kommen kinden, und allain durch seyn barmhertzigkait saelig muessen werden«.[35]

Eine besonders schwerwiegende Wirkungsgeschichte hatte die erst nach der Niederschlagung der Bauernaufstände vor allem Thomas Müntzer unterstellte Forderung, unter Berufung auf die urgemeindliche Praxis »omnia sunt communia« in Apg 2,44f. oder 4,32.35 nicht nur eine gesamtgesellschaftliche Gütergemeinschaft, sondern auch die Zwangsenteignung allen Privateigentums als eigentliches Ziel des Bauernkriegs auszugeben. Diese Formel ist von Müntzer ausschließlich in der Niederschrift des »peinlichen« Teils seines Verhörs bekannt, das nach seinem Tod sofort mehrfach veröffentlicht wurde, offenbar um die Bauernaufstände durch die Person Müntzers zu diskreditieren und die angebliche Bezugnahme Müntzers auf die Apostelgeschichte als gewalttätigen Missbrauch des Bibeltextes zu entlarven.[36]

Luther wiederum hat vehement und vergeblich dagegen anzugehen versucht, dass sich die Bauern mit ihren Forderungen auf das Evangelium beriefen. Und diese von Luther selbst betriebene Distanzierung hat über die Niederschlagung des Bauernkrieges hinaus auch dazu geführt, dass er selbst innerhalb der reformatorischen Bewegung marginalisiert worden ist.[37] Mit der deutschen Bibel, zunächst des Neuen Testaments, hatte sich allerdings auch die Volkssprachlichkeit der in die Protestbewegung führenden Texte verstärkt, die insbesondere als Flugschriften verbreitet worden sind. Durch ihre Lesbarkeit wurde die Bibel eine Waffe in den emanzipatorischen Bewegungen seit den 1520er Jahren.

---

35 S. Lotzer/C. Schappeler, Dye Grundtlichen Und rechten haupt Artickel, aller Baurschafft unnd Hyndersessen der Gaistlichkeit unn Weltlichen oberkayten, von wölchen sy sich beschwert vermainen, Memmingen 1525, A3ʳ.

36 Vgl. dazu F. Stengel, Omnia sunt communia. Gütergemeinschaft bei Thomas Müntzer?, ARG 102 (2011), 133–174.

37 Volker Leppin spricht ab 1525 von Luther als »Reformator am Rande der Reformation«, V. Leppin, Martin Luther (Gestalten des Mittelalters und der Renaissance), Darmstadt 2006, 277–318.

6 Täufer

Mit der Volkssprachlichkeit hatte sich zugleich die Vielfalt der Lektüren und Deutungen des Bibeltextes verstärkt. Angesichts der dynamischen politischen Situation, geprägt von massenhaften Enteignungen kirchlicher Güter und einer Erschütterung der kirchlichen Autorität, war keine Kontrolle über diese Deutungsvielfalt möglich. Was in dem einen Territorium verboten und unterbunden wurde, wurde in dem anderen gedruckt und gelangte dann durch grenzüberschreitende Verbreitung in die Öffentlichkeit. Der Bibeltext wurde von Laien gelesen und zuweilen nach eigenem Verständnis wörtlich umgesetzt, so wie es die oben genannten Orlamünder Bürger taten. Prominentes Beispiel sind die diversen und heterogenen Bewegungen der Täufer, deren Orientierung am Wortlaut der Bibel zur Distanzierung von der breiten christlichen Tradition führte, die in ihren Augen gerade nicht aus den kanonischen Büchern,[38] sondern von kirchlichen Lehren stammte. Für die Täufer war der Sinn der Heiligen Schrift eindeutig: Im Mittelpunkt stand die Lehre Jesu, dessen Lehren und Geboten »buchstäblich zu gehorchen« sei.[39] Das führte zu drastischen Kollisionen, von denen die Ablehnung der Kindertaufe seit Januar 1525 nur eine Ursache war.

Unter ausdrücklicher Bezugnahme auf das Neue Testament unterstrichen die Schleitheimer Artikel von 1527 die Ablehnung der Kindertaufe, weil ein biblischer Beleg für sie fehlte und die Taufe als Buße von Bußfähigen verstanden wurde (Artikel 1). Artikel 2 verschärfte das Laienprinzip, weil der »Hirte« aus der Gemeinde selbst gewählt oder von ihr abgesetzt werden sollte und damit kein Geistlicher sein musste. Mit Berufung unter anderem auf die Bergpredigt forderte Artikel 6 die völlige Waffen- und Gewaltlosigkeit für Christen. Obrigkeiten solle man zwar gehorsam sein, weil sie zu Gottes Ordnung gehörten, aber Christen sollten selbst nicht Obrigkeit werden. Das Schwören von Eiden untersagte Artikel 7 unter Bezugnahme auf Mt 5,32–36 grundsätzlich.[40]

Die Schleitheimer Artikel mit ihren Positionen zu Taufe, Schwert, Eid und Obrigkeit repräsentieren den pazifistischen Teil des Täufertums und resultieren aus der konsequenten Aufwertung des Neuen gegenüber dem Alten Testament

---

38 D.M. Moffitt, Sola scriptura? Some Reflections from Baptistic Perspectives, in: Alkier, Sola Scriptura 1517–2017 (s. Anm. 20), 291–308: 291.

39 S.E. Buckwalter, Die Bibelhermeneutik der Täufer, insbesondere Pilgram Marpecks, in: Christ-von Wedel/Grosse (Hg.), Auslegung und Hermeneutik (s. Anm. 19), 381–392: 381.

40 Vgl. H. Fast (Hg.), Quellen zur Geschichte der Täufer in der Schweiz, Bd. 2: Ostschweiz, Zürich 1973, 26–36; ich verzichte hier auf die detaillierte Wiedergabe der Referenzen auf einzelne Kapitel sowie Allusionen und Zitate aus neutestamentlichen Schriften im Schleitheimer Bekenntnis.

innerhalb der reformatorischen Bewegung.[41] Sie sind aber Folgen eines vor allem von theologischen Laien getragenen biblischen Christentums. Einige Anstöße des täuferischen Biblizismus scheinen insbesondere in der oberdeutschen reformatorischen Bewegung aufgenommen worden zu sein, so Martin Bucers Gemeindetheologie mit einer aktiven Laienbeteiligung und gemeinschaftlicher Entscheidungsfindung unter Bezugnahme auf Mt 18,15–18.[42]

Schwierig blieb der Umgang mancher Reformatoren mit dem Argument der Täufer, für die Kindertaufe finde sich kein biblischer Beleg und die Taufe gelte nur Bußfähigen. Zwingli, als dessen Schülerinnen und Schüler sich die Schweizer Täufer verstanden, bis er sich von ihnen distanzierte und ihre Exklusion und Verfolgung beförderte, hielt 1525 in seinem Taufbuch dagegen: In der Bibel stehe ja auch nicht ausdrücklich, dass man Frauen zum Abendmahl zulassen solle oder dass die Kindertaufe verboten sei.[43]

Es kann hier nur um Beispiele und nicht um eine ausführliche Darstellung der theologischen Debatten gehen, die sich innerhalb der reformatorischen Bewegungen über die Legitimität und Biblizität gegensätzlicher Bibelreferenzen entzündeten. Entscheidend ist, dass sich die Heterogenität, die Vielfalt und die Dynamik der verschiedenen Gruppierungen und Lager mit der Hermeneutik biblischer Aussagen verbanden und dass diese Vielfalt ein Resultat durch die Volkssprachlichkeit erst Luthers, und dann der folgenden gedruckt verbreiteten Verdolmetschungsprojekte war. Es fehlte – zunächst – an Instanzen, die nach der volkssprachlichen Popularisierung gewissermaßen eine geordnete Bibellektüre hervorgebracht und kanalisiert hätten. Es fehlte – mit Foucault gesprochen – an allgemein anerkannten Kommentaren, an einer Auslegungsdisziplin, die unerwünschte Auslegungen mit Hilfe einer »Teratologie« verbot, indem sie für »monströs« oder absurd erklärt wurden. Mit der Volkssprachlichkeit hatte Luther zwar an einen vor der normgebenden Vulgata liegenden, vermeintlichen Urtext angeknüpft, aber gerade dadurch nicht Einheitlichkeit, sondern eine Debatte um die als Autorität betrachtete Schrift hervorgerufen. Durch zahlreiche Glossen, Kommentare und Einleitungen zu den einzelnen Büchern hatte Luther schon im Septembertestament selbst eine gewisse Disziplin versucht, doch gerade dies stieß auf heftige Kritik.

---

41 So J. Roth nach Buckwalter, Bibelhermeneutik (s. Anm. 39), 390.
42 Vgl. Buckwalter, Bibelhermeneutik (s. Anm. 39), 390.
43 Vgl. H. Zwingli, Von der Taufe, von der Wiedertaufe und von der Kindertaufe (1525), in: ders., Sämtliche Werke, Bd. 4, hg. von E. Egli und G. Finsler (CR 91), Zürich 1927 [repr. 1982], 206–337: 286–288.

7 Polemik I: Verdolmetschung als Verfälschung

Luthers Neues Testament wurde in dezidiert altgläubig regierten Ländern wie dem Herzogtum Sachsen sofort verboten. Hieronymus Emser qualifizierte die Verdolmetschung schlagartig als Aufruhr. Er meinte, Luther sei nicht einmal sauber der »translation«(!) des Erasmus nachgegangen, sondern habe den Text »an vil orten unfleissig vortewtscht, an vilen zustuckt, vorruckt und gefelscht« und scheinbar sogar ein »sonderlich wickleffisch oder hussisch exemplar« besessen.[44] 1523 identifizierte Emser 1.400,[45] 1527 in seiner eigenen Ausgabe des Neuen Testaments noch 607 Fehler in der deutschen Wiedergabe des Textes und in Luthers Glossen zum Septembertestament, darunter viele Stellen, an denen Luther vorsätzlich seine eigene Theologie in den Text eingetragen habe.[46] Ich nenne nur einige repräsentative Beispiele, denn eine gründliche Auswertung der zahlreichen Glossen und Anmerkungen Emsers wie auch Luthers selbst im Septembertestament fehlt bisher.

(1) Jesu Wort Mt 26,51 f. »Wer das Schwert nimmt, wird durchs Schwert umkommen«, glossierte Luther mit der Bemerkung: »Wer das Schwert ohn ordentlich gewalt braucht«.[47] Hier habe Luther ein Jesuswort gegen seine eigenen »Rottmeister« und zugunsten der weltlichen Obrigkeit kommentiert, die ihr Schwert nicht umsonst trage, so Emser.[48] Das habe Luther auch in Mt 20,25 getan, wo im Griechischen die Gewalt der Fürsten der Heiden und der Großen (οἱ ἄρχοντες τῶν ἐθνῶν [...] καὶ οἱ μεγάλοι) genannt wird, Luther aber die weltlichen Herren beschreibt. Damit habe er zum Ungehorsam gegen die weltlichen Herren aufgerufen – für Emser Beweise für seine Mittäterschaft beim Aufruhr.[49]

(2) In Röm 13,1 steht: *Jedermann* sei untertan der Obrigkeit. »Jedermann« setzt Luther aber für »jede Seele« sowohl im Griechischen als auch im Lateini-

---

44 Emser, Gründ (s. Anm. 7), 523 f.

45 Vgl. Emser, Gründ (s. Anm. 7), 511.

46 Zitate hier aus der Ausgabe: Das New Testament so durch den hochgelerten Hieronymum Emser seligen verteutscht, under des Durchleuchten, Hochgebornen Fürstenn und Herrn, Herrn Georgen Hertzogen zu Sachssen etc. Regiment außgegangen ist, Freiburg i.Br. 1534, Beschlussrede: »Bei sechshundert und siben gemerkte stell / wo Luther dem text des newen Testaments zu gethon und abgebrochen / wo er auch den selbigen dur falsche gloßen / auff unchristlichenn verstandt gezogen hat«.

47 Vgl. Das Newe Testament Deutzsch, übersetzt von M. Luther, Vuittemberg 1522/1546, in: WA.DB 6, 120.

48 Vgl. New Testament nach Emser (s. Anm. 46), 51[r] f.

49 Vgl. New Testament nach Emser (s. Anm. 46), 38[r] f.: »Darumb liegenn die ketzer das man kein oberkeit haben / unnd niemand andern underthon sonder ein ider frey sein soll«.

schen (πᾶσα ψυχή, omnis anima)! Damit habe Luther ketzerisch nahegelegt, dass der Mensch nur nach seinem Leib, nicht aber nach seiner Seele untertan sein müsse.[50] Emser nahm damit zugleich ausdrücklich Bezug auf Luthers konsequenzenreiche Klage über die Beschlagnahmung seiner Übersetzung des Neuen Testaments im Herzogtum Sachsen in der Obrigkeitsschrift 1523. Luthers Probleme mit dem biblischen und platonisch-neuplatonischen Begriff der Seele vor allem wegen deren Unsterblichkeit, die wiederum Voraussetzung für die Lehre vom *purgatorium* und damit Bestandteil des Ablassstreits waren, stehen hier nicht zur Debatte,[51] aber entscheidend ist, dass genau solche Übersetzungen als äußerst belangvoll angesehen worden sind und die theologischen, politischen und dann auch militärisch ausgetragenen Debatten befeuert haben.

(3) Neben der Anstiftung zur Gewalt richtete sich Emsers Hauptkritik gegen Luthers Rechtfertigungslehre und hier insbesondere gegen die Abwertung der Heilsrelevanz von Werken. Schon 1523 attackierte Emser Luther für seine Herabsetzung der Werke. Er halte das Evangelium nicht für Gesetz, sondern verwöhne das Volk, wenn er meine, Leute sollten nichts tun außer »singen, springen und frowlich sein«, und Christus würde nicht strafen, sondern nur locken. Es sei »falsch und ketzerisch«, dass das Evangelium kein Werk von uns fordere, um »from und selig« damit zu werden. Das Evangelium verdamme weder geistliche noch weltliche Werke, so sehr der »werkmoerder« Luther sie auch ablehne. Christen sollten ihren Glauben mit Liebe bezeugen, aus der Werke folgen müssten, bloßer Glaube ohne Werke sei nackt, auch wenn er nicht zu verachten sei.[52]

In diesem Zusammenhang monierte Emser, dass Luther zusammen mit den Werken verschiedene neutestamentliche Bücher abwerte – mit seinen drastischen Worten: aus dem Neuen Testament verstoße – wie Hebr, Jud, Jak und Apk, wo doch die christliche Kirche sie kanonisiert habe. Es könne doch der Zweifel einzelner am Kanon nicht dazu führen, den Kanon zu verwerfen! Sollten die Ket-

---

50 Vgl. New Testament nach Emser (s. Anm. 46), 248[r]f.: »Merck das wider die ketzer, die do sprechen / sie sein der oberkeit allein mit leib und gut underworffen. Aber was die seele anlange / seyen sie ynenn nitt schuldig gehorsam zu sein / Als so man ynen zu gut und heyle / die ketzerischen bücher verbeut zulesen / darauß nitt allein zeitlicher / sonder auch ewiger schaden der seelen erfolget. Aber Sanct Paulus bricht ihnen hie die schantz / und verstopft ynen die meuler / in dem das er nit sagt / ein yetzlicher leib / noch eyn yetzlicher mensch. Sonder eyn yetzliche seel sey auch underthan der oberkeit. Dann die seelen die auß versumnis unn nachleßigkeit der oberkeit verderben / will Gott auß yren henden fordern. Ezechiel.3 & 33«.
51 Vgl. dazu F. Stengel, Seele, Unsterblichkeit, Auferstehung. Luther im Aufklärungsdiskurs, in: W.-F. Schäufele/C. Strohm (Hg.), Das Bild der Reformation in der Aufklärung (SVRG 218), Gütersloh 2017, 98–130.
52 Emser, Gründ (s. Anm. 7), 515f.519.521.

zer etwa auch Christus verwerfen, weil Juden und Heiden an ihm gezweifelt und ihn nicht für Sohn Gottes und Messias gehalten haben?[53]

In Emsers eigenem Neuen Testament von 1527 steht erneut die Herabsetzung der Werke durch Luther im Mittelpunkt. 1. Vorwurf: Luther vernichte gezielt die Gerechtigkeit, die aus den Werken des Gerechtfertigten folge. Nicht nur habe er den Jakobusbrief, in dem ein Glaube ohne Werke als tot bezeichnet wird, als »strewern Epistel« bezeichnet, obwohl ihn die christliche Gemeinde kanonisiert habe.[54] Er habe dementsprechend in Röm 3,28 zu dem *fide* – der Gerechte wird aus Glauben leben – ein *sola* hinzugefügt: allein durch Glauben, obwohl das *sola* weder im griechischen Text noch in der Vulgata stehe.[55] Damit war Luther zwar nicht der erste gewesen. Schon Nikolaus von Kues hatte in seinen *Excitationum libri decem* dem *fide* mehrmals ein *sola* hinzugesetzt; diese Predigten waren soeben, 1514, in den *Opera omnia* des Cusanus von Faber Stapulensis herausgegeben worden.[56] Mit den Werken, betonte Emser wie später auch Erasmus, meine Paulus zudem nicht die guten Werke, sondern die jüdischen Zeremonialgesetze und die Beschneidung.[57] Zudem habe Luther auch in Röm 3,21 ein nicht textgemäßes *sola* eingefügt: *allein* durch das Gesetz kommt die Erkenntnis der Sünde.

8 Programm: Dolmetschen, nicht übersetzen

Möglicherweise ging es auf Emsers und anderer Kritik zurück, dass die Formulierung *sola fide* in der *Confessio Augustana* drei Jahre später nicht vorkam, sondern

---

53 Vgl. Emser, Gründ (s. Anm. 7), 523.
54 New Testament nach Emser (s. Anm. 46), 358[r]; nach einer Tischrede meinte Luther 1542, den Jakobusbrief habe »irgents ein Jude gemacht«, WA.TR 5, 157 (NR. 5543); und ebenfalls 1542: »Jch wil schier den Jeckel in den offen werffen wie der pfaff vom Kalenberg.«, Promotionsdisputation von Heinrich Schmedenstebe, in: WA 39/2, 191–203: 199 (Referenz auf einen Pfarrer, der beim Besuch einer Herzogin mit hölzernen Apostelstatuen heizte).
55 Vgl. New Testament nach Emser (wie Anm. 46), 235[r].
56 Vgl. N. von Kues, Haec accurata recognitio trium voluminum operum clariss. P. Nicolai Cusae Card. ex officina ascensiana recenter emissa est cuius universalem indicem, proxime sequens pagina monstrat, hg. von J. Lefèvre D'Etaples, 3 Bde., Paris 1514; im Exemplar der Halleschen Universitätsbibliothek (Signatur AB BB 92a) sind viele dieser sola-Passagen handschriftlich markiert worden, vgl. Bd. 2, LXI[r], LXX[r], LXXVI[v], LXVIII[r], XCIII[v], XCV[v] passim.
57 Vgl. New Testament nach Emser (wie Anm. 46), 234[v].

nur einmal indirekt in einem Zitat aus dem *Ambrosiaster* und damit gewissermaßen mit Väterautorität.[58]

Aber nur wenig mehr als ein Vierteljahr nach der CA nahm Luther ausführlich Stellung zum Vorwurf des nicht textgemäß addierten *sola*, denn genau dies
war der Anlass des eingangs zitierten *Sendbriefs vom Dolmetschen*. Luther attackierte seine »papistischen« Übersetzungskritiker als »Doctor Schmidt und Doctor Rotzloeffel«[59] und den inzwischen verstorbenen Emser als den »Sudler von
Dres[d]en« explizit als einen, dessen Namen er nicht mehr nennen wolle und der
ja inzwischen seinen Richter habe.[60] Ohne auf den Jakobusbrief einzugehen, gab
er zu, dass ein »sola« nicht im Text enthalten gewesen sei, aber das deutsche
»allein« dem Sinn des Textes und der Absicht des Paulus vollauf entspreche. Zudem müsse man als Dolmetscher fragen, wie Mutter, Kinder und gemeiner Mann
sprechen, und deutsch mit ihnen reden. Es ging Luther demnach nicht um eine
»Übersetzung«, sondern um eine Verdolmetschung in dem Sinne, dass Ort und
Sprachgebrauch der Adressatinnen und Adressaten und zugleich eben die eigene
Theologie in die Verdolmetschungsarbeit als Übertragung oder Akkommodation
einfließen. Eigene Theologie heißt hier aber auch, dass die sprachliche Überhöhung durch das »allein« oder »sola« als Kern der paulinischen Rechtfertigungslehre über das *Corpus Paulinum* hinaus so auf das Neue Testament ausgedehnt
wird, dass für Luther die Abwertung oder Ausgrenzung des Jakobusbriefes daraus folgen muss.

Luthers Verdolmetschung erscheint in diesem Sinne als eine programmatische Nichtübersetzung, auch wenn er im *Sendbrief* darauf besteht, die Buchstaben nicht allzu frei »faren« gelassen zu haben. Vielmehr habe er mit seinen
»gehülffen« genau darauf geachtet, wo es darauf ankam, etwas nach dem Buchstaben behalten zu müssen und »nicht so frey« damit umzugehen.[61]

Der Blick auf neuere sprachphilosophische Übersetzungstheorien wirft
Licht auf diese Überlegungen. Nach Jacques Derrida ist es nicht möglich, eine
ursprüngliche Bedeutung adäquat zu übersetzen. Denn die Bedeutung eines Signifikanten wird singulär in der Signifikantenkette eines bestimmten Kontextes
fixiert. Ein Signifikant muss »iterierbar« sein, aber wenn er iteriert wird, verliert
er die Bedeutung, die zuvor kontextuell erzeugt worden ist. Diese ursprüngliche
Bedeutung von Signifikanten wird dann nur gebrochen und als »Spur« zitiert. Sie

---

58 In CA 6, vgl. L. Grane, Die Confessio Augustana. Einführung in die Hauptgedanken der lutherischen Reformation, Göttingen [6]1996, 64.
59 Luther, Sendbrief (s. Anm. 1), 636.
60 Luther, Sendbrief (s. Anm. 1), 634.
61 Luther, Sendbrief (s. Anm. 1), 640.

verschiebt sich stets durch neue Kontexte und generiert zugleich neue Kontexte. Die Suche nach einer ursprünglichen oder eigentlichen Bedeutung kann nur vergeblich sein, denn schon am Anfang steht die »Dissemination«.[62] In diesem Sinne müsste man Emsers Insistieren auf dem ursprünglichen Wortlaut – hier der Vulgata, die nicht einmal zeitgenössisch als ursprünglich angesehen worden ist – als ein vergebliches Begehren betrachten. Emser und Luthers andere altgläubige Gegner erblickten in Luthers Verdolmetschung jedoch nicht einfach die Umschreibung eines vermeintlichen Wortgehalts, sondern die theologisch und politisch absichtsvolle Reduktion des Kanons. Und sie mutmaßten den politischen Umsturz.

9 Polemik II: Dolmetschen, Aufruhr, Umsturz

Denn was der erwähnte Cochläus schon seit Anfang der 1520er Jahre befürchtete, schien sich 1525 bewahrheitet zu haben. In der altgläubigen Polemik wurden nun nicht etwa Müntzer oder Karlstadt, sondern Luther und die Wittenberger für die Katastrophe des »Bauernschlachtens« mit, so die Vermutung des Erasmus, 100.000 Toten,[63] verantwortlich gemacht: Nicht nur durch aufrührerische Lehren wie das Laienpriestertum, sondern auch durch das verdolmetschte Neue Testament.[64] Hieronymus Emser leitete sein in den altgläubigen Gebieten weit verbreitetes Neues Testament von 1527 schon auf der ersten Seite der Vorrede mit der Klarstellung ein, der Bauernaufruhr sei aus dem »teych der Lutherischenn ketzerey« hervorgegangen. Georg von Sachsen habe ja erwirken wollen, dass sich seine Untertanen und auch die »außlender« von diesen »pestilentzischen ketzereien«[65] enthalten, und in diesem Sinne versteht Emser seine Ausgabe als Großkorrektur des September- und des Dezembertestaments. Diese altgläubige Polemik behauptete einen Kausalzusammenhang zwischen reformatorischer Bewegung, volkssprachlicher Bibel und einem Aufruhr, der mit völlig unverhältnismäßiger Brutalität durch Obrigkeiten des altgläubigen und lutherischen Lagers

---

62 Vgl. dazu als Schlüsseltexte J. Derrida, Babylonische Türme. Wege, Umwege, Abwege, in: A. Hirsch (Hg.), Übersetzung und Dekonstruktion, Frankfurt a.M. 1997, 119–165; J. Derrida, Signatur Ereignis Kontext, in: ders., Limited Inc, hg. von P. Engelmann und aus dem Französischen übers. von W. Rappl unter Mitarbeit von D. Travner, Wien 2001, 15–45.
63 Vgl. W. Ribhegge, Erasmus von Rotterdam, Darmstadt 2010, 137.
64 Vgl. Laube, Bibel (s. Anm. 28), 14; dazu insgesamt den reichhaltigen Sammelband: A. Laube/U. Weiß (Hg.), Flugschriften gegen die Reformation (1525–1530), 2 Bde., Berlin 2000.
65 New Testament nach Emser (wie Anm. 46), 2^{r}.

gemeinsam niedergeschlagen worden war. So sehr diese Kausalität eben in ihrer polemischen Zielrichtung zu betrachten ist, so sehr hat sie als Behauptung die politischen Ereignisse und zugleich das theologische Profil der reformatorischen Bewegungen beeinflusst.

Die mit dem Bauernkrieg erhobenen Vorwürfe gegen die Theologie der Reformatoren als Auslöser für den Aufruhr wurden im Vorfeld des Augsburger Reichstags 1530 immer weiter komprimiert. In Augsburg lagen Johannes Ecks 404 Artikel über nicht weniger als 384 ketzerische, bekenntniswidrige Sätze aus den reformatorischen Schriften vor, die als Grundlage für eine erneute Bekräftigung des Wormser Edikts dienen sollten, darunter übrigens auch Zitate aus Texten von Erasmus, Zwingli, Oekolampad und des täuferischen Reformators Balthasar Hubmaier.[66] Die *Confessio Augustana* hat – ohne eine direkte Bezugnahme – viele Äußerungen, zitierte Sätze und Positionen zurückgewiesen, die in Ecks 404 Artikeln enthalten waren und die ausdrücklich dem Reichsrecht widersprachen, nach geltendem Recht verboten waren, mit Verfolgung bedroht oder aufrührerischen Gruppen und Personen wie den Täufern und Müntzer zugeordnet wurden.[67] Die Vielfalt der Bibellektüren, die das Septembertestament ermöglicht und hervorgebracht hatte, ist von den Unterzeichnern der CA und dem altgläubigen Lager gemeinsam wieder eingeschränkt, ja sogar aufgehoben worden. Bestimmte Bibelauslegungen wurden unter Strafe gestellt und mit dem Anathem belegt. Beispiele:

(1) Volkssprachlichkeit wurde in der CA nicht direkt berührt. Hieronymus Emser war vom Prinzip der Volkssprachlichkeit nicht abgewichen, sondern hatte im Gegenteil schon 1523 eine reine und unverfälschte Übersetzung durch mehr als einen Gelehrten gefordert, wo doch schon an der Septuaginta 72 Rabbiner beteiligt gewesen seien.[68] Mit Emsers Neuem Testament und – daran anknüpfend – mit der ins bayerische Idiom übertragenen Vollbibel Johannes Ecks von 1537 blieben im altgläubigen Bereich deutschsprachige, bei aller Orientierung an den Luther-Texten diesen gegenüber doch dezidiert kritische Bibelausgaben in Gebrauch. Schon in der Vorrede zu seinem Neuen Testament hatte sich Emser

---

66 Vgl. W. Gussmann, Johann Ecks vierhundertvier Artikel zum Reichstag von Augsburg 1530 nach der für Kaiser Karl V. bestimmten Handschrift, 2 Bde., Kassel 1930.
67 Vgl. exemplarisch Grane, Confessio (s. Anm. 58), 13, 27 f. (CA 1, Ecks Vorwurf der Bestreitung der Trinitätslehre durch Luther und Melanchthon), 81 f. (CA 9, Ecks Vorhaltung fast täuferischer Äußerungen Luthers in der Tauffrage), 92 (CA 10, gegen Ecks Vorwurf der Remanenz im Abendmahl bei den Lutheranern), 144 f. (CA 18, gegen Ecks Vorwurf des Determinismus in der Frage der Willensfreiheit), 151 (CA 19, gegen Ecks Vorwurf, Gott werde bei Luther und Melanchthon als Urheber der Sünde betrachtet).
68 Vgl. Emser, Gründ (s. Anm. 7), 511.

CA 16 die Negativfolie gewesen sein: Alle Obrigkeit und ordentliches Regiment seien Gottes gute Ordnung, von Gott geschaffen und eingesetzt, alle Christen können ohne Sünde in allen Obrigkeitsämtern und im Richteramt oder als Scharfrichter wirken. Sie dürfen die Todesstrafe verhängen, sie dürfen nach dem Recht Krieg führen (*iure bellare*), streiten (*militare*), gesetzliche Verträge schließen, Eigentum haben, Eide leisten, sich verehelichen. Die Schleitheimer hatten unter Berufung auf die Bergpredigt insbesondere das Schwertführen und das Eidschwören abgelehnt. Die anderen »Delikte« in CA 16 wie Eigentumsverzicht, Eheverzicht – implizit Polygamie – und Weltflucht, waren den Schweizer Brüdern schon Anfang der 1520er Jahre unterstellt worden, um sie zu diskreditieren. In der Täuferforschung ist dies nachdrücklich betont worden.[78] Der Eigentumspassus scheint sich ferner gegen die oben genannte, Thomas Müntzer unterstellte Forderung *omnia sunt communia* aus Apg 4,32.35 oder 2,44f. gerichtet zu haben. Hier waren die Täufer mitgemeint, da Müntzer in der Polemik (und fälschlicherweise) als Vater des Täufertums hingestellt worden war, um die Täufer insgesamt des Aufruhrs zu bezichtigen, obwohl sie sich mehrheitlich, und von der Ausnahme des Waldshuter Reformators Balthasar Hubmaier abgesehen, zum Pazifismus bekannten.

CA 17 verdammt ebenfalls ausdrücklich die Täufer und nennt zwei Lehren: Die *Apokatastasis panton* und den Chiliasmus, der als jüdische Lehre bezeichnet wird, obwohl er schon zeitgenössisch aus Kap. 20,1–10 der von Luther marginalisierten Apk abgeleitet wurde, während die *Apokatastasis panton* in Apg 3,21 genannt und sonst häufig aus 1 Kor 15,52–58 abgeleitet worden ist. Der Chiliasmus-Vorwurf dürfte sich in Wirklichkeit ebenfalls gegen Müntzer – und damit implizit auch gegen die Täufer – gerichtet haben, die Allversöhnungslehre wird den Täufern lediglich unterstellt.[79] Möglicherweise sind in Wirklichkeit damit jüdisch-kabbalistische Lehren,[80] aber indirekt und ohne Namensnennung Origenes selbst gemeint, der in der Häresiologie als Begründer der Apokatastasis-Lehre galt.

---

[78] Vgl. J.M. Stayer, Neue Modelle eines gemeinsamen Lebens. Gütergemeinschaft im Täufertum, in: H.-J. Goertz (Hg.), Alles gehört allen. Das Experiment Gütergemeinschaft vom 16. Jahrhundert bis heute (BSR 289), München 1984, 21–49: 30–32; Stengel, Omnia (s. Anm. 36), 151–153.156f.

[79] Nicht einmal bei dem kabbalistisch beeinflussten Täufer Augustin Bader scheint es eindeutig, dass er eine Apokatastasis-Lehre vertreten hat, vgl. A. Schubert, Täufertum und Kabbalah. Augustin Bader und die Grenzen der Radikalen Reformation, Gütersloh 2008, 225; offensichtlich vermieden zeitgenössische Protagonisten eine explizite Parteinahme für die Apokatastasis panton, um nicht unter das Verdikt des Origenismus zu fallen.

[80] Es könnte damit auch Hans Denck gemeint sein, der bei seiner Rezeption kabbalistischer und hermetischer Literatur auch Allversöhnungsvorstellungen aufgenommen haben soll; vgl.

10 Von der Aufhebung der Auslegungsfreiheit zur Freiheit der Auslegung

Für die Perspektive dieses Aufsatzes ist entscheidend, dass in der *Confessio Augustana* Positionen, die sich selbst ausdrücklich aus der Bibel ableiteten, nicht nur zurückgewiesen, sondern auch verdammt und damit »teratologisch« als monströse Lesarten aus dem Diskurs ausgeschlossen worden sind. Sie waren vor allem in den reformatorischen, nunmehr bekämpften und zerstörten Bewegungen der 1520er Jahre aufgrund der volkssprachlichen Verdolmetschungsarbeit durch Luther und seinen Kreis erst behauptet worden. Die Konfessoren wiesen nicht nur den Verdacht des Aufruhrs zurück und bekundeten Reichs- und Kaisertreue, sie distanzierten sich damit zugleich von der Freiheit der Schriftauslegung. Die Volkssprachlichkeit hatte sich als Instrument zur Popularisierung der Bibel zwar nicht als ursächliche, aber als zusätzliche Waffe gegen kirchliche Autoritäten erwiesen. Sie hatte die reformatorische Vielfalt begründen geholfen und die massiven, politisch und dann auch militärisch aufgeladenen Frontstellungen forciert, denn die Biblizität war als entscheidendes Argument neben die Legalität getreten. In Augsburg wurde 1530 neben der Biblizität und der reichsbezogenen Legalität zusätzlich auch verhandelt, auf wen das Kriterium der Katholizität zutreffen sollte.[81]

Diese Verhandlungen sind bis heute nicht zu Ende gebracht. Sie haben 1530, 1555, 1648 nur zu gegenseitigen Tolerierungen geführt, die immer wieder durch massive Auseinandersetzungen zwischen den Konfessionen unterbrochen wurden. Diese Auseinandersetzungen sind immer auch von Auslegungsdifferenzen begleitet gewesen. Das Biblizitätskriterium blieb als Streitprinzip erhalten. Die Verdolmetschungen seit 1522 schufen Vielfalt und wurden in politische Kontexte eingeschrieben. 1530 wurde diese Vielfalt aus politischen Gründen aufgehoben. Mit dem Verbot einzelner biblischer Auslegungen wurde die gegenseitige Tolerierung zwischen den Evangelischen und den Altgläubigen, die genau genommen erst mit dem Trienter Konzil auch römisch-katholisch genannt werden kön-

---

W.O. Packull, Hans Denck. Auf der Flucht vor dem Dogmatismus, in: H.-J. Goertz (Hg.), Radikale Reformatoren. 21 biographische Skizzen von Thomas Müntzer bis Paracelsus (BSR 183), München 1978, 51–59; im Straßburger täuferischen Milieu wird noch nach der CA von solchen Vorstellungen um Melchior Hofman [sic!] und Hans Denck berichtet, vgl. K. Deppermann, Melchior Hoffman [sic!]. Soziale Unruhen und apokalyptische Visionen im Zeitalter der Reformation, Göttingen 1979, 236–270.
81 Mit den Kriterien Legalität, Katholizität und Biblizität als Leitmotiven der CA schließe ich mich Grane, Confessio (s. Anm. 58), 15, an.

nen, ermöglicht. Um den Preis der Ausgrenzung devianter Gruppen wurde die Freiheit der Lektüre wieder aufgehoben. Das Schriftprinzip *sola scriptura*, Biblizität, steht nicht für sich, sondern immer im Zusammenhang mit Machtfragen. Eckart Reinmuth rät, es produktiv zu nutzen. Denn das würde bedeuten, bei der historischen Generierung von Bedeutungen immer ihre »Alternativen (nicht genutzte bzw. unterdrückte Optionen) mitzudenken«, die »Spuren des Politischen, die mit der Wendung *sola scriptura* verbunden sind« zu suchen und die Texte in ihrer »Bestrittenheit, Alterität, Bezweiflung« und mit ihren Gegenpositionen wahrzunehmen[82] – die mit konkreten politischen und theologischen Ausgrenzungen insbesondere seit der Explosion der Bibellektüre nach dem Septembertestament verbunden gewesen sind. Durch die in diesem Sinne immer wiederkehrende und unabgeschlossene Rückbesinnung auf das Schriftprinzip wäre zu verhindern, dass Theologie »Handlangerin fremder Interessen« wird. Die neutestamentlichen Texte sollten nicht »als Beschreibungen des Soseins der Menschen und ihrer Welt« verstanden werden, denn es geht »weder um ein christliches Menschen- noch ein christliches Gottes- noch ein solches Weltbild. Es geht vielmehr um ihr Anderssein, um ihr Anders-werden-Können, um ihr in die Krise-Gekommen-Sein.«[83]

---

82 Unter Rückgriff auf die Theorie radikaler Demokratie von Ernesto Laclau und Chantal Mouffe: E. Reinmuth, Sola scriptura. Das Performative und das Politische, in: Alkier, Sola Scriptura 1517–2017 (s. Anm. 20), 553–567: 558.563.
83 Reinmuth, Sola (s. Anm. 82), 565f.

Benedikt Kranemann

Das Ringen um die Sprache lebendiger Liturgie

Debatten in der jüngeren und jüngsten katholischen Liturgiegeschichte

Zusammenfassung: Über Jahrhunderte feierte die römisch-katholische Kirche Liturgie in lateinischer Sprache. Dennoch lebte die Diskussion über die Rolle anderer Sprachen im Gottesdienst und damit die Frage nach Übersetzungen immer wieder auf. Nach dem Zweiten Vatikanischen Konzil (1962–1965), in dessen Folge die Muttersprachen in den Liturgien dieser Kirche verwendet werden, wird in Kirche und Theologie bis in die jüngste Zeit über Grundaspekte von Übersetzungen, aber auch über Kompetenz und Zuständigkeit für die Sprache der Liturgie debattiert. Dabei kommen der sakrale Charakter der Liturgie, Fragen um Gottesdienst und Macht, aber auch die Entwicklungsfähigkeit der Glaubensfeier in den Blick. Letztlich geht es nicht nur um das Verständnis von Liturgie, sondern auch um das Selbstverständnis von Kirche.

Abstract: For centuries, the Roman Catholic Church celebrated liturgy in Latin. Nevertheless, the discussion about the role of other languages in worship, and thus the question of translations, revived again and again. After the Second Vatican Council (1962–1965), as a result of which the mother tongues are used in the liturgies of this Church, there has been debate in the Church and in theology up to recent times about basic aspects of translations, but also about competence and responsibility for the language of the liturgy. The sacred character of the liturgy, questions about worship and power, but also the capacity for development of the celebration of faith come into view. Ultimately, it is not only about the understanding of liturgy, but also about the self-understanding of the church.

Nicht erst seit dem Zweiten Vatikanischen Konzil (1962–1965) wird die Frage der Sprache des katholischen Gottesdienstes immer wieder neu aufgeworfen. Dabei wird Substanzielles des Gottesdienstes verhandelt. Wie Menschen in der Liturgie dem Geheimnis Gott begegnen, hängt an Riten und Ritualen, an Körper und Raum und vielem mehr, aber doch entscheidend auch an Sprache. Sprache in

Kontakt: Benedikt Kranemann, Katholisch-Theologische Fakultät, Universität Erfurt, Deutschland; E-Mail: benedikt.kranemann@uni-erfurt.de

https://doi.org/10.1515/bthz-2022-0011

der Liturgie kann die Heiligkeit des Geschehens in der Liturgie aussagen, kann aber ebenso zur Sakralisierung der Liturgie und ihrer Amts- und Rollenträger beitragen.[1] Sie kann zu einer Feier gehören, die Feier aller Anwesenden ist, kann zugleich wie eine Barriere zwischen den Menschen sowie zwischen Mensch und Gott wirken. Intentionen, Einflüsse und Mechanismen, die dabei wirksam sind, werden im Folgenden in einem historischen und systematischen Durchgang beschrieben. Mit Blick auf den Gottesdienst in der katholischen Kirche soll für Probleme um die liturgische Sprache sensibilisiert werden.

1 Historische Zugänge

In der Liturgiegeschichte seit der katholischen Aufklärung ist immer neu über Sprache in der Liturgie diskutiert und gestritten worden. Dabei ist unter anderem das Verhältnis von Weltkirche bzw. Rom und Ortskirche, die Relation von Liturgie und kulturell-gesellschaftlichem Kontext, die (sehr unterschiedlich beschriebene) Teilnahme der Gläubigen, die Spannung von Alltag und Sakralität, die Rolle des Lateinischen im Verhältnis zur Muttersprache verhandelt worden. Akzente und Gewichtungen wurden sehr verschieden und durchaus gegensätzlich gesetzt. Es ging nie ausschließlich um Sprache und Übersetzung, sondern grundlegender waren beispielsweise Liturgietheologie und Ekklesiologie betroffen. Es begegnen wiederkehrende Muster ästhetischer, theologischer, pastoraler und kirchenpolitischer Art. Es ging um zentrale Fragen von Kirche und Glauben.

Die Liturgien der römisch-katholischen Kirche wurden über Jahrhunderte fast ausschließlich in lateinischer Sprache gefeiert. Zu Beginn der Neuzeit hat dies das Konzil von Trient (1545–1563) noch einmal – allerdings explizit nur für die Messfeier – unterstrichen (DH 1749). Im Großen und Ganzen hat sich daran in den folgenden Jahrhunderten wenig geändert. Jedoch gab es bereits wenige volkssprachliche Elemente in sakramentalen Liturgien und darf natürlich auch nicht die Predigt in der Volkssprache vergessen werden, für die es in Ritualien sogar Vorlagen gab.[2]

---

1 Vgl. dazu G.M. Hoff/J. Knop/B. Kranemann (Hg.), Amt – Macht – Liturgie. Theologische Zwischenrufe für eine Kirche auf dem Synodalen Weg (QD 308), Freiburg i.Br. 2020.
2 Vgl. unter anderem S. Kopp, Volkssprachliche Verkündigung. Die Modellanreden in den Diözesanritualien des deutschen Sprachgebietes (StPaLi 42), Regensburg 2016.

1.1 Sprache und Liturgie – Stationen der Diskussion im 19. Jahrhundert

Die sogenannte katholische Aufklärung ging nicht nur in der Sprachpraxis, sondern auch der theologischen Debatte über die vorherige Praxis hinaus.[3] Ihr Anliegen war eine verständliche Liturgie, die Belehrung bewirken und sittliche Besserung des Menschen fördern sollte. Deshalb führte man in die Liturgie die Landessprache ein, denn belehrend konnte nur ein Gebetstext wirken, den die Menschen auch verstehen konnten. Nur wenige Jahre später setzten stärker restaurativ geprägte Theologen und ihre Liturgiken deutlich andere Akzente. Viele ihrer Argumente begegnen bis in die Gegenwart und lohnen deshalb die Wahrnehmung. Die Restauration des 19. Jahrhunderts bot ein Gegenprogramm zur katholischen Aufklärung, vertrat ein deutlich anderes Verständnis von Liturgie und insbesondere auch von Sprache. Interessant ist im Unterschied zur Zeit der Aufklärung, was den Gläubigen nach Meinung einzelner Theologen vermittelt werden sollte. In einer Zeit, die in vielfacher Weise als Bedrohung der katholischen Kirche verstanden wurde – durch Säkularisation, Kulturkampf, Industrialisierung usw. –, betonten Theologen zum einen die Einheit der Kirche, zum anderen die enge Bindung an Rom. In kleinen Liturgiken, die für die Unterrichtung der Gläubigen von Priestern verfasst wurden,[4] trifft man mit Blick auf die Sprache immer wieder auf die gleichen Muster. Latein ist als Liturgiesprache gesetzt, Theologen, die für die Landessprache optieren, wird deutlich widersprochen. Für die lateinische Sprache werden unterschiedliche Argumente ins Feld geführt, wie anhand einiger Beispiele gezeigt werden kann. Johann N. Ginal äußerte sich 1847 zur Sprache in der Messfeier, ließ aber nicht erkennen, dass er für andere Sakramente anders verfahren wollte.[5] Veränderungen der Sprache sollten nur mit Zustimmung Roms vorgenommen werden dürfen. Entscheidungen fielen nicht ortskirchlich oder waren gar dem einzelnen Pfarrer oder Priester überlas-

---

3 Vgl. B. Kranemann, Katholische Liturgie der Aufklärungszeit, in: J. Bärsch / B. Kranemann (Hg.), Geschichte der Liturgie in den Kirchen des Westens. Rituelle Entwicklungen, theologische Konzepte und kulturelle Kontexte, Bd. 2: Moderne und Gegenwart, hg. in Verbindung mit W. Haunerland / M. Klöckener, Münster 2018, 51–82.
4 Vgl. B. Kranemann, Liturgische Bildung im Umbruch. »Populär-Liturgik« zwischen Aufklärung und Liturgischer Bewegung, in: K. de Wildt / B. Kranemann / A. Odenthal (Hg.), Zwischen-Raum Gottesdienst. Beiträge zu einer multiperspektivischen Liturgiewissenschaft (PTHe 144), Stuttgart 2016, 103–117.
5 Vgl. J. N. Ginal, Gründlicher Unterricht über die heilige Messe für das katholische Volk, Augsburg 1847, 144 f.

sen. Benedikt Mette verstand 1874 Latein als kirchlichen Identitätsmarker.[6] Latein verbinde die Kirche mit Rom als ihrem Zentrum. Damit wurde zugleich ein konfessionalistisches Moment in die Sprachdebatte eingetragen. Ginal und Franz Göbel, der 1857 eine entsprechende Liturgik veröffentlichte,[7] gingen auf die Geschichte der Liturgiesprache ein. Latein verwies für diese Autoren auf die Anfänge der Kirche, bildete also eine Brücke zur Frühzeit der Christenheit. Göbel verwies auf die Kreuzestafel, auf der griechische, lateinische und syro-chaldäische Beschriftung zu lesen gewesen sei, was als »eine prophetische Hinweisung« für die in der Liturgie zu verwendende Sprache zu verstehen sei.[8] Für ihn zeigten sich in der Sprache Merkmale der »wahren« Kirche: »Einheit, Allgemeinheit, Heiligkeit, Apostolicität«.[9] Was man sich darunter näherhin vorzustellen hatte, konnte man den Ausführungen Ginals ablesen, der mit zeittypischen Argumenten auf die Befürworter der Verwendung der Landessprache in der Liturgie reagierte: Latein diene der kirchlichen Einheit. Es schütze vor Willkür und dem Zwang zu einer fortwährenden Modernisierung der Übersetzungen. Durch den jahrhundertelangen Gebrauch der lateinischen Sprache könne von deren Heiligkeit gesprochen werden. Liturgie werde auch dann nicht im Letzten verständlich, wenn man sie in die Landessprache übersetze. Die Messfeier sei keine Unterrichtung der Gläubigen.[10] Hier begegnet zum einen eine klare Absage an Vorstellungen aus der Aufklärungszeit, zum anderen das Bemühen um Heiligung und Kontrolle von Sprache und Liturgie. Auch Göbel kannte solche Zusammenhänge, wobei ihm das Moment der Einheit von Sprache und Liturgie wichtig war. Er hielt die Kontrolle einer Liturgie in lebenden Sprachen für unmöglich und wollte das den Gläubigen vermitteln, warb also für die Unveränderlichkeit und Unverfügbarkeit der Liturgie. Er befürchtete den Einfluss von Irrlehren und Zeitgeist – eine immer wieder beschworene, aber auch diffus beschriebene Gefahr.[11] Für den Umgang mit dem Heiligen lehnte er die Verwendung einer alltäglichen Sprache ab. Latein diente dem Schutz der Liturgie. Mehr noch: Der sprachliche Schleier um das Heilige entsprach für Göbel dem »Charakter des Cultus«[12] wie religiösem Gefühl.

---

6 Vgl. B. Mette, Katholische Populär-Liturgik. Oder: leichtfaßliche Darstellung und Erklärung der heiligen Orte, Geräthe, Handlungen und Zeiten der katholischen Kirche, Regensburg 1874, 43f.

7 Vgl. F. Göbel, Der Gottesdienst der katholischen Kirche. Für Geistliche und gebildete Laien, Regensburg 1857, 13–18.

8 Göbel, Gottesdienst (s. Anm. 7), 13.

9 Göbel, Gottesdienst (s. Anm. 7), 14.

10 Vgl. Ginal, Unterricht (s. Anm. 5), 145.

11 Vgl. Göbel, Gottesdienst (s. Anm. 7), 14.

12 Göbel, Gottesdienst (s. Anm. 7), 15.

Die Debatte um die Sprache der Liturgie erhielt klerikale Züge. Nach Göbel war ein Vorzug des Lateinischen, dass Priester mit dieser Sprache weltweit Liturgie feiern konnten. Die Gläubigen wiederum mussten des Lateinischen nicht mächtig sein, denn die Messe sei Handlung und könne in ihrem Wesen ohne Sprachkenntnisse verstanden werden.[13] Die Sprache signalisierte, dass Liturgie an der Person des Klerikers hängt. Mette bezeichnete Latein als »Sprache der Bildung und der Wissenschaft« und hob damit die entsprechend Sprachkundigen hervor.[14] Der Anblick des liturgischen Geschehens und die innere Ergriffenheit machten sprachliche Verständlichkeit überflüssig.[15] Liturgiekatechesen zur Unterweisung der Gläubigen wurden empfohlen.

Diese und andere Aussagen zur Sprache wurden in den kleinen Liturgiken kaum argumentativ entfaltet, sondern autoritär gesetzt. Lateinische Sprachgestalt auf der einen und auf der anderen Seite Traditionsbewahrung, Erhalt kirchlicher, zumal römischer Autorität und Kontrolle, Ausdruck des kirchlichen Amtes im Unterschied zu den anderen Gläubigen, Schutz der Sakralität der Liturgie und Bewahrung der Emotionalität bzw. Ergriffenheit sind hier gleichsam zwei Seiten einer Medaille. Offensichtlich hängt vom Medium der Sprache doch Wesentliches für die Liturgie ab.

1.2 Die Frage der Liturgiesprache in der Liturgischen Bewegung

Die Sprache der Liturgie war ein, aber nicht das alleinige Thema der katholischen Liturgischen Bewegung.[16] Während man beispielsweise in der Tauf-, Trauungs- und Begräbnisliturgie schon früh im 20. Jahrhundert und je nach Bistum mehr oder weniger deutschsprachige Texte in einer insgesamt lateinischsprachigen Liturgie finden konnte, blieben die Texte der Messfeier, die der Priester zu sprechen oder zu singen hatte, in Latein. Ein Ziel der Liturgischen Bewegung war eine Stärkung des Glaubens aus der Liturgie. Deshalb waren Mitsingen und Mitbeten aller in der Messfeier gewünscht, was als tätige Teilnahme verstanden wurde. Es gab unterschiedliche Stimmen für oder gegen das Lateinische. Verbreitet waren

---

13 So auch Ginal, Unterricht (s. Anm. 5), 145.

14 Mette, Populär-Liturgik (s. Anm. 6), 44.

15 Göbel, Gottesdienst (s. Anm. 7), 16.

16 Zum Folgenden vgl. W. Haunerland, Liturgische Bewegung in der katholischen Kirche im 20. Jahrhundert, in: Bärsch/Kranemann (Hg.), Geschichte der Liturgie (s. Anm. 3), 165–205: 170–173. Für eine Fallstudie vgl. A. Bender, Programm und Rezeption der Liturgischen Bewegung im Spiegel der »Liturgischen Zeitschrift«, ALW 51/3 (2009), 311–333: 325–330.

Volksmessbücher, die lateinischen und deutschen Text nebeneinander boten, oder kleinere Publikationen, zum Teil in Heftform, mit Übersetzungen einzelner Liturgien. Es gab verschiedene Übersetzungen, doch einigten sich führende Köpfe der Liturgischen Bewegung 1929 auf eine Übersetzung des Ordo Missae, die sich auch in den Volksmessbüchern durchsetzte.[17] Die Gläubigen konnten die Liturgie mitlesen, was allerdings in der sogenannten stillen Messe eine Herausforderung war.

Auch andere Formen sogenannte Gemeinschaftsmessen wurden im Sinne einer stärkeren Mitwirkung gefeiert. So konnten die lateinischen Gesänge von allen und nicht nur von einer Schola mitgesungen oder mitgesprochen werden. Mancherorts sang man in der sogenannten Betsingmesse statt der lateinischen Gesänge oder zu deren Ergänzung deutschsprachige Kirchenlieder. In der sogenannten Gemeinschaftsmesse blieb der Priester beim Lateinischen, aber ein Vorbeter rezitierte die Texte auf Deutsch und die Gemeinde antwortete entsprechend.[18]

Die Frage der Sprache des Gottesdienstes sowie damit unmittelbar verbunden die Frage der Teilnahme an der Liturgie waren – zum Teil schon vom 19. Jahrhundert her – präsent und sorgten für Diskussionen und Auseinandersetzungen über das Für und Wider. Sie betrafen auch liturgierechtliche Fragen, denn manche der gerade beschriebenen Neuerungen waren in Rom umstritten.

1.3 Lateinnahe Übersetzungen und sprachliche Neuschöpfungen in der Collectio Rituum von 1950

1950 konnte ein Übersetzungsprojekt realisiert werden, um das lange gerungen worden war und das hier nur erwähnt werden soll.[19] In der sogenannten Collectio Rituum, einem Rituale-Auszug für Taufe, Trauung, Letzte Ölung, Begräbnis usw., die für die deutschen Diözesen Geltung besaß, waren zum Teil neben dem lateinischen Text deutsche Übersetzungen, in einigen Fällen auch deutsche Eigentexte abgedruckt. Aus heutiger Sicht werden hier die Probleme einer zu eng dem

---

17 Vgl. A. A. Häußling, »Einheit in den deutschen liturgischen Texten«. Josef Könn und die Übersetzung des Ordo missae von 1929, ALW 22 (1980), 124–128.

18 Zu einer Übersicht zu verschiedenen Formen und Sprachpraktiken vgl. R. Pacik, Aktive Teilnahme des Volkes an der Messe. Die von Pius Parsch entwickelten Modelle, HlD 58/2 (2004), 122–132.

19 Vgl. J. Bärsch, »Anwalt des liturgischen Anliegens«. Bischof Albert Stohr und sein Wirken für die Erneuerung des Gottesdienstes in Deutschland, in: ders., Liturgie im Prozess. Studien zur Geschichte des religiösen Lebens, hg. von M. Benini, F. Kluger und B. Winkel, Münster 2019 [zuerst 2012], 353–390: 380–387.

Lateinischen folgenden Übersetzung deutlich. Manche Texte wirken sprachlich hölzern und sind theologisch problematisch. Bemerkenswert sind die Eigentexte, die einen Weg neben der reinen Übersetzung ausweisen. Offensichtlich geht es bei diesem Buch auch darum, angesichts einer Vielzahl von liturgischen Behelfen seitens der Bischöfe die Kontrolle zu behalten und den weiteren Weg vorzugeben. Als 1959 im Vorfeld des Zweiten Vatikanischen Konzils – auch in Deutschland – nach Themen für diese Kirchenversammlung gefragt wurde, war die Frage der Sprache in der Liturgie als Thema gesetzt.[20]

1.4 Sprache und Liturgie im Zweiten Vatikanischen Konzil

Durch die Liturgische Bewegung und die genannten ersten Reformschritte stand die Sprachenfrage der Liturgie auch für das Konzil und die ihm nachfolgenden Dokumente zur Diskussion. Das Konzil leitete mit der Liturgiekonstitution »Sacrosanctum Concilium« (SC) eine grundlegende Reform der Liturgie in der katholischen Kirche ein. Bei den Eingaben aus der Weltkirche für die Beratungen des Konzils nahm die Sprachenfrage einen großen Raum ein.[21] Es war ein Novum, dass nun zumindest ein Teil der Kirchenöffentlichkeit in die Sprachdebatte einbezogen wurde. SC 36 widmet sich der Sprache des Gottesdienstes und legt in §1 fest, dass der Gebrauch der lateinischen Sprache in den lateinischen Riten bewahrt werden solle, definiert dann aber in den folgenden Paragrafen Räume für die Muttersprachen – so §2 zu Lesungen, erklärenden Hinweisen, einigen Orationen, Gesängen u. a. in der Messfeier – und weist die Entscheidungskompetenz den einzelnen Bischofskonferenzen zu, bindet sie aber an die Bestätigung durch den Apostolischen Stuhl. Aus den Debatten des Konzils werden als Argumente für das Lateinische genannt, es handele sich um die Sprache der Kirche und gehe um die Einheit der Kirche. Volksmessbücher in verschiedenen Muttersprachen genügten für die Mitfeier, die kirchliche Lehre werde so gewahrt und für den Schutz der heiligen Liturgie gesorgt. Das Lateinische wurde zudem als Boll-

---

20 Vgl. M. Selle, Latein und Volkssprache im Gottesdienst. Die Aussagen des Zweiten Vatikanischen Konzils über die Liturgiesprache, Diss., Ludwig-Maximilians-Universität München, 2001, 38–102, online abrufbar unter https://edoc.ub.uni-muenchen.de/3758/1/Selle_Monika.pdf. Allerdings: »Die Gründe, weswegen die Liturgiesprache als Beratungsgegenstand auf dem Konzil gefordert wird, differieren jedoch bei den einzelnen Eingaben stark« (Selle, Latein und Volkssprache [s. diese Anm.], 101).
21 Vgl. E. J. Lengeling, Die Konstitution des Zweiten Vatikanischen Konzils über die heilige Liturgie. Lateinisch-deutscher Text mit einem Kommentar (RLGD 5/6), Münster ²1965, 81; vgl. Selle, Latein und Volkssprache (s. Anm. 20).

werk gegenüber dem Nationalismus betrachtet.[22] Demgegenüber wurde für die Muttersprachen die Verständlichkeit der Liturgie genannt und auf die vom Liturgieverständnis problematische Trennung von Klerus und Laien, von Kirche und kultureller Umwelt hingewiesen. Eine dialogisch angelegte Liturgie sei auf verstehendes Sprechen angewiesen. Nicht ein Verhüllen, sondern das Offenbaren der Zeichen des Glaubens sei Ziel der Liturgie. Die Nachteile einer toten Sprache für ein lebendiges Glaubensgeschehen wurden hervorgehoben.[23] Nach dem Konzil gingen die Entwicklungen zügig voran:[24] Bereits 1967 war die Verwendung der Muttersprache für die gesamte römische Liturgie zugelassen,[25] bis 1979 wurden bereits 342 Sprachen in der katholischen Liturgie verwendet.[26]

Die Sprache der Liturgie wurde in den folgenden Jahrzehnten immer neu zum Gegenstand der Auseinandersetzung. Sichtlich veränderte sich der Blick auf Sprache und wurden unterschiedliche institutionelle Zuständigkeiten für Übersetzungen und liturgische Texte insgesamt benannt. Die Frage der Sprache war mit kirchenpolitischen Auseinandersetzungen verbunden, und der Umgang mit Sprache stand für sehr unterschiedliche Modelle von Liturgie und Kirche.

1.5 … und in der nachkonziliaren Kirche

Zunächst veröffentlichte das »Consilium«, der Rat zur Ausführung der Konstitution über die heilige Liturgie, am 25. Januar 1969 im Pontifikat von Papst Paul VI. die Instruktion »De interpretatione textuum liturgicorum«,[27] nach deren Vor-

---

22 Vgl. Lengeling, Konstitution (s. Anm. 21), 81f.
23 Vgl. Lengeling, Konstitution (s. Anm. 21), 82 und zu den einzelnen Regelungen, die das Konzil erlassen hat: 83–85; R. Kaczynski, Theologischer Kommentar zur Konstitution über die heilige Liturgie Sacrosanctum Concilium, in: P. Hünermann/B. J. Hilberath (Hg.), Herders Theologischer Kommentar zum Zweiten Vatikanischen Konzil, Bd. 2: Sacrosanctum Concilium – Inter mirifica – Lumen gentium, Freiburg i.Br. [u.a.] 2004, 1–227: 105–111, und zum weiteren problematischen Umgang mit den Konzilsbeschlüssen seitens der römischen Kurie: 109–111.
24 Zur nachkonziliaren Debatte um die Sprache im Gottesdienst vgl. L. Kremer, Deutsch in der Liturgie. Die Entwicklung der theologischen Diskussion über die Sprache der Amtsgebete seit dem Zweiten Vatikanischen Konzil, Diss., Universität Erfurt, 2018, online abrufbar unter: https://www.db-thueringen.de/receive/dbt_mods_00045684.
25 Vgl. Kaczynski, Kommentar (s. Anm. 23), 106f.
26 Vgl. W. Haunerland, Art. Liturgiesprache, in: LThK³ 6 (1997), 988f.: 988.
27 Wir zitieren hier den zunächst in französischer Sprache veröffentlichten Text De interpretatione textuum liturgicorum nach H. Rennings/M. Klöckener (Hg.), Dokumente zur Erneuerung der Liturgie. Dokumente des Apostolischen Stuhls 1963–1973 (Dokumente zur Erneuerung der Liturgie 1), Kevelaer 1983, Nr. 1200–1242.

gaben über Jahrzehnte die lateinischsprachigen liturgischen Bücher in die verschiedenen Muttersprachen übersetzt wurden. Sprache wurde als Mittel zwischenmenschlicher Kommunikation wie als Medium der Kommunikation der Menschen mit Gott verstanden.[28] Damit wurde bereits die Spannung, in der die entsprechenden Texte stehen, markiert. Liturgie meine für Gläubige einen vielfältigen gott-menschlichen Dialog. Um in diesen Dialog als Glaubensgeschehen eintreten zu können, reiche eine reine Übertragung aus dem Lateinischen beispielsweise ins Deutsche nicht. Es gehe vielmehr darum, den Gesamtzusammenhang einer sprachlichen Äußerung und deren Aussage in eine andere Sprache zu übermitteln.[29] Das Ziel war also ein inhaltlicher Transfer, für den es in der jeweiligen Sprache letztlich einer immer neuen Annäherung an das Gottesgeheimnis bedarf. Für diesen Prozess sollten Inhalt, Adressaten und Form der Aussage in den Blick genommen werden.[30] Es galt, die Inhalte zutreffend wiederzugeben. Generell wurde für liturgisches Gebet als Leitmaxime ausgegeben: »Das Gebet der Kirche ist stets Gebet von Menschen, die hier und jetzt beten.« Auch mit ihrer Sprachgestalt sollte sich die Liturgie dieser Aufgabe stellen. Als Maxime galt: »Die versammelte Gemeinde soll den übersetzten Text zu ihrem eigenen lebendigen Gebet machen können, und jedes ihrer Glieder soll sich in ihm aussprechen können.«[31] Vitalität des Glaubens und Sprachgestalt sollten einander korrespondieren. Damit wurden nicht für eine Ortskirche, sondern für eine Weltkirche Maßstäbe für die Übersetzung und die liturgische Sprache formuliert. Die Gebete sollten zuverlässiger Ausdruck der Lehre der Kirche, aber auch Zeugnis »einer christlichen Geistigkeit« sein.[32] Der einzelne Text sollte als sprachliche Größe gewürdigt werden, Wesentliches vom Unwesentlichen unterschieden werden. Einige Textsorten sollten »integre et fideliter« übersetzt werden.[33]

Die Instruktion sah die Arbeit von Fachkommissionen an der Sprache der Liturgie vor. Genehmigt werden mussten solche Übersetzungen von der jeweiligen Bischofskonferenz. Übersetzungen sollten ausprobiert werden. Die Bestätigung der Texte oblag dem »Consilium«.[34] Hier begegnet ein mehrfaches hierarchisches Moment: Letztlich wird die Sprache der Liturgie in den Ortskirchen verantwortet, aber auch das römische Consilium ist am Genehmigungsverfahren beteiligt. Sprache in der Liturgie unterliegt, wenn man von den frei gestaltbaren Teilen wie

---

28 Vgl. De interpretatione (s. Anm. 27), Nr. 1204.
29 Vgl. De interpretatione (s. Anm. 27), Nr. 1205.
30 Vgl. De interpretatione (s. Anm. 27), Nr. 1206.
31 Vgl. De interpretatione (s. Anm. 27), Nr. 1219.
32 De interpretatione (s. Anm. 27), Nr. 1223.
33 Vgl. De interpretatione (s. Anm. 27), Nr. 1226 f. 1232.
34 Vgl. De interpretatione (s. Anm. 27), Nr. 1237–1242.

beispielsweise Predigt oder Fürbitten absieht, liturgierechtlichen Restriktionen. Diese fallen in der Übersetzerinstruktion eher zurückhaltend aus, was für die Zeit unmittelbar nach dem Konzil durchaus typisch ist.

In den folgenden Jahrzehnten ist die Sprachgestalt der Liturgie immer wieder zum Politikum und zum Gegenstand theologischer wie machtpolitischer Auseinandersetzungen geworden. Einen Anlass, die Übersetzerinstruktion zu überarbeiten, sah man offensichtlich nicht. Doch zogen römische Instanzen, vor allem die Kongregation für den Gottesdienst und die Sakramentenordnung, mehr und mehr Befugnisse und die Letztgenehmigung liturgischer Texte an sich. Die Frage der Übersetzung und damit der Sprache der Liturgie wurde zu einem Gegenstand innerkirchlicher Machtpolitik.[35]

Noch ganz auf der Linie der Übersetzerinstruktion bewegte sich eine 1988 eingerichtete Studienkommission der Internationalen Arbeitsgemeinschaft der Liturgischen Kommissionen im deutschen Sprachgebiet, die eine Revision des deutschsprachigen Messbuchs vorbereiten sollte. Hier wurde nicht nur eine kleinteilige institutionelle Struktur für die Überarbeitung der Gebetstexte entwickelt, sondern wurden zugleich umfangreiche Leitlinien für die Revisionsarbeit verfasst. Sprache wurde als Teil der »gottmenschliche[n] Kommunikation«[36] in der Liturgie betrachtet und als dringlichste Frage genannt, »ob die Gebete des Meßbuchs das, was sie aussagen wollen und sollen, für die heute Gottesdienst Feiernden angemessen zum Ausdruck bringen.«[37] Das Projekt scheiterte, als mit »Liturgiam Authenticam« die römischen Vorgaben für solche Projekte grundlegend verändert wurden.

---

35 Wenig untersucht worden sind die in diesem Zusammenhang interessanten liturgischen Texte der »grauen Literatur«. Vgl. jetzt J. Bärsch, Orationen, Kanongebete, Motivmessen ... Die liturgischen Werkbücher von Alfred Schilling im Rezeptionsprozess der Liturgiereform im deutschen Sprachgebiet. Ein Beitrag zur Praxisgeschichte des katholischen Gottesdienstes, in: ders./ S. Kopp/C. Rentsch (Hg.), Ecclesia de Liturgia. Zur Bedeutung des Gottesdienstes für Kirche und Gesellschaft (FS W. Haunerland), Regensburg 2021, 223–244.
36 Vgl. Leitlinien für die Revision der Gebetstexte des Meßbuchs, in: E. Nagel (Hg.), Studien und Entwürfe zur Messfeier (Texte der Studienkommission für die Meßliturgie und das Meßbuch der Internationalen Arbeitsgemeinschaft der Liturgischen Kommissionen im deutschen Sprachgebiet 1), Freiburg i.Br. [u.a.] ²1996 55–62: 55.
37 Leitlinien (s. Anm. 36), 56.

1.6 Veränderte kirchliche Vorgaben für die Übersetzung mit Abstand zum Konzil

2001, also im Pontifikat von Papst Johannes Paul II., gab die genannte römische Kongregation neue Vorgaben für die Übersetzung heraus: »Liturgiam authenticam«.[38] In dieser römischen Instruktion wird ein anderes Bild von Sprache im Gottesdienst als zuvor entworfen und zum rechtlichen Maßstab erhoben. Menschliche Sprache dient dazu, Mysterium und Glauben im Gebet zu fassen. Sie ist Mittel für einen angemessenen Kult.[39] Zudem wird das lateinischsprachige Missale Romanum als Ausdruck und Mittel kirchlicher Einheit verstanden.[40] Ein möglichst genauer Erhalt der Texte dieses und der anderen römischen Riten bei der Übersetzung in die Muttersprachen ist das eigentliche Ziel. Mit dem peniblen Erhalt von Inhalten und Sprache will man die kirchliche Einheit und den wahren Glauben sichern. Deshalb müssen »die Übersetzungen der heiligen Liturgie in die Volkssprachen als authentische Stimme der Kirche Gottes verlässlich« sein.[41] Authentizität[42] bedeutet hier Verpflichtung auf den Wortlaut der liturgischen Texte und impliziert eine entsprechende Übersetzung. Der Umgang mit Sprache und Übersetzung in der Liturgie wird in einem sehr bürokratischen und verrechtlichten Verfahren geregelt, für das im entscheidenden Moment immer die Zustimmung der römischen Kongregation notwendig ist. Die Sprache der liturgischen Bücher unterliegt im letzten der Kontrolle Roms und ist Teil eines Macht- und Disziplinarverfahrens. Nicht ein kreativer Umgang mit Sprache und Übersetzung darf das Ziel sein, sondern ein »getreuer und genauer« Umgang, der nichts auslässt, nichts hinzufügt und auf Paraphrasen und Erklärungen verzichtet. Die Sprache soll Orthodoxie sichern, die Texte sollen »Grundlagen des Glaubens und der christlichen Sittenlehre« einprägen und müssen deshalb »mit der gesunden Lehre übereinstimmen«.[43] Bei der Übersetzung biblischer Texte soll je-

---

38 Vgl. Kongregation für den Gottesdienst und die Sakramentenordnung, Der Gebrauch der Volkssprache bei der Herausgabe der Bücher der römischen Liturgie »Liturgiam authenticam«. Fünfte Instruktion »zur ordnungsgemäßen Ausführung der Konstitution des Zweiten Vatikanischen Konzils über die heilige Liturgie« (zu Art. 36 der Konstitution), Lateinisch – Deutsch (28. März 2001; VApS 154), Bonn 2001 (wir geben bei Zitaten die Absatznummern an).
39 Vgl. Liturgiam authenticam (s. Anm. 38), Nr. 3.
40 Vgl. Liturgiam authenticam (s. Anm. 38), Nr. 4.
41 Liturgiam authenticam (s. Anm. 38), Nr. 7.
42 Zur Problematik des Begriffs »Authentizität« vgl. E. Schilling, Authentizität. Karriere einer Sehnsucht (C.H. Beck Paperback 6403), München ²2021.
43 Liturgiam authenticam (s. Anm. 38), Nr. 26.

der Sprachstil vermieden werden, der zu einer Verwechslung mit dem Stil »nicht-katholischer kirchlicher Gemeinschaften«[44] führen könnte.

»Liturgiam authenticam« regelt bis in Nuancierungen Details der Übersetzungs- und damit Textarbeit und versucht, beide auf das engste an den lateinischen Text zu binden. Es geht um latinisierende Übersetzungen, die in der Gefahr stehen, den Volkssprachen nicht gerecht zu werden,[45] weil sie bis in die Syntax hinein reglementieren. Sprache wird zu einem Mittel innerkirchlicher Disziplinierung.[46]

Dies belegen auch die Vorgaben für die Kommissionen, die die Übersetzungen vorbereiten. Das Approbationsrecht liegt demnach bei den Bischofskonferenzen, die letztendliche Genehmigung der Übersetzungen aber beim Apostolischen Stuhl.[47] Die Arbeit in den Kommissionen wird der Öffentlichkeit entzogen, über sie muss Stillschweigen bewahrt werden.[48] Nichtbischöfliche Mitarbeiter in länderübergreifenden Kommissionen benötigen sogar eine römische Zulassung, ein Nihil obstat.[49]

1.7 Aktuelle römische Aussagen zu Sprache, Teilnahme, Inkulturation

Aber auch diese Instruktion zu Sprache und Übersetzung ist in weiten Teilen bereits wieder Makulatur, denn 2017 hat Papst Franziskus mit dem Motu proprio »Magnum Principium« die Rechtslage noch einmal verändert und neue Wegmarken für die Sprache der Liturgie eingetragen.[50] Letztlich ging es dabei nur um eine Veränderung des can. 838 im katholischen Kirchenrecht (festgehalten im *Codex Iuris Canonici* [CIC]), die aber weitreichende Folgen hat. Hieß es nach can. 838 CIC

---

44 Liturgiam authenticam (s. Anm. 38), Nr. 40.
45 Zu Diskussion um Liturgiam authenticam vgl. P. Jeffery, Translating Tradition. A Chant Historian Reads Liturgiam Authenticam, Collegeville/MN 2005; B. Kranemann/S. Wahle (Hg.), »... Ohren der Barmherzigkeit«. Über angemessene Liturgiesprache (Theologie kontrovers), Freiburg i. Br. [u.a.] 2011.
46 Zu einer positiveren Beurteilung vgl. R. Meßner, Einige Defizite in der Performance der Eucharistie, in: S. Wahle/H. Hoping/W. Haunerland (Hg.), Römische Messe und Liturgie in der Moderne, Freiburg i. Br. [u.a.] 2013, 305–345: 334–339; vgl. auch die unterschiedlichen Positionen in Kranemann/Wahle (Hg.), »... Ohren der Barmherzigkeit« (s. Anm. 45).
47 Vgl. Liturgiam authenticam (s. Anm. 38), Nr. 82.
48 Vgl. Liturgiam authenticam (s. Anm. 38), Nr. 101.
49 Vgl. Liturgiam authenticam (s. Anm. 38), Nr. 100.
50 Vgl. Papst Franziskus, »Magnum Principium«. Apostolisches Schreiben in Form eines »Motu Proprio«, durch das can. 838 des Kodex des kanonischen Rechts verändert wird, 3. September

(1983), der Apostolische Stuhl habe »die liturgischen Bücher herauszugeben und ihre Übersetzungen in die Volkssprachen zu überprüfen«, ist nach der neuen Fassung seine Aufgabe, »die von den Bischofskonferenzen nach Maßgabe des Rechts approbierten Anpassungen zu rekognoszieren«. Die Bischofskonferenzen hat die vormalige Fassung des can. 838 CIC verpflichtet, die liturgischen Bücher »innerhalb der in diesen liturgischen Büchern festgelegten Grenzen in angemessener Weise ihren Verhältnissen anzupassen; diese Übersetzungen haben sie nach vorgängiger Überprüfung durch den Heiligen Stuhl herauszugeben.« Jetzt heißt es, sie haben die »Übersetzungen der liturgischen Bücher in die Volkssprachen getreu und angemessen zu besorgen und zu approbieren sowie die liturgischen Bücher für die Regionen, für die sie zuständig sind, nach der Bestätigung durch den Apostolischen Stuhl herauszugeben.«[51] Bei all diesen Veränderungen darf nicht übersehen werden, dass für die Übersetzungen in die Sprachen die Grundlage der lateinische Text der jeweiligen römischen Editio typica bleibt. Letztlich wird der lateinische Text absolut gesetzt.[52]

Im Mittelpunkt des Gottesdienstes steht der gelingende Dialog zwischen Gott und Menschen und die tätige Teilnahme an der Glaubensfeier. Die Sprache der Liturgie soll dem »Auffassungsvermögen des Volkes« angemessen sein. Das – nicht einfache – Konzept der »Inkulturation«,[53] aber zugleich auch immer wieder die seitens der Kirchenleitung beschworene Einheit der Kirche werden betont. Damit sind zwei Prinzipien nachkonziliarer Liturgie benannt, die in einem spannungsvollen Verhältnis zueinander stehen. Adaptation und Inkulturation erfordern ortskirchliche Kompetenz, und so wird die Übersetzung in die jeweilige

---

2017, https://w2.vatican.va/content/francesco/de/motu_proprio/documentspapa-francesco-motu-proprio_20170903_magnum-principium.html (das Dokument verfügt über keine Absatznummerierung).
51 Vgl. zu den Details B. Kranemann, Magnum principium. Ein neues Kapitel für die Volkssprache in der Liturgie, ET-Studies 9/2 (2018), 205–225, und die dort genannte Literatur; zudem W. Haunerland, Le Motu proprio *Magnum principium*. Une impulsion en vue d'une nouvelle étape de la réforme liturgique, in: H. Bricout (Hg.), Du bon usage des normes en liturgie. Approche théologique et spirituelle après Vatican II (Lex Orandi – Nouvelle série 9), Paris 2020, 71–93.
52 Auf die bleibende Bedeutung der lateinischen Sprache weist P. Bukovec, Latein und Liturgie. Zum systematischen Stellenwert der lateinischen Sakralsprache, in: H.-J. Feulner/A. Bieringer/B. Leven (Hg.), Erbe und Erneuerung. Die Liturgiekonstitution des Zweiten Vatikanischen Konzils und ihre Folgen (Österreichische Studien zur Liturgiewissenschaft und Sakramententheologie 7), Wien 2015, 225–263.
53 Dazu sehr differenziert G. Rouwhorst, Liturgische Inkulturation seit dem Zweiten Vatikanischen Konzil, in: C. Böttigheimer/R. Dausner (Hg.), Vaticanum 21. Die bleibenden Aufgaben des Zweiten Vatikanischen Konzils im 21. Jahrhundert. Dokumentationsband zum Münchner Kongress »Das Konzil ›eröffnen‹«, Freiburg i.Br. [u.a.] 2016, 477–488.

Landessprache und die Sorge für die liturgischen Bücher jetzt wieder primär den jeweiligen Bischöfen anvertraut. Das zuständige römische Dikasterium soll in den Übersetzungsvorgang nicht noch einmal selbst eingreifen, etwa durch eigene Übersetzungen, sondern soll ihn im Wesentlichen ratifizieren. Allerdings schließt das nach wie vor die römische Letztaufsicht ein. Kernaussagen von »Liturgiam authenticam« werden durch das neue Dokument außer Kraft gesetzt. Im Modus der Verständlichkeit der Sprache soll die »Stimme der die göttlichen Geheimnisse feiernden Kirche« hörbar sein. Insgesamt ist der recht kurze Text als ein Zurück zur Praxis nach dem Konzil gelesen worden.[54] Damit verbinden sich auch ekklesiologische Implikationen. Dieses Motu proprio stärkt eindeutig die Bischofskonferenzen und damit die Subsidiarität in einer nach wie vor sehr durch ihre zentralistische Ordnung wie eine entsprechende Mentalität geprägten Kirche.[55]

2 Ausgewählte systematische Aspekte

2.1 Sprache der Liturgie und Sakralität

Seitdem neuzeitlich die Frage der Muttersprache in der Liturgie diskutiert wird, steht auch die Frage nach Sakralität und Profanität der Liturgie an. Lateinischsprachige Liturgie gilt aufgrund der Traditionsbindung, aber wohl auch des Fremdheitsaspektes der Sprache und der damit erzeugten Alterität als Ausweis heiliger Liturgie, was sich dann in anderen Bereichen der Liturgie (Handeln des Priesters, Raumkonstellation, Gewänder) fortsetzt. Manche Äußerung zur Sakralsprache erweckt dann den Eindruck, die Sakralität sei aus dem Lateinischen durch die Übersetzung in die jeweilige Muttersprache zu transferieren. Das ist aber ein fast technizistisches Verständnis von Sakralität, die doch ihren Grund im Handeln Gottes hat. Von Sakralraum spricht man dort, wo Liturgie gefeiert wird,

---

54 Vgl. G. Incitti, Magnum Principium. For a Better Mutual Collaboration Between the Roman Curia and Bishops' Conferences, 6, http://www.cultodivino.va/content/cultodivino/it/documenti/ motu-proprio-/-magnum-principium---3-settembre-2017-/articoli/giacomo-incitti/english.html (abgerufen am 10.08.2021).
55 Vgl. jetzt Congregatio de Cultu Divino et Disciplina Sacramentorum, Dekret. Anwendung der Bestimmungen des can. 838 des Kodex des Kanonischen Rechts, 22.10.2021, https://www .vatican.va/roman_curia/congregations/ccdds/documents/rc_con_ccdds_doc_20211022_decreto -can838-cdc_ge.html. Das Dekret enthält u.a. in Nr. 25 die Festlegung: »Die sakramentalen Formeln werden vom Papst approbiert.« Damit gerät allerdings die Gesamtgestalt der jeweiligen Sakramentenliturgie aus dem Blick, was theologisch bedenklich ist.

wo also nach Glaubensüberzeugung von Gott her eine Kommunikation zwischen Gott und Mensch stattfindet. Sprache kann dazu beitragen, dass die Sensibilität dafür gegeben ist oder geweckt wird. Sie darf angesichts des Gefeierten weder banal noch kitschig noch anachronistisch oder traditionalistisch sein. Auch wenn immer neu nach dem angemessenen Verhältnis von Inhalt und Form sowie von Gestaltung gefragt werden muss, ist der Ursprung des Sakralen bei Gott selbst zu suchen. Die Kirche tradiert die Sprache und kann darin – hoffentlich – die Erfahrung der Nähe Gottes immer wieder neu kommunizieren. Darin kommt die »erfahrene Differenz zum sonstigen, alltäglichen Dasein insbesondere mit Hilfe von archaisierender, aber auch bildhaft-analoger oder radikal-paradoxer Wortwahl sowie der Rhythmisierung des sprachlichen Flusses«[56] zum Ausdruck.

Wenn unterstellt wird, die jeweilige Muttersprache könne diese Sakralität nicht zum Ausdruck bringen, weshalb man sich eng an das Lateinische halten müsse, wird die Sprachkraft der Muttersprachen unterschätzt, dem Irrtum aufgesessen, eine sperrige, weil semi-lateinische Übersetzung könne diese Sakralität bewahren, und letztlich Sakralität als etwas Machbares begriffen. Schließlich darf die Betonung der »Differenz zum [...] alltäglichen Dasein«[57] nicht zur Versuchung führen, das Leben aus der Liturgie auszuschließen. Auch Sakralisierungen können zur Banalisierung werden. Wo tätige Teilnahme oder Teilhabe an der Liturgie betont werden, hat auch der Alltag einen Platz im Gottesdienst.

2.2 Sprache der Liturgie und die Rolle der Übersetzer

Die Übersetzung liturgischer Texte für die kirchenamtlichen liturgischen Bücher ist eine Aufgabe von Spezialisten, die sich mit den Besonderheiten oftmals aus der Antike stammender liturgischer Texte, mit heutiger Gebetskultur und -sprache, mit philologischer und nicht zuletzt auch theologischer Forschung auskennen, die zudem die rhetorischen und auch musikalischen Aspekte solcher Texte beurteilen können.[58] Diese Arbeit – letztlich eine Debatte innerhalb eines überschaubaren Zirkels – ist mehr und mehr der öffentlichen Diskussion entzogen worden. Übersetzungen ad experimentum, die sich also erst einmal in der Praxis

---

56 G. Brüske, »Kein verkleidetes Latein«. Sinn und Grenze sakraler Sprache in volkssprachlicher Liturgie, HlD 59 (2005), 62–72: 66f.; die vorhergehenden Gedanken zur Sakralsprache in Anlehnung daran.
57 Brüske, »Kein verkleidetes Latein« (s. Anm. 56), 66.
58 Auf notwendige philologische Expertise in der Liturgiewissenschaft weist hin M. Klöckener, Die Bedeutung der Philologie für die Liturgiewissenschaft. Ein vernachlässigter Aspekt in Lehre und Forschung, SaThZ 20 (2016), 216–232.

bewähren müssen, gibt es (derzeit) nicht mehr. Die zum Teil engagiert geführten Diskussionen der 1990er Jahre über Texte für ein neu übersetztes Messbuch sind eine Ausnahme geblieben, wenn man davon absieht, dass ein neu übersetztes Begräbnisrituale aufgrund seiner Sprachgestalt, die dann auch theologische Implikationen hatte, vorübergehend liturgierechtlich außer Kraft gesetzt und dann mit einem Manuale ergänzt wurde.[59] Zeitweise ist versucht worden, auch innerhalb der Übersetzergruppen die Kommunikation über die Textarbeit weitgehend zu unterbinden.

Offensichtlich hängen Sprachgestalt der Liturgie und Kirchendisziplin eng zusammen. Deshalb wird mit der Sprache immer wieder die Frage der Einheit in der Liturgie und damit in der Kirche verbunden, wobei offenbleibt, was eigentlich diese »Einheit« garantiert: Übereinstimmung in sprachlichen Details, in den zentralen inhaltlichen Aussagen oder in der Gebetsordnung? Es handelt sich offensichtlich um ein sehr sensibles Feld der Liturgie, der Pastoral wie der Kirchenpolitik, was erklärt, dass in einem halben Jahrhundert ein mehrfacher Paradigmenwechsel in kirchlichen Dokumenten zur Sprache der Liturgie zu beobachten ist.

Zu den Besonderheiten der Übersetzungen liturgischer Bücher gehört zudem, dass die Übersetzer wie die anderen Mitarbeiterinnen und Mitarbeiter an den liturgischen Büchern namentlich nie in Erscheinung treten. Auch das ist Ausdruck der »Sakralität« der Liturgie. Der Eindruck, Liturgie sei gegeben und nicht gemacht, würde offensichtlich gestört, wenn man die Bearbeitenden nennen würde.

Dem hier und dort unterbreiteten Vorschlag, bewährte Texte aus der Praxis in liturgische Bücher zu übernehmen und dadurch unter anderem die Erwartungen an die Übersetzung antiker Texte zu entlasten,[60] ist man bislang nicht gefolgt. Wo eine dominante Rolle der Gläubigen in der Liturgie (»Werk des Volkes«) behauptet wird, wäre ein solches Verfahren höchst angemessen.

Aber insgesamt ist die Rückbindung der Übersetzungsarbeit an die Erfordernisse der Praxis immer schwächer geworden. Sekundäres dominiert über das, was mit Blick auf eine gelingende Feier der Liturgie primär im Vordergrund stehen müsste. Das führt zu erheblichen Verwerfungen der Sprache in der Liturgie.

---

59 Vgl. W. Haunerland, Das eine gescheitert, das nächste gescheiter? Zwölf Anmerkungen zur Rezeption eines liturgischen Buches, Gottesdienst 44 (2010), 173–176; ders., Eine Ergänzung für die Pastoral. Zum Manuale »Die kirchliche Begräbnisfeier«, Gottesdienst 46 (2012), 137–140.
60 Vgl. Meßner, Einige Defizite (s. Anm. 46), 337, Anm. 75.

2.3 Sprache der Liturgie und Macht

Sprache in der Liturgie ist ein Machtfaktor, kann also in Richtung Unterordnung, Gehorsam oder Integration in eine umfassende Ordnung wirken, kann aber ebenso einen Raum schaffen, in dem Individuum und Gemeinschaft Glauben leben können.[61] Sie kann wichtiges Medium einer Liturgie sein, die die Freiheitsgeschichte in Gott feiert, kann ebenso manipulieren und eingrenzen. Sprache im Gottesdienst kann nach innen wie nach außen in- oder exklusiv wirken. Schon die Frage, wer was in der Liturgie sprechen darf, kann über notwendige Strukturen in der Liturgie hinaus auf problematische Machtstrukturen verweisen.[62] Wer beispielsweise darf predigen, wer ist hiervon ausgeschlossen?[63] Wer spricht Einführungen in die jeweilige Liturgie und deutet letztere dadurch zugleich? Wer formuliert die frei zu gestaltenden Texte im Gottesdienst? Und wie weit verbindet sich dieses Sprechen in der Liturgie mit Repräsentationsmacht, also der Vorstellung, der Priester handele *in persona Christi*?[64] Sprache in der Liturgie kann Gruppen und Geschlechter in der Liturgie ausschließen. Sehr unterschiedliche Modelle der Teilhabe sind denkbar und werden auch praktiziert. Im Einzelnen ist zu erfragen, wo hier sprachliche, theologische, spirituelle Kompetenz entscheiden, wo die Amtsfrage virulent wird, wo ein von wem auch immer betriebener Klerikalismus dominiert.

Zugleich gibt es verbreitete Sprachspiele, die heute als Problem wahrgenommen werden. Das gilt für das poetisch schöne, aber gleichzeitig für Missbrauch offenstehende Sprachbild von Hirt und Herde bzw. Hirt und Schafen, das auf der einen Seite von Fürsorge und Miteinander spricht, auf der anderen Seite nicht nur eine Unterordnung einträgt, sondern auch zu einer Infantilisierung von Kirche und Liturgie führen kann. Das inkludierende »Wir«, das eine ganze liturgische Versammlung spirituell in Mithaftung nehmen kann, kann ebenso problematisch sein. Aber auch ganze Texte sind betroffen. So wird neuerdings gefragt, inwieweit angesichts von Missbrauch in der katholischen Kirche und Kirchenkrise das

---

61 Vgl. H. Popitz, Phänomene der Macht, Tübingen 2009 [repr. der Ausgabe ²2004], 233.
62 Eindrücklich dazu J. Hahn, Leiter(in) – Helfer(in) – Beauftragte(r)? Zur Terminologie der Liturgieleitung durch Lai(inn)en, in: Hoff/Knop/Kranemann (Hg.), Amt – Macht – Liturgie (s. Anm. 1), 185–199.
63 Vgl. jetzt zu Positionierungen für die sogenannte »Laien«-Predigt: C. Bauer/W. Rees (Hg.), Laienpredigt. Neue pastorale Chancen, Freiburg i.Br. [u.a.] 2021. Eine gegenläufige Position vertritt u.a. C. Ohly, Der Dienst am Wort Gottes. Eine rechtssystematische Studie zur Gestalt von Predigt und Katechese im Kanonischen Recht (MThS.K 63), St. Ottilien 2008.
64 Vgl. dazu G.M. Hoff, Die Sakralisierungsfalle. Zur Ästhetik der Macht in der katholischen Kirche, in: Hoff/Knop/Kranemann (Hg.), Amt – Macht – Liturgie (s. Anm. 1), 267–284.

Allgemeine Schuldbekenntnis noch gesprochen werden könne.[65] Kritisiert wird, dass Kleriker und Nichtkleriker, die einen Gottesdienst leiten, in der katholischen Kirche unterschiedliche Segensworte (statt »segne euch«: »segne uns«) verwenden müssen. Fürbittgebete, frei formuliert, können missbraucht werden, wenn sie nicht Gebet, sondern moralisch oder politisch aufgeladene Unterweisung sind.

Dabei wirkt verbale Sprache nicht allein, sondern beispielsweise im Zusammenwirken mit dem Raum oder auch der Körpersprache.[66] Es macht einen Unterschied, ob der Leiter oder die Leiterin eines Gottesdienstes wie ein Instruktor oder eine Instruktorin der Gemeinde gegenübersteht oder ob er oder sie mit der Gemeinde betet. Gleiches gilt für die Gestik und Mimik: Wird gemeinsam gebetet, wird vorgebetet oder werden gar der Gemeinde Gebete vorgelesen?

2.4 Sprache und Dynamik der Liturgie

Der Liturgiewissenschaftler Angelus A. Häußling hat darauf hingewiesen, dass das für die heutige katholische Liturgie basale Prinzip der »tätige[n] Teilnahme« Liturgie gleichsam dynamisch und offen halte. Denn mit dem Glauben der Feiernden bleibe auch die Liturgie in Bewegung.[67] Das gilt mit der Theologie ebenso für die Sprache des Gottesdienstes. In den derzeitigen Debatten in der katholischen Kirche, die sich mit dem Synodalen Weg verbinden, gibt es beispielsweise Kritik an klerikalen Rollenmustern, die über Sprache kommuniziert werden. Auch die Frage, wie nichtordinierte Rollenträger im Gottesdienst genannt werden, wird diskutiert. Alles, was mit Sprache und Geschlecht zu tun hat, ist seit langem Gegenstand der Auseinandersetzung. Wenn sich auf diesen Feldern Sprache verändert, hat das Konsequenzen für die Liturgie insgesamt: Sie wandelt sich, und zwar nicht nur beliebig äußerlich, sondern in ihrem Gehalt. Man kann das bei der gendergerechten Sprache beobachten. Damit verändert sich Liturgie in einem überschaubaren Bereich, aber als Teil einer Dynamik, die mittlerweile – berechtigt und erwartbar – viel weiter ausgreift.

Ein anderes Beispiel ist die mittlerweile wieder stärkere Diskussion über die Theologie des Opfers und ihre Versprachlichung in der Liturgie, die in der katho-

---

65 Vgl. E. Nagel, Können wir noch so beten? Gedanken zum *Confiteor* in Anbetracht der Missbrauchskrise, Gottesdienst 55 (2021), 168.

66 Vgl. dazu die Beiträge in Hoff/Knop/Kranemann (Hg.), Amt – Macht – Liturgie (s. Anm. 1).

67 A.A. Häußling, Liturgiereform. Materialien zu einem neuen Thema der Liturgiewissenschaft, in: ders., Christliche Identität aus der Liturgie. Theologische und historische Studien zum Gottesdienst der Kirche, hg. von M. Klöckener, B. Kranemann und M.B. Merz, Münster 1997 (LQF 79), 11–45: 41–43.

lischen Kirche, aber auch aus der Ökumene befeuert wird[68] und sich mit einer schon länger geführten, entsprechenden theologischen Diskussion trifft. Unter anderem wird eine theologische Revision, verbunden mit einer neuen Sprachkultur, gefordert.[69]

Viel grundlegender sind allerdings Dynamisierungen der Sprache im Gottesdienst durch die allgemeine Sprachentwicklung. Das deutschsprachige katholische Messbuch enthält eine Reihe von Gebeten aus den 1970er Jahren, die damals als muttersprachliche Gebete entstanden sind. Sie haben sehr eigenen sprachlichen Gestus in die Liturgie getragen, wirken aber zum Teil heute schon wieder theologisch und sprachlich überholt. Auch mit sprachlichen Moden und Stilen bleibt Liturgie in Bewegung.

3 Schlussbemerkung

Die katholische Kirche diskutiert auf verschiedenen Ebenen über zukünftige Formen kirchlichen Miteinanders und der Gestalt des Glaubens. Liturgie ist dabei kein Randthema, denn Gottesdienst für Gottesdienst erfährt sich die Kirche neu als Glaubensgemeinschaft und lebt ihre Gottesbeziehung. Wenn man sich die Diskussionen um die Sprache der Liturgie und die Übersetzungsarbeiten der vergangenen gut anderthalb Jahrhunderte anschaut, gewinnt man den Eindruck, dass immer wieder andere, vor allem kirchenpolitische Interessen dominant gewesen sind. Die originär liturgischen Anforderungen, zugleich die Interessen der Gläubigen und ihrer Feier, sind zu häufig zurückgetreten, was zu Problemen liturgischer Sprache geführt hat, die heute nicht mehr zu übersehen sind. Ob sie sich allein mit kirchenamtlichen Vorgaben wie dem Motu proprio »Magnum Principium« lösen lassen, ist fraglich. Es braucht eine neue Sensibilität für die eigentlichen Belange und Herausforderungen der Liturgie. Das Auf und Ab der Debatte um die Sprache im Gottesdienst gibt einen Eindruck, wie die Kirche dem nahekommt, sich aber auch wieder entfernt. Es wird mit wissenschaftlichem Interesse

---

68 Vgl. jüngst dazu das Votum des Ökumenischen Arbeitskreises (ÖAK): V. Leppin/D. Sattler (Hg.), Gemeinsam am Tisch des Herrn/Together at the Lord's Table. Ein Votum des Ökumenischen Arbeitskreises evangelischer und katholischer Theologen/A Statement of the Ecumenical Study Group of Protestant and Catholic Theologians (DiKi 17), Freiburg i.Br. [u.a.] 2020, Abs. 5.1.3, 5.1.7, 5.4.6 u.ö.

69 Vgl. A. Wucherpfennig, Wie hat Jesus Eucharistie gewollt? Ein Blick zurück nach vorn, Ostfildern 2021, 72; S. Winter, Gottesdienst im Pandemiemodus, Teil 1, Gottesdienst 55 (2021), 25–27 (zu den Ergebnissen einer Umfrage im Bistum Rottenburg-Stuttgart).

zu verfolgen sein, ob die derzeitigen synodalen Prozesse und Wege hier eine Richtungsentscheidung bringen und auch der Liturgie neue Impulse geben.

Karl-Heinrich Ostmeyer

Wer erhört wen oder was?

Das Gebet als religiöse Sprachhandlung

Zusammenfassung: *Vorgegebene* Gebete[1] wirken als ein die Betenden formendes Sprachereignis. In der Anrufung Gottes als Vater konstituiert sich ein Kindschaftsverhältnis zum ewigen Gott. Die Betenden werden selbst zum Inhalt ihres Betens: Als Gläubige haben sie Anteil am Reich Gottes, um dessen Kommen sie bitten (Mt 6,10a); in der Akzeptanz des Geschehenden als Gottes Willen erfüllen sie ihr eigenes Gebet (V. 10b). Ergebnis solchen Betens ist keine Änderung der Pläne Gottes, sondern der Betenden selbst.

Abstract: Pre-set prayers have the effect of a language event that shapes those who pray. In the invocation of God as Father, a relationship of filiation to the eternal God is constituted. The people praying become the content of their prayers themselves: as believers they have a share in the kingdom of God, for whose coming they ask (Matt 6:10a); in the acceptance of what happens as God's will they fulfil their own prayer (v. 10b). The result of such praying is not a change in God's plans, but in those who pray.

1 Hermeneutische Prämissen und Textgrundlagen

Wer mit einem eigenen Vorverständnis davon, was unter »Beten« und »Gebet« zu verstehen ist, an die biblischen Texte herangeht, wird das als Gebet identifizieren, was der herangetragenen Vorstellung entspricht.[2] Wer zum Beispiel Gebete an eine bestimmte Terminologie (bspw. Derivate von προσεύχομαι) oder an eine feste Form knüpft, wird Passagen, die die übliche Terminologie oder Struk-

---

1 Unter vorgegebenen Gebeten werden Gebete verstanden, die von den Betenden nicht selbst formuliert sind, sondern, die ihnen durch eine äußere Instanz (auf-)gegeben sind (z.B. durch Jesus in Mt 6,9 und Lk 11,2) oder die sie in der Tradition (z.B. den Psalmen) vorfinden.
2 So z.B. O. Cullmann, Das Gebet im Neuen Testament. Zugleich Versuch einer vom Neuen Testament aus zu erteilenden Antwort auf heutige Fragen, Tübingen 1994.

Kontakt: Karl-Heinrich Ostmeyer, Fakultät Humanwissenschaften und Theologie, Institut für Evangelische Theologie, Technische Universität Dortmund, Deutschland; E-Mail: karl-heinrich.ostmeyer@tu-dortmund.de

https://doi.org/10.1515/bthz-2022-0012

tur (bewusst) meiden, nicht als Gebetstexte wahrnehmen. Unter solchen Voraussetzungen erscheinen Texte wie das Johannesevangelium, das ohne die typische
Gebetsterminologie auskommt, oder etliche neutestamentliche Briefe als »ge-
betsfrei«.

Um eine der Vielfalt biblischen Betens nicht gerecht werdende Engführung
zu vermeiden, wird in dieser Untersuchung kein biblischer Text per se ausgeschlossen. Vielmehr geht es darum, die einzelnen Passagen auf die ihnen je eigene Form der Kommunikation mit Gott hin zu befragen. So verstanden, handelt
es sich zum Beispiel auch bei der Beschäftigung mit dem Wort Gottes in Ps 1,2
um eine Form der Kommunikation mit Gott und damit um einen Akt des Betens.
Für die vorliegende Untersuchung werden insbesondere Texte herangezogen, die
eine als religiöse Sprachhandlung verstandene, wirkende oder ändernde Kommunikation zwischen den Betenden und Gott thematisieren.

Es ist zu unterscheiden zwischen der sicheren *Erhörung* der Betenden durch
Gott und der davon unabhängigen, Gott anheimgestellten *Erfüllung* einzelner Ge-
betswünsche (Mk 14,36 parr.). Gläubige sind aufgefordert zum permanenten Beten und darum, ihre Bitten an Gott zu richten (1 Thess 5,17; Mt 7,7 parr.),[3] zugleich
weiß Gott, wessen sie bedürfen, noch bevor sie es äußern (Mt 5,8; vgl. Mt 10,29f.).
Beides bezeichnet keinen Widerspruch, sondern steht für den Aufruf zur kontinuierlichen Kommunikation mit Gott.[4]

Im Gleichnis vom Zöllner und Pharisäer (Lk 18,10–14) stellt Jesus dem Gebet des Verworfenen (Lk 18,11f.14b) das Gebet des gerechtfertigten Sünders
(Lk 18,13.14a) als Idealgebet gegenüber. Während das Gebet des Erstgenannten
selbstformuliert ist, nur um den Betenden kreist, ihn zum Adressaten seines eigenen Betens macht und damit an die Stelle Gottes setzt (Gen 3,5b; vgl. Ex 10,4f.;
Dtn 5,8f.), betet der Gerechtfertigte (Lk 18,14a) mit Worten aus Ps 51,3 ein ihm
vorgegebenes Gebet, das sich an Gott als Gegenüber richtet. Zu den *vorgegebe-*
nen Gebetstexten zählen alle nicht selbstformulierten Gebete; das sind neben den
Psalmen unter anderem das zur Wiederholung aufgegebene Sch^ema Israel (Dtn
6,4–9) und das durch Jesus gegebene Vaterunser (Mt 6,9–13).

---

3 K.-H. Ostmeyer, Das immerwährende Gebet bei Paulus, ThBeitr 33/5 (2002), 274–289.
4 K.-H. Ostmeyer, Kommunikation mit Gott und Christus. Sprache und Theologie des Gebetes im
Neuen Testament (WUNT 197), Tübingen 2006.

2 Grundkonstanten des Betens

Zum Beten gehören drei Größen: (1) Die angebetete Instanz, (2) der oder die Betende und (3) das Gebet und sein Inhalt.[5] Im Vordergrund der hier gebotenen Analyse steht das in Worte gefasste Gebet. Andere Formen des Betens, etwa durch Gedanken, Gesten,[6] Opfer, Riten oder sonstige adressierte Handlungen sind als in Sprache übersetzbar mitinbegriffen.[7]

　　Die erwähnten drei Größen (Angebeteter, Betende, Gebet) stehen in einer Wechselbeziehung. Sind zwei Komponenten gegeben, lässt sich auf die dritte schließen. Sind zum Beispiel der Gebetsinhalt und der adressierte Gott bekannt, erlaubt dies Rückschlüsse auf das *Selbstverständnis* der Betenden. Der von einer Beterin oder einem Beter formulierte Gebetstext spiegelt das *Gottesbild* derer, die ihn formulieren. Sind Betende und Angebeteter bekannt, legen sich bestimmte *Gebetsinhalte* nahe, während andere ausgeschlossen sind: Der sündlose johanneische Jesus (Joh 8,46), der sich als Gottessohn (Joh 1,18; 3,35f.; 7,29) versteht, betet andere Worte als ein reumütiger Sünder (Bar 3; Mt 6,12a; Lk 18,14b).[8] Gebetsverse eines Gläubigen, der mit sich im Reinen ist und zu Gott als einem liebenden Vater spricht (Jes 63,7–9; Ps 103,13; Mt 6,9), sind anders formuliert als das Gebet eines verunsicherten Menschen zu Gott als Richter (Ps 7; Jer 11,20–23; Jon 1,14) oder als allmächtigem Schöpfer (Ps 139).

　　Die drei Hauptkapitel der Untersuchung stellen je eine der drei Grundkonstanten in den Mittelpunkt. Dabei sind die anderen jeweils gegenwärtig, denn wo Betende sind, ist auch jemand, der angebetet wird, und wo ein Gebet gesprochen wird, gibt es Sprechende und Angesprochene. Es wird sich erweisen, dass die Rollenverteilung beim Beten als Sprachgeschehen offen ist. In einem selbstbezogenen Gebet sind die Betenden, indem sie sich selbst an die Stelle Gottes setzen, zugleich die Angebeteten. Wer ist Subjekt und wer Objekt, wenn ein Gebet auf seine Sprecherin zurückwirkt? Betet das Gebet in denen, die beten? Sind die

5 K.-H. Ostmeyer, Das Beten Jesu, Vaterunser, in J. Schröter/C. Jacobi (Hg), Jesus Handbuch, Tübingen 2017, 395–402: 395.
6 Vgl. U. Ehrlich, The Nonverbal Language of Prayer. A New Approach to Jewish Liturgy (TSAJ 105), Tübingen 2004.
7 Ostmeyer, Kommunikation (s. Anm. 4), 32, versteht jede Form der Kommunikation mit Gott als Gebet.
8 H. Klein, Das Vaterunser. Seine Geschichte und sein Verständnis bei Jesus und im frühen Christentum, in: H. Klein/V. Mihoc/K.-W. Niebuhr (Hg.), Das Gebet im Neuen Testament. Vierte europäische orthodox-westliche Exegetenkonferenz in Sâmbăta de Sus 4.–8. August 2007, unter Mitarbeit von C. Karakolis (WUNT 249), Tübingen 2009, 77–114: 94.

Betenden Urheber des Gebetes, wenn sie Gott, der sich durch seinen Sohn offenbart, mit dem offenbarten Titel als Vater anrufen?[9]

3 Das Gebet

Wer Rezepte für wirkmächtiges Beten besitzt, hätte einen direkten Draht zur himmlischen Welt. Sie oder er könnte den göttlichen Mächten den eigenen Willen aufzwingen und wäre damit mächtiger als Gott selbst. Antike Vorstellungen vom Beten gehen davon aus, dass diejenigen, die den Namen eines Gottes oder einer Göttin wissen, die Macht haben, sie herbeizurufen. Um sicher zu sein, den zuständigen Gott nicht etwa auszulassen, reihte man die unterschiedlichsten Namen und Lautkombinationen aneinander.[10] Das Wort vom »Müdemachen der Götter« durch viele und lange Gebete (»fatigare deos«) wurde sprichwörtlich für ein nervendes Verhalten.[11]

Derlei Gebetsauffassungen weist das Matthäusevangelium zurück: Wer betet, soll »nicht plappern wie die Heiden« (Mt 6,7). Die in der Bergpredigt überlieferten Worte Jesu richten sich gegen ein Gebetsverständnis, das Gebete auf eine Ebene stellt mit Zaubersprüchen oder magischen Praktiken.[12]

Christliches Beten wendet sich exklusiv an den einzigen Gott, der als Vater Jesu Christi zugleich der Vater derer ist, die mit Jesus als ihrem älteren Bruder (Röm 8,29) im Glauben verbunden sind (Mt 6,8). Dieser Gott hört gewiss und weiß, wessen die Betenden bedürfen, noch bevor sie selbst etwas äußern (Mt 6,8). Einem Gebetsverständnis, das davon ausgeht, Gott ließe sich durch die Art des Betens oder durch bestimmte Worte der Betenden instrumentalisieren, wird eine Absage erteilt.

Zugleich werfen die neutestamentlichen Aussagen zum Beten grundsätzliche Fragen auf: Wenn Gott ohnehin alles weiß, warum sollten dann noch Gebe-

---

9 Wichtige Aspekte der Verwendung des Vaternamens bei K. Juschka, »Geheiligt werde dein Name!« Eine auslegungsgeschichtliche Untersuchung zur Namensheiligung im Vaterunser (ABIG 50), Leipzig 2015, 264–274.
10 Vgl. die Namens- und Buchstabenreihungen in der Oratio Jakobi in K.-H. Ostmeyer, Jüdische Gebete aus der Umwelt des Neuen Testaments. Ein Studienbuch. Text – Übersetzung – Einleitung (BToSt 37), Leuven/Paris/Bristol (CT) 2019, 168–175.
11 Seneca, Epistulae morales 31,5; oder Livius, Ab urbe condita 27,50,5.
12 W. Wiefel, Das Evangelium nach Matthäus (ThHK 1), Leipzig 1998, 128.

te gesprochen werden (Mt 7,7 par.), und kann vor diesem Hintergrund ein Gebet etwas bewirken?[13]

3.1 Das Problem der Gebetserhörung

Die Frage, ob Gott durch Gebete zu beeinflussen ist, stellt sich umso mehr, wenn Gott, sein Reich und sein Ratschluss als ewig vorgestellt werden. Die Möglichkeit, Gott durch Gebete zu beeinflussen, erscheint im Neuen Testament ambivalent. Neben der Gewissheit der Erhörung (Mk 11,24) begegnen Zweifel, ob Gläubige überhaupt im Stande sind, aus sich selbst heraus und ohne göttlichen Beistand zu beten (Röm 8,26). Einerseits wird zum Gebet aufgerufen (Mt 7,7; Lk 11,9; 1 Thess 5,17), andererseits heißt es, Gott sehe ins Verborgene (Mt 6,6) und wisse, wessen die Menschen bedürfen (Mt 6,8). Die Überzeugung, durch Gebet die göttlichen Pläne beeinflussen zu können, zieht Gottes Allmacht, seine Allwissenheit[14] und Beständigkeit in Zweifel. Wären dagegen die Pläne des ewigen Gottes unabänderlich, wie ließe sich dann ein Gebet als Sprachereignis verstehen, das Einfluss auf Gott und sein Reich ausübt?

Es stellen sich weitere Fragen: Wie steht es um einander widerstreitende Gebete zum selben Gott? In Bruderkriegen beten die Anhänger beider Seiten zum selben Gott um den Sieg der eigenen Waffen. So berichtet bereits der Historiker Josephus, dass der wirkmächtige Beter Choni der Kreiszieher (HaMaagal) von der einen Kriegspartei gezwungen worden sei, gegen die andere zu beten.[15] Choni gab vor, sich zu fügen und betete zum gemeinsamen Gott, er möge keine der beiden Parteien erhören. Für sein Gebet um Nichterhörung büßte er mit seinem Leben.[16]

Auch in Fällen, in denen es nicht unmittelbar um Leben und Tod geht, benennen mitunter die Bitten der einen das, was den Wünschen der anderen und damit auch deren Gebeten zuwiderläuft. So betete zur Zeit des zweiten Tempels der Hohepriester am Versöhnungstag, Gott möge in der Herbstzeit die Gebete der Pilger *nicht* erhören, denn sie beteten in der Regel für trockenes Wetter auf ih-

---

13 K. Haacker, Der Brief des Paulus an die Römer (ThHK 6), Leipzig 1999, 166f., bietet diverse Beispiele für die antike Diskussion solcher Gebetsaporien.

14 Als allwissender Gott hätte er das Gebet vorausgesehen. Gott hätte gewusst, dass er darauf eingehen wird und hätte es von Beginn an so geplant. Wenn aber alles bereits geplant war, bewirkt das Gebet keine Veränderung.

15 Ostmeyer, Jüdische Gebete (s. Anm. 10), 416–419.

16 Josephus, Ant. 14,24.

rer Reise, während mit Blick auf die kommende Ernte der Herbstregen vonnöten war.[17]

Wenn die Betenden Gott nur selektiv in Situationen des Mangels, der Bedrängung oder auch des Dankes anrufen, instrumentalisieren sie ihn. Die Betenden, die eine Erfüllung ihrer Bitten erwarten, stellen sich und ihre Anliegen an die erste Stelle und fragen nicht nach Gott und dessen Plan. Ein solches Gebet, das auf einen konkreten Kasus bezogen ist, findet sein Ende mit der Erfüllung des jeweiligen Gebetswunsches. Es wäre also dann ein Idealzustand erreicht, wenn Gott nicht mehr gebraucht und kein Gebet mehr erforderlich ist.

Wie verhält es sich mit den Gebetswünschen, die *nicht* erfüllt werden? Ist bei Nichterfüllung der Glaube der Beterinnen oder Beter zu schwach (Mk 11,23), ist der Angebetete ohnmächtig oder bedarf es bestimmter Gebetstechniken?

3.2 Anforderungen an ein »ideales« Gebet

Ungeachtet der benannten Dilemmata gelten sowohl auf jüdischer als auch auf christlicher Seite Gebete als notwendig; die Erfüllung einzelner Gebetsbitten ist nur *ein* Aspekt des Betens.

Mit Blick auf die angesprochenen Schwierigkeiten stellt sich die Frage nach Gebeten oder Gebetsweisen, die die benannten Probleme vermeiden. Wie müsste ein Gebet formuliert sein, das alle Gläubigen zu allen Zeiten sprechen können? Ausgeschlossen wären alle Gebete, die sich exklusiv auf einzelne Personengruppen oder die sich zeitgebunden auf bestimmte Situationen beziehen. Ein ideales Gebet müssten sich Kinder und Alte, Reiche und Arme, Mächtige und Ohnmächtige geschlechtsunabhängig in Freud und Leid zu eigen machen können. Ein solches Gebet dürfte niemals »ausgebetet« sein, etwa dadurch, dass sich die Anliegen erledigt haben oder dass die Bitten erfüllt sind.

Da es einer Missachtung des ewigen Gottes gleichkäme, wenn die Betenden ihn nur von Fall zu Fall, je nach Bedarf und Laune anriefen, muss das gesuchte Idealgebet ein regelmäßiges Gebet sein, in dem sich die ununterbrochene Abhängigkeit der Betenden vom angebeteten Gott manifestiert. Das für alle Gläubigen »betbare« Gebet hat Relevanz für die gesamte Gemeinschaft derer, die dieses Gebet ebenfalls sprechen, es ist »zukunftsoffen« und geht nicht auf Kosten anderer.

---

17 bYom 53b; Ostmeyer, Jüdische Gebete (s. Anm. 10), 416.

4 Der Angebetete

Gebete lassen sich unterteilen in Gebete, deren Wortlaut festgelegt und dem Beter oder der Beterin vorgegeben ist, also Gebete, die die Betenden nach- oder mitsprechen (so etwa die Psalmen oder das Vaterunser[18]), und in Gebete, die auf die Betenden selbst zurückgehen und in der Regel persönlich und anlassbezogen formuliert sind.

In selbstformulierten Gebeten bestimmen die Betenden den Gebetsinhalt und präsentieren damit ihr eigenes aktuelles Gottesbild. Wird den Betenden dagegen ein Gebet *vorgegeben*, dann prägt der Wortlaut des Gebetes das Gottesbild der Betenden und übt darüber Einfluss auf deren Selbstbild und damit auch auf ihr Handeln aus. Grad und Umfang solcher Prägung sind nicht zuletzt abhängig von den äußeren Umständen: Ein nur ein einziges Mal gelesener Gebetstext wirkt sich weniger aus als ein täglich und auswendig gesprochenes prägnantes Gebet. Damit erreicht die Frage nach der Wirkmacht des Gebetes eine neue Ebene: Es geht nicht mehr um die Wirkung (auf Gott), die Betende durch ihr Gebet erzielen, sondern um die Wirkung, die ein Gebet auf seine Sprecherin und seinen Sprecher ausübt.

4.1 Gestörte Anbetung

Laut Paulus sind die nicht gerechtfertigten Menschen Kinder Adams: »In Adam haben alle gesündigt« (Röm 5,18a). Die Menschen sind »allesamt Sünder« (Röm 3,23), keiner ist gerecht (Röm 3,10–12; vgl. Ps 14,1–3). Laut Gal 3,22 sind »alle unter die Sünde eingeschlossen« und alle sterben in Adam (1 Kor 15,22). Paulus bezieht sich dabei auf die Ursünde des ersten Menschen (Adam) im Paradies (Gen 3,5), auf das menschliche Sein-Wollen-wie-Gott. Durch diese Ursprungs- oder Ursünde sind Adam und alle Menschen als seine Nachkommen getrennt von Gott. Sie sind bildlich gesprochen aus dem Paradies vertrieben (Gen 3,23f.; Gal 4,8). Durch die

---

18 Eine Mehrheit der Exegetinnen und Exegeten geht davon aus, dass ein Kernbestand des Vaterunsers und die Anrede mit dem aramäischen »Abba« auf Jesus selbst zurückgehen; zum Beispiel Wiefel, Matthäus (s. Anm. 12), 130. Gegen eine Zuschreibung an Jesus plädieren U. Mell, Gehört das Vater-Unser zur authentischen Jesus-Tradition? (Mt 6,9–13; Lk 11,2–4), BThZ 11/2 (1994), 148–180: 180, und K. Müller, Das Vater-Unser als jüdisches Gebet, in: A. Gerhards/A. Doeker/ P. Ebenbauer (Hg.), Identität durch Gebet. Zur gemeinschaftsbildenden Funktion institutionalisierten Betens in Judentum und Christentum (Studien zu Judentum und Christentum), Paderborn [u.a.] 2003, 159–204: 182; letzterer vertritt die Auffassung, dass »das Vater-Unser auf Johannes den Täufer zurückgeht«.

Sünde ist jegliche Kommunikation mit Gott und damit jedes Gebet abgebrochen; die Menschen setzen sich selbst an die Stelle Gottes und verehren selbstgemachte Götter (Röm 1,21–23).

Aus eigener Kraft wird kein Mensch gerettet, es bedarf der Initiative Gottes, des Durch-Gott-erkannt-Werdens (Gal 4,9b). Rechtfertigung vollzieht sich durch den Loskauf von der Sündenverfallenheit (Gal 4,5) durch die Heilstat des Sohnes. Durch ihn erhalten die Gerechtfertigten den Geist der Sohnschaft (Röm 8,15) und vermögen »Abba« zu rufen (Gal 4,6; vgl. Mk 14,36), also mit Gott zu kommunizieren und das heißt zu beten (vgl. die Anrede Gottes mit »Vater« im Vaterunser; Mt 6,9; Lk 11,2).

In Röm 8,18–30 widmet sich Paulus der Frage, *wie* die Gläubigen, die die »Erstlingsgabe des Geistes« empfangen haben (Röm 8,23a), aber noch in der irdischen Welt ausharren (Röm 8,23b.25b), mit dem ewigen Gott kommunizieren und zu ihm beten sollen (Röm 8,26).

Beterinnen und Beter formulieren als Teilhaber *dieser Welt* ihre eigenen Gebete entsprechend ihrem Verstehenshorizont und orientiert an aktuellen Bedürfnissen und Wünschen. Der adressierte Gott ist ein Gott, den die Betenden sich vorstellen können. Ein solcher Gott, zu dem ein Mensch mit seinen eigenen Worten betet, ähnelt notwendig seinem idealisierten Selbstbild. In letzter Konsequenz betet er in seinen Gebeten zu sich selbst, und er selbst ist derjenige, der (vermeintlich) antwortet. Solche Gebete führen zu einer Verfestigung der Selbstbezogenheit, aus der es für das betende Subjekt ohne Hilfe von außen keinen Ausweg gibt. Für Gläubige, die die Ursünde der Selbstvergöttlichung (Gen 3,5; Röm 5,18a) meiden möchten, durch die sie ein Gebet zu ihrem eigenen Abbild formulieren, mündet ihre Suche nach Gebetsworten, die sich an einen Gott jenseits ihrer eigenen Vorstellungskraft richten, in Sprachlosigkeit und Aporie.

Im achten Kapitel des Römerbriefs hat Paulus dieses Problem durchdacht: Gläubige, die sich an Gott wenden, wissen weder, was sie beten können und sollen, noch auf welche Weise (Röm 8,26). Sie bedürfen des göttlichen Beistandes. Laut Paulus vertritt sie der Heilige Geist im Gebet. Eine solche Vertretung geschieht nicht mit von Menschen gemachten Worten. Paulus benennt das Unbeschreibbare, indem er in Röm 8,26 vom »unaussprechlichen Seufzen« des stellvertretend betenden Geistes schreibt.

4.2 Die Angebeteten im Gleichnis vom Pharisäer und vom Zöllner (Lk 18,10–14)

Im Gleichnis vom Pharisäer und Zöllner im Heiligtum begegnen zwei einander gegenübergestellte Gebete.[19] Der zunächst genannte Pharisäer wird als jemand beschrieben, der sich im Heiligtum positioniert und betet (Lk 18,11f.).

Meist wird der griechische Text von Lk 18,11 entweder so verstanden, dass der Pharisäer *für sich stand* oder, dass er *bei sich betete*. In beiden Fällen wäre die griechische Wortwahl ungewöhnlich. In der Mehrzahl der Fälle benennt die griechische und mit dem Akkusativ (hier: ἑαυτόν) als Richtungskasus verbundene Präposition πρός eine *Bewegungsrichtung*. Die Übersetzungen mit »für sich stehen« oder »bei sich beten« bezeichnen dagegen eine *Statik*. Innerbiblisch benennt das πρός in Konstruktionen mit προσεύχομαι sonst regelmäßig den Adressaten des Gebetes, zu dem gebetet wird. Vor diesem Hintergrund bietet die englische Darby Bible (1884/90) die wörtlichste Übersetzung: »The Pharisee, standing, prayed thus to himself: God, I thank thee that I am not as the rest of men, rapacious, unjust, adulterers, or even as this tax-gatherer.«[20]

Für die Übersetzerinnen und Übersetzer ins Deutsche war es anscheinend schwer vorstellbar, dass jemand *zu sich selbst* betet. Damit würde dem Gleichnis eine neue Spitze gegeben. Der Duktus des Gleichnisses führt jedoch in genau diese Richtung. Die Figur des Pharisäers wird als eine Person gezeichnet, die sich selbst sprachlich und inhaltlich in den Mittelpunkt stellt. Er ist selbst das Subjekt seiner Gebetssätze (Lk 18,11f.),[21] Gott wird sprachlich zu deren Objekt gemacht. Im zweiten Gebet dagegen (Lk 18,13) stellt der Zöllner sich selbst mit Worten aus Ps 51,3 als Objekt dem als Subjekt des Erbarmens angerufenen Gott gegenüber.

Die grammatikalische und sprachliche Analyse wird gestützt durch die Textkritik. Noch in der 25. Auflage des NT-Graece nach Aland wurde eine andere Wortstellung favorisiert und als Basistext geboten: ὁ Φαρισαῖος σταθεὶς ταῦτα πρὸς ἑαυτὸν προσηύχετο.[22] Der Befund der Manuskripte spricht für die Version, die das ταῦτα an erster Stelle verzeichnet. Alle Manuskripte der ersten Kategorie

---

19 T. Popp, Werbung in eigener Sache (Vom Pharisäer und Zöllner). Lk 18,9–4, in: R. Zimmermann (Hg.), Kompendium der Gleichnisse Jesu, Gütersloh 2007, 681–695: 682, spricht mit Recht von einem »antithetische[n] Zwillingspaar«.
20 So auch die Übersetzungen von H. Klein, Das Lukasevangelium (KEK 1/3), Göttingen 2006, 581, und Popp, Werbung (s. Anm. 19), 681, die jedoch das Gebet des Pharisäers »zu sich« nicht als Selbstanbetung verstehen.
21 Klein, Lukasevangelium (s. Anm. 20), 584: »Im Gebet spricht er weniger Gott an, sondern spricht sich selbst aus«.
22 Damit werden Übersetzungen, die das πρὸς ἑαυτόν auf das Stehen beziehen, unwahrschein-

(unter anderem der Papyrus 75 und der Codex Vaticanus[23]) stützen den Text, der πρὸς ἑαυτόν mit προσηύχετο verbindet. Dagegen findet sich das nachgestellte ταῦτα nur in Fassungen, die bestenfalls zur dritten Kategorie[24] oder zum Mehrheitstext zählen.[25]

Werden der vermutlich erste greifbare Text und der Sprachduktus des Gleichnisses zugrunde gelegt, dann handelt es sich in Lk 18,11f. um eine Gebetskarikatur.[26] Der erste Beter betet *zu sich selbst* und ruft sich als Gott an, dem er für sich und seine eigenen Taten dankt. Damit präsentiert er sich als jemand, der sich selbst zu Gott macht (vgl. Gen 3,5). Sein Gebet bestärkt ihn in seiner Selbstvergötzung.[27] Rechtfertigung durch Gott als sein Gegenüber ist für ihn ausgeschlossen (Lk 18,14a).

Dagegen stellt die Figur des Zöllners sich selbst als unwürdig Gott *gegenüber* (Lk 18,13; Ps 51,3). Er erkennt sich als defizitär und sieht damit die Notwendigkeit einer Rechtfertigung von außen. Wer sich selbst Gott gegenüber als Sünder erkennt, macht sich *nicht* selbst zu Gott, sondern öffnet sich für dessen Gnade und erfährt sie in der Anrufung (Lk 18,14b). Seine Erkenntnis eigener Sündhaftigkeit bewirkt eine Dynamik in Richtung auf Umkehr und Buße, die sich potenziell auf das Handeln auswirkt. Das Kurzgebet des Zöllners steht in der Tradition von Joh 5,24, wo dem, der glaubt, das zugesprochen wird, was er glaubt, nämlich ewiges Leben und Rettung im Gericht. Das Gebet des Zöllners (Lk 18,13) steht in der Reihe der Gebete, die performativ das Erbetene erwirken.

5 Die Betenden

Paulus hat den Gläubigen, die für ihr Beten (Röm 8,26) auf die Hilfe des Geistes angewiesen sind, in Röm 8,15 ein Gebetswort des Geistes mitgeteilt. Paulus

---

licher, so noch in der Lutherbibel in ihrer Revision von 1984 oder in W. Wiefel, Das Evangelium nach Lukas (ThHK 3), Berlin (Ost) 1988, 316.

23 »Der Pharisäer, aufgestellt, dies zu sich selbst betete er« (Übersetzung Ostmeyer).

24 Zum Beispiel der Codex Alexandrinus, der Codex Washingtonianus, die Ferrar-Gruppe (Familie f-13).

25 Dagegen spricht Wiefel, Lukas (s. Anm. 22), 316, trotz korrekter Analyse von »den beiden nahezu gleichwertigen Lesarten«.

26 L. Schottroff, Die Erzählung vom Pharisäer und Zöllner als Beispiel für die theologische Kunst des Überredens, in: H.D. Betz/L. Schottroff (Hg.), Neues Testament und christliche Existenz (FS H. Braun), Tübingen 1973, 439–461: 448–452, stellt Bezüge zu antiken Gebetsparodien her.

27 Popp, Werbung (s. Anm. 19), 691: »Da sich Beten und Fasten auf ihn konzentrieren, erliegt diese Figur der Gefährdung, im vermeintlichen Gottesdienst letztlich sich selbst zu dienen«.

spricht vom »Geist der Sohnschaft«, den die Christinnen und Christen empfangen haben und in dem sie als Kinder Gottes »Abba, Vater« rufen.[28]

Der entscheidende Unterschied zwischen einem menschengemachten Gebet und dem von Paulus genannten Gebetsruf ist, dass dieser Gebetsruf, wie auch das Vaterunser bei Matthäus (Mt 6,9–13) und Lukas (Lk 11,2–4), den Gläubigen *vorgegeben* ist. Das Bild Gottes als Vater Jesu Christi, durch dessen Sohnschaft sich die Gläubigen als Kinder Gottes verstehen dürfen (Röm 8,29), ist kein selbstkreiertes, sondern ein vermitteltes Gottesbild. Gläubige, die Abba schreien, rufen nicht zu einem Gott, den sie sich selbst vorgestellt haben, sondern Gott als Vater ist von außen gesetzt und für die Betenden ihr geistgegebener Orientierungspunkt, auf den hin sie sich ausrichten. Sprechen die Betenden Worte, die ihnen vorgegeben sind, dann übernehmen sie das von außen offenbarte Gottesbild, an das sie ihre Worte richten. Verbunden mit der Anrufung Gottes als Vater ist die Erwartung eines der Kindschaft entsprechenden Selbstverständnisses und Handelns.

Im Folgenden werden beispielhaft drei zentrale, als Gebete verstandene biblische Texte mit Blick auf ihre Sprachmächtigkeit und auf die angesprochenen mit dem Beten verbundenen Probleme und Aporien hin untersucht: Der erste Psalm des Psalters (Ps 1), das jüdische Glaubensbekenntnis (Sch[e]ma Israel; Dtn 6,4–9) und das Vaterunser (Mt 6,9–13).

5.1 Der erste Psalm

Seliggepriesen wird, wer dem Gesetz Gottes nicht nur folgt (Ps 1,1), sondern wer sich daran freut und Tag und Nacht darüber nachsinnt (Ps 1,2). Damit ist deutlich: Es geht um eine Grundhaltung der Betenden.[29] Wird Beten verstanden als eine Form der Kommunikation mit Gott,[30] dann fordert der Psalm ein dauerhaftes Sich-Beziehen auf Gott mittels des Nachsinnens über seine Gebote. Ein Abschluss oder ein Fertigwerden mit dem Nachdenken ist nicht im Blick.

Es geht nicht um die Erfüllung einzelner Bitten, sondern die Erfüllung und die verheißene Seligkeit liegen im Beten selbst. Das Sprechen oder Nachsinnen

---

28 Aktuell hat sich die Erkenntnis durchgesetzt, dass die aramäische Vateranrede (אַבָּא) altersunabhängig gebraucht wurde: M. Konradt, Das Evangelium nach Matthäus (NTD 1), Göttingen 2015, 105: »Die These, dass es sich bei ›Abba‹ um ein kleinkindliches Kosewort handelt, ist forschungsgeschichtlich inzwischen überholt«; J. Barr, 'Abba isn't ›Daddy‹, JThS 39/1 (1988), 28–47; J. Jeremias, Die Bedeutung der Gottesanrede Abba, in: ders., Abba. Studien zur neutestamentlichen Theologie und Zeitgeschichte, Göttingen 1966, 58–67: 63f.

29 Ostmeyer, Das immerwährende Gebet (s. Anm. 3), 288.

30 Vgl. Ostmeyer, Kommunikation (s. Anm. 4).

stellt performativ eine seligmachende Verbindung zu Gott her. Die so Betenden werden verglichen mit an Wasserbächen wachsenden immergrünen Bäumen (Ps 1,3). Für sie konstituiert sich im Akt des Nachsinnens die Teilhabe an der ewigen Gegenwart Gottes. Dem entgegen stehen alle, die *nicht* über Gottes Gesetz nachdenken. In dem Moment, in dem sie *nicht* erfüllt sind von der Beschäftigung mit der Tora Gottes, sind sie von Gott getrennt und damit ohne Bestand (Ps 1,4–6).

Die im Psalm beschriebene Beziehung konstituiert sich im Beten selbst. Nicht etwaige Gebetsdetails *werden erfüllt*, sondern das Sprechen oder Nachdenken über Gott und sein Wort *erfüllt* die Betenden und schließt sie zusammen zur Gemeinde der Gerechten (Ps 1,5b). Als Subjekte ihres Nachsinnens werden die Betenden zu Subjekten ihrer daran geknüpften Seligkeit.

Dem ersten Psalm, wie auch dem noch zu besprechenden Sch^ema Israel sind erzieherische oder bildende Momente inhärent. Um über Gottes Gesetz kontinuierlich nachzusinnen (Ps 1,2), ist die Kenntnis des Gesetzes erforderlich. Das heißt, der Forderung zum Nachsinnen ist der Auftrag implizit, sich Zugang zum Gesetz zu verschaffen und es zu lesen, zu lernen und abzuschreiben. Damit verbunden ist eine Hochschätzung der Alphabetisierung, denn diejenigen, die lesen und schreiben können, haben mehr und bessere Möglichkeiten, den Inhalt des Psalms umzusetzen als diejenigen, die diese Fähigkeiten (noch) nicht erworben haben.

5.2 Das Sch^ema Israel (Dtn 6,4–9)

Beim »Höre, Israel!« handelt es sich um das zentrale jüdische Glaubensbekenntnis. Juden sind aufgerufen,[31] morgens, abends und auf allen Wegen – also kontinuierlich – die Worte des Sch^ema Israel zu sprechen (Dtn 6,7). Das allein genügt jedoch nicht, sondern die Worte sind auf jede Weise weiterzugeben. Dazu zählen das Aufschreiben der Worte (Dtn 6,9), ihre Anbringung an allen zentralen Orten und vor allem ihre Vermittlung an die Nachkommen (Dtn 6,8). Performativ vollziehen die Sprecher des Sch^ema Israels im Akt des Sprechens einen Teil seines Inhalts (Dtn 6,7). Auch wenn das Sch^ema Israel von den Gläubigen je für sich gesprochen wird, funktioniert es nur als ein Bekenntnis, das die gesamte *Gemeinschaft* der Jüdinnen und Juden im Blick hat: Gleich zu Beginn ist von »unserem«

---

31 Laut I.M. Lau, Wie Juden leben. Glaube – Alltag – Feste, aufgezeichnet und redigiert von S. Meislich, aus dem Hebräischen übers. von M. Magall, Gütersloh 1988, 38, ist das »›Höre Israel‹ [... das] wichtigste Gebet. Es ist das einzige der 613 Gebote in der Tora, das ausdrücklich angeordnet wurde«.

Gott die Rede (Dtn 6,4). Inhalt der Verheißung ist, dass sie an *ganz* Israel gegeben ist, das heißt, wer die Worte allein auf sich bezieht, verfehlt deren Botschaft. Wie beim ersten Psalm geht es auch im Sch^ema Israel nicht um etwas zeitlich Begrenztes oder Punktuelles, sondern um eine dauerhafte Beziehung und eine Bindung, die sich im Akt des Bekennens konstituiert. Durch die Formulierung »unser Gott« (Dtn 6,4) werden der Angebetete und die Anbetenden miteinander verbunden und aufeinander bezogen. Diese Bindung wird im nächsten Vers vertieft durch den Auftrag an jeden Einzelnen, »deinen Gott« (Dtn 6,5) mit allen Facetten der eigenen Existenz zu lieben.

Im Sch^ema Israel ist explizit vom »Schreiben« die Rede (6,8f.). So enthält das jüdische Glaubensbekenntnis den Auftrag, zum Beispiel für den Fall der Isolierung einzelner Gläubiger von anderen, sich rechtzeitig selbst in die Lage zu versetzen, dem Gebot zum Aufschreiben der Worte nachzukommen. Das bedeutet, der Text des Sch^ema Israel enthält (wie auch der erste Psalm) zugleich ein »Bildungsprogramm« und hält dazu an, sich selbst kontinuierlich zu ertüchtigen, dem Inhalt (immer besser) nachzukommen.

Noch deutlicher als beim ersten Psalm ist beim Beten der konkreten Handlungsanweisungen des Sch^ema Israels (Aufschreiben und Tradierung an die Nachkommen), dass die Erfüllung der Inhalte von den Betenden abhängt. Sie sind die Subjekte und Erfüller ihres eigenen Betens.

Im ersten Psalm ist die *Gemeinschaft* derer im Blick, denen das Gesetz gegeben und zugänglich ist, und im Sch^ema Israel wird der HERR als »*unser*« einiger und einziger Gott bekannt (Dtn 6,4). Wenn aber Gott ein Gott der Gemeinschaft derer ist, die ihn bekennen, dann ist sowohl impliziert, dass die anderen Glieder der Gemeinschaft als gleichwertig zu behandeln sind, als auch, dass sich die Liebe, die dem gemeinsam bekannten Gott gilt, in gleicher Weise auf die anderen Gemeindeglieder bezieht (Dtn 6,5).

5.3 Das Vaterunser (Mt 6,9–13; Lk 11,2–4)[32]

5.3.1 Das Vaterunser als Sprachgeschehen

Im Mittelpunkt des Vaterunsers steht *kein* zeitgebundenes Anliegen.[33] Ginge es darum, entfiele die Notwendigkeit zu einem weiteren Sprechen des Gebetes, sobald ein solches Anliegen erledigt wäre.

---

32 Klein, Vaterunser (s. Anm. 8), 92f., rechnet mit einer schriftlichen Urform (Q), die die ersten vier Bitten nach Lukas umfasste und sich sprachlich an Matthäus orientierte; dagegen D.A.

Eine zentrale frühchristliche Lehrschrift, die Didache, verbindet mit einer der ersten Überlieferungen des Vaterunsers die Aufforderung, dieses Gebet dreimal täglich zu sprechen (Did 8,3).[34] Doch auch unabhängig von einer solchen Ermahnung ist dem Vaterunser der Aspekt der Kontinuität und Wiederholung inhärent. Bereits die Anrufung Gottes als »Vater« in seinem ersten Wort (Mt 6,9a; Lk 11,2) eröffnet eine zeitübergreifende und auf Dauer angelegte Beziehung zwischen den Betenden und dem Angebeteten. Der Aspekt des täglichen Sprechens ist in der Bitte um das *tägliche* Brot (Mt 6,11; Lk 11,3) gegeben. Durch diese Bitte steht das Vaterunser selbst auf der Ebene des zentralen Lebensmittels,[35] dessen seine Beterinnen und Beter täglich bedürfen.

Strukturell vergleichbar mit der Anrede Gottes als »unser Vater« (Mt 6,9)[36] wird das zentrale jüdische Glaubensbekenntnis (Sch[e]ma Israel; Dtn 6,4–9) eröffnet mit der Aufforderung, den gemeinsam angerufenen Gott (»unser Gott«; Dtn 6,4) zu lieben (Dtn 6,5). Die Anrufung Gottes als Vater erschafft neben der Beziehung auch ein neues Sein der Anrufenden: Im und durch den Akt der Anrufung *ist* der oder die Betende ein Kind Gottes.[37] Bei der Rede vom Kindsein geht es nicht um Kindlichkeit, Innigkeit, Naivität, Unwissenheit oder Unmündigkeit, sondern allein um die in der Anrufung sich manifestierende neue *Beziehung* zu

---

Hagner, Matthew 1–13 (WBC 33a), Dallas/TX 1993, 145: »Thus Matthew and Luke may well have received it independently from different sources«.

33 Klein, Lukasevangelium (s. Anm. 20), 404: »Jesu Worte sind kurz [...]. Was er sagt, ist für jedes Beten gültig«.

34 J. Jeremias, Das tägliche Gebet im Leben Jesu und in der ältesten Kirche, in: ders. (Hg.), Abba (s. Anm. 28), 67–80: 72: »Aus Apg. 3,1; 10,3.30; Did. 8,3 darf man schließen, daß sich der Brauch des dreimaligen täglichen Gebetes in neutestamentlicher Zeit bereits allgemein durchgesetzt hatte«; vgl. 1QS X,1–2; 1QH XX (früher XII), 4–7; H. Stegemann, Die Essener, Qumran, Johannes der Täufer und Jesus. Ein Sachbuch (Herder Spektrum 4128), Freiburg/Basel/Wien ⁹1998, 264–266.

35 So auch Wiefel, Matthäus (s. Anm. 12), 134.

36 Mehrheitlich wird davon ausgegangen, die in Lk 11,2 gebotene Fassung πάτερ sei die Wiedergabe des von Jesus gebrauchten aramäischen אַבָּא (αββα) und »unser« sei eine sekundäre Erweiterung durch Mt; so zum Beispiel Wiefel, Matthäus (s. Anm. 12), 133; Klein, Lukasevangelium (s. Anm. 20), 401. Klein wertet das »unser« als »die attributive Ergänzung der Gottesanrufung πάτερ« (ebd.). In der hier gebotenen Analyse geht es nicht primär um einen vermeintlich jesuanischen Wortlaut, sondern um die Fassung mit der größten Wirkung auf ihre Rezipierenden. Seine Wirkung ist dem Gebet auch dann implizit, wenn sich die Urheberschaft Jesu *nicht* bestätigen lassen sollte. Entscheidend ist, dass die Betenden das Vaterunser in dem Bewusstsein sprechen, dass ihre Gebetsworte durch Jesus gegeben sind.

37 Seinszuschreibungen, die auf das Verhalten der Gläubigen wirken, finden sich regelmäßig im Neuen Testament, zum Beispiel: »Ihr seid das Licht der Welt« (Mt 5,14.16; vgl. Phil 2,15); »ihr seid ungesäuerter Teig« (1 Kor 5,7); »ihr seid Kinder Gottes« (Gal 3,26; Röm 8,14.16f.).

Gott. Ein solches Kindschaftsverhältnis besteht unabhängig vom Alter, Intellekt oder dem Entwicklungsstand der Betenden.[38]

Dem Vater-Kind-Verhältnis eignet eine Dynamik. Je ernster den Gläubigen ihre Gebetsworte sind, desto wichtiger wird es für sie, der im ersten Wort gesetzten Beziehung gerecht zu werden und ihr mit zunehmender Tendenz zu entsprechen. Wie die Sprecherin und der Sprecher des ersten Psalms nicht fertig werden mit dem Nachsinnen über das Gesetz (Ps 1,2), so werden auch die, die das Vaterunser sprechen, nie aus ihrer Kindschaft herausfallen und aus dem Streben nach kontinuierlicher Vertiefung der Beziehung. Im Sprechen entsteht die Gemeinschaft, von der es in Ps 1,1.5b heißt, dass die Zugehörigkeit zu ihr den Sprechenden zur Seligkeit gereicht.

Eröffnet wird die Anrufung Gottes als Vater für die Gläubigen durch Christus als den erstgeborenen und einzigen Sohn (Röm 8,29b).[39] Durch ihren Glauben an Jesus Christus als Sohn Gottes und als erstgeborenen Bruder (Röm 8,29) sind die Gläubigen in die Lage versetzt, Gott als Abba anzurufen (Röm 8,15; Gal 4,6); in Mt 6,9 werden sie durch Jesus selbst mittels der Gabe des Vaterunsers dazu aufgerufen.[40]

---

38 Der Beziehungsbegriff »Vater« als solcher sagt nichts über die konkrete Ausgestaltung der Vater-Kind-Beziehung oder über die empfundene Nähe zwischen den in einer Vater-Kind-Beziehung Stehenden. Selbst bei einem als unterkühlt empfundenen Verhältnis bleibt als Konstante die Beziehung.

39 Aus einer Schöpfer-Geschöpf-Beziehung wird im Sprechen des Vaterunsers eine Vater-Kind-Beziehung. Die Vater-Kind-Beziehung zwischen denen, die das Vaterunser empfangen, und Gott ist dabei eine andere als die Vater-Sohn-Beziehung von Gott und Jesus (vgl. Mt 3,17): Jesus ist laut den Evangelien der einzige Sohn Gottes, gezeugt aus dem Geist (Mt 1,18; Lk 1,35). Demgegenüber erkennen die Gläubigen Gott allein durch die Offenbarung Jesu als seinen Vater und ihren eigenen Vater (Mt 11,27; Lk 10,22). Allein im Glauben an Jesus als *den* Sohn vermögen sie, Gott mit »unser Vater« anzureden.

40 Jesus als Gebetsgeber schließt sich *nicht* selbst in das Vater*unser*, das die Gläubigen beten, mit ein. Bei den Synoptikern heißt es: »So sollt *ihr* beten« (Mt 6,9a) und »wenn *ihr* betet, so sprecht« (Lk 11,2b). Eine Bitte Jesu um Vergebung »seiner« Sünden ist für die Tradenten der neutestamentlichen Texte nicht vorstellbar (Joh 8,46; 2 Kor 5,21; Hebr 4,15; 7,26; 1 Petr 2,22). Jeremias, Abba (s. Anm. 28), 64, betont, »daß Jesus sich nie mit einem ›unser Vater‹ mit den Jüngern zusammenfaßt, wenn er betet, wie er ja auch mit seinen Worten zwischen ›meinem Vater‹ und ›eurem Vater‹ unterscheidet«; vgl. W. Klaiber, Das Matthäusevangelium, Teilbd. 1: Mt 1,1–16,20 (Die Botschaft des Neuen Testaments), Neukirchen-Vluyn 2015, 122.

5.3.2 Die im Vaterunser konstituierte Zugehörigkeit zum Reich Gottes

In der Anrufung des ewigen Gottes als Abba erhalten die Anrufenden als seine Kinder Anteil an seinem ewigen Reich, denn was sich auf den ewigen Gott bezieht, bezieht sich auch auf die mit ihm verbundenen Beterinnen und Beter. Ein Gebet zum Vater (Mt 6,9a) um die Heiligung des Namens (Mt 6,9b) und um das Kommen seines Reiches (Mt 6,10) umgreift folglich auch die, die darum beten. Gläubige, die Gott als Vater anrufen, nehmen sich als dessen Kind mit hinein in das eigene Gebet. Sie bitten um die Verwirklichung des ewigen Reiches des Vaters, an dem sie selbst mittels der Vaterprädikation als sein Kind bereits Anteil haben.

Wenn aber die Betenden sich selbst als Teil dessen verstehen, worum sie bitten, werden sie als Sprecherinnen und Sprecher des Gebetes zugleich zum Objekt ihres Betens. Als Angehörige des ewigen Reiches Gottes, des Vaters, nehmen sie sich im Gebet selbst in die Pflicht, nach dem Kommen des Reiches in Vollendung zu streben.[41] Die Bitte, der Wille des Vaters möge geschehen, ist zugleich Auftrag, sich diesen Willen zu eigen zu machen. Ein dem Willen des Vaters widerstreitendes Wollen und Wünschen ist ausgeschlossen.[42]

5.3.3 Der ethische Aspekt des Vaterunsers

Ein durchgängiges Element des Vaterunsers ist das Moment der Gegenseitigkeit und Gemeinschaft. Das Erbitten der Gabe *unseres* täglichen Brotes (Mt 6,11; Lk 11,3) durch *unseren* Vater (Mt 6,9) wird zum Auftrag *an alle* Kinder. Als an den *ewigen Gott* gerichtete Bitte ist die Bitte um das tägliche Brot (Mt 6,11) eschatologisch zu verstehen; als Bitte um die Gabe an »uns« wird ein *Bezug auf die Betenden* hergestellt:[43] Es ist Aufgabe aller Betenden, sich für die regelmäßige Versorgung derer einzusetzen, die das »*unser*« mitumfasst.

---

41 Konradt, Evangelium (s. Anm. 28), 106: »Wenn man Gott um das Kommen seiner Herrschaft bittet, setzt dies allerdings auf Seiten des Beters voraus, dass dieser selber ›Gottes Reich sucht‹ (6,33)«.

42 Wiefel, Matthäus (s. Anm. 12), 134: »Mit der Übernahme dieser Bitte schließt sich der Beter in den Vollzug des göttlichen Willens ein«.

43 Auch Wiefel, Matthäus (s. Anm. 12), 135, benennt die Spannung zwischen dem »eschatologischen Brot [...]« und dem auf das »Alltagsleben« bezogenen »uns«. M. Philonenko, Das Vaterunser. Vom Gebet Jesu zum Gebet der Jünger (UTB 2312), Tübingen 2002, 84–86, deutet das tägliche Brot als »Brot der Heilszeit« und interpretiert es analog zum Manna, mit dem Gott das Volk Israel in der Wüste gespeist hatte; vgl. H. Schwier, Art. Vaterunser, in: RGG⁴ 8 (2005), 893–896: 894.

Die Bitte um Vergebung der Schuld (Mt 6,12) ist bereits dadurch erfüllt, dass Gott sich von den Gläubigen als Vater anrufen lässt. Denn Kindschaft auf der einen und Trennung von Gott durch Schuld und Sünde auf der anderen Seite schließen einander aus. Dass Gottes Kinder, die ihn mit »*unser*« als gemeinsamen Vater anrufen, diese Schuld *einander* ebenfalls vergeben haben und gegenwärtig wie zukünftig vergeben (Mt 6,12), versteht sich vor diesem Hintergrund von selbst. In dem durch die Vaterprädikation eröffneten Heilsraum, hat Schuld keinen Platz. Wenn es einmal Schuld gab oder geben wird, ist solche Schuld mit Blick auf den Vater immer bereits vergebene und auf Seiten seiner Kinder immer eine einander zu vergebende Schuld.

Im ewigen Reich Gottes, an dem die Betenden als seine Kinder im Vatergebet Anteil haben, spielt Zeit keine Rolle. Wer von Sünde ungeachtet der Gnade und der bereits vollzogenen Rettung als etwas Bestehendem spräche, fiele, indem er es zur Sprache brächte, gerade der Versuchung anheim, vor der bewahrt zu werden, er im Schlussteil des Vaterunsers bittet (Mt 6,13; Lk 11,4).

5.3.4 Der erzieherische Aspekt des Vaterunsers

Dadurch, dass sich die Betenden als Kinder des Vaters (Mt 6,9) und als Teilhabende am ewigen göttlichen Reich (Mt 6,10a) im Vaterunser selbst ins Gebet nehmen, erhält das Vaterunser seine erzieherische Komponente.[44] Wenn der im Matthäusevangelium formulierte Missionsauftrag (Mt 28,18–20), *alle* Völker zu Jüngern zu machen, sie zu lehren und zu taufen (Mt 28,19), als christliche Grundkonstante verstanden wird, dann sind perspektivisch *alle* Menschen im Blick. Alle sind als potenzielle Angehörige des Reiches Gottes und als seine zukünftigen Kinder zu betrachten. Das wiederum bedeutet: Die im Vaterunser formulierte Brotbitte (Mt 6,11) ist als (Selbst-)Verpflichtung der Betenden und das heißt der Gläubigen zu verstehen, *alle* Menschen als Geschwister in spe mit Brot (das heißt allem Nötigen) zu versorgen, unabhängig von ihrem je aktuellen Glaubensstand.

Nicht auf alle, die das Vaterunser beten, wirkt sein Sprechen erkennbar erzieherisch und in einem positiven Sinne verändernd. Dass sich jedoch Betende als scheinbar »resistent« gegen ihr eigenes Beten erweisen, spricht nicht gegen das »erzieherische Potential« des regelmäßigen Gebetes. Es sind kaum wirkmächtigere Ansatzpunkte zur Veränderung eines Menschen denkbar als das individuelle Gebetsleben. Das persönliche Gebet zählt zu den ehrlichsten bewussten Äuße-

---

44 Wiefel, Matthäus (s. Anm. 12), 130, verortet das Vaterunser zurecht in einem der Belehrung dienenden Abschnitt.

rungen, derer ein Mensch fähig ist. Ein Gott, der sich im Gebet belügen ließe, wäre ein schwacher und lächerlicher Gott, von dem keine Hilfe zu erwarten ist.

Das tägliche Beten des Vaterunsers durch Christinnen und Christen eignet sich als Instrument zum Kalibrieren nicht nur der eigenen Ethik, sondern auch der eigenen Hermeneutik. Alle christlichen Aussagen und Texte sind nicht zuletzt vor dem Hintergrund des Vaterunsers zu rezipieren und weiterzugeben. Es ist nicht unwahrscheinlich, dass das Vaterunser, als ein Urgebet der Christenheit, und die Anrufung Gottes als Vater nicht nur den Synoptikern (Mt 6,9; Mk 14,36; Lk 11,2) und Paulus (Röm 8,15; Gal 4,6), sondern auch anderen Autoren des Neuen Testamentes bekannt war und deren Hermeneutik geprägt hat.[45]

5.3.5 Die Erfüllung der Vaterunser-Bitten

Oft erleben Betende, dass sich ihre Gebete, die sich auf konkrete Anliegen beziehen, nicht erfüllen. Krankheit, Tod und Niederlagen treten trotz der Bitten ein, mit denen sich die Beterinnen und Beter ihnen entgegenstellen.

Im Vaterunser dagegen wird der Ausgang des Erbetenen dem Willen Gottes anheimgestellt (Mt 6,10; vgl. Mk 14,36). Zu einer Diskrepanz zwischen Bitte und Ereignis kommt es, wenn die Betenden einen Gegenstand ihres Betens nicht als Willen Gottes akzeptieren können oder wollen. Die Frage, ob eine Gebetsbitte erfüllt wird, verweist das Vaterunser zurück an die Betenden: Das Ende der Spannung ist erreicht, sobald die Betenden das, was geschieht, als Ausdruck des Willens Gottes zu werten vermögen.

Die Betenden werden selbst zum Hauptakteur oder zur Hauptakteurin bei der Erfüllung des Erbetenen, sei es die Heiligung des Namens (Mt 6,9), sei es das Arbeiten am Kommen des Reiches Gottes (Mt 6,10) oder die Sorge um die tägliche Versorgung der Gemeinschaft mit Lebensmitteln (Mt 6,11).

Das Vatergebet spielt die Betenden nicht gegeneinander aus (indem nur eine von zwei Seiten erhört wird), und es lässt sich situationsunabhängig von allen Gläubigen in jeder denkbaren Situation sprechen. Keine der einzelnen Bitten ist irgendwann als erledigt anzusehen. Kein ernsthaft betender Mensch würde von sich sagen, die eigene Beziehung zu Gott als Vater sei eng genug (Mt 6,9), das Reich sei zur Genüge gekommen (Mt 6,10), er habe kein Brot mehr nötig (Mt 6,11), den eigenen Schuldigern sei ausreichend vergeben (Mt 6,12) oder die Gefahr der

---

45 Es wäre zu untersuchen, ob zum Beispiel im Johannesevangelium die Rede von Gott als Vater und von Jesus als *dem* Sohn, der ihn offenbart, durch die Kenntnis und den Einfluss des Vaterunsers (mit-)veranlasst ist.

Versuchung sei gebannt (Mt 6,13). Das Vaterunser entspricht dem eingangs postulierten »Idealgebet«.

6 Fazit

Indem die Gläubigen im Vaterunser Gott als Vater anrufen (Mt 6,9; Lk 11,2), konstituiert sich eine Vater-Kind-Beziehung, innerhalb derer sie als Kinder Gottes Anteil an seinem Reich erhalten.[46] Damit beinhaltet die Bitte um das Kommen des Reiches des Vaters (Mt 6,10; Lk 11,2) das, woran die Betenden bereits teilhaben. Sie sind als Kinder Gottes und als Angehörige seines Reiches zugleich Sprechersubjekt *und* Inhalt ihres Betens.

Ähnlich vollzieht sich im Beten des ersten Psalms eine Hineinnahme der Betenden in ihr eigenes Gebet. Auch im ersten Psalm liegt die Erfüllung des Gebetsinhalts, nämlich die Seligkeit der Betenden (Ps 1,1a.3), *im Akt der Beschäftigung* mit dem Wort Gottes (Ps 1,2). Im Sch^{e}ma Israel (Dtn 6,4–10) stiftet der kontinuierliche Bezug auf Gott und auf sein Heilswirken an Israel die heilsame Beziehung zu Gott und zwischen allen, die das Bekenntnis sprechen.

Anders als das durch Jesus *vorgegebene* Vaterunser (Mt 6,9; Lk 11,2) dient das erste Gebet (Lk 18,11f.) im Gleichnis vom Zöllner und Pharisäer (Lk 18,9–14) als Warnung: Beterinnen und Beter eines selbstformulierten Gebetes laufen Gefahr, ihr Beten an ein Abbild ihrer selbst zu richten (Lk 18,11f.). Ein solches Gebet wird zu einem Akt der Selbstvergötterung und ist in Wahrheit ein Selbstgespräch. Weil der Mensch unfähig zur Kommunikation mit Gott ist und die Gläubigen weder wissen, wie noch was zu beten ist, tritt ihnen laut Röm 8,26 der Geist zur Seite und betet für sie. Das Gebet des Zöllners in Lk 18,13 richtet sich im Unterschied zum ersten Gebet mit vorgegebenen Worten aus Ps 51,3 an Gott *als Gegenüber*.

Das durch Jesus gegebene Vaterunser ist *nicht* als *Objekt* des Verstehens konzipiert, sondern fungiert als *Subjekt*, das im Akt des Betens durch die Gläubigen deren Verstehen und Selbstverständnis formt. Dem Beten des Vaterunsers eig

---

46 Vgl. dazu die wiederkehrende Formulierung in M. Luther, Der Kleine Katechismus, z.B. in: Evangelisches Gesangbuch, Nr. 806.3 (Drittes Hauptstück, »Das Vaterunser«): »Gottes Name ist zwar an sich selbst heilig; aber wir bitten in diesem Gebet, dass er auch bei uns heilig werde«, »Gottes Reich kommt wohl ohne unser Gebet von sich selbst; aber wir bitten in diesem Gebet, dass es auch zu uns komme«, »Gottes guter, gnädiger Wille geschieht wohl ohne unser Gebet; aber wir bitten in diesem Gebet, dass er auch bei uns geschehe«.

net als einem seine Betenden formenden Sprachereignis[47] eine erzieherische und ethische Kraft. Gläubige erfüllen ihre eigene Gebetsbitte (»dein Wille geschehe«; Mt 6,10), indem sie das Geschehene als Willen Gottes annehmen. Diejenigen, die zum gemeinsamen Vater um »*unser* tägliches Brot« bitten, sollte nicht kalt lassen, wenn sie selbst satt werden, Menschen in ihrem Umfeld aber Hunger leiden usw. – Gebetserhörung heißt nicht, dass Gott seine ewigen Pläne entsprechend den jeweiligen Gebeten ändert, sondern dass die Beterin und der Beter sich selbst und ihre Haltung entsprechend ihrem eigenen Beten ändern.

---

47 Vgl. die Präsenz des Gottesreiches in den Gleichnissen Jesu und deren Rezeption, K. Erlemann, Gleichnisauslegung. Ein Lehr- und Arbeitsbuch (UTB 2093), Tübingen / Basel 1999, 31f.

Jörg Haustein

Entwichene Sprache

Glossolalie als Demarkation der Gotteserfahrung

Zusammenfassung: Als pseudo-sprachliche Artikulation mag Zungenrede der Semantik entweichen, als zentrales theologisches Konstrukt der Pfingstbewegung ist sie jedoch mit Bedeutung überladen. Dieser Beitrag stellt die Diskussion um pfingstliche Glossolalie aus historischer, theologischer und sprachphilosophischer Perspektive vor und zeigt, wie das Ringen um eine »Nichtsprache« für das Verständnis von Theologie und Sprache fruchtbar sein kann.

Abstract: Glossolalia, in its pseudo-linguistic character, may be seen as a refusal of semantics, but as a central theological construct of Pentecostalism it has been supercharged with meaning. This article introduces the debate on Pentecostal glossolalia from a historical, theological, and philosophical perspective, and shows how wrestling with this »non-language« can be a productive contribution to the discussion of theology and language.

1 Einleitung

> Komisches Babel aus Zungen + Neue Fanatiker-Sekte bricht aus + Wilde Szenen in der Azusa Street gestern Nacht + Schwester gurgelt wortlose Rede.[1]

So tönte die Überschrift des Leitartikels der Los Angeles Daily Times am Morgen des 18. April 1906. Es ist der erste Zeitungsbericht über die Azusa-Street-Versammlung, die üblicherweise als Anfangspunkt der Pfingstbewegung gesetzt wird.[2] Der von Herablassung und rassistischen Anspielungen durchzogene Artikel informierte seine Leser über den »Fanatismus« und die ekstatische »Wildheit« der neuen Versammlung, wobei vor allem der Anspruch auf die Wiederherstellung

---

1 Weird Babel of Tongues, Los Angeles Daily Times, 18.04.1906, 1.
2 Zur Problematik dieser Standarderzählung, siehe J. Haustein, Die Pfingstbewegung. Eine postkonfessionelle Herausforderung des globalen Christentums, ThLZ 146/9 (2021), 765–782: 770–774.

Kontakt: Jörg Haustein, Faculty of Divinity, University of Cambridge, Großbritannien;
E-Mail: jh2227@cam.ac.uk

https://doi.org/10.1515/bthz-2022-0013

der neutestamentlichen Zungenrede im »Geheule« der Versammlung den Zorn des Artikelschreibers erregt:

> So eine verblüffende Behauptung hat bis jetzt noch keine Gesellschaft von Fanatikern aufgestellt, noch nicht einmal in Los Angeles, der Heimat beinahe unzählbarer Glaubensbekenntnisse. Heilige Lehren, von orthodoxen Gläubigen ehrfürchtig erwähnt, werden von diesen neuesten Glaubensgenossen in kumpelhafter wenn nicht gar ehrfurchtloser Weise behandelt.[3]

Die schillernde Fremdheit der Zungenrede durchzieht den Großteil des Artikels und seine rassistischen Tropen. Erst ganz am Ende wird eine angebliche Wunderheilung erwähnt, sowie eine prophetische Weissagung, dass die Stadt der Zerstörung preisgegeben sei, falls sie nicht »die Lehren des neuen Glaubens« annehme. Der Abdruck dieser Weissagung machte allerdings die Zeitung, frisch in den Händen ihrer Leser, zu einem ungewollten Sprachrohr der »Fanatiker«, denn es war der Morgen des großen kalifornischen Erdbebens.[4]

Wir finden bereits hier den Anfang einer Symbiose zwischen dem transgressiven Charakter pfingstlicher Frömmigkeit und der Sensationslust populärer Religionsbeobachtung, die bisweilen immer noch die Aufmerksamkeitsökonomie rund um die Pfingstbewegung bestimmt, bis in die akademische Forschung und theologische Beurteilung hinein. Spektakuläre Praktiken verschaffen den Pfingstkirchen Aufmerksamkeit und damit oft auch Wachstum, während sie in den Augen externer Beobachter als Beispiel für »ekstatische« Praktiken und deren »Exzesse« gelten und somit ein Forschungs- und Informationsdesiderat begründen.[5]

Der vorliegende Beitrag versucht, einer solchen Exotisierung pfingstlicher Glossolalie entgegenzuwirken, indem die Zungenrede in ihrer Bedeutung für gegenwärtige christliche Identität und Theologie in den Blick genommen wird. Dabei wird es zunächst darum gehen, in einem kurzen historischen Abriss den kontroversen Charakter der Glossolalie innerhalb der Pfingstbewegung darzustellen und zu eruieren, wieso sie sich trotzdem als quasi-konfessionelle Identitätsmarkierung durchsetzen konnte. In einem zweiten Schritt wird gezeigt, wie pfingstliche Theologen der jüngeren Zeit die glossolalische Praxis in exegetische

---

3 Babel (s. Anm. 1).
4 Das Epizentrum des Bebens lag in San Francisco, und Los Angeles blieb von großen Zerstörungen verschont. Doch die apokalyptische Faszination der Pfingstbewegung war genährt und trug ihr möglicherweise Anhänger zu. Für eine überzeichnete Darstellung dieses Zusammenhangs, siehe S. Winchester, A Crack in the Edge of the World. The Great American Earthquake of 1906, London 2006, 308–311.
5 Siehe etwa W. Thiel, Glossolalie (Zungenrede) III. Religionspsychologisch, in: RGG⁴ 3 (2008), 1014–1015.

und systematisch-theologische Entwürfe eingebunden haben und so versuchen, ökumenische Brücken zu bauen. In einem letzten Abschnitt geht es schließlich um den »Sprachcharakter« der Glossolalie aus linguistischer und philosophischer Perspektive, um zu erörtern, was Zungenrede für theologisches Sprechen überhaupt bedeuten kann.

2 Ekstase und Ekklesiogenese: Vom »Anfangserweis der Geisttaufe«

Die moderne Wiederentdeckung glossolalischer Praxis geht nicht allein auf die Pfingstbewegung zurück, sondern hat ihre Wurzeln in den Erweckungsbewegungen des späten 18. und des 19. Jahrhunderts. Die Erwartung einer separaten Erfahrung der Geisttaufe kam bereits in Kreisen der Heiligungsbewegung auf und Bezugnahmen auf Zungenrede fanden sich vor allem bei den Irvingianern sowie in Teilen der Heilungsbewegung und der radikalen Glaubensmission.[6] Von hier übernahm der freischaffende Erweckungsprediger und Bibelschullehrer Charles Fox Parham seine Ideen, die er zu einer Lehre des »Apostolischen Glaubens« ausbaute. Parham ging es dabei weniger um die Entdeckung neuer geistlicher Ausdrucksformen, sondern um die Rückführung bereits üppig vorhandener Erfahrungsberichte des Geistempfangs auf eine biblische Basis.[7] Parham sah in diesen Erfahrungen, sofern er sie überhaupt anerkannte, allenfalls den Ausdruck der »bleibenden Salbung« (1 Joh 2,27) aber nicht der Geisttaufe. Diese benötige unbedingt den »biblischen Erweis« der Zungenrede nach Apg 2; 10,44–48; 19,6.[8] Die Zungenrede wiederum verstand Parham im Sinne des ursprünglichen Pfingstereignisses als übernatürlichen Empfang einer natürlichen Sprache zur beschleunigten Mission in der Endzeit.[9] Nur wer solchermaßen in Zungen redete, hatte den Heiligen Geist wirklich empfangen und zählte zu den versiegelten 144.000 nach Offb 7. In Parhams biblizistischer Geschichtsteleologie[10] begann daher die

---

6 G.B. McGee, Shortcut to Language Preparations? Radical Evangelicals, Missions, and the Gift of Tongues, IBMR 25 (2001), 118–123.
7 C.F. Parham, Kol Kare Bomidbar. A Voice Crying in the Wilderness, Baxter Springs/KS 1902, 27f.
8 Parham, Kol (s. Anm. 7), 26–27.
9 Parham, Kol (s. Anm. 7), 28.
10 L.W. Oliviero, Theological Hermeneutics in the Classical Pentecostal Tradition. A Typological Account (Global Pentecostal and Charismatic Studies 12), Leiden 2012, 57.

Endzeit mit der Ausgießung eben dieser glossolalischen Geisterfahrung auf seine Schüler und ihn im Jahr 1901.

William Joseph Seymour, ein afroamerikanischer Geistlicher, der die Azusa-Street-Versammlung leitete, hatte Parhams Lehren an dessen Bibelschule in Texas aufgesogen und die Notwendigkeit der Zungenrede als »biblischen Erweis der Geisttaufe« verkündigt bis es zu glossolalischen Äußerungen unter seinen ersten Anhängern kam.[11] Die ersten Ausgaben des »Apostolic Faith«, der Zeitschrift der Azusa-Street-Mission, sind noch voll »orthodoxer« Parhamscher Theologie: Die Azusa-Street-Erweckung wird als endzeitliche Geistausgießung verstanden, wobei die Zungenrede sowohl als »biblischer Erweis« der Geisttaufe als auch die »Kraft alle Sprachen der Welt zu sprechen« verstanden wurde.[12] Damit verbunden war eine klar globale Ausrichtung der Azusa-Street-Versammlung und ihrer Zeitschrift: Der Empfang »fremder Zungen« wurde als Aufruf zur Mission in den damit vorgegebenen Ländern interpretiert, und erste Missionare wurden ausgesandt. Mit einer steigenden globalen Verbreitung der Zeitschrift vermehrten sich die Zuschriften über Erweckungsereignisse in fernen Ländern, die in das Azusa-Narrativ von einer endzeitlichen Geistausgießung mit Zungenrede eingeschrieben wurden.[13]

Doch schon im Herbst 1906 kam es zum Bruch mit Parham, als dieser versuchte, sich an die Spitze der Bewegung in Los Angeles zu setzen. Parham, der unter anderem auch die Rassentheorie des Anglo-Israelismus vertrat und sich strikt an die Segregationsgesetze der Südstaaten hielt, war insbesondere über die gemischt-rassigen Versammlungen der Azusa Street empört und machte diese – zusammen mit den angeblich »ekstatischen« Äußerungsformen der Versammlung – für die schlechte Presse »seiner« Bewegung verantwortlich.[14] Seymour setzte sich gegen Parham durch und begann im Nachgang des Konflikts, seine

---

11 Zu Seymours Rolle in der frühen Pfingstbewegung und seiner Beziehung zu Parham siehe vor allem C.M. Robeck, William J. Seymour and the »Bible Evidence«, in: G.B. McGee (Hg.), Initial Evidence. Historical and Biblical Perspectives on the Pentecostal Doctrine of Spirit Baptism, Peabody/MA 1991, 72–95; G. Espinosa, William J. Seymour and the Origins of Global Pentecostalism. A Biography and Documentary History, Durham/NC 2014.
12 Pentecost Has Come. Los Angeles Being Visited by a Revival of Bible Salvation and Pentecost as Recorded in the Book of Acts, The Apostolic Faith 1/1(1906), 1; W.J. Seymour, The Precious Atonement, The Apostolic Faith 1/1 (1906), 2.
13 Das Beispiel der Mukti-Mission in Indien ist hier besonders interessant, siehe Y. Suarsana, Pandita Ramabai und die Erfindung der Pfingstbewegung. Postkoloniale Religionsgeschichtsschreibung am Beispiel des »Mukti Revival« (STAECG 23), Wiesbaden 2013.
14 Robeck, Seymour (s. Anm. 11), 79; in späteren Veröffentlichungen trat Parhams Rassismus in krasser Sprache zu Tage, siehe C.M. Robeck, Historical Roots of Racial Unity and Division in American Pentecostalism, 1994, http://www.pctii.org/cyberj/cyberj14/robeck.html.

Theologie zu überdenken. In der Rückbesinnung auf seine theologischen Wurzeln in der Heiligungsbewegung und ihre Ethik der Befreiung von Sünde verwies Seymour nun vermehrt auf »Früchte des Geistes«, die über die eigentliche Qualität der Geisttaufe Auskunft gäben. Dies relativierte die Rolle der Glossolalie in der Geisttaufe:

> Zungen sind eines der Zeichen, die mit jeder [Geist-]Getauften Person einher gehen, aber sie sind nicht der wirkliche Erweis der Taufe im täglichen Leben. Dein Leben muss sich an den Früchten des Geistes messen. Wenn du zornig wirst, Böses redest, oder übel nachredest, interessierte es mich nicht, wie viele Zungen du sprichst, du hast die Taufe im Heiligen Geist nicht. Du hast deine Erlösung verloren.[15]

Der Konflikt um die Zungenrede blieb für die frühe Ausbreitung der Pfingstbewegung prägend, als sich die Lehre und Frömmigkeit der Azusa Street entlang der Netzwerke der Heiligungsbewegung und Glaubensmissionen weltweit verbreitet.[16] Fast überall wurde Glossolalie sogleich zum Zeichen der neuen Bewegung wie auch zum Stein des Anstoßes. Die Lehre vom »biblischen« Erweis der Geisttaufe blieb darum umstritten. Deutschland, wo die neue Erweckung vor allem in den Kreisen der evangelischen Gemeinschaftsbewegung auf Interesse stieß, ist hierfür ein eingängiges Beispiel. In der Kasseler Konferenz von 1907, die üblicherweise als Startpunkt der deutschen Pfingstbewegung gesetzt wird, kam es zum doppelten Eklat: Zum einen sorgte der turbulente Charakter der Veranstaltung mit ihren glossolalischen Artikulationen für den Spott der breiteren Öffentlichkeit, was schließlich zum Abbruch der Versammlung führte. Doch zum anderen kam auch ein interner Konflikt auf, als die Versammelten anfingen, die »Echtheit« der einen oder anderen vorgebrachten Zungenrede anzuzweifeln.[17] Unter dem Eindruck dieser Ereignisse wandte sich später sogar der Organisator der Veranstaltung von der Pfingstbewegung ab und beschrieb die Kasseler »Zungenbewegung« als Manifestation eines »Lügengeistes«.[18]

Die daraufhin weiter schwelende Auseinandersetzung um die Glossolalie gipfelte schließlich in der Berliner Erklärung von 1909, in der große Teile der Gemeinschaftsbewegung erklärten, dass die »sogenannte Pfingstbewegung nicht

---

15 W.J. Seymour, To the Baptised Saints, The Apostolic Faith 1/5 (1907), 2.
16 Zur Diskussion um die Historiographie der globalen Pfingstbewegung, vgl. M. Bergunder, Der »Cultural Turn« und die Erforschung der weltweiten Pfingstbewegung, EvTh 69 (2009), 245–269; Espinosa, Seymour (s. Anm. 11); Haustein, Pfingstbewegung (s. Anm. 2), 770–774.
17 S.E. Giese, Und flicken die Netze. Dokumente zur Erweckungsgeschichte des 20. Jahrhunderts, Marburg 1976, 67.
18 H. Dallmeyer, Erfahrungen in der Pfingstbewegung, Neumünster 1909; ders., »Die Zungenbewegung«. Ein Beitrag zu ihrer Geschichte und eine Kennzeichnung ihres Geistes, Lindhorst 1924.

von oben, sondern von unten« sei und »viele Erscheinungen mit dem Spiritismus gemein« habe.[19] Die verbliebenen Anhänger der Pfingstbewegung sammelten sich im Mülheimer Verband unter der Leitung Jonathan Pauls, der bereits vor der Kasseler Versammlung seine Geisttaufe mit Zungenrede in Norwegen erfahren hatte. Aufgrund seiner Erfahrungen mit der Glossolalie-Kontroverse in Deutschland und vor dem Hintergrund seiner von der Heiligungsbewegung geprägten Theologie sah Paul jedoch die Zungenrede nicht als einzigen oder gar primären »biblischen Erweis« der Geisttaufe. Dies sei stattdessen ein »geheiligter Lebenswandel«, was Paul als Abwesenheit von Sünde verstand. Zusammen mit Gerrit Polman, einer führenden Gestalt der niederländischen Pfingstbewegung, drang er in der europäischen Diskussion der Pfingstler auf eine vorsichtigere Formulierung von »nachfolgenden Zeichen« (statt »Erweis«) der Geisttaufe, unter denen die Zungenrede nur eins von mehreren war.[20]

Zeitgleich mit diesen frühen Konflikten um Glossolalie als »Erweis« der Geisttaufe erwies sich auch die Idee der Zungenrede als von Gott geschenkte Fremdsprache als realitätsfern und wurde in kleine Anekdoten verschoben, die sich oft nur um den »Empfang« einzelner Worte drehen.[21] Zungenrede, so scheint es darum, erwies sich in der frühen Pfingstbewegung als impraktikabel und dogmatisch prekär. Somit drängt sich die Frage auf, wie es dazu kommen konnte, dass die Lehre von der Glossolalie als begleitendem »Erweis« oder »Zeichen« der Geisttaufe nicht nur erhalten blieb, sondern gar zu einem Haupterkennungsmerkmal vieler Pfingstler und Charismatiker weltweit wurde.

Dies lässt sich vor allem über die Bildung pfingstlicher Kirchen erklären. Die erste offiziell registrierte Kirche, die sich der Pfingstbewegung anschloss, war die Church of God in Christ (COGIC). Dieser von Schwarzen geleitete, aber gemischt-rassige Kirchenverband hatte seine Wurzeln in der Heiligungsbewegung unter afroamerikanischen Baptisten, die mit ihrer Bemühung um Rassenversöhnung der Heiligungsethik eine wichtige politische Wendung gaben.[22] Als einer der Führer der Bewegung, Charles H. Mason, an der Azusa Street Anfang 1907

---

19 G. Bially/J. Haustein, Die Berliner Erklärung und ihre Folgen, letzte Änderung am 14.05.2013, https://www.glopent.net/iak-pfingstbewegung/Members/GerhardBially/berliner-erklaerung.
20 N. Hudson, Strange Words and Their Impact on Early Pentecostals. A Historical Perspective, in: M. Cartledge (Hg.), Speaking in Tongues. Multi-Disciplinary Perspectives, Milton Keynes 2006, 52–80: 63–79.
21 Siehe Hudson, Words (s. Anm. 20), 60; G. Wacker, Early Pentecostals and the Almost Chosen People, Pneuma 19 (1997), 141–166: 144–151.
22 I.C. Clemmons, Bishop C.H. Mason and the Roots of the Church of God in Christ, Bakersfield/CA 1996, 1–71; D.D. Daniels, Church of God in Christ, in: M. Wilkinson u.a. (Hg.), Brill's Encyclopedia of Global Pentecostalism, Leiden 2021, 136–138.

seine Geisttaufe empfing und daraufhin die Lehre von der Zungenrede als »Erweis« der Geisttaufe vertrat, kam es zum Konflikt. Mason verließ mit einer Minderzahl an Kirchen den Verband und setzte seine Namensrechte an COGIC juristisch durch. In den folgenden Jahren baute er seine Kirche aus, indem er die aus ihren jeweiligen Kirchen ausgestoßenen Pfingstler sammelte und eine große Anzahl schwarzer und weißer Pastoren ordinierte.[23] Die COGIC war als lose Föderation organisiert, die sich um eine jährliche geistliche Konferenz unter Mason's Leitung sammelte. Im Einklang mit dieser kongregationalistischen Ekklesiologie gab es zunächst kaum verbindliche Lehraussagen. Ein erstes Glaubensbekenntnis von 1909 enthielt lediglich allgemeine Sätze zur Gotteslehre, doch über die nächsten Jahre kamen weitere Dogmen hinzu, unter anderem zur Geisttaufe. Mason bemühte sich dabei zwar um eine klare Unterscheidung zwischen Geistbesitz (der mit der Wiedergeburt einher gehe) und die »volle Taufe im Heiligen Geist«, aber zugleich legte er die für ihn kirchenbildende Unterscheidung der Glossolalie als normierende Begleiterscheinung der Geisttaufe hier fest.[24]

Im Jahr 1914 sonderte sich der größte Teil der weißen Versammlungen von der COGIC ab und formte die Assemblies of God (AoG). Auch hier herrschte zu Anfang ein stark kongregationalistischer Geist und man vermied darum die Aufstellung von Lehrsätzen. Doch bereits zwei Jahre später machte das Aufkommen der anti-trinitarischen Oneness-Bewegung Glaubenssätze zur Gotteslehre nötig. In die daraufhin 1916 angenommene »Erklärung grundlegender Wahrheiten« (Statement of Fundamental Truths) wurden auch zwei Artikel zur Geisttaufe aufgenommen, in denen die Zungenrede als »anfängliches Zeichen« des »endgültigen Vollzugs der Taufe im Heiligen Geist« bestimmt wurde.[25] Diese Formulierung blieb zunächst umstritten, denn einerseits wandten einige ein, dass nach 1 Kor 12 die Zungenrede als eine von mehreren möglichen Gaben galt, und andererseits kursierten persönliche Erfahrungsberichte von Autoritätsfiguren, die nicht nur den engen zeitlichen Zusammenhang zwischen Geisttaufe und Zungenrede in Abrede stellten, sondern sogar die Fokussierung auf glossolalische Manifestati-

23 S.R.R. Owens, Bishop Charles Harrison Mason. The Apostle of Reconciliation, in: R.D. Smith (Hg.), With Signs Following. The Life and Ministry of Charles Harrison Mason, Danvers/MA 2015, 63–71: 69.
24 D.D. Daniels, »A More Excellent Way«. The Theological Journey of Bishop Charles Harrison Mason in the Theological Formation of the Church of God in Christ, in: Smith (Hg.), With Signs Following (s. Anm. 23), 111–128.
25 C.M. Robeck Jr., An Emerging Magisterium? The Case of the Assemblies of God, Pneuma 25 (2003), 164–215: 179–180. Deutsche Übersetzung: ders., Die Entstehung eines kirchlichen Lehramts? Der Fall der Assemblies of God, in: J. Haustein/G. Maltese (Hg.), Handbuch pfingstliche und charismatische Theologie, Göttingen 2014, 160–208.

on als Hindernis der Geisttaufe beschrieben.[26] Doch der Drang zu einer dogmatischen Regel behielt die Oberhand: Das »anfängliche körperliche Zeichen« der
Zungenrede wurde in Überschriften zum »Erweis« der Geisttaufe erhoben und
gegen alle Kritiker verteidigt bis hin zu Gemeindeausschluss und Geschichtsre-
visionismus.[27] Zugleich wurde eine exegetisch schwer haltbare Unterscheidung
zwischen Zungen »als Zeichen« und Zungen »als Geistesgabe« eingeführt, die bis
heute in den Glaubenssätzen der AoG Bestand hat.[28]

Aufgrund ihrer Missionsarbeit und weltweiten Vernetzungstätigkeit sind
die AoG zur größten Pfingstkirche der Welt geworden. Ihrem Dachverband, dem
World Assemblies of God Fellowship (WAGF) gehören circa 160 Kirchen bzw. Kir-
chenverbände an, die zusammen rund 70 Millionen Mitglieder umfassen.[29] Das
WAGF hat zwar keine direkte Autorität über die Mitgliederverbände, aber ein
gemeinsam verpflichtendes Glaubensbekenntnis, das die »Begleiterscheinung«
der Zungenrede als »Anfangserweis« für die Geisttaufe festschreibt.[30] Zusätzlich
breitete sich die Lehre der AoG indirekt mit der Pfingstbewegung aus. So war der
Gründungsvater der Wort-des-Glaubens-Bewegung (faith movement), Kenneth
Hagin, ursprünglich ein ordinierter Geistlicher der AoG und vertrat die Idee der
Zungenrede als »Anfangserweis« der Geisttaufe in seinen Schriften und seiner
Lehre.[31] Auf diese Weise hat die Lehre auch Eingang in Kirchen gefunden, die mit
Hagin in historischer Verbindung stehen, wie zum Beispiel in die nigerianische
Redeemed Christian Church of God, eine der größten globalen Megakirchen Af-
rikas.[32] Ein weiterer Weg der impliziten Verbreitung dieser Lehre war die frühe
charismatische Bewegung, in der aufgrund der nun normierten Geisterfahrung
der Erwerb der Zungenrede als entscheidende biographische Begleiterscheinung
der Geisttaufe erfahren wurde.[33]

---

26 Robeck, Magisterium (s. Anm. 25), 181–197.
27 Robeck, Magisterium (s. Anm. 25).
28 The General Council of the Assemblies of God, Statement of Fundamental Truths, Satz 8, https://
ag.org/-/media/AGORG/Beliefs/Fundamental-Truths/Statement-of-Fundamental-Truths.pdf (abgerufen am 24.03.2022).
29 G.O. Wood, World AG Fellowship, Welcome, https://worldagfellowship.org (abgerufen am
24.03.2022).
30 World Assemblies of God Fellowship, Statement of Faith, Satz 9, https://worldagfellowship
.org/-/media/World-AG-Fellowship/Bylaws-Membership-Papers/WAGF-Statement-of-Faith.pdf
(abgerufen am 24.03.2022).
31 K. Hagin, The Bible Evidence of the Baptism of the Holy Spirit, Tulsa/OK [ohne Jahr].
32 Redeemed Christian Church of God, Our Beliefs, https://www.rccg.org/our-beliefs (abgerufen
am 24.03.2022).
33 Zum Beispiel D. Bennett, Nine O'Clock in the Morning. With The Holy Spirit and You, East-

Diese Normierung der Zungenrede als Begleiterscheinung der Geisttaufe sollte jedoch nicht theologisch überschätzt werden. In der charismatischen Bewegung wurde Glossolalie von Anfang an in eine Reihe von Geistesgaben eingeordnet.[34] Auch in den Kirchen der Wort-des-Glaubens-Bewegung ist die Zungenrede keinesfalls die wichtigste Lehre und spielt in der Praxis eine untergeordnete Rolle, wie auch in vielen anderen Kirchen, die üblicherweise der Kategorie des »Neo-Pentekostalismus« zugeordnet werden.[35] Selbst der normierende Einfluss der AoG unter den »klassischen« Pfingstlern hält sich in Grenzen. In Deutschland findet sich unter den offiziellen Glaubenslehren des Bundes freikirchlicher Pfingstgemeinden (BfP) überhaupt kein Hinweis auf die Zungenrede und in einer theologischen Stellungnahme zur Geisttaufe wird die Glossolalie gleichberechtigt neben andere Geistesgaben als Zeichen der Geisttaufe gestellt.[36] Und dies, obwohl der BfP der deutsche Mitgliedsverband des WAGF ist und unter Mitwirkung von AoG Missionaren aufgebaut worden ist.[37] Selbst in den AoG relativiert die Praxis die reine Lehre, denn Befragungen zeigen, dass nur eine Minderheit der Mitglieder die Gabe der Zungenrede für sich reklamiert.[38]

Die Zungenrede ist also in der gesamten Geschichte der Pfingstbewegung ein umstrittenes Phänomen geblieben. Aber zugleich hat sie sich zu einem beinahe universellen Ausdruck einer theologischen Identitätsmarkierung für Pfingstler und Charismatiker entwickelt, ganz gleich ob als »Anfangserweis« oder »nur« als spirituelle Praxis. Ein Grund dafür ist sicherlich, dass sich Glossolalie aufgrund ihrer »Skandalisierung« besonders gut dazu eignet, eine markante Position einzunehmen. So gab kürzlich der Erzbischof von Canterbury, Justin Welby, in einem Radio-Interview auf die Frage zu seinem »vernünftig charismatischen Hintergrund« (»reasonably Charismatic background«) als erstes zu Protokoll, dass er jeden Morgen in Zungen bete. Freilich betonte er sogleich, dass dies keine ekstatische oder spektakuläre Praxis sei, doch seine Bemerkung sorgte sofort für Schlag-

---

bourne 1998, 19–53; R.A. Jensen, Touched by the Spirit. One Man's Struggle to Understand his Experience of the Holy Spirit, Minneapolis/MN 1975, 8–14.

34 So bereits Jensen selbst, Touched (s. Anm. 33), 15–30.

35 Zur Problematik dieser Kategorie, siehe Haustein, Pfingstbewegung (s. Anm. 2), 775–778.

36 Siehe die Verlautbarung des Präsidiums von 2006 in D. Hampel/R. Krüger/G. Oertel, Der Auftrag bleibt. Der Bund Freikirchlicher Pfingstgemeinden auf dem Weg ins dritte Jahrtausend, Erzhausen 2009, 349–361.

37 L.D. Eisenlöffel, Freikirchliche Pfingstbewegung in Deutschland. Innenansichten 1945–1985 (KKR 50), Göttingen 2006, 73–78.85–93.

38 Robeck, Magisterium (s. Anm. 25), 213; zur Varianz von Praxis und Glauben bezüglich Glossolalie in den AoG: M. Poloma, The Assemblies of God at the Crossroads. Charisma and Institutional Dilemmas, Knoxville/TN 1989.

zeilen und wurde von einigen als ein politisches Signal der Stärkung des evangelikalen bzw. charismatischen Flügels gelesen, dem Welby zugerechnet wird.[39]

3 Ein rituelles Eschaton? Zungenrede in theologischer Reflexion

Der Bezug auf die Zungenrede als Ausdruck einer pfingstlichen oder charismatischen Identität, sei es als dogmatische Norm oder als Proprium einer spezifischen
Erfahrung, verlangte freilich nach theologischer Reflexion. Insbesondere mit
dem Aufkommen einer akademischen pfingstlichen Theologie versuchten daher
Pfingstler den besonderen Beitrag ihrer Erfahrung von Geisttaufe und Glossolalie
im Verhältnis zur etablierten theologischen Reflexion genauer zu bestimmen.[40]

Ein großer Teil der frühen Debatte wurde dabei von der Frage bestimmt, inwiefern die Zungenrede eine neue Qualität der Geistverleihung markiert, die vom
übrigen Heilsgeschehen im *ordo salutis* eines Christen zu unterscheiden ist. Von
besonderer Bedeutung war hier eine längere Auseinandersetzung mit dem re-
nommierten britischen Neutestamentler James G. Dunn, der ein Buch zur Geisttaufe in expliziter Auseinandersetzung mit der Pfingstbewegung geschrieben
hatte.[41] In diesem Dialog kam es durchaus zu Konvergenzen. Dunn kritisierte
zwar die pfingstliche Position einer Trennung von Geist- und Wassertaufe als exegetisch unhaltbar, gestand den Pfingstlern aber zu, mit ihrer Betonung der Erfahrung des Geistes und seiner prophetisch-eschatologischen Dimension einen
wichtigen Beitrag zur Wiederentdeckung der lukanischen Auffassung des Geistes zu leisten. Ein Großteil seiner pfingstlichen Dialogpartner wiederum stimmte

---

39 Archbishop Justin Welby prays »in tongues« every day, BBC News, 21.1.2019, https://www
.bbc.co.uk/news/uk-46945022; H. Sherwood/H. Siddique, I pray in tongues every day, says archbishop of Canterbury, The Guardian, 21.01.2019, https://www.theguardian.com/uk-news/2019/
jan/21/i-pray-in-tongues-every-day-says-archbishop-of-canterbury; J. Brierly, Yes, Justin Welby
speaks in tongues. So do half a billion other Christians, Premier Christianity, 21.01.2019, https://
www.premierchristianity.com/home/yes-justin-welby-speaks-in-tongues-so-do-half-a-billion-
other-christians/1501.article.
40 Zum Aufkommen dieser akademisch reflektierten Theologie siehe Haustein/Maltese (Hg.),
Handbuch (s. Anm. 27), Göttingen 2014.
41 J.D.G. Dunn, Baptism in the Holy Spirit. A Re-examination of the New Testament Teaching on
the Gift of the Spirit in relation to Pentecostalism today, Philadelphia/PA 1970; für eine Kurzüber-
sicht zu diesem theologischen Dialog siehe J. Haustein/G. Maltese, Pfingstliche und charismatische Theologie. Eine Einführung, in: dies. (Hg.), Handbuch (s. Anm. 27), 15–65: 18–20.

Dunn darin zu, dass der Geist bei Bekehrung und Wassertaufe mitwirke, aber bestanden darauf, dass sich gerade bei Lukas in der Geisttaufe eine andere Art der Geistbegabung einstelle, die eben jene prophetisch-eschatologische Dimension des Geistes erschließe.

Diese Idee eines zweistufigen Geistempfangs bei Lukas wurde allerdings von dem Neutestamentler Max Turner in einer Exegese von Apg 8,14–17 deutlich zurückgewiesen, da sie nicht der lukanischen Pneumatologie entspreche.[42] Turner, ein charismatischer Baptist, der an der London School of Theology lehrte, schloss sich damit zwar denjenigen pfingstlichen Theologen an, die den Geistempfang bei Lukas als ein von der Bekehrung getrenntes Ereignis ansahen. Zugleich jedoch kritisierte er deren verkürzte Soteriologie: Erlösung sei bei Lukas nicht auf die Bekehrung beschränkt, sondern vollziehe sich bei Lukas als ein vom Geist vermittelter Prozess des kommenden Gottesreiches in der christlichen Gemeinschaft. Für Turner ist dies das Ende aller pfingstlicher Stufentheorien des *ordo salutis*, in der die Geisttaufe als eine Art zusätzliche (und soteriologisch letztlich überflüssige) Erfahrung verstanden wird. Die Pointe der Geistausgießung bei Lukas sei das Zusammenrücken von Pneumatologie und Soteriologie:

> Für die christliche Theologie ist das Herzstück des Heils nicht die Rechtfertigung, die Erneuerung oder die Eingliederung in die Kirche. So wichtig diese auch sind – das Herzstück des Heils ist stattdessen das Hinaufgezogenwerden in die lodernde, freudvolle und transformierende trinitarische Liebe zwischen dem Vater und dem Sohn durch den Geist.[43]

Turner befand sich hier im Einklang mit systematischen Theologen der Pfingstbewegung, die etwa zur selben Zeit einen pneumatischen Erfahrungsbegriff als Proprium pfingstlicher Theologie entwickelten.[44] Bei Terry Cross zielte dies vor allem auf theologische Methode: die durch den Geist vermittelte, dynamische und den Gläubigen transformierende Gotteserfahrung müsse zum Kern der pfingstlichen theologischen Reflexion ausgebaut werden, der diese zudem von evangelikaler Theologie unterscheide.[45] Bei Amos Yong, dem vermutlich bekanntesten

---

42 M. Turner, Eine Interpretation der Samaritaner in Apostelgeschichte 8. Das Waterloo pfingstlicher Soteriologie und Pneumatologie?, in: Haustein/Maltese (Hg.), Handbuch (s. Anm. 27), 69–92.

43 Turner, Interpretation (s. Anm. 42), 81.

44 Siehe G. Maltese, Geisterfahrer zwischen Transzendenz und Immanenz. Die Erfahrungsbegriffe in den pfingstlich-charismatischen Theologien von Terry L. Cross und Amos Yong im Vergleich (KKR 61), Göttingen 2013.

45 Zum Beispiel T.L. Cross, The Rich Feast of Theology. Can Pentecostals Bring the Main Course or Only the Relish?, JPT 8/16 (2000), 27–47; ders., Sind Pfingstler evangelikale Christen? Eine Be-

pfingstlichen Theologen, findet sich hingegen eine hermeneutisch sowie offenbarungstheologisch ausgebaute Pneumatologie, in der die (graduell verschiedene) Anwesenheit des Geistes jedes Erschließungsgeschehen in Gottes Schöpfung bestimmt.[46] Frank Macchia hat schließlich diese breit aufgestellte Betonung der Gotteserfahrung wieder enger mit der pfingstlichen Lehre der Geisttaufe in Verbindung gebracht, die er als Zentrum pfingstlicher Theologie sieht.[47] Doch auch bei ihm geht es dabei um eine Entgrenzung der Geisttaufe, weg von einem Verständnis als einmaligem Heilsereignis und hin zu einer ökumenisch anschlussfähigen Rahmung als eschatologische Partizipation der Kirche und der Gläubigen am kommenden Gottesreich, die mit der Verleihung des Geistes in der Wassertaufe einsetzt.[48]

Wenn die Geisttaufe erst einmal in dieser Weise von der individualistischen und triumphalistischen Engführung der frühen Pfingstbewegung befreit ist, verschiebt sich auch die pfingstliche Theologie der Glossolalie. Macchia selbst hat hierzu entscheidende Beiträge geleistet. Schon in den 1990er Jahren veröffentlichte er eine Reihe bahnbrechender Artikel, in denen er im Dialog mit Paul Tillich und Karl Rahner ein Verständnis von Zungenrede als Sakrament entwickelte.[49] Macchia ging dabei von der Idee aus, dass die theophane und rätselhafte Qualität der Zungenrede ein Verweis auf unsere ständige Existenz *coram Deo* sei, und somit das menschliche Drängen nach Freiheit vor Gott und Freiheit miteinander ausdrücke. Mit Tillich, so Macchia weiter, könnten Pfingstler darum »Zungen als eine Art primäres Sakrament oder Kairos-Ereignis« verstehen, das die »Bevollmächtigung des Geistes im christlichen Leben anzeigt und zugleich daran partizipiert.«[50] Und unter Rückgriff auf Rahner wiederum müsse die rituelle und gruppendynamische Dimension der Zungenrede nicht länger als »weltlich« und

trachtung der theologischen Unterschiede und Gemeinsamkeiten, in: Haustein/Maltese (Hg.), Handbuch (s. Anm. 27), 383–407.

46 A. Yong, Discerning the Spirit(s). A Pentecostal-Charismatic Contribution to Christian Theology of Religions (JPTS 20), Sheffield 2000; ders., Spirit, Word, Community. Theological Hermeneutics in Trinitarian Perspective, London 2002; ders., The Spirit Poured Out on All Flesh. Pentecostalism and the Possibility of Global Theology, Grand Rapids/MI 2005.

47 F.D. Macchia, Baptized in the Spirit. A Global Pentecostal Theology, Grand Rapids/MI 2006.

48 F.D. Macchia, Spirit Baptism. Initiation in the Fullness of God's Promises, in: W. Vondey (Hg.), The Routledge Handbook of Pentecostal Theology, Abingdon 2020, 247–256.

49 F.D. Macchia, Sighs too Deep for Words. Towards a Theology of Glossolalia, JPT 1/1 (1992), 47–73; ders., Zungen als Zeichen. Wege zu einem sakramentalen Verständnis pfingstlicher Erfahrung, in: Haustein/Maltese (Hg.), Handbuch (s. Anm. 27), 249–266; F.D. Macchia, Zungenrede und Prophetie. Eine pfingstkirchliche Perspektive, Conc(D) 32/3 (1996), 251–255; ders., Groans Too Deep for Words. Towards a Theology of Tongues as Initial Evidence, AJPS 1/2 (1998), 149–173.

50 Macchia, Zungen (s. Anm. 49), 258.

anti-charismatisch ausgeklammert werden, sondern könne in einen komplementären Zeichenbegriff eingebaut werden, der theophane und strukturelle Elemente miteinander verbindet.[51]

Diese theologische Bestimmung der Zungenrede als theophanes Zeichen, die von Macchia und anderen Pfingsttheologen betrieben wird, hat zwei wichtige Konsequenzen: Erstens führt sie zu einer Wiederentdeckung des kosmopolitischen Anspruchs der frühen Pfingstbewegung, der in der Idee der Zungenrede als fremder Sprache angelegt war und mit deren praktischer Unmöglichkeit verloren ging. Wie Macchia in einer kritischen Relektüre des inneren Zusammenhangs von Gen 11 und Apg 2 darlegt, stellt das Pfingstereignis nicht eine Umkehrung der sprachlichen Verstreuung des Turmbaus zu Babel dar, sondern ihre soteriologische Erfüllung.[52] Babel war eine imperiale Rebellion gegen Gottes Gebot der Vermehrung und Fruchtbarkeit, das auf eine diversifizierende Erfüllung der Erde drängt. In der Sprachzerstreuung setzte Gott seinen Anspruch auf Pluralität durch und zeigte im Pfingstwunder, dass seine Erlösung eben dieser vielgestaltigen und vielsprachigen Menschheit gilt. Auch die ursprüngliche Vision der Azusa Street drängte in ihrer Berufung auf das Pfingstwunder auf eine geistgewirkte Mannigfaltigkeit, die die Pluralität von Los Angeles in sich aufsog und eine kosmopolitische Vision von Mission entwickelte. Der Fehler der frühen Pfingstler sei es somit gewesen, Zungen als Instrument der Völkerpredigt zu verstehen statt als gesellschaftskritischen und ökumenischen Ausdruck einer gottgewirkten Einheit im Geist.[53] Ähnlich äußerte sich Wolfgang Vondey in seiner Systematischen Theologie zum Gemeinwohl der Zungenrede, wie auch Jerry Ireland, der in einem missiologischen Beitrag forderte, die Zungenrede als eine Reorientierung der Kirche auf ihr »interkulturelles Mandat« zu verstehen.[54]

Zweitens wird in diesen Theologien der Zungenrede als Teilhabe an der eschatologischen Theophanie der Akzent von »Geist begabten« Individuen auf den Geist ausgießenden Gott verschoben. Aus einem latent triumphalistischen Gestus wird so ein Akt der Demut. Darauf hatte schon vor Jahren der Neutestamentler Gordon Fee in seiner Analyse der Paulinischen Theologie zur Glossolalie hingewiesen.[55] Fee, der als ordinierter Geistlicher der AoG die Glaubensartikel seiner

---

51 Macchia, Zungen (s. Anm. 49), 261–266.
52 F. Macchia, Babel and the Tongues of Pentecost. Reversal or Fulfillment? A Theological Perspective, in: Cartledge (Hg.), Speaking in Tongues (s. Anm. 20), 34–51.
53 Macchia, Babel (s. Anm. 52), 48–49.
54 W. Vondey, Pentecostal Theology. Living the Full Gospel, London 2017, 214–215; J. Ireland, The Missionary Nature of Tongues in the Book of Acts, PentecoStudies 18/2 (2019), 200–223: 213.
55 G.D. Fee, Wege zu einer paulinischen Theologie der Glossolalie, in: Haustein/Maltese (Hg.), Handbuch (s. Anm. 27), 93–106.

Kirche zu Geisttaufe und Zungenrede ablehnt, entwickelte hier in Auslegung von
Röm 8,26f. und 1 Kor 12–14 ein Verständnis von Glossolalie als Ausdruck kreatürlicher Schwachheit.[56] Im Zungengebet vertritt der Geist den schwachen Beter
(»denn wir wissen nicht, was wir beten sollen«) mit »unaussprechlichen Seufzern« und die glossolalische Äußerung selbst erfordert, »dass das gesamte eigene
Selbst – besonders die widerspenstigen Teile des eignen Selbst, der Verstand und
die Zunge – in Gottes Verfügungsbereich gestellt werden.«[57] Das begründet für
Fee aber keinen ekstatischen Kontrollverlust, sondern setzt ein eschatologisches
Zeichen der »radikalen Mitte«. Denn das Zungengebet ist zugleich Durchbruch
in das »neue eschatologische Zeitalter« sowie Ausdruck dafür dass seine Vollendung sich uns noch nicht erschließt:

> Weil wir noch nicht angekommen sind und zusammen mit der gesamten Schöpfung unsere
> endgültige Erlösung erwarten, beten wir im Geist aus unserer Schwachheit heraus und ver
> trauen auf implizite Weise darauf, dass der Geist im Einklang mit Gottes Absichten betet.
> Ein solches Gebet ist demnach Freiheit und Macht – Gottes Macht, die inmitten unserer
> Schwachheit diese vollkommen macht.[58]

4 Zur Einsprachigkeit Gottes: Zungenrede in linguistischer und sprachphilosophischer Perspektive

Die Betonung der kreatürlichen und eschatologischen Seite der Zungenrede in
einigen Theologien lässt sich noch einmal vertiefen, wenn man sich der sprachlichen Seite der Glossolalie zuwendet. Wie bereits erwähnt, bestätigte sich die
Hoffnung der frühen Pfingstler auf gottgegebene Fremdsprachen zur Mission
nicht, doch die Praxis der Glossolalie nahm an dieser semantischen Abwesenheit offenbar keinen Schaden. Das lag zum einen an der liturgischen Praxis der
»Auslegung«: Zungenrede wird in bestimmten liturgischen Zusammenhängen
»übersetzt«, indem eine andere in der Versammlung anwesende Person gleich
nach einer glossolalischen Artikulation in der jeweiligen Lokalsprache eine prophetische Rede äußert. Zum anderen wird Zungenrede in privaten Kontexten oder

56 Vgl. zu Röm 8,26f. auch G.D. Fee, God's Empowering Presence. The Holy Spirit in the Letters
of Paul, Peabody/MA 1994, 575–586.
57 Fee, Wege (s. Anm. 55), 105.
58 Fee, Wege (s. Anm. 55), 105f.

bestimmten Formen des Gruppengebets als »Engelszunge« angesehen, die keiner Auslegung bedürfe, wohl aber von Gott verstanden werde.[59] In keinem der beiden Fälle wird also der Anspruch auf eine semantisch relevante Artikulation aufgegeben.

Dieser Anspruch auf Semantik hat zu einer Reihe an linguistischen Studien geführt, mit zum Teil bemerkenswert akribischen Transkriptionen von glossolalischen Artikulationen.[60] Die meisten dieser Untersuchungen stammen aus den 1960er und 1970er Jahren, als die Zungenrede durch die Charismatische Bewegung in größere und besser situierte soziale Zusammenhänge eindrang und auch vermehrt in psychologische Studien Eingang fand.[61] Die bekannteste linguistische Studie zur Zungenrede wurde von William Samarin vorgelegt, der neben psychologischen und sozialen Aspekten sich vor allem der Frage zuwandte, ob Glossolalie in linguistischer Hinsicht als eine Form von Sprache gelten könne.[62] Sein Ergebnis ist eindeutig: Zungenrede sei keine Sprache, aber sprachenartig, und genau das ist ihre Funktion und ihr Sinn. Glossolalische Ausdrucksformen stehen in deutlicher Relation zu den sprachlichen Fähigkeiten der jeweiligen Zungenredner, und ihre Regelhaftigkeit und Einsatz als sozial bedeutsame Artikulation sind ebenfalls an Sprachlichkeit angelehnt.[63] Doch zugleich zeigt die relative Armut an Phonemen, die Überstrapazierung bestimmter Silben und die Abwesenheit einer erkennbaren Grammatik, dass Glossolalie keine Semantik in linguistischer Form abbilden kann, allen Behauptungen der Zungenredner zum Trotz.[64] Glossolalie ist somit ein abgeleitetes sprachliches Phänomen, eine wirksame »Sprachfassade«.[65]

---

59 Pfingstler berufen sich für diese Zweiteilung zwischen »Weissagung« und Zungengebet gewöhnlich auf 1 Kor 14, wo Paulus eine ähnliche Unterscheidung zwischen reglementierter gottesdienstlicher Praxis der Auslegung (1 Kor 14,13) und seinem privaten Zungengebet (1 Kor 14,18–19) anzubieten scheint.

60 Zusammenfassend siehe C. G. Williams, Tongues of the Spirit. A Study of Pentecostal Glossolalia and Related Phenomena, Cardiff 1981, 169–191; A. Lovekin/N. H. Malony, Glossolalia. Behavioral Science Perspectives on Speaking in Tongues, Oxford 1985, 26–38; V. S. Poythress, Linguistic and Sociological Analyses of Modern Tongues-Speaking. Their Contributions and Limitations, in: W. E. Mills (Hg.), Speaking in Tongues. A Guide to Research on Glossolalia, Grand Rapids/MI 1986, 469–489.

61 Zur Psychologie siehe M. J. Cartledge, Charismatic Glossolalia. An Empirical-Theological Study, London 2002, 85–102.

62 W. J. Samarin, Tongues of Men and Angels. The Religious Language of Pentecostalism, New York 1972.

63 Samarin, Tongues (s. Anm. 62), 118–121.

64 Samarin, Tongues (s. Anm. 62), 121–127.

65 Samarin, Tongues (s. Anm. 62), 122.

Felicitas Goodman, die ihre Studie zur Glossolalie unter Pfingstlern in Mexiko etwa zeitgleich mit Samarin veröffentlichte, führte ihre linguistische Analyse über Phoneme hinaus und achtete vor allem auf Tonalität, Betonung und Rhythmus.[66] Der Grund dafür war Goodmans Verständnis von Zungenrede als Relikt einer »überregten Dissoziation«, deren Oberflächenstruktur Rückschlüsse auf die nicht-linguale Tiefenstruktur des dissoziierten Bewusstseins zuließe. Dieses auf Chomsky beruhende Postulat einer universalen Struktur führte Goodman daher auch zu einem kultur- und sprachübergreifenden Vorgehen. In ihren vergleichenden Diagrammen glossolalischer Intensität konstatierte Goodman »wichtige Übereinstimmungen« über sieben kulturelle Kontexte und vier sprachliche Hintergründe hinweg,[67] die sie zu dem in ihrem Ansatz bereits angelegten Vorschlag führten, Glossolalie als »Sprachautomatismus« zu definieren, der in seiner »Segment- und Supersegment-Struktur neurophysiologische Prozesse« abbilde, die in einem Stadium »überregter Dissoziation« stattfinden.[68]

Samarins und Goodmans Ontologien der Zungenrede könnten verschiedener nicht sein, aber beide konvergieren in dem Anliegen, Glossolalie nicht auf sprachliche Semantik zu reduzieren und somit andere Bedeutungsebenen zu erschließen. Dieses Ziel verfolgen auch neuere philosophische Arbeiten zur Zungenrede, die mit der Sprechakttheorie von Austin und Searle operieren.[69] Austin und Searle unterscheiden bekanntlich verschiedene Sprechakte, die in jeder Äußerung zusammenfallen, was die Sprachanalyse von der Betonung der reinen Semantik (lokutionärer Akt bei Austin, phatischer und propositionaler Akt bei Searle) ablöst und auf die Betrachtung der illokutionären (vor allem Sprecherintention) und perlokutionären (Effekt oder Wirkung einer Äußerung) Aspekte hinführt.[70] Diese Verschiebung von Semantik auf Kontext machte die Sprechakttheorie für die Analyse der Zungenrede besonders attraktiv, wobei jedoch die Frage bleibt, inwiefern sich mit Austin und Searle der lokutionäre bzw. propositionale Sprechakt völlig ausschalten lässt, was in bestimmten Formen der Zungenrede ja vorausgesetzt ist.

---

66 F. Goodman, Speaking in Tongues. A Cross-Cultural Study of Glossolalia, Chicago/IL 1972, 99.
67 Goodman, Speaking (s. Anm. 66), 121.
68 Goodman, Speaking (s. Anm. 66), 124.
69 D. Hilborn, Glossolalia as Communication. A Linguistic-Pragmatic Perspective, in: Cartledge (Hg.), Speaking in Tongues (s. Anm. 20), 111–146; J.K.A. Smith, Zungen als »Widerstandsdiskurs«. Eine philosophische Perspektive, in: Haustein/Maltese (Hg.), Handbuch (s. Anm. 27), 267–294.
70 J.L. Austin, How to Do Things With Words (William James Lectures 1955), Cambridge/MA 1962; unter anderem J.R. Searle, Speech Acts. An Essay in the Philosophy of Language, Cambridge/MA 1969.

In David Hilborn's Überlegungen zur »Glossolalie als Kommunikation« führt ihn dieses Problem von Austin und Searle weg und über die Grice'sche Implikatur hin zur Relevanztheorie von Sperber und Wilson.[71] Im Grunde geht es dabei um die zunehmende Ausblendung des Codes als notwendigen Bestandteil von Kommunikation, sodass Raum für eine nicht-referentielle Sprachlichkeit geschaffen werden kann, die sich in reiner Pragmatik und Bedeutungszuschreibung erschöpft. In Jamie Smiths Arbeit zur »Zungenrede als Widerstandsdiskurs« führt die Denkbewegung zwar auf Austin und Searle hin, speist sich aber aus demselben Impetus einer Betonung von Kontext und nicht-referentieller Sprachlichkeit.[72] Über Husserls Phänomenologie und Heideggers und Gadamers Hermeneutik entwickelt Smith zunächst ein Verständnis von Zungenrede als »reinem Ausdruck«, der auf kontextgebundene Auslegung zielt.[73] Damit verschiebt Smith den Akzent seiner Sprechaktanalyse automatisch auf die illokutionäre und perlokutionäre Dimension der Zungenrede, was ihn zur Forderung einer Revision der Sprechakttheorie führt. Entscheidend sei nicht der Bezug auf eine existierende Sprache, sondern die Regelhaftigkeit der Äußerung, die illokutionäres und perlokutionäres Verständnis ermöglicht, ohne einen Inhalt bestimmen zu können.[74]

Das Problem der Analysen Hilborns und Smiths besteht jedoch darin, dass beide letztlich auf eine mehr oder weniger regelhafte, pragmatische Dynamik von Artikulation und Interpretation hinzielen, was den eruptiven und disruptiven Charakter der Zungenrede ausblendet. Hier decken sie sich in gewisser Hinsicht mit den liturgischen Interpretationen von Zungenrede in pfingstlicher Theologie: Glossolalie wird zur rituellen Konvention. Die von pfingstlichen Theologen ebenfalls markierte eschatologische und jenseitige Aspiration der Zungenrede wird damit jedoch nicht zufriedenstellend sprachphilosophisch abgebildet.[75]

An dieser Stelle kann Jacques Derridas Sprachphilosophie der Analyse weiterhelfen, zumal Derrida ja gerade die Konvention ins Zentrum seiner Kritik der Sprechakttheorie rückte.[76] Austin, so Derrida, war nur in der Lage gelungene und misslungene Sprechakte – also einen »eigentlichen Sinn« einer Kommunikation – zu unterscheiden, weil er die Zitathaftigkeit bzw. Iterabilität der Sprache

71 Hilborn, Glossolalia (s. Anm. 69).
72 Smith, Zungen (s. Anm. 69).
73 Smith, Zungen (s. Anm. 69), 270–283.
74 Smith, Zungen (s. Anm. 69), 289f.
75 Dies tritt besonders deutlich bei Smith zutage, dessen Aussagen zur politischen Philosophie als eine Art Nachtrag erscheinen und von anderen Prämissen hergeleitet werden, siehe Smith, Zungen (s. Anm. 68), 291–294.
76 J. Derrida, Limited Inc, hg. von P. Engelmann und aus dem Französischen übers. von W. Rappl unter Mitarbeit von D. Travner, Wien 2001.

übersah. Doch sowohl der sakrale Ritus wie auch seine Parodie sind gleichermaßen Zitate eines vorgängigen Performativs, was zwei Konsequenzen zeitigt.
Erstens trägt keine Artikulation »reine« Bedeutung oder »reine« Intention, sondern nur die Spur der Iteration; sie hängt in einer Kette von miteinander zitathaft
verbundenen Performativen. Derrida nennt dies die »allgemeine graphematische
Struktur« der Sprache: Die Zeichen entstehen in der Iteration, das heißt aus ihrem fortwährenden Bruch mit Kontexten in einer Bewegung der Verräumlichung
und Verzeitlichung.[77] Und zweitens sind »Misslingen«, Theater und Parodie nicht
wesenhaft verschieden vom »gelungenen« Ritus, sondern ebenso Teil dieser
»produktiven Maschine« des Zeichens, das durch Zitation in »auf absolut nicht
sättigbare Weise unendlich viele Kontexte zeugen« kann.[78] Selbst Husserls »sinn-
lose« oder »ungrammatische« Sätze wie »Das Grün ist oder« sind darum von Signifikation nicht ausgenommen, schon weil sie durch falsche Übersetzungen oder
als zitiertes Beispiel für Ungrammatikalität Sinn erhalten können.

Diese »graphematische« Struktur jedes Zeichens (jeder Signifikation) hat für
Derrida zur Folge, dass Sprechen immer die vorläufige Anrufung der Sprache insgesamt beinhaltet. Sprechen wird zum Versprechen:

> Jedesmal, wenn ich den Mund öffne, jedesmal wenn ich spreche oder schreibe, *verspreche*
> ich. [...] Das Performativ dieses Versprechens ist kein *speech act* unter anderen. Er wird
> von jedem anderen Performativen impliziert; und dieses Versprechen kündigt die Einzig-
> artigkeit einer kommenden Sprache an. Dies ist das: »Es muß eine Sprache geben« [was
> notwendigerweise stillschweigend miteinschließt: »Denn sie existiert nicht«, oder: »Da es
> an ihr mangelt«], »ich verspreche eine Sprache«, »eine Sprache ist versprochen«, die zu-
> gleich aller Sprache vorhergeht, alles Sprechen anruft und schon jeder Sprache wie jedem
> Sprechen angehört.[79]

Derrida sieht in diesem Versprechen der (nicht existierenden, kommenden, drohenden) *einen* Sprache zugleich auch den Grund jedes Sprechens. Mehr noch,
diese »Einsprache des anderen«[80] ist eine Struktur der »Messianizität«: »die
Sprache ist vom anderen, kommt vom anderen, ist *das* Kommen des anderen.«[81]
Diese »Messianizität« ist eine Abwesenheit von Inhalt und damit eine struktu-

---

77 Siehe J. Derrida, Die différance, in: ders., Randgänge der Philosophie, hg. von P. Engelmann
und aus dem Französischen übers. von G. Ahrens, Wien 1999, 31–56.
78 J. Derrida, Signatur Ereignis Kontext, in: ders., Limited Inc (s. Anm. 76), 15–45: 32.
79 J. Derrida, Die Einsprachigkeit des Anderen. Oder die ursprüngliche Prothese, aus dem Französischen übers. von M. Wetzel, München 2003, 132.
80 Gemeint ist hier die eine Sprache des Anderen (la monolangue de l'autre), nicht der Ein-
spruch, auch wenn diese Verschiebung einmal mehr Derridas Sprachphilosophie unterstreicht.
81 Derrida, Einsprachigkeit (s. Anm. 79), 131.

relle Öffnung der Sprache, die laut Derrida dem Messianismus, der Soteriologie oder der Eschatologie ähnelt, ja vielleicht sogar den Urgrund des Messianismus selbst darstellt. Im Kern jedes Sprechens wohnt also eine quasi-eschatologische Anrufung einer inhaltsleeren, strukturellen Öffnung auf das kommende Andere.

Es läge nun gewissermaßen nahe, die Sprachphilosophie Derridas mit glossolalischer Praxis direkt ins Gespräch zu bringen, etwa unter Anwendung sozialwissenschaftlicher Theorien. So ließe sich auf Thomas Csordas Embodiment-Ansatz verweisen und seine Rahmung der Zungenrede als ritueller Bewohnung einer heiligen Welt, vor deren Hintergrund die »Fleischwerdung« der Sprache als existenzieller, natürlicher Grund menschlichen Denkens deutlich wird.[82] Oder man könnte Margaret Polomas Überlegungen zur Liminalität der Zungenrede und pfingstlicher Praxis zitieren, welche eine Anti-Struktur erzeugt vor deren Hintergrund etwas anderes entstehen kann.[83] Doch solche Verbindungen wären allesamt kurzschlüssig. Sie betreten nicht nur andere Theoriegebäude (Merleau-Ponty und Turner), sondern stehen in der Gefahr, die »Messianizität« der Sprache über die Glossolalie wieder einmal mehr an die Pfingstbewegung zu delegieren und dort zu parochialisieren.

Stattdessen scheint es angebrachter *mit* Derrida und *mit* der Glossolalie die Sprache der Theologie auf ihre eigene »Messianizität« zu befragen. Was heißt es für theologische Reflexion und christliche Verkündigung, dass am Anfang der Kirche das Pfingstwunder steht, mit seinen skandalösen, im Geist »betrunkenen« und in Zungen redenden Aposteln? Wie lässt sich dieses Pfingstereignis, statt es exegetisch in vergangenen Kontexten zu begraben, zu einem Element systematisch-theologischer Reflexion entwickeln, das auf strukturelle Öffnung dringt? Und schließlich, wie kann sich Theologie davon angemessen herausfordern lassen, dass sich entgegen ihrer zunehmenden Abstraktion ein Großteil des globalen Christentums einer konkreten und »mystischen« Geisterfahrung zuwendet, die unter anderem in der Glossolalie ihren stärksten Ausdruck findet?[84] Diese Fragen, so scheint es, bedürfen einer stärkeren Integration der Zungenrede und ihrer »Messianizität« in die theologische Reflexion hinein – und dies vielleicht sogar im theologischen Dialog mit der Pfingstbewegung statt in der exotisierenden

82 T.J. Csordas, Language, Charisma, and Creativity. The Ritual Life of a Religious Movement, Berkeley/CA 1997, 238.
83 M.M. Poloma, Glossolalia, Liminality and Empowered Kingdom Building: A Sociological Perspective, in: Cartledge (Hg.), Speaking in Tongues (s. Anm. 20), 147–173: 170.
84 Siehe hierzu bereits M. Welker, Gottes Geist. Theologie des Heiligen Geistes, Neukirchen-Vluyn ²1993, 249–252.

Ausgrenzung ihrer glossolalen Praxis in Verhaltenswissenschaft oder »interkultureller« Theologie.

Kapitel IV: **Das macht Sprache – Die Macht religiöser Sprache**

Matthias Becker
Psychagogische Schockrhetorik für Zermürbte

Bedrohungskommunikation im Hebräerbrief

Zusammenfassung: Der Aufsatz widmet sich am Paradebeispiel der deliberativen Rhetorik des Hebräerbriefes der Frage, wie und zu welchem Zweck in neutestamentlichen Texten Bedrohungen sprachlich konstruiert und kommuniziert
werden. Im modifizierenden Anschluss an theoretische Konzepte der Sozial- und
Geisteswissenschaften werden sechs Sinndimensionen von Bedrohungskommunikation untersucht: die sachliche, soziale, zeitliche, emotionale, religiöse und
die paränetische Sinndimension. Im Ergebnis zeigt sich, dass der als autoritäts-
bewusster Redner auftretende Verfasser mit seinen rhetorischen Drohgebärden
die psychagogische Intention verfolgt, durch das mehrdimensionale Szenario
eines drohenden Heilsverlusts den Glaubensabfall der Adressaten zu verhindern.
Bedrohungskommunikation erscheint in diesem Licht folglich auch als eine Form
sprachlicher Machtausübung.

Abstract: Focusing on the deliberative rhetoric of the Epistle to the Hebrews, this
paper explores how and to what end the authors of the New Testament construct
and communicate threats in their writings. Drawing on and modifying theoretical
concepts developed in the Social Sciences and the Humanities, six dimensions of
meaning are introduced which constitute literary communication of threat: the
material, social, temporal, emotional, religious, and the paraenetic dimension of
meaning. The findings suggest that the reason why the author of Hebrews com-
municates the threat of an impending loss of salvation ultimately lies in his psy-
chagogic intention of preventing his audience from falling away. Thus, communication of threat also serves as a prime example of how power can be exercised
through language.

Dass Sprache in verschiedenen Feinheitsgraden der Rhetorisierung nicht nur
ein Bedrohungsbewusstsein schaffen, sondern auch Bedrohungen konstruieren
kann, bedarf keiner ausführlichen Erklärung. Obzwar faktische Evidenzgrundlagen gegeben sein und von Fall zu Fall variieren können, lässt sich zur allgemei-

---

Kontakt: Matthias Becker, Theologische Fakultät, Universität Heidelberg, Deutschland;
E-Mail: matthias.becker@ts.uni-heidelberg.de

https://doi.org/10.1515/bthz-2022-0014

nen Beschreibung des Realitätsgehalts sprachlicher Bedrohungskonstruktion das sogenannte Thomas-Theorem heranziehen. Die amerikanischen Soziologen William I. Thomas und Dorothy S. Thomas haben vor fast hundert Jahren am Beispiel von Minderwertigkeitskomplexen und paranoiden Verhaltensweisen darauf hingewiesen, dass Selbstdeutungen von Betroffenen deren Lebenswirklichkeit und Handeln prägen, und zwar unabhängig davon, wie vermeintlich objektive Fremddeutungen ihrer Situation lauten: »If men define situations as real, they are real in their consequences.«[1] Bereits in den 1950er Jahren wandte der Soziologe Lewis A. Coser dieses Thomas-Theorem auf soziopolitische Bedrohungsszenarien an: »If men define a threat as real, although there may be little or nothing in reality to justify this belief, the threat is real in its consequences [...].«[2] In neueren Beiträgen, die sich der theoretischen Fundierung von Bedrohungskommunikation widmen, wird die allumfassende Relevanz von Sprache als Kommunikationsmedium ebenfalls vorausgesetzt.[3] Der Soziologe Werner Schirmer, der schwerpunktmäßig politische Rhetorik untersucht hat, geht beispielsweise davon aus, dass Bedrohungen Konstrukte seien, welche durch Kommunikation erschaffen würden, wobei diese ihrerseits auf »Beobachtungen« basiere, die »ihren Gegenstand erst erzeugen«.[4]

Obwohl dieser konsequent konstruktivistische Ansatz nicht zwischen verschiedenen Formen von Bedrohungen differenziert und dem Aspekt kommunikationsexterner Evidenzgrundlagen zu wenig Beachtung schenkt,[5] bietet er

---

1 W.I. Thomas/D.S. Thomas, The Child in America. Behavior Problems and Programs, New York 1928, 572; vgl. M. Becker, Die Bedrohung der Polis. Hesiods *Werke und Tage* als Zeugnis literarischer Bedrohungskommunikation (Bedrohte Ordnungen 9), Tübingen 2018, 52–53.
2 L.A. Coser, The Functions of Social Conflict, New York 1956, 107.
3 W. Schirmer, Bedrohungskommunikation. Eine gesellschaftstheoretische Studie zu Sicherheit und Unsicherheit, Wiesbaden 2008; F. Fechner u.a., »We are gambling with our survival«. Bedrohungskommunikation als Indikator für bedrohte Ordnungen, in: E. Frie/M. Meier (Hg.), Aufruhr – Katastrophe – Konkurrenz – Zerfall. Bedrohte Ordnungen als Thema der Kulturwissenschaften (Bedrohte Ordnungen 1), Tübingen 2014, 141–173. Zur kommunikationswissenschaftlichen Definition von Sprache als Medium, d.h. als Vermittlungsinstanz von Information und Bedeutung, siehe M. Blanz, Definitorische und deskriptive Aspekte von Kommunikation, in: ders./A. Florack/U. Piontkowski (Hg.), Kommunikation. Eine interdisziplinäre Einführung, Stuttgart 2014, 13–37: 23–25.34. Selbstverständlich können Bedrohungen auch durch andere Medien wie »bildliche Darstellungen« oder »Filme« kommuniziert werden, siehe Fechner u.a., Bedrohungskommunikation (s. diese Anm.), 160.
4 Schirmer, Bedrohungskommunikation (s. Anm. 3), 17–19.34–41: 18 (Zitat).
5 Dass zum Beispiel die Bedrohlichkeit eines Vulkanausbruchs nicht von der sich anbahnenden Katastrophe selbst, sondern von der Kommunikation darüber abhängig sein soll (Schirmer, Bedrohungskommunikation [s. Anm. 3], 18), provoziert die (Gegen-)These, dass es auch Bedrohungen gibt, die unabhängig von menschlicher Kommunikation gegeben sind; vgl. dazu S. Pat-

dennoch zahlreiche Anregungen, die sich in altertumswissenschaftliche, neutestamentliche und christentumsgeschichtliche Forschungen integrieren lassen. In
der griechisch-römischen Antike konnten Individuen und Gruppen in verschiedenen Literaturgattungen nämlich auch unterschiedlichen Bedrohungswahrneh-
mungen Ausdruck verleihen oder bei wahrgenommenen Mehrfachbedrohungen
unterschiedliche Gewichtungen vornehmen – sei es infolge sozio-politischer Verwerfungen und Gerechtigkeitskrisen, die schon der frühgriechische Dichter und
politische Denker Hesiod in seinem mit paränetischen Elementen durchsetzten
Lehrgedicht *Werke und Tage* thematisierte,[6] sei es im Kontext von Erdbebenkatastrophen[7] oder auch im Rahmen weltanschaulicher und religiöser Kontroversen,
wie sie die polemischen Auseinandersetzungen zwischen paganen und christlichen Gebildeten in Kaiserzeit und Spätantike hervorgebracht haben, allen voran
jene zwischen dem Neuplatoniker Porphyrios und seinen literarischen Kontra-
henten christlicher Provenienz.[8] Auch in der frühchristlichen Literatur des 1. und
2. Jahrhunderts n.Chr. spielen die sprachlich-literarische Kommunikation von
sowie der Umgang mit und die Reflexion über Bedrohungen verschiedentlich
eine Rolle. Neben den apokalyptisch ausgemalten Endzeitreden Jesu in den synoptischen Evangelien (Mk 13,1–37; Mt 24,1–25,46; Lk 21,5–36), der facettenreichen
Polemik gegen religiöse Konkurrenten im Corpus Paulinum,[9] den bildgewaltigen

---

zold, Bedrohte Ordnungen, mediävistische Konfliktforschung, Kommunikation. Überlegungen
zu Chancen und Perspektiven eines neuen Forschungskonzepts, in: Frie/Meier (Hg.), Aufruhr (s.
Anm. 3), 31–60: 52, der auf das Beispiel eines »explodierte[n] Kernreaktor[s]« hinweist; Becker,
Polis (s. Anm. 1), 52–57.

6 K. Raaflaub, Die Anfänge des politischen Denkens bei den Griechen, HZ 248 (1989), 1–32: 19–
20; Becker, Polis (s. Anm. 1).

7 L. Carrara/J. Borsch (Hg.), Erdbeben in der Antike. Deutungen – Folgen – Repräsentationen
(Bedrohte Ordnungen 4), Tübingen 2016; J. Borsch, Erschütterte Welt. Soziale Bewältigung von
Erdbeben im östlichen Mittelmeerraum der Antike (Bedrohte Ordnungen 11), Tübingen 2018.

8 E. DePalma Digeser, A Threat to Public Piety. Christians, Platonists, and the Great Persecu-
tion, Ithaca/London 2012; I. Männlein-Robert, Ordnungskonkurrenz: Polemik und Feindbild in
konkurrierenden Ordnungen. Der platonische Philosoph Porphyrios und sein Kampf gegen die
Christen, in: Frie/Meier (Hg.), Aufruhr (s. Anm. 3), 117–138; M. Becker, Bedrohungskommunikation und der Faktor Zeit. Überlegungen zu den christenfeindlichen Äußerungen des Porphyrios,
MH 72 (2015), 55–75; ders., Porphyrios, »*Contra Christianos*«. Neue Sammlung der Fragmente,
Testimonien und Dubia mit Einleitung, Übersetzung und Anmerkungen (TK 52), Berlin/Boston
2016, 32–85.

9 N.E. Livesey, Galatians and the Rhetoric of Crisis. Demosthenes – Cicero – Paul, Salem/OR
2016; M. Becker, Krieg der Worte. Religiöse Polemik in den Paulusbriefen, Ruperto Carola For-
schungsmagazin 18 (2021), 136–143. Zum Zusammenhang zwischen Polemik und Bedrohungskommunikation siehe ausführlich M. Becker, Polemik, Bedrohungskommunikation, Emotion.
Porphyrios und sein Umgang mit der christlichen Bedrohung in *Contra Christianos*, in: I. Männ-

Visionen der Johannesapokalypse oder auch den Auseinandersetzungen der Apologeten mit der Bedrohung durch Verfolgungen,[10] die allesamt rhetorische Drohkulissen aufbauen, sind jene sprachlich kreierten Bedrohungskonstellationen zu nennen, die vornehmlich – jenseits spezifischer Gegnerpolemik und außerhalb des apokalyptischen Genres – der argumentativen Begründung von Handlungsaufforderungen oder ethischen Verhaltensweisen dienen.[11]

Im vorliegenden Beitrag liegt der Fokus auf der letztgenannten Variante von Bedrohungskommunikation, die schon aufgrund ihrer Direktivität mit verbaler Machtausübung einhergeht und deren Ausprägung in einem Meisterstück frühchristlicher Rhetorik untersucht werden soll, nämlich dem Hebräerbrief.[12] Methodische Orientierung liefert dabei ein kurz zu erläuterndes gattungs- und epochenübergreifend anwendbares Analysemodell literarischer Bedrohungskommunikation, das eine Modifikation und Erweiterung von Werner Schirmers Konzept darstellt.[13]

lein-Robert (Hg.), Die Christen als Bedrohung? Text, Kontext und Wirkung von Porphyrios' *Contra Christianos* (Roma Aeterna – Beiträge zu Spätantike und Frühmittelalter 5), Stuttgart 2017, 111–135: 125–135.
10 U. Heil, »... damit wir nicht mehr von den Verleumdern abgeschlachtet werden« (Athenagoras, leg. 1,3). Rhetorik der Drohkulissen in der christlichen Apologetik des 2. Jahrhunderts, Millennium 11 (2014), 1–21.
11 Dabei versteht es sich von selbst, dass auch in polemischen oder apokalyptischen Texten des Neuen Testaments den jeweiligen Rezipienten Begründungen von Handlungsaufforderungen oder ethischen Verhaltensweisen geliefert werden. Die hier vorgenommene Grobunterscheidung verschiedener Varianten von Bedrohungskommunikation dient primär analytischen Zwecken und nicht dazu, sie rigide voneinander abzugrenzen.
12 Eine Würdigung des Hebräerbriefes als eines sehr frühen Paradebeispiels christlicher Rhetorik fehlt leider in der neueren Überblicksdarstellung von J. Breuer, Rhetorik im Christentum, in: M. Erler/C. Tornau (Hg.), Handbuch Antike Rhetorik (Handbücher zur Rhetorik 1), Berlin/Boston 2019, 513–535: 514–516 (zum Neuen Testament).
13 Zur im Folgenden skizzierten Erweiterung von Schirmers Modell (Sach-, Sozial-, Zeitdimension) um drei weitere Sinndimensionen sowie zur Operationalisierbarmachung des ursprünglich soziologischen Theoriekonzepts für altertumswissenschaftliche Zwecke siehe Becker, Polis (s. Anm. 1), 3–25.52–57.

1 Was ist Bedrohungskommunikation? Eine Skizze

Wer auf Bedrohungen aufmerksam machen will, sei es in der Antike oder heutzutage, befindet sich in einer schwierigen Lage. Er weist auf potentiell in der Zukunft eintretende Ereignisse oder zum Abschluss kommende Entwicklungen hin, mit denen negative Konsequenzen für Individuen oder Gruppen assoziiert werden,[14] auf deren Verhinderung in der Gegenwart hinzuwirken ist. Die Bedingungs- und Ermöglichungsfaktoren der Bedrohung können dabei entweder in der Vergangenheit oder in je aktuellen Vorkommnissen verortet werden. In der jeweiligen Gegenwart ist allerdings die volle Drastik des Befürchteten nicht zu spüren, allenfalls Anzeichen davon. Bedrohungs*kommunikation* ist daher immer Bedrohungs*konstruktion*, die sich in einem rhetorischen Schwebezustand des Jetzt-Schon und Noch-Nicht bewegt. Grundsätzlich kann sie sowohl nach bestem Wissen und Gewissen zum ehrlichen Zweck der Gefahrenabwendung oder Risikominimierung als auch mit manipulativen Absichten eingesetzt werden. Will sie allerdings ihre Authentizität wahren, sollte sie Plausibilität anstreben und die Suche nach Evidenzgrundlagen nicht ausblenden.[15] Letztere sind freilich je nach Bedrohungsform und deren Abstraktheitsgrad nicht immer gegeben oder können widerstreitenden Deutungsmächten ausgesetzt sein, die dann Deutungsmachtkonflikte heraufbeschwören – zumal der Schwebezustand des Jetzt-Schon und Noch-Nicht empirisch nur bedingt zugänglich ist, weil die Bedrohung noch nicht in einem faktischen oder greifbaren Sinne Wirklichkeit geworden ist.[16] Ein Redner kann gewiss haltlose Bedrohungsszenarien fingieren oder zur Durchsetzung eigener Machtinteressen zum rhetorischen Mittel alternativer Fakten greifen, das übrigens auf eine »Lehrtradition« der antiken Rhetorik zurückgeht, die anknüpfend an den Sophisten Gorgias von Leontinoi gerade nicht an einer wissens- und evidenzbasierten Wahrhaftigkeit interessiert war, sondern »das Feld der Wahrscheinlichkeiten« als den »Bereich« der Redekunst definierte.[17] Doch wenn er

---

14 Vgl. D. Rousseau/R. Garcia-Retamero, Identity, Power, and Threat Perception. A Cross-National Experimental Study, Journal of Conflict Resolution 51 (2007), 744–771: 745.

15 Becker, Polis (s. Anm. 1), 24 Anm. 90.52–57.114.

16 Um die obigen Beispiele aus Anm. 5 aufzugreifen: Ein Vulkanausbruch oder ein explodierter Kernreaktor bieten – wie zum Beispiel auch steigende Fallzahlen bei den Neuinfektionen während der COVID-19-Pandemie – ganz andere Evidenzgrundlagen als das rein abstrakte Konstrukt eines potentiellen Heilsverlusts, das im Hebräerbrief begegnet.

17 G. Uhlmann, Rhetorik und Wahrheit. Ein prekäres Verhältnis von Sokrates bis Trump, Stuttgart 2019, 47–63, hier 63; siehe auch ebd.: »Der Redner kann« – laut Gorgias – »mit verschiedenen Wahrscheinlichkeiten spielen, alternative Wahrheiten, alternative Sichtweisen der Din-

dies tut und sich reiner Fiktionen bedient, läuft der Redner Gefahr, sich selbst zu demaskieren und die Überzeugungskraft seiner Argumentation sowie seine Autorität einzubüßen – wenngleich nach dem Thomas-Theorem und in Abhängigkeit von der Empfänglichkeit der Zuhörer seine deutungsmächtige Rhetorik auch in diesem Fall enorme Wirkkraft entfalten und potentiell verheerende Folgen zeitigen kann. Ein Bedrohungskommunikator, der nicht als Manipulant aufzutreten beabsichtigt, hat in jedem Fall rhetorische Überzeugungsarbeit zu leisten, die ihm umso leichter fällt, je mehr er über ein besonderes (Experten-)Wissen verfügt. Mit diesem Wissen, das die Grundlage für einen Wahrheitsanspruch bildet, der zwar je nach existentiellem Bedrohungsgrad unterschiedlich vehement vertreten werden kann, aber *per definitionem* niemals fehlen darf,[18] soll beim jeweiligen Publikum ein Perspektivenwechsel herbeigeführt werden: Einerseits soll es dazu motiviert werden, die Bedrohung für plausibel zu halten und andererseits dazu mobilisiert werden, deren reales Eintreten abzuwenden.

Was die Bedrohungskommunikation als solche anbelangt, sind es sechs sinnstiftende Teilkomponenten oder auch Sinndimensionen, die sie konstituieren.[19] Die sachliche Sinndimension betrifft die Frage, was in einem Text als bedroht kommuniziert und worauf bzw. auf wen die Bedrohung zurückgeführt wird. Vorausgesetzt ist dabei, dass dem Bedrohten seitens des Bedrohungskommunikators ein besonderer Wert zugeschrieben wird. Die Vermittlung ebendieser Werthaftigkeit an das Publikum bildet nicht nur einen essentiellen Bestandteil der Persuasionsstrategie,[20] sie zeigt seitens des Bedrohungskommunikators auch persönliche Involvierung, Betroffenheit und einen charakteristischen Mangel an Gleichgültigkeit an.[21] Die soziale Sinndimension berührt die Frage, wer in einem Text als bedroht angesehen wird. In der zeitlichen Sinndimension stehen die Wandlungsprozesse im Fokus, die von demjenigen, der Bedrohungen literarisch kommuniziert, dezidiert als negativ bewertet werden. Hierunter fallen etwa Vorher-Nachher-Szenarien, bei denen entweder die Gegenwart mit einer unge-

---

ge nebeneinanderstellen, ihre Uneindeutigkeiten ausnutzen und dadurch die Zuhörer auf seine Seite ziehen [...]«.

18 Becker, Polis (s. Anm. 1), 42–51.

19 Den Begriff »Sinndimension« übernehme ich mit Modifikationen von Werner Schirmer; siehe dazu Schirmer, Bedrohungskommunikation (s. Anm. 3), 92.103; Becker, Polis (s. Anm. 1), 15.21–23.

20 Schirmer, Bedrohungskommunikation (s. Anm. 3), 106. Die Vermittlung von Werthaftigkeit gehört sachlich zur emotionalen Sinndimension (siehe dazu unten), die es in Schirmers Modell nicht gibt; siehe dazu Becker, Polis (s. Anm. 1), 14–15.118–119.

21 Schirmer, Bedrohungskommunikation (s. Anm. 3), 79.105–106.108–109; Becker, Polis (s. Anm. 1), 13–15.77.117–119.

wissen Zukunft oder aber eine verklärte Vergangenheit mit einer bedrohlichen Gegenwart und Zukunft kontrastiert wird. Die emotionale Sinndimension betrifft die realen und fingierten Emotionen, die mit rhetorischen Mitteln repräsentiert oder evoziert werden, um emotionale Involvierung angesichts der Bedrohung zu signalisieren und Affekte im Publikum zu erregen. In der religiösen Sinndimension wird die kommunizierte Bedrohung mit einer religiösen Wirklichkeitsdeutung in Bezug gesetzt, und in der paränetischen Sinndimension zeigt derjenige, der die Bedrohung kommuniziert, auf, was getan werden muss, um deren Wahrwerden oder Eintreten zu verhindern.

2 Bedrohungskommunikation im Hebräerbrief

Zwar können die skizzierten sechs Sinndimensionen in der griechisch-römischen und frühchristlichen Literatur in Texten unterschiedlicher Gattungen und Epochen von der Archaik bis hinein in die Kaiserzeit und Spätantike auftreten. Doch sind es vornehmlich paränetisch ausgerichtete Dichtungen[22] oder Reden,[23] denen hierbei eine besondere Bedeutung zukommt. Trotz der sekundären, in Analogie zu den brieflichen *inscriptiones* bzw. *subscriptiones* des Corpus Paulinum formulierten Überschrift »An (die) Hebräer« (ΠΡΟΣ ΕΒΡΑΙΟΥΣ)[24] ist der Hebräerbrief »kein Brief, sondern eine Rede«[25] oder auch eine Homilie, die mit ihrem regen Schriftgebrauch in der Tradition der Synagogenpredigt des hellenistischen Diasporajudentums steht (vgl. Apg 13,15).[26] Christentumsgeschichtlich betrachtet,

---

22 Außer in Hesiods Hexametergedicht *Werke und Tage* lässt sich Bedrohungskommunikation zum Beispiel in der frühgriechischen Elegie nachweisen; siehe dazu Becker, Polis (s. Anm. 1), 105–112.
23 Zur Rolle der Rhetorik im Kontext spätantiker Erdbebenkatastrophen vgl. z.B. C. Franco, Ein Erdbeben, ein Rhetor, eine Tradition. Libanios und Nikomedia, in: Carrara/Borsch (Hg.), Erdbeben (s. Anm. 7), 225–247: 230–237.
24 Bereits im Papyrus 46 (um 200 n.Chr.), dem ältesten Textzeugen, in dem der Hebräerbrief zwischen dem Römer- und dem 1. Korintherbrief steht, findet sich die *superscriptio* ΠΡΟΣ ΕΒΡΑΙΟΥΣ; zur *inscriptio* und deren Bezeugung siehe ferner H.-F. Weiß, Der Brief an die Hebräer (KEK 13), Göttingen 1991, 67–69.
25 So erstmals J. Berger, Der Brief an die Hebräer. Eine Homilie, GBNTL 3/3 (1797), 449–469: 452; vgl. auch a.a.O., 455.465–466.
26 H. Thyen, Der Stil der Jüdisch-Hellenistischen Homilie (FRLANT 65 [= NF 47]), Göttingen 1955, 16–18; Weiß, Hebräer (s. Anm. 24), 40–41. Einen groben Eindruck davon vermittelt Philon an einigen Stellen seiner Werke, siehe Hypoth. 7,12–13 (apud Eusebius, Praep. ev. VIII,7,12–13), Prob. 81–84, Contempl. 30–31; die Abkürzungen der Titel antiker Schriften folgen hier und im Folgen-

liegt mit diesem Schriftstück »die erste Predigt vor [...], die alle Mittel der antiken Rhetorik und Sprachformen kennt und ins Christentum überträgt.«[27] Zwar weist der Text einen Briefschluss mit Paränesen und persönlichen Notizen auf (Hebr 13,18–25), doch spricht der *auctor ad Hebraeos* selbst in dieser Schlusspartie von einem brieflich versandten λόγος τῆς παρακλήσεως (13,22), also von einer Rede, die zureden und mahnen will, einer Ansprache, die der Ermutigung und der Handlungsmotivation dient.[28] Zu Recht hat die neutestamentliche Philologie einen hohen Grad an Rhetorisierung sowie Elemente aller drei antiken Redegattungen (*genus iudicale, genus deliberativum, genus demonstrativum*) festgestellt.[29] Mit Blick auf den Gegenstand der vorliegenden Untersuchung sind die Einflüsse des ursprünglich politischen *genus deliberativum* besonders einschlägig, da bei dieser Redegattung das auf Überzeugung zielende »Zuraten« (*suadere*) und »Abraten« (*dissuadere*) mit Blick auf eine gegenwärtig noch ungewisse Situation sowie eine in der Zukunft liegende Handlung im Zentrum steht.[30] In Anbetracht der philosophischen, insbesondere mittelplatonischen Denkkategorien, die dem Hebräerbrief verschiedentlich zugrunde liegen,[31] können die deliberativen Redeelemente freilich auch als Ausdruck einer auf Wissen basierenden psychagogischen Rhetorik gedeutet werden, d. h. einer »Seelenlenkung« (ψυχαγωγία) durch sprachliche Kommunikation, bei der im gut platonischen Sinne die reine Persuasionspragmatik nie losgelöst von der Frage nach der Wahrheit des Gesagten verfolgt wird.[32] Die Intention dieser positiv verstandenen Psychagogie, die trotz

---

den: B. J. Collin u.a. (Hg.), The SBL Handbook of Style. For Biblical Studies and Related Disciplines, Atlanta/GA ²2014.

27 O. Michel, Der Brief an die Hebräer (KEK 13), Göttingen ⁶1966, 25; vgl. auch M. W. Martin/J. A. Whitlark, Inventing Hebrews. Design and Purpose in Ancient Rhetoric (SNTSMS 171), Cambridge 2018, 260–265. Zu den liturgiegeschichtlichen Rückschlüssen, die sich aus dem Predigtcharakter des Textes ziehen lassen, siehe J. C. Salzmann, Lehren und Ermahnen. Zur Geschichte des christlichen Wortgottesdienstes in den ersten drei Jahrhunderten (WUNT II 59), Tübingen 1994, 108–113.

28 Berger, Brief (s. Anm. 25), 458–460; Weiß, Hebräer (s. Anm. 24), 38–41.

29 L. Thurén, The General New Testament Writings, in: S. Porter (Hg.), Handbook of Classical Rhetoric in the Hellenistic Period 330 B.C.–A.D. 400, Leiden 1997, 587–607: 589–592; K. Backhaus, Der Hebräerbrief (RNT), Regensburg 2009, 39–40. Zur Diskussion über die Dreiteilung der Redegattungen in neutestamentlicher Zeit siehe Quintilian, Inst. 3,4,1–16.

30 Quintilian, Inst. 3,8,6; 3,8,25: »omnis enim deliberatio de dubiis est«; H. Lausberg, Handbuch der literarischen Rhetorik. Eine Grundlegung der Literaturwissenschaft, Stuttgart ⁴2008, 123–124 (§§224–229); Martin/Whitlark, Inventing Hebrews (s. Anm. 27), 253–259.

31 J. W. Thompson, The Beginnings of Christian Philosophy. The Epistle to the Hebrews (CBQMS 13), Washington, D.C. 1982; W. Eisele, Ein unerschütterliches Reich. Die mittelplatonische Umformung des Parusiegedankens im Hebräerbrief (BZNW 116), Berlin/New York 2003.

32 Platon, Phaedr. 259e–262c, 271c; vgl. dazu Uhlmann, Rhetorik (s. Anm. 17), 109–116.279.

ihrer verbalen Machtausübung weder zur Manipulation noch zu Unterhaltungs-
zwecken eingesetzt wird,[33] macht es auch verständlich, weshalb es in einer religiösen Erbauungsrede, die über weite Strecken eine ausgefeilte Hohepriesterchristologie und Bundestheologie entwickelt, Bedrohungskommunikation geben
kann. Ansatzpunkt dafür ist die gegenwärtige Situation der Adressaten, wie sie
der Redner wahrnimmt, literarisch repräsentiert und konstruiert: Aus den ver-
streuten Hinweisen des Verfassers werden begüterte und gebildete Adressaten
erkennbar, denen ihre Christuszugehörigkeit in der jüngeren Vergangenheit zwar
keine systematische Verfolgung, wohl aber Verspottung, Diskriminierung, Leiden, gesellschaftliche Ausgrenzung, Inhaftierungen und sogar wirtschaftlichen
Schaden durch Enteignungen eingebracht hat (10,32–36; 12,1–13; 13,3).[34] Die insgesamt diffus bleibende Schilderung zermürbender und deprimierender Umstände, die bei »einigen« bereits dazu geführt habe, dass sie »gewohnheitsmäßig«
die »Gemeindeversammlung verlassen« (10,25), erfüllt rhetorisch nicht zuletzt
die Funktion einer Evidenzgrundlage dafür, dass den Adressaten aus Sicht des
Redners eine viel größere Bedrohung erwachse, als es ihre gegenwärtige soziale Marginalisierung erahnen lasse. Dass die Hörer sich bereits »on the brink of
apostasy from their religion«[35] befinden, scheint ihnen selbst allerdings gar nicht
bewusst zu sein.

Wie auch? Der rhetorisch versierte, hochgebildete Intellektuellenprediger
präsentiert sich nämlich durchweg in seiner ganzen theologischen Kreativität
als ein autoritativer Lehrer,[36] der seinen Adressaten ein besonderes, auf Gesin-
nungstransformation abzielendes Wissen voraushat (vgl. 5,11–6,3.9),[37] das er zur
Seelenlenkung einsetzt. Seinen Autoritäts- und Wahrheitsanspruch kombiniert
er dabei mit einem pastoralen Interesse an den Rezipienten, das mit Otto Kuss als

---

Platons Interesse an der Wahrheit lebt nicht zuletzt aus der Abgrenzung von der Rhetorik der
Sophisten, die er zu Gegnern der Philosophen stilisierte, vgl. B. Wyss, Der gekreuzigte Sophist,
Early Christianity 5 (2014), 503–528: 516–517.
33 Zur nicht-platonischen Verwendungsweise des Begriffs ψυχαγωγία, die beide genannten Aspekte umfassen kann, siehe z.B. Diodorus Siculus, Hist. 1,69,7; Dionysius von Halicarnassus,
Dem. 44; Strabo, Geogr. 1,2,3; Dio Chrysosthomos, Or. 32,5; Lucian, Nigr. 18; J.C.G. Ernesti, Lexicon Technologiae Graecorum Rhetoricae, Leipzig 1795 (Nachdruck Hildesheim 1983), 388 (Art.
ψυχαγωγία).
34 Siehe dazu Backhaus, Hebräerbrief (s. Anm. 29), 23–32.
35 C.F. Evans, The Theology of Rhetoric. The Epistle to the Hebrews (Friends of Dr. William's
Library Lectures 42), London 1988, 18.
36 Die διδάσκαλος-Begrifflichkeit ist dem Verfasser wohlbekannt (5,12). Zu frühchristlichen Leh-
rern, die führende Positionen in Gemeinden einnahmen, siehe z.B. 1 Kor 12,28–29; Eph 4,11; Apg
13,1; Jak 3,1.
37 Thompson, Beginnings (s. Anm. 31), 17–40.

seelsorgerlich bezeichnet werden kann.[38] So, wie die eigentlichen »Führenden« oder »Leitenden« der Adressatengemeinde (οἱ ἡγούμενοι)[39] sich im Porträt des *auctor ad Hebraeos* unter Inkaufnahme von »Schlaflosigkeit zugunsten der Seelen« der Angesprochenen einsetzen, weil sie einst – Gott gegenüber[40] – »Rechenschaft ablegen werden« (13,17: αὐτοὶ γὰρ ἀγρυπνοῦσιν ὑπὲρ τῶν ψυχῶν ὑμῶν ὡς λόγον ἀποδώσοντες), lässt auch der singuläre rhetorische Aufwand des in der *epistula ad Hebraeos* sprechenden *orator* erkennen, dass ihm sein Publikum nicht gleichgültig ist, und dies, obwohl er sich selbst nicht explizit den ἡγούμενοι zurechnet.[41] Es ist gerade dieser Mangel an Gleichgültigkeit, der zu den Grundkonstituenten jeglicher Bedrohungskommunikation gehört. Dabei darf freilich nicht unerwähnt bleiben, dass sowohl mit dem Anspruch auf religiöses Expertentum des Redners[42] als auch mit der Berufung auf die Gemeindevorsteher, mit denen er sich durch seine klare Gehorsamsforderung solidarisiert (13,17: Πείθεσθε τοῖς ἡγουμένοις ὑμῶν καὶ ὑπείκετε), eine Hierarchie- und Machtgefällekonstruktion einhergeht. Der Top-Down-Charakter der Kommunikation, der sich aus dieser Konstellation ergibt, wird allerdings rhetorisch geschickt abgeflacht, indem sich der Redner wiederholt mit den Adressierten auf eine Stufe stellt. So macht er bei seinen Anreden nicht nur von der 2. Person Plural und dem Personalpronomen »ihr« (ὑμεῖς) Gebrauch,[43] sondern wählt auch die 1. Person Plural, um sich selbst in ein kollektives »Wir« (ἡμεῖς) einzuschließen.[44] Während hier zweifellos der besagte seelsorgerliche Ansatz des Predigers durchscheint, verleiht die Selbstinklusion in das »Wir« der Beziehung zu den Angesprochenen zugleich einen besonde-

---

38 O. Kuss, Der Verfasser des Hebräerbriefes als Seelsorger (1958), in: ders., Auslegung und Verkündigung, Bd. 1: Aufsätze zur Exegese des Neuen Testamentes, Regensburg 1963, 329–358.
39 Zum Terminus (οἱ) ἡγούμενοι (Apg 15,22; Hebr 13,7.17.24; 1 Clem 1,3; 21,6 [προηγούμενοι]) bzw. ὁ ἡγούμενος (Lk 22,26) im Sinne einer ekklesialen Amts- und Autoritätsbezeichnung siehe J. Roloff, Die Kirche im Neuen Testament (GNT 10), Göttingen 1993, 288–289; J. Ysebaert, Die Amtsterminologie im Neuen Testament und in der Alten Kirche. Eine lexikographische Untersuchung, Breda 1994, 75–76.89–91.
40 Vgl. hierzu Röm 14,12; 1 Petr 4,5.
41 Von einer führenden Position des Verfassers ist dennoch auszugehen, siehe W. Übelacker, Hebrews and the Implied Author's Rhetorical Ethos, in: T.H. Olbricht/A. Eriksson (Hg.), Rhetoric, Ethic, and Moral Persuasion in Biblical Discourse (ESEC 11), New York/London 2005, 316–334: 329–331.
42 Zur strategischen Relevanz von Expertenwissen in der Bedrohungskommunikation siehe Becker, Polis (s. Anm. 1), 41–42.
43 Hebr 3,8 (Zitat); 3,9 (Zitat); 3,12.13.15 (Zitat); 4,1.7 (Zitat); 5,12; 6,9.10.11; 10,34.35; 12,3.5.7.13; 13,7.17.19.21.22.23.24.25.
44 Hebr 1,2; 2,1.3; 3,1.6; 4,13.15; 5,11; 6,20; 7,14.26; 9,14.24; 10,15.20.26.39; 11,40; 12,1.9.25.29; 13,6.18.20.21.23.

ren Wert. Dadurch ist eine persönliche Involvierung und Betroffenheit seitens des Bedrohungskommunikators angedeutet, die zu den Grundbedingungen von Bedrohungskommunikation gehört.[45] Außerdem gibt der Verfasser auf diese Weise zumindest im Ansatz zu erkennen, dass Machtbewusstsein und Demut in seinem literarisch repräsentierten Selbstverständnis eine heilsame Mischung eingehen.

2.1 Die sachliche und die soziale Sinndimension

Die soziale und die sachliche Sinndimension sind im Hebräerbrief eng verzahnt.[46] Wer als bedroht konstruiert wird, lässt sich eindeutig beantworten: Es sind die Angesprochenen, an die sich der *auctor ad Hebraeos* richtet. Verstreut über den Text der Rede werden sie unmissverständlich als Christusgläubige eingeführt und dabei in ihrem Gottesbezug mit dem biblischen Volk Israel verglichen. Diese rhetorische Synkrisis ist nicht nur von hoher bundestheologischer und christologischer Relevanz, weil sie Bestandteil einer ganzen Reihe von Vergleichen ist, die insgesamt die Überlegenheit des neuen Bundes gegenüber dem alten verdeutlichen.[47] Sie wird auch, wie noch gezeigt werden wird, für die Bedrohungskommunikation fruchtbar gemacht. In der Begriffs- und Denkwelt des Hebräerbriefes tragen die Christen und Christinnen viele Bezeichnungen: Sie sind »heilige Geschwister, Teilhaber einer himmlischen Berufung« (3,1: ἀδελφοὶ ἅγιοι, κλήσεως ἐπουρανίου μέτοχοι), solche, »die geheiligt werden« (2,11; 10,14: ἁγιαζόμενοι), »Geheiligte« (10,10: ἡγιασμένοι; vgl. 10,29), »Erleuchtete« (6,4; 10,32: φωτισθέντες),[48] die »die himmlische Gabe geschmeckt haben« (6,4: γευσάμενοι τε τῆς δωρεᾶς τῆς ἐπουρανίου), »Teilhaber des Heiligen Geistes geworden sind« (6,4: μέτοχοι γενηθέντες πνεύματος ἁγίου) und die »das gute Wort Gottes sowie die Machtwirkungen eines künftigen Äons geschmeckt haben« (6,5: καλὸν γευσάμενοι θεοῦ ῥῆμα

---

45 Schirmer, Bedrohungskommunikation (s. Anm. 3), 79.105–106.108–109; Becker, Polis (s. Anm. 1), 13–15.77.117–119.

46 Siehe Näheres zur sachlichen und sozialen Sinndimension bei Becker, Polis (s. Anm. 1), 59–60.77.

47 Evans, Theology (s. Anm. 35), 5–13; M. W. Martin/J. A. Whitlark, The Encomiastic Topics of Syncrisis as the Key to the Structure and Argument of Hebrews, NTS 57 (2011), 415–439; J. H. Neyrey, Syncrisis and Encomium: Reading Hebrews through Greek Rhetoric, CBQ 82 (2020), 276–299.

48 Mit der Erleuchtungsterminologie, die Christwerden und Christsein als Ermöglichung wahrer Erkenntnis deutet (vgl. 2 Kor 4,4.6; Eph 1,18; 3,9; 2 Tim 1,10), wird seit dem 2. Jahrhundert spezifisch auch die Taufe umschrieben (z. B. Justin, 1 Apol. 61,12–13; 65,1; Dial. 39,2), die im Hebräerbrief ebenfalls angedeutet sein könnte; vgl. J. Ysebaert, Greek Baptismal Terminology. Its Origins and Early Development (GCP 1), Nijmwegen 1962, 170–176.

δυνάμεις τε μέλλοντος αἰῶνος). Ferner heißen sie »Söhne« (2,10; 12,5.7–8: υἱοί) sowie »(Geschwister-)Kinder« Jesu (2,13–14: παιδία)[49] und werden als solche porträtiert, die »ihre Zuflucht dahin genommen haben, die vor uns liegende Hoffnung zu ergreifen« (6,18: οἱ καταφυγόντες κρατῆσαι τῆς προκειμένης ἐλπίδος). In ihrer metaphorischen Familienidentität sind sie Jesus als dem »Erstgeborenen« (1,6: πρωτότοκος) und Gottessohn (1,2.5.8; 3,6; 4,14; 6,6 u.ö.) zugeordnet, der innerhalb der *familia Dei* zugleich als ihr von Gottvater eingesetzter Hohepriester (5,1–10; 7,1–9,28) und Bruder (2,11–12.17) in Szene gesetzt wird.[50] Dieses Porträt klingt zunächst positiv, weil es ähnlich wie in den Paulusbriefen einen Heilsindikativ vorauszusetzen scheint, der die sachliche Grundlage für den Imperativ ethischer Paränesen bildet.[51]

Allein, der in der *epistula ad Hebraeos* sprechende *orator* schreibt den Angeredeten insgesamt eine große Mitverantwortung zu, sich dem Heil entsprechend zu verhalten, das Christus zwar als »Anführer des Heils« (2,10: ἀρχηγὸς τῆς σωτηρίας) und »Urheber eines ewigen Heils« (5,9: αἴτιος σωτηρίας αἰωνίου) sowie durch seine Selbstdarbringung[52] im himmlischen Heiligtum bewirkt hat (9,1–10,18), das aber gemäß der Bedrohungskommunikation des Predigers nicht automatisch im Besitz der Christuszugehörigen verbleibt. Die Zentralinhalte dieser durch den Hohepriester »nach der Ordnung Melchisedeks« (5,10) herbeigeführten und insgesamt stark kultsymbolisch imaginierten σωτηρία bzw. »ewigen Erlösung« (9,12: αἰωνία λύτρωσις) bilden einerseits die nachhaltige[53] Reinigung von den Sünden durch das heiligende Blut Jesu, wodurch den Gläubigen Zugang und Nähe zu Gott eröffnet sind (1,3; 4,16; 9,13–14.24–28; 10,19–22), andererseits die Entmachtung des Teufels als Machthaber über den Tod, die in der Befreiung der Christen aus Todesangst resultiert, der sie bisher in sklavischer Unfreiheit

---

49 In Hebr 2,11–12.17 erscheinen die Christen als Geschwister Jesu, in 3,1.12; 10,19; 13,22 als Geschwister untereinander.
50 Zu einer ähnlichen, im Detail dann aber doch anders ausgestalteten Variante des Motivs der *familia Dei* im Neuen Testament siehe Mk 3,31–35; Mt 12,46–50; Lk 8,19–21; T. Roh, Die *familia dei* in den synoptischen Evangelien. Eine redaktions- und sozialgeschichtliche Untersuchung zu einem urchristlichen Bildfeld (NTOA 37), Göttingen 2001.
51 Zur nach wie vor angebrachten Verwendung des Begriffspaars »Indikativ und Imperativ« mit Blick auf die Analyse paulinischer Paränesen siehe M. Wolter, Paulus. Ein Grundriss seiner Theologie, Neukirchen-Vluyn ²2015, 312–317.
52 H. Löhr, Wahrnehmung und Bedeutung des Todes Jesu nach dem Hebräerbrief. Ein Versuch, in: J. Frey/J. Schröter (Hg.), Deutungen des Todes Jesu im Neuen Testament (WUNT 181), Tübingen 2005, 455–476: 469–472.
53 Die Nachhaltigkeit der durch Christi Blut bewirkten Reinigung spiegelt sich nicht zuletzt in der Reinheit des Gewissens der Gläubigen, die durch die Tieropfer des alten Bundes nicht habe bewirkt werden können (Hebr 9,9–14; 10,2.22).

unterworfen waren (2,14–15).[54] Die vielsagende, zweimal wiederholte hypothetische Partikel ἐάνπερ (»sofern«, »gesetzt den Fall«, »wenn denn wirklich«) in 3,6 und 3,14 macht den Hörern sodann deutlich: Christwerden, Christsein und Christbleiben gehören für den Redner – genauso wie für andere frühchristliche Theologen[55] – zusammen, wobei die Ergänzung zum Heilsindikativ, um die grammatische Metaphorik beizubehalten, hier nicht als Imperativ, sondern als Konditionalgefüge gedacht ist: »Wir sind« Gottes »Haus, *falls wir denn wirklich am Freimut und am Ruhm der Hoffnung festhalten*«, heißt es in Kapitel 3,6 (ἐάν-[περ] τὴν παρρησίαν καὶ τὸ καύχημα τῆς ἐλπίδος κατάσχωμεν). Und in 3,14 folgt die These: »Wir sind nämlich Teilhaber Christi geworden, *falls wir denn wirklich unseren anfänglichen Zustand bis zum Ende stabil festhalten*« (μέτοχοι γὰρ τοῦ Χριστοῦ γεγόναμεν, ἐάνπερ τὴν ἀρχὴν τῆς ὑποστάσεως μέχρι τέλους βεβαίαν κατάσχωμεν). Die konditionale Konjunktion ἐάνπερ dringt ins Zentrum der Bedrohungskommunikation vor, weil sie das Christsein der Adressaten an die Bedingung des Christbleibens knüpft. In der Wahrnehmung des in der *epistula ad Hebraeos* sprechenden *orator* laufen die Hörer gerade in den widrigen externen Umständen ihrer Existenz Gefahr, diese Bedingung nicht mehr zu erfüllen. Nicht ohne Grund erwähnt er, dass einige bereits gewohnheitsmäßig den gemeinsamen Kultversammlungen fernbleiben (10,25).

Wird die Frage aufgeworfen, was genau der Bedrohungskommunikator als bedroht kommuniziert, so könnte man komplementär zu den obigen Ausführungen von der vollen subjektiven Aneignung des Heils sprechen. Es gilt sozusagen, wie Ferdinand Hahn es ausdrückt, »bereits Erreichtes nicht zu vergessen und zu verspielen«.[56] Denn »[i]m Heilsbegriff des Hebräerbriefes ist die Spannung zwischen der gegenwärtigen Teilhabe und der erwarteten Vollendung durchgehalten«,[57] wie bereits die Zusammenstellung aller σωτηρία-Belege zeigt, die zwar überwiegend auf die Gegenwart fokussieren (1,14; 2,3.10; 5,9; 6,9; [11,7]), teils jedoch auch das eschatologische Heil (v.a. 6,9; 9,28) bezeichnen. Schon der allererste Paräneseabschnitt des λόγος τῆς παρακλήσεως legt diese Interpretation nahe. Nachdem der Verfasser zunächst im Exordium und daran anschließend

---

54 K. Backhaus, Zwei harte Knoten. Todes- und Gerichtsangst im Hebräerbrief, NTS 55 (2009), 198–217: 199–212.

55 Bereits in den frühesten neutestamentlichen Texten, den Paulusbriefen, wird dieses Thema traktiert; siehe dazu J.M. Gundry Volf, Paul and Perseverance. Staying in and Falling Away (WUNT II 37), Tübingen 1990.

56 F. Hahn, Theologie des Neuen Testaments, Bd. 2: Die Einheit des Neuen Testaments. Thematische Darstellung, Tübingen ³2011, 521.

57 F. Hahn, Theologie des Neuen Testaments, Bd. 1: Die Vielfalt des Neuen Testaments. Theologiegeschichte des Urchristentums, Tübingen ³2011, 442.

ausgeführt hat, dass Gott sich »am Ende dieser Tage« (1,2) erlösend in seinem Sohn mitgeteilt habe und dieser Sohn ob seiner Gottheit den Engeln überlegen sei (1,1–14), appelliert er an die Hörer, die er mit einem alternativlosen »Müssen« konfrontiert (2,1–4):

Διὰ τοῦτο δεῖ περισσοτέρως προσέχειν ἡμᾶς τοῖς ἀκουσθεῖσιν, μήποτε παραρυῶμεν. εἰ γὰρ ὁ δι' ἀγγέλων λαληθεὶς λόγος ἐγένετο βέβαιος καὶ πᾶσα παράβασις καὶ παρακοὴ ἔλαβεν ἔνδικον μισθαποδοσίαν, πῶς ἡμεῖς ἐκφευξόμεθα τηλικαύτης ἀμελήσαντες σωτηρίας, ἥτις ἀρχὴν λαβοῦσα λαλεῖσθαι διὰ τοῦ κυρίου ὑπὸ τῶν ἀκουσάντων εἰς ἡμᾶς ἐβεβαιώθη, συνεπιμαρτυροῦντος τοῦ θεοῦ σημείοις τε καὶ τέρασιν καὶ ποικίλαις δυνάμεσιν καὶ πνεύματος ἁγίου μερισμοῖς κατὰ τὴν αὐτοῦ θέλησιν;

Deswegen müssen wir noch mehr Aufmerksamkeit aufwenden für das Gehörte, damit wir nicht vorbeitreiben. Denn wenn schon das durch Engel gesprochene Wort fest wurde und jede Übertretung und jedes Nicht-Hören-Wollen eine verdiente Vergeltung erhielt, wie werden wir dann entkommen, wenn wir ein derart essentielles Heil vernachlässigen? Dieses wurde, nachdem es anfänglich durch den Herrn gesprochen wurde, von denen, die es gehört hatten, auf uns hin gefestigt, wobei Gott es mitbezeugte durch Zeichen und Wunder und vielerlei Machttaten und durch Zuteilungen des Heiligen Geistes nach seinem Wollen.

Mit der höchstwahrscheinlich aus dem bildspendenden Bereich der Schifffahrt gegriffenen Metapher des »Vorbeitreibens« oder »Vorbeifließens« (παραρεῖν)[58] wird den Hörern die Bedrohung veranschaulicht, am Ziel des Heils vorbeizutreiben. Dieser Entwicklung gegenzusteuern, steht »unter dem Vorzeichen der unbedingten No[t]wendigkeit«[59] (δεῖ), die der Prediger in psychagogischer Manier oder – um im nautischen Bild zu bleiben – mit einer geradezu kybernetischen Rhetorik auf den Plan ruft.[60] An anderen Stellen kann das Ziel des Heils auch

---

58 E. Hilgert, The Ship and Related Symbols in the New Testament, Assen 1962, 133–134; H. Löhr, Umkehr und Sünde im Hebräerbrief (BZNW 73), Berlin/New York 1994, 79–84: 80. Eindeutig nautische Metaphorik begegnet in Hebr 6,19 (»Anker der Seele«); siehe dazu Hilgert, Ship (s. diese Anm.), 134–136.

59 W.G. Übelacker, Der Hebräerbrief als Appell, Bd. 1: Untersuchungen zu *exordium*, *narratio* und *postscriptum* (Hebr 1–2 und 13,22–25) (ConBNT 21), Stockholm 1989, 156–161: 157.

60 Weder vergleicht sich der Redner *expressis verbis* mit einem κυβερνήτης noch spielen an der vorliegenden Stelle die zur paulinischen Ekklesiologie gehörenden »Steuerungen« oder »Steuerungsfähigkeiten« (κυβερνήσεις) eine Rolle, die zu erkennen geben, dass Paulus Leitungs- und Führungsaufgaben in der Gemeinde mit der Kunst des »Steuermanns« (κυβερνήτης) vergleicht (1 Kor 12,28). Dennoch wird im Passus eine machtbewusste Steuerungsfunktion von Rhetorik deutlich, die trotz des inklusiven Wir den Autoritätsanspruch des Predigers untermauert. Mit anderen Worten: Der Redner sitzt nicht einfach nur mit im Boot, sondern will Einfluss nehmen auf den Kurs.

als Erreichen der endzeitlich-himmlischen »Ruhestätte« (κατάπαυσις)[61] sowie
als (ewige) »Sabbatfeier« (4,9: σαββατισμός) umschrieben werden. Der *auctor
ad Hebraeos* warnt eindringlich davor, trotz einer für die Gläubigen bestehenden
Verheißung, in die Ruhestätte einzugehen, diese wie einst die Wüstengeneration der Israeliten zu verfehlen (vgl. 4,1–3). Im zitierten Paräneseabschnitt sowie
im Folgekontext erklärt der Redner auch minutiös und eindrücklich, wodurch
das Publikum bedroht ist. Die Bedrohungsquellen, die insgesamt synkritisch
mit dem Fehlverhalten der Wüstengeneration illustriert werden (2,1–4; 3,7–4,7),
sind demnach eine fehlende Aufmerksamkeit für die Inhalte des Gehörten (2,1),
die aktive Vernachlässigung des anfänglich vom Herrn selbst verkündigten und
in der Gemeinde durch Wunder und geistgewirkte Machttaten bestätigten Heils
(2,3–4) sowie eigenverantwortliche Herzensverhärtung (3,8.13.15; 4,7), entschlos-
sener Unglaube (3,12.19: ἀπιστία), gezielte Verbitterung als Reaktion auf Gottes
Stimme (3,16) und bereitwilliger Ungehorsam (3,18) gegenüber dem, was Gott
spricht. In 3,12 wird ausdrücklich vor einem ἀποστῆναι gewarnt, einem »Sich-
Entfernen« oder »Sich-Wegstellen« und damit vor einem Abfall vom lebendigen
Gott als Folge möglichen Unglaubens. Des Weiteren wird in 6,4–6 das Szenario
eines παραπίπτειν entworfen, eines »Vorbeigeratens« oder eines »Zur-Seite-Hin-
fallens«: Für diejenigen, die einmal erleuchtet worden seien und dann »zur Seite
abirren« (6,6), sei es eben »unmöglich« (6,4: ἀδύνατον), ein zweites Mal umzu-
kehren.[62] An späterer Stelle wird dieses apostatische Verhalten als »bereitwilliges
Sündigen«, als »Niedertreten des Sohnes Gottes« sowie als »Freveln gegen den
Geist der Gnade« umschrieben (10,26.29), das zum vernichtenden Vergeltungs-
gericht Gottes führe (10,27.30–31).

In beiden Abschnitten wird mit rhetorischem Pathos unverhohlen und drastisch die Androhung eines irreversiblen Heilsverlusts vorgetragen.[63] Er wäre die
Konsequenz der als falsch und bedrohlich erachteten Handlung der Apostasie,

---

61 Hebr 3,11.18; 4,1.3.5.10.11. Zu der mit Septuaginta-Sprachgebrauch begründbaren lokal-
eschatologischen Deutung der κατάπαυσις als eines von Gott erschaffenen (vgl. 4,3) Ruheortes
für sich und sein Volk siehe ausführlich O. Hofius, Katapausis. Die Vorstellung vom endzeitlichen Ruheort im Hebräerbrief (WUNT 11), Tübingen 1970, besonders 55–58.
62 Zum Thema der Umkehr und zum Problem der Unmöglichkeit einer zweiten Buße im Hebräerbrief, dem hier nicht weiter nachgegangen werden kann, siehe Weiß, Hebräer (s. Anm. 24),
347–351; Löhr, Umkehr (s. Anm. 58), 148–162.
63 Löhr, Umkehr (s. Anm. 58), 215–220; B. Nongbri, A Touch of Condemnation in a Word of Ex-
hortation. Apocalyptic Language and Graeco-Roman Rhetoric in Hebrews 6:4–12, NovT 45 (2003),
265–279: 266–274.

die an »intendiertem Sündigen« erkennbar wird (10,26: ἑκουσίως ἁμαρτάνειν)[64] und von welcher der um die Seelen besorgte Prediger vehement abraten und wegführen will. Denn der in der *epistula ad Hebraeos* sprechende *orator* hat, wie er wenige Zeilen später sagt, stets die σωτηρία der Hörer im Blick, selbst wenn er derart harte Worte spricht (6,9). Die wahrgenommene Bedrohung des Abfalls ist somit genauso wie die Unmöglichkeit der zweiten Umkehr zunächst als ein rhetorisches Konstrukt anzusehen, das keinen Ist-Zustand beschreiben will, sondern einen noch unentschiedenen Schwebezustand zwischen Heilsteilhabe und potentiellem Heilsverlust erschafft. Obwohl die Hörer im Spatium sowohl der Abfassungs- als auch der Vortragsgegenwart[65] gerade nicht als schon Abgefallene angesehen werden, stehen sie doch in der Wahrnehmung des Predigers in Gefahr, in naher Zukunft den Abfall zu vollziehen.[66] Genau dies soll durch die literarische Bedrohungskommunikation zuallererst aufgezeigt und verhindert werden. Schließlich stellt in der für die deliberative Rhetorik typischen Gegenüberstellung von Unmöglichem (ἀδύνατον) und Möglichem (δυνατόν)[67] die Apostasie nicht die einzige Handlungsmöglichkeit dar. Unmöglich ist zwar eine zweite Umkehr, und möglich ist der Abfall. Doch die Abwendung des Heilsverlusts ist ebenfalls – noch – möglich. Allerdings ist, so suggeriert der Redner zwischen den Zeilen, den Adressaten selbst gar nicht bewusst, wie ernst es wirklich um sie steht.

2.2 Die zeitliche Sinndimension

Das rhetorische Szenario eines potentiellen Abfalls versieht der *auctor ad Hebraeos* mit einer Vorgeschichte, die auf eigenen Deutungen basiert und keinesfalls mit dem Selbstnarrativ der Adressaten zu verwechseln ist, die in der Rede ohnehin nie selbst zu Wort kommen. Für das Verständnis der zeitlichen Sinndi-

---

64 Zu den Feindifferenzierungen in der Sündenvorstellung des Hebräerbriefes siehe Löhr, Umkehr (s. Anm. 58), 33–68, hier besonders 44–46.
65 Die Unterscheidung zwischen der Abfassungs- und der Vortragsgegenwart ist nötig, da es sich beim Hebräerbrief um eine brieflich versandte Rede handelt (Hebr 13,22); zur Rekonstruktion der genaueren Umstände der Versendung und der Verlesung siehe Backhaus, Hebräerbrief (s. Anm. 29), 25–26.32–36.
66 B. Fiore, Frank Speech at Work in Hebrews, in: S.E. Porter/A.W. Pitts (Hg.), Christian Origins and Greco-Roman Culture. Social and Literary Contexts for the New Testament (Texts and Editions for New Testament Study 9), Leiden/Boston 2013, 615–627: 620.
67 Quintilian, Inst. 3,8,25; H. Löhr, Reflections of Rhetorical Terminology in Hebrews, in: G. Gelardini (Hg.), Hebrews. Contemporary Methods – New Insights (BiInS 75), Leiden/Boston 2005, 199–210: 207–208.

mension von Bedrohungskommunikation, zu der diese zu rhetorischen Zwecken eingesetzte Vorgeschichte ebenso gehört wie andere Zeitaussagen,[68] ist es wichtig zu bedenken, dass der Hebräerbrief sich an Menschen richtet, deren Hinwendung zu Christus schon einige Zeit zurückliegt. Trotzdem – oder vielleicht gerade deswegen? – seien sie »an den Ohren träge (νωθροί) geworden« (5,11), wobei im Adjektiv νωθρός der beschämende Vorwurf der Gleichgültigkeit mitschwingt.[69] Auf die Vorhaltung der Hörfaulheit folgt eine Begründung (5,12):

καὶ γὰρ ὀφείλοντες εἶναι διδάσκαλοι διὰ τὸν χρόνον, πάλιν χρείαν ἔχετε τοῦ διδάσκειν ὑμᾶς τινὰ τὰ στοιχεῖα τῆς ἀρχῆς τῶν λογίων τοῦ θεοῦ καὶ γεγόνατε χρείαν ἔχοντες γάλακτος [καὶ] οὐ στερεᾶς τροφῆς.

Obwohl ihr nämlich unter Berücksichtigung der Zeit Lehrer sein müsstet, habt ihr es wieder nötig, dass jemand euch darüber belehre, was die Anfangsgrundlagen der Worte Gottes sind, und solche seid ihr geworden, die Milch nötig haben und keine feste Speise.

Wie es scheint, sind die Adressaten im Konstrukt des *auctor ad Hebraeos* in ihrer Glaubensentwicklung an irgendeinem Punkt stehengeblieben oder zurückgeschritten, sodass sie im Glauben nicht gereift sind. Der Prediger geht von einer längeren Zeit des Christseins aus (διὰ τὸν χρόνον), und dass die Angesprochenen vor diesem Hintergrund eigentlich schon weiter fortgeschritten sein »müssten« (ὀφείλοντες), ist ebenso vorwurfsvoll formuliert, wie in dem Hinweis auf die »erneut« oder »noch einmal« (πάλιν) nötig gewordene Unterweisung in den Anfangsgrundlagen des Glaubens subtile Enttäuschung mitschwingt.[70] Wenn sodann die Rede davon ist, die Adressaten seien wieder milchbedürftig »geworden« (γεγόνατε), wird eine Rückentwicklung ins Kleinkindstadium zwar nicht explizit behauptet, wohl aber impliziert. Deutlich wird aus all dem, dass der Redner persönlich vom Postulat einer erwartbaren, linearen und regelmäßigen Entwicklung ausgeht, die idealerweise ohne Anomalien von den »Anfangsgrundlagen

---

68 Siehe Näheres zur zeitlichen Sinndimension bei Becker, Polis (s. Anm. 1), 90–91.

69 P.S. Perry, Making Fear Personal. Hebrews 5.11–6.12 and the Argument from Shame, JSNT 32 (2009), 99–125: 103–110. Sachlich nimmt der Vorwurf der Gleichgültigkeit geistesgeschichtlich Manches von dem vorweg, was in der monastischen und mittelalterlicher Theologie unter dem Problem der ἀκηδία bzw. *acedia* verhandelt wird; vgl. J. Moltmann, Theologie der Hoffnung. Untersuchungen zur Begründung und zu den Konsequenzen einer christlichen Eschatologie (BevT 38), München 1964, 18.

70 Die negative Konnotation des Adverbs πάλιν in Kontexten eines bedrohten Heils- oder Entwicklungsstatus der Christen (Hebr 5,12; 6,1.6) lässt sich auch mit anderen Stellen der neutestamentlichen Literatur belegen, an denen es jeweils in unterschiedlichen Begründungszusammenhängen steht (Gal 2,18; 4,9.19; 5,1; 2 Petr 2,20).

der Worte Gottes« (τὰ στοιχεῖα τῆς ἀρχῆς τῶν λογίων τοῦ θεοῦ) über die Milch der Erstbelehrungen bis hin zur festen Speise[71] fortgeschrittener Unterweisung verläuft. Da im subjektiven Konstrukt des Predigers der Ist-Zustand der Angesprochenen diesem erwartbaren Soll-Zustand nicht entspricht, ergibt sich notwendigerweise eine negative Evaluation des ausbleibenden Erwachsenwerdens im Glauben,[72] deren wertende Zeitreflexion eine Bedrohung anzeigen soll. Während im vorliegenden Passus der Rekurs auf den »Anfang« (ἀρχή) nicht weiter ausgemalt wird, wird das Publikum an späterer Stelle zur Erinnerung gerade an diese Zeit aufgefordert (10,32–34):

Ἀναμιμνῄσκεσθε δὲ τὰς πρότερον ἡμέρας, ἐν αἷς φωτισθέντες πολλὴν ἄθλησιν ὑπεμείνατε παθημάτων, τοῦτο μὲν ὀνειδισμοῖς τε καὶ θλίψεσιν θεατριζόμενοι, τοῦτο δὲ κοινωνοὶ τῶν οὕτως ἀναστρεφομένων γενηθέντες. καὶ γὰρ τοῖς δεσμίοις συνεπαθήσατε καὶ τὴν ἁρπαγὴν τῶν ὑπαρχόντων ὑμῶν μετὰ χαρᾶς προσεδέξασθε γινώσκοντες ἔχειν ἑαυτοὺς κρείττονα ὕπαρξιν καὶ μένουσαν.

Ruft euch die früheren Tage in Erinnerung, in denen ihr nach eurer Erleuchtung einen harten Leidenskampf ausgehalten habt, wobei ihr teils selbst durch Schmähungen und Bedrängnisse zur Schau gestellt wurdet, teils Gemeinschaft hattet mit jenen, denen es so erging. Denn ihr habt auch mit den Gefangenen mitgelitten und den Raub eurer Besitztümer mit Freuden zugelassen aufgrund der Erkenntnis, dass ihr einen besseren und bleibenden Besitz habt.

Es sind leuchtende Farben, die bei diesem Porträt der »früheren Tage« aufgetragen werden, in denen die Angesprochenen nach ihrem Kontakt mit dem göttlichen Erleuchtungslicht offensichtlich nicht nur standhaft, sondern auch positiv gestimmt den Repressionen trotzten, mit denen sie ob ihres Christseins damals schon konfrontiert wurden.[73] Die dunklen Farbtupfer der Leiden, Schmähungen und Bedrängnisse werden sozusagen vom Licht der Erleuchtung und der Freude des Anfangs überblendet. Durch diese scheinbare Vergangenheitsverklärung wird der gegenwärtige Zustand der Hörer in ein trübes Licht gerückt. Doch es ist

---

71 Vgl. zum metaphorischen Gebrauch von Milch und/oder fester Speise 1 Kor 3,1–2; 1 Petr 2,2.
72 Zur ekklesiologisch bedeutsamen Vorstellung eines zur Reife gelangenden Wachstums der Christen, das im Hebräerbrief nur angedeutet wird, siehe Eph 4,11–16, wo das Wachstum übrigens stark mit dem Wirken ekklesialer Amtsträger verbunden wird; vgl. dazu M. Theobald, Warum und wozu gibt es Ämter in der Kirche? Die Antwort des Epheserbriefs, BZ 65 (2021), 62–85: 78–82.
73 Der positive Hinweis auf die »Liebe zum göttlichen Namen«, welche die Adressaten durch den Dienst an den Heiligen zum Ausdruck gebracht haben und bringen (Hebr 6,10), ist in seinem Vergangenheitsbezug möglicherweise auch auf die euphorische Anfangszeit zu beziehen.

nicht so sehr Vergangenheitsverklärung, die hier betrieben wird, als vielmehr eine Vision von Vergangenheit als Ressource für die Gegenwart.

Denn es ist das »Heute« (σήμερον), das für die Rezipienten wiederholt zu einer Entscheidungszeit deklariert wird (3,7.13.15; 4,7),[74] in der es darum geht, den durch Wort und Schriftwort sprechenden Gott[75] nicht abzuweisen. Diese Entscheidungszeit wird allerdings nicht zu einem punktuellen »Jetzt« zugespitzt, sondern als eine zwar begrenzte, aber doch dehnbare Zeitspanne imaginiert (3,13: »solange es ›heute‹ heißt«; »solange ›das Heute‹ genannt wird«). Von programmatischer Funktion ist dabei der Imperativ, der aus Psalm 94,7–8 LXX zitiert wird: »Heute, falls ihr seine Stimme hört, verhärtet eure Herzen nicht« (3,7–8: σήμερον ἐὰν τῆς φωνῆς αὐτοῦ ἀκούσητε, μὴ σκληρύνητε τὰς καρδίας ὑμῶν). Die Dringlichkeit dieses Appells lebt entscheidend vom Blick in die nicht allzu ferne Zukunft, in die das göttliche Gericht in zwei markanten Passagen auf mitunter bedrängend-verstörende Weise datiert wird (10,25–31; 12,18–29). Unter dem Aspekt der Zeitreflexion ist besonders der erste Passus eindrücklich: Hier kündigt Gott selbst in einer Formulierung aus dem Septuaginta-Jesaja und mithilfe eines Zitats aus dem Septuaginta-Habakuk die kurz bevorstehende – μικρὸν ὅσον ὅσον – Wiederkunft Christi als des Kommenden an, der »nicht sich Zeit lassen wird« (10,37: οὐ χρονίσει). In der kurzen Zeit, die bleibt, kommt es auf »Ausdauer« (10,36: ὑπομονή; vgl. 12,1) sowie darauf an, »aus Glauben zu leben« (ἐκ πίστεως ζῆν) und sich nicht »zurückzuziehen« (ὑποστέλλεσθαι, ὑποστολή) – auf Eigenschaften, die ausweislich des Habakuk-Zitats den Gerechten auszeichnen (10,38–39). Der Hinweis auf den »nahenden Tag (des Herrn)« in 10,25 (βλέπετε ἐγγίζουσαν τὴν ἡμέραν), mit dem der Abschnitt einsetzt und dessen begriffsinhärente Gerichtsthematik als unter den Rezipienten bekannt vorausgesetzt wird,[76] konstruiert für die Hörer eine Zeitverknappung, die bedrohlich und tröstlich zugleich ist: Bedrohlich, weil mit dem nahenden Tag auch das Gericht naht und bei einem potentiellen Glaubensverlust das »Verderben« die Konsequenz wäre (10,39), und tröstlich, weil die gewünschte Ausdauer nicht auf unbestimmte Zeit aufzubringen ist, insofern das Nahen des Tages ja bereits absehbar (10,25: βλέπετε ἐγγίζουσαν) sei.

---

74 D. Angers, L'»aujourd'hui« en Luc-Actes, chez Paul et en Hébreux. Itinéraires et associations d'un motif deuteronomique (BZNW 215), Berlin/Boston 2018, 361–452.
75 Hebr 1,1–2; 2,2; 4,12; 5,5; 11,18; 12,25.
76 Die Lehre vom »ewigen Gericht« (κρῖμα αἰώνιον) gehört nach Hebr 6,2 zu den Anfangsgrundlagen des Glaubens; zur Gerichtserwartung siehe außerdem 9,27; 10,27.

2.3 Die emotionale Sinndimension

Die Kontrastierung von Vergangenheit und Gegenwart, die im subtilen Anklage-
modus geäußerte Feststellung eines ausbleibenden Erwachsenwerdens im Glauben sowie die Inaussichtstellung einer Zeitverknappung in der nahenden Zukunft, die je nach Hörerverhalten bedrohlich oder heilsam ausfallen kann, soll
die Adressaten nicht unberührt lassen. Diesem Befund weiter nachzugehen führt
direkt in die emotionale Sinndimension,[77] die sich im Hebräerbrief sowohl auf
göttliche als auch auf menschliche[78] Affektivität bezieht. Tendenziell sind es negative Emotionen wie Furcht, die mit Blick auf Bedrohungen repräsentiert oder
evoziert werden. Doch gehören zu einer rhetorisch sinnvollen Bedrohungskommunikation auch positive Emotionsrepräsentationen und Affektstimulationen,
um die Rezipienten dazu zu mobilisieren, ein Wahrwerden der Bedrohung abzuwenden.[79] In den Augen des in der *epistula ad Hebraeos* sprechenden *orator*
sind die Adressaten besonders anfällig für »Verbitterung« (παραπικρασμός) gegenüber der Heilsbotschaft des sprechenden Gottes. Deswegen werden sie mehrfach davor gewarnt, den παραπικρασμός des einstigen Exodusvolkes zu imitieren
(3,8.15–16; vgl. Ps 94,8 LXX). Denn ein affektives Sich-Unempfänglich-Machen
für die göttliche Stimme hatte im Falle der Wüstengeneration göttliches Zürnen
zur Folge (ὀργή, προσοχθίζειν), wie der Hörerschaft als Konsequenz ihres möglichen παραπικρασμός angedroht wird (3,10–11.17; 4,3). Mit dem angedrohten Zorn
Gottes korreliert das Schüren von Angst im Publikum – einer Angst, die sich im
Verlauf der Predigt zunehmend als Gerichtsangst konkretisiert und dabei dennoch zwischen emotionaler Abschreckung und heilsamer Gottesfurcht oszilliert:
»So lasst uns nun mit Furcht darauf achten (Φοβηθῶμεν οὖν), dass niemand von
euch den Eindruck erwecke, abgehängt worden zu sein (ὑστερηκέναι) – da ja
noch eine Verheißung aussteht, einzugehen in seine Ruhe« (4,1).

Unterfüttert wird dieser Appell durch die Machtdemonstration einer theologischen Lehrautorität, durch drastische Hinweise auf Gott als den rigorosen Richter und unerbittlich eifernden Bestrafer derer, die in Opposition zu ihm treten:
Wer nach Erkenntnis der Wahrheit »freiwillig sündige« (10,26), dem bleibe nur
noch »eine furchtvolle Erwartung des Gerichts und der Eifer eines Feuers, wel-

---

77 Siehe Näheres zur emotionalen Sinndimension bei Becker, Polis (s. Anm. 1), 112–120.

78 Siehe hierzu den Überblick bei Perry, Fear (s. Anm. 69), 119–120.

79 Dieses rhetorische Wechselbad negativer und positiver Emotionen wurde bislang – zu Recht –
als besonderes Charakteristikum der *Paränese* des Hebräerbriefes gewürdigt; siehe W. Übelacker,
Paraenesis or Paraclesis. Hebrews as a Test Case, in: J. Starr/T. Engberg-Pedersen (Hg.), Early
Christian Paraenesis in Context (BZNW 125), Berlin/New York 2004, 319–352: 341–346; Fiore,
Frank Speech (s. Anm. 66), 618–619.

ches die Widersacher verzehren wird« (10,27: φοβερὰ δέ τις ἐκδοχὴ κρίσεως καὶ
πυρὸς ζῆλος ἐσθίειν μέλλοντος τοὺς ὑπεναντίους). Und wer den Sohn Gottes mit
Füßen trete, indem er sein Bundesblut entweihe, dem stehe eine härtere Strafe
als die Todesstrafe bevor, die im Gesetz Moses χωρὶς οἰκτιρμῶν – »ohne Erbar-
men« – den Gesetzesbrechern gelte (10,30–31):

> οἴδαμεν γὰρ τὸν εἰπόντα· ἐμοὶ ἐκδίκησις, ἐγὼ ἀνταποδώσω. καὶ πάλιν· κρινεῖ κύριος τὸν
> λαὸν αὐτοῦ. φοβερὸν τὸ ἐμπεσεῖν εἰς χεῖρας θεοῦ ζῶντος.

> Denn wir kennen den, der gesagt hat: Die Rache ist mein, ich werde Vergeltung üben!; und
> wiederum: Richten wird der Herr sein Volk. Furchterregend ist es, in die Hände des leben-
> digen Gottes zu fallen.

Angesichts eines derartigen Gottesbildes nimmt es nicht wunder, dass der Redner gegen Ende seines Ermahnungslogos betont, wohlgefälliger Dienst für Gott
umfasse »Scheu und Furcht« (12,28: εὐλάβεια καὶ δέος), »denn unser Gott ist
ein verzehrendes Feuer« (12,29: καὶ γὰρ ὁ θεὸς ἡμῶν πῦρ καταναλίσκον; vgl. Dtn
4,24 LXX).[80] Wenn schon die Sinai-Epiphanie eine Angstattacke bei Mose verursacht habe, sodass er sagte: »Ich bin sehr in Schrecken versetzt und zittere«
(12,21: ἔκφοβός εἰμι καὶ ἔντρομος), und es »kein Entrinnen« (οὐκ ἐξέφυγον) gegeben habe für diejenigen, die den sprechenden Gott abgewiesen hätten, wieviel
mehr sei dies der Fall bei jenem höherwertigen Bund, den Gott in seinem Sohn
und Bundesmittler Jesus geschlossen habe (12,22–25)? Der starke Fokus auf dem
wiederholten Schüren einer bedrohlichen Gerichtsangst[81] lässt sich im Kontext
der Schulrhetorik als δείνωσις (»Schrecklichmachung«) oder *indignatio* erklären,
die v.a. im Schlussteil einer Rede (*peroratio*) Anwendung finden soll – was übrigens auf den Hebräerbrief zutrifft[82] – und den pragmatischen Zweck verfolgt,
durch gezielte Affektstimulation die in der vorangehenden Argumentation suk-
zessive aufgebaute negative Parteinahme des Publikums gegen Personen oder
Sachverhalte emotional zu verfestigen.[83] Kombiniert mit dem *metus* (»Angst,
Furcht, Befürchtung«) als einem signifikanten, dem Aspekt des Abratens zugeordneten Leitaffekt deliberativer Rhetorik,[84] kommt dem bedrohungskommuni-

---

80 Zum Motiv des Gerichtsfeuers vgl. auch Hebr 6,8 (καῦσις).
81 Fiore, Frank Speech (s. Anm. 66), 617–618.623–624.
82 Zur affektiv-emotionalen Redeweise, die gerade die Schlussabschnitte des Hebräerbriefes
auszeichnet, siehe detailliert Martin/Whitlark, Inventing Hebrews (s. Anm. 27), 236–247.
83 Pseudo-Longin, Subl. 11,2; 12,5; Quintilian, Inst. 6,2,24; 8,3,88; 9,2,104; Backhaus, Knoten (s.
Anm. 54), 212–215: 213; Ernesti, Lexicon (s. Anm. 33), 70 (Art. δείνωσις); Lausberg, Handbuch (s.
Anm. 30), 143–144 (§257.3c).239 (§438).
84 Vgl. Quint. Inst. 3,8,39–40; Nongbri, Condemnation (s. Anm. 63), 274–275; A. Kneppe, Metus

kativen Gerichtsszenario des Hebräerbriefes dann die Funktion zu, den Hörern die Negativität eines potentiellen Glaubensabfalls drastisch vor Augen zu stellen und von einem drohenden Heilsverlust abzuschrecken. Die Ernsthaftigkeit des Anliegens wird durch die Betonung der geradezu bedrohlichen Erhabenheit Gottes unterstützt.[85]

Inmitten ihrer zermürbenden Umstände sollen sich die Angesprochenen die Werthaftigkeit der durch Jesus den Gottessohn und Hohepriester gewirkten σωτηρία erneut bewusst machen. Dieser mit dem zuratenden Aspekt der Rede einhergehende Erbauungseffekt steht schulrhetorisch mit der *spes* (»Hoffnung«) als einem weiteren wichtigen Leitaffekt deliberativer Rhetorik in Verbindung.[86] Plutarch, ein Zeitgenosse des *auctor ad Hebraeos*, illustriert die Fähigkeit, sich die »Ängste« (φόβοι) und »Hoffnungen« (ἐλπίδες) des Publikums rhetorisch zunutze zu machen und die »Affekte« (πάθη) zugleich in eine bestimmte Richtung zu lenken, an der Redekunst des Perikles, der gezeigt habe, was rhetorische »Seelenlenkung« (ψυχαγωγία) im Sinne Platons bedeute.[87] Analog zu dieser Psychagogie hat die negative Emotion des Schauders auch nicht das letzte Wort im Hebräerbrief. Wenn die zermürbten Christen auch gegenwärtig von »Kummer« (λύπη) aufgezehrt sind (vgl. 12,11), so dient ihnen doch Jesu Antizipation der himmlischen Freude als Vorbild: So, wie er den schandvollen Kreuzestod um der »vor ihm liegenden Freude willen ertrug«, so sind auch die Adressaten aufgerufen, in »ihren Seelen nicht völlig zu erschlaffen und aufgelöst zu werden« (12,2–3). Die positive Emotion der »Hoffnung« (ἐλπίς: 3,6; 6,11.18; 7,19; 10,23; 11,1) bildet nämlich genauso ein Zentralthema des Hebräerbriefes wie die »Freimütigkeit« oder »Zuversicht« (παρρησία) der Gläubigen (3,6; 4,16; 10,19.35), die sich von der Gewissheit nährt, dass Gott infolge des hohepriesterlichen Wirkens Christi den Seinen »Gnade und Barmherzigkeit« erweist, wenn sie sich an ihn wenden (4,16; vgl. 12,15; 13,9). Von der energischen »Freude« der adressierten Christen, die ihnen nach der Deutung des Redners in den »früheren Tagen« ihres Christseins Resistenz- und Resilienzvermögen angesichts der Leiden und Repressionen verlieh (10,34), war oben bereits die Rede. Indem der Prediger dazu aufruft, sich diese Freude in Erinnerung zu rufen (10,32), liefert er seinen Rezipienten einen wei-

temporum. Zur Bedeutung von Angst in Politik und Gesellschaft der römischen Kaiserzeit des 1. und 2. Jhdts. n.Chr., Stuttgart 1994, 36–39.
85 C.T. Holmes, The Function of Sublime Rhetoric in Hebrews. A Study in Hebrews 12:18–29 (WUNT II 465), Tübingen 2018, 125–156, setzt die auf das Gottesbild bezogene starke Affektevozierung in Hebr 12,18–29 mit Pseudo-Longins rhetorischer Theorie des Erhabenen in Bezug.
86 Backhaus, Knoten (s. Anm. 54), 213–215; Lausberg, Handbuch (s. Anm. 30), 124 (§229).145 (§258).239 (§437).
87 Plutarch, Per. 15.

teren positiven Stimulus zum Umgang mit der Bedrohung, insofern Freude als
fester Bestandteil ihrer christlichen Identität gedeutet wird.

2.4 Die religiöse Sinndimension

Wie aus den bisherigen Analysen hervorgeht, durchdringen theologische, chris-
tologische und hamartiologische Argumentationen die gesamte Bedrohungskommunikation des insgesamt von Kultterminologie durchtränkten Hebräerbriefes. Die religiöse Sinndimension[88] wirkt demnach in die übrigen hinein und
durchdringt diese. Erinnert sei nur an die Rede von Gottes Zorn auf den Unglau-
ben der Wüstengeneration (3,10–11.17; 4,3) sowie von Gott als Richter, Rächer,
Vergelter (9,27; 10,27.30; 12,23; 13,4) und verzehrendes Feuer (12,29) – Gesichts-
punkte, die allesamt Gottes Unnachgiebigkeit hervorheben. Freilich war in diesem Zusammenhang auch von Gottes gnädigem und barmherzigem Wesen die
Rede (4,16), das allerdings jenseits seiner formelhaften Konstatierung nicht weiter vertieft wird, da »die den Menschen zugewandte Seite Gottes im Hebräerbrief
faktisch ganz« auf Christus in seiner Mittlerfunktion »konzentriert« ist.[89] Dieser
Befund zeigt: Die religiöse Sinndimension umfasst gleichermaßen negative wie
positive Aspekte im Gottesbild, die jeweils aus verschiedenen Richtungen die Bedrohung eines auf dem Spiel stehenden Heils vor Augen führen und abwenden
wollen. Wie eng die beiden theologischen Aspekte verflochten sind, wird ersicht-
lich aus dem Passus 6,6–8, in dem eindringlich vor Glaubensabfall gewarnt wird.
Die Adressaten werden sodann unter Zuhilfenahme von Vegetationsmetaphorik mit Ackererde verglichen, die – mit Regen gut versorgt und wohlbestellt – in
dem einen Fall brauchbare Gewächse hervorbringt, in dem anderen Fall nur Gestrüpp.[90] Bringt sie brauchbare Gewächse hervor, »hat sie Anteil an Segen von
Gott her« (6,7). Bringt sie Gestrüpp hervor, »hat sie sich nicht bewährt und ist
dem Fluch nahe, der am Ende zur Verbrennung führt« (6,8). Die Intention dieser
Androhung von Gottesfluch und Gerichtsfeuer ist zweifellos, die Adressaten zum
Hervorbringen von Glaubensfrüchten zu motivieren, um sich dadurch »im Sinne der Glaubenstreue und des Glaubensgehorsams«[91] zu bewähren. Die positive

---

88 Siehe Näheres zur religiösen Sinndimension bei Becker, Polis (s. Anm. 1), 163–165.
89 R. Feldmeier/H. Spieckermann, Menschwerdung (Topoi Biblischer Theologie/Topics of Biblical Theology 2), Tübingen 2018, 319; vgl. Hebr 8,6; 9,15; 12,24.
90 P. von Gemünden, Vegetationsmetaphorik im Neuen Testament und seiner Umwelt. Eine Bild-
felduntersuchung (NTOA 18), Freiburg, CH/Göttingen 1993, 293–296.
91 Weiß, Hebräer (s. Anm. 24), 352.

Zielrichtung dieser Drohrhetorik zeigt der Folgekontext, wo einerseits das Interesse an der σωτηρία der Hörer eine Rolle spielt, andererseits auf Gott als denjenigen hingewiesen wird, der nicht vergisst, wie die Adressaten in Liebe ihren Mitchristen gedient haben und dienen (6,9–10).[92]

Neben der stark mittelplatonisch kolorierten Kontrastierung eines vergänglichen irdischen Bereichs und eines unvergänglichen, unter anderem als himmlische Gottesstadt Jerusalem imaginierten Bereichs des wahren Seins (vgl. 12,22),[93] dem die Adressaten als wanderndes Gottesvolk entgegengehen,[94] sind es vor allem vier Aspekte, die im Hebräerbrief positiv die religiöse Sinndimension der Bedrohungskommunikation ausmachen: Erstens die (formelhaften) Hinweise auf die göttliche Gnade, die infolge von Jesu Selbstdarbringung auch in der Bedrohung für die Christen zugänglich ist und bleibt (4,16; 10,29; 12,15; 13,9); zweitens die gesamte Hohepriesterchristologie (2,14–18; 4,14–16; 5,1–10; 7,1–10,18), die Jesus als einen ἀρχιερεύς zeichnet, der einerseits – stets helfend und zur Empathie[95] fähig – an der σωτηρία seiner Anhänger interessiert ist und bleibt (2,16.18; 5,9; 7,24–25), andererseits als Vorbild für Leidensbereitschaft fungiert (2,14–18; 5,7–9); drittens die Vergewisserung über die zugänglich bleibende göttliche Hilfe (4,16; 13,6), und viertens das Porträt Gottes als eines liebenden, aber strengen Vaters der Gläubigen (12,4–11). Vor allem diese Vorstellung von Gott als Vater komplementiert die Bilder von Gott als Richter und Rächer, wenngleich das Vaterbild nicht primär mit Milde assoziiert ist. Jedenfalls präsentiert die Vatervorstellung die Gläubigen nicht nur als Gegenüber Gottes, sondern als Mitglieder der göttlichen Familie, die im Hier und Jetzt noch immer besteht. So, wie der in der *epistula ad Hebraeos* sprechende *orator* die Rede von Gott als Richter und Rächer in seine Bedrohungskommunikation integriert, so hat auch die Rede von Gott als züchtigendem Vater darin ihre Funktion. Denn auf diese Weise gelingt es, die widrigen externen Umstände der Adressaten als pädagogische Maßnahmen des göttlichen Vaters zu deuten, ja mehr noch, als Konsequenz seiner Liebe: »Mein Sohn, schätze die Erziehung des Herrn nicht gering und verzage nicht, wenn du von ihm zurechtgewiesen wirst. Denn: Wen der Herr liebt, den erzieht er, er peitscht aber jeden Sohn, den er aufnimmt« (12,6; Zitat Spr 3,11–12 LXX). Dieser Erziehungs-

---

92 Nongbri, Condemnation (s. Anm. 63), 275–277.
93 Thompson, Beginnings (s. Anm. 31), 41–52; Eisele, Reich (s. Anm. 31), 375–414. Zu den Unterschieden zwischen dieser Vorstellung vom himmlischen Jerusalem und jener in Apk 21 siehe Roloff, Kirche (s. Anm. 39), 184–188.287.
94 E. Käsemann, Das wandernde Gottesvolk. Eine Untersuchung zum Hebräerbrief (FRLANT 55 [= NF 37]), Göttingen ²1957, 29–31; vgl. dazu Roloff, Kirche (s. Anm. 39), 282–285.
95 Zu diesem rhetorisch geschickt eingesetzten Element der Christologie des Hebräerbriefes siehe C.-C. Lee, The Rhetoric of Empathy in Hebrews, NovT 62 (2020), 201–218: 210–214.

gedanke, der eine sachliche Nähe zur stoischen Theologie aufweist,[96] macht aus dem »Kummer« (λύπη) keinen Hehl, der mit der göttlichen Züchtigungspeitsche einhergeht. Doch dient diese harte Erziehungsmaßnahme langfristig dem »Nutzen« (συμφέρον) der Kinder Gottes, die auf diese Weise »Anteil an der Heiligkeit« ihres göttlichen Vaters »bekommen« (12,10–11). Jesus selbst habe diese göttliche Pädagogik erlebt, wie bereits früh in der Rede gesagt wird: Als Sohn Gottes musste auch er durch Leiden, wie sie auch die Adressaten durchgemacht haben (10,32: παθήματα), lernen, was es bedeutet, Gott gehorsam zu sein (5,8; vgl. 2,10: παθήματα). Die aktuellen Umstände bringen die Hörer also dem Schicksal ihres Hohepriesters näher, an dem sie weiterhin festhalten sollen. Die göttliche Hilfe ist ihnen dabei in allen ihren widrigen Umständen gewiss (4,16). »Denn er selbst sagt«, heißt es gegen Ende der Predigt: »Auf keinen Fall gebe ich dich preis und auf keinen Fall verlasse ich dich, sodass wir voller Mut sagen können: Der Herr ist mir ein Helfer, [und] ich werde mich nicht fürchten. Was wird ein Mensch mir tun?« (13,5–6; vgl. Dtn 31,8 LXX; 1 Chr 28,20 LXX; Ps 117,6 LXX).

2.5 Die paränetische Sinndimension

Was die letzte Sinndimension von Bedrohungskommunikation angeht, nämlich die paränetische,[97] so sind über den gesamten Text der Rede zahlreiche adhortative Konjunktive und Imperative verteilt, die hier nicht im Einzelnen aufgelistet und besprochen werden können.[98] Alle diese Aufforderungen zeugen von der Direktivität von Bedrohungskommunikation und zielen auf ein Aufrütteln der Adressaten aus Zermürbungserscheinungen ihres Christseins. Sie wollen zu einem Festhalten am Bekenntnis (4,14; 10,23), am Glauben an die göttliche(n) Verheißung(en) (6,12; 10,22–23.38–39; 11,1–39; 13,7) sowie an der Hoffnung motivieren (3,6; 6,11.18; 7,19; 10,23), sie wollen in der Situation widriger externer Umstände ein Erstarken der Zuversicht bewirken (3,6; 4,16; 10,19.35), die nicht »weggeworfen« werden soll (10,35). Sowohl der Rekurs auf die Vorbildlichkeit des leidenden

---

96 Seneca schreibt z.B. im Kontext einer Gegenüberstellung milder mütterlicher und fordernder väterlicher Erziehungsmethoden: »Gott hat gegen die guten Männer eine väterliche Gesinnung (*patrium deus habet adversus bonos viros animum*), liebt sie energisch (*illos fortiter amat*) und sagt: ›Durch Anstrengungen, Schmerzen und Verluste sollen sie in Bewegung gehalten werden, damit sie wahre Kraft schöpfen (*operibus [...] doloribus damnis exagitentur, ut verum colligant robur*)‹« (Seneca, De Providentia 2,5–6, hier 2,6); vgl. dazu Backhaus, Hebräerbrief (s. Anm. 29), 421–422.
97 Siehe Näheres zur paränetischen Sinndimension bei Becker, Polis (s. Anm. 1), 196–198.
98 Zu den Facetten von Paränese im Hebräerbrief siehe Übelacker, Paraenesis (s. Anm. 79).

Jesus (2,10–18; 5,7–9; 12,1–3) als auch die lange Liste von Glaubenden der Vergangenheit, die ebenfalls mit Widrigkeiten konfrontiert waren (11,1–39), entspricht dem in der deliberativen Rhetorik gebräuchlichen *usus exemplorum*, der aus dem Vergangenen heraus das Künftige prägen will.[99] Die Adressaten sind aufgerufen, die erschlafften Glieder wieder aufzurichten (12,12–13), weil sie sich in einem Wettlauf befinden, der als Langlauf imaginiert ist: Für diesen müssen sich die Hörer aller Lasten entledigen und der Sünde kämpfend widerstehen,[100] um in der Ausrichtung auf den »Vorläufer« (vgl. 6,20) Jesus ans Ziel zu kommen (12,1–4),[101] ohne »im Herzen in die Irre zu gehen« (πλανᾶσθαι τῇ καρδίᾳ) wie die Israeliten in der Wüste (3,10). Denn im Inneren der Gläubigen, in ihren Herzen (3,12.15; 4,7; 10,22; 13,9) und Seelen (6,19; 10,38–39; 12,3), entscheidet sich, ob es zur Preisgabe des Christseins kommen wird oder nicht. Da der Verfasser des Hebräerbriefes einen Beitrag dazu leisten möchte, dass die Seelen der Gläubigen das Ziel ihrer Bestimmung nicht verfehlen (vgl. 2,1) und der »Erhalt der Seele« (10,39: περιποίησις ψυχῆς) gelingt, stehen seine Paränesen insgesamt im Dienst einer Rhetorik, die im platonischen Sinne als Psychagogie bezeichnet werden könnte: Der seelsorgerliche Grundimpetus des Predigers verwirklicht sich in der Seelenführung, die allerdings trotz aller Richtungsvorgabe und verbalen Machtausübung dem Publikum nicht die eigene Entscheidung abnimmt, dem Redner in seinem Zu- und Abraten auch zu folgen.

3 Fazit und Ausblick

Der vorliegende Beitrag hat nicht nur gezeigt, dass sich die sechs Sinndimensionen von Bedrohungskommunikation im Hebräerbrief nachweisen lassen. Er hat auch deutlich gemacht, dass die Bedrohungskommunikation des Verfassers ein Instrument der Psychagogie und damit der rhetorischen Machtausübung ist. Denn die Evidenzgrundlagen, an denen die Bedrohung eines bevorstehenden Heilsverlusts festgemacht wird, liegen nicht unabhängig von der spezifischen Perspektive und theologischen Deutungsmacht des *auctor ad Hebraeos* vor. Seine mit Bedrohungskonstrukten operierende Seelenlenkung könnte man somit, obwohl für ihn die ekklesiologische Hirt-Herde-Metapher keine Rolle spielt, als ein

---

99 Quintilian, Inst. 3,8,66.
100 Löhr, Umkehr (s. Anm. 58), 22.53–55.
101 Das Durchhalten bis zum »Ende« oder »Ziel« (τέλος) ist im Hebräerbrief ein wichtiger Gedanke (3,14; 6,11).

frühchristliches Beispiel von Pastoralmacht im Anschluss an Foucault deuten.[102] Diese wäre allerdings noch einmal anders gelagert als diejenige der »Führenden« oder »Leitenden« (οἱ ἡγούμενοι) der Adressatengemeinde, die der *auctor ad Hebraeos* als Seelenwächter präsentiert, denen Gehorsam zu erbringen sei, weil sie vor Gott Rechenschaft abzulegen hätten (13,7.17). Im Gegensatz zu dieser etablierten, auf Dauer ausgerichteten, nicht-temporären Machtstellung der ἡγούμενοι, mit denen sich der Verfasser des Hebräerbriefes solidarisiert, ist die Machtausübung des Verfassers selbst (nur) temporärer Natur: Seine Machtlust will – wenn diese nicht ganz passende Anspielung auf Nietzsches *Zarathustra* gestattet ist – keine Ewigkeit. Mit Benjamin Fiore gesprochen, dient nämlich »the frequent appeal to threat of punishment for wrongdoing« im Hebräerbrief dem pragmatisch-rhetorischen Zweck »to catch the attention of the target audience, shake them up, and lead to a reformation of attitude and action.«[103] Wird die rhetorische Pragmatik des Hebräerbriefes ernstgenommen, die übrigens auch bei der Interpretation theologisch anstößiger Themen bedacht sein will,[104] dann hat dies durchaus heilsame Konsequenzen für die Beurteilung der Machtinteressen des Bedrohungskommunikators. Denn nach ihrem eigenen Selbstverständnis reüssiert die Bedrohungskommunikation des *auctor ad Hebraeos* gerade dann, wenn sie sich selbst durch die Abwendung der Bedrohung möglichst schnell überflüssig gemacht hat. Davon unabhängig stellt der Hebräerbrief ein höchst bedenkenswertes antikes Zeugnis dafür dar, dass es in Situationen der Bedrohung zu einer Steigerung von Pastoralmacht kommen kann.[105]

---

102 Die für das foucaultsche Konzept nicht unwichtige Hirt-Herde-Metapher ist zwar in den christlichen Quellen erst in nachneutestamentlicher Zeit vermehrt belegt, doch schon im Neuen Testament wird die Tätigkeit von Gemeindevorstehern vereinzelt mit der Hirtentätigkeit und die Gemeinde selbst mit einer Herde verglichen, vgl. Lk 12,32; Joh 21,16; Apg 20,28–29; Eph 4,11; 1 Petr 5,2–3. Dabei wird die menschliche Machtausübung durch die Vorstellung von Christus als Hirte relativiert, die neben Joh 10,11–16 und 1 Petr 2,25 bezeichnenderweise auch im Hebräerbrief (13,20) belegt ist; vgl. N. Mette, »Pastoralmacht«. Praktisch-theologische Anmerkungen zu einem Theorem M. Foucaults, WzM 47 (1995), 76–83: 78–80.
103 Fiore, Frank Speech (s. Anm. 66), 615.
104 Vgl. hierzu Backhaus, Knoten (s. Anm. 54), 216–217, der mit Blick auf die postulierte Unmöglichkeit einer zweiten Umkehr zu bedenken gibt, dass die deliberative Rhetorik nicht das passende Medium darstelle, um theologische »Letztwahrheiten« (Backhaus, Knoten [s. Anm. 54], 217) zu verkünden.
105 Diesen interessanten Konnex zwischen Bedrohung und (säkularer) Pastoralmacht reflektiert Eckhard Frick am Beispiel der COVID-19-Pandemie, siehe E. Frick, Spiritual Care in Containment-Zeiten, Spiritual Care 9 (2020), 235–243.

Anja Lobenstein-Reichmann

Zur sprachlichen Konstruktion religiös begründeter Machtasymmetrien

Zusammenfassung: Von der religiösen Sinnstiftung und der Zivilisierung des Menschen hin zum Guten über eine gewaltsame Durchsetzung der eigenen Religion hin zu einer nur noch rhetorischen Indienstnahme religiösen Sprechens zur Legitimierung von Gewalt sind es oft nur wenige Schritte. Dieser Beitrag soll ein Versuch sein, die »Artikulationskraft religiöser Sprache« (Habermas) zu beschreiben und ihr Potential zur Ermächtigung bzw. zur Entmächtigung auszuleuchten.

Abstract: From the purpose of religions to provide a meaning to ones life and to civilize man there are often only a few steps to the abuse of religion. This abuse might be the violent enforcement of one's own religion or the merely rhetorical use of religious language to legitimize violence. The contribution is an attempt to shed light on the ability of religious language and how it can either empower or restrict the power of people.

1 Prolog

Jürgen Habermas erhielt 2001 den Friedenspreis des deutschen Buchhandels. In seiner Dankesrede nahm er Bezug auf die islamistischen Terrorattacken vom 11. September 2001, unter anderem auf das New Yorker World Trade Center. Er forderte »die säkulare Gesellschaft« dazu auf, sich trotz und im Angesicht dieser Gewalttat »einen Sinn für die Artikulationskraft religiöser Sprachen« zu bewahren, um sich »nicht von wichtigen Ressourcen der Sinnstiftung« abzuschneiden.[1] Statt die Säkularisierung weiter voranzutreiben oder gar einen Ausschluss des Religiösen aus der Weltgesellschaft einzuklagen, erinnert Habermas an die »zivilisierende Gestaltungsmacht« des Religiösen.[2] Habermas zitiert die Perspektive eines säkularisierten Christentums, in dem die kirchlichen Autoritäten

---

1 J. Habermas, Glauben und Wissen. Friedenspreis des deutschen Buchhandels 2001 (Edition Suhrkamp 6651), Frankfurt a. M. 2001, 13.
2 Habermas, Glauben (s. Anm. 1), 10.

Kontakt: Anja Lobenstein-Reichmann, Akademie der Wissenschaften zu Göttingen, Deutschland / Karls-Universität Prag, Tschechien; E-Mail: alobens@gwdg.de

https://doi.org/10.1515/bthz-2022-0015

»gezähmt« und religiöse Denkweisen vermeintlich durch vernünftige, naturwissenschaftlich begründete »ersetzt« worden sind.[3] Der Akt der »stumme[n] Gewalt der Terroristen«[4] zeugt jedoch von der Ungezähmtheit religiöser Gemeinschaften und ihrem Potential zur Radikalisierung im Namen und Dienste Gottes. In dieser anderen Perspektive werden moderne, säkularisierte »Denk- und Lebensformen« »diskreditiert«[5] und zur Zielscheibe religiöser Fundamentalisten gemacht. Zur »Artikulationskraft religiöser Sprachen« scheint also neben der »zivilisierenden Gestaltungsmacht« auch die Legitimierung von Gewalt und Zerstörung zu gehören. Mit diesen wenigen Sätzen ist angedeutet, welches Spektrum es auszuleuchten gilt, wenn man über Sprache und Macht im Bereich des Religiösen nachdenken möchte. Auf der einen Seite religiöse Sinnstiftung und die Zivilisierung der Menschen hin zum Guten und auf der anderen die gewaltsame Durchsetzung der eigenen Religion bzw. eine nur noch rhetorische Indienstnahme religiösen Sprechens zur Legitimierung von Gewalt. Macht und Gewalt können dabei eine unheilige Allianz eingehen.

Der folgende Beitrag soll ein Versuch sein, diesen Skopus der »Artikulationskraft religiöser Sprache« exemplarisch an zwei Diskursen aus zwei unterschiedlichen Diskursepochen auszuleuchten. Das erste Beispiel beleuchtet den religiösen Diskurs, wie er im Wortschatz des Frühneuhochdeutschen sichtbar wird. Auf der Basis des im Frühneuhochdeutschen Wörterbuchs aufbereiteten Wortschatzes soll der diskursiven Konstituierung religiöser Denkungsart und ihrer Bewirkungs- und Bewertungsmacht nachgegangen werden. Wie hat religiöse Sprache im positiven Sinne zur »zivilisierenden Gestaltungsmacht« und Ermächtigung und im negativen Sinne zur Verohnmächtigung Andersgläubiger, zur Legitimierung von Macht und Gewalt im Namen Gottes wie zum Missbrauch des Sakralen geführt?

Das zweite Beispiel wirft einen Blick auf den völkisch-nationalsozialistischen Sprachgebrauch, in dem die ins kollektive Bewusstsein eingeschriebene religiöse Rhetorik nur noch ausdrucksseitig fortlebt, zur sinnentleerten Machtrhetorik mutiert, die geradezu »gottlos« zum Zwecke weltlicher Machtgewinnung eingesetzt werden kann, und so zum Ausgangspunkt für eine Gewaltordnung wurde. In beiden Beispielen geht es erstens um die religiöse Denkweise, die als Diskursuniversum oder als kulturelles Gewebe den sozialen und ideologischen Rahmen für machtvolles religiöses Sprechen schafft und zweitens um die durch das religiöse Sprechen konstituierten Ermächtigungen und Entmächtigungen.

---

3 Habermas, Glauben (s. Anm. 1), 10.
4 Habermas, Glauben (s. Anm. 1), 9.
5 Habermas, Glauben (s. Anm. 1), 9.

2 Machtvolle religiöse Sprachwelt: Artikulations-kraft des Religiösen im frühneuhochdeutschen Sprachgebrauch

Der Blick auf die frühneuhochdeutsche (im Folgenden: frnhd.) Sprachwelt, die am Scheideweg zur Neuzeit noch fundamental christlich geprägt war, veranschaulicht, was die »Artikulationskraft religiöser Sprache« bewirken kann, wie durch sie machtvolle religiöse Bedeutungssysteme konstituiert werden, die sich schließlich auch auf das weltliche Machtsprechen auswirken.

Doch was ist religiöses Sprechen überhaupt? Obwohl man die Textwelt des Deutschen nach Textsorten gliedern und somit Texte mit explizitem Gottesbezug als religiöse Texte definieren kann, ist religiöses Sprechen nicht auf eine spezifische Textsorte oder gar eine abgrenzbare Stilistik zu reduzieren. In der Lebenswelt zwischen 1350 und 1650 ist das Religiöse der rote Faden, der sich durch die gesamte Sprachwelt hindurchwebt. Der Faden beginnt mit der Grußformel *Grüß Gott*, der Dankesformel *Gott sei Dank*, den Gebeten, die fest verankert den Tagesablauf prägen, zum Beispiel das Dankgebet bei Tisch oder das Stoßgebet *Gott hilf* in schwierigen Alltagssituationen. Das Religiöse führt mit seinen Festen und Ritualen durch die Einteilung des Jahres. Es ist das Zentrum der christlichen Liturgie am Sonntag und ihrer sakramentalen Praktiken. Jedes individuelle Leben ist mit der Taufe, der kirchlichen Hochzeit und zuletzt der Beerdigung auf Gott ausgerichtet, das heißt in die religiöse Artikulationskraft des Christentums eingebettet. Der rote Faden des Religiösen durchwebt die Textur des Alltags, der Literatur wie die des Rechts. Man schwört auf die Bibel und begründet seine Urteile im Namen Gottes. Religiöses Sprechen ist selbstverständlich fundamental für Bildung und religiöse Lehre und ist selbst reziprok abhängig davon. Im fach- und metasprachlichen Ringen der Theologen darum, wie man das Wort Gottes zu deuten hat, wird ausgehandelt, wie das Wort gedeutet werden muss und vor allem, wer die Macht hat, es zu deuten. In der Reformation ist dies zum zentralen Diskursereignis des Frühneuhochdeutschen geworden. Die alten und neuen Inhaber der Deutungsmacht legitimieren wiederum die machthabenden religiösen Institutionen, die über die Wahrheit des religiösen Sprechens entscheiden.[6] Das Deutungs-

---

6 Selbst wenn im protestantischen Programm das Priestertum aller Gläubigen ausgerufen und von den Reformatoren die Mittlerfunktion der katholischen Kirche aufgehoben wurde, wandelte sich auch der Protestantismus schnell zu einer Deutungsmacht, die andere Lehren ablehnte. Der Streit mit den Zürcher Reformatoren, mit den Täufern oder die Verurteilung Servets bezeugen dies.

sprechen bestimmt das *Wie* des religiösen Alltags, das heißt auch, wer zu welcher religiösen bzw. konfessionellen Gruppe gehört. Deutungen geben in einem semiotischen Prozess die Worte wie die Semantiken vor, in denen die Welt gesehen und durch die sie erklärt wird. Religiöses Sprechen ist insofern selbstreflexiv. Es generiert, erklärt und perpetuiert sich aus sich und seinen Zeichensetzungs- und Deutungsakten selbst und greift dabei in alle Lebensbereiche ein. Dies zeigt auch der Blick auf den hochfrequenten Wortschatz des Religiösen, wie er im Frühneuhochdeutschen Wörterbuch[7] (im Folgenden: FWB) aufgearbeitet wurde. Nicht nur Wörter wie *seele, gnade, glaube, gebet, sakrament* und *kirche* haben religiöse Bedeutung. Selbst vermeintlich nicht-religiöse Wörter wie *reinigen, gefäs, hell, dunkel, gesund, krank, bräutigam, abbrüchlichkeit, donner, erledigen, grund, kalb, blut, gericht, arbeit* (und viele mehr) sind mit mindestens einer Teilbedeutung der Sinnwelt Religion und somit auch dem Sprachgebrauch des Religiösen zuzurechnen. Dreh- und Angelpunkt dieser Semantiken sind die Bezugsgrößen Gott, das Göttliche und der Glaube. Religiöses Sprechen ist somit definierbar als Sprechen von, über und mit Gott, aber eben auch im Namen Gottes.

Die Gott-Rede bildet den Ausgangspunkt religiösen Sprechens. Sie ist in der biblischen Geschichte überliefert und aus vielen Einzelerzählungen aufgebaut. Sie wird nicht nur in der Lehre oder der Predigt vermittelt, sondern in vielfältiger Weise nacherzählt und weitergedichtet (zum Beispiel: in Psalmen[nach]dichtungen, Osterspielen usw.). Die Heilige Schrift begründet als machtvolle Meistererzählung mit ihren Einzelnarrativen das europäische Christentum, das seit nahezu 2000 Jahren den Alltag der Menschen bis in die letzten Winkel hinein prägt. Gottes Sprechen wird beantwortet im Sprechen des glaubenden Menschen, sei es im inneren Monolog zum Beispiel mit Gott oder einem von Gott inspirierten Gewissen, in der Zwiesprache mit Gott im Gebet, in der Zusammenkunft mit anderen beim Gottesdienst oder anderen religiösen Handlungen der Gemeinde.

Religiöses Sprechen wirkt aber nicht nur durch die Gespräche über Gott oder im Namen Gottes. Sprechen, so muss an dieser Stelle eingeschoben werden, macht die Interaktion mit anderen erst ebenso möglich, erlaubt kognitive Erkenntnis. Im Sprechen deutet der Mensch die Welt, schafft er Gemeinschaft, mehr noch: er hat dadurch die Kraft eine Welt zu erzeugen und Sinn zu stiften. Sprache und Religion sind Zwillinge, da die Funktionen des Sprechens fundamental in der Religion eingelöst werden. Der rote Faden religiösen Sprechens nutzt all

---

7 U. Goebel/A. Lobenstein-Reichmann/O. Reichmann (Hg.), Frühneuhochdeutsches Wörterbuch, seit 2013 im Auftrag der Akademie der Wissenschaften zu Göttingen, begründet von R.R. Anderson, U. Goebel und O. Reichmann, 12 Bde., Berlin/New York 1986ff. (im Folgenden abgekürzt als FWB).

diese Funktionen und hat über die Jahrhunderte hinweg ein semantisches Netz über die christliche Welt geworfen, ein selbstgesponnenes Bedeutungsgewebe, wie Clifford Geertz es auch für die Kultur beschreibt: »Der Kulturbegriff, den ich vertrete«, so schreibt er, »ist wesentlich ein semiotischer. Ich meine mit Max Weber, daß der Mensch ein Wesen ist, das in ›selbstgesponnene Bedeutungsgewebe‹ verstrickt ist, wobei ich Kultur als dieses Gewebe ansehe. Ihre Untersuchung ist daher keine experimentelle Wissenschaft, die nach Gesetzen sucht, sondern eine interpretierende, die nach Bedeutungen sucht«.[8] Als machtvolles Bedeutungssystem, so nennt es Kristeva,[9] ist es explizit sichtbar, aber es wirkt auch subkutan im Impliziten. Das frnhd. Bedeutungssystem ist also tief im Religiösen verwurzelt und schafft ein Diskursuniversum, ein »Universum symbolischen Handelns«,[10] in dem jede Entscheidung, jede Handlung mit Rückgriff oder auf der Basis religiöser Denkweisen vollzogen wird. Dass dies ein selbstreferentielles bzw. selbstgesponnenes Symbolnetz ist, ein Gespinst, bei dem es der »Mensch nun gleichsam ständig mit sich selbst zu tun«[11] hat, zeigt die Sprachanalyse des frndh. Wortschatzes. Gotteswort wie das menschliche Antworten sind dem Sprachhistoriker nur in der Brechung erfahrbarer Texte zugänglich. Das heißt, dass bei der Analyse der Texte über das Göttliche wenig, dafür aber viel über den Menschen und sein von ihm ertextetes Gottesbild erfahrbar wird.

2.1 Sprechen über Gott oder das frühneuhochdeutsche Gottesbild

Betrachtet man den Wörterbuchartikel »*got*«, so ahnt man das machtvolle Seins- und Handlungsspektrum, das man Gott zuschreibt, aber auch die Abgründe und Widersprüche, die sich bereits im Wort »*got*« eröffnen bzw. die im frnhd. Diskurs um den christlichen Gott ausgetragen werden. Während die ersten Bedeutungsansätze auf Gott-Vater (1), Gott-Sohn (2) und den Heiligen Geist (3) bezogen sind und kirchengeschichtlich auf einen Deutungskampf um die Personen Gottes und die Trinität verweisen, referiert der vierte Bedeutungsansatz sowohl auf fremde, zumeist vorchristliche Gottheiten als auch auf die nichtchristliche Konkurrenz,

---

8 C. Geertz, Dichte Beschreibung. Beiträge zum Verstehen kultureller Systeme (Stw 696), Frankfurt a.M. 1983, 9.
9 J. Kristeva, Semiologie als Ideologiewissenschaft, in: P.V. Zima (Hg.), Textsemiotik als Ideologiekritik (Edition Suhrkamp 796), Frankfurt a.M. ²2015, 65–76.
10 Geertz, Dichte Beschreibung (s. Anm. 8), 35.
11 E. Cassirer, Versuch über den Menschen. Einführung in eine Philosophie der Kultur (Philosophische Bibliothek 488), Hamburg 2007, 50.

die es seit Beginn des Christentums zu verdrängen gilt. Die Zuspitzung erfolgt im sechsten Bedeutungsansatz, wenn die Bezeichnung »*got*« auf »Teufel, Beelzebub« bezogen wird, den »Antipoden zum christlichen Gott«. Für Martin Luther war der Teufel nicht nur der Antichrist, er war gar »ein Gott dieser welt«.[12] Aber nicht nur der Teufel wurde als Gott bezeichnet, auch der von Gott in der Gotteskindschaft angenommene und durch die Teilhabe an Gott vergöttlichte Mensch[13] (Bedeutung 7).[14]

> Sente Augustinus sprichit: »waz die sele minnit, deme wirdit si glich. minnet si irdische dinc, so wirdit si irdisch. minnit si Got, so mochte man fragin, wirdit si dan Got?« sprehe ich daz, daz ludite ungelouplich [...]: ich inspreche ez nicht, mer ich wise uch an di schrift, di da sprichit: »ich habe gesprochin daz ir Gode sit«.[15]

Im fünften Ansatz steht der Missbrauch des Göttlichen in Form von Götzen und Abgöttern im Fokus, »dasjenige Welthafte (Personen oder Gegenstände), das man entgegen dem ersten Gebot Gottes (2 Mos 20,3: ›Du sollst keine anderen Götter haben neben mir‹) als religiös verehrungs- und anbetungswürdig ansieht«. Im ersten Gebot postuliert Gott von Anfang an seinen absoluten und universellen Macht- und Herrschaftsanspruch. Hierin liegt die zentrale Leitsemantik christlicher Macht- und Hierarchiekultur begründet. Für Jan Assmann ist »der Monotheismus« gar eine »kulturelle Semantik, ein semantisches Paradigma«, »das sich in großen Erzählungen und Leitunterscheidungen artikuliert«.[16] Doch schon in der vorgeführten Polysemie des Wortes *got* zeigt sich, wie die monotheistische Perspektive im menschlichen Sprechen durchbrochen ist und die sprachliche Konstruktion des Göttlichen eine ganze Reihe von Übertragungen zulässt.

---

12 M. Luther, Die ander Predigt in das 24. Capittel Matthei, in: WA 47, 554–560: 554. Wenn nicht anders angegeben, stammen die frnhd. Belege aus dem FWB und werden mit entsprechender Kurzsigle zitiert; für die bibliografischen Angaben dieser Belege siehe: Quellenverzeichnis, in: R.R. Anderson/U. Goebel/O. Reichmann (Hg.), Frühneuhochdeutsches Wörterbuch, Bd. 1: Einführung, *a–äpfelkern*, Berlin/New York 1989, 165–224, sowie Ergänzungscorpus, in: dies., Frühneuhochdeutsches Wörterbuch, Bd. 3: *barmherzigkeit–bezwüngnis*, Berlin/New York 2002, XV–XXI.
13 Vgl. auch Quint, Eckharts Pred. 80,3: »die liebe, die ein mensch gibt, do ensind nit zwey, me eyn und eynung, und in der liebe bin ich me got, dann ich in mir selber bin. Der prophet spricht: ›Ich hab gesprochen, ir sind gött und kinder des aller höchsten‹. daz hellt wunderlich, daz der mensch also mag got werden in der liebe«.
14 Ansatz 8 bezieht sich auf Phraseme.
15 Strauch, Par. anime int. 16,25.
16 J. Assmann, Monotheismus und die Sprache der Gewalt. Vortrag im Alten Rathaus am 17. November 2004 (Wiener Vorlesungen im Rathaus 116), Wien ⁶2013, 21.

Die Macht des einen christlichen Gottes ist, wie sie im Frühneuhochdeutschen unabhängig von allen konfessionellen Unterschieden immer wieder beschrieben und begründet wird, nicht nur *allmächtig*, sie gilt als *allumfassend*, wie er selbst *überwesenlich, ungeschaffen, unendlich, unsichtbar* und *unbegreiflich, unsterblich, unzeitlich, unsichtbar* und *ewig*, eben *göttlich*. Sie »gewan«, so Oswald von Wolkenstein, »nie end noch anefangk«.[17] Mehr noch: »Got der do ist angyn vnd ende aller der macht«[18] verfügt nicht nur über Macht, er ist der Inbegriff der Macht. Mit ihr »wirkt er in die Seele«, sie »drückt er in die Erde« und ihr auf. Alles steht, so eine heute noch übliche Redeweise, in Gottes Macht. Seine Wirkkraft für den Menschen beginnt in dem Moment, in dem er die Welt mit allem, was auf ihr lebt, vor allem auch die Seele geschaffen hat, sie »dem lib ingegaistet durch sin göttlich allmachtikait«.[19]

Geschaffen hat er sie mit seiner wirkmächtigsten Waffe, seinen Sprechakten. Die aus dem Nichts bewirkte *creatio mundi* ist der offensichtlichste Ausdruck Gottes allmächtiger Artikulationskraft: »die Werke Gottes sind seine Worte«, sagt Luther (»quia opera dei sunt verba eius«[20]). Was Gott spricht, geschieht und wird zum Ereignis: »Merck hie, wie unser herr got pflugt, Nempe er sagt nur ein wort, Hat ein grossen pflug, der heist DIXIT. So gehts und wechst alles«.[21] Am Anfang steht das von Gott gesprochene Wort, das schon immer da war und beständig fortwirkt. Während der Mensch der durch das Wort Geschaffene ist, wurde das Wort selbst, das Gott ist, nicht geschaffen (Joh 1).

Wenn Gott in der von ihm geschaffenen Welt »spricht« und man in den Texten davon lesen kann, so ist dieses Sprechen im Sinne der modernen Sprechakttheorie repräsentativ (ontologistisch und sagend, wie die Dinge sind und sich zueinander verhalten), deklarativ (die Wirklichkeit des Menschen schaffend), verdiktiv (über den Menschen und seine Taten urteilend), exerzitiv (seine Autorität durchsetzend) und direktiv (befehlend, gesetzgebend, jemanden beauftragend). Wenn Gott sich offenbart, so handelt er repräsentativ und kommissiv (sich verpflichtend), da er sich als existenter Gott offenbart (vgl. *reden* 14), sich jemandem »durch göttliche Zuwendung« enthüllt und ihm sein Gottsein so vermittelt (oft durch bestimmte Zeichen), dass dieser »zum Glauben verpflichtet« wird (vgl. dazu *offenbaren* 1). Gott handelt zudem in jeweils unterschiedlicher

---

17 Klein, Oswald 2,36.
18 Piirainen, Stadtr. Sillein 56b,1.
19 Warnock, Pred. Paulis 5,75.
20 M. Luther, Dictata super Psalterium, Glossa: Psalmus XXVII [XXVIII], in: WA 3, 152f.: 152.
21 M. Luther, Vorlesungen über 1. Mose (1535–1545), Kap. 1, in: WA 42, 1–56: 27 (zu Gen 1,10); vgl. auch M. Luther, Über das erste Buch Mose, Predigten sampt einer Unterricht, wie Moses zu leren ist (1527), Kap. 1, in: WA 24, 24–59: 29 (zu Gen 1,3–5).

Medialität vom mündlichen Sprechakt eines als historisch gedachten Sprechers, zum Beispiel in den Dialogen mit Moses oder Hiob, über die Verschriftlichung in seinen Gesetzestafeln und in den Sprechakten seines Sohnes in Galiläa bis hin zur schriftlichen Überlieferung derselben im Evangelium. Tritt er in die Kommunikation mit dem Menschen ein, so heißt es im frnhd. Diskurs *offenbart* er sich ihm, *belehrt, benedeit, segnet, begnadet* er ihn, *oder er weissagt und verheisst.* Gott ist nicht nur der *macher* (2), *der erste Schreiber* der Menschheit, er ist der große Entscheider, der Meister, Herr und Gebieter. Den Sündern aber ist er *feind.*[22] Auch wenn er *seine Gnade ausgiesst* oder *seine barmherzigkeit ausschmilzt,* befiehlt, führt, ordnet und regiert er. Seine Ansprache an den Menschen ist zumeist autoritär und dogmatisch, sie verläuft über ontologische Satzwahrheiten, rhetorische Fragen, nicht selten über Befehle und Appelle und das imperativische »Du sollst«. Als oberster Richter sitzt er dem Menschen Gericht, *straft* oder *befreit, verdammt* oder *erlöst* er ihn. Was Gottes Wirkmacht umfassen kann, erzählen die biblischen Geschichten, genauer: die Vergeltungsaktionen der Sintflut und der Vernichtung Sodoms und Ghomorras. Jedes Unglück ist in den Augen der Menschen göttlich begründet. Doch all das ist in den religiösen Diskursen nur ein Vorgeschmack auf den »grawsam tzorn gottis«, die wirkliche Strafe, wenn die »seelen ewiglich« verdammt werden.[23] Hölle und Verdammnis sind das Schreckbild der Seele, sprachlich konstruiert als dualistisches Gegenbild des Paradieses. Mit seinem Wort kann Gott den Menschen also *vernichten* oder *vergotten* (*got* 7).

> Es [das wort] was darumb in den menschen, das es sy vergottet, wie allen außerwölten geschehen, und sy die schrifft darumb auch götter nennet. Und seind darumb nit vil götter oder abgötter, die von dem ainigen Gott weisen und abfüren, sonder sy vil sind all ains in dem ainigen waren Gott.[24]

Die Aufgabe des Menschen ist es, Gott als Gott anzuerkennen, ihn zu loben und zu minnen, ihm mit Ehrfurcht zu begegnen, für die eigene Existenz zu danken, vor allem aber an ihn zu glauben und sich zu ihm zu bekennen. Dafür ist er geschaffen. Rudolf von Biberach schreibt Mitte des 14. Jahrhunderts: »daz dv̆ vernvnftige natur dar vmbe geschaffen ist, daz si iren macher mv̆ge verstan vnd minnen«.[25] Einen Selbstwert muss der Mensch sich in den frnhd. Diskursen noch erkämpfen.

---

22 M. Luther, Wochenpredigten über Matthäus 11–15, 12. Predigt (5. September 1528), in: WA 28, 120–127: 121.

23 M. Luther, Vom Mißbrauch der Messe (1521), in: WA 8, 477–564: 490.

24 Fellmann, Denck. Schrr. 2,39,6.

25 Schmidt, Rud. v. Biberach 1,7.

Der fiktive Prozess des Ackermanns aus Böhmen[26] um das Recht auf Leben zeugt davon. Entscheidend ist, dass die Existenz Gottes, seine Macht und damit auch die von ihm persönlich in seinen Sprechakten geschaffene Ordnung (noch) nicht verhandelbar ist. Denn, so Augustinus in *De Civitate Dei*: »alles in der Welt ist an seinem Platz«.[27]

Die göttliche Ordnung ist Präsupposition, Denkvoraussetzung, Diskursbasis und roter Faden im frnhd. Bedeutungssystem. Zur Ordnungsherstellung gehört auch das Prinzip der Delegation, das heißt der Autorisierung des Menschen zur Macht. Im Sprechakt der ersten Ermächtigung erteilt Gott dem Menschen den Auftrag, sich die Erde »untertan zu machen« und in Besitz zu nehmen: »das sol ewr eigen sein« (Gen 28).[28] Menschliche Wirk- und Verfügungsmacht ist mit dieser Ausgangsprämisse göttlich autorisiert und legitimiert. Handelt der Mensch außerhalb dieser Autorisierung, handelt er gegen Gottes Willen und wird zum Werkzeug des Bösen, einer gottesfernen, gottesfeindlichen, gar teuflischen Macht (eben den Referenzgrößen von *got* 4 bis 6).

Schon bald nach dieser ersten Macht- und Besitznahme betritt die Schlange den Schauplatz der Ereigniserzählung und wird zum Ausgangspunkt des Sündenfalls und daraus resultierend der Vertreibung aus dem Paradies. Im Paradies hat er den Menschen erhöht und gleichzeitig verstoßen. Ermächtigung und Entmächtigung folgen aufeinander und prägen bestimmte Denkmuster, zu denen seit Adams Fall der gnostische Kampf um Gut und Böse, das Gebundensein des Menschen an die Erbsünde, seine Sehnsucht nach Gottesnähe und Rückkehr ins Paradies wie die Bedrohung durch die Gottesferne in der Verbannung bzw. in der Hölle gehören. Der allmächtige Gott hat den nach seinem Bilde geschaffenen, aber eben doch verführbaren Menschen vor eine unhintergehbare Herausforderung gestellt, an der er sich abarbeiten muss.

Sprachstrukturell funktionieren das Gute wie das Böse als effektive Sinnstiftungsgrößen, obwohl und gerade weil sie keine konkreten, sondern nur relationale, geradezu perspektivische Zuschreibungen darstellen, die erst im Gebrauchskontext semantisch gefüllt werden. Wird das Streben nach dem Guten als Streben nach Gott übersetzt, so ist das Streben nach dem Bösen das nach dem Teufel. Analog zur Allmacht Gottes ist im Diskurs auch das Böse durch seine Ra-

---

26 Jungbluth, J. v. Saaz. Ackermann.

27 Augustinus, Vom Gottesstaat (= De civitate dei), Bd. 2: Buch 11 bis 22, übers. von W. Thimme, eingeleitet und kommentiert von C. Andresen (dtv 34393), München 2007, 34.

28 Bei Bibelzitaten wird hier und im Folgenden der Bibelübersetzung M. Luther, Die gantze Heilige Schrifft Deudsch. Wittenberg 1545. Letzte zu Luthers Lebzeiten erschienene Ausgabe, hg. von H. Volz unter Mitarbeit von H. Blanke, Textredaktion F. Kur, 2 Bde. und ein Bd. Anhang und Dokumente, München 1972, gefolgt.

dikalität und Universalität gekennzeichnet; es bedroht den Menschen überall, zu jeder Zeit, auch über den Tod hinaus. Das Böse wird sprachlich als Abweichung zur Norm konstituiert, als Chaos und Unordnung im Unterschied zu Harmonie und Ordnung. Es dient in der Argumentation als Droh-, Schreckens- und Legitimationsmittel zum Zwecke der Machtausübung. Machtsprache lebt gerade von der Inszenierung des Bösen als beliebig einsetzbare Drohkulisse. Der Glaube an die soziale Existenz des Bösen eröffnet eine unabgeschlossene Machtdynamik, einen permanenten Machtkampf, der vom Beginn der Welt bis zu ihrem Ende und zum endgültigen Sieg des einen oder des anderen andauert. Verkörpert wird das Böse durch den Teufel, der manchmal in die Figur der Schlange schlüpft, der Christus zwar im Neuen Testament das Haupt zertritt, der in seinen vielfältigen Verkleidungen und Verkörperungen dennoch der Verführer, der beständige Gegenspieler der ewige Opponent bleibt, der den Menschen in den Abgrund der Hölle stürzt. Narrative, die auf dem Dualismus von Gut und Böse, von Bedrohung und Rettung, der Ausschließlichkeit des Entweder-oder aufbauen und diese in eine apokalyptische Vision zukünftigen Schreckens einbetten, sind mächtige und vor allem auch in säkularisierte Welten transformierbare Argumentationsfiguren.

Zur Erkenntnis und Anerkennung der göttlichen Macht gehört die demütige Selbsterkenntnis des Menschen oder wie Meister Eckart es formuliert: »nieman enmac got *erkennen*, er enmüeze ê sich selben *erkennen*«.[29] Beständig durch das Böse in Versuchung gebracht, thematisieren die Texte immer wieder Erlösungsbedürftigkeit, die Unentrinnbarkeit der Erbsünde, in die er durch sein Menschsein hineingeboren wird, seine Ausgesetztheit gegenüber dem Teufel und seine Nichtigkeit. Luther spitzt dies in radikaler Selbstverachtung zu, wenn er sagt: »Meyn lieber got, ich beken es, ich clage dyrß, das ich ein armer sundiger, unfletiger und unreyner drecksack byn«.[30]

Verben wie »*berespen*«, »*bedenken*« usw. bezeugen die innere, hin und wieder selbstquälende Selbstprüfung (wie beim Mystiker Seuse), den inneren Kampf gegen Anfechtungen und um die notwendige Demutshaltung. Mithilfe von Gebet, Askese und Zucht, Selbstdisziplinierung und tugendhaftem Verhalten wird

---

29 Quint, Eckharts Pred. 2,566,2.
30 M. Luther, Betbüchlein (1522), in: WA 10/2, 331–501: 498. Das Frühneuhochdeutsche hat einen ausgefeilten Wortschatzbereich, der das Sündhafte, die Anfechtung, das moralische Scheitern wie das Ablegen des Irdischen, Sündhaften zum Ausdruck bringen soll. Gottsuche ist harte Arbeit. Denn Gott verlangt Verzicht, Demut, Gehorsam, und andauernde innere Prüfung. Das ungetrübte Verhältnis zu Gott gilt dem Menschen als (beständige) Aufgabe, von deren Erfüllung er regelmäßig *abfallen*, *ablassen*, bei der er nachlassen oder *abläßig*, *abtrünnig* usw. werden kann.

um Gottes Anerkennung gerungen.[31] Auf der Suche nach einem *barmherzigen, lieben, gnädigen* Gott entwickelt Luther schließlich seine Christologie.[32] Der empathische Gott offenbart sich in dem Moment, in dem Gott Mensch wird (*got* 2).[33] Als machtvoller Sohn Gottes oder wie Bonaventura ihn nennt, als »*gemenschter*« Gott,[34] wird Christus in den meisten Texten zum liebenden (*minnereich* 1) Mittler zwischen dem unnahbaren Gott und dem Menschen, zum Friedenmacher, Versöhner, Retter und Heiland. Vor allem an, in und mit ihm wird Gott als empathisch beschützend beschrieben. Das Neue Testament als Zeugnis des menschgewordenen Gottes ist dementsprechend die machtvollste Erzählung der Christen. In Christus personifiziert sich die radikale Umkehr göttlicher Macht als absolute menschliche Ohnmacht, die am Kreuz ihren grausamen Höhepunkt findet. In der Lebenswelt der Menschen wird sie unter anderem mit dem Gang des Kreuzweges am Karfreitag, dem Bekreuzigen als rituelle Handlung, den Kruzifixen in den Häusern und am Wegesrand immer wieder ins kollektive Gedächtnis zurückgerufen. In der Heilsgeschichte vom sich opfernden Gott, seiner Passion und Marter, wird die absolute Demütigung und Unterwerfung dem geworfenen Menschen zum Vorbild im Leiden; sie gilt ihm als Mahnung vor der Sünde und webt ihn, für den Gott sich geopfert hat, in einen göttlichen Heilsplan ein. Christi Gebet *Vaterunser* mit dem Satz »Dein Wille geschehe« wie seine Heilstat selbst werden zum Muster des absoluten Gehorsams. Wieder ist es Meister Eckhart, der dies konsequent mit einem Zitat aus dem Philipperhymnus (Phil 2,5–11) zu Ende denkt: »Cristus ist gewesen gehorsam dem vater biz an den tot dez creutz«.[35]

Christus als Opferlamm gibt nicht nur sprachgeschichtlich die Sprache der Demut, des freiwilligen Opfers, des Gehorsams bis zum Tode, letztlich des Leidens und der Passion vor. Besonders mit dem Programmwort der *imitatio dei* bzw. *imitatio christi* wird eine wirkmächtige Demutskultur geschaffen (vgl. hier zum

---

31 Daher *bekennt* er, *bereut, betet, bittet, dankt, lobt* und *preist* den Herrn, manchmal *klagt* und *hadert* er aber auch. Wenn er Gott-Vater dabei bestimmte Eigenschaften zuschreibt, so sind es vor allem Macht- und Kraftepitheta.

32 In der Tradition u.a. Bernhard von Clairvauxs und anderer hat vor allem Luther in diesem Gott (*got* 2) seine Gerechtigkeit gefunden und ihn zum Ausgang seiner geprägten inneren und äußeren Reformation gemacht.

33 Doch auch dann verliert der menschgewordene Gott nicht seine göttliche Macht, sondern bleibt – wie Meister Eckart betont – immer der Schöpfergott: »Christus der ist gotlich macht und gotlich weisheit. In dir macht hat got alle dinck geschaffen, wan sein wisheit di ist da und sein macht« (Jostes, Eckhart 31,5).

34 Höver, Bonaventura. Itin. B 60: »So sy [sele] aber mit lieb [...] gancz vmbfachet das eingeflaischt wort vnd den gemenschten got«.

35 Jostes, Eckhart 96,35.

Beispiel den Artikel *odmütigkeit*), in der es zum Ideal wird, den eigenen Willen und seinen Stolz aufzugeben, um sich ganz der Nachfolge Christi zu widmen. In der Heilsgeschichte sind die Präsuppositionen wie die Versprechungen entscheidend. Wer Hirten braucht, hat Lämmer und sorgt sich vor dem Wolf. Wovor muss Christus retten, wofür büßen, wen versöhnen, wen und was heilen? Teufel, Erbsünde und Sündhaftigkeit des unreinen und kranken Menschen sind die vorauszusetzende Matrix, der Verlust des ewigen Lebens bei Gott, ewige Gottesferne, das Jüngste Gericht, Hölle und Verdammnis sind die Bedrohung. Der Himmel und das Paradies werden zum Heilsversprechen. Dadurch, dass man sie erst in einem anderen Leben einlösen kann, bleiben sie im Diesseits offen. Alle diese Konzepte sind im selbstreferentiellen System der Religion konstituiert worden, eine Existenz außerhalb der Sprache haben sie höchstens über den Glauben. Patriarchale Sinnstiftung, Herrschaft und Untertänigkeit, Demut und Gehorsam, und zwar in einer speziellen vorgegebenen Hierarchisierung nach Geschlechtern oder Ständen, also nach Zugehörigkeit zu Adel, Klerus, Bürger- bzw. Bauernstand basieren auf gegenseitiger Anerkennung. Das im frnhd. Diskurs vollzogene Sprachspiel mit seinen festgelegten Reziprozitäten zwischen Gott und dem Menschen ist ein Paradebeispiel für die später von Hegel beschriebene Anerkennungsdialektik.[36] Für den Herrgott wie für den Menschenknecht gilt: »Sie anerkennen sich als gegenseitig sich anerkennend«.[37] Mit der metaphysischen Begründung wird die asymmetrische Verortung der Rollen, also wer *Herr* und wer *Knecht* ist, zum Vorbild bzw. zur legitimierenden Matrix für alle weltlichen Herrschafts- und Hierarchieverhältnisse.

Voraussetzung für diese Anerkennungsdialektik ist der gesellschaftliche Wertehorizont, sprachlich greifbar im Rechts-, Ehr- und Tugendsystem der Zeit. Vor allem der Tugendbegriff mit seinen Bedeutungsverwandten nimmt einen außerordentlich hohen Anteil am Gesamtwortschatz des Frühneuhochdeutschen ein. Seine in ungeschriebene Normen umgesetzte Leitsemantik formt alle Lebensbereiche vom kommunikativen Umgang der Menschen miteinander bis hin zur Sexualmoral (vgl. zum Beispiel *tugend, ere, scham, sitte, treue, zucht*). Das Wort Leitsemantik ist doppelt zu verstehen, zum einen sprachhistorisch als Semantik, die den Diskurs bestimmt, und zum anderen als Semantik, die machtvolle Normen schafft und somit das Leben der Menschen normativ anleitet.[38] Adjektive wie

---

36 G.W.H. Hegel, Werke, Bd. 3: Phänomenologie des Geistes (Stw 603), Frankfurt a.M. [13]2014 [urspr. 1807], 145–155.
37 Hegel, Phänomenologie (s. Anm. 36), 147.
38 Jedes der nachfolgenden Adjektive ist dabei nicht einfach nur eigenschaftszuschreibend, sondern hat eine unhintergehbare moralische Deontik, man könnte auch sagen eine machtvolle

»*rein*« zur Konstituierung des Guten oder »*stinkend*«, zu der des Bösen bezeugen die Artikulationskraft der Bilder und die Macht der religiösen Metapher.

2.2 Religiöse Metaphorik und die Strukturierung des Denkens durch die Bilderwelt eines religiösen Diskursuniversums

Nicht erst mit der Menschwerdung Christi beginnt die Vermenschlichung Gottes, sondern schon in dem Moment, in dem der *unbegreifliche* Gott metaphorisch mit menschlichen Erfahrungsbezeichnungen wie *Vater, Herr, Hirte* oder *feste Burg*, in dem Christus als *Sohn* oder *Heilmacher* begreifbar und vertraut gemacht wird. Unter einer Metapher verstehe ich im Folgenden einen Ausdruck mit mindestens zwei Bedeutungen, die durch die Setzung einer aspektuellen Ähnlichkeit zwei üblicherweise als verschieden gedachte Bezugsgegenstände miteinander korreliert und sie damit so zueinander öffnet, dass ein neuer Bezugsgegenstand entsteht. Durch das entstandene Dritte werden Moralsysteme und Weltanschauungen geschaffen.[39] Die Metapher ist das sprachliche Mittel, mit dem sich der Mensch dem Göttlichen auf der Erkenntnis- wie auf der Gefühlsebene annähert und ihn dabei gleichzeitig in ein bestimmtes Licht rückt. Wie wirklichkeitsstrukturierend Metaphern genutzt werden und wie sie Begriffssysteme wie kulturelles Denken und Handeln prägen, lässt bereits die gerade verwendete Licht-Metapher ahnen. Sie ist zentraler Bestandteil religiöser Rhetorik. Das Licht gilt als das Sym-

---

Artikulationskraft. Sie geben Sollensvorstellungen vor, denen der ideale Mensch nachzustreben hat, und sie konstruieren sprachlich, was mit dem Guten gemeint ist: *andächtig* 1, *aufrecht* 2, *aufrichtig* 2, *betwonnig, bieder, billich, blos* 8, *christenlich, christgläubig, dankbar* 2, *demütig* 1, *einfältig* 9, *eingezogen, erbar* 1.3f., *erlich* 1–4, *ersam* 2, *friedfertig, from, geduldig, gehorsam* (Adj.), *geistlich* 1, *gerecht* 7f.10, *gereinigt, getreu* 1, *glaubhaft* 2, *gnädig* 1.4, *gotdienstig, götlich* 6f., *gotsam, gotselig* 1, *gottesfürchtig, gut* (Adj.) 1.3, *heilig* 5, *keusch, klar* (Adj.) 7, *klug* (Adj.) 4, *lauter* 8, *lieb* (Adj.) 1, *milte* (Adj.) 1, *recht, redlich, rein* (Adj.) 6, *sanftmütig, stark* 4, *sündelos, sündenarm, sündenmälig, sündenrein, tugendhaft* 1, *tugendlich* 1, *tugendreich* 1, *tugendsam* 1, *unbeflekt, ungeschwächt, unschuldig, unversert, volkommen, warhaftig, weise* und viele mehr. Scheitert der ideale Mensch in seinem Streben, folgt er dem Bösen, so schreibt man ihm hingegen unter anderem folgende Eigenschaften zu: *arg* 2.4f., *beflekt, böse* 6f., *boshaft, fällig, fleckecht, frevellich, garstig,* ²*gebresthaft* 1, *geneiglich, glaublos, gotlos* 1.2, *hässig, heidnisch, hoffärtig, krank* (Adj.) 2, *lasterhaft* 1, *lausicht, los* 8, *missetätig, minnelos, schalkhaftig, schändlich, schmählich, schuldig, stinkend* 1, *sträflich, sündhaft* 1, *sündig, sündlich* 1f., *teuflisch, treulos, übel* 1, *unfüglich, ungläubig, unrein, unrecht, unwarhaftig, unwirdig, verflucht* und viele mehr.
39 A. Lobenstein-Reichmann, Houston Stewart Chamberlain. Zur textlichen Konstruktion einer Weltanschauung. Eine sprach-, diskurs- und ideologiegeschichtliche Analyse (Studia Linguistica Germanica 95), Berlin/Boston 2008, 284–364.

bol für das Gute. In der höchsten Personifizierung ist Christus das Licht der Welt
(Joh 8,12). Doch wo Licht ist, ist auch Schatten. Das Licht präsupponiert dicho-
tomisch immer auch das Dunkle und Böse, frnhd. die *düsternis, finsternis*, die
dunkle Hölle. Etwas ins rechte Licht zu rücken, blendet zudem dasjenige aus, das
im Schatten steht. Ob man das Göttliche als schützende und wehrhafte Burg metaphorisiert und so das absolut Fremde Gottes zum erfassbaren und begreifbaren
Teil der eigenen unsicheren Welt macht, wie es im reformatorischen Bekenntnis-
lied geschieht, oder ob man Gott mit einem rächenden Blitzstrahl vergleicht – die
Metapher lenkt die Wahrnehmung in eine bestimmte Richtung und blendet andere Möglichkeiten aus. Sie schafft eine ganz bestimmte Perspektive, aus der die
Welt gesehen und aus der Entscheidungen gefällt werden.[40] Oftmals gibt sie auch
die Lösung vor.

Für den Bereich des Religiösen ist die Metapher jedenfalls fundamental. Sie
macht eine symbolische Sphärenmischung möglich, indem sie das Himmlische
in das Kleid des Irdischen packt und so das vermeintlich Unsagbare und Unvor-
stellbare, wie die Größe »*Gott*« in einen sagbaren Kontext setzt, das Unvertraute
und Unbekannte an Bekanntes und Gewohntes anschließt und vertraut macht,
geradezu kognitiv zähmt. In diesem Sinne ist die Metapher eine mächtige Waffe der Ermächtigung und Entmächtigung. Mit ihrer Hilfe wird vor allem im Deutungskampf das Eigene und Rechtgläubige homogenisiert und vom Irrglauben
und Ketzertum abgegrenzt. Ihr Entmächtigungspotential besteht darin, den An-
dersdenkenen zu pathologisieren, ihn typisierend zu entindividualisieren, oft genug zu dehumanisieren und zu diskreditieren.[41]

Doch zunächst ein Blick auf das Vertraut-Machen. Die wichtigste Vertraut-
heitsmetapher im Bereich des Religiösen ist die Anthropomorphisierung, etwa
wenn Gott wie ein Mensch handelt und fühlt (siehe oben) oder wenn man den
»lieben« Gott in das vertraute Beziehungsschema des Menschen integriert, ihn
zum Beispiel als »*Vater*« bezeichnet und so mit bestimmten, sehr menschlichen
Eigenschafts- und Handlungszuschreibungen, wie sie schon gezeigt wurden, ver-

---

40 M. Edelman, Politik als Ritual. Die symbolische Funktion staatlicher Institutionen und politischen Handelns, Frankfurt a.M. 1990, 148f.; G. Lakoff/M. Johnson, Leben in Metaphern. Konstruktion und Gebrauch von Sprachbildern, Heidelberg 2003.
41 B. Pörksen, Die Konstruktion von Feindbildern. Zum Sprachgebrauch in neonazistischen Medien, Wiesbaden ²2005, 201; Lobenstein-Reichmann, Chamberlain (s. Anm. 39), 284–364; dies.,
Sprachliche Ausgrenzung im späten Mittelalter und der frühen Neuzeit (Studia Linguistica Germanica 117), Berlin/Boston 2013, 40–46; dies., Tiermetaphern, nicht nur im Recht, in: A. Deutsch/
P. König (Hg.), Schriftenreihe des Deutschen Rechtswörterbuchs/Das Tier in der Rechtsgeschichte (Akademiekonferenzen 27), Heidelberg 2017, 593–618.

sieht. Dann kann er *zornig, sauer,* sogar beleidigt sein: »Gott wil sein ehr rechnen, ehr kan nit leiden, das sein ehr undergedrugkt werde.«[42]

Dann erwartet der »eifernde«, also eifersüchtige Gott, dass sein Wille geschehe und nicht der des Menschen, was der Gläubige im täglich gebeteten *Vaterunser* auch akzeptiert. Er verlangt Gesetzes- bzw. Normentreue (im Alten Testament wie im Neuen Testament; vgl. auch Paulus 1 Kor 8,4–6) und ist das Oberhaupt einer das Himmelreich bewohnenden hierarchisch strukturierten Bewohnerschaft, die sich im Laufe der Zeit über die Kernfamilie (Gott-Vater, -Sohn, -Heiligem Geist mit klarer Sitzordnung neben dem Thron) und die Schar der Engel hinaus durch eine erweiterte Gefolgschaft an männlichen Aposteln, männlichen und weiblichen Heiligen und Märtyrern anreichert. Die Position im Thronsaal verrät das jeweilige Prestige. Das hierarchische Prinzip, das in diesem Bild geschaffen wird, begründet – oder besser gesagt: spiegelt – ein hierarchisches Denken und die in der Realität vorgefundenen Machtstrukturen. Es legitimiert die Ständegesellschaft als von Gott gewollt.

Wie menschlich diese Himmelswelt ist, zeigt auch der Blick auf die Strukturmetaphern, die ausgehend von der Körperlichkeit des Menschen und seinem Blick das Seelenheil nach Gottesnähe und Gottesferne messen, den Himmel oben und die Hölle unten verorten. So tun sich regelmäßig Abgründe auf, wenn die Seele von ewiger Verdammnis bedroht wird, dem ewigen *abgrund 3, abys, angsthaus, düsternis, fegefeuer, finstere, finternis, grube 2, gruft 1, grund 7, koben 4.* Betrachtet man diese kleine Auswahl an Bezeichnungen für die Hölle, so öffnet sich ein emotionalisierender Metaphernraum von zum Teil sehr polarisierenden Glücks- und Bedrohungsgefühlen. Die Hell- und Dunkelmetaphorik polarisiert das Göttliche, Lichterfüllte gegen die dunkle Finsternis der Gottesferne. Der *koben* steht für Schmutz und Dreck der Verdammten und verweist auf ein ganzes Metaphernfeld, welches das Böse und Sündige als unrein und dreckig beschreibt und es dem Reinen und Guten gegenüberstellt: »als Adam / und Eva durch dy mailer / Und flekigung wurden unrein.«[43]

Polarisierungen dieser Art ziehen sich durch die religiösen Diskurse, sie visualisieren moralische Kategorien und suggerieren eine offensichtliche Erkennbarkeit. Visualisierungsmetaphern wie »*hell und dunkel*«, »*Licht und Schatten*«, »*weiß und schwarz*« lassen wenig interpretativen Spielraum zu und öffnen nicht nur eine Welt des *Entweder-oder,* sie geben auch die Konsequenzen wie die Lösung vor. Was schmutzig ist, muss nach menschlicher Erfahrung abgewaschen und gereinigt werden, sonst entstehen Gerüche oder Krankheiten. Das Befleck-

---

42 Luther, Predigt zu Gen 26 (17. Januar 1524), in: WA 14, 332–345: 341.
43 Gille u. a., M. Beheim 118,3.

te,[44] Unreine, Makulierte als Sichtbarmachung der Sünde kann man in letzter Konsequenz des Bildes zwar abwaschen, im besten Fall durch die Taufe, im schlimmsten Fall erst im Bad der Hölle. Dietrich von Gotha beschreibt 1385 die »erbe sůnde« als die, die man »nŭ in der nŭwin e den kindin abe wesschit in deme sacramente der heilgen touffe«.[45] Dass das Adjektiv »*stinkend*« für »*sündig*« steht, ist dann nur die konsequente Weiterzeichnung des Bildes ins Olfaktorische. Luthers Vorstellung vom Leib als sündenverfallenem »stinckenden Madensack«[46] verbildlicht dann nur noch die Verkörperung der Sündenverfallenheit des Menschen seit der Vertreibung aus dem Paradies.

Die erste Sünde, die im Sündenfall ihr Masternarrativ hat, wird als »*murmurieren*«, als Aufbegehren gegen Gott und als der erste Ungehorsam geschildert. Geahndet mit der Vertreibung aus dem Paradies, begründet dieses Narrativ die Diskurspräsupposition der Erbsünde, die von nun an als ererbte Schuld den roten Faden durch eine Buß- und Disziplinierungswelt führt. Seit diesem ersten Akt des Ungehorsams ist der Mensch »fleischlich, unter die Sünde verkauft« (so Paulus in Röm 7,14), von nun an wohnt die Sünde in ihm (Röm 7,17–20): »Denn das Gute, das ich will, das tue ich nicht; sondern das Böse, das ich nicht will, das tue ich. So ich aber tue, was ich nicht will, so tue ich dasselbe nicht; sondern die Sünde, die in mir wohnt«. Sünde und Sündhaftigkeit entfremden den Menschen von sich selbst. Sie schaffen, wie Stoellger schreibt, einen »Riß in mir, den ich nicht schließen«[47] kann. Die Metaphern, die Paulus wie Stoellger für die Folgen der Sünde nutzen, beschreiben Krankheitssymptome. Wo Gesundheit und Ganzheit waren, herrschen nun Krankheit und Fragmentierung. Der von Gott getrennte Mensch muss geheilt werden. Der Heillose ist der von Gott Verdammte. Die frohe Botschaft verheißt ihm Heilung und verspricht die Erlösung, mehr noch: die Heiligung des Menschen. Die Pathologisierung ist ein mächtiger Metapherntyp, da er die existentielle Erfahrung des Menschen zwischen gesund und krank dazu nutzt, eine beständige, unterschwellig seit der Erbsünde latent vorhandene Krankheit zu suggerieren. Der heilsgeschichtliche Rahmen und mit ihm die Rahmenerzählung des Neuen Testaments bauen auf einer präsupponierten Bedrohung auf. Ohne sie bräuchte man gar keinen Heiland, den man anrufen kann, und Heinrich von Hesler könnte nicht beten: »Herre, heil uns alle!«.[48]

---

44 Auf dieser Bildermatrix ist die unbefleckte Empfängnis Marias geradezu diskursnotwendig.

45 Türk, Wortsch. Dietr. v. Gotha. 1926,2.

46 Kaspar Crucigers Sommerpostille (1544) (Fortsetzung), in: WA 22, 1–424: 14.

47 P. Stoellger, Lesarten des Bösen. Überlegungen zum Bösen in theologischer Perspektive, in: B. Boothe/P. Stoellger (Hg.), Moral als Gift oder Gabe? Zur Ambivalenz von Moral und Religion, Würzburg 2004, 72–97.

48 Helm, H. v. Hesler. Nicod. 819.

Die Geschichte vom Sündenfall begründet nicht nur die metaphysische Pathologisierung, sie ist auch ein Meilenstein bei der Bildung einer anderen Metapherntradition, bei der Menschen bestialisiert oder dämonisiert werden. Die Dehumanisierung kann in einem freundlichen Sinne geschehen, wenn der Hirte Gott seine Herde beschützt. Doch beim Sündenfall schlüpft der dämonische Teufel in die Figur der Schlange. Auch wenn Gott die Schlange im Paradies verflucht, Christus ihr wie angekündigt mit seinem Opfer als Lamm Gottes das Haupt zertritt, wirkt sie als beständige Bedrohung und vor allem als Metapher des Dämonischen fort. Dehumanisierungs- und Dämonisierungsmetaphorik liegen seit dem Sündenfall eng beieinander und werden entsprechend bild- und maßgebend für eine gezielt eingesetzte Rhetorik zur Ausgrenzung all derer eingesetzt, die sich dem vorgegebenen Diskurssystem nicht einfügen bzw. die anderer Meinung sind. Ausgrenzung heißt hier nicht nur Markierung als Christ und Nichtchrist, die Metaphern konstruieren eine Grenze zwischen dem Menschsein und dem Tiersein, zwischen dem Guten und dem dämonischen Teufel, der in der Gestalt der Schlange sich der Mimikry bedient, um den Menschen zu verführen. Im besonderen Fokus gerade solcher Metaphern standen von Anfang an die Juden. Die Geschichte des christlichen Antijudaismus ist lang.[49] Die christliche Ausgrenzungsrhetorik wird systematisch durch die Kirchen betrieben, akkumuliert, erprobt und zum festen Repertoire einer Negativierungsmetaphorik, die bis heute wirksam ist. Gerade der Antijudaismus nährt sich durch eine dezidiert eingesetzte Dehumanisierungs- und Dämonisierungsrhethorik. So greift unter anderem Johannes Eck die biblische Invektive von den Juden als »schlangen vnd nater gezicht« (Mt 23,33) auf oder bezeichnet sie als »blůthunde«.[50] In den Fastnachtsspielen heißt es 1475: »Die giftigern würm das seit ir«.[51] Parallel dazu werden auch die Hexen mit Schlangen und Nattern verglichen. Bei Bodin/Fischart verbinden sie sich ur-

---

49 A. Lobenstein-Reichmann, Vom Antijudaismus zum Antisemitismus. Ein diskursanalytischer Rückblick am Beispiel von Hugo Bettauers Stadt ohne Juden, Jahrbuch für Germanistische Sprachgeschichte 11 (2021), 264–293.
50 J. Eck, Ains Judenbüechlins verlegung. Darin ain Christ, gantzer Christenhait zuo Schmach, will es geschehe den Juden Unrecht in bezichtigung der Christen Kinder mordt. Hierin findst auch vil Histori, was übels und büeberey die Juden in allem teütschen land, und andern künigreichen gestift haben, Ingolstadt 1541 (der Transkription wurde das Digitalisat der Bayerischen Staatsbibliothek München zugrunde gelegt: BSB-München, VD-16 E 383); vgl. Lobenstein-Reichmann, Sprachliche Ausgrenzung (s. Anm. 41), 211–250.
51 Fastnachtsp. Folz, Kaiser Constantinus 106,804,3. Zu anderen antijudaistischen Schriften zum Beispiel Thomas Murners, Martin Bucers oder Martin Luthers vgl. Lobenstein-Reichmann, Sprachliche Ausgrenzung (s. Anm. 41), 308–329; dies., »Wer Christum nicht erkennen wil, den las man faren«. Luthers Antijudaismus, in: N.R. Wolf (Hg.), Martin Luther und die deutsche Sprache. Damals und heute (Schriften des Europäischen Zentrums für Sprachwissenschaften 7), Hei-

zeugend aus Fäulnis und Dreck mit andern Teufelstieren und werden zur Gefahr
für Leib und Seele:

> diß Zåubeisch Gesindlein / ist eben wie die Schlangen / Natern vnd Krotten auff erden / wie
> die Spinnen in Håusern / die Raupen vnd Muckĕ inn den Lůfften / welche auß Verfåulung
> und Corruption gezeugt vnd generert werden / vnd das Gifft der Erden / sampt der Vnreinig-
> keit vnnd Infection des luffts an sich ziehen.[52]

Die sprachliche Konstruktion der Hexe emotionalisiert den Leser, die Beschreibung weckt Furcht und Ekel, lässt jeden instinktiv zurückschrecken. Die inhä-
rente Handlungsanweisung ist kaum zu überlesen. Ungeziefer und Unreinheit
verlangen Reinigung. Man will sie aus dem Hause haben und muss sich ihrer entledigen. Wenn der Hagel die Ernte zerstört hat und der Mensch den Naturmäch-
ten, Krankheiten, eben dem Schicksal hilflos ausgeliefert ist, sucht er Kausalitä-
ten, Sinnstiftungen, die es ihm ermöglichen, doch noch so etwas wie die Illusion
der Kontrolle darüber zu erhalten. Gottes Zorn kann im Gebet besänftigt werden,
das Klima als Naturerscheinung oder das Hereinbrechen einer Epidemie nicht.
Die rhetorische Indienstnahme der Argumentationsfigur Kausalität ist Ausgren-
zungsmotiv für vieles, auch für den Antijudaismus und den Hexenglauben. Wenn
die Pest hereinbricht, haben die Juden die Brunnen vergiftet. Wenn der gute Gott
nicht schuld am Tod des Kalbes war, muss es die Hexe gewesen sein, verführt
durch den Antichristen, den Teufel. Die Hexe, auch »*bilwis*«, »*gabelreiterin*«,
»*galsterweib*«, »*hagelkocherin*«, »*unholdin*«, »*wettermacherin*« oder »*zauberin*«
genannt, ist sicher das beste Exempel für die Artikulations- und Gestaltungskraft
der Sprache schlechthin, da die Figur der Hexe als Phantasiegebilde narrativ
konstituiert und in die soziale Wirklichkeit so integriert wurde, dass aus Metaphern Straftatbestände und aus Verdachtsmomenten Hinrichtungen wurden:[53]

---

delberg 2017, 147–165; Lobenstein-Reichmann, Antijudaismus (s. Anm. 49); T. Kaufmann, Luthers
Juden, Stuttgart 2014.
52 J. Fischart / J. Bodin, De Magorvm Daemo-nomania. Vom Außgelasnen Wütigen Teuffelsheer
Allerhand Zauberern, Hexen vnnd Hexenmeistern, Vnholden, Teuffelsbeschwerern, Warsagern,
Schwartzkünstlern, Vergifftern, Augenverblendern e[t]c. Wie die vermög aller Recht erkant, ein-
getrieben, gehindert, erkündigt, erforscht, peinlich ersucht vnd gestrafft werden sollen. Gegen
des Herrn Doctor J. Wier Buch von der Geisterverführungen, durch [...] Johann Bodin [...] außgangen. Und nun erstmals durch [...] Johann Fischart [...] auß Frantzösischer sprach trewlich in
Teutsche gebracht, vnd nun zum andernmahl an vilen enden vermehrt vnd erklärt, Straßburg
1591, 150.
53 Lobenstein-Reichmann, Sprachliche Ausgrenzung (s. Anm. 41), 376–389; dies., Tiermetaphern
(s. Anm. 41).

derhalben sie [Hexen] auch durch Gottes gericht / und den dienst der Oberkeyt offentlich und schmelich vom leben zum todt gebracht weren.[54]

Hexen inquisitorisch, also kirchenrechtlich zu verfolgen, heißt im Diskurs der Zeit Widerstand gegen das Böse zu leisten. Die Hexe war, so schreibt Bernd Roeck »in besonderer Weise disponibel: Juden, Zigeuner, Bettler gab es wirklich [...], die Hexe war ein imaginiertes Geschöpf, das jederzeit erschaffen werden konnte, wenngleich es wohl einer gewissen Phantasie bedurfte, aus einem alten Weib, einem buckligen Männlein oder anderen den Superverbrecher oder die Superverbrecherin zu konstruieren, die sich gegen Gott und das Universum auflehnt«.[55] Die Kategorisierung als das Böse oder als mit dem Bösen im Bunde ist eine starke denunziative Waffe. Mit der Prädizierung dieser Eigenschaft auf Menschen stellt man Distanz her und nicht nur eine religiöse Differenz, man emotionalisiert, schafft Angst, führt Gruppen zur Verteidigungsgemeinschaft zusammen und stellt die Forderung nach einer sofortigen Reaktion auf. Jemanden in frnhd. Zeit als Hexe zu bezeichnen war eine deontische Setzung, eine stigmatisierende und sehr gefährliche Handlungsanweisung. Mit ihr konnte man sich unliebsamer Nachbarn entledigen, Erbstreitigkeiten lösen oder Schulden begleichen, ohne zu zahlen. Das Ketzerargument, das als Leitargument über alles gestellt ist, da es sich auf das erste Gebot beruft, in dem es heißt, dass es keinen anderen Gott neben dem einen geben darf, ist grundsätzlich deontisch zu lesen. Gegen alle als Ketzer denunzierten Personen, was Juden genauso miteinschließt wie Hexen oder den konfessionellen Gegner,[56] greifen die Strategien der Dehumanisierung, Bestialisierung, Dämonisierung, Skatologisierung und Kriminalisierung. Frnhd. Ketzerausdrücke spiegeln den Skopus dieser Metaphern.[57]

---

54 Stambaugh, Milichius. Zaubert. 1413.
55 B. Roeck, Außenseiter, Randgruppen, Minderheiten. Fremde im Deutschland der frühen Neuzeit (KVR 1568), Göttingen 1993, 55.
56 Vgl. Eck, Ains Judenbüechlin verlegung (s. Anm. 50), 59r: »Das aber die juden ketzer seyen auch in jhrem thůn / zaigt klarlich an Wilhelmus Parisieñ [...]. [die juden] seind jrrig worden jn jhrem gesatz vnd ketzer an dē glauben Abrahē: darumb das sie die hailig gschrifft fälschlich außgelegt haben / gotslesterlich / auch schmålich wider das gŏttlich vñ natürlich gsatz spricht Alexander de Ales [...].«
57 Anbei eine kleine Auswahl: *abtrünniger, äffer, aufrürer 2, babstketzer, bösewicht, bube 3, christmörder, christusverräter, dieb 1, erzbube, erzdieb, erzgötzer, erzketzer, fälscher, farzesel, frevler, gleichsner 1, gottesfeind, gotsübelhändler, gotteslästerer, gottesschalk, gottesschelm, gottesverächter, häretiker, heide, heide (der), hussit, irregeist, irrer 2, irriger, irsaer, jude 1, kater, katzenmeister, ketzer, klügling, ¹lästerer, lügner 2, meisterling, mörder 1.3, nachtbrenner, nar 4, nestorianer, papist, sacramentierer, schelm, schwärmer, schwätzer, scismaticus, sodomit, sonder-*

Ketzerei ist ein zentrales Argument im Aushandlungskampf um die kirchliche Deutungshoheit. Das Wort ist Symbol und argumentativer Prügel religiöser Intoleranz. Damit bezeichnet und angegriffen wurden im Diskurs perspektivisch alle, das heißt Katholiken, Waldenser, Protestanten, Schwärmer, Täufer usw. Wer von sich in Anspruch nimmt, die Wahrheit Gottes zu vertreten, muss die Wahrheit des anderen ablehnen. Es gibt vor allem im Religiösen keinen Wahrheitspluralismus. Schon das Wort »*Wahrheit*« hat dichotomischen Ausschließungscharakter. Entweder etwas ist wahr oder es ist falsch. Man kann darauf nur mit »*ja*« oder »*nein*« antworten. Dem Konzept des Ketzers ist der Anspruch auf den Nicht-Besitz der religiösen Wahrheit inhärent. Die Unterstellung der Lüge (sub verbo *lüge* 2) gehört zur Rhetorik der Ketzerdenunziation. Im nachfolgenden Beleg kumuliert Teichner mehrere denunziative Strategien. Im Vergleich »als ein dyep mit sein gesellen« kriminalisiert er, in der Unterstellung einer Gesellenschaft zum Teufel, »das der teufel ir maister sey«, dämonisiert er. Dass die sogenannten *Mohren* hier mit den *Raben* als Produkt der Hölle sekundärstigmatisiert werden, sei nur angemerkt:

> Die ketzzer chain pewerung hat / seiner kchetzerlichen tat. / er mues sich alltehaben stellen / als ein dyep mit sein gesellen. / da versteht di warhait pey / das der teufel ir maister sey / der in hie als got erscheint / und sy dort daczz hell peint, / swårczer dan dy raben und morn.[58]

Auf dem Entweder-oder-Schema basiert die dichotomische Dämonisierung und Verteufelung als Antichrist.

Im Beleg der Zimmerschen Chronik aus der Mitte des 16. Jahrhunderts steht sie typischerweise neben der Kriminalisierung »*erzbube*«, die den Teufel mit dem Grundwort »*bube*« zum schlimmsten Verbrecher überhaupt denunziert und gilt »dem römischen Antichristo und erzbuben Innocentio«.[59] Solche Beschimpfungen gehören zum wichtigsten Waffenarsenal in religiösen Auseinandersetzungen. Mit dem Ketzer- oder dem Hexenvorwurf wird – so bezeugen die letzten Belege – nicht nur der konfessionelle Streit um die Deutungshoheit geführt. Mit solchen Benennungen wird ein Anfangsverdacht hergestellt, der – in einem System, in dem die Machtverhältnisse zwischen Staat und Religion systemübergreifend sind – den weltlichen »Sheriff« ruft. Der Begründer der modernen Pragmatik, Charles S. Peirce, beschreibt die Wirkung von Wörtern, also solcher Benennungs-

---

ling, störenfried, teufel 3, *teufelskind, tor* (der) 2, *übeltäter, verfürer, verfürter, verirter, verräter, waldenser, wiederchrist, wiedersacher, zauberer* und viele mehr.
58 Niewöhner, Teichner 686,51–69.
59 Barack, Zim. Chron. 1,117,18.

handlungen folgendermaßen: »Ein Wort kann mit dem Urteil eines Gerichts verglichen werden. Es ist nicht selbst der rechte Arm des Sheriffs, doch ist es fähig, sich einen Sheriff zu schaffen und seinem Arm den Mut und die Energie zu verleihen, die ihn wirksam werden lässt«.[60] Spätestens an dieser Stelle erfolgt der Brückenschlag zwischen der Sinnwelt Religion zur Sinnwelt Recht, bei dem die weltliche Macht zum exekutiven Arm der Kirche ermächtigt wird.

3 Die Sprache der weltlichen Macht: Ermächtigung und Entmächtigung im Säkularen

Ermächtigt durch Gottes Wort und die oben beschriebene Delegation der Macht tritt der Mensch mit seinem Menschenwort in Gottes Fußstapfen. Er gestaltet die soziale Welt auf der Basis des beschriebenen Bedeutungssystems und macht sie sich untertan. Die Metapher der Untertänigkeit steht für machtvolle Asymmetrien, für Ermächtigung und Entmächtigung. Sie werden auf drei Ebenen vollzogen.

Die erste beginnt beim Gläubigen. Menschen stehen in gesellschaftspolitischen Beziehungen und wirken schon allein durch ihre religiöse Identität und ihre konfessionelle Zugehörigkeit aus dieser bestimmten Denkperspektive auf die Welt. Ihre sinnstiftende Deutungsmacht prägt die jeweils getroffenen Einzeldeutungen mit den daraus resultierenden Einzelentscheidungen der Einzelpersonen. Die religiöse (konfessionelle) Zugehörigkeit bestimmt, wie man die Welt sieht, wie man in ihr entscheidet und handelt. Noch bis in die scheinbar säkularisierte Gegenwart prägt die eigene religiöse Identität die Einschätzung des Nachbarn, der der anderen Konfession oder einer anderen Religion angehört, die Akzeptanz evolutionsbiologischer Forschung oder die Richterentscheidung im US-amerikanischen Supreme Court, wenn es um Fragen der Abtreibung geht.

Wenn Richter nach den Maßgaben ihrer Religion urteilen, ist die zweite Ebene der religiösen Ermächtigung angesprochen, in der sich das Religiöse mit der Sphäre der Politik vermischt. Dies kann zu Gutem führen, aber ist oft genug der Anfang des Missbrauchs. Wie beide Ebenen einander bedingen, sieht man deutlich am jeweiligen Verhalten gegenüber Andersdenkenden und -gläubigen, zum

---

60 C. S. Peirce, Phänomen und Logik der Zeichen, hg. und übers. von H. Pape (Stw 425), Frankfurt 1998 (Originaltitel: A Syllabus on Certain Topics of Logic, Boston 1903).

Beispiel im Umgang mit Juden und Muslimen (frnhd.: Türken) als Vertretern einer anderen Religion, im reformatorischen Kampf um das Christentum selbst und ihren Einzelkonfessionen, an den Hexenverfolgungen und der Behandlung von Menschen gemäß einer bestimmten Sexualmoral. Auch das Bild der Frau ist nicht davon zu trennen.

Während die Vermischung von Religion und Politik zum Missbrauch führen kann, ist der dritte Gebrauch der religiösen Artikulationskraft des Menschenwortes nur noch religiöse Karikatur. Auf einer dritten Ebene werden die erfolgreich eingespielten Mechanismen der religiösen Artikulationskraft nur noch dazu genutzt, politische Macht aufzubauen, zu legitimieren und aufrechtzuerhalten. Hier wird die Sakralisierung des Politischen zur sinnentleerten Rhetorik und zum Missbrauch im Dienste der Macht.

3.1 Religiöse Grundlegung der Politik durch religiöse Personen und die Verschiebung des Religiösen in die Sphäre der Politik

Die gesellschaftsstiftende Artikulationskraft der christlich-religiösen Sprache beginnt in dem Moment, in dem die Gemeinschaft derjenigen, die an den christlichen Gott glauben, sich als Christen definieren (bzw. von anderen als solche definiert werden), sich als Heilsgemeinschaft konstituieren und sich von den Juden und ihrer Ursprungsreligion oder anderen Glaubenslehren der Antike getrennt haben. Der Sprechakt der Namensgebung ist ein Akt der Existenzfestsetzung zugleich der Kategorisierung. Er schafft Abspaltung, Religionsgründung, Gemeinschafts- und Gruppenbildung. Was die neue Gruppe definiert, wird in der Selbstbezeichnung der Christen im Namen genannt, ihre Christusnachfolge. Sie grenzt sie von nun an gegen andere Gruppen mit anderen Namen ab. Namen bezeichnen nicht einfach nur, sie schaffen Identität und Zugehörigkeit, Inklusion und Exklusion. Mit der Namensgebung wird auch die Konkurrenz offensichtlich. Die mit dem Namen postulierte Ermächtigung ist universell, sie lässt keine Alternative im Gottesbild und der religiösen Denkweise zu, erhebt einen absoluten Anspruch auf die Deutungsmacht um den monotheistischen Gott. Christi Macht begründet sich zum einen in seiner Sohnschaft. Spricht er, »ich aber sage euch« (zum Beispiel Mt 5,22) so ermächtigt er sich in der Bergpredigt selbst. Seine Rede grenzt seine Wahrheit und somit auch das Christentum explizit von der jüdischen Lehre ab. Im Akt göttlicher Ermächtigung übernimmt er die Deutungshoheit über den Gott der Zehn Gebote und sorgt dafür, dass Petrus ihm zu Ehren seine Kirche baut. »Im Namen des Vaters, des Sohnes und des Heiligen Geistes« ist dann keine einfache Gebetsformel mehr, sie wirkt missionarisch in die Welt hinein. Der

Sprechakt der Autorisierung, unabhängig davon, ob er tatsächlich stattgefunden hat oder nur Teil einer Geschichte ist, ob er in der apostolischen Nachfolge (Apg 6,1), in göttlicher Erwählung, Bekehrung und Berufung (wie bei Paulus oder Augustinus geschehen) vollzogen wird oder aber im Staffellauf der administrativen Übergaben von Kirchenämtern geschieht, er schafft Ermächtigungs- und Legitimationsketten, perpetuiert den Deutungsanspruch und die Deutungsmacht in der Welt.

Wer in dieser apostolischen Nachfolge steht, hat sakramentale Sprachmacht und kann in der liturgischen Praxis im Namen Gottes auftreten, (je nach Konfession) die Eucharistie feiern, taufen, Sünden vergeben oder die Letzte Ölung vornehmen. Die Berufung auf Gott mutiert dabei leider allzu schnell zur bloßen Legitimationsformel. Im Ehrsystem der Zeit gewährt der Umgang mit dem Sakralen einen erheblichen Anerkennungsvorsprung, der trotz Säkularisierung bis heute in den Gemeinden spürbar ist. Mit der sakramentalen Macht verbindet sich die administrative und die weltpolitische. Im Namen Gottes müssen Ämter vergeben, Könige gekrönt und abgesetzt werden, Kreuzzüge gegen die Ungläubigen geführt, Missionare in die Welt geschickt, Irrgläubige zurechtgewiesen oder exkommuniziert werden. Die Deutungsmacht der Kirche schafft nach menschlichem Machtwort den Kanon der Heiligen Schrift, konsolidiert zum Beispiel die katholische Kirche bis heute als Männerkirche und unterweist die Gläubigen nach einer Lehre, die über Jahrhunderte hinweg in Synoden, Konzilien und theologischen Abhandlungen verfertigt wurde.

Das Menschenwort tritt in die Fußstapfen Gottes, es ermächtigt sich zur weltlichen Macht und zur Machtausübung in der Welt. Es beginnt eine Phase, in der »der Traum der Unterwerfung der ›Welt‹ unter die Theokratie des Papstes«[61] Wirklichkeit werden soll. Die Sprechakte »Befehl« und seine Replik »Gehorsam« prägen nicht nur das Leben im Kloster, in dem der Gehorsam, die *imitatio dei*, zum mönchischen Ideal erhoben wird. Religionen bilden, so Habermas, »nicht nur eine geistige Macht; schon wegen ihres sakralen Kerns, der Kultpraxis, müssen sie eine soziale Gestalt annehmen und für die Integration der jeweiligen Gesellschaften eine wichtige, ja zentrale Funktion erfüllen«.[62] Bald nach ihrer »Grundsteinlegung« (1 Petr 4) und ihrer Erhebung durch Konstantin und Theodosius (4. Jahrhundert) »zur Staatsreligion baut sich die Institution der christlichen Kirche ihre Struktur« nach dem Vorbild der »imperialen Herrschaftsorganisation

---

61 J. Habermas, Auch eine Geschichte der Philosophie, Bd. 1: Die okzidentale Konstellation von Glauben und Wissen, Berlin ⁴2020, 589.
62 Habermas, Geschichte I (s. Anm. 61), 587.

des römischen Kaisers«.[63] Sie schafft sich ein religiöses Beamtentum und »verschmilzt« immer mehr mit der weltlichen Herrschaft.[64] Der christliche Wertehorizont beeinflusst von nun an auch die weltliche Gesetzgebung zur Rolle der Frau, zur Sexualität, besonders zur Homosexualität, er prägt die Gesellschaftsordnung als Ständegesellschaft mit dem Klerus als fester Größe und verstrickt sich immer mehr in den Kampf um die theopolitische Ordnung der Welt. Das späte Mittelalter und die frühe Neuzeit spiegeln diese Machtkämpfe. Eckpunkte bilden der Investiturstreit, die Kreuzzüge gegen die Ungläubigen wie gegen die sogenannten Ketzer, die zum Teil recht gewaltsame Mission des neu entdeckten Kontinents Amerika, die Hexenverfolgung und nicht zuletzt der 30-jährige Krieg.

Wenn Habermas das Verb »*verschmelzen*« zur Symbiose von Religion und Staat einsetzt (siehe oben), so passt dies auch für das gesamte Bedeutungssystem des Frühneuhochdeutschen mit seinen textsortenspezifischen Polysemien. Nahezu alle wichtigen Wörter, die für das gesellschaftliche Normensystem wichtig waren, referierten sowohl auf die Sinnwelt Religion wie auf die Sinnwelt Recht. *Buße, Reue, Gnade* sind eben nicht nur religiöse Konzepte, sie prägen auch das Rechtssystem – bis heute.

Zwei Perspektiven eröffnen sich: Zum einen wird die Religion als Begründung von weltlicher Ordnungsherstellung herangezogen, zum anderen wird die weltliche Ordnungsherstellung als sichtbares Handeln und Ordnen Gottes legitimiert. Menschheitsgeschichtlich wirksam wurde dies unter anderem im Konzept des *bellum iustum*, des von Gott gewollten, also gerechten, in vielen Fällen sogar als heilig legitimierten Krieges, der im Schlagwort der Kreuzfahrer »Gott will es!« seine christliche Legitimation wie seine Deontik am prägnantesten zum Ausdruck bringt. Seit Theodosius Dekret *Cunctos populos*[65] nutzt die Kirche dann die staatlichen Gewalten, um gegen Irrgläubige oder religiöses Fehlverhalten vorzugehen. Zu den strafbaren Handlungen gehörte der Gebrauch von Magie wie die Gotteslästerung:

> Denn neben dem mißbrauch der Creaturen / wird mit etlichen zaubergeschlechten auch der Nam Gottes mißbraucht.[66]

---

63 Habermas, Geschichte I (s. Anm. 61), 587.

64 Habermas, Geschichte I (s. Anm. 61), 589.

65 P. Barceló/G. Gottlieb, Das Glaubensedikt des Kaisers Theodosius vom 27. Februar 380. Adressaten und Zielsetzung, in: K. Dietz/D. Hennig/H. Kaletsch (Hg.), Klassisches Altertum, Spätantike und frühes Christentum. Adolf Lippold zum 65. Geburtstag gewidmet, Würzburg 1993, 409–423.

66 L. Milichius, Der Zauber Teuffel. Das ist / Von Zauberei Warsagung / Beschwehren [...], in:

Blasphemie ist der Angriff gegen die Ehre und den Namen Gottes. Sie steht besonders häufig im Zentrum weltlicher Gesetzgebung und wird als Delikt Gegenstand
zahlreicher Gerichtsverfahren:[67]

> meine hern lassend verbietten daß gross gotzlöstern, fluchen, schwören bey hocher straff
> und buss.[68]

Die Unterstellung, man habe gegen Gottes wichtigstes Gebot verstoßen, war ein
zentrales Argument im Kampf gegen Andersgläubige, die man entsprechend »*im
Namen Gottes*« verfolgt und durch den Richter im Namen Gottes auch verurteilt.
»*Im Namen Gottes*« und »*im Namen der Kirche*« sind zentrale Ermächtigungssät-
ze, die das Einfordern von Untertanengehorsam, Bestrafung von Andersgläubigen und Andersdenkenden wie den Aufruf zu Gewalt und Ausgrenzung legitimieren.[69] Man könnte fast sagen, diese Sätze hatten einen kaum zu unterschätzenden
Anteil an der geschichtlich gesprochenen Hate Speech und ihren Folgen. Wenn
Menschen sich anmaßen, im Namen Gottes zu sprechen, verlassen sie nicht selten den Boden christlicher Lehre. Man könnte mit Terry Eagleton sogar zugespitzt
sagen, dann wird Religion zur Ideologie. Denn: »Es ist Ideologie, was Menschen
von Zeit zu Zeit dazu bringt, einander für Götter oder Ungeziefer zu halten.« Und
er fährt fort: »Man könnte das Wort Ideologie als einen Text bezeichnen, der aus
vielen verschiedenen begrifflichen Fäden gewoben ist und von divergierenden
Traditionslinien durchzogen wird.«[70]

R. Stambaugh (Hg.), Teufelbücher in Auswahl, Bd. 1: Ludwig Milichius. Zauberteufel, Schrapteu-
fel (Ausgaben deutscher Literatur des 15. bis 18. Jahrhunderts 23), Berlin 1970, 1–184: 18 (Kap. 2).
67 R.G. Bogner, Die Bezähmung der Zunge. Literatur und Disziplinierung der Alltagskommunikation in der frühen Neuzeit (Frühe Neuzeit 31), Tübingen 1997; F. Loetz, Mit Gott handeln. Von
den Zürcher Gotteslästerern der Frühen Neuzeit zu einer Kulturgeschichte des Religiösen (VMPIG
177), Göttingen 2002; G. Schwerhoff, Verfluchte Götter. Die Geschichte der Blasphemie, Frankfurt
a.M. 2021.
68 Gehring, Würt. Ländl. Rechtsqu. 3,173,13.
69 In derselben Rede, in der Petrus die Kirche als »ausserweleten köstlichen Eckstein« begründet und die Christen, je nach Interpretation auch nur die Kleriker als »das ausserwelete
geschlecht / das königliche Priesterthum / das heilige Volck« über andere erhebt (1 Petr 2,6–9),
grenzt er auch verächtlich alle Andersgläubigen aus: »Denn das ist der wille Gottes / das jr mit
wolthun verstopffet die vnwissenheit der törichten Menschen« (1 Petr 2,15).
70 T. Eagleton, Ideologie. Eine Einführung, aus dem Englischen übers. von A. Tippner, Stuttgart/
Weimar 2000.

3.2 Artikulationskraft religiöser Sprache als Gott-»lose« Rhetorik der Ermächtigung

Wenn das Religiöse nicht einfach nur in die Sphäre der Politik verschoben wird und zur Legitimierung der politischen Macht dient,[71] sondern seinen Bezugspunkt Gott insgesamt verliert und nur noch als sinnentleerte, gottlose Rhetorik dazu instrumentalisiert wird, nichtmetaphysische Weltanschauungen zu legitimieren, dann wird die Artikulationskraft religiösen Sprechens ideologisch und propagandistisch missbraucht. Was Habermas über eine »sich selbst dementierende Vernunft« sagt, nämlich, dass sie leicht in Versuchung gerät, »sich die Autorität und den Gestus eines entkernten, anonym gewordenen Sakralen bloß auszuleihen«,[72] ist vor allem das propagandistische Programm populistischer Politiker. Doch der Blick in die Geschichte zeigt, dass die Sinnentleerung oft genug keine einfache Entleerung ist, sondern zur machtvollen Umsemantisierung werden kann, bei der nicht nur die politische Macht das Ziel ist, sondern auch die Herrschaft über die Religion selbst.[73] Man ermächtigt sich der Religion, um den Menschen allumfassend kontrollieren und manipulieren zu können.

Die Säkularisierung und Nietzsches »Gott ist tot«-Postulat wurden eben nicht zur Grablegung von Religion und Glauben, sondern begründeten bzw. verstärkten eine neue Art und Weise der Gott- und der Sinnsuche, die schon seit der Aufklärungszeit zunahm. Bildungsreligion und Kunsterlösung (Richard Wagner) waren die neuen Heilsbegriffe der Bürgerlichen, Sozialismus und Kommunismus diejenigen der Arbeiter. Ständeübergreifend entwickelten sich seit dem 19. Jahrhundert der Nationalismus, das völkische Denken und schließlich der Nationalsozialismus zu Weltanschauungen, die synkretistisch darum bemüht waren, das Potential religiöser Sehnsucht wie religiöser Sprache zur Durchsetzung ihrer Interessen zu nutzen und so an die Stelle der traditionellen Religionen zu treten.[74] »Religion und vor allem Religiosität« blieben für völkische Ideologien die »entscheidenden Antriebskräfte«,[75] so Uwe Puschner. »Die völkische Weltanschauung trägt insofern Züge einer politischen Religion, wie die spezifische völkische

---

71 Dies gilt auch für den Legitimationsspruch der USA, der auf jeder Münze zu lesen ist: »God's own country«.

72 Habermas, Glauben (s. Anm. 1), 14.

73 Ob das Ergebnis dieser Umsemantisierung eine Pseudoreligion oder eine politische Religion ist, sei hier dahingestellt.

74 Lobenstein-Reichmann, Chamberlain (s. Anm. 39), 463.

75 U. Puschner, Weltanschauung und Religion – Religion und Weltanschauung. Ideologie und Formen völkischer Religion, zeitenblicke 5/1 (2006), 5, online verfügbar unter https://www.zeitenblicke.de/2006/1/Puschner.

Semantik veranschaulicht«.[76] Auf der Basis des völkisch-nationalistischen und dann auch rassistischen Denkens kam es zu zweifelhaften Zusammenschlüssen und nationalistischen Eingrenzungen in einem »germanischen Christentum«, einer »Deutschreligion« bzw. eine »Nationalreligion der Deutschen«.[77] Die Umkehrung des Universalanspruchs des Christentums ins Nationale erreichte erstaunlich schnell die Mitte der traditionellen Kirchen.[78] Der nationalpolitische Diskurs öffnete Spielarten des Religiösen die Türe, die zwischen den Polen einfacher völkisch-nationaler Umsemantisierung einzelner christlicher Inhalte über absurde Gedankengebäude (wie das der Theozoologie von Jörg Lanz von Liebenfels) bis hin zur sprachlichen Konstruktion gänzlich neuer heidnisch-germanischer Kulte reichten. Diese hatten nur dann noch von sehr ferne etwas mit dem Christentum zu tun. Den einen war die christliche Religion nur noch »transzendentaler Überbau für ihr rassistisches Weltanschauungsgebäude«,[79] den anderen wurde der Nationalismus oder der Rassismus selbst zur Religion.[80] Der Übergang von kleineren Verschiebungen bis hin zur sinnentleerten, gänzlich gottlosen Propagandarhetorik zur Machtgewinnung bzw. Machterhaltung ist fließend.

Davon zeugen Autoren wie Jörg Lanz von Liebenfels, Paul de Lagarde, Alfred Rosenberg, Ernst Bergmann, Heinrich Himmler, Adolf Hitler und viele mehr.[81] Prominentes Beispiel für die völkische und rassistische Umsemantisierung des »Christentums« war Houston Stewart Chamberlain (1855–1927). Sein Hauptwerk,

---

76 Puschner, Weltanschauung (s. Anm. 75), 5.

77 Vgl. dazu Lobenstein-Reichmann, Chamberlain (s. Anm. 39), 473–488; B. Liedtke, Völkisches Denken und Verkündigung des Evangeliums. Die Rezeption Houston Stewart Chamberlains in evangelischer Theologie und Kirche in der Zeit des »Dritten Reichs« (AKThG 37), Leipzig 2012.

78 Liedtke, Völkisches Denken (s. Anm. 77).

79 Puschner, Weltanschauung (s. Anm. 75), 1.

80 D. Mendlewitsch, Volk und Heil. Vordenker des Nationalsozialismus im 19. Jahrhundert, Rheda-Wiedenbrück 1988; M. Ley/J.H. Schoeps (Hg.), Der Nationalsozialismus als politische Religion (StGG 20), Bodenheim bei Mainz 1997; Lobenstein-Reichmann, Chamberlain (s. Anm. 39); dies., Houston Stewart Chamberlains rassentheoretische Geschichts-»philosophie«, in: W. Bergmann/ U. Sieg (Hg.), Antisemitische Geschichtsbilder (Antisemitismus: Geschichte und Strukturen 5), Essen 2009, 139–166; A. Lobenstein-Reichmann, Kulturchauvinismus. Germanisches Christentum. Austilgungsrassismus. Houston Stewart Chamberlain als Leitfigur des deutsch-nationalen Bürgertums und Stichwortgeber Adolf Hitlers, in: H. Heer/S. Fritz (Hg.), »Weltanschauung en marche«. Die Bayreuther Festspiele und die »Juden« 1876 bis 1945 (Wagner in der Diskussion 10), Würzburg 2013, 169–192; A. Lobenstein-Reichmann, Houston Stewart Chamberlain. Die Grundlagen des neunzehnten Jahrhunderts (1899), in: M. Brocker (Hg.), Geschichte des politischen Denkens. Das 19. Jahrhundert (Stw 2341), Berlin 2021, 912–926.

81 Zum Religiösen im nationalsozialistischen Sprachstil vgl. C.A. Braun, Nationalsozialistischer Sprachstil. Theoretischer Zugang und praktische Analysen auf der Grundlage einer pragmatisch-textlinguistisch orientierten Stilistik (Sprache – Literatur und Geschichte 32), Heidelberg 2007.

die *Grundlagen des 19. Jahrhunderts* (erschienen 1899) wurde von George Bernard Shaw mit den Worten empfohlen:»The greatest protestant Manifesto ever written, as far as I know, is Houston Stewart Chamberlains's Foundations of the Nineteenth Century: everybody capable of it should read it«.[82] Im *Völkischen Beobachter* erklärte man die *Grundlagen* 1925 zum »Evangelium des 20. Jahrhunderts«.[83] Chamberlain war nicht nur der Schwiegersohn Richard Wagners, er galt auch als Hofphilosoph des deutschen Kaisers. Seine *Grundlagen* waren der Bestseller seiner Zeit.[84] Für Leute wie ihn wird die Rasse zur zentralen Handlungsgröße. Auf die selbstgestellte Frage, »was Rasse zu bedeuten habe«, antwortet er: »Rasse« sei »eine der wichtigsten, vielleicht die allerwichtigste Lebensfrage, die an den Menschen herantreten« könne.[85] Er unterteilt die Welt in Germanen und Semiten, polarisiert diese in eine *höherstehende, kulturschöpferische* germanische und eine *geistig niedere, ungermanische* semitische »Rasse«, von deren Reinerhaltung und Trennung eschatologisch die Zukunft der Welt abhängt.[86] Das Konstrukt »Rasse« wird nicht zuletzt durch Chamberlains salonfähige Schriften zum Maßstab, an dem alles, sogar die biblische Geschichte und seine höchsten Vertreter gemessen und nicht zuletzt auch umgedeutet wurden. Chamberlain erklärt: »Die Wahrscheinlichkeit, dass Christus kein Jude war, dass er keinen Tropfen echt jüdischen Blutes in den Adern hatte, ist so gross, dass sie einer Gewissheit fast gleichkommt«.[87] Man ahnt, wie die Einführung eines neuen Leitbegriffs zur Umsemantisierung des gesamten religiösen Bedeutungssystems führt. Die alten Rhetoriken zum Beispiel zur Ketzer- und Judenausgrenzung werden zur rassistischen Entmenschlichung und die zur Gottebenbildlichkeit zur rassistischen Überhöhung des germanischen Übermenschen genutzt.

Autoren wie Chamberlain begrenzen die christliche Botschaft auf eine bestimmte, durch ihre Zugehörigkeit zu einer »Rasse« oder eine »Nation« erwählte Gruppe. Alle nicht Dazugehörigen werden exkludiert und zur Gefahr für das eige-

---

82 G.B. Shaw, Misalliance, in: ders., Misalliance, The Dark Lady of the Sonnets, and Fanny's First Play, London 1949 [urspr. 1910], 3–106: 89. Geoffrey G. Field untertitelte seine Biographie zu Chamberlain (1981) völlig zu Recht: »The evangelist of race«, vgl. ders., Evangelist of Race. The Germanic Vision of Houston Stewart Chamberlain, New York 1981.
83 Zitiert nach Liedtke, Völkisches Denken (s. Anm. 77), 165.
84 Lobenstein-Reichmann, Chamberlain (s. Anm. 39); dies., Grundlagen (s. Anm. 80).
85 H.S. Chamberlain, Die Grundlagen des 19. Jahrhunderts, München 1899, 271.
86 Lobenstein-Reichmann, Chamberlain (s. Anm. 39), 115–117.
87 Chamberlain, Grundlagen (s. Anm. 85), 218f.; so auch R. Wagner, Werke, Schriften und Briefe, hg. von S. Friedrich, Berlin 2004, 10.232; dazu ausführlich W. Fenske, Wie Jesus zum »Arier« wurde. Auswirkungen der Entjudaisierung Christi im 19. und zu Beginn des 20. Jahrhunderts, Darmstadt 2005.

ne Heil stilisiert. War es für das Neue Testament geradezu konstitutiv universalistisch, »alle« (Mt 28,19) Völker zu lehren und »alle« zu taufen, alle Menschen damit als vor Gott gleich anzusehen, weist diese semantische Restriktion auf die sogenannten Arier auf exklusive Gruppenbildung und den Ausschließungscharakter mit allen darauf aufbauenden Deontiken. Im Rassismus gilt das Dogma der Ungleichheit und der Heilshierarchie (vgl. dazu die Schriften von Arthur de Gobineau). Hier wird völkische Exklusivität zum Anspruch auf die eigene, nationale Erwählung erhöht. Da dies in einer projektiven Umkehrung zum »biblisch« auserwählten Volk der Juden geschieht, wird die Religionskonkurrenz, die schon von Beginn an den religiösen Antijudaismus begründet und jahrhundertelang mit Ausgrenzungsstrategien angereichert hat, rassistisch neu befeuert. Tatsächlich sind viele Motive des Antisemitismus Umkehrungen und Projektionen biblischer Narrative. Alte traditionelle Antijudaismen werden aufgegriffen und neu in den Diskurs eingebracht. Was früher der Religionsfeind war, wird nun zusätzlich zum Rasseantagonisten.

Auch der Antisemit Hitler brauchte nur noch die alten Metaphern und Bilder auf den Aspekt der sogenannten »Rasse« verschieben und konnte so die altbekannten apokalyptischen Vorstellungen abrufen. Der »Jude« (typisierend im kollektiven Singular) wird zum *Gegenmenschen* und *Antimenschen*, ja dämonisierend zum *Satansmenschen* gemacht, während der »Arier« zum *Gottmenschen* erhöht wird. Tatsächlich spricht Hitler den Juden das Menschsein insgesamt ab, selbst ein Tiersein lässt er ihnen nicht gelten: »Zwei Welten stehen einander gegenüber! Der Gottmensch und der Satansmensch! Der Jude ist der Gegenmensch, der Antimensch. Der Jude ist das Geschöpf eines anderen Gottes [...]. Der Arier und der Jude [...] sie sind so weit von einander wie das Tier vom Menschen. Nicht, dass ich den Juden ein Tier nenne. Er steht dem Tier viel ferner als wir Arier. Er ist ein naturfremdes und naturfernes Wesen«.[88]

Gotteskindschaft und Gottebenbildlichkeit bleiben den Ariern bzw. Germanen vorbehalten. Sie werden zum Ausgangspunkt für die Erhöhung. Über das Konzept des Gentilcharismas, das »innerweltlich Göttliche«, das den »genialen Einzelnen« zur »Manifestation des Volkes«[89] macht, verläuft die Idee der Vergöttlichung, »denn das Genie«, so schreibt Chamberlain, »ist wie Gott: [...] seinem Wesen nach ist es aber unbedingt, was Anderen zu Ketten wird, daraus schmiedet es sich Flügel, es entsteigt der Zeit und ihrem Todesschatten und geht leben-

---

88 H. Rauschning, Gespräche mit Hitler. Mit dem Schlußkapitel »Hitler privat«, Zürich 2005 [Nachdruck der Erstfassung von 1940], 227.

89 S. Breuer, Ordnungen der Ungleichheit. Die deutsche Rechte im Widerstreit ihrer Ideen. 1871–1945, Darmstadt 2001, 98.

dig ein in die Ewigkeit«.[90] Das Bild des Germanen changiert zwischen Zuschreibungen der Nähe, »*Liebling der Götter*«,[91] der Schaffenskraft als »*wahre Gestalter der Geschichte*«,[92] und salvatorischem Heil. Sie sind die neuen Heilsbringer, die »*Retter*«[93] und »*Spender eines neuen Menschheitsmorgens*«.[94] Entscheidend ist, dass Chamberlain – wie viele seiner Anhänger, unter denen nicht wenige Theologen sind – gerade in dieser rassistisch determinierten germanischen Weltanschauung mit den Eckpunkten Vergottung und Entartung das »*wahre Christentum*«[95] sieht. Bei Reinerhaltung der Rasse und gezielter Rassenzucht verspricht er den Germanen »*Steigerung des Menschenwesens*«,[96] »*Wiedergeburt*«[97] und »*Vergottung*«,[98] bei Nichteinhaltung droht hingegen »*Entartung*«,[99] »*Verfall*«, »*Verkümmerung*«,[100] »*Degeneration*«[101] zur »*vernunftlosen Bestie*«[102] und die »*Herabwertung ins Bestialische*«.[103] Die Vermischung des Religiösen mit dem Biologistischen führt zu einer Rhetorik, die den Menschen zur rassistischen Verfügungsmasse macht. Ist er Arier, wird er auf der Gott-Mensch-Tier-Skala als Gottmensch verortet. Für Ernst Bergmann, einem Anhänger Chamberlains, der sich zum Ziel gemacht hat eine »*artgerechte Religion*« zu begründen, verschwinden damit die Grenzen zwischen dem »menschenartige[n] Gott« und »dem gottartigen Menschen«.[104] Wo der Mensch divinisiert und zum Höchsten ermächtigt wird, muss der allmächtige Gott zwangsläufig entmächtigt werden. Hinsichtlich des christlichen Gottessohnes schreibt Bergmann: »Wir wollen nicht länger an Christus nur glauben, nein: wir wollen endlich Christus sein und als ein Christus handeln«.[105]

---

90 Chamberlain, Grundlagen (s. Anm. 85), 214.
91 Chamberlain, Grundlagen (s. Anm. 85), 902.
92 Chamberlain, Grundlagen (s. Anm. 85), 6.
93 Chamberlain, Grundlagen (s. Anm. 85), 373.508.
94 Chamberlain, Grundlagen (s. Anm. 85), 508.
95 Chamberlain, Grundlagen (s. Anm. 85), 206.
96 Chamberlain, Grundlagen (s. Anm. 85), 204.
97 Chamberlain, Grundlagen (s. Anm. 85), 284.
98 H.S. Chamberlain, Mensch und Gott, München 2001, 61.
99 Chamberlain, Grundlagen (s. Anm. 85), 772.
100 Chamberlain, Grundlagen (s. Anm. 85), 412.458f.; ders., Lebenswege meines Denkens, München 1919.
101 Chamberlain, Mensch (s. Anm. 98), 19.
102 Chamberlain, Grundlagen (s. Anm. 85), 305; ders., Politische Ideale, München 1915, 85.
103 Chamberlain, Mensch (s. Anm. 98), 13.
104 E. Bergmann, Die 25 Thesen der Deutschreligion. Ein Katechismus, Breslau 1934, 36.
105 Bergmann, Thesen (s. Anm. 104), 67, ähnlich 81.

Dass diese Form des Größenwahns nicht nur Metaphorik ist, wird schnell klar, wenn man sich den Führerkult um Hitler näher ansieht. Chamberlain jedenfalls feiert Hitler 1923 als den »Erwecker der Seelen aus Schlaf und Schlendrian«, als »Gottessegen«, in einem öffentlichen Brief als »Geschenk Gottes«, von »Gott gesandt«, gar als »Lichtgestalt«.[106] In den nahezu hagiographisch anmutenden Lebensbeschreibungen der Zeitgenossen wird Chamberlain zum Seher und Propheten, gar zu Johannes dem Täufer (so Kayserling[107]), der die Ankunft des wahren Messias ankündigt. »An der Grenze eines neuen Zeitalters steht er da, – als Denker rückschauend, als Prophet vorschauend, in einen strahlenden Morgen hinein, der nach seinem Glauben den Deutschen als den Streitern Gottes gehört und gebührt«.[108] Solche hagiographischen Vergleiche gehören zur Rhetorik der Völkischen wie der Nationalsozialisten. Sie lassen sich in den Biographien Richard Wagners finden, vor allem aber in der Beschreibung Hitlers.

Hitler selbst greift beständig auf Bibelallusionen zurück, nennt sich selbst »*Prediger*«, der mit »Zins und Zinseszins« zurückschlägt.[109] Vor allem in seinem Judenhass inszeniert er sich immer wieder als »*Prophet*«, so in der Sitzung des Reichstages in der Berliner Krolloper am 30. Januar 1939 (ähnlich 8. November 1942):

> Ich bin in meinem Leben sehr oft Prophet gewesen und wurde meistens ausgelacht. [...] Ich glaube, daß dieses damalige schallende Gelächter dem Judentum in Deutschland unterdes wohl schon in der Kehle erstickt ist. Ich will heute wieder ein Prophet sein: Wenn es dem internationalen Finanzjudentum in- und außerhalb Europas gelingen sollte, die Völker noch einmal in einen Weltkrieg zu stürzen, dann wird das Ergebnis nicht die Bolschewisierung der Erde und damit der Sieg des Judentums sein, sondern die Vernichtung der jüdischen Rasse in Europa.[110]

Das Sakrale dient Hitler[111] auch in *Mein Kampf* zur Selbststilisierung und Selbstlegitimierung. Stellt er sich in den Dienst des »allmächtigen Schöpfers«, ist dies

---

106 H.S. Chamberlain, An Adolf Hitler. Ein offener Brief: Geburtstag 1924, in: ders., Auswahl aus seinen Werken, hg. von H.L. Schmidt, Breslau 1934 [ursprünglich in: Deutsche Presse 2/65–66, 20./21. April 1924], 1.
107 Vgl. Lobenstein-Reichmann, Chamberlain (s. Anm. 39), 433.
108 L. von Schroeder, Houston Stewart Chamberlain. Ein Abriß seines Lebens, München 1918, 97.
109 M. Domarus, Hitler. Reden und Proklamationen 1932–1945, Bd. 2/1: 1939–1940, Wiesbaden 1973, IV.
110 Domarus, Hitler (s. Anm. 109), 1058.
111 Hitler selbst nutzt die Artikulationskraft des Religiösen regelmäßig zu eigenen Machtinteressen aus. Obwohl er das Christentum als »Bazille« (H. Picker, Hitlers Tischgespräche im Füh-

Ausdruck einer Selbstermächtigungsrhetorik, die im Namen Gottes alles entschuldigt und alles legitimiert:

> Siegt der Jude mit Hilfe seines marxistischen Glaubensbekenntnisses über die Völker dieser Welt, dann wird seine Krone der Totenkranz [seit 1944 Totentanz; so die Neuausgabe] der Menschheit sein, dann wird dieser Planet wieder wie einst vor Jahrtausenden [ab 1930 Jahrmillionen; so die Neuausgabe] menschenleer durch den Äther ziehen. Die ewige Natur rächt unerbittlich die Übertretung ihrer Gebote. *So glaube ich heute im Sinne des allmächtigen Schöpfers zu handeln: Indem ich mich des Juden erwehre, kämpfe ich für das Werk des Herrn.*[112]

Mit der Instrumentalisierung religiöser Rhetorik wird von den Nationalsozialisten propagandistisch ein semiotischer Prozess angestoßen, bei dem das Bedeutungsgewebe einer bislang christlich geprägten Welt oft nur noch als ausdrucksseitiger Rahmen an vergangene Inhalte erinnert. Die emotionale Wirkung wird genutzt und perpetuiert, ohne tatsächlich noch Teil des christlichen Systems zu sein. Statt des gewohnten »*Grüß Gott*« in katholischen Gebieten grüßte man nun mit dem Gruß »*Heil Hitler*«. Der heilsbringende Gott wird durch den heilsbringenden Führer ersetzt.[113] Auf politischen Großveranstaltungen plagiierte man die religiösen Rituale und Liturgien, um die neuen Gläubigen zu einer nationalsozialistischen Schwur-, Ritual-, Heils- und schließlich dann Opfergemeinschaft zusammenzuschmieden. Goebbels berühmte Sportpalastrede bedient sich hierzu ganz bewusst sakraler, an den Katechismus erinnernder Abfragemuster. Die Reichsparteitage und ihre filmischen Re-Inszenierungen erinnern an Hochämter in der Kirche. Im Reichstagsfilm *Triumph des Willens* zeigt Leni Riefenstahl, wie Hitler vom Himmel auf Nürnberg und seine Gläubigen herabschwebt und Hunderttausenden feierlich das Bekenntnis zur nationalsozialistischen Glaubenslehre abnimmt. Fahnenweihen und Totenehrung der Novembergefallenen erinnern an religiöse Rituale und traditionelle Märtyrerverehrungen. Alfred Rosenbergs *Mythus des 20. Jahrhunderts* hatte Zitate des nationalsozialistischen Poeten und Mystikers Dietrich Eckart im Kapitel zur »Gnadenlehre«[114] als »völkisches Bekennt-

---

rerhauptquartier, Berlin 2003, 111) und die Bibel als jüdisches Machwerk (Picker, Tischgespräch [s. diese Anm.], 507) abqualifiziert, sagte er: »Wir Nationalsozialisten sind in unserem tiefsten Herzen gottesgläubig« (Picker, Tischgespräch [s. diese Anm.], 700).
112 A. Hitler, Mein Kampf, 2 Bde. in 1 Bd., München ⁴²⁸1938 [³¹²⁻³¹⁶1938; Bd. 1: ¹1925, Bd. 2: ¹1927], 70 (der letzte Satz ist in der Ausgabe von 1938 gesperrt gedruckt und so hervorgehoben).
113 M. Hesemann, Hitlers Religion. Die fatale Heilslehre des Nationalsozialismus, München 2004, 206.
114 A. Rosenberg, Der Mythus des 20. Jahrhunderts. Eine Wertung der seelisch-geistigen Gestaltenkämpfe unserer Zeit, München ³⁵⁻³⁶1934 [¹1928], 235.

nis« sakralisiert. Auch die Textsorte Katechismus wurde säkularisiert und rassistisch umgeschrieben. Theodor Fritsch verortete seinen *Antisemiten-Katechismus* (1883)[115] schon im Titel als religiöse Glaubensunterweisung. 1935 erschien ein NS-Katechismus.[116] Ideologisch umsemantisiert werden zudem die religiösen Kernwörter »*Erlösung*«, »*Glaube*«, »*Gnade*«, »*Vorsehung*« (vgl. hierzu auch Hitlers Tischgespräche),[117] »*Treue*«, »*unsterblich*«, »*ewig*«, »*Sünde*«, »*Opfer*«, aber auch »*Seele*« und »*Sünde*«, die in ihrer neuen Semantik in die »Neue Zeit« und somit in die Religion der Rasse eingeschrieben werden:

> Aber die Werte der Rassenseele, die als treibende Mächte hinter dem neuen Weltbild stehen, sind noch nicht lebendiges Bewußtsein geworden. Seele aber bedeutet Rasse von innen gesehen. Und umgekehrt ist Rasse die Außenseite einer Seele. Die Rassenseele zum Leben erwecken, heißt ihren Höchstwert erkennen und unter seiner Herrschaft den anderen Werten ihre organische Stellung zuweisen: in Staat, Kunst und Religion. Das ist die Aufgabe unseres Jahrhunderts: aus einem neuen Lebens-Mythus einen neuen Menschentypus schaffen.[118]

Wer gegen die Rassenseele handelt, begeht eine »*Rassensünde*«[119] bzw. »[d]ie Sünde wider das Blut«, wie der von Arthur Dinter 1917 publizierte Roman heißt.[120] Die Matrix der Religion ist unübersehbar. Als »*Rassenschande*« wird diese angebliche Sünde mit dem sogenannten *Blutschutzgesetz*, dem *Gesetz zum Schutze des deutschen Blutes und der deutschen Ehre* 1935 sogar vor dem weltlichen Gesetz strafbar. Von der Reinerhaltung der Seele zur Reinerhaltung des Blutes und der Rasse – die Reinheitsmetaphorik wird zur Begründung des Ausschlusses wie der politischen Säuberungsaktionen.

Mit Selbstbezeichnungen wie »*Das Dritte Reich*« reihen sich die Nationalsozialisten zum einen in die politische Tradition des Heiligen Römischen Reiches Deutscher Nation und des deutschen Kaiserreichs ein, zum anderen inskribieren sie ihre Ideologie in die heilsgeschichtliche Tradition gnostischen Denkens. Motivgebend war auch Joachim von Fiore (1135–1202). In seiner Theologie folgt nach dem ersten Reich Gott-Vaters, dem zweiten des Sohnes schließlich das dritte, das

---

115 T. Fritsch, Antisemiten-Katechismus. Eine Zusammenstellung des wichtigsten Materials zum Verständnis der Judenfrage, Leipzig 1883.
116 W. May, Politischer Katechismus für den jungen Deutschen in Schule und Beruf. Mit Unbedenklichkeitsbestätigung der parteiamtlichen Prüfungskommission der NSDAP zum Schutze des NS.-Schrifttums, Breslau 1935.
117 Picker, Tischgespräch (s. Anm. 111), 129.
118 Rosenberg, Mythus (s. Anm. 114), 2.
119 Chamberlain, Grundlagen (s. Anm. 85), 375.
120 A. Dinter, Die Sünde wider das Blut. Ein Zeitroman, Leipzig 1917.

Friedensreich des Heiligen Geistes, das als Zeitalter der Erlösung auch das End-
reich ist.[121]

Man könnte die Zahl der Beispiele noch fortführen und auf die Metaphern-
traditionen des Blutes, des Opfers, des Gefolgschaftswesens oder der Erbsünde
als Bild für die Unausweichlichkeit der Sünde eingehen. Die rhetorische Erfolgs-
geschichte des christlichen Diskursuniversums machen sich seit jeher weltliche
Herrscher und moderne Politiker zu eigen. Auf der Suche nach absoluter Macht
ist das Bild der Gottebenbildlichkeit nicht nur religiös ein Vorbild. Die Sakralisierung des Politischen in einem geradezu monotheistischen Führerkult und die Einbettung der eigenen politischen Taten in eine vermeintlich göttliche Vorsehung
waren in der deutschen Geschichte besonders in der Rhetorik der Nationalsozialisten wirksame Propagandastrategien. Was hier nur holzschnittartig angedeutet
werden konnte, dient der Legitimierung von Handlungen, Selbstermächtigung
der Personen, der Bildung und der Emotionalisierung einer Gemeinschaft, die
nicht über gemeinsames Wissen verbunden wird, sondern über den Glauben an
eine Vision bzw. eine sinnstiftende Utopie. Wird die Sakralsprache außerhalb der
Gottesbeziehung gebraucht, imitiert sie die Gottes-Rede und ist durch die pseu-
dometaphysische Autorisierung ein effektives Propagandamittel. Da sie wie die
Religion ein selbstreferentiell erzeugtes Bedeutungssystem schafft, das nicht auf
Faktenwissen aufbaut, sondern auf dem Glauben an etwas, das nicht bewiesen
werden kann, ist sie zudem kommunikativ nicht regresspflichtig.

Der Missbrauch der Sakralsprache und der vorgestellten Sakralsemantiken
funktioniert sicher besonders gut in einer postsäkularen Gefühlslage, da im Zeitalter der sogenannten Entzauberung dennoch das Bedürfnis nach Spiritualität
und metaphysischer, über die eigene Existenz hinaus gültiger Sinnstiftung bestand. Die Bilderwelt des Religiösen greift diese Wünsche und Sehnsüchte, aber
auch die unbewussten Ängste auf. Selbst die sinnentleerte Übernahme religiöser
Semantiken schafft emotionale Bindung. Die Vernetzung mit religiösen Begriffen
und Traditionslinien suggeriert Stabilität und Kontinuität, wo metaphysische Unsicherheit vorherrscht. Eine neue nationalpolitisch oder rassistisch begründete
Heilsgemeinschaft entsteht, deren Ausgriff auf das Diesseits oder im besten Fall
auf eine genetische Transgenerationalität ausgerichtet sein kann.

Christliche Begriffe und Traditionslinien werden mit modernen Diskursen verbunden und so in sie eingewoben, dass die nationalen, das heißt deutschen, germanischen oder arischen Menschen, zu Herren- oder Gottmenschen

---

121 C.-E. Bärsch, Die politische Religion des Nationalsozialismus. Die religiösen Dimensionen
der NS-Ideologie in den Schriften von Dietrich Eckart, Joseph Goebbels, Alfred Rosenberg und
Adolf Hitler, München ²2002, 53–60.

erhöht und Andersgläubige, Andersdenkende und vor allem »Andersrassige« erniedrigt werden. Auf der Basis des altbewährten Rahmenprogramms und der altbewährten Muster wurde die eigene Weltanschauung in einem chiliastischen Verteidigungskampf auf der Seite des Guten positioniert, das gegen das Böse zu kämpfen hat, ohne dabei die vertraute Basis des Christentums allzu weit von sich zu stoßen. Fundamental ist eine scheinbar in sich stimmige, selbstreferentielle Weltdeutung, die rückwärts die Geschichte erklärt und vorwärts eine sinnstiftende Utopie errichtet, um deren Erfüllung willen es sich lohnt, Opfer zu bringen. Pseudoreligiöse Allusionen sind neben dem Versprechen auf Heil und Macht der endzeitliche Kampf zwischen dem Guten und dem Bösen in chiliastischen Untergangsszenarien, die an die Apokalypse, das Jüngste Gericht, die Hölle und den Sieg des Antichristen erinnern.

Kurzum: Die Geschichte zeigt, dass trotz aller Säkularisierung der Wunsch des Menschen nach Spiritualität weiter besteht. Der christlich-religiöse Diskurs, wie er am Beispiel des Frühneuhochdeutschen angedeutet wurde, zeugt von einer durch und durch religiös durchdrungenen Welt, in der das Gott-Mensch-Verhältnis zentraler Motor diesseitiger Alltagspraxis war. Je nach Perspektive war es das Vorbild für alle weltlichen Machtverhältnisse bzw. ihr Spiegel. Sprachstrukturell konstituiert die Artikulationskraft des Religiösen eine asymmetrische, durch Macht und Ohnmacht definierte Welt, in der der beschützende Vater aber eben auch eine feste Burg, ein Retter und im Leiden ein Tröster ist. Er ist das Ideal des Guten, das Licht am Ende des irdischen Jammertals. Der Blick auf die Welt der Völkischen und der Nationalsozialisten zeigt, was geschieht, wenn das Religiöse sinnentleert und entmächtigt wird. Wird die Artikulationskraft des Religiösen missbraucht, indem man es seiner zivilisierenden Geltungskraft enthebt, es aus seinem Bezugsrahmen eines universalistischen Prinzips der Gleichheit und somit auch Geschwisterlichkeit aller Menschen vor Gott herauslöst und von seinem sinnstiftenden Handlungsprinzip der Barmherzigkeit und Nächstenliebe isoliert, so dient es nur noch zur gewaltsamen Selbstermächtigung eines sich selbst zum Gott glorifizierenden Menschen. Das Prinzip Menschlichkeit hat dann seinen Wert verloren.

Ingo H. Warnke, Nicole M. Wilk
Religion im kolonialen Archiv

Zusammenfassung: Religion ist ein diskursiv komplexes Wort der deutschen Sprache. Sein Gebrauch wird hier im Kontext des deutschen Kolonialismus genauer untersucht. Einerseits betrachtet der Aufsatz den diskurslinguistischen Status des Nomens näher und andererseits legt er auf der Grundlage der *Digitalen Sammlung deutscher Kolonialismus* eine korpuspragmatische Analyse konkreter epistemischer Situiertheit des Nomens vor.

Abstract: Religion is a discursively complex word in the German language. Its usage is examined here in close detail in the context of German colonialism. On the one hand, the paper takes a closer look at the discourse-linguistic status of the noun, and on the other hand, it presents a corpus-pragmatic analysis of the concrete epistemic situatedness of the noun based on the *Digital Collection of German Colonialism*.

1 Situierte *Religion* im Diskurs

Fast beiläufig stellt das *Deutsche Wörterbuch* in seiner 5. Lieferung von 1890 fest, dass *Religion* erst spät in den deutschen Wortschatz Eingang gefunden habe, hier heißt es: »*die aufnahme dieses fremdwortes erfolgt erst um* 1600.«[1] Gleichwohl ist *Religion* ein Wort, das eine massive Diskursprominenz seit der Frühen Neuzeit gewonnen hat, was nicht zuletzt an zahlreichen Wortbildungen und ihren historischen wie gegenwärtigen Bezügen ablesbar ist, wie *Religionsausübung, Religionsbegriff, Religionsfreiheit, Religionskrieg, Religionsunterricht*. Das Substantiv *Religion* ist nicht nur als Konzept, sondern auch als Wort präsent, und wurde, wie Abb. 1 zeigt, in den vergangenen 200 Jahren relativ stabil, wenn auch abnehmend gebraucht.

---

1 J. Grimm/W. Grimm, Art. Religion, in: dies., Deutsches Wörterbuch, Bd. 8: R–Schiefe, Leipzig 1893, Sp. 801, Z. 22.

Kontakt: Ingo H. Warnke, Deutsche Sprachwissenschaft/Interdisziplinäre Linguistik, Universität Bremen, Deutschland; E-Mail: iwarnke@uni-bremen.de/**Nicole M. Wilk,** Philosophische Fakultät, Seminar für Deutsche Philologie, Georg-August-Universität Göttingen, Deutschland; E-Mail: nicolemarianne.wilk@uni-goettingen.de

https://doi.org/10.1515/bthz-2022-0016

Religion – Verlaufskurve

Basis: DTA-Gesamt+DWDS-Kernkorpus

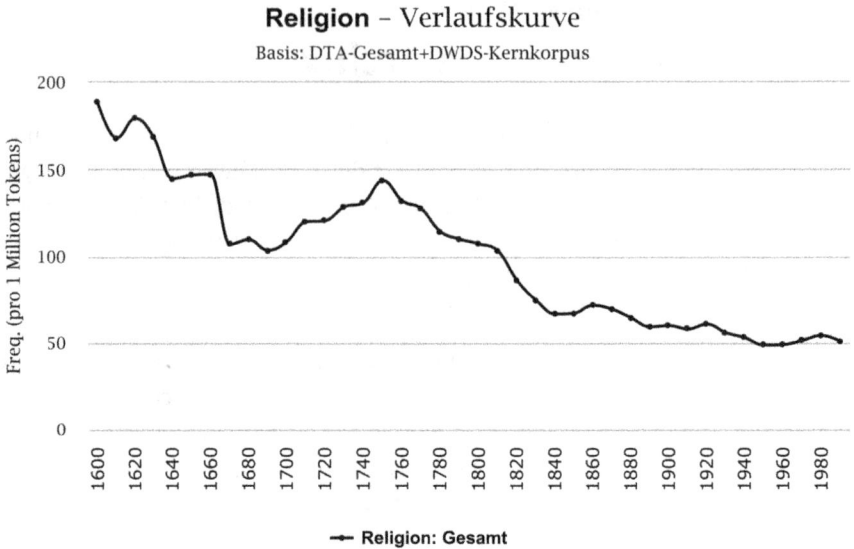

—•— Religion: Gesamt

Abb. 1: DWDS-Wortverlaufskurve auf der Basis der Daten von DTA-Gesamt und DWDS-Kernkorpus 1600 bis 1999 (erstellt durch das Digitale Wörterbuch der deutschen Sprache, hg. von der Berlin-Brandenburgischen Akademie der Wissenschaften, https://www.dwds.de/r/plot/?view=1&corpus=dta%2Bdwds&norm=date%2Bclass&smooth=spline&genres=0&grand=1&slice=10&prune=0&window=3&wbase=0&logavg=0&logscale=0&xrange=1600%3A1999&q1=Religion, abgerufen am 12.02.2022)

Hinsichtlich der erkennbaren abnehmenden Häufigkeit über die Jahrhunderte ist allerdings Vorsicht geboten, verweisen die Zahlen doch auf spezifische Textdaten bzw. Textsorten, die nicht den allgemeinen Sprachgebrauch an und für sich wiedergeben. Die Kurve kann auch einfach ein Hinweis darauf sein, dass für frühere Jahrhunderte anteilig mehr Texte mit religiösen Inhalten in den zugrundeliegenden digitalen Korpora vorliegen. Hinsichtlich der Zeit ab etwa 1840 gibt die Darstellung dennoch einen verlässlichen Hinweis auf einen relativ konstanten Gebrauch.

Doch was sagt diese durch die Zeit reichende und statistisch belegbare Präsenz des Substantivs *Religion* in der deutschen Sprache konkret aus? Sie verweist auf die Fortdauer des Substantivs – mit all seinen Ableitungen und Zusammensetzungen wie *religiös, religionsgeschichtlich* etc. –, die nicht zuletzt aus einer variantenreichen einzeldiskursiven Prägung folgt. Denn *Religion* ist als Wort weder konfessionell gebunden noch erkennbar ideologisch geprägt. Das Wort besitzt die Eigenschaft, sich an diverse, konfessionelle, ideologische und soziale Kontexte anzupassen bzw. wird in ganz verschiedene Diskursumgebungen eingepasst. Theoretisch kann man diese Eigenschaft mit dem pragmatischen Konzept der

Adaptabilität/Adaption erklären, wie es von Jef Verschueren und Frank Brisard vertreten wird. Sprache hat danach die Eigenschaft, sich an menschliche Kommunikationsbedürfnisse anzupassen: »positing *adaptability*, as the property of language [...] to meet – to a satisfactory degree – human communicative needs.«[2] Das Substantiv *Religion* ist dafür ein gutes Beispiel, denn es ist nicht statisch in seiner diachronen Semantik, sondern zeigt Anpassungsfähigkeit (»adaptability«) und weist die entsprechende tatsächliche Anpassung (»adaptation«) auf, was einhergeht mit diversen Kontextualisierungen, die man als semantische Diskursvarianten des Wortes verstehen kann. *Religion* ist damit ein diskurshistorisch herausfordernder Gegenstand, dessen semantische Kartierung einigen Aufwands bedarf.

Wenn wir von Semantik sprechen, vertreten wir eine Auffassung, die Bedeutung an spezifische Diskurssituationen bindet, an Konstellationen des Wissens und Sagens, in denen z.B. *Religion* konkrete Bedeutungen, ideologische Bezüge und damit einhergehende Funktionen des Gebrauchs hat. Das mag an eine wittgensteinsche Gebrauchssemantik erinnern, doch geht es gerade nicht darum, dass Bedeutung hier gleichbedeutend mit Gebrauch in einer Situation ist, sondern Ausdruck von Gebrauchsbedingungen in sozialen Situationen, die man in foucaultscher Tradition als Sagbarkeit bezeichnen kann.

Eine Beschäftigung mit *Religion* meint diskurshistorisch insofern eine Betrachtung von Diskurssituationen. Die Adaptabilität des Substantivs *Religion* zeigt sich dabei auch von einer anderen Seite. Wenngleich die historische Bedeutung von Religion kaum von der Hand zu weisen ist, und es wenige Konzepte mit so weitreichenden Wirkungen auch in die politisch soziale Sphäre hinein gibt, ist *Religion* nicht als eigenständiges Lemma in die *Geschichtlichen Grundbegriffe*[3] aufgenommen, die sich immerhin als *Historisches Lexikon zur politisch-sozialen Sprache in Deutschland* verstehen. Andererseits – und das scheint uns ein weiterer Beleg der hohen Adaptabilität von *Religion* zu sein – finden sich im Registerband der *Geschichtlichen Grundbegriffe* gleich mehrere Seiten an Einträgen zu Religion, die jeweils genau spezifiziert sind (s. Abb. 2).

Schon diese Einträge vermitteln die diskursgeschichtlichen Herausforderungen. Zur Präzisierung der damit verbundenen analytischen Konsequenzen verweisen wir auf das Konzept der *epistemischen Situation*, wie es im Rahmen der

---

2 J. Verschueren/F. Brisard, Adaptability, in: J.-O. Ostman/J. Verschueren (Hg.), Key Notions for Pragmatics, Amsterdam 2009, 28–47: 41.
3 Vgl. insbesondere das Register des Lexikons: O. Brunner/C. Werner/R. Koselleck (Hg.), Geschichtliche Grundbegriffe. Historisches Lexikon zur politisch sozialen Sprache in Deutschland, Bd. 8/1: Register. A–R, Stuttgart 1997.

Religion – Religion	deutsch
und *bürgerliche Verfassung* **6** 531	*keine haben* **7** 464
und *bürgerliche Verhältnisse*	und *Kritik* **3** 662
1 782	und *Leistung der Kriegsdienste*
Christliche **1** 292, 419, **2** 369,	**1** 704
683, **3** 759, **6** 508, 532, 568	*Menschen von verschiedenen*
Diener der Religion, Anrede	*Religionen* **3** 1088
2 1074	*Mißbilligung der Tyrannei* **6** 687
Einfluß **3** 347	und *Mißbrauch der Intelligenz*
falsche **6** 506	**4** 392
falsche Toleranz **6** 512	und *Moral* **6** 498, **7** 726
und *Fanatiker* **2** 311 f.	*moralische Pflichten* **4** 686
und *Fanatismus* **2** 317	und *moralische Weltanschauung*
Feind **1** 281, **2** 315	**5** 903
Fesseln **1** 282	*mystische* **3** 980
und *Freiheit* **1** 269, **6** 528	*natürliche* **1** 304, 500, **6** 551
und *Freimaurer* **6** 798	*der neuen Zeit* **4** 389
geduldete **6** 552	*neuer vernünftiger Sinn* **1** 305
Geist **5** 723	*Nutzen für* **6** 507
und *gemeiner Mann* **1** 261	*ohne Unterschied* **6** 567
gemeiner Moralismus **1** 311	*Phänomenologie des Geistes*
geoffenbarte, des Christentums	**5** 902
1 295	*des Pöbels* **5** 32
und *Geschichte des Jesus von*	*politisch-gute* **6** 544
Nazareth **3** 990	*Protestation gegen* **1** 306
Gleichberechtigung der Religionen	und *Regierung* **6** 805
2 1020	*reine moralische* **2** 183
Gleichheit **7** 350	*schöngebildeter Völker* **7** 709
und *Gleichheit des Geistes* **5** 901	und *Schönheit* **3** 1097
glückliche Revolutionen in **5** 723	und *Sitten, verschiedene* **7** 308
göttliche Einheit **3** 998	*Sottisen gegen* **6** 681
Göttliches **2** 653	und *Staat* **4** 602, **6** 560, 564
Gottes **1** 293	*Toleranz* **6** 543
und *Gottesleugner* **6** 563	und *Toleranzgeist* **6** 548
Grund aller **1** 299	und *Tradition* **6** 636
Grundsätze **1** 274	*umstürzen, fanatische*
Grundwahrheiten **3** 991	*Philosophen* **2** 316
und *gute Bürger* **4** 905	*ungestörter Genuß ihres*
Haß gegen die Franzosen **1** 795	*Kirchenguts* **6** 510
bei *Hegel* **3** 1096	und *Universalkonföderation* **5** 12
heilige **1** 780, **6** 541	*unsere heilige* **5** 706
Heiligkeit **6** 633	*Vehikulum der Bildung* **1** 516
heiligste (Christentum) **1** 275	*Veränderung* **5** 745
Humanität **3** 1090	*Verbreitung der katholischen*
Intoleranz **6** 526, 569	*Lehre* **5** 83
jüdische **5** 73	*vereinigt Arbeits- und*
kann Europa aufwecken **1** 789	*Kapitalsystem* **1** 195
katholische **6** 542	*Vergessenheit aller* **1** 783

I < 500 II 500-1250 III 1250-1500 IV 1500-1750 V 1750-1830 VI > 1830   957

Abb. 2: Ausschnitt aus den Registereinträgen zu Religion in Brunner/Conze/Koselleck (Hg.), Geschichtliche Grundbegriffe 8/1 (s. Anm. 3), 957

Historischen Epistemologie von Andrea Albrecht u. a. vertreten wird: »In epistemischen Situationen werden *Wissensansprüche* aufgrund von *epistemischen Werten* angenommen, verworfen oder auch ignoriert.«[4] Im Zentrum stehen hier »wissenschaftliche[] *Wissensansprüche*«.[5] Wir gehen allerdings davon aus, dass

---

4 A. Albrecht u.a., Zum Konzept Historischer Epistemologie, Scientia Poetica 20/1 (2016), 137–165: 140.

das Programm einer *Historischen Epistemologie,* verstanden als »konsequent historisierende Betrachtung wissenschaftlicher Erkenntnisprozesse«,[6] nicht auf epistemische Situationen von Wissenschaft beschränkt sein muss. Verstehen wir vielmehr in Weiterung von Albrecht u.a. unter epistemischer Situation eine geschichtliche Konstellation der Situiertheit von geteiltem Wissen im Diskurs – sei dieses nun wissenschaftlich oder nicht – dann ist das Konzept auch nützlich für die diskurshistorische Perspektive auf Wortbedeutung im Allgemeinen. Uns spricht daran besonders die Betonung der »mikrohistorischen Rekonstruktionsarbeit«[7] an, eine Praktik, die der linguistischen Analyse mit ihrem philologisch geschulten Blick auf Details entspricht, nicht zuletzt unterstützt durch heutige computerbasierte Verfahren der Korpusanalyse. Eine epistemische Situation ist linguistisch gewendet und Albrecht u.a. aufgreifend mehr als individuelle Bedeutungsprägung, sie ist die Gesamtheit der, »wenn auch raum-zeitlich eingeschränkten, übergreifenden Elemente[ ] solcher Situationen«.[8]

Kommen wir auf *Religion* zurück: Diskurslinguistisch gewendet begegnet uns das Substantiv *Religion* in unterschiedlichen epistemischen Situationen, die mit übergeordneten Dispositiven verschränkt sind: Konfessionalismus, Säkularisierung, Nationalismus, Kosmopolitismus etc. Als Arbeitsbegriff verstehen wir *Dispositiv* dabei »als Infrastruktur bzw. Interaktionsrahmen für Diskurse«;[9] »Dispositive werden im Anschluss an Foucault [...] als Rahmen bzw. als Infrastruktur für diskursive Ereignisse verstanden«,[10] sie sind »Wissensordnungen und Texte Elemente dieser Wissensordnungen.«[11] Unser Beitrag betrachtet ein solches Dispositiv mit seinen epistemischen Situationen näher. Wir konzentrieren uns auf den Zeitrahmen des ausgehenden 19. und frühen 20. Jahrhunderts und auf die kolonialen Unternehmungen Deutschlands;[12] das übergeordnete Dispositiv ist dabei *Kolonialismus.*

---

5 Albrecht u.a., Epistemologie (s. Anm. 4), 138 (Hervorhebung im Original).
6 Albrecht u.a., Epistemologie (s. Anm. 4), 165.
7 Albrecht u.a., Epistemologie (s. Anm. 4), 139.
8 Albrecht u.a., Epistemologie (s. Anm. 4), 140.
9 C. Spieß, Texte, Diskurse und Dispositive. Zur theoretisch-methodischen Modellierung eines Analyserahmens am Beispiel der Kategorie Schlüsseltext, in: K.S. Roth/C. Spiegel (Hg.), Angewandte Diskurslinguistik. Felder, Probleme, Perspektiven (Diskursmuster/Discourse Patterns 2), Berlin/Boston 2013, 17–42: 18.
10 Spieß, Texte (s. Anm. 9), 24f.
11 Spieß, Texte (s. Anm. 9), 25.
12 Vgl. H. Gründer, Geschichte der Deutschen Kolonien (UTB 1332), Paderborn ⁷2018; W. Speitkamp, Deutsche Kolonialgeschichte (Reclams Universal-Bibliothek 14096), Stuttgart 2021.

Unser Interesse begründen wir wie folgt: (1) Wir entsprechen mit dem besonderen Fokus auf den deutschen Kolonialismus einem allgemein wachsenden Interesse an der deutschen Kolonialgeschichte und weiten dabei den wissenschaftlichen Fokus in Ergänzung insbesondere der Diskussionen zur Restitution von Kulturgütern[13] auf sprachwissenschaftliche Gegenstände aus; dabei folgen wir Monika Grütters und Michelle Müntefering, die zu Recht fordern, dass die »Debatte über die historische Aufarbeitung der Kolonialvergangenheit […] über die Museen hinausgehen«[14] muss; (2) wir sind an kolonialen Sprachdaten interessiert, weil inzwischen eine breite Datenbasis für reliable Korpusanalysen vorliegt, die vertiefte Einsichten in den Sprachgebrauch der deutschen Kolonialzeit ermöglichen und (3) *Religion* ist ein Diskursgegenstand im kolonialen Dispositiv.

Uns interessiert, wie *Religion* – und dabei gehen wir immer vom sprachlichen Zeichen aus – in die Erörterung der kolonialen Agenda verwoben ist. Im Rahmen dieses Aufsatzes kann das selbstredend nur angerissen werden. Es geht uns dabei um Sprachgebrauch, und d. h. um eine epistemisch situierte Semantik. Vergegenwärtigen wir uns einige ihrer Elemente.

Im 19. Jahrhundert setzt eine intensive wissenschaftliche Auseinandersetzung mit dem Konzept der Religion ein, und um 1900 wird in Deutschland davon ausgegangen, dass »Religion als etwas begriffen werden kann, dem universelle Gültigkeit zukommt.«[15] Die Erforschung der Bedingungen und Ausprägungen von Religion als Diskursgegenstand wirft die Frage nach dem Plural auf, d. h. welche und wie viele *Religionen* existieren und in welchem Verhältnis diese zueinander stehen. Für Ethnologie und Religionswissenschaft sind hierbei evolutionistische Vorstellungen prägend: So weist der Theologe und Religionshistoriker Carl Clemen anhand von Textstellen aus dem AT und NT *Reste der primitiven Religionen im ältesten Christentum* (1916) nach und auch der Ethnologe Émile Durkheim greift in der Beschreibung der *Elementaren Formen des religiösen Lebens* (1912) auf eine Ursprungsidee der Religionen zurück. Kirche und Religionsvermittlung sind in der Zeit der Nationenbildung damit befasst, sich gegenüber der Politik zu behaupten (Kulturkampf) und während Teile der Philosophie den Tod Gottes ausrufen, schafft auch die Erforschung als fremd wahrgenommener oder thematisierter Kulturen Anlass, nach der Stellung des Christentums in Kultur und Ge-

---

13 F. Sarr / B. Savoy, Zurückgeben. Über die Restitution afrikanischer Kulturgüter, übersetzt aus dem Französischen von D. Fastner, Berlin 2019.
14 M. Grütters / M. Müntefering, Eine Lücke in unserem Gedächtnis, Frankfurter Allgemeine Zeitung, 15.12.2018, https://www.faz.net/aktuell/feuilleton/debatten/kolonialismus-und-raubkunst-eine-luecke-in-unserem-gedaechtnis-15942413.html.
15 A. Daniel, Die Grenzen des Religionsbegriffs. Eine postkoloniale Konfrontation des religionssoziologischen Diskurses (Transcript Religionswissenschaft 6), Bielefeld 2016, 114.

schichte zu fragen. Der koloniale Kontext eröffnet dahingehend Möglichkeiten, auch konservative Auffassungen des Christlichen zu reproduzieren.

Der universelle Religionsbegriff führt im Kolonialdiskurs zu einer paradoxen Situation: Einerseits werden spirituelle Handlungen nur dann wahrgenommen, wenn sie dem Raster des christlichen Masternarrativs entsprechen. Andererseits wird das Wahrgenommene in Differenz zur christlichen Religionspraxis gesetzt und auch sprachlich als Differentes ausgewiesen, nämlich als *Zauber*, *Kult* oder *Animismus*. Unsere Forschungsperspektive setzt hier an. Wir erheben zunächst ausdrucksseitig, von der Wortform her, die sprachlichen Einordnungen von als religiös wahrgenommenen Handlungen, um diese Bezeichnungsweisen korpuslinguistisch darauf zu befragen, wie mit ihnen koloniale Machtverhältnisse hergestellt und stabilisiert werden. Der wirklichkeitskonstitutive Beitrag der sprachlichen Einordnung liegt einmal in der Zuschreibung von Religiosität und zugleich in der Konzeptualisierung als etwas dem christlichen Glaubenssystem Verwandtes wie *Sünde* oder *Heiligkeit* oder als etwas vermeintlich Fremdes wie *Zauber* oder *Kult(us)*. Mit den Konzeptualisierungen der sog. *heidnischen* Rituale als vermeintlich primitive Vorstufen monotheistischer Religionen sind im kolonialen Kontext sprachliche Bewertungen verbunden. Dies betrifft die Frage, wie Missionierende die beobachteten rituellen Handlungen in Bezug auf die eigene Religionszugehörigkeit einordnen, aber auch, wie sie religiöses Handeln mit dem Konstrukt der »Rasse« verknüpfen, das Achille Mbembe »als stoffliche Matrix, symbolische Institution und psychische Komponente der Politik«[16] auffasst. Mit dem »Rasse«-Konstrukt erst wird verständlich, wie »durch die Verbreitung des Evangeliums auf bislang ungläubigem Boden eine fleißige, gesittete und christliche Bevölkerung«[17] entsteht. Regelmäßigkeiten im Sprachgebrauch und die Vernetzung sprachlicher Einheiten geben Aufschluss über diesen Zusammenhang zwischen Mission und den rassistischen Konstruktionen kultureller Überlegenheit.

Wertende Diagnosen beziehen sich auch auf Sprache selbst. Eine als ursprünglich verstandene Oralität religiöser Rituale soll im Prozess der Missionierung von einem Schriftsystem abgelöst werden, in dessen Zentrum sich die sog. Heilige Schrift befindet. Die Bibel erscheint als der Schlüssel zur Heranführung an den Glauben und zugleich als Basis, auf der das Christentum als Schriftkultur die Verdrängung spiritueller Praktiken legitimiert.

Schon diese wenigen Hinweise zeigen, wie spezifisch eingebunden *Religion* in epistemische Situationen im Kontext des Dispositivs des deutschen Kolonialis-

---

16 A. Mbembe, Kritik der schwarzen Vernunft, übers. aus dem Französischen von M. Bischoff, Frankfurt a.M. 2014, 129.
17 Mbembe, Vernunft (s. Anm. 16), 129.

mus ist. Wir wollen dies aber näher betrachten und dabei zugleich Forschungs-
daten und die interdisziplinäre Relevanz linguistischer Methoden zur Diskussion stellen. Denn die (deutschsprachige) Linguistik hat sich in den vergangenen
Jahren vertieft mit den Zusammenhängen von Sprache und Religion befasst. Zu
nennen ist hier das *Handbuch Sprache und Religion*,[18] außerdem verweisen wir
auf den soziolinguistischen Band von Jeroen Darquennes und Wim Vandenbussche.[19] Die Verbindung von wortgebrauchsbezogenen Fragestellungen mit einer
Perspektive auf ihre soziolinguistische Funktion erlaubt vertiefte Einblicke in
eine linguistische Epistemologie der Religion, zu der wir einen Beitrag leisten
wollen. Bevor wir in Abschnitt 2 einige datenbezogene Befunde dokumentieren,
erläutern wir im Sinne der Förderung des interdisziplinären Dialogs und als weitere Vorüberlegungen noch einige Vorannahmen hier relevanter linguistischer
Forschung.

1.1 Diskurslinguistische Perspektive

Die interdisziplinäre Vieldeutigkeit von *Diskurs* macht das mit Foucault verbundene Konzept nicht gerade zu einem präzisen Instrument empirischer Forschung.
Das gilt auch in der Linguistik. Dennoch hat sich gerade in der deutschsprachigen
Linguistik eine Teildisziplin konstituiert, die als *Diskurslinguistik* datenorientiert
arbeitet und ein breites und vielfach geprüftes Methodenspektrum verwendet.[20]
An Versuchen, *Diskurs* zu definieren, mangelt es dabei nicht. Wir folgen hier einer
neueren Variante mit Christian Bendl, der Diskurs mit Verweis auf Jürgen Spitzmüller und Ingo H. Warnke als »»ein Netz von Aussagen‹ [...], also von regelhaften
sowie regulierten sozialen Verfahrensweisen bzw. Handlungen« versteht, »das
sich selbst, seine Objekte und Akteure – gesamt: die (relative) ›Wirklichkeit‹ –
konstituiert«.[21] Bei Bendl heißt es weiter:

---

18 A. Lasch/W.-A. Liebert (Hg.), Handbuch Sprache und Religion (Handbücher Sprachwissen
18), Berlin/Boston 2017.
19 J. Darquennes/W. Vandenbussche (Hg.), Sprache und Religion/Language and Religion/Lan-
gue et Religion (Sociolinguistica 25), Berlin/Boston 2011.
20 Vgl. J. Spitzmüller/I. H. Warnke, Diskurslinguistik. Eine Einführung in Theorien und Methoden der transtextuellen Sprachanalyse (De Gruyter Studium), Berlin/Boston 2011; T. Niehr, Einführung in die linguistische Diskursanalyse, Darmstadt 2014; S. Bendel Larcher, Linguistische
Diskursanalyse. Ein Lehr- und Arbeitsbuch (Narr Studienbücher), Tübingen 2015.
21 C. Bendl, Polyhistorizität im öffentlichen Raum. Zur Konzeptualität und Funktion semiotisch-
diskursiver Raum-Zeit-Aneignungen am Wiener Heldenplatz (Diskursmuster/Discourse Patterns
27), Berlin/Boston 2021, 11.

Weniger die Anhäufung von ›Zeichen‹ oder ›Bedeutungen‹, sondern die *Prozesse* des Werdens dieser bedeutungstragenden Zeichen in ihrem jeweilig bedeutungstragenden Umfeld stellen das Hauptaugenmerk der Diskursanalyse dar. Diskurse geben also, analytisch betrachtet, auch die *Bewegung* der Wirklichkeitswerdung durch sprachliche Praktiken wieder.[22]

Was hier mit Wirklichkeit bezeichnet wird, kann auch als für wirklich Gehaltenes verstanden werden, womit Diskursakteur:innen allerdings nicht von der Verantwortung für ihre jeweilige Diskursposition entbunden sind.[23] Unterstrichen wird hier, dass der Wille zum Glauben an die Verbindlichkeit von Positionen, an ihren Status als Wissen, Teil des hegemonialen Versprechens von Diskursen ist.

Mit Referenz auf Wittgensteins Abhandlung *On Certainty* denken Ingo H. Warnke und Daniel Schmidt-Brücken über die aus kolonialen Texten sprechende und für eine heutige, postkoloniale Lektüre »befremdliche Gewissheit über die Richtigkeit der kolonialen Machtverhältnisse«[24] nach. Es ist das für wirklich und richtig Gehaltene in kolonialen Texten, das in heutigen postkolonial informierten Diskursen dekonstruiert wird. Der Diskurs als die Art und Weise, wie eine Gesellschaft über etwas spricht – Sigurd Wichter hat für *Diskurs* das Synonym »Gesellschaftsgespräch«[25] eingeführt –, ist eine Formation, in der das Für-wirklich-Gehaltene machtvoll ist, und genau das ist eine der Regeln der Hervorbringung des Diskurses. Bereits in frühen Arbeiten der Diskurslinguistik hat Busse das damit in Zusammenhang stehende Konzept des *verstehensrelevanten Wissens* eingeführt, das er wie folgt erläutert:

»Verstehensrelevantes Wissen« ist der Arbeitsbegriff, mit dem ich noch vor jedem Unterscheidungsversuch in »sprachlich« und »außersprachlich« alle Faktoren zusammenfassend benenne, die in irgendeiner Weise notwendige oder wesentliche Voraussetzung für das Verstehen einer sprachlichen Äußerung sind, wobei der Terminus »Verstehen« sich auf die Größe »kommunikative Handlung« bezieht [...].[26]

---

22 Bendl, Polyhistorizität (s. Anm. 21), 11 (Hervorhebungen im Original).

23 I.H. Warnke, Diskurslinguistik. Verdichtete Programmatik vor weitem Horizont, in: ders. (Hg.), Handbuch Diskurs (Handbücher Sprachwissen 6), Berlin/Boston 2018, IX–XXXIV: XXX–XXXII.

24 I.H. Warnke/D. Schmidt-Brücken, Koloniale Grammatiken und ihre Beispiele. Linguistischer Sprachgebrauch als Ausdruck von Gewissheiten, in: T. Stolz/C. Vossmann/B. Dewein (Hg.), Kolonialzeitliche Sprachforschung. Die Beschreibung afrikanischer und ozeanischer Sprachen zur Zeit der deutschen Kolonialherrschaft (Koloniale und Postkoloniale Linguistik/Colonial and Postcolonial Linguistics 1), Berlin 2011, 1–53: 36.

25 S. Wichter, Gespräch, Diskurs und Stereotypie, Zeitschrift für Germanistische Linguistik 27 (1999), 261–284: 274.

26 D. Busse, Semantisches Wissen und sprachliche Information. Zur Abgrenzung und Typologie

Epistemische Situationen diskurslinguistisch zu betrachten, heißt, Einblicke in verstehensrelevantes Wissen auf dem Weg einer Analyse des sozialen Sprachgebrauchs zu gewinnen.

1.2 Religion als Schlüsselbegriff

Wenn wir *Religion* als ein Substantiv des Deutschen verstehen, das in epistemischen Situationen, im Kontext des Dispositivs des deutschen Kolonialismus spezifisch gebraucht wird, also an verstehensrelevantes Wissen geknüpft ist, dann ist die Hervorhebung des Wortes als Wort erklärungsbedürftig. Selbstverständlich erschöpft sich die sprachliche Positivierung von Diskursen nicht in Wörtern, schon gar nicht in Substantiven. Mehrworteinheiten, komplexe Konstruktionen, Redeweisen, Texte, Themen, Sprachhandlungen, multimodale Kommunikate etc. sind allesamt Konstituenten des Gesellschaftsgesprächs. Dennoch kommt Wörtern eine besondere Rolle in der Diskursformation und auch Diskurserschließung zu, eine Erkenntnis, die nicht zuletzt das Programm der Diskurslexikographie[27] begründet. Es sind vor allem Wörter, mit denen Diskurse (überhaupt erst) fassbar werden. In diskurs- und auch politolinguistischen Arbeiten hat man zu diesem Zweck eine differenzierte Terminologie entwickelt, mit denen Worttypen in ihren jeweiligen Diskursfunktionen unterschieden werden. Instruktiv ist hier Martin Wengelers »Phänomenologie lexikalischer Einheiten im politischen Sprachgebrauch«.[28] Es würde zu weit führen, hier die Vielzahl der diskurslinguistischen Vorschläge zur Differenzierung des Wortbegriffs zu erörtern. Wir wollen allerdings auf ein Konzept hinweisen: Schlüsselwort bzw. -begriff. Dieter Herberg u. a. halten zu Schlüsselwort fest,

> daß es sich um einen relativen, nicht operationalisierbaren Begriff handelt, mit dem keine Systemeigenschaften lexikalischer Einheiten, sondern Eigenschaften ihres Gebrauchs erfaßt werden. Die am häufigsten herangezogenen Kriterien zu seiner Bestimmung sind:

---

von Faktoren des Sprachverstehens, in: I. Pohl (Hg.), Methodologische Aspekte der Semantikforschung (Sprache – System und Tätigkeit 22), Frankfurt a.M. [u.a.] 1997, 13–34: 15; vgl. auch D. Busse, Diskurslinguistik als Epistemologie. Das verstehensrelevante Wissen als Gegenstand linguistischer Forschung, in: I.H. Warnke/J. Spitzmüller (Hg.), Methoden der Diskurslinguistik (Linguistik – Impulse & Tendenzen 31), Berlin/New York 2008, 57–88.
27 Vgl. H. Kämper, Diskurs und Diskurslexikographie. Zur Konzeption eines Wörterbuchs des Nachkriegsdiskurses, Deutsche Sprache 34/4 (2006), 334–353.
28 M. Wengeler, Wortschatz I. Schlagwörter, politische Leitvokabeln und der Streit um Worte, in: K.S. Roth/M. Wengeler/A. Ziem (Hg.), Handbuch Sprache in Politik und Gesellschaft (Handbücher Sprachwissen 19), Berlin/Boston 2017, 22–46: 24.

inhaltliche Relevanz, Typizität und Vorkommenshäufigkeit lexikalischer Einheiten in bezug auf den untersuchten Kommunikationsbereich.[29]

Das Schlüsselwort gibt »dominanten Inhalten [...] typischen sprachlichen Ausdruck«,[30] heißt es. Noch immer einschlägig ist auch die sehr differenzierte Arbeitsdefinition, die Wolf-Andreas Liebert bereits früh vorgelegt hat:

> Ein Schlüsselwort ist ein lexikalisch-ausdrucksseitiger Fixpunkt, in einem thematisch und/oder zeitlich abgeschlossenen Kommunikationsprozeß, dessen Bedeutung im Verlauf dieses Prozesses von den Kommunikationsbeteiligten ständig verhandelt wird. Dieser sprachliche Ausdruck wird kontextualisiert hinsichtlich bestimmter Bezugspunkte der Kommunikationsbeteiligten. Dabei erfährt der sprachliche Ausdruck eine im Verhältnis zu anderen Wörtern starke Dynamik der Konnotationsveränderung (Werte, Gefühle u.a.).[31]

Besonders relevant sind dabei die analytischen Folgen eines solcherart definierten Schlüsselwortkonzepts. Liebert führt unter anderem an, dass »eine ›feste‹ Bedeutung« von Schlüsselwörtern »nur für verschiedene Stadien des Kommunikationsprozesses angegeben werden« kann und dass »[d]ie Bedeutungsbeschreibung eines Schlüsselworts [...] immer die Beschreibung der Kommunikationsgeschichte dieses Ausdrucks« ist.[32] Im *Handbuch Sprache und Religion* wird in Erweiterung dann auch von »einschlägige[n] ›Schlüsselbegriffe[n] des Feldes Sprache und Religion‹«[33] gesprochen, wobei *Schlüsselbegriff* parallel zu »Schlüsselwörter« erscheint; interessanterweise gehört *Religion* hier nicht selbst zu den Schlüsselwörtern/-begriffen.

Im kolonialen Dispositiv erfüllt *Religion* und zwar sowohl als Wort als auch als Begriff, d.h. als Ableitungsbasis für Synonyme, Antonyme und komplexere Konstruktionen, durchaus die von Herberg und Liebert angeführten Kriterien. Es spricht also einiges dafür, *Religion* als Schlüsselwort/-begriff zu betrachten, zumal dies anschlussfähig an die Annahme epistemischer Situiertheit von Semantik ist. Es kann insbesondere auch zum Ausgangspunkt für ein Modell sozialer

---

29 D. Herberg/D. Steffens/E. Tellenbach, Schlüsselwörter der Wendezeit. Wörter-Buch zum öffentlichen Sprachgebrauch 1989/90 (Schriften des Instituts für deutsche Sprache 6), Berlin/Boston 1997, 3.

30 Herberg/Steffens/Tellenbach, Schlüsselwörter (s. Anm. 29), 3.

31 W.-A. Liebert, Das analytische Konzept »Schlüsselwort« in der linguistischen Tradition (Arbeiten aus dem Sonderforschungsbereich 245 »Sprache und Situation« 83), Heidelberg/Mannheim 1994, 4.

32 Liebert, Schlüsselwort (s. Anm. 31), 4.

33 A. Lasch/W.-A. Liebert, Zur Konzeption des Handbuchs, in: dies. (Hg.), Handbuch Sprache und Religion (s. Anm. 18), 1–4: 2.

Gruppen und ihrer Dynamik werden. Schlüsselwörter geben nach Liebert Antworten auf (neu aufgeworfene) gesellschaftliche Grundfragen, die Gruppen jeweils unterschiedlich beantworten.[34] Ein Schlüsselwort/-begriff wie *Religion* mit seinen Modifikatoren (*christlich, heidnisch, ...*) zeichnet sich dadurch aus, dass es von den Diskursbeteiligten, im von uns untersuchten Fall von den Kolonisierenden, in spezifischer Weise gebraucht wird, um die Eigengruppe entlang von Fragen wie *Wer sind wir, wo stehen wir, woher kommen wir?* zu konstituieren und damit Handlungen aus politischer, theologischer, ethnologischer oder anderer Perspektive zu rechtfertigen. *Religion* umfasst neben dem binären Modifikatorenpaar *christlich-heidnisch* verschiedene darunter auch exotisierende Bezeichnungsweisen für nicht-christliche Religionshandlungen, die als sog. *Un-, Irr-, Geister-* oder *Aberglaube* wahrgenommen werden. Solche

> Formen der Thematisierung ›fremder‹ Religionen weisen eine eigene sprach- und kommunikationsgeschichtliche Dynamik auf, die eng an geschichtliche Entwicklungen gekoppelt ist. Man kann Aspekte dieser Dynamik systematisieren, indem man z.B. die Thematisierungsgeschichte einzelner Religionen in den Blick nimmt, indem man bestimmte Teilthemen und ihre Dynamik [...] beschreibt, indem man einzelne kommunikative oder sprachliche Verfahren in historischer Perspektive analysiert [...]. Auch die Untersuchung und Dokumentation spezifischer Wortschatzmittel ist ein wichtiger Aspekt.[35]

2 Das koloniale Archiv sichten

Wo findet man aber *Religion* überhaupt konkret als Schlüsselbegriff, oder anders gefragt, wie erfasst man linguistisch und praktisch Diskurse im kolonialen Dispositiv? Die einfachste Möglichkeit wäre es, sich unter Zugrundelegung eines rein textuellen Diskursbegriffs einige Texte aus der deutschen Kolonialzeit herauszusuchen, ihre Kolonialität vorauszusetzen, und eine kontextbezogene Sprachgebrauchsanalyse durchzuführen. Das Problem eines solchen Vorgehens ist allerdings seine Zirkularität, denn die Entscheidung, dass etwas kolonial ist bzw. als kolonial gilt, ist dabei erfolgt, bevor die Analyse durchgeführt wird, indem das Merkmal der Kolonialität aus heutiger Perspektive, ex post, gegeben ist. Damit wäre jedoch ein wesentlicher Vorteil der Diskursanalyse, die Berücksichtigung epistemischer Situiertheit von Aussagen, d.h. die Einbettung des Schlüsselbe-

---

34 W.-A. Liebert, Zu einem dynamischen Konzept von Schlüsselwörtern, Zeitschrift für Angewandte Linguistik 38 (2003), 57–83: 63–64.
35 T. Gloning, Religionen in der Sprach- und Kommunikationsgeschichte des Deutschen, in: Lasch/Liebert (Hg.), Handbuch Sprache und Religion (s. Anm. 18), 37–66: 55f.

griffs in spezifische verstehensrelevante Wissensrahmen untergraben. Eine Analyse mit einem Kolonialbegriff ex post würde am Ende nicht nur etwas über die Zeit aussagen, aus der die untersuchten Dokumente stammen, sondern die Spuren einer heutigen Auswahl von Daten tragen. Das allerdings gilt es unseres Erachtens zu vermeiden.

Methodisch überzeugender ist es, das als kolonial zu verstehen, was etwa in der deutschen Kolonialzeit und in angrenzenden Phasen selbst als kolonial verstanden wurde. Mit der nachfolgend vorgestellten *Digitalen Sammlung deutscher Kolonialismus* (DSDK) ist genau das umgesetzt. Es handelt sich um eine digitale Aufbereitung historischer Sammlungsbestände zum historisch deklarierten Thema *Kolonialismus*. Durch Berücksichtigung eines historischen Bandkatalogs zum Thema ist DSDK eine Datenbasis ex ante, was dem Ziel der Aussagenanalyse in epistemischen Situationen nahekommt. Das umfangreiche Textkorpus wird dabei als Stichprobe aus der Grundgesamtheit vorrangig deutscher Texte aus heterogenen Diskursen im kolonialen Dispositiv verstanden. Wir nutzen DSDK als textuelle Belegbasis des kolonialen Archivs.

Unter Archiv ist dabei allerdings mehr als eine Sammlung von Texten zu verstehen, das Archiv besitzt selbst historische Agentivität, weil es für das steht, was zu einer Zeit sagbar ist. Dies korreliert mit dem Konzept des ebenfalls zeitgebundenen verstehensrelevanten Wissens. DSDK folgt damit einem foucaultschen Archivbegriff, wie er in der *Archäologie des Wissens* dargestellt ist: »Das Archiv ist zunächst das Gesetz dessen, was gesagt werden kann, das System, das das Erscheinen der Aussagen als einzelner Ereignisse beherrscht.«[36] Insofern ist das Archiv nicht allein Ausdruck des Gesagten, sondern ebenso Bedingung des Sagens. Das philologische Projekt einer Rekonstruktion des Gesagten ist in diesem Verständnis auch eine Rekonstruktion des situativ Sagbaren. Wolfgang Ernst hat das auf den Punkt gebracht: »Tragen und Durchherrschen bilden das mediale Dispositiv des Archivs. [...] An diesen Begriff schließt Foucault an, für den Archiv das Gesetz dessen meint, was gesagt werden kann.«[37] Mit anderen Worten findet sich diese Lesart Foucaults auch bei Knut Ebeling, der von Foucaults »Wendung von der Aufbewahrung zur Produktion des Wissens«[38] spricht.

---

36 M. Foucault, Archäologie des Wissens, übers. aus dem Französischen von U. Köppen, Frankfurt a. M. 1981, 187 (französisches Original: L'archéologie du savoir, Paris 1969).
37 W. Ernst, Das Archiv als Gedächtnisort, in: K. Ebeling/S. Günzel (Hg.), Archivologie. Theorien des Archivs in Wissenschaft, Medien und Künsten (Kaleidogramme 30), Berlin 2009, 177–200: 178.
38 K. Ebeling, Archiv, in: C. Kammler/R. Parr/U. Schneider (Hg.), Foucault Handbuch. Leben – Werk – Wirkung, Berlin ²2020, 256 f.: 256.

2.1 Die Digitale Sammlung deutscher Kolonialismus als korpuspragmatische Quelle

Die *Digitale Sammlung Deutscher Kolonialismus* (DSDK) ist aus einem von der Deutschen Forschungsgemeinschaft 2017–2019 geförderten und vom Arbeitsgebiet Deutsche Sprachwissenschaft der Universität Bremen initiierten Digitalisierungsprojekt hervorgegangen.[39] Sie umfasst ca. 1.000 deutschsprachige kolonialzeitliche Quellen aus der Staats- und Universitätsbibliothek Bremen und der Universitätsbibliothek Frankfurt am Main, die in Kooperation mit der Berlin-Brandenburgischen Akademie der Wissenschaften volltextdigitalisiert und zu Forschungszwecken zugänglich gemacht wurden.[40] Die Volltexte mit ca. 45 Millionen Tokens können über die dstar-Schnittstelle der Qualitätssicherungsumgebung DTAQ des *Deutschen Textarchivs* (DTA) unter linguistischen Gesichtspunkten abgefragt werden, zum Beispiel mit Platzhaltern für Morpheme, Wortarten etc. Alle Texte sind einheitlich mit den Metadaten *Erstveröffentlichungsjahr, Genre* und *Subgenre* versehen. Tab. 1 zeigt die zeitliche und genrebezogene Verteilung der Texte. Zeitlich stammen die meisten Texte aus der Phase kurz nach der Jahrhundertwende bis zum Ende des Ersten Weltkriegs. Die Genres haben einen deutlichen Schwerpunkt auf Gebrauchsliteratur. Zusätzlich wurden Subgenres in einer gemischten Klassifikation aus 26 Textsorten (Biografie, Denkschrift, Reiseliteratur, Reden etc.) und 36 Themenbereichen (Biologie, Ethnologie, Geografie, Theologie, Psychologie etc.) gebildet. Für die vorliegende Untersuchung wurden Teilkorpora (TK) für die Themenbereiche Theologie, Politik und Ethnologie/Ethnografie gebildet. Sie umfassen sowohl Gebrauchs- als auch Wissenschaftstexte (siehe Tab. 2).

---

[39] Digitale Sammlung Deutscher Kolonialismus. Erstellung einer digitalen Textsammlung und Integration in die Forschungsinfrastruktur CLARIN-D, gefördert durch die Deutsche Forschungsgemeinschaft (DFG) im Zeitraum von 2017–2019 (Projektnummer 324473798), ein Projekt der Staats- und Universitätsbibliothek Bremen, in Kooperation mit der Universitätsbibliothek Johann Christian Senckenberg Frankfurt a.M. (Goethe-Universität Frankfurt a.M.) und dem CLARIN-Servicezentrum (Berlin-Brandenburgische Akademie der Wissenschaften), initiiert und unterstützt durch die Creative Unit »Koloniallinguistik – Language in Colonial Contexts« unter Ko-Leitung von I.H. Warnke (CULCC; Universität Bremen).
[40] Zur historischen Sammlungspraxis und zur Quellenauswahl für das DSDK auf der Basis des Bandkatalogs Kolonialwesen der Staats- und Universitätsbibliothek vgl. M.E. Müller/D. Schmidt-Brücken (Hg.), Der Bremer Bandkatalog »Kolonialwesen«. Edition, sprachwissenschaftliche und bibliotheksgeschichtliche Kommentierung (Koloniale und Postkoloniale Linguistik/Colonial and Postcolonial Linguistics 7), Berlin/Boston 2017.

Tab. 1: Verteilung der Texte im DSDK nach Phasen und Genres

Erscheinungsjahr / Phase	Anzahl der Texte	Genre	Anzahl der Texte
1884–1890	56	Belletristik	105
1891–1906	352	Gebrauchsliteratur	659
1907–1918	536	Wissenschaft	180
DSDK Gesamtkorpus	944		944

Tab. 2: Übersicht zu drei thematischen DSDK-Teilkorpora

Teilkorpus (nach Subgenre)	Anzahl der Texte	Tokens (in Mio.)	Genrezuordnung
TK$_{\text{Theologie}}$	50	1.88	47 Gebrauchsliteratur 3 Wissenschaft
TK$_{\text{Politik}}$	63	1.86	57 Gebrauchsliteratur 6 Wissenschaft
TK$_{\text{Ethnologie/Ethnografie}}$	58	4.70	1 Belletristik 24 Gebrauchsliteratur 33 Wissenschaft

Ermittelt wurden Worthäufigkeiten in den Teilkorpora, aber auch solche Wörter, die für einen Diskurs oder Diskursausschnitt typisch sind. Diese werden über Signifikanzmessungen geprüft, für die ein Kontrastkorpus herangezogen wird. Die Schlüsselwortberechnungen sind kontrastiv zu einem Korpus mit Belletristik und Sachtexten aus der Zeit des Nationalsozialismus erstellt worden. Das Korpus enthält eine Auswahl von 109 Monografien, Berichten, Romanen und Ratgebern der Akteursgruppe der sog. integrierten Gesellschaft, erschienen zwischen 1933 und 1945, mit rund 1,15 Millionen Tokens.[41] Während zeitliche Nähe und Genreähnlichkeiten vorliegen, sind Unterschiede in den Handlungsformen angelegt. Die integrierte Gesellschaft des Nationalsozialismus beobachtet und kommentiert politische Ereignisse, ist aber an politischen Aktivitäten allenfalls mitbeteiligt, teilweise auch betroffen. Zu erwarten ist somit, dass Handlungscharakteristika, sog. agentive Positionen, der Kolonialtexte hervortreten. Um den Größenunterschied auszugleichen, wird für Kontrastivanalysen des gesamten DSDK-Korpus

41 Wir danken Heidrun Kämper für die Erlaubnis zur Nutzung der Korpusdaten aus ihrem DFG-Projekt: Sprachliche Sozialgeschichte 1933 bis 1945, gefördert durch die Deutsche Forschungsgemeinschaft (DFG) im Zeitraum von 2018–2021 (Projektnummer 395389330).

(ca. 45 Millionen Tokens) das vollständige Korpus zur Sprachlichen Sozialgeschichte 1933 bis 1945 (ca. 12 Millionen Tokens) verwendet.

Die Auswertung orientiert sich an den gängigen Verfahren der Korpuspragmatik, die »Sprache als im Gebrauch situierte, serialisierte und kulturell kontextualisierte Ausdruckskomplexe begreift«.[42] Ein wichtiger Ausgangspunkt für korpus- und diskurslinguistische Untersuchungen ist dabei die sprachliche Oberfläche konkreter Wortvorkommen und -verbindungen. Diese Positivität von Sprache ist Index sozialer Praktiken, die mit Aussagen und Ausdrucksmustern[43] verbunden sind. Die Suche nach Ausdrucksmustern, die Handlungsweisen indizieren, bezeichnet Marcus Müller als linguistische Spurensuche, mit der »von korpuslinguistisch auffindbaren Kotexten auf soziopragmatische Kontexte geschlossen wird«.[44] Um Kotexte, d. h. sprachliche Einbettungsweisen, speziell zum Religionsvokabular zu ermitteln, werden absolute und relative Frequenzen von Wörtern aus dem Handlungs- und Wissensfeld der Religionspraxis gemessen. Aus diesem charakteristischen Wortmaterial werden begründet Ausgangslexeme ausgewählt, zu denen Partnerwörter (Kollokatoren) und Mehrwortverbindungen berechnet werden. Obwohl die Kombination von Wörtern abstrakt sehr vielfältig erscheint, ist die Abfolge doch durch den Sprachgebrauch (vor)geprägt, so dass gilt »each utterance sets the scene for the next«[45]. In dieser Verknüpfung entstehen komplexe Ausdrucksmuster, die unter anderem als Indikatoren für Diskurspositionen aufgefasst werden können.

2.2 *Religion* als Datum

In welcher Hinsicht ist *Religion* nun tatsächlich ein Schlüsselbegriff im Kolonialdiskurs? Zunächst ist festzuhalten – und hier sehen wir eine Parallele zum eingangs erwähnten Fehlen von *Religion* als Lemma in den *Geschichtlichen Grundbegriffen* –, dass das Substantiv ausdrucksseitig in DSDK nicht hochfrequent vorkommt, was erst einmal gegen seinen Status als Schlüsselwort spricht. Den-

---

42 E. Felder/M. Müller/F. Vogel, Korpuspragmatik. Paradigma zwischen Handlung, Gesellschaft und Kognition, in: dies. (Hg.), Korpuspragmatik. Thematische Korpora als Basis diskurslinguistischer Analysen (Linguistik – Impulse & Tendenzen 44), Berlin/Boston 2011, 3–29: 3.
43 N. Bubenhofer, Sprachgebrauchsmuster. Korpuslinguistik als Methode der Diskurs- und Kulturanalyse (Sprache und Wissen 4), Berlin/New York 2009.
44 M. Müller, Sprachliches Rollenverhalten. Korpuspragmatische Studien zu divergenten Kontextualisierungen in Mündlichkeit und Schriftlichkeit (Sprache und Wissen 19), Berlin/Boston 2015, 83.
45 J. Sinclair, Trust the Text. Language, Corpus and Discourse, London/New York 2004, 69.

noch zeichnet sich *Religion* durch sein Umfeld als Vernetzungskategorie für ein *doing culture* der Kolonisierenden ab. Die bedeutungsähnlichen Substantive für den Suchausdruck *Religion* sind dabei *Glaube*, *Kultur* und *Macht* als Elemente sozialer Ordnung sowie ihre Praktiken der *Lehre* und des *Schreiben(s)* mit dem zugehörigen Medium *Buch*. Es ist daher angemessen, nach *Religion* als Schlüsselbegriff zu fragen.

In einer Frequenzliste für alle Substantive im Teilkorpus Theologie liegt die Wortform *religion* auf Rang 128 mit 453 Treffern. Kontrastiv zum DSDK-Gesamtkorpus tritt es in einer nach Signifikanz geordneten Liste aller Substantive und Adjektive an 53. Stelle auf – weit hinter den Substantiven *Mission/ar/e*, *Priester*, *Gott* oder *Christen* auf den oberen Rängen (siehe Tab. 3).

Tab. 3: Die 20 ersten substantivischen und adjektivischen Keywords im TK_{Theologie} mit unterschiedlichen Kontrastkorpora[46]

	Keywords kontrastiv zum TK_{Politik}	Keywords kontrastiv zum TK_{Ethnologie/-grafie}	Keywords kontrastiv zum DSDK-Gesamtkorpus
1	mission	mission	mission
2	missionar	station	missionare
3	station	missionare	missionar
4	gott	missionar	priester
5	missionare	christen	gott
6	frau	deutschen	christen
7	priester	papua	papua
8	gottes	gottes	arbeit
9	papua	arbeit	heiden
10	kinder	priester	station
11	christen	missions	missions
12	leute	stationen	baininger
13	häuptling	missionen	jesus
14	mädchen	kolonien	missionsarbeit
15	knaben	heiden	missionares
16	bruder	evangelischen	basler
17	heiden	gott	missionen
18	brüder	katholischen	evangelium
19	frauen	schulen	frau
20	menschen	basler	heidnischen

---

46 Die Keywords wurden in der Textanalyse-Software AntConc 3.5.8 mit dem LogLikelihood-Test ermittelt und nach Keyness sortiert. Berechnungsgrundlage sind Wortformen, die Rohdaten sind nicht lemmatisiert.

Die mit verschiedenen Kontrastkorpora erhobenen Keywords im TK$_{Theologie}$ veranschaulichen die variationsreiche Bezugnahme auf die am Kolonisationsprozess Beteiligten: *Missionare, Priester* und *Christen* auf der einen Seite, *Leute, Häuptlinge* und *Heiden* auf der anderen, hinzu kommen meist in der Rolle der Kolonisierten *Frauen, Kinder, Mädchen* und *Knaben*.[47] Die gruppenbezogenen Benennungspraktiken deuten darauf hin, dass es in den Reflexionen aus unterschiedlichen Perspektiven (Kolonialverwaltung, Mission, Ethnologie oder Politik) um die Kategorisierung von Menschen geht. Im DSDK-Gesamtkorpus steht dabei der Selbstbezeichnung *Deutsche / deutsche Ansiedler* die koloniale Fremdbezeichnung *Eingeborene* gegenüber. Die Wortformen der Lemmata *Eingeborene / eingeboren* und *Deutsche / deutsch* befinden sich entsprechend auf den oberen fünf Rängen der substantivischen und adjektivischen Keywords (siehe Tab. 4).[48]

Tab. 4: Die 20 ersten substantivischen und adjektivischen Keywords im DSDK-Gesamtkorpus

	Keywords kontrastiv zum SNA-Sachtexte / Belletristik, nach Frequenz sortiert	Keywords kontrastiv zum SNA nach Frequenz sortiert	Keywords kontrastiv zum SNA-Sachtexte / Belletristik, nach Keyness sortiert	Keywords kontrastiv zum SNA, nach Keyness sortiert
1	deutschen	zeit	eingeborenen	eingeborenen
2	land	land	deutsch	großen
3	jahre	jahre	kolonie	große
4	eingeborenen	eingeborenen	kolonien	küste
5	deutsche	wasser	küste	wasser
6	leute	leute	station	kolonie
7	teil	großen	ostafrika	höhe
8	recht	teil	kamerun	land
9	deutsch	mann	leute	station
10	tage	recht	mission	kolonien
11	küste	boden	afrika	weißen
12	boden	deutsch	deutschen	ostafrika

47 Die belegten Lemmata weisen teilweise eine ausgeprägte epistemische Situiertheit auf und sind für heutigen Sprachgebrauch nicht nur ungewöhnlich, sondern auch problematisch, weil sie mit rassistischen, kolonisatorischen Ideologien eng verknüpft sind. Wir unterstreichen, dass wir das entsprechende Wortmaterial als historischen Beleg handhaben und ausdrücklich nicht als Teil eigenen Sprachgebrauchs.

48 Die Verwendung von *eingeborenen* als Adjektiv ist selten und steht zum Substantiv im Verhältnis 1:13 mit 2.356 adjektivischen und 29.802 nominalen Treffern (das Lexem *Eingeborene* kommt auf 35.343 Treffer), die Wortformen *deutsche/n* kommen adjektivisch etwa doppelt so oft vor (beide ca. 54.000 Treffer) wie die Majuskelform *Deutsche/n* in (überwiegend) substantivischer Kategorie (ca. 25.000 Treffer).

13	kolonien	tage	inseln	nähe
14	jahren	große	europäer	süden
15	kolonie	kleinen	samoa	kamerun
16	kleine	weise	insel	verhältnisse
17	gebiet	küste	neu	bevölkerung
18	gesellschaft	seite	südwestafrika	stück
19	neu	boden	schutzgebiete	nächsten
20	afrika	kolonien	land	männer

Zu den hochfrequenten Personenbezeichnungen im TK$_\text{Theologie}$ zählen die Nomen *Christen* und *Heiden*. Sie haben jeweils ganz unterschiedliche Partnerwörter im Satzzusammenhang, sog. Kookkurrenten. Das wichtigste nominale Partnerwort der Personenbezeichnung *Christ* ist *Wortführer*, Hauptkookkurrent der Personenbezeichnung *Heide* ist *Bekehrung*, ein Prozessnomen, in das *Christ* als Agens eingeschrieben ist. Die Begegnungen bzw. Konfrontationen zwischen beiden Gruppen stehen – auch das belegen die Keywords – im *Kolonial-* und *Missions*kontext. *Mission* und *Religion* bilden einen korpuslinguistischen Konnex am Leitfaden des Christlichen: Beide Kookkurrenzprofile sind über die Adjektive *christlich* und *neu* verknüpft.

Für die Kookkurrenzen zum Suchausdruck *Religion* zeigen sich weitere Ähnlichkeiten mit dem statistischen Hauptterm *Mission*: In Fünf-Wort-Umgebung von *Religion* erscheint *Mission* als substantivischer Kookkurrenzpartner hinter *Christentum* und den Adjektiven *christliche/n*, *weißen* und *neue*. Die Kookkurrenzprofile der Adjektive *christlich* und *heidnisch* weisen diskurspragmatische Spuren einer Normierung(sgewalt) auf. Mit dem Adverb *noch* in der Wortverbindung *noch heidnisch* wird das missionarisch geprägte Dominanzverhältnis in die Personenzuschreibung eingeführt (siehe Abb. 3). *Noch* ist präsuppositiv und entwirft das nachfolgende Adjektiv nicht nur normativ als Zustand, den es zu überwinden gilt, sondern auch als Eigenschaft, die ersetzt wird, so dass in diesen Texten eine Verfügungsmacht über den Glauben kolonisierter Menschen imaginiert wird.

Das Adverb *noch* ist zudem der einzige serielle Ausdruck, der die Kookkurrenzprofile der Adjektive *christlich* und *heidnisch* unterscheidet. Der folgende Beleg zeigt im Kontext weiterer Keywords, wie die missionsbedingte Unterdrückung als Sehnsucht nach Bekehrung umgedeutet wird – und dies am Leitfaden der Gewissheit markierenden Einleitungsformel *Es dürfte hinlänglich bekannt sein*:

> Es dürfte hinlänglich bekannt sein, mit welcher Sehnsucht die noch heidnischen Eingeborenen einen Missionar erwarten.[49]

---

49 P.M. Rascher, Aus der deutschen Südsee. Mitteilungen der Missionare vom heiligsten Herzen

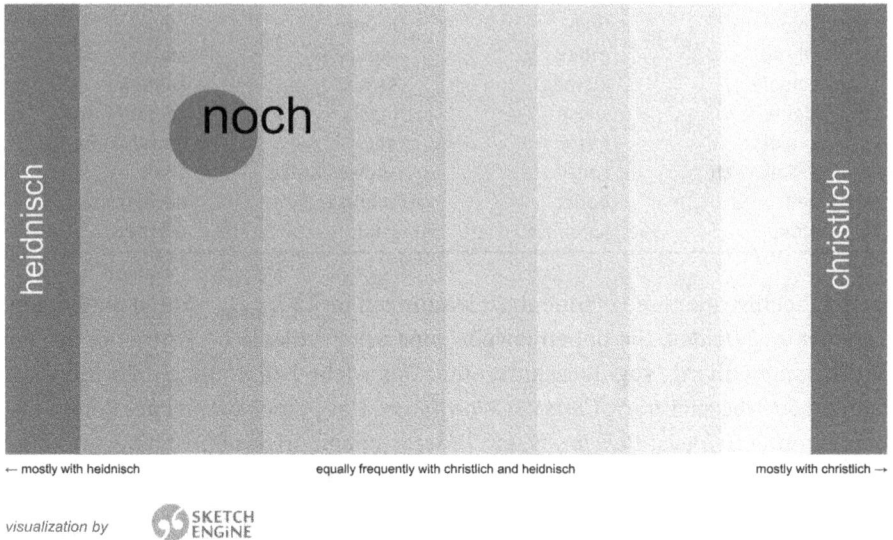

Abb. 3: Vergleichende Kookkurrenzprofile (Modifikatoren) der Adjektive *heidnisch* und *christlich* im TK~Theologie~ ermittelt mit Sketch Engine

Auch anhand der Bildung von Komposita wie *heidenchristlich* und *nichtchristlich* wird deutlich, dass das Christliche als überlegene Größe des Missionierungsprozesses erscheint. Sie gehen als etwas Drittes, das der weiteren Vermittlung bedarf, aus der Polarisierung von *christlich* und *heidnisch* hervor. Über die Einbettung dieser und anderer religionsbezeichnender Adjektive konstituieren sich christliche Inhalte und Ideale im Kontext der Mission.

2.3 Semantische Modifikation

Die korpuspragmatische Analyse erschöpft sich nicht in der Identifizierung von Einzelwörtern, sondern kann unter Nutzung korpuslinguistischer Instrumente insbesondere auch komplexe Konstruktionen betrachten, darunter Bewertungen in Attributionsstrukturen, etwa durch Adjektivattribute (N > ADJ N: *Mission > protestantische Mission*). Im TK~Theologie~ kommt das Adjektiv *religiös* (388 Belege) deutlich seltener vor als die religionsspezifizierenden Adjektive *christlich* (932

Jesu, Bd. 1: Baining (Neu-Pommern) Land und Leute, Münster 1909, 119 (Hervorhebungen von I.H. Warnke/N.M. Wilk), online abrufbar über die DSDK, https://sammlungen.ub.uni-frankfurt.de/kolonialbibliothek/urn:nbn:de:hebis:30:2-319334 (abgerufen am 15.02.2022).

Belege), *katholisch* (968 Belege) und *evangelisch* (818 Belege); selbst *heidnisch* hat 524 Treffer. Auch im TK$_{Politik}$ haben *christlich* und *evangelisch* den höchsten Ausschlag, und im DSDK-Gesamtkorpus entfallen die meisten Belege auf das Adjektiv *katholisch*. Allein dieser Befund zeigt quantitativ einmal mehr die Simplizität der kolonialen Religionsmatrix. Religion ist in epistemischen Situationen des deutschen Kolonialismus geordnet entlang der Pole *christlich-konfessionell* vs. *heidnisch, abergläubisch, magisch* etc.

Tab. 5: Bezugsnomen religionssemantischer Adjektive im TK$_{Theologie}$[50]

Adjektiv	Bezugsnomen
religiös	Vorstellung, Anschauung, Leben, Handlung, Gemeinschaft, Geheimbund, Duldung, Unterweisung
christlich	Kirche, Gemeinde, Religion, Mission, Kultur, Glaube, Kulturarbeit, Lehre
katholisch	Mission, Kirche, Missionar, Missionsstation, Seite, Heidenmission, Christ, Missionsstatistik
evangelisch	Mission, Missionsgesellschaft, Missionar, Missions-Hilfe, Bund, Christenheit, Kirche, Missionsarbeit
protestantisch	Mission, Missionsgesellschaft
jüdisch	Synagoge, Kolonialunternehmung
islamisch	Propaganda, Idee
heidnisch	Volk, Umgebung, Medizinmann, Fest, Greuel, N[...], Religion, Aberglaube
abergläubisch	Furcht, Vorstellung
magisch	Seelenstoff, Lichteffekt
kultisch	Zweck, Handlung
animistisch	Denken, Psyche
rituell	Schlacht, Pflicht
totemistisch	Ahnendienst
religionslos	Kulturanstalt, Kultur

So sehr sich die sprachlichen Kontexte der Adjektive *christlich* und *katholisch* ähneln, so konträr sind die Kontexte von *christlich* und *heidnisch*. Während sich *christlich* im TK$_{Theologie}$ bevorzugt mit *Kirche, Gemeinde, Religion, Kultur, Glaube* und *Lehre* verbindet, tritt *heidnisch* in Verbindung mit *Volk, Umgebung, Medizin-*

---

50 Die rechtsseitigen Nomen der religionsbezeichnenden Adjektive wurden lemmabasiert mithilfe von Sketch Engine erhoben und sind nach Score sortiert aufgeführt, ein frequenzbasiertes statistisches Maß, das die Verbindung der Wörter zusätzlich ins Verhältnis zu ihrem Einzelvorkommen im Korpus setzt. Aus diesem Grund rangiert z.B. das seltenere Nomen *Kulturanstalt* als Bezugsnomen von *religionslos* vor dem Bezugsnomen *Kultur*. Für Adjektive mit einem Vorkommen von > 100 wurden jeweils acht, für die übrigen ein bis zwei Bezugsnomen notiert.

mann oder *Greuel* auf (siehe Tab. 5). Die Bezugsnomen *Aberglaube* und *Bräuche* führen im sprachlichen Umfeld zu Bezeichnungsvarianten für spirituelle Handlungen, die ferner als *Kult, Zauber* oder *Wahrsagerei* wahrgenommen werden. Die Modifikatoren für das Substantiv *Glaube* stützen diesen Eindruck und dokumentieren einen missionarischen Blick (*wahrer Glaube*) auf kulturelle Praktiken der indigenen Bevölkerung (*Halbglaube*). Auch klingen in dieser Gegenüberstellung evolutionistische Vorstellungen von Religion an, »wie sie im 19. Jahrhundert in Ethnologie und Religionswissenschaft vorherrschend waren«:[51]

Modifikatoren für das Substantiv *Glaube* in Bezug auf Kolonisierende:
christlicher, starker, wahrer, heiliger, katholischer ... Glaube

Modifikatoren für das Substantiv *Glaube* in Bezug auf Kolonisierte:
Halbglaube, Aberglaube, heidnischer Glaube, Unglaube

In den politischen Schriften der Kolonialzeit wird Theologie mitunter in die Pflicht genommen, den christlichen Glauben zu verbreiten. Die Formulierung *unsere Theologen* vermittelt den Eindruck, Theologie solle als verlängerter Arm der Politik wirksam sein. Die Argumentation zielt auf eine Ersetzung der sog. heidnischen Systeme und Praktiken durch christliche Religion. Theologie fällt dabei die Aufgabe zu, dies zu unterstützen:

> Unsere Theologen und die vergleichende Religionswissenschaft werden unsere Missionen unterstützen in der Erkenntnis der Wege, wie alte Anschauungen durch christliche Begriffe ersetzt werden.[52]

Gleichzeitig liefern Monografien aus der Ethnologie/Ethnografie auf Rassifizierung gestützte vermeintliche Evidenz für intellektuelle und kulturelle Defizite indigener Religionssysteme:

> Gar nicht aber stört die Barundi in diesen Vorstellungen der innere Widerspruch, daß dann das von der abgeschiedenen Menschenseele okkupierte Tier, Baum, Fels, Wasser usw. z w e i Seelen haben müßte; N[...]logik[53] ist nicht Europäerlogik. Die Frage nach der U n s t e r b - l i c h k e i t   d e r   S e e l e, die natürlich vom christlichen Missionar mit in den Vordergrund

---

51 Daniel, Religionsbegriff (s. Anm. 15), 114.
52 B. Dernburg, Zielpunkte des deutschen Kolonialwesens, Berlin 1907, 12, online abrufbar über die DSDK, https://brema.suub.uni-bremen.de/dsdk/content/titleinfo/1805682 (abgerufen am 15.02. 2022).
53 Wir sperren das N-Wort in historischen Quellen.

seiner Lehre gestellt wird, bewegt den nicht christianisierten Murundi ebensowenig tief wie alle anderen ostafrikanischen N[...].[54]

Europäische Identitätszuschreibung erfolgt am Angelpunkt des Christlichen. Und *natürlich* wird die *Unsterblichkeit der Seele vom christlichen Missionar mit in den Vordergrund seiner Lehre gestellt* und verstößt keineswegs gegen Logik, d.h. *Europäerlogik*. Missionarspraxis übersetzt die politischen Vorgaben in religiöse Begründungen für eine Vorrangstellung des christlichen Glaubens. Um dessen Wirksamkeit und allgemein die Macht Gottes zu begründen, kommt es zu allerlei Zwischenphänomenen, die sich sprachlich manifestieren, d.h. Amalgamierungen zwischen Begriffen mit Referenz auf sog. Heidnisches und Christliches. So wird ohne Schwierigkeit der Einfluss Gottes auf böse *Geister* benannt und auf Anregung der jungen Männer weicht die Zauberei einer schlichten Form des Glaubens, einer unter den älteren Dorfbewohner:innen in *aller Einfalt* praktizierten Art *»Gott versuchen«*:

> Nun hatten aber die Jünglinge in der Schule gelernt, Gott allein könne Wachstum und Gedeihen geben, Gott allein könne unsre Nahrung vor den Einflüssen der bösen Geister behüten, und sie glaubten das. Sie besprachen sich mit ihren Vätern und Brüdern, und es wurde beschlossen, alle Zauberei beiseite zu lassen. So geschah es auch; nur ein Essen wurde im Dorf gerichtet, aber ohne alle abergläubische Zeremonien. Die Alten hatten den Jungen insofern nachgegeben, daß sie sagten: »man kann es ja probieren, ob auch ohne die frühere Weise die Taro groß werden«. Wir können das Tun der Jungen nur anerkennen, wenn wir auch sagen müssen: von seiten der Alten war es eine Art »Gott versuchen«. Aber es war sicher kein freventliches, sondern geschah in aller Einfalt.[55]

Nicht-christlicher Glaube wird häufig reduziert auf die Vorstellung, den eigenen Göttern zu opfern. Vor dem Hintergrund der sog. Kultus-Handlungen, Zaubereien und Opferdienste erscheint das Christentum als eine geistig-kognitiv operierende Religion, die zwar über Rituale vermittelt ist, sich aber nicht in spirituellem Handeln erschöpft. In der diskursiven Unterscheidung zwischen Glaube und Aberglaube zeichnet sich eine Projektion der abendländischen Dichotomien aus Denken und Handeln ab. In diese Entgegensetzung aus komplexem abstraktionsfähigem Denken und von irrationalen Motiven geprägtem Handeln ist auch die

---

54 H. Meyer, Die Barundi. Eine völkerkundliche Studie aus Deutsch-Ostafrika, Leipzig 1916, 118 (Hervorhebung im Original), online abrufbar über die DSDK, https://brema.suub.uni-bremen.de/dsdk/content/titleinfo/2071671 (abgerufen am 15.02.2022).
55 G. Bamler, Lemasum, ein Beispiel zu Römer 10,13 (»Komm herüber und hilf uns!« 5), Neuendettelsau 1917, 13, online abrufbar über die DSDK, https://sammlungen.ub.uni-frankfurt.de/kolonialbibliothek/urn/urn:nbn:de:hebis:30:2-324350 (abgerufen am 15.02.2022).

Sprache verstrickt, da zum Beispiel vom Fehlen eines Wortes für *Religion* auf das Fehlen eines begrifflichen Konzepts geschlossen wird. Aufgrund einer lexikalischen Lücke wird festgestellt, dass sich *die ganze Religion der Eweer im Wesentlichen um Götter, Zauberei und Ahnenverehrung dreht*:

> In Beziehung auf die R e l i g i o n ist zunächst die Tatsache festzustellen, daß die *Eweer* k e i n Wort dafür haben. [...] Ihr V e r h ä l t n i s z u m G ö t t l i c h e n bestimmten die *Eweer* mit dem Wort *wɔ*, »machen, tun«, z.B. *wɔ Mawu*, »das tun, was Gott fordert«. Dieses Tun aber wird als ein Dienst, *subɔsubɔ*, aufgefaßt, den der Sklave seinem Herrn erweist [...].[56]

In dieser Deutung der Opferpraktiken als Versklavung sind rassistische Legitimierungen für die Versklavung der indigenen Bevölkerung angelegt. Die vollumfängliche, aber gewaltfreie Vereinnahmung des Lebens durch den christlichen Glauben ist zum Beispiel im biblischen *Sauerteig*-Vergleich impliziert. Im Sauerteig-Gleichnis heißt es bei Mt 13,33: »Das Himmelreich ist einem Sauerteig gleich, den ein Weib nahm und vermengte ihn unter drei Scheffel Mehl, bis dass es ganz durchsäuert ward.«[57] Diese durchdringende Wirkung soll das Evangelium in der Mission entfalten:

> Die Neuerung des Lebens der Heiden läßt sich nicht mit Gewalt erreichen. Da muß das Evangelium *wie ein Sauerteig* wirken [...].[58]

Nicht nur das religiöse, das *ganze Leben* soll der Sauerteig *durchziehen* und dabei unverkennbar alles als roh und ungeordnet Erfahrene abschaffen:

> Wenn in so manchen Distrikten unserer Kolonien geordnete Verhältnisse eingetreten sind, wenn dort dem Mord und Totschlag, der Menschenfresserei und andern Verbrechen gesteuert worden und die allergröbsten Ausschreitungen nicht mehr auf der Tagesordnung stehen, wenn dort die Sittlichkeit gehoben und die Hoffnung auf einen gesunden Menschenschlag gegeben ist, so möchte ich das nicht so sehr der äusseren Gewalt zuschreiben, die mit Strenge jedes Verbrechen straft, das sie erreichen kann, sondern eher der inneren Kraft

---

56 J. Spieth, Die Eweer. Schilderung von Land und Leuten in Deutsch-Togo (Sonderabdruck aus ders., Die Ewe-Stämme. Material zur Kunde des Ewe-Volkes in Süd-Togo), Bremen 1906, 62 (Hervorhebung im Original), online abrufbar über die DSDK, https://brema.suub.uni-bremen.de/dsdk/content/titleinfo/1953035 (abgerufen am 15.02.2022).
57 Das Zitat Mt 13,13 folgt der Bibelübersetzung Martin Luthers in ihrer 1912 revidierten Fassung.
58 E. Schultze, Der Njaßabund. Bilder aus der weiblichen Liebestätigkeit der Berliner Mission in Deutsch-Ostafrika, Berlin 1912, 47 (Hervorhebung durch I.H. Warnke/N.M. Wilk), online abrufbar über die DSDK, https://sammlungen.ub.uni-frankfurt.de/kolonialbibliothek/urn/urn:nbn:de:hebis:30:2-324319 (abgerufen am 15.02.2022).

der christlichen Religion, die, wenn auch langsam, doch sicher *wie ein Sauerteig* das ganze Leben der F[...] durchzieht.[59]

Missionierung ist hier mit der Vorstellung verbunden, Sittlichkeit, Recht und Ordnung als Insignien einer (westlichen) Hochkultur einzuführen. Das im *Sauerteig* metaphorisch gewordene Durchdringen soll den ganzen Menschen erfassen und nährt mit rassistischem Unterton *die Hoffnung auf einen gesunden Menschenschlag.* Bedroht ist mit diesem Vorstellungskomplex nicht nur heidnisches spirituelles Handeln, sondern mit ihm ein großer Teil der indigenen Kulturpraxis.

Obwohl das Nomen *Religion* statistisch betrachtet kein signifikantes Schlüsselwort ist und zudem seltener vorkommt als die spezifischen Religionsbezeichnungen *Heidentum/heidnisch* oder *Christentum/christlich*, wirkt *Religion* in den Texten der Kolonisierenden auf dreierlei Weise als Schlüsselbegriff: erstens durch seine dispositive Vernetzung mit dem kolonialen Handeln, zweitens durch die zentrale Rolle in der Herstellung einer epistemischen Situation und drittens und damit verbunden durch die gruppenkonstitutive Wirkung der Ein- und Ausschlusspraktiken, die durch das dichotomische Religionsvokabular realisiert werden.

3 Fazit, oder: *Religion* als Positionierungsnomen

Geht es um historisches Wissen zur Rolle der Mission im deutschen Kolonialismus, so vermitteln die korpuspragmatischen Detailanalysen mit ihren dichotomen Befunden keine Neuigkeiten. Sie sind allerdings Instrument, um zu betrachten, wie im Diskurs Religion anhand einer hierarchischen Begriffswelt genutzt wird und dabei Positionierungen stattfinden. Es liegt nahe, hier auf Frantz Fanons bekannte Aussage zu verweisen, dass die »koloniale Welt [...] eine in Abteile getrennte Welt« bzw. »eine zweigeteilte Welt« ist.[60] Es sei überflüssig, so Fanon, »ihre Einteilung in Eingeborenen- und Europäerstädte, in Schulen für Eingeborene und Schulen für Europäer nochmals zu beschreiben«; doch Fanon interessiert sich für das, was er »das Innere dieser Abtrennung« nennt.[61] Diskurslinguistisch

---

59 Deutscher Kolonialkongreß (Hg.), Verhandlungen des Deutschen Kolonialkongresses 1905, Berlin 1906, 451 (Hervorhebung durch I.H. Warnke/N.M. Wilk), online abrufbar über die DSDK, https://brema.suub.uni-bremen.de/dsdk/periodical/titleinfo/2009567 (abgerufen am 15.02.2022).
60 F. Fanon, Die Verdammten dieser Erde, Frankfurt a.M. 2018, 31 (französisches Original: Les damnés de la terre, Paris 1961).
61 Fanon, Verdammte (s. Anm. 60), 31.

gewendet ist das Innere im Diskurs das Äußere, es sind die konkreten Formulierungen, die Wortgebräuche, die Schlüsselwörter bzw. der mit Schlüsselbegriffen
vernetzte Sprachgebrauch mit seiner diskursiven Semantik und den dazugehörigen semantischen Modifikationen sowie das gesamte sprachliche Instrumentarium, das koloniale Macht in der Retrospektion offenlegt und in der Prospektion
vermutlich befeuert hat.

Kommen wir zurück zur Suche nach der zeitgebundenen Semantik von *Religion* als Schlüsselbegriff im kolonialen Archiv: Dass *Religion* im kolonialen Archiv
spezifisch situiert ist, haben wir beispielhaft und statistisch untermauert gezeigt.
Die Befunde zur einzeldiskursiven Prägung von *Religion* sind ein Beleg der Adaptabilität des Nomens. Die mit europäischen Identifikationszuschreibungen verbundenen Dichotomien stellen dabei eine semantische Diskursvariante dar. Vor
diesem Hintergrund erscheint es geradezu abwegig, nach dem Zusammenhang
von Sprache und Religion im Allgemeinen zu fragen. Möglich ist es allerdings,
nach der Sprache zu fragen, die Religion mit jeweils epistemisch situierter Semantik macht. Dabei ist im Rahmen des kolonialen Dispositivs die Matrix der
Selbst- und Fremdpositionierung ein wesentliches Raster des zeitgebundenen
verstehensrelevanten Wissens. Eine Funktion sticht dabei für Religion im kolonialen Archiv besonders hervor: die Gruppenkonstitution. Und dies ist in der Tat
ein nicht zu übersehender Hinweis auf den Status als Schlüsselbegriff.

Wir wollen abschließend noch einen Schritt weitergehen und *Religion* auch
als Positionierungsnomen bezeichnen. Unter einem Positionierungsnomen verstehen wir ein Nomen, das indexikalisch auf Positionen von Sprecher:innen und/
oder Besprochenen verweist. Es ist hier nicht der Ort, damit verbundene Theo-
riebezüge zu Indexikalitätstheorien auszufalten. Wir beschränken uns darauf,
soziale Indexikalität mit Spitzmüller zu verstehen als »die Fähigkeit sprachlicher Zeichen, soziale Werte, Akteurstypen und Lebensformen zu evozieren bzw.
zu kontextualisieren«.[62] Spitzmüller führt weiter aus: »Dem liegt die Annahme
zugrunde, dass sprachliche Zeichen nicht nur auf bestimmte Sachverhalte refe-
rieren, sondern dass sie immer auch bestimmte Werte (bzw. Ideologien) *indizieren*.«[63] Allerdings tun sie dies nicht nur, indem sie auf Sprecher:innen, sondern
auch auf Besprochene verweisen, und deren diskursive Position damit determi-
nieren. Wird der Schlüsselbegriff *Religion* im kolonialen Archiv verwendet, so
positionieren sich damit Kolonisierende im Sinne eines Verweises *auf* sich selbst,
durch Abgrenzung wird aber im Sinne eines Verweises *an* sog. Andere auch de-

---

[62] J. Spitzmüller, Metapragmatik, Indexikalität, soziale Registrierung, Zeitschrift für Diskursfor-
schung/Journal for Discourse Studies 3/2013, 263–287: 265.
[63] Spitzmüller, Metapragmatik (s. Anm. 62), 265 (Hervorhebung im Original).

Religion

verweist auf   ◀───────────────▶   verweist an
AUF-VERWEIS   AN-VERWEIS

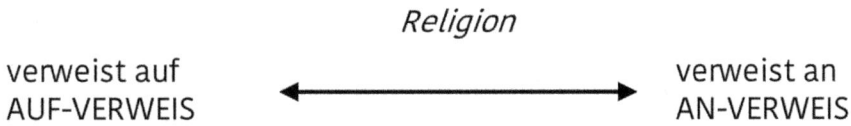

Abb. 4: Religion im kolonialen Archiv als Positionierungsnomen mit doppelter Indexikalität
(Grafik: I. H. Warnke / N. M. Wilk)

ren Position im Dispositiv festgelegt. *Religion* hat damit eine doppelte Indexikalität im kolonialen Archiv: Das Nomen evoziert in Verbindung mit seinen lexikalischen Vernetzungen Positionen von Kolonisierenden und Kolonisierten (s. Abb. 4).

Die Doppelrichtung von Indexikalität ist in der Linguistik bekannt; mit Verweis auf Michael Silverstein sagt Jan Blommaert »this is called the ›double arrow of indexicality‹, the fact that every sign *presupposes* things and *entails* things when it is used«.[64] Durch einen spezifischen Sprachgebrauch kann man sich nicht nur positionieren[65] und tut dies auch unintendiert, sondern mit indexikalisch aufgeladenen Ausdrücken werden auch diejenigen positioniert, über die man spricht. Wörter, die diese Funktion haben, nennen wir Positionierungsbegriffe, Substantive mit dieser Funktion Positionierungsnomen; *Religion* ist im kolonialen Archiv ein solches.

---

64 J. Blommaert, Ethnography, Superdiversity and Linguistic Landscapes. Chronicles of Complexity (Critical Language and Literacy Studies), Bristol/Buffalo/Toronto 2013, 44 (Hervorhebung im Original).
65 Vgl. P. Eckert, Three Waves of Variation Study. The Emergence of Meaning in the Study of Variation, Annual Review of Anthropology 41 (2012), 87–100.

Kapitel V: **Ausblick – Sprache und Religion in religionslinguistischer Perspektive**

Wolf-Andreas Liebert

Zur Konzeption einer Religionslinguistik

Mit einer Heuristik für den Dialog zwischen Theologie und Linguistik

Zusammenfassung: Es wird eine religionslinguistische Konzeption dargestellt, mit der Sprache nicht nur in monotheistischen Religionen, sondern auch in den weniger bekannten Formen, insbesondere in losen Netzwerkstrukturen, in Formen des Atheismus und Agnostizismus sowie »säkularen« Bereichen wie Sport, Wissenschaft, Wirtschaft oder Politik untersucht werden kann. Dazu werden die Konzepte der exzentrischen Positionalität Helmuth Plessners und der Unbedingtheit Ulrich Barths religionslinguistisch verknüpft, um daraus einen Begriff von religiöser Erfahrung zu gewinnen. Religion erscheint dann als kulturelle Praxis mit der Funktion, mit diesen religiösen Erfahrungen produktiv umzugehen. Mit einem linguistischen Sprachbegriff, der die sechs Aspekte *Strukturen*, *Ereignisse*, *Praktiken*, *Artefakte*, *Figuren* und *Diskurse* enthält, kann eine dreidimensionale Matrix aus religiöser Erfahrung, Funktion und Sprache gewonnen werden, die als Heuristik für den Dialog zwischen Theologie und Linguistik verstanden wird, aber auch als Grundlage für die erwähnten anderen Formen im religiösen Bereich oder den angesprochenen säkularen Bereichen wie der Politik dienen kann.

Abstract: A concept of linguistics of religion is presented with which language can be studied not only in monotheistic religions but also in the lesser-known forms, especially in loose network structures, in forms of atheism and agnosticism as well as »secular« areas such as sport, science, economics or politics. To this end, the concepts of Helmuth Plessner's eccentricity and Ulrich Barth's unconditionality (»Unbedingtheit«) are linked in a linguistics of religion in order to gain a concept of religious experience. Religion then appears as a cultural practice with the function of dealing productively with these religious experiences. With a linguistic concept of language that contains the six aspects of structures, events, practices, artefacts, figures and discourses, a three-dimensional matrix of religious experience, function and language can be obtained, which is understood as a heuristic for the dialogue between theology and linguistics but can also serve as a basis for the other forms mentioned in the religious field or the addressed secular fields such as politics.

Kontakt: Wolf-Andreas Liebert, Fachbereich 2: Philologie/Kulturwissenschaften, Institut für Germanistik, Universität Koblenz-Landau, Deutschland; E-Mail: liebert@uni-koblenz.de

https://doi.org/10.1515/bthz-2022-0017

1 Einleitung

Im Folgenden soll eine religionslinguistische Konzeption dargestellt werden, mit der Sprache nicht nur in bekannten Formen monotheistischer Religionen untersucht werden kann, sondern auch in den weniger bekannten Formen, insbesondere in losen Netzwerkstrukturen, in Formen des Atheismus und Agnostizismus, aber auch in »säkularen« Bereichen wie Sport, Wissenschaft, Wirtschaft oder Politik. Ausgeführt wird dies im Folgenden allerdings mit Blick auf den hier fokussierten theologisch-linguistischen Dialog mit Bezug auf Konzepte der christlichen Theologie. Dazu wird zunächst mit dem Konzept der exzentrischen Positionalität aus der Philosophischen Anthropologie Helmuth Plessners eine theoretische Fundierung von Absolutheits-/Nichtigkeitserfahrungen vorgestellt. Damit kann begründet werden, weshalb überhaupt Erfahrungen entstehen, die dann als religiöse gedeutet werden können. Daran anschließend wird der so gewonnene Begriff der religiösen Erfahrung mit dem Konzept der Unbedingtheit von Ulrich Barth verknüpft. Daraus kann ein Begriff religiöser Erfahrung als Spannung zwischen Grenzbegriffen, nämlich *Unendlichkeit/Endlichkeit*, *Ganzheit/Partikularität*, *Ewigkeit/Zeitlichkeit*, *Notwendigkeit/Kontingenz*, gewonnen werden. Aus diesen religiösen Erfahrungen entstehen dann Deutungsbedürfnisse, die von Religion als kultureller Praxis befriedigt werden können. Religion wird dann als kulturelle Praxis dargestellt, deren Funktion darin besteht, diese religiösen Erfahrungen zu »managen«, also produktiv mit diesen umzugehen. Entsprechende Teilfunktionen wie die Integration oder Initiierung werden ausgeführt. Der so bestimmte Religionsbegriff, der Erfahrung mit Funktionen zusammen betrachtet, wird dann mit einem linguistischen Sprachbegriff verbunden, der die sechs Aspekte *Strukturen*, *Ereignisse*, *Praktiken*, *Artefakte*, *Figuren* und *Diskurse* enthält. So kann eine dreidimensionale Matrix aus religiöser Erfahrung, Funktion und Sprachaspekt gewonnen werden, die zunächst als Heuristik für den Dialog zwischen Theologie und Linguistik verstanden wird, aber auch als Grundlage für die erwähnten anderen Formen im religiösen Bereich oder den angesprochenen säkularen Bereichen wie der Politik dienen kann.

2 Die exzentrische Positionalität als Grund von Absolutheits-/Nichtigkeitserfahrungen

Aus welchem Grund entsteht so etwas wie eine religiöse Erfahrung? Dieser Frage soll mit der Philosophischen Anthropologie Helmuth Plessners nachgegangen werden, bevor dann genauer die Qualität religiöser Erfahrungen bestimmt wird.[1]

Der Religionsbegriff Plessners wird besonders im letzten Teil seines Hauptwerks *Die Stufen des Organischen und der Mensch*[2] deutlich, wenn er »Die anthropologischen Grundgesetze«[3] formuliert, insbesondere das »Gesetz vom utopischen Standort«.[4] Der »Bedarf« an Religiosität und auch an Religion ergibt sich in dieser Theorie aus der »gnadenlosen Doppelnatur« des Menschen, die Plessner mit dem Begriff der *exzentrischen Positionalität* fasst: eines einerseits rekursiven, andererseits auch getrennten (Selbst-)Erlebens, das nach Plessner das spezifisch Menschliche ausmache – also kein Problem des Mangels, sondern des (Sinn-)Überschusses.[5] Wie bei jeder Rekursion stellt sich auch hier die Frage nach dem letzten Grund oder eben nach der Grundlosigkeit:

> In der Exzentrierung nimmt man einen Standpunkt außerhalb ein, von dem her man das Zentrum vergegenständlichen kann, den aber nicht die Personalität selber, während sie ihn vollzieht, zu vergegenständlichen vermag. Aber dann kommt sie in diesem Bruch und seiner Verschränkung, d.h. in der exzentrischen Positionalität, nie endgültig zu stehen. Kann in der Bejahung dieser Einsicht, nie endgültig zu stehen zu kommen, Personalität ihr Leben führen? Aus positivem Wissen, durch Gegenstandserkenntnis kann sie die Frage ihrer letztlichen Lebenshaltung in der Lebensführung nicht entscheiden, weil sie dafür über ihrer Lebensführung stehen können müsste.[6]

---

1 Ich habe die Philosophische Anthropologie als Grundlage einer Religionslinguistik bereits an verschiedenen Stellen vorgestellt. Die folgende Darstellung ist eine überarbeitete Fassung von W.-A. Liebert, Lost in Enlightenment. Zur sprachlichen Darstellung von Erwachenserlebnissen in spätmoderner, informeller Religiosität, in: M. von Kalckreuth (Hg.), Philosophische Anthropologie und Religion. Religiöse Erfahrung, soziokulturelle Praxis und die Frage nach dem Menschen (Philosophische Anthropologie 13), Berlin/Boston 2022, 153–180.
2 H. Plessner, Die Stufen des Organischen und der Mensch. Einleitung in die philosophische Anthropologie (SG 2200), Berlin/New York ³1975.
3 Plessner, Die Stufen des Organischen (s. Anm. 2), 309–320.
4 Plessner, Die Stufen des Organischen (s. Anm. 2), 341–348.
5 Vgl. dazu auch J. Fischer, Exzentrische Positionalität. Studien zu Helmuth Plessner, Weilerswist 2016.
6 H.-P. Krüger, Homo absconditus. Helmuth Plessners Philosophische Anthropologie im Vergleich, Berlin/Boston 2019, 111–112.

Nach Plessner ist es die menschliche Erkenntnis der Vergänglichkeit der eigenen Schöpfungen, seiner Bodenlosigkeit und seiner »konstitutiven Wurzellosigkeit«, die er »an sich selbst« erfährt,[7] denn sie

> gibt ihm das Bewußtsein der eigenen Nichtigkeit und korrelativ dazu der Nichtigkeit der Welt. Sie erweckt in ihm angesichts dieses Nichts die Erkenntnis seiner Einmaligkeit und Einzigkeit und korrelativ dazu der Individualität dieser Welt. So erwacht er zum Bewußtsein der absoluten Zufälligkeit des Daseins und damit zur Idee des Weltgrundes, des in sich ruhenden notwendigen Seins, des Absoluten oder Gottes.[8]

Damit ist Religiosität eine *conditio humana*, die sich historisch und kulturell lediglich verschieden ausgestalten kann:

> Die Begriffe und das Gefühl für Individualität und Nichtigkeit, Zufälligkeit und göttlichen Grund des eigenen Lebens und der Welt wechseln allerdings im Lauf der Geschichte und in der Breite mannigfacher Kulturen ihr Gesicht und ihr Gewicht für das Leben. Doch steckt in ihnen ein apriorischer, mit der menschlichen Lebensform an sich gegebener Kern, der Kern aller Religiosität.[9]

Die mit dem Begriff der *exzentrischen Positionalität* bezeichnete Doppelnatur des Menschen stellt jedoch jede als Grund der Grundlosigkeit gefundene »Wahrheit« wieder in Frage, so dass für Plessner nur zwei Alternativen bleiben: sich von der Rekursion forttragen zu lassen und letztlich eine atheistische Position einzunehmen oder der *Sprung in den Glauben*, also sich zu einer Religion zu bekennen und alles Fragliche abzustreifen:

> Das, was dem Menschen Natur und Geist nicht geben können, das Letzte: so ist es –, will sie ihm geben. Letzte Bindung und Einordnung, den Ort seines Lebens und seines Todes, Geborgenheit, Versöhnung mit dem Schicksal, Deutung der Wirklichkeit, Heimat schenkt nur Religion. [...] Wer nach Hause will, in die Heimat, in die Geborgenheit, muß sich dem Glauben zum Opfer bringen. Wer es aber mit dem Geist hält, kehrt nicht zurück.[10]

Auf welcher Basis der Mensch eine solche Entscheidung treffen könnte, wird von Plessner nicht besprochen und auch in neueren Darstellungen findet sich dazu nichts. Dabei ist dies nicht so klar, wie es auf den ersten Blick erscheint. Die Menschheit zerfällt nämlich damit in zwei Kategorien: Zwar eignet allen die Eigenschaft der Religiosität als *conditio humana*, aber ein Teil der Menschen wen-

---

7 Plessner, Die Stufen des Organischen (s. Anm. 2), 341.
8 Plessner, Die Stufen des Organischen (s. Anm. 2), 341.
9 Plessner, Die Stufen des Organischen (s. Anm. 2), 342.
10 Plessner, Die Stufen des Organischen (s. Anm. 2), 342.

det sich zur Religion, erfährt so Heimat und Geborgenheit, jedoch um den Preis der Aufgabe des Fraglichen (dafür steht bei Plessner das Symbol des Kreises), der andere Teil schreitet ohne Religion und ohne Gott unendlich weiter und weiter in die Zukunft (dafür steht bei Plessner die gerichtete Gerade):

> Und solange er glaubt, geht der Mensch »immer nach Hause«. Nur für den Glauben gibt es die »gute« kreishafte Unendlichkeit, die Rückkehr der Dinge aus ihrem absoluten Anderssein. Der Geist aber weist Mensch und Dinge von sich fort und über sich hinaus. Sein Zeichen ist die Gerade endloser Unendlichkeit. Sein Element ist die Zukunft.[11]

Plessners Gerade ist in die Zukunft gerichtet, also ein Pfeil. Damit ist aber eine Geschichte involviert, eine Erzählung von Fortschritt, Evolution etc. (»non-transzendente Positionierung«).[12] *Plessners Kreis* der Religion bietet dagegen zyklische Wiederkehr und klaren Einschluss/Ausschluss: im Kreis sein oder draußen (»transzendente Positionierung«).[13] Zwischenzustände oder andere Alternativen werden nicht beschrieben. Plessners Überlegungen gründen in einem Religionsmodell, das stark vom Christentum beeinflusst ist. Die monotheistischen Religionen sind tatsächlich gut mit dem Kreismodell zu beschreiben. Ebenso zeitgebunden ist das atheistische Modell des Zukunftspfeils, der auch für wissenschaftliches Fortschrittsdenken steht. Diese Dichotomie ist aber durch die Vielfalt religiöser und auch atheistischer Formen in Frage gestellt. Von daher habe ich mit Bezug auf Kleists Marionettentheater vorgeschlagen, auch das Modell einer Möbius-Schleife zu denken, das einerseits den transzendenten Gedanken aufgreift, ihn aber wieder transzendiert und damit das Einschluss-/Ausschluss-Prinzip überwindet »nicht durch weitere Reflexion, sondern durch eine *unbekannte Transformation*, einen Transit, der das ›Unendliche‹ gleichsam ›durchtunnelt‹.«[14]

---

11 Plessner, Die Stufen des Organischen (s. Anm. 2), 346, der letzte Satz von Plessners Abhandlung (»Er zerstört den Weltkreis und tut uns wie der Christus des Marcion die selige Fremde auf.«) ist ebenso erklärungsbedürftig. Im hier vorliegenden Text ist er jedoch nicht relevant, für weitere Erläuterungen dieses Satzes verweise auf meine Ausführungen dazu in W.-A. Liebert, Religionslinguistik. Theoretische und methodische Grundlagen, in: A. Lasch/W.-A. Liebert (Hg.), Handbuch Sprache und Religion (Handbücher Sprachwissen 18), Berlin/Boston 2017, 7–36; W.-A. Liebert, Können wir mit Engeln sprechen? Über die eigenartige (Un-)Wirklichkeit der Verständigung im Religiösen, in: E. Felder/A. Gardt (Hg.), Wirklichkeit oder Konstruktion? Sprachtheoretische und interdisziplinäre Aspekte einer brisanten Alternative, Berlin/Boston 2018, 162–193.
12 Liebert, Religionslinguistik (s. Anm. 11), 21.
13 Liebert, Religionslinguistik (s. Anm. 11), 19–27.
14 Liebert, Religionslinguistik (s. Anm. 11), 18, ausführlicher zur »trans-transzendenten Positionierung« siehe dort 22–26.

Diese Überlegungen zeigen, dass nicht Religiosität vorschnell als *conditio humana* angenommen werden kann, sondern zunächst Absolutheits-/Nichtigkeitserfahrungen, die dann im Rahmen einer transzendenten Positionierung als religiöse Erfahrung gedeutet werden. Die drei grundsätzlichen Positionierungen erlauben nun, Absolutheits-/Nichtigkeitserfahrungen auch im Rahmen einer non-transzendenten Positionierung oder auch einer trans-transzendenten Positionierung zu deuten. Was also auf den ersten Blick vielleicht aussieht wie geometrische und sprachliche Spielereien, verweist bei näherem Betrachten auf grundsätzliche Unterschiede, nämlich, wie *Absolutheits-/Nichtigkeitserfahrungen als conditio humana* unterschiedlich gelebt und in konkreten Kulturen realisiert werden. Plessner verweist selbst auf die Kämpfe zwischen einer atheistisch-agnostischen Kultur mit einem progressiven Wahrheitsanspruch und einer Religionskultur mit einem unmittelbaren, göttlichen Wahrheitsanspruch. Die drei Kategorien der transzendenten, der non-transzendenten und der trans-transzendenten Positionierung spannen einen analytischen Raum auf, so dass ein Kontinuum entsteht, innerhalb dessen sich konkrete, individuelle, auch widersprüchliche Positionierungen finden lassen.[15] Dieses Kontinuum kann daher sowohl von Forschungssubjekten zur Analyse der eigenen Vorurteilsstruktur als auch für eine Analyse des Untersuchungsfelds genutzt werden. Für das Forschungsfeld von Religiosität und religiösen Erfahrungen bedeutet dies eine theoretische Ausweitung auf eine Vielfalt religiöser Formen, die insbesondere für das Feld der informellen Religiosität bedeutsam sind.

3 Was sind religiöse Erfahrungen?

Nachdem nun ein theoretischer Ansatz dargestellt wurde, der eine Begründung für so etwas wie eine religiöse Erfahrung bietet, nämlich einer im Rahmen einer transzendenten Positionierung gedeuteten Absolutheits-/Nichtigkeitserfahrung, soll nun die Qualität dieser Erfahrung näher beschrieben werden. Dabei möchte ich auf einen Ansatz von Ulrich Barth[16] zurückgreifen, der aus einem theologischen Grundverständnis heraus eine Theorie der Unbedingtheit entwirft, die in vielerlei Hinsicht Resonanzen zu dem eben Ausgeführten besitzt. Barth bringt

---

15 Vgl. dazu auch E. Schmitt, Das älteste Systemprogramm des deutschen Idealismus als Ausgangspunkt einer Neuformulierung der religionslinguistischen Idealtypen, in: M. Fritzsche u.a. (Hg.), Sprache und Religion. Tendenzen und Perspektiven (in Vorbereitung).
16 U. Barth, Was ist Religion? Sinndeutung zwischen Erfahrung und Letztbegründung, in: ders., Religion in der Moderne, Tübingen 2003, 3–27.

darin die Idee der Unbedingtheit mit einer bedingten Erfahrungswelt in Verbindung. Dabei stellt für ihn die Unbedingtheit letztlich ein Unsagbares dar, das in Spannung zu einer sagbaren Erfahrungswelt steht. Dies entfaltet er anhand von vier bipolaren Spannungsbegriffen:
- Unendliches (potenziell–aktual)
- Ganzes (virtuell–real)
- Überzeitlichkeit (innerzeitlich–zeitenthoben)
- Notwendigkeit (komparativ–absolut)

Die Spannungen, die zwischen den Polen dieser Begriffe bestehen, bilden nach Barth den Kern religiöser Erfahrungen:

> Betrachtet man das religiöse Bewußtsein im Lichte der gerade vollzogenen Bedeutungsanreicherung der Idee des Unbedingten, so nimmt es eine eigentümliche Zwitterstellung ein. Auf der einen Seite knüpft es an die allgemeine Struktur von Erfahrung an, indem es die in ihr enthaltenen Schranken gegenständlichen Wissens und vor allem das Bewußtsein derselben pointiert zur Geltung bringt. Auf der anderen Seite vollzieht es eine markante Grenzüberschreitung, sofern es die im empirischen Bewußtsein enthaltenen defizienten Vorformen des Gedankens des Unbedingten um dessen innerer Folgerichtigkeit willen konsequent übersteigt. Dieser Transzendierungsvorgang ließ sich an allen vier Momenten des empirischen Verstandesgebrauchs festmachen: als Überschritt vom potentiell Unendlichen zum aktual Unendlichen, vom virtuellen Ganzen zum realen Ganzen, von innerzeitlicher Überzeitlichkeit zu reiner zeitenthobener Ewigkeit und von komparativer Notwendigkeit zu absoluter qualitativer Notwendigkeit.[17]

Im Anschluss an die eben angeführte, erweiterte theoretische Konzeption der philosophischen Anthropologie Plessners wurden zunächst Absolutheits-/Nichtigkeitserfahrungen angenommen, die im Deutungskontinuum aus transzendenter, non-transzendenter und trans-transzendenter Positionierung verortet werden. Barths Begrifflichkeit kann hier gut anschließen, denn sie ist so offen, dass damit nicht nur religiöse Erfahrungen im engeren Sinne im Kontext einer theologischen Betrachtung, sondern beispielsweise auch tiefgreifende Ganzheitserfahrungen in der Natur im Kontext einer non-transzendenten Deutung[18] oder auch paradoxale Kommunikation im Zen-Buddhismus im Kontext einer trans-transzendenten Deutung[19] untersucht werden können. Barths Kategorienbildung ist daher nicht

---

17 Barth, Was ist Religion? (s. Anm. 16), 13.
18 Vgl. zum Beispiel R. Dworkin, Religion ohne Gott, übers. aus dem Englischen von E. Engels, Berlin 2014.
19 Vgl. zum Beispiel P. Fuchs, Vom Zweitlosen. Paradoxe Kommunikation im Zen-Buddhismus, in: N. Luhmann/P. Fuchs, Reden und Schweigen (Stw 848), Frankfurt a.M. 1989, 46–69.

nur ein wertvoller Beitrag für die Theologie, sondern auch für andere Disziplinen, und soll daher in den weiteren Ausführungen maßgeblich berücksichtigt werden.[20]

4 Religion als produktiver Umgang mit religiösen Erfahrungen

Nachdem ein theoretischer Ansatz für den Grund von Absolutheits-/Nichtigkeitserfahrungen dargestellt und religiöse Erfahrungen als deren Deutung im Rahmen einer transzendenten Positionierung konzipiert wurden, kann nun eine der Hauptfunktionen von Religion beschrieben werden: der produktive Umgang mit den aus der überschüssigen exzentrischen Positionalität herrührenden spannungsvollen Erfahrungen von Absolutheit und Nichtigkeit, kurz: das »Management« religiöser Erfahrungen. Diese Aufgabe stellt sich jeder Kultur und jeder Gesellschaft, und wie eben ausgeführt sind *religiöse* Erfahrungen und deren »Management« nur *eine* mögliche Ausprägung innerhalb des Kontinuums der drei Positionierungen transzendent, non-transzendent und trans-transzendent. Diese Konzeption unterscheidet sich von Barths Ansatz in einem Punkt: Ist für Barth Religion »die Deutung von Erfahrung im Horizont der Idee des Unbedingten«,[21] so wird hier ein komplexeres Handlungsensemble lediglich als Deutung angenommen, nämlich dass die Funktion der Religion in erster Linie darin bestehe, *produktiv mit den Spannungen umzugehen*, die sich aus der Zwangsläufigkeit der Absolutheits-/Nichtigkeitserfahrungen ergeben. Diese werden in der transzendenten Positionierung religiös gedeutet und dafür entsprechende Kulturen ausgebildet. Wenn die Hauptfunktion von Religion also ist, Absolutheits-/Nichtigkeitserfahrungen als religiöse Erfahrungen zu »managen«, dann kann Religion im Sinne von Klaus Mudersbach[22] als »Kultursystem« verstanden werden. Ein Kultursystem hat nach Mudersbach eine zentrale Funktion und verschiedene Teilfunktionen. Darüber hinaus besitzt ein Kultursystem die Möglichkeit der Selbstreflexion und der internen und externen Regulation der symmetrischen

---

20 Ob diese vier Kategorien Barths hinreichend sind oder ob es weiterer Kategorienbildung bedarf, ist eine Frage, die an dieser Stelle offengelassen werden soll.
21 Barth, Was ist Religion? (s. Anm. 16), 10.
22 K. Mudersbach, Kultur braucht Übersetzung. Übersetzung braucht Kultur (Modell und Methode), in: G. Thome/C. Giehl/H. Gerzymisch-Arbogast, Kultur und Übersetzung. Methodologische Probleme des Kulturtransfers (Jahrbuch Übersetzen und Dolmetschen 2), Tübingen 2001, 169–225.

oder asymmetrischen Relationierung (Machtaspekt). Als Teilfunktionen eines
Kultursystems Religion können genannt werden:

- Integrationsfunktion (zum Beispiel hermeneutisches Auffangen spontan auf-
  tretender religiöser Erfahrungen)
- Ausdrucksfunktion (zum Beispiel Formen des möglichen Ausdrucks religiöser Erfahrungen wie Verkündigung)
- Initiierungsfunktion (zum Beispiel Initiierung [vertiefter] religiöser Erfahrungen)
- Stabilisierungsfunktion (zum Beispiel Vergegenwärtigung als Erneuerung
  mehr oder weniger verblasster religiöser Erfahrungen)
- Eudämonische Funktion (zum Beispiel Deutung religiöser Erfahrungen in Bezug auf die alltägliche Lebenswelt, mit der Menschen »ihre Welt und ihr Alltagsleben als ein ›richtiges Leben‹ interpretieren und bestreiten können«)[23]
- Machtregulationsfunktion (zum Beispiel Verehrung; aber auch die Regulation von säkularen und transzendenten Autoritätsverhältnissen)

Aus diesen Teilfunktionen ergibt sich, dass ein Kultursystem Religion nicht mit
einer institutionalisierten Religion wie etwa der evangelischen Kirche gleichzu-
setzen ist. Diese Funktionen können von ganz unterschiedlichen Kultursystemen
erfüllt werden, ja es kann sogar sein, dass eine eingeführte, als Kirche institutio-
nalisierte Religion einzelne oder alle Teilfunktionen gar nicht mehr ausfüllt und
damit nach und nach ihre Bedeutung verliert. In der eudämonischen Funktion
zeigt sich zudem die mögliche Verschränkung des politischen und religiösen Bereichs: Religion kann mit Macht als Staatsreligion durchgesetzt und politische
Normen religiös begründet werden.

Im Folgenden soll nun der Zusammenhang mit Sprache hergestellt werden.
Dazu muss zumindest ansatzweise auf den linguistischen Sprachbegriff eingegangen und daran anschließend eine Festlegung getroffen werden, was unter
»Sprache« in Bezug auf die hier vorliegende Fragestellung verstanden werden
soll.

---

23 W.-A. Liebert, Religiöse Sprachverwendung, in: F. Liedtke/A. Tuchen (Hg.), Handbuch Pragmatik, Stuttgart 2018, 405–412: 405.

5 Sprache als komplexer Begriff

In der Germanistischen Linguistik hat sich der Sprachbegriff in den letzten Jahrzehnten deutlich erweitert. Neben einem strukturalen Sprachbegriff hat sich mit Rückgriff auf John Austin, John Searle und Ludwig Wittgenstein ab den späten 1970er Jahren ein performativer Sprachbegriff entfaltet, der insbesondere in der handlungsorientierten, praktischen Semantik und in der linguistischen Pragmatik zum Tragen gekommen ist.[24] In den 1980er Jahren hat sich aus einer Verbindung der Konversationsanalyse mit soziolinguistischen Ansätzen nach und nach ein interaktionaler Sprachbegriff etabliert.[25] In den 1990er Jahren hielt die kognitiv-semantische Sprachbetrachtung Einzug[26] und ab den 2000er Jahren wurde – nach einigen Vorläufern – der Diskursbegriff Foucaults und die Kulturanalyse zunehmend in die Theoriebildung integriert.[27] Ab den 2010er Jahren werden auch ein dekonstruktivistischer Sprachbegriff entwickelt[28] und erste Arbeiten zur Akteur-Netzwerk-Theorie vorgestellt.[29] In der Diskussion um Multimodalität wurde der Sprachbegriff ausgeweitet auf alles, was an medialen und parasprachlichen Modalitäten in konkreten Kommunikationssituationen manifest sein kann.[30] Auch methodologisch hat sich die Linguistik in Richtung Heterogenität entwickelt, so dass sich quantitative und qualitative, empiristische und hermeneuti-

---

24 H.J. Heringer u.a., Einführung in die Praktische Semantik (UTB 716), Heidelberg 1977; W. Holly/P. Kühn/U. Püschel, Für einen »sinnvollen« Handlungsbegriff in der linguistischen Pragmatik, Zeitschrift für Germanistische Linguistik 12 (1984), 275–312; P. von Polenz, Deutsche Satzsemantik. Grundbegriffe des Zwischen-den-Zeilen-Lesens (SG 2226), Berlin/New York 1985; K. Ehlich/J. Rehbein, Sprachliche Handlungsmuster, in: H.-G. Soeffner (Hg.), Interpretative Verfahren in den Sozial- und Textwissenschaften, Stuttgart 1979, 243–274.
25 W. Kallmeyer, Handlungskonstitution im Gespräch, in: E. Gülich/T. Kotschi (Hg.), Grammatik, Konversation, Interaktion. Beitrag zum Romanistentag 1983 (Linguistische Arbeiten 153), Tübingen 1985, 81–123.
26 B.U. Biere/W.-A. Liebert (Hg.), Metaphern, Medien, Wissenschaft. Zur Vermittlung der AIDS-Forschung in Presse und Rundfunk, Opladen 1997.
27 I.H. Warnke (Hg.), Diskurslinguistik nach Foucault. Theorie und Gegenstände (Linguistik – Impulse & Tendenzen 25), Berlin/New York 2007; Vgl. die Beiträge im Zeitschriftenband S. Günthner/A. Linke (Hg.), Linguistik und Kulturanalyse (Zeitschrift für Germanistische Linguistik 34/1–2), Berlin/New York 2006.
28 T. Metten, Kulturwissenschaftliche Linguistik. Entwurf einer Medientheorie der Verständigung (Linguistik – Impulse & Tendenzen 57), Berlin/Boston 2014.
29 S. Günther, Unsichere Gespräche. Zur Interaktion von Arzt, Patienten und nicht-menschlichen Akteuren in der Neuroonkologie (Linguistik – Impulse & Tendenzen 71), Berlin/Boston 2017.
30 N.-M. Klug/H. Stöckl, Handbuch Sprache im multimodalen Kontext (Handbücher Sprachwissen 7), Berlin/Boston 2016.

sche Ansätze unterschiedlichster Art finden lassen.[31] Diese holzschnittartige Darstellung soll verdeutlichen, dass die Entwicklung der Linguistik in den letzten Jahrzehnten von großer Dynamik geprägt war, die im Moment auch ungebrochen erscheint. Eine vereinheitlichende Theorie und Methodologie lassen sich derzeit nicht erkennen. Auch lässt sich kein einfaches Kuhn'sches Modell der Ablösung von Paradigmen ausmachen, sondern vielmehr eine paradigmatische Dynamik, die sich als Nebeneinander, Miteinander, Gegeneinander, Ignorieren oder auch Wiederbeleben (beispielsweise die Hermeneutik oder die Zeichentheorie de Saussures in poststrukturalistischer Lesart) zeigt.

In der linguistischen Theoriebildung zeigen sich trotz aller Vielfalt eine Reihe von Beschränkungen, die eine angemessene Behandlung des Themas Sprache und Religion erschweren und die in der Religionslinguistik aufgearbeitet wurden bzw. werden. Dazu gehören nicht nur die kulturelle Voreingenommenheit und die Reduktion von Religion auf eine der bekannten monotheistischen Kirchen oder die Übernahme theologischer Kategorien für die linguistische Theoriebildung (zum Beispiel vertikal [transzendent] vs. horizontal [profan]), sondern auch Einschränkungen, die den Kern sprachwissenschaftlicher Theorien betreffen. Beispielsweise werden in der Sprechakttheorie nach Searle rationale, menschliche Handlungsakteure vorausgesetzt oder bei Grice der Informationsaustausch in den Vordergrund gestellt.[32] Im Kontext der Religion ist dies natürlich problematisch, denn damit entfallen alle kommunikativen Formen, an denen nicht-menschliche Wesen partizipieren oder bei denen der Informationsaustausch nicht zentral ist. Im Folgenden soll deshalb ein Sprachbegriff angenommen werden, der einerseits an das Sprachverständnis der Gegenwartslinguistik anschließt, zugleich aber auch die erwähnten Einschränkungen überwindet und beispielsweise auch Konstellationen von menschlichen und nicht-menschlichen Wesen aufnehmen kann.[33] Im Weiteren soll von einem Sprachbegriff ausgegangen werden, der sechs Aspekte enthält:

---

31 E. Felder/M. Müller/F. Vogel (Hg.), Korpuspragmatik. Thematische Korpora als Basis diskurslinguistischer Analysen (Linguistik – Impulse & Tendenzen 44), Berlin/Boston 2011; W.-A. Liebert, Kulturbedeutung, Differenz, Katharsis. Kulturwissenschaftliches Forschen und Schreiben als zyklischer Prozess, in: F. Vogel/J. Luth/S. Ptashnyk (Hg.), Linguistische Zugänge zu Konflikten in europäischen Sprachräumen. Korpus – Pragmatik – kontrovers (Schriften des Europäischen Zentrums für Sprachwissenschaften 4), Heidelberg 2016, 21–42.
32 Vgl. W.-A. Liebert, Können wir mit Engeln sprechen? (s. Anm. 11).
33 B. Latour, Das Parlament der Dinge. Für eine politische Ökologie (Edition Zweite Moderne), Frankfurt a.M. 2001; ders., Jubilieren. Über religiöse Rede, aus dem Französischen übers. von A. Russer, Berlin 2011; Liebert, Religiöse Sprachverwendung (s. Anm. 23); Günther, Unsichere Gespräche (s. Anm. 29).

1. Sprachliche Strukturen
2. Sprachlich-kommunikative Ereignisse
3. Sprachliche und kommunikative Praktiken
4. Sprachlich-kommunikative Artefakte
5. Figuren
6. Diskursive Sprachlichkeit

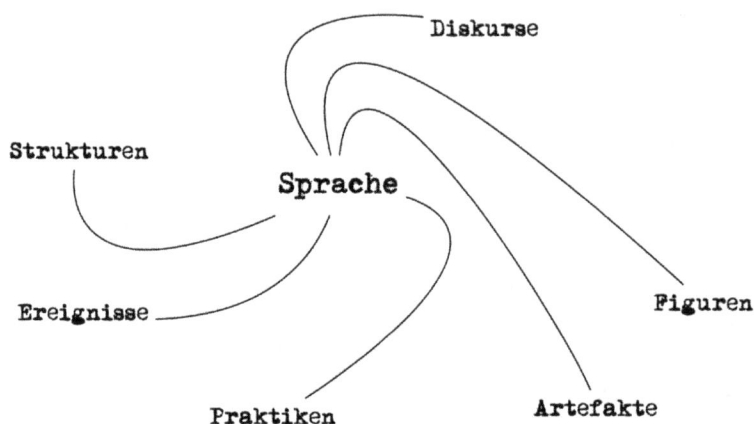

Abb. 1: Sechs Aspekte von Sprache (Grafik: W.-A. Liebert)

1. Der Ausdruck »Sprachliche Strukturen« soll Sprache in ihrem Aspekt als vergemeinschaftete Struktur herausstellen. Sprachliche Strukturen sind die Basis für eine Verständigung. Auch wenn größtmögliche Heterogenität und Dynamik im Sprachgeschehen angenommen wird, gehen die meisten Ansätze davon aus, dass sich in einer Sprachgemeinschaft intersubjektiv ähnliche Strukturen in den Bereichen Syntax, Semantik und Pragmatik beschreiben lassen, und dass dies eine wesentliche Voraussetzung für eine Verständigung darstellt. Wie diese Vergemeinschaftung genau zustande kommt, sei es als genetische Anlage, als kulturelle Synchronisierung, als sich vertiefende Spuren oder als Unsichtbare-Hand-Effekt, soll an dieser Stelle offenbleiben.
2. Sprachlich-kommunikative Ereignisse zeigen den Energeia-Aspekt der Sprache. Sie sind Performanzen im Hier und Jetzt, die unter anderem Akteure und Situationsdefinitionen enthalten und metareflexiv oder rekonstruktiv sinnhaft segmentiert werden können. Diese sinnhaften Segmentierungen können mit dem Praktikenbegriff erfasst werden (siehe unten).
3. Sprachliche und kommunikative Praktiken werden als vergemeinschaftete und vergemeinschaftende Prozess-/Struktur-Konstrukte verstanden, die

sprachlich-kommunikative Ereignisse sinnhaft segmentieren.[34] Beispiele dafür wären *ein Gespräch führen, eine Diagnose erstellen, ein Gebet sprechen*
oder *einen Brief schreiben*.

4. Sprachlich-kommunikative Artefakte entstehen in sprachlich-kommunika-
    tiven Ereignissen und können dann in andere sprachlich-kommunikative
    Ereignisse eingebracht und dort integriert werden. Beispielsweise stellt ein
    Brief ein sprachlich-kommunikatives Artefakt dar, das in ein anderes Ereig-
    nis eingehen kann, etwa *einen Brief lesen*. Im (linguistischen) Forschungsbe-
    reich sind solche Artefakte beispielsweise Video- oder Tonbandaufzeichnun-
    gen oder Transkripte, die in einem sprachlich-kommunikativen Ereignis des
    Transkribierens entstehen. Je nach Agency können Artefakte auch in Figuren
    übergehen und es lassen sich auch gute Gründe anführen, Artefakte als Un-
    terkategorie zu Figuren zu verorten. Aufgrund ihrer Prominenz und Bekannt-
    heit sollen Artefakte hier aber als eigene Kategorie ausgewiesen werden.

5. Die Kategorie »Figuren« stellt einen etwas allgemeineren Begriff zur Verfü-
    gung als Sprecher:in, Hörer:in, Schreiber:in oder Leser:in. Der Begriff der Fi-
    gur ist bislang vor allem in den Literaturwissenschaften gebräuchlich und
    kann dabei die ganze Bandbreite menschlicher Fantasie von Entitäten mit
    agentiellem Charakter abdecken. Dazu zählen dann nicht nur Figuren, die
    menschliche Personen darstellen, sondern auch Tiere, Fabelwesen oder auch
    religiös-transzendente Entitäten wie Engel, Teufel, Elfen oder Dakinis. Diese
    Vielfalt benötigen wir, wenn wir religiöse Sprache und Kommunikation auch
    nur ansatzweise religionslinguistisch beschreiben wollen.

6. »Diskursive Sprachlichkeit« schließt den Diskurs als unhintergehbaren Kon-
    text für alle Aspekte von Sprache ein. Was von wem wie wann gesagt oder
    verstanden werden darf oder soll, ist nur zum Teil aus der Analyse der bisher
    genannten Aspekte von Sprache zu verstehen, sondern zeigt sich vielmehr
    erst bei einer Betrachtung von Sprache als Diskurs. Insbesondere der immer
    wieder auftretende blinde Fleck von Machtverhältnissen kommt auf diese
    Weise systematisch in den Fokus.

Diese sechs Aspekte von Sprache stellen analytische Trennungen dar, die sich
in konkreten Untersuchungen als vielfache Interferenzen zeigen, zum Beispiel
werden sich Diskurseffekte in Gesprächsereignissen beobachten lassen, denn
wer was wie wann sagen darf, kann oder muss oder eben gerade nicht, ist eben

---

34 Vgl. S. Habscheid, Handeln in Praxis. Hinter- und Untergründe situierter sprachlicher Bedeu-
tungskonstitution, in: A. Deppermann/H. Feilke/A. Linke (Hg.), Sprachliche und kommunikative Praktiken (Jahrbuch des Instituts für Deutsche Sprache 2015), Berlin/Boston 2016, 127–151.

nur zum kleinen Teil Aushandlungssache oder Teil der strukturalen Gesprächs-
organisation, denn dies wird auch durch die spezifische diskursive Machtkons-
tellation festgelegt.

6 Sprache, religiöse Erfahrung und Funktionen als Heuristik

Bislang wurden drei wesentliche Bestimmungsfaktoren im Feld Sprache und Religion betrachtet und die Frage lautet nun, in welchen Zusammenhang diese gebracht werden können. Stellen wir uns diese drei Faktoren Sprache, religiöse Erfahrungen und Funktionen als drei Dimensionen vor, die gemeinsam einen Raum
aufspannen, dann ergibt sich eine Matrix, die im Folgenden ausgeführt werden
soll (vgl. dazu Abb. 2).[35]

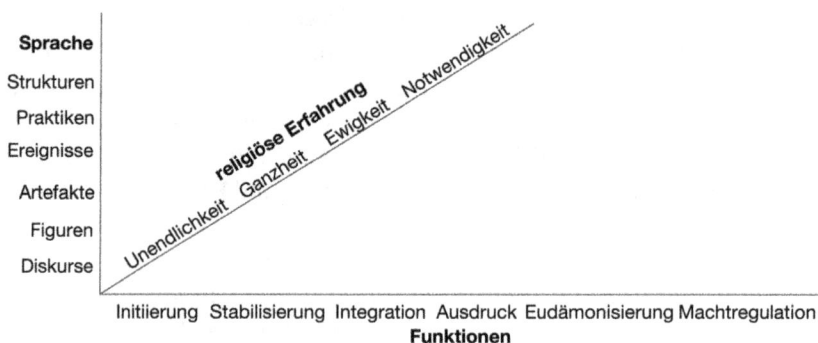

Abb. 2: Triple-Heuristik: Sprache – religiöse Erfahrung – Funktion (Grafik: W.-A. Liebert)

Diese Dimensionen können nun paarweise oder als Triple elaboriert werden. Dabei sollen die einzelnen Sprachaspekte in Bezug auf die möglichen Funktions-/
Erfahrungskombinationen diskutiert werden. Es ist hier weder sinnvoll noch zeitlich und textlich möglich, die vollständigen Kombinationen auszuführen. Dies
würde auch dem Sinn einer Heuristik zuwiderlaufen. Daher werden ausgewählte

---

35 Um die Darstellung übersichtlich zu halten und wegen meiner begrenzten Fähigkeiten, habe
ich lediglich drei Grundlinien abgebildet, auf denen die drei Faktoren mit ihren Unterkatego-
rien dargestellt sind. Letztlich handelt es sich hierbei um einen »morphologischen Kasten« nach
F. Zwicky, Entdecken, Erfinden, Forschen im morphologischen Weltbild, Glarus ²1989.

Kombinationen aus der Heuristik dargestellt, um deren Arbeitsmodus und die möglichen Ergebnisse zu verdeutlichen.

Im Folgenden sollen dabei zunächst der Sprachaspekt der *Praktiken* und der *Ereignisse* etwas ausführlicher in ihren möglichen Kombinationen mit Funktionen und Erfahrungen vorgeführt werden, dann folgen kurze Hinweise zu den anderen Aspekten, nämlich *Strukturen*, *Artefakte*, *Figuren* und *Diskurse*.

6.1 Sprachliche und kommunikative Praktiken und ihre Funktions-/Erfahrungskombinationen

In einer zunächst zweidimensionalen Sichtweise mit Blick auf das Paar *Sprache–Funktion* können beispielsweise *die sprachlichen und kommunikativen Praktiken* auf die oben angeführten Teilfunktionen des Kultursystems Religion befragt werden. Fragen lässt sich somit, welche Rolle die folgenden, sprachlichen und kommunikativen Praktiken spielen:

- Integrationspraktiken
- Ausdruckspraktiken
- Initiierungspraktiken
- Stabilisierungspraktiken
- Eudämonische Praktiken
- Machtregulationspraktiken

Wenn wir nun die dritte Dimension der religiösen Erfahrung hinzunehmen, und somit das Tripel *Sprache–Funktion–Erfahrung* vervollständigen, dann lassen sich (beispielhaft) folgende Fragen stellen:

- Unendliches (potenziell–aktual): Mit welchen sprachlichen und kommunikativen Praktiken werden Erfahrungen des Unendlichen integriert? (Integrationspraktiken)
- Ganzes (virtuell–real): Mit welchen sprachlichen und kommunikativen Praktiken werden Ganzheitserfahrungen hervorgerufen oder vertieft? (Initiierungspraktiken)
- Überzeitlichkeit (innerzeitlich–zeitenthoben): Wie werden Ewigkeitserfahrungen eudämonisiert, das heißt wie werden sie in der Alltagspraxis als Teil eines religiösen Lebens wirksam? (Eudämonische Praktiken)
- Notwendigkeit (komparativ–absolut): Mit welchen sprachlichen und kommunikativen Praktiken werden Erfahrungen absoluter Notwendigkeit ausgedrückt?

Die hier angeführten Fragen haben noch einen hohen Allgemeinheitsgrad und sind, obwohl sie an einen theologischen Diskurs anknüpfen, noch nicht auf eine spezifische Religion festgelegt. Dies kann aber in einem nächsten Schritt getan werden. So könnte weiter gefragt werden: Mit welchen Integrationspraktiken werden Ganzheitserfahrungen *in der evangelischen Glaubenspraxis* bewältigt? Welche Praktiken gibt es beispielsweise, wenn ein Gemeindeglied von einer Ganzheitserfahrung in der Natur berichten will und es die Frage umtreibt, ob es Gott erfahren habe? Welche Praktiken stehen dann in der evangelischen Glaubenspraxis zur Verfügung, um solche Erfahrungen zu integrieren?

6.2 Sprachliche und kommunikative Ereignisse und ihre Funktions-/Erfahrungskombinationen

Ähnlich lässt sich für die anderen sprachlichen Aspekte vorgehen, etwa für *sprachlich-kommunikative Ereignisse*, die ebenfalls zunächst zweidimensional betrachtet werden sollen als Paar *Sprache – Funktion*:
- Integrationsereignisse
- Ausdrucksereignisse
- Initiierungsereignisse
- Stabilisierungsereignisse
- Eudämonische Ereignisse
- Machtregulationsereignisse

Ereignisse sind als raumzeitliche Performanzen zunächst Ganzheiten. Wenn wir also nun von Funktionen sprechen, dann handelt es sich wiederum um eine analytische Trennung, die uns zu einem besseren Verständnis führen soll, aber nicht Eigenschaft der Performanz selbst ist. Hinzu kommt, dass gerade Ereignisse multifunktional sind, sodass hier besondere Vorsicht geboten ist. Im nächsten Schritt soll nun die Erfahrungsdimension hinzugenommen werden. Dazu soll das Ereignis vor Augen geführt werden, in dem jemand im privaten Raum eine Fürbitte für eine kranke Person vorbringt. In diesem Fall spricht dies die Erfahrung von Notwendigkeit an, bzw. den Glauben, dass etwa medizinische oder auch physikalische Notwendigkeiten durch die Praktik der Fürbitte in diesem Ereignis überwunden werden können. Natürlich sind damit auch andere Funktionen wie die der Stabilisierung oder des Ausdrucks involviert, ja sogar die Funktion der Machtregulation (medizinische Autorität vs. göttliche Autorität). Wenn wir auf komplexere Ereignisse wie ein Gottesdienstritual schauen, dann kann der Charakter des vorliegenden Vorschlags als bloße Heuristik nicht genug betont werden. Eine Heuristik kann eben eine Untersuchung lediglich unterstützen, diese aber keinesfalls ersetzen. Komplexe Praktiken werden in Abschnitt 7 auch etwas genauer behandelt.

6.3 Weitere Sprachaspekte und ihre Funktions-/ Erfahrungskombinationen

6.3.1 Sprachliche Strukturen

Für den *Aspekt sprachlicher Strukturen* spielt insbesondere die Ausdrucksfunktion eine zentrale Rolle. Wie wir religiöse Erfahrungen von Ganzheit oder Ewigkeit ausdrücken können, ist in historisch gewachsenen sprachlichen Strukturen begründet, die einen entsprechenden Rahmen für mögliche Äußerungen bilden. Dies zeigt sich zum Beispiel auch darin, dass Versuche, spirituelle Alternativen zu den monotheistischen Religionen anzubieten, immer wieder auf den sprachlichen Bestand traditioneller Religionen zurückgreifen.[36] Sprachlich-strukturell gesehen handelt es sich bei der Sprache religiöser Gemeinschaften um fachsprachenähnliche, funktionale Variationen,[37] wobei »funktional« auf die eben genannten Funktionen bezogen werden kann. Grundsätzlich ist der Aspekt der sprachlichen Strukturen mit Blick auf die Dimension der religiösen Erfahrung mit verschiedenen Paradoxa konfrontiert, zum Beispiel in der Hilflosigkeit des Omnipotenten ohne Welt, nicht in die Welt wirken zu können, oder darin, dass ein Unbedingtes sich nur bedingt artikulieren kann.[38]

6.3.2 Sprachlich-kommunikative Artefakte

Der *Aspekt der sprachlich-kommunikativen Artefakte* gehört zu dem am besten untersuchten Sprachaspekt. Die Materialität von Artefakten bietet eine bestimmte Sicherheit und »Bodenhaftung«, was hilfreich erscheint, wenn auf einem ontologisch schwierigen Terrain wie der Religion geforscht wird. Es müssen keine Statistiken angeführt werden, um zu behaupten, dass die Bibel das am besten erforschte sprachlich-kommunikative Artefakt der christlichen Theologien dar-

---

36 Vgl. Liebert, Lost in Enlightenment (s. Anm. 1).
37 Vgl. A. Lasch/W.-A. Liebert, Sprache und Religion, in: E. Felder/A. Gardt (Hg.), Handbuch Sprache und Wissen (Handbücher Sprachwissen 1), Berlin/Boston 2015, 475–492.
38 Vgl. dazu die Diskussion um das »Unsagbare« in W.-A. Liebert, Das Unsagbare, in: Lasch/ders. (Hg.), Handbuch Sprache und Religion (s. Anm. 11), 266–287.

stellt. Weitergehend könnte aber im Sinne der hier vorgestellten Heuristik gefragt werden, welche Rolle die Bibel bei der Integration, der Stabilisierung oder auch der Initiierung religiöser Erfahrungen spielt. Gerade die Initiierung von religiösen Erfahrungen bei der Lektüre der Bibel wurde nicht zuletzt durch Fjodor M. Dostojewski bekannt. Auch aus anderen religiösen Kultursystemen gibt es Berichte von solchen Initiierungen durch Artefakte mit religiösem Erfahrungswert.[39] Natürlich stellt die Bibel das prominenteste Artefakt dar und es müssten sich Untersuchungen über die zahllosen weiteren Artefakte anschließen – in christlichen und anderen Religionen. Denn in den meisten Religionen gibt es Artefakte, die als Ausdruck der Erfahrung des Unbedingten gelten, und die nicht nur initiierende, sondern auch weitere Funktionen erfüllen können, zum Beispiel zu einer von der entsprechenden Religion inspirierten »richtigen« Lebensführung anzuleiten (eudämonische Funktion).

6.3.3 Figuren

Der Begriff der *Figuren* wurde so allgemein gewählt, dass es für die Analyse kein Problem darstellt, wenn von einer Kommunikation mit Engeln mündlich oder schriftlich berichtet wird oder von einer Kommunikation mit einer tibetischen Gottheit oder einer Dakini oder einer Hexe. Wie deren ontologischer Status eingeschätzt wird, steht auf einem anderen Blatt und liegt eher auf der Ebene der Diskurse. Dort lassen sich dann entsprechende Kontroversen ausfindig machen.[40] An dieses allgemeine Figurenkonzept kann die Attribut- oder Dividuensemantik von Mudersbach[41] angeschlossen werden:

> In der Attributsemantik kann auf die Vorstellung der Extension zu einer Eigenschaft F als der Menge aller Objekte, die F sind, verzichtet werden. Sie steht den Menschen ohnehin so nicht zur Verfügung. Stattdessen wird ein Objekt, das ein Sprachbenutzer kennt, als die Menge derjenigen Attribute dargestellt, die er an dem Objekt kennt (Dividuum).[42]

---

39 Vgl. Liebert, Lost in Enlightenment (s. Anm. 1).

40 Vgl. dazu zum Beispiel H.P. Duerr, Traumzeit. Über die Grenze zwischen Wildnis und Zivilisation (Edition Suhrkamp 1345 [= NF 345]), Frankfurt a.M. 1985; Liebert, Können wir mit Engeln sprechen? (s. Anm. 11).

41 K. Mudersbach, Kommunikation über Glaubensinhalte. Grundlagen der epistemistischen Linguistik (Grundlagen der Kommunikation und Kognition/Foundations of Communication and Cognition), Berlin/New York 1983; ders., Struktur und Strukturierung in der Lexikologie, in: D. A. Cruse u.a. (Hg.), Lexikologie. Ein internationales Handbuch zur Natur und Struktur von Wörtern und Wortschätzen, Bd. 1 (HSK 21/1), Berlin/New York 2002, 45–58.

Betrachten wir zunächst wieder das Paar *Sprache–Funktion*, dann ergeben sich folgende Fragen: Was sind mögliche Integrations-Figuren, die in der Lage und ermächtigt sind, spontan auftretende religiöse Erfahrungen beispielsweise von Unendlichkeit aufzufangen? Wie oben ausgeführt, ist zu erwarten, dass Absolutheits-/Nichtigkeitserfahrungen als anthropologische Grunderfahrungen in unterschiedlicher Häufigkeit und Intensität immer wieder auftreten. Religionen haben dazu ein gewachsenes Kultursystem entwickelt, um solche Erfahrungen integrieren zu können.[43]

6.3.4 Diskursive Sprachlichkeit

Schließlich soll noch der Sprachaspekt der *diskursiven Sprachlichkeit* angesprochen werden. Prinzipiell handelt es sich dabei um Artefakt-übergreifende Strukturen und Prozesse, in denen bestimmte Regulationen etwa im Bereich von Aussagen, Sprechberechtigungen, räumlichen Anordnungen und anderem rekonstruiert werden können.[44] Daher spielt in der Diskurstheorie der Machtaspekt eine zentrale Rolle. Da Macht in den meisten linguistischen Theorien gar keine oder nur eine untergeordnete Kategorie darstellt, stehen Macht und deren Verteilung und Regulation häufig im Zentrum aktueller Diskursuntersuchungen. Nach Kerner[45] kann Macht als Herrschaft über das Festlegen von Differenzen und damit Asymmetrien (beispielsweise mit der Kategorie *Geschlecht*) verstanden werden. Gerade die Geschlechterdifferenz führt zu Machtverhältnissen, die tief im kirchlichen Dispositiv verankert sind und die wiederum unter anderem mit Hinweis auf heilige Artefakte gerechtfertigt werden. Die Kategorie Geschlecht stellt allerdings nicht nur in den christlichen Religionen eine tiefe Machtasymmetrie her, sondern in vielen Religionen.

Hier seien einige zeitgenössische Bemerkungen gestattet: Der diskursive Ausgangspunkt Geschlecht kann auch in Zusammenhang mit der Ausdrucksfunktion betrachtet werden, zum Beispiel ob Christ:innen nicht zu »Gott«, sondern

---

42 Mudersbach, Kommunikation über Glaubensinhalte (s. Anm. 41), 55 (Hervorhebung im Original).
43 In diesem Zusammenhang ist die Krise der christlichen Kirchen bedauerlich, da diese Integrationsfunktion zunehmend von anderen religiösen bzw. spirituellen Institutionen bzw. Quasi-Institutionen übernommen wird.
44 Vgl. T. Gnosa, Im Dispositiv. Zur reziproken Genese von Wissen, Macht und Medien (Edition Medienwissenschaft 59), Bielefeld 2018.
45 I. Kerner, Differenzen und Macht. Zur Anatomie von Rassismus und Sexismus (Politik der Geschlechterverhältnisse 37), Frankfurt a. M. / New York 2009.

zu »Gott:« oder »Gott*« beten dürfen, sollen oder sogar müssen. Wie die Kämpfe um die Regulation dieser Machtverhältnisse ausgehen, ist offen. Hier könnte die genannte dreidimensionale Heuristik genutzt werden, um sich die diversen Implikationen, insbesondere hinsichtlich der Erfahrungsdimension, zu vergegenwärtigen. Aus Diskurssicht wird die religiöse Erfahrungsdimension in zeitgenössischen Debatten generell kaum oder wenn, dann konfliktreich thematisiert, etwa wenn politisch-gesellschaftliches Engagement auf der Basis christlichen Glaubens gegen das Bedürfnis nach Artikulation, Integration und Stabilisierung religiöser Erfahrung gesetzt wird.[46] Dies ist verwunderlich, da doch Unbedingtes als grundlegende Erfahrung der Rechtfertigung für Handlungen dienen soll, also beides zusammengehörig ist. Die christliche Kirche verliert zudem durch die gegenwärtigen Missbrauchsenthüllungen nicht nur an Glaubwürdigkeit, sondern – und dies ist viel grundlegender – ihre Funktion als geschützter Erfahrungsraum für die Initiierung, die Integration oder Stabilisierung subjektiver, häufig mit Angst und Unsicherheit erlebter, religiöser Erfahrung.

7 Komplexe Einheiten im Bereich Religion

Wie eben ausgeführt, lässt sich aus der Heuristik, auch wenn sie vereinzelt zu neuen, möglicherweise interessanten Kombinationen führt, keine wie auch immer geartete Analyse für komplexe Handlungsmuster wie einen Gottesdienst, eine Predigt oder auch nur Typologien im Bereich Religion ableiten. Sie kann lediglich einen vertiefenden Blick ermöglichen. Das Vorhandene wird also nicht neu erfunden, sondern lediglich neu gesehen. Dies soll beispielhaft an der kommunikativen Typologie Alexander Laschs[47] erläutert werden, da sich diese in der Religionslinguistik als besonders tragfähig erwiesen hat. Lasch geht davon aus, dass sich kommunikative Akte im religiösen Bereich als Formen der Vergegenwärtigung zeigen, und zwar als Verkündigung oder Verehrung. Damit bilden sie ein konstitutives Muster:

> Es wird sich zeigen, dass sich alle kommunizierten Texte und kommunikativen Handlungen – auf einer abstrakten und analytischen Ebene – den beiden zu unterscheidenden kom-

---

46 C. Nürnberger, Die Kirche ist links-grün? So soll sie sein!, Die Zeit 2/2022, 11; L. Bednarz, Verschont mich mit politischen Predigten!, Die Zeit 53/2021, 15.
47 A. Lasch, Texte im Handlungsbereich der Religion, in: S. Habscheid (Hg.), Textsorten, Handlungsmuster, Oberflächen. Linguistische Typologien der Kommunikation (De Gruyter Lexikon), Berlin/Boston 2011, 536–555.

munikativen Handlungen, der der »Verkündigung« und der »Verehrung«, zuweisen lassen (Monotypie).[48]

Dabei sind diese kommunikativen Akte der »Verkündigung« und »Verehrung« stets »in rituelle Handlungen der ›Vergegenwärtigung‹ eingebettet«.[49] Diese werden als »Trias« verstanden, da sie vielfältige Relationen miteinander aufweisen. Die von Lasch eingeführte Trias lässt sich auch kritisch betrachten, was ihren Ausgangspunkt der christlichen Religion betrifft, da eine universale, über die christlichen Religionen hinausweisende Reichweite erst noch nachgewiesen werden müsste. Auch wenn es möglicherweise noch weitere zentrale Akte geben mag, wird sich Laschs Trias vielleicht nicht als hinreichend, jedoch als notwendig für die Analyse von Sprache und Kommunikation im Bereich der Religion erweisen.

Was könnte nun die genannte Heuristik am Beispiel der Verehrung beitragen? Zunächst würde der Sprachaspekt erweitert werden und Verehrung in den sechs Aspekten betrachtet. Wird etwa nach den sprachlichen Strukturen der Verehrung gefragt, dann kommt beispielsweise die vorhin bereits angesprochene Vertikalitätsmetapher in Betracht, die das Heilige vertikal und das Profane horizontal metaphorisiert. Für den Aspekt der sprachlich-kommunikativen Ereignisse würden konkrete Verehrungsperformanzen, seien sie im institutionellen oder privaten religiösen Bereich ausgeführt, untersucht werden können. Als Artefakte würden neben Texten auch sakrale Gegenstände in den Blick kommen, die im Rahmen von Verehrungspraktiken eine Rolle spielen. Der Diskursaspekt würde ein Verehrungsdispositiv fokussieren, in dem festgelegt ist, wer wen wie verehren oder gerade nicht verehren soll und eventuell auch, wer verabscheut werden muss. Im zweiten Schritt würden in der zweidimensionalen Sicht zusätzlich die Funktionen betrachtet werden: In welchen Kontexten hat Verehrung eine integrierende, stabilisierende, initiierende, expressive, eudämonisierende oder machtregulierende Funktion? Wird die Vertikalitätsmetaphorik wiederum als Beispiel genommen, dann eröffnet der Blick auf die Machtregulation, dass hier eine Machtverteilung von oben nach unten festgelegt ist: Das Verehrte ist das Mächtige und hat seinen Ort oben auf der Vertikalitätsachse. In der Dimension religiöser Erfahrung könnte nun zusätzlich gefragt werden, inwiefern dadurch religiöse Erfahrungen von Ganzheit, Notwendigkeit, Ewigkeit und Unendlichkeit durch bestimmte Verehrungspraktiken initiiert oder stabilisiert werden können.

---

48 Lasch, Texte im Handlungsbereich der Religion (s. Anm. 47), 540.
49 Lasch, Texte im Handlungsbereich der Religion (s. Anm. 47), 540.

8 Fazit und Desiderata

Zu Beginn wurde das Anliegen artikuliert, einen Dialog zwischen Theologie und Linguistik bzw. Religionslinguistik zu eröffnen. Als religionslinguistischer Ausgangspunkt wurde eine Grundannahme aus der Philosophischen Anthropologie gewählt, die Unausweichlichkeit von Absolutheits-/Nichtigkeitserfahrungen. Dann wurde der Ansatz von Ulrich Barth einbezogen und die bis dahin bestehenden Kategorien erweitert. Zusammen mit einem sechsfach aspektuierten Sprachbegriff, einer funktionalen Betrachtung von Religion als Kultursystem sowie der erfahrungstranszendierenden Dimension des Religiösen nach Barth wurde eine dreidimensionale Heuristik entworfen. Dann wurde beispielhaft ausgeführt, wie sich dadurch weitergehende Fragen zum Zusammenhang von Sprache und Religion stellen oder auch neue Fragen aufwerfen lassen. Neben vielen grundsätzlichen Fragen, die im Verlauf des Textes unbeantwortet geblieben sind, haben sich auch einige Desiderata ergeben. Dies betrifft zum einen die vier Kategorien Barths, die aus einer kantischen Konzeption heraus entwickelt wurden, und die damit grundsätzlich auch in anderen Religionen wiedergefunden werden müssten. Die Frage lautet daher, ob sich dies tatsächlich auch zeigen lässt oder weitere Kategorien ergänzt werden müssen. Dann lag der Fokus der vorliegenden Untersuchung auf *religiösen* Erfahrungen. Diese wurden verstanden als Absolutheits-/Nichtigkeitserfahrungen, die in einem transzendenten Paradigma als religiös gedeutet werden. Absolutheits-/Nichtigkeitserfahrungen stehen aber auch in anderen Positionierungen vor denselben Problemen, daher stellt sich die Frage, wie Absolutheits-/Nichtigkeitserfahrungen in der non-transzendenten Positionierung gedeutet werden und wie damit umgegangen wird.[50] Dieselbe Frage stellt sich für die trans-transzendente Positionierung. In den hier angesprochenen Fragekomplexen sind funktionale, sprachliche und religiöse Aspekte phänomenal verwoben und damit linguistische und theologische Problemstellungen angesprochen. Diese könnten dialogisch fortgeführt werden. Die hier ausgearbeitete, dreidimensionale Matrix aus religiöser Erfahrung, Funktion und Sprache kann aber nicht nur als Heuristik für den Dialog zwischen Theologie und Linguistik dienen, sondern für die Untersuchung der erwähnten anderen Formen im religiösen Bereich oder den säkularen Bereichen wie der Politik.

---

50 Hier gibt es zumindest einige Forschung zum Atheismus, vgl. Dworkin, Religion ohne Gott (s. Anm. 18).

Autorenverzeichnis

Prof. Dr. Dr. Matthias Becker
Ruprecht-Karls-Universität Heidelberg, Theologisches Seminar, Lehrstuhl für
Neutestamentliche Theologie, Kisselgasse 1, 69117 Heidelberg, Deutschland,
matthias.becker@ts.uni-heidelberg.de

Prof. Dr. Ruth Conrad
Humboldt-Universität zu Berlin, Theologische Fakultät, Seminar Praktische Theologie,
Professur Homiletik / Liturgik und Kybernetik, Unter den Linden 6, 10099 Berlin, Deutschland,
ruth.conrad@hu-berlin.de

Prof. Dr. Hans Peter Hahn
Goethe-Universität Frankfurt am Main, Fachbereich Philosophie und Geisteswissenschaften,
Institut für Ethnologie, Campus Westend, Norbert-Wollheim-Platz 1, 60323 Frankfurt am Main,
Deutschland, **hans.hahn@em.uni-frankfurt.de**

Dr. habil. Jörg Haustein
University of Cambridge, Faculty of Divinity, Lecturer in World Christianities, West Road,
Cambridge CB3 9BS, United Kingdom, **jh2227@cam.ac.uk**

Prof. Dr. Ursula Ulrike Kaiser
Technische Universität Braunschweig, Fakultät für Geistes- und Erziehungswissenschaften,
Institut für Evangelische Theologie und Religionspädagogik, Bienroder Weg 97,
38106 Braunschweig, Deutschland, **u.kaiser@tu-braunschweig.de**

Prof. Dr. Benedikt Kranemann
Universität Erfurt, Katholisch-Theologische Fakultät, Professur für Liturgiewissenschaft,
Nordhäuser Str. 63, 99089 Erfurt, Deutschland, **benedikt.kranemann@uni-erfurt.de**

Prof. Dr. Dr. h.c. Corinna Körting
Universität Hamburg, Fakultät für Geisteswissenschaften, Fachbereich Evangelische Theologie,
Institut für Altes Testament, Gorch-Fock-Wall 7, #6, 20354 Hamburg, Deutschland,
corinna.koerting@uni-hamburg.de

Dr. h.c. Christian Lehnert
Liturgiewissenschaftliches Institut der VELKD bei der Theologischen Fakultät der Universität
Leipzig, Beethovenstraße 25, 04107 Leipzig, Deutschland, **christian.lehnert@uni-leipzig.de**

Prof. Dr. Wolf-Andreas Liebert
Universität Koblenz-Landau, Campus Koblenz, Fachbereich 2: Philologie / Kulturwissenschaften,
Institut für Germanistik, Universitätsstraße 1, 56070 Koblenz, Deutschland,
liebert@uni-koblenz.de

https://doi.org/10.1515/bthz-2022-0018

Prof. Dr. Anja Lobenstein-Reichmann
Akademie der Wissenschaften zu Göttingen, Frühneuhochdeutsches Wörterbuch, Geiststr. 10, 37073 Göttingen, Deutschland, **alobens@gwdg.de**

Prof. em. Dr. Michael Moxter
Universität Hamburg, Fakultät für Geisteswissenschaften, Fachbereich Evangelische Theologie, Institut für Systematische Theologie, Gorch-Fock-Wall 7, #6, 20354 Hamburg, Deutschland, **michael.moxter@uni-hamburg.de**

Prof. Dr. Karl-Heinrich Ostmeyer
Technische Universität Dortmund, Fakultät Humanwissenschaften und Theologie, Institut für Evangelische Theologie, Professur für evangelische Theologie mit dem Schwerpunkt Neues Testament, Emil-Figge-Straße 50, 44227 Dortmund, Deutschland, **karl-heinrich.ostmeyer@tu-dortmund.de**

Prof. Dr. Gesa Schaadt
Freie Universität zu Berlin, Fachbereich für Erziehungswissenschaft und Psychologie, Arbeitsbereich Sonderpädagogik, Schwendenerstraße 33, 14195 Berlin, Deutschland, **gesa.schaadt@fu-berlin.de**

Prof. Dr. Friedemann Stengel
Martin-Luther-Universität Halle-Wittenberg, Theologische Fakultät, Institut für Historische Theologie, Seminar für Kirchengeschichte, 06099 Halle (Saale), Deutschland, **friedemann.stengel@theologie.uni-halle.de**

Prof. Dr. Andreas Wagner
Universität Bern, Theologische Fakultät, Institut für Altes Testament, Länggassstrasse 51, 3012 Bern, Schweiz, **andreas.wagner@theol.unibe.ch**

Prof. Dr. Ingo H. Warnke
Universität Bremen, Deutsche Sprachwissenschaft / Interdisziplinäre Linguistik, Universitäts-Boulevard 13, 28359 Bremen, Deutschland, **iwarnke@uni-bremen.de**

Prof. Dr. Daniel Weidner
Martin-Luther-Universität Halle-Wittenberg, Philosophische Fakultät II, Germanistisches Institut, Professur für Allgemeine und Vergleichende Literaturwissenschaft, Ludwig-Wucherer-Straße 2, 06108 Halle (Saale), Deutschland, **daniel.weidner@germanistik.uni-halle.de**

PD Dr. Nicole M. Wilk
Georg-August-Universität Göttingen, Philosophische Fakultät, Seminar für Deutsche Philologie, Käte-Hamburger-Weg 6, 37073 Göttingen, Deutschland, **nicolemarianne.wilk@uni-goettingen.de**

Prof. Dr. Christiane Zimmermann
Christian-Albrechts-Universität zu Kiel, Theologische Fakultät, Institut für Neues Testament und
Judaistik, Leibnizstraße 4, 24118 Kiel, Deutschland, **c.zimmermann@email.uni-kiel.de**

Berliner Theologische Zeitschrift
Band 40 (2023): »Kinder und Theologie«
Unser nächster Band widmet sich der Frage, wie Kinder in der Theologie repräsentiert werden,
mit folgenden Beiträgen: **Henrik Simojoki** (Berlin), Der unvollendete Perspektivenwechsel.
Überlegungen zur Repräsentation von Kindern in der Theologie – **Katharina Pyschny** (Berlin),
Repräsentation von Kindern in der alttestamentlichen Überlieferung – **Kathrin Liess** (München),
Verantwortung für Kinder in der alttestamentlichen Weisheitsliteratur – **Andreas Kunz-Lübcke**
(Hermannsburg), Repräsentation von Kindern in den antiken Kulturen des Mittelmeers –
Thomas Söding (Bochum), Kinder Gottes im Licht des Evangeliums. Soteriologie und Familien-
ethos in der neutestamentlichen Paulustradition – **Malte Cramer** (Bochum), »Lasset die Kinder
zu mir kommen …« (Mk 10,14 parr.). Kindheit und Nachfolge Jesu in den synoptischen Evange-
lien – **Tim Weitzel** (Bochum), Kinderkreuzzüge – **Michael Rocher** (Siegen), Kindorientierung im
Philanthropin in Dessau – **Florian Bock** (Bochum), Von der Gehorsamkeit zur Subjektwerdung.
Kinder in der katholischen Pastoralliteratur des 18. bis 20. Jahrhunderts – **Martin Breul**
(Dortmund), Freiheit, Gnade und das Kind auf der einsamen Insel. Ein Gedankenexperiment
aus der Evolutionären Anthropologie – **Clemens Sedmak** (Notre Dame), Soziale Theologie des
Kindes – **Bernhard Grümme** (Bochum), Theologie von Kindern – Theologie mit Kindern – Theo-
logie für Kinder. Machttheoretische Überlegungen zu einer religionspädagogischen Basis-
unterscheidung – **Friedrich Schweitzer** (Tübingen), Die Orientierung am Kind als Testfall für die
Lebensdienlichkeit der Theologie. Impulse aus der US-amerikanischen Praktischen Theologie –
Fahimah Ulfat (Tübingen), Kindertheologie im Kontext Islamischer Theologie und Religions-
pädagogik – **Mohammad Gharaibeh** (Berlin), Ritual und Kindheit in der ideengeschichtlichen
Perspektive des Islam – **Britta Konz** (Dortmund), Glaube als Ressource zur Bewältigung von
Flucht- und Integrationsherausforderungen. Befunde und Perspektiven der Kindheitsfor-
schung – **Johannes Drerup** (Dortmund), Demokratieerziehung und Religion in der Kontroverse.

www.ingramcontent.com/pod-product-compliance
Lightning Source LLC
Chambersburg PA
CBHW070407100426
42812CB00005B/1662